高等院校职业技能实训规划教材

# Adobe Photoshop CS6图像设计与制作案例技能实训教程

余妹兰　杨　云　编　著

清华大学出版社
北　京

## 内 容 简 介

本书以实操案例为单元，以知识详解为陪衬，从Photoshop最基本的应用知识讲起，全面细致地对平面作品的创作方法和设计技巧进行了介绍。全书共10章，实操案例包括个人证件照、宣传海报、产品包装、宣传展架、网站首页、导向标识、杂志封面、手提袋、网页宣传图片等。理论知识涉及Photoshop CS6基础操作、图像的编辑、图层的应用、文字工具的应用、图像编辑工具的应用、绘图工具的应用、色彩与色调的调整、通道技术、蒙版技术、滤镜、动作与自动化等内容，每章最后还安排了针对性的项目练习，以供读者练手。

本书结构合理、语言通俗、图文并茂、易教易学，既适合作为高职高专院校和应用型本科院校计算机、多媒体及平面设计相关专业的教材，又适合作为广大平面设计爱好者和各类技术人员的参考用书。



**图书在版编目(CIP)数据**

Adobe Photoshop CS6图像设计与制作案例技能实训教程 / 余妹兰，杨云编著.--北京：清华大学出版社，2017（2021.2重印）
(高等院校职业技能实训规划教材)
ISBN 978-7-302-46953-7

Ⅰ. ①A…　Ⅱ. ①余…②杨…　Ⅲ. ① 图像处理软件—高等职业教育—教材　Ⅳ. ①TP391.41

中国版本图书馆CIP数据核字(2017)第074137号

**责任编辑：** 陈冬梅　韩宜波
**装帧设计：** 杨玉兰
**责任校对：** 周剑云
**责任印制：** 沈　露

**出版发行：** 清华大学出版社
**网　　址：** http://www.tup.com.cn，http://www.wqbook.com
**地　　址：** 北京清华大学学研大厦A座　　**邮　　编：** 100084
**社 总 机：** 010-62770175　　**邮　　购：** 010-62786544
**投稿与读者服务：** 010-62776969，c-service@tup.tsinghua.edu.cn
**质量反馈：** 010-62772015，zhiliang@tup.tsinghua.edu.cn
**印 装 者：** 涿州汇美亿浓印刷有限公司
**经　　销：** 全国新华书店
**开　　本：** 185mm × 260mm　　**印　　张：** 17.25　　**字　　数：** 418千字
**版　　次：** 2017年7月第1版　　**印　　次：** 2021年2月第9次印刷
**定　　价：** 59.00元

产品编号：072625-01

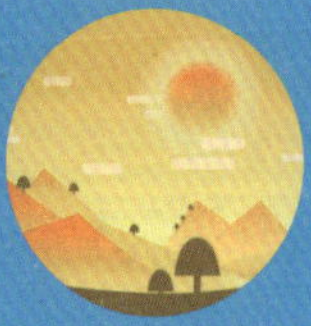

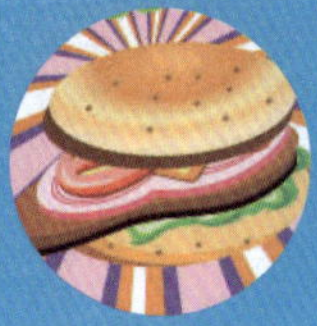

# 前言 Preface

说起 Photoshop 软件，相信大家并不陌生，这是一款非常优秀的图像处理软件，其界面简洁、功能强大、使用方便，因此受到了广大平面设计人员和计算机美术设计爱好者的青睐。为了满足新形势下的教育需求，我们组织了一批富有经验的设计师和高校教师，共同策划编写了本书，以让读者能够更好地掌握作品的设计技能，提升动手能力，从而更好地与社会相关行业接轨。

本书以实操案例为单元，以知识详解为陪衬，先后对各种类型的平面作品的设计方法、操作技巧等进行了介绍。全书分为 10 章，其主要内容如下：

| 章节 | 作品名称 | 知识体系 |
|---|---|---|
| 第 1 章 | 设计个人证件照 | Photoshop 的基础操作、画布大小的调整、常用术语等 |
| 第 2 章 | 设计宣传海报 | 选区的创建与编辑、路径的创建与编辑、绘制形状等 |
| 第 3 章 | 设计产品包装 | 图层的类型、图层的操作、图层样式的应用等 |
| 第 4 章 | 设计宣传展架 | 文字的输入、文字格式和段落格式的设置、文本内容的编辑等 |
| 第 5 章 | 设计网站首页 | 画笔工具组的应用、橡皮工具组的应用、历史记录工具组的应用、渐变工具组的应用等 |
| 第 6 章 | 设计导向标识 | 裁剪工具组的应用、图章工具组的应用、减淡工具组的应用、模糊工具组的应用、污点修复工具组的应用等 |
| 第 7 章 | 设计杂志封面 | 图像色彩的调整、图像色调的调整、特殊色彩的处理 |
| 第 8 章 | 设计手提袋 | 通道的创建、分离、合并，蒙版的分类及编辑等 |
| 第 9 章 | 设计网页宣传图片 | 各种修饰滤镜、内部滤镜及外部滤镜的应用等 |
| 第 10 章 | 批量处理图像 | 动作的应用、自动化的应用等 |

本书结构合理、讲解细致、特色鲜明，内容着眼于专业性和实用性，符合用户的认知规律，也更侧重于综合职业能力与职业素养的培养，融“教、学、练”为一体。本书适合作为应用型本科、职业院校、培训机构的教材。

**读者群体**

- 大中专院校相关专业的师生；
- 电脑培训班中学习平面设计的学员；
- 从事平面设计的工作人员；
- 对图像处理有着浓厚兴趣的爱好者。

本书由余妹兰、杨云编著，分工如下：湖南安全技术职业学院余妹兰编写第1、3、4、5、7、8章，云南能源职业技术学院的杨云编写第2、6、9、10章。参与编写的人员还有伏凤恋、许亚平、张锦锦、王京波、彭超、王春芳、李娟、李慧、李鹏燕、胡文华、吴涛、张婷、宋可、王莹莹、曹培培、何维风、张班班等。这些老师在长期的工作中积累了大量的经验，在写作的过程中始终坚持严谨细致的态度，力求精益求精。由于时间有限，书中疏漏之处在所难免，希望读者朋友批评指正。

需要获取教学课件、视频、素材的老师可以发送邮件到：619831182@QQ.com或添加微信公众号DSSF007留言申请，制作者会在第一时间将其发至您的邮箱。在学习过程中，欢迎加入读者交流群(QQ群：281042761)进行学习探讨！

编者

# Contents 目录

## 第1章 设计个人证件照——Photoshop 基础操作详解

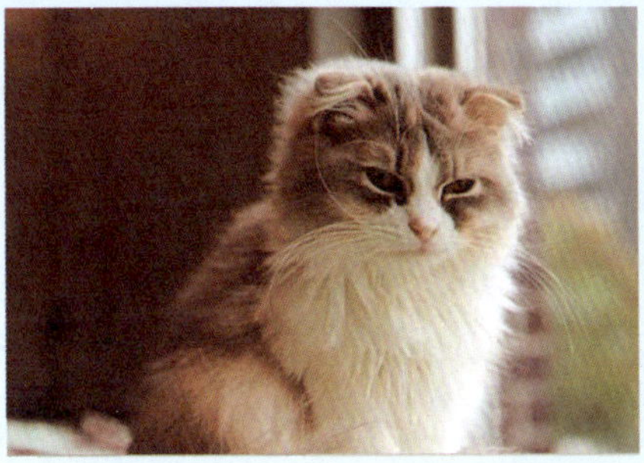

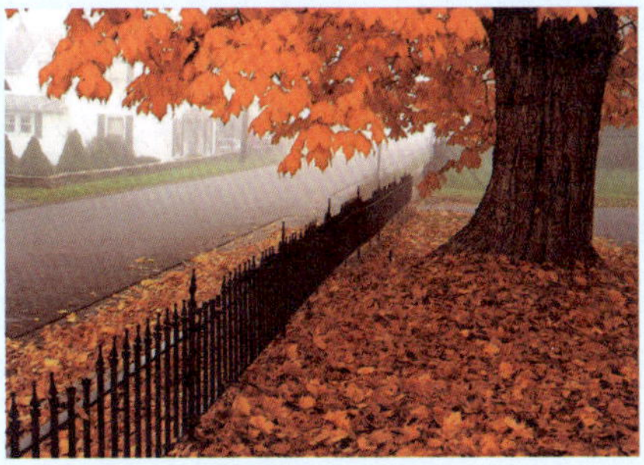



## 第2章 设计宣传海报——选区与路径详解

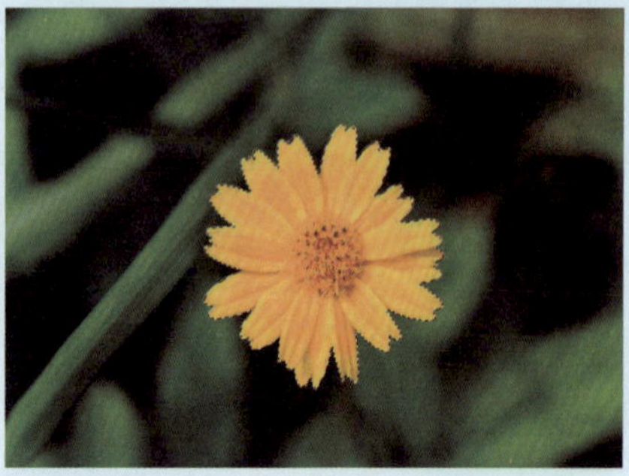

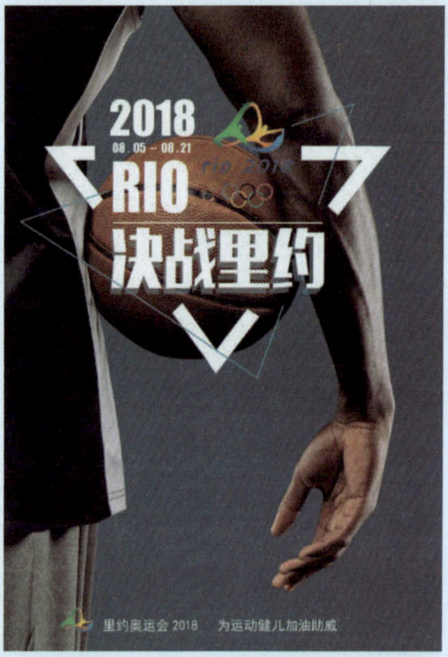
2018
08.05 – 08.21
RIO
决战里约
里约奥运会 2018 为运动健儿加油助威

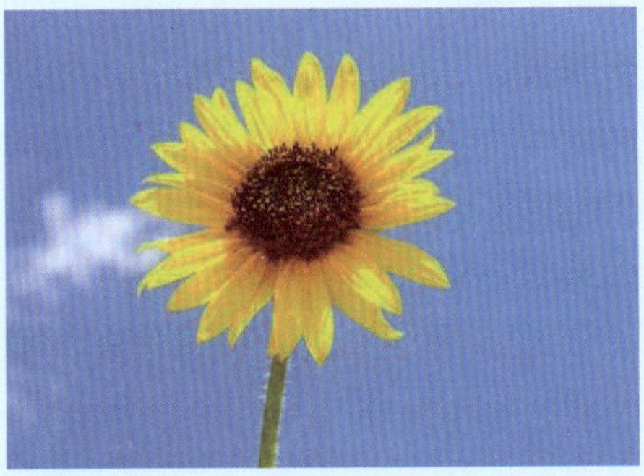

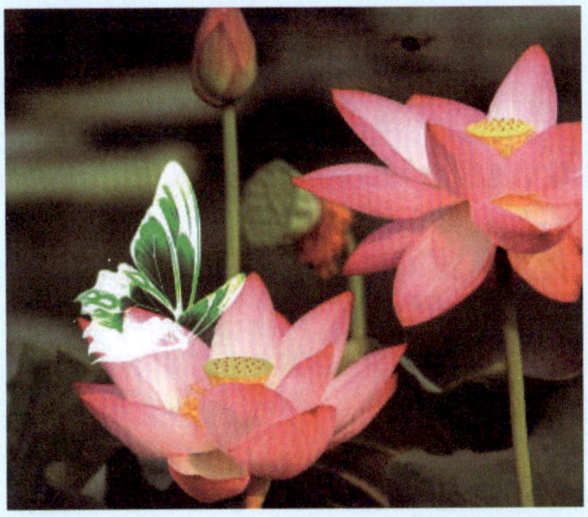



# 第 4 章 设计宣传展架——文本详解

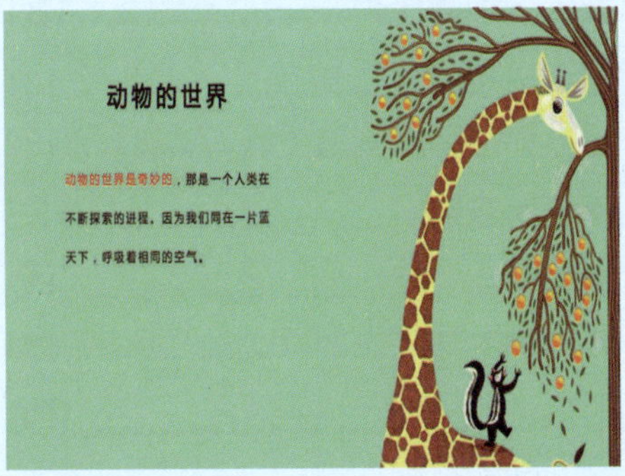

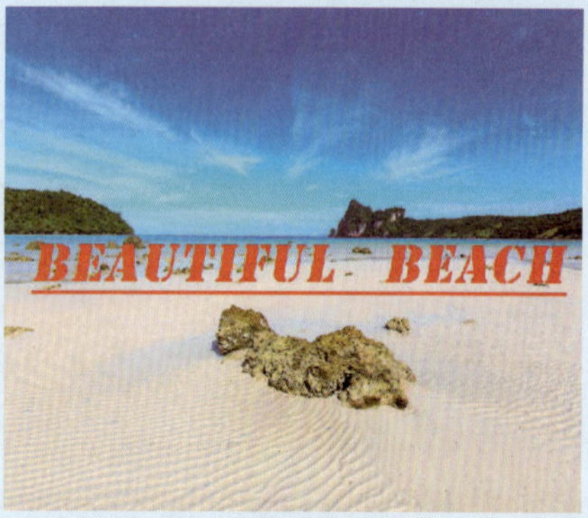




## 第5章 设计网站首页——绘图工具详解

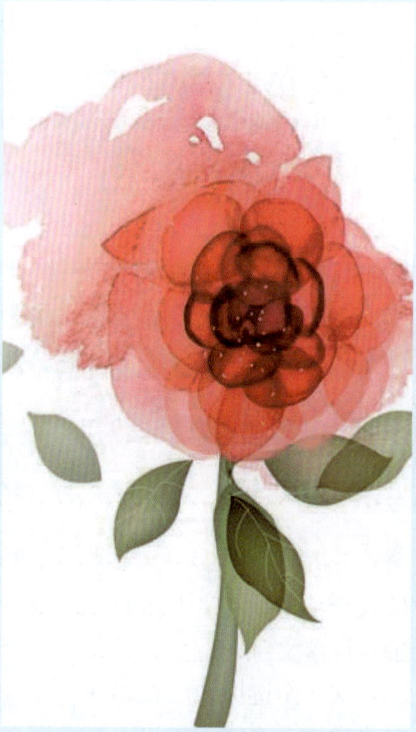

# 第6章 设计导向标识——图像编辑工具详解

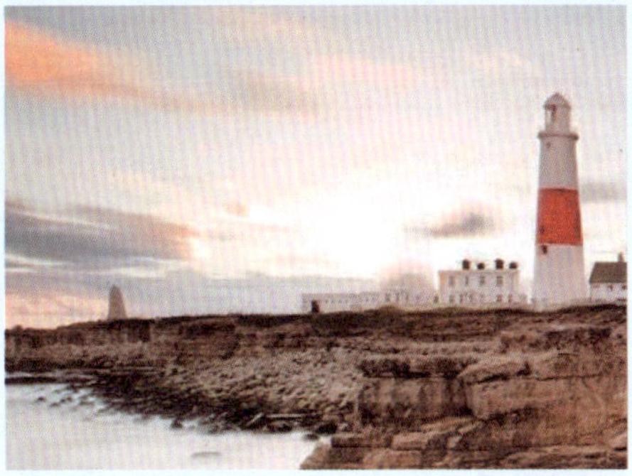

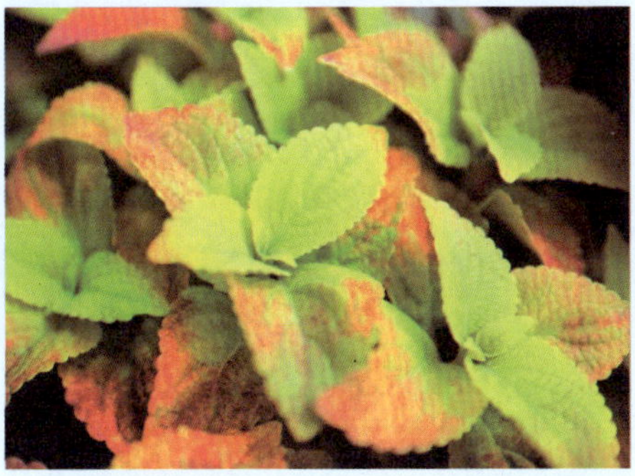

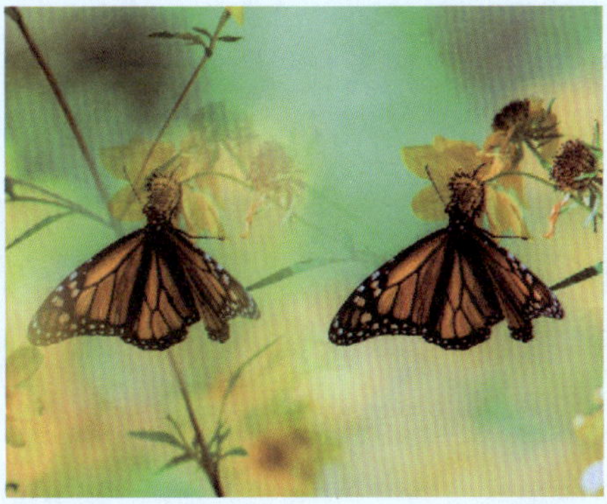

Contents 目录

# 第7章 设计杂志封面——色彩与色调详解



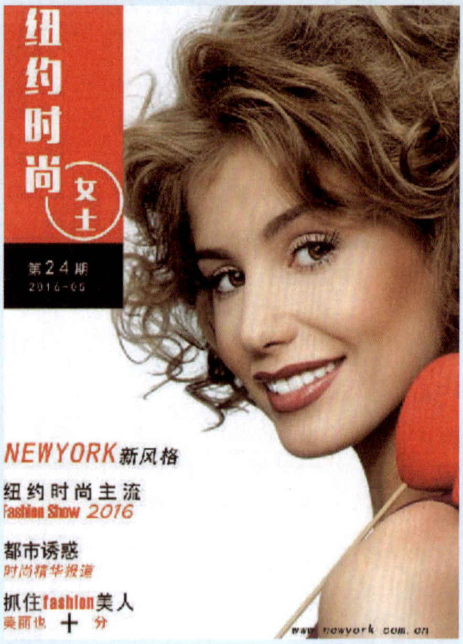


# 第8章 设计手提袋——通道与蒙版详解

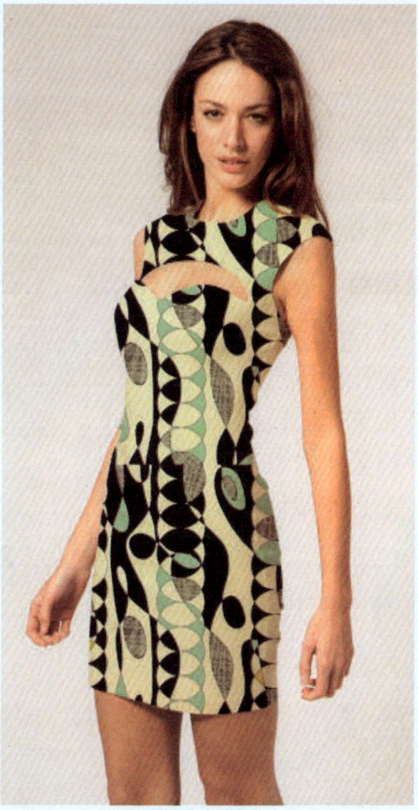



# 第 9 章 设计网页宣传图片——滤镜详解

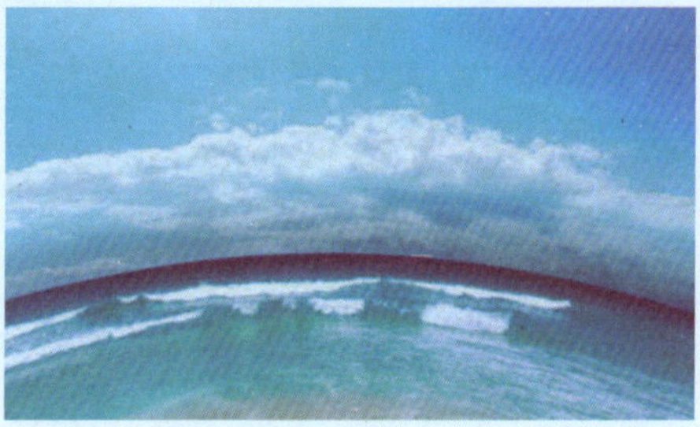

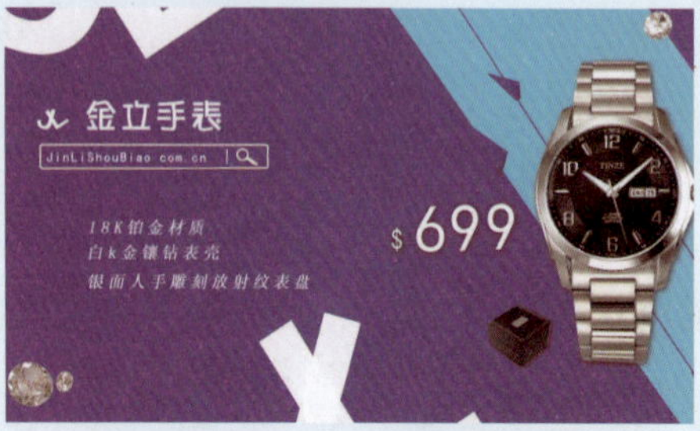


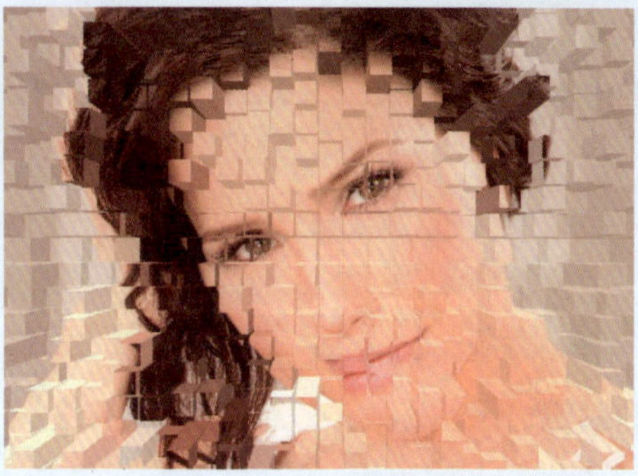



## 第 10 章 批量处理图像——动作与自动化详解

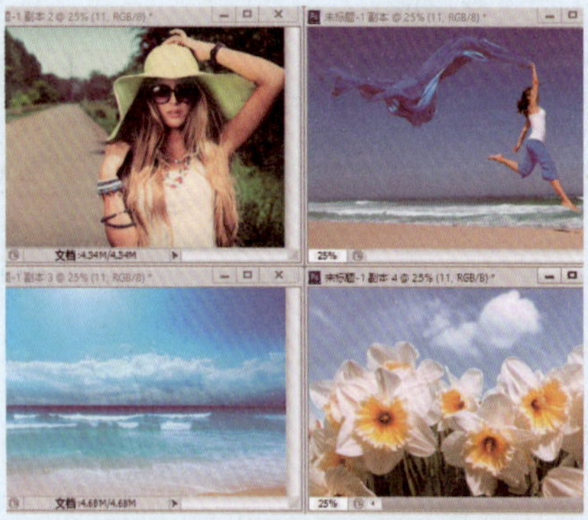

# 第 1 章

# 设计个人证件照
## ——Photoshop 基础操作详解

### 本章概述

Photoshop 是 Adobe 公司推出的一款图像处理软件，也是此类软件中应用范围较广、性能较优秀的软件。它不仅仅是一款图像编辑软件，其应用涉及很多方面，包括图像、图形、文字、视频、出版等。在学习 Photoshop CS6 技能之前，需要对其进行简单的了解。

### 要点难点

文件的基本操作 ★☆☆

图像尺寸的调整 ★★☆

像素与分辨率 ★★★

### 案例预览

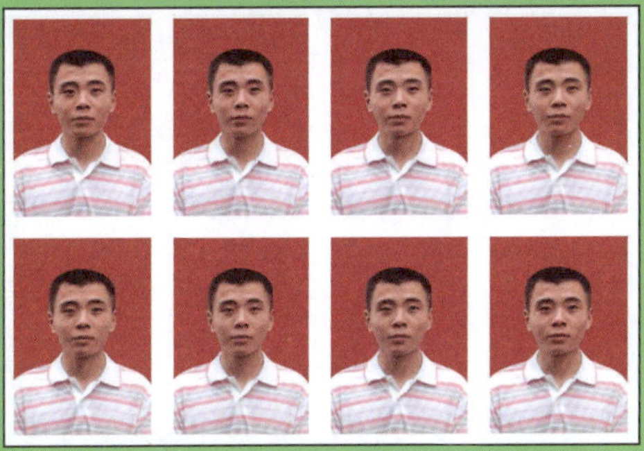

8 张 / 版 1 寸证件照

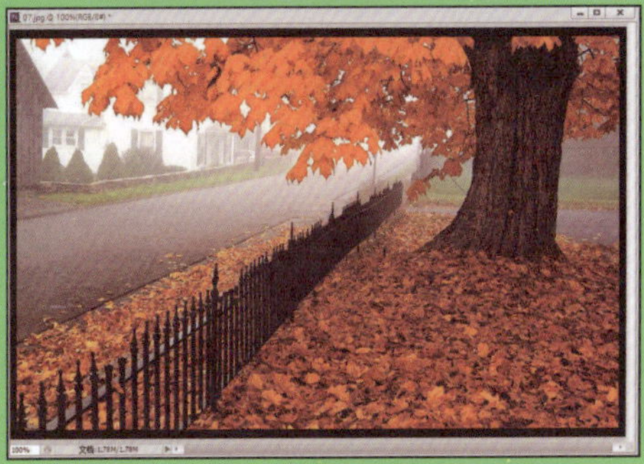

拓展画布效果图

# 【跟我学】 设计个人 1 寸证件照

## 作品描述

在日常生活中经常需要用到证件照，在科技如此发达的社会环境中，还需要频频跑照相馆吗？我们不妨利用手机 + 计算机 + 彩色打印机来制作自己的证件照。下面将对设计 1 寸证件照的过程进行详细介绍。

## 实现过程

STEP 01 启动 Photoshop CS6 软件之后，打开素材文件夹中的个人照片，如图 1–1 所示。

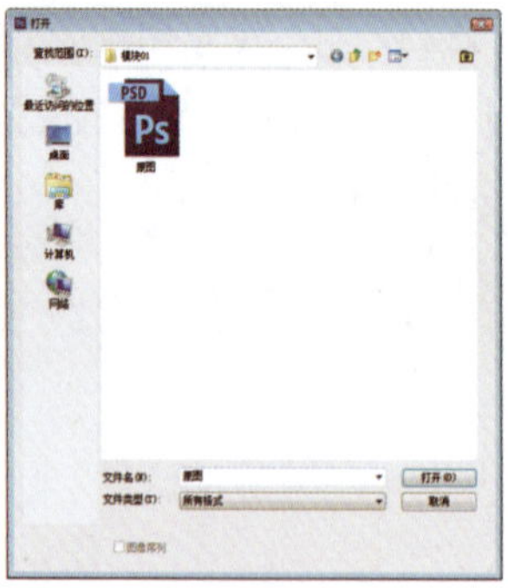

图 1–1

STEP 02 打开后发现原件处于模糊状态，如图 1–2 所示。

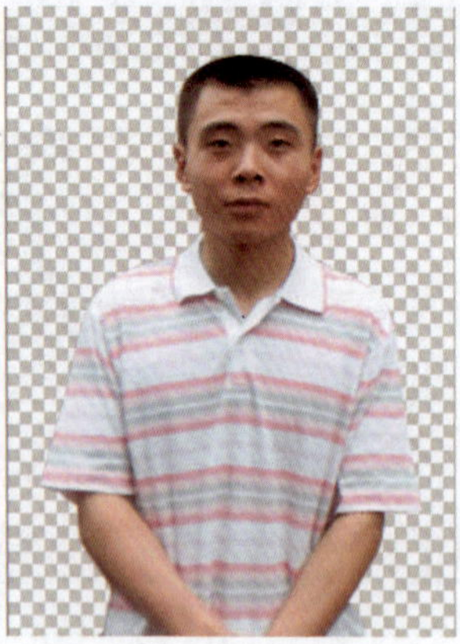

图 1–2

STEP 03 在原件模糊的情况下，需要对原件照片进行处理。选择菜单“图像”|“调整”|“亮度 / 对比度”命令，在弹出的对话框中设置参数，如图 1–3 所示。

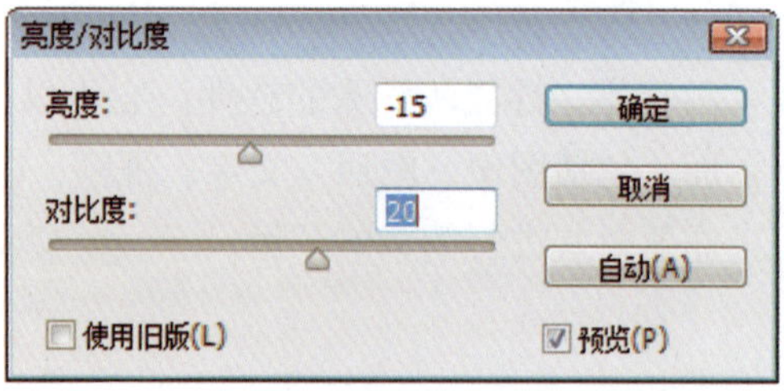


图 1–3

STEP 04 调整对比度后，人物图像的效果如图 1–4 所示。

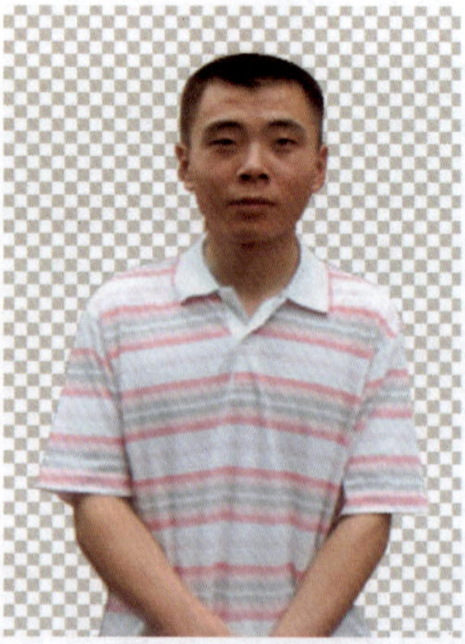

图 1–4

STEP 05 选择工具箱中的（加深工具），在小写字母的状态下，按［与］键，调整适当大小，对头发与眼睛进行加深，效果如图 1-5 所示。

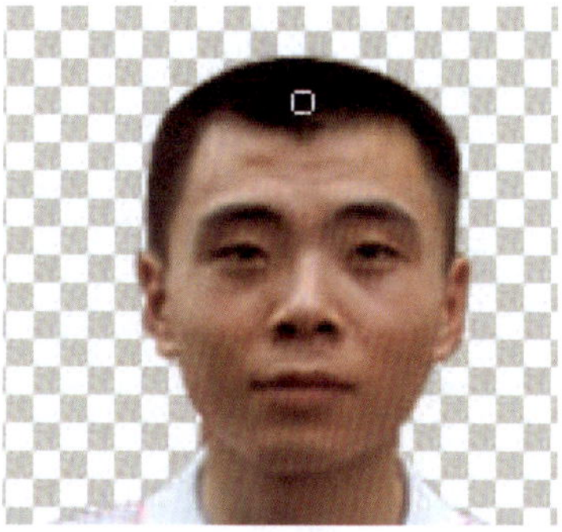

图 1-5

STEP 06 选择工具箱中的裁剪工具，在裁剪选项栏中设置其参数，如图 1-6 所示。

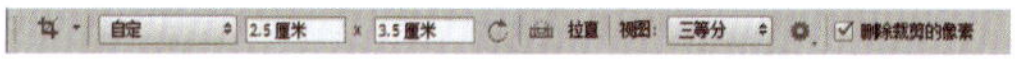


图 1-6

STEP 07 设置“图层 1”图层为当前图层，在图像上单击，出现裁剪框，如图 1-7 所示。

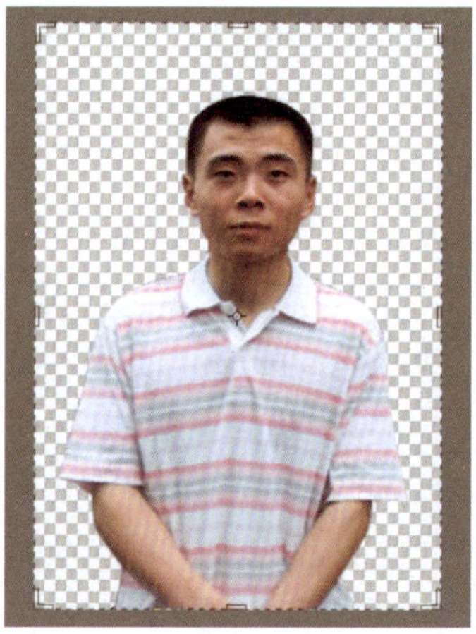

图 1-7

STEP 08 移动鼠标指针至裁剪框的任意角，当鼠标指针箭头变为相对方向箭头时，同时按住 Shift 键（等比例缩放）和左键，拖动，调整其大小，移至合适位置，如图 1-8 所示。

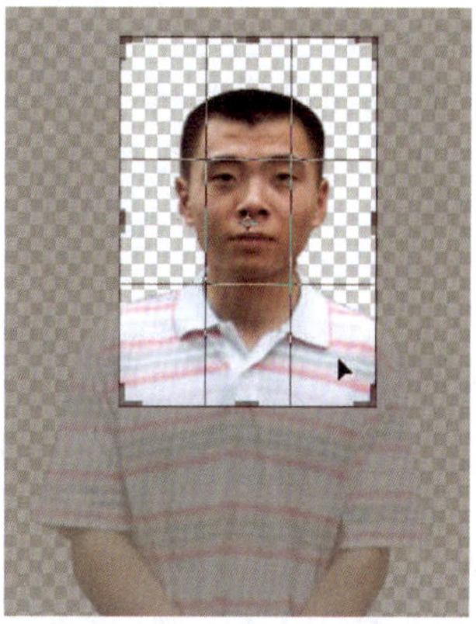

图 1-8

STEP 09 将鼠标指针离开裁剪框，当鼠标指针箭头变成弯曲箭头时，旋转图像使其两肩在同一水平线上，如图 1-9 所示。

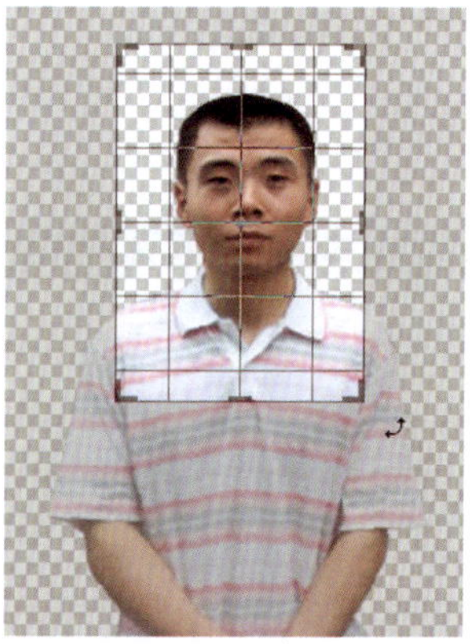

图 1-9

STEP 10 按 Enter 键确定，裁剪出图像，如图 1-10 所示。

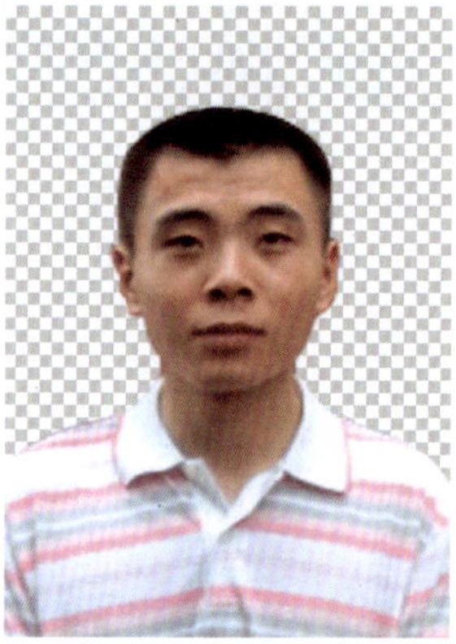

图 1-10

STEP 11 按 Ctrl+Shift+N 组合键，创建新图层，设置前景色为红色(R:181、G:4、B:7)，按 Alt+Delete 组合键，填充颜色，如图 1–11 所示。

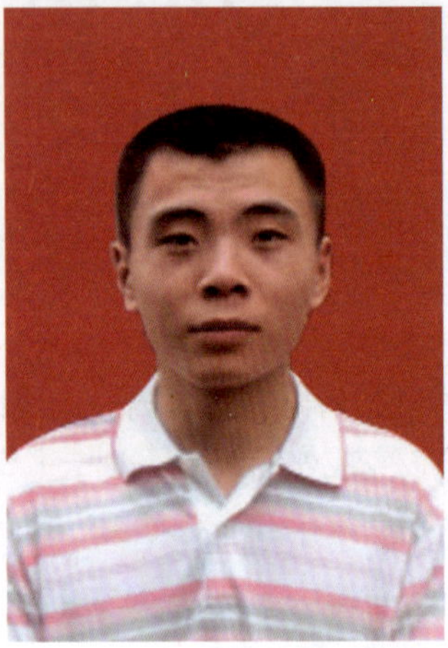

图 1–11

**操作技能**

如果需要蓝色背景，设置前景色为蓝色(R:3、B:109、G:170)，重新填充背景颜色，如图 1-12 所示。

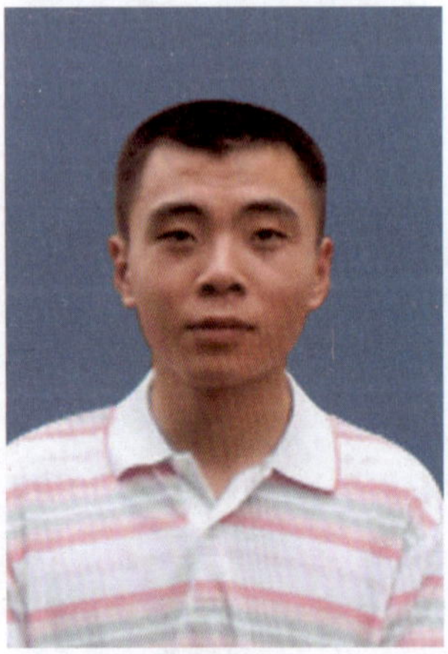

图 1–12

STEP 12 最后按 Ctrl+Shift+S 组合键，将文本以 jpg 格式保存，如图 1–13 所示。

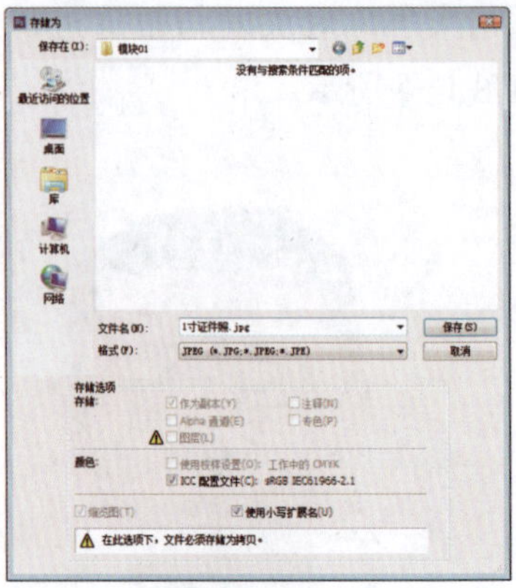


图 1–13

STEP 13 打开素材文件夹中的“1 寸证件照 .jpg”文件，如图 1–14 所示。

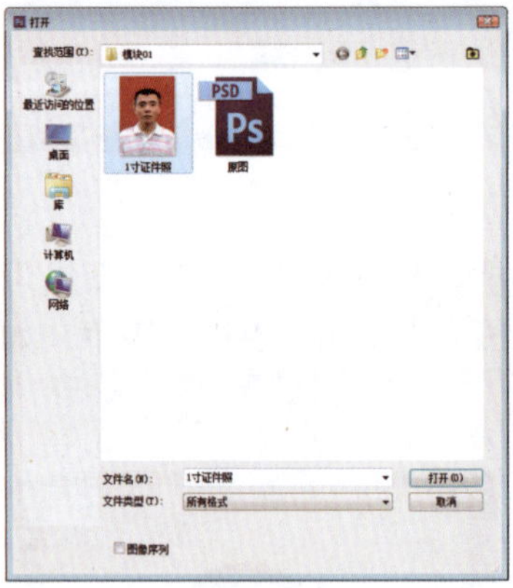


图 1–14

STEP 14 执行菜单“图像”|“画布大小”命令，在弹出的对话框中设置其参数（宽：0.4cm、高：0.4cm、相对：打✓、画布扩展颜色：白色），如图 1–15 所示。

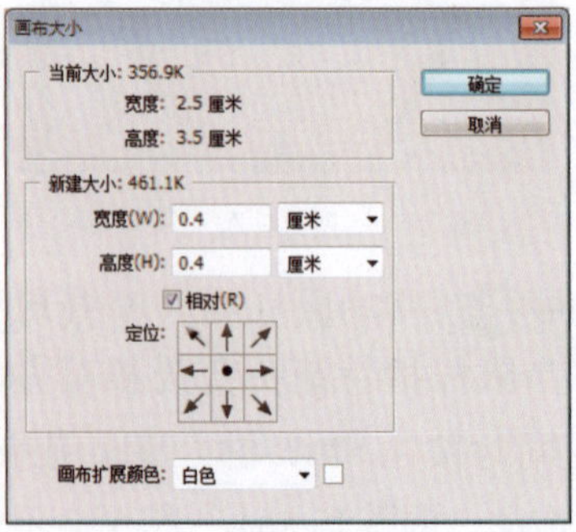


图 1–15

STEP 15 画布扩展之后的效果如图 1-16 所示。

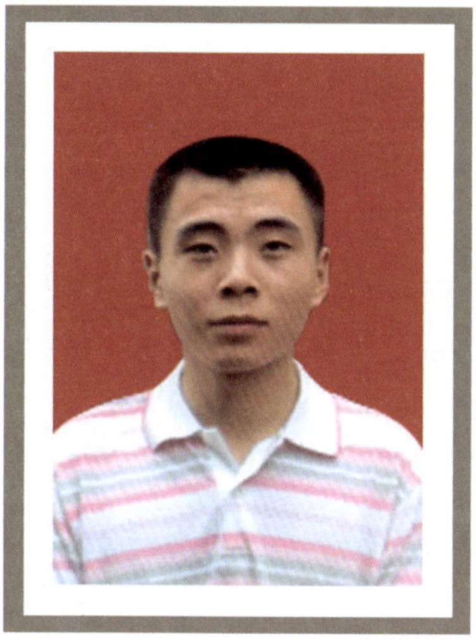

图 1-16

STEP 16 选择菜单“编辑”|“定义图案”命令，设置图像为定义图案，如图 1-17 所示。

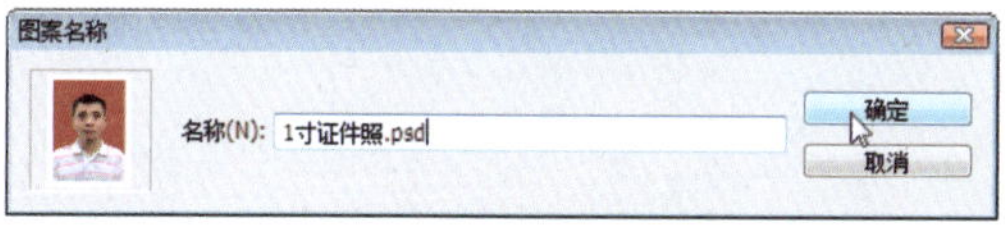


图 1-17

STEP 17 按 Ctrl+N 组合键，新建“8 张 1 寸照片”文档，如图 1-18 所示。

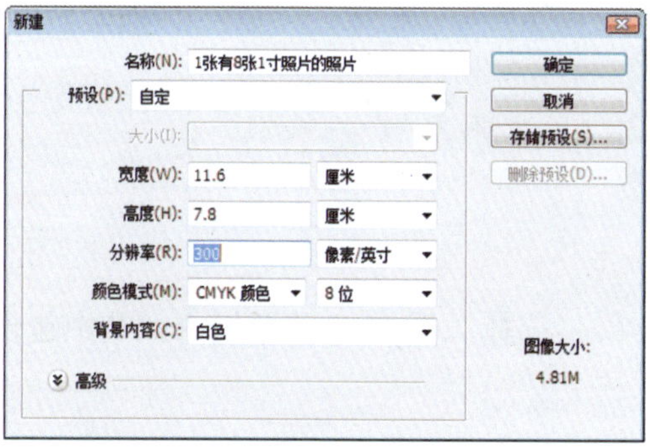


图 1-18

STEP 18 选择菜单“编辑”|“填充”命令，在弹出的对话框中设置参数（使用：图案，自定图案：1 寸证件照 .jpg），如图 1-19 所示。

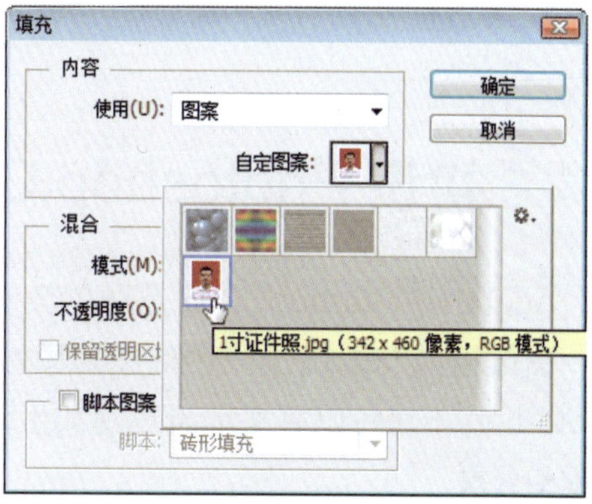


图 1-19

STEP 19 填充图案之后的效果如图 1-20 所示。

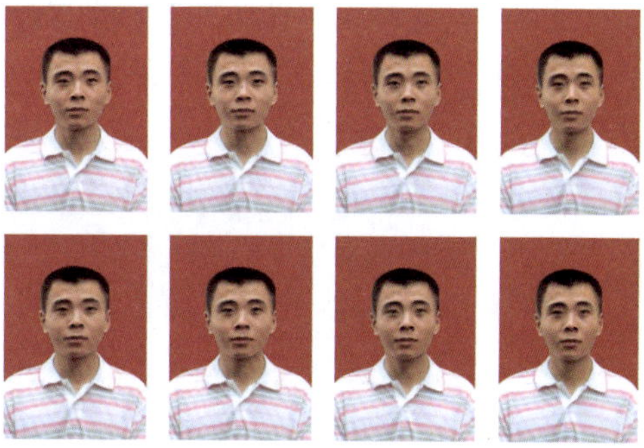

图 1-20

STEP 20 最后按 Ctrl+Shift+S 组合键，将文本以 jpeg 格式保存，如图 1-21 所示。

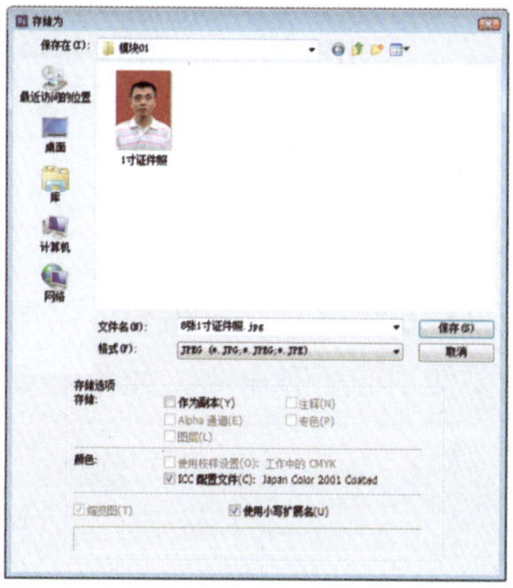


图 1-21

## 【听我讲】

## 1.1 初识 Photoshop CS6

Adobe Photoshop CS6 是融图像扫描、图像编辑、动画制作、图像设计、广告创意、图像输入与输出于一体的图形图像处理软件，被人们誉为“思想照相机”。利用 Photoshop 不仅可以真实地再现现实生活中的景象，而且可以创建出现实生活中不存在的虚幻景象。

### 1.1.1 Photoshop CS6 工作界面

启动 Photoshop CS6 软件，打开文件夹中的任意一幅图像，进入其工作界面。Photoshop CS6 的操作界面主要包括菜单栏、工具箱、属性栏、状态栏、工作区和图像、编辑窗口及浮动面板，如图 1–22 所示。

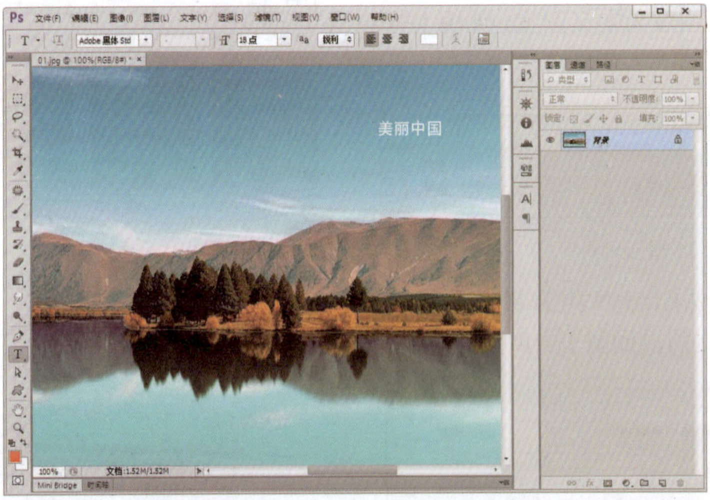


图 1–22

#### 1. 菜单栏

菜单栏由“文件”“编辑”“图像”“文字”“选择”等 11 个菜单组合，其中包含操作时要使用的所有命令，如图 1–23 所示。

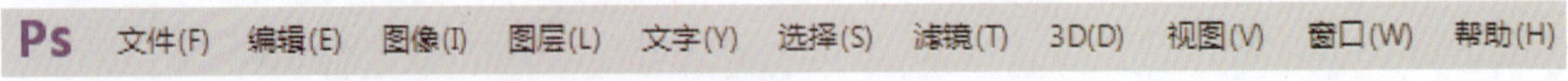


图 1–23

展开某个菜单后，将鼠标指针移动至菜单中有▸图标的命令上，此时将显示相应的子菜单，在子菜单中选择要使用的菜单命令，即可执行此命令。

### 2. 工具箱

默认情况下，工具箱位于图像编辑窗口的左侧，单击工具箱中的工具按钮，即可调用该工具。部分工具图标的右下角出现一个黑色小三角形◢图标，表示该工具还包含多个子工具。右击工具图标或按住工具图标不放，则会显示工具组中隐藏的子工具。

### 3. 属性栏

属性栏一般位于菜单栏的下方，它是各种工具的参数控制中心。根据选择工具的不同，属性栏中的选项也有所不同。用户使用工具栏中的某个工具时，属性栏会变成当前使用工具的属性设置选项。图 1–24 所示为选区工具的属性栏。

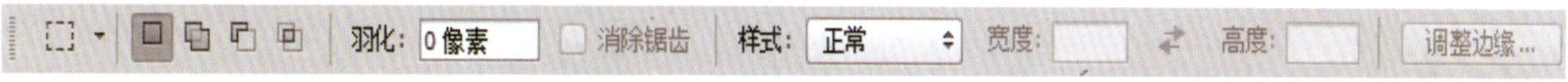


图 1–24

**操作技能**

在使用某种工具前，先要在属性栏中设置其参数。选择菜单“窗口”|“选项”命令，可以将属性栏进行隐藏和显示。

### 4. 状态栏

状态栏位于图像编辑窗口的底部，用于显示当前操作提示和当前文档的相关信息。用户可以选择需要在状态栏中显示的信息，只需单击状态栏右端的▶按钮，在弹出的下拉菜单中选择信息即可，如图 1–25 所示。

### 5. 工作区和图像编辑窗口

在 Photoshop CS6 工作界面中，灰色的区域就是工作区，图像编辑窗口在工作区内。图像编辑窗口的顶部为标题栏，标题栏中可以显示文档的名称、格式、大小、显示比例和颜色模式等，如图 1–26 所示。

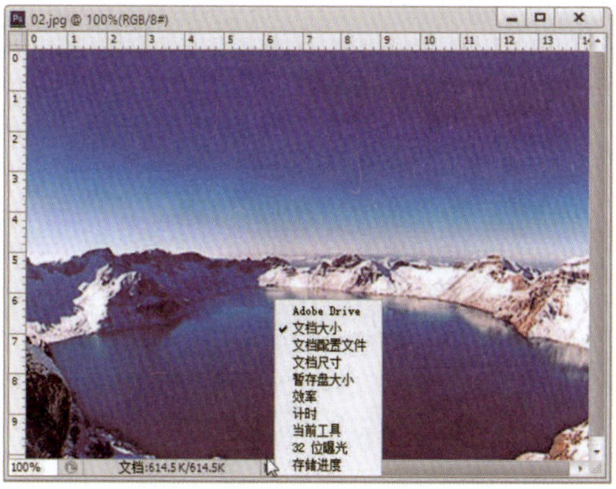


图 1–25

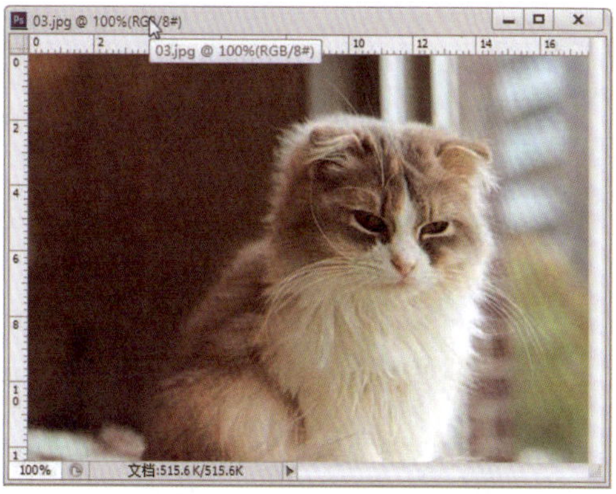


图 1–26

### 6. 浮动面板

浮动面板浮动在窗口的上方，可以随时切换以访问不同的面板。它们主要用于配合图像的编辑，对操作进行控制和参数设置。常见的面板有“图层”面板、“通道”面板、“路径”面板、“历史记录”面板和“颜色”面板等，如图 1–27 ~图 1–29 所示。在面板上右击，还能针对不同的面板进行一些特殊的操作。

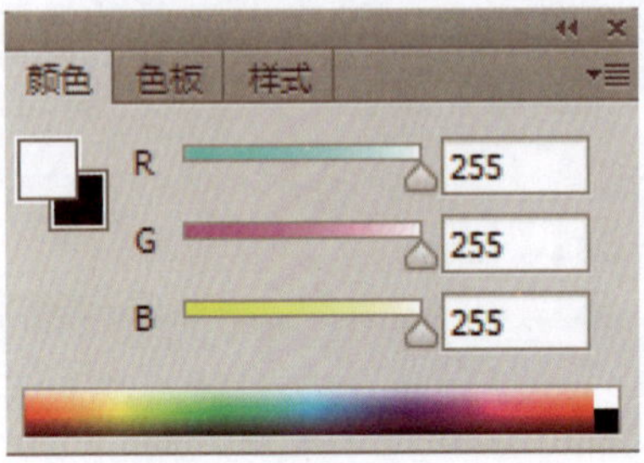


图 1–27

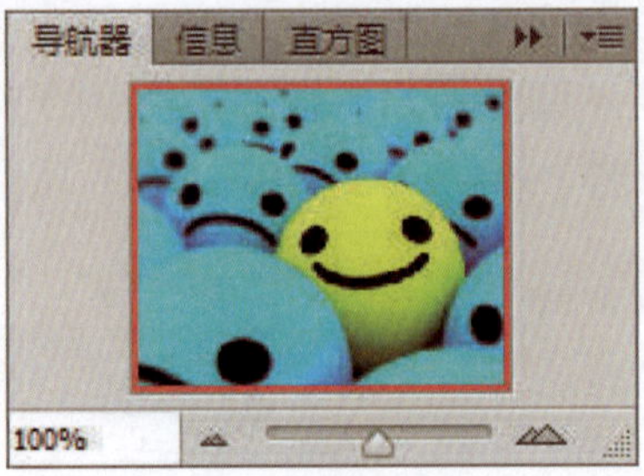


图 1–28

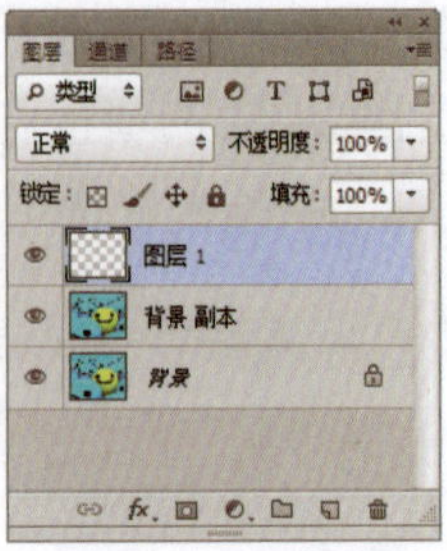


图 1–29

## 1.1.2 文件的基本操作

在对图像编辑之前，需要先学习软件的一些基本操作，如文件的打开、关闭、新建和存储等。

### 1. 打开和关闭文件

打开文档的方法有多种，首先打开 Photoshop CS6 的工作界面，选择菜单“文件”|“打开”命令，或按 Ctrl+O 组合键，弹出“打开”对话框，如图 1–30 所示。在该对话框中选择图像文件，单击“打开”按钮即可。此外，还可以双击 Photoshop CS6 的灰色区域，在弹出的“打开”对话框中选择要打开的文件，单击“打开”按钮。

文件打开之后，还可以对其进行关闭操作。关闭文件最常用的方法是单击图像窗口标题栏右侧的“关闭”按钮，如图 1–31 所示。

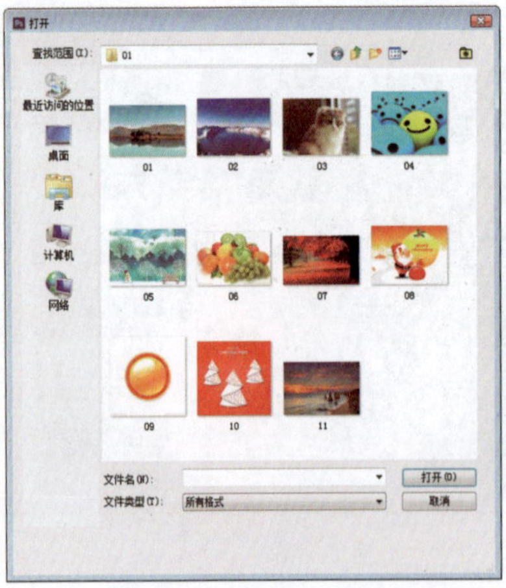

图 1–30

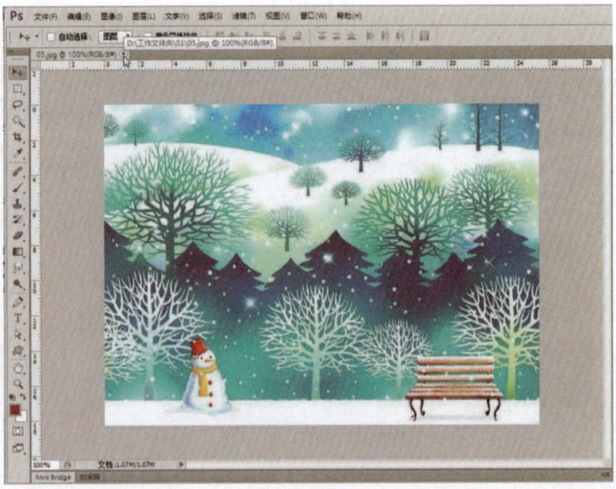

图 1–31

### 2．新建文件

新建文件是指在 Photoshop CS6 工作界面中创建一个自定义尺寸、分辨率和模式的图像窗口，图像的绘制、编辑和保存等操作都可以在该图像窗口中进行。

选择菜单“文件”|“新建”命令，或者按 Ctrl+N 组合键，弹出“新建”对话框，如图 1−32 所示。从中可设置新文件的名称、尺寸、分辨率、颜色模式及背景内容等参数。设置完成后，单击“确定”按钮即可。

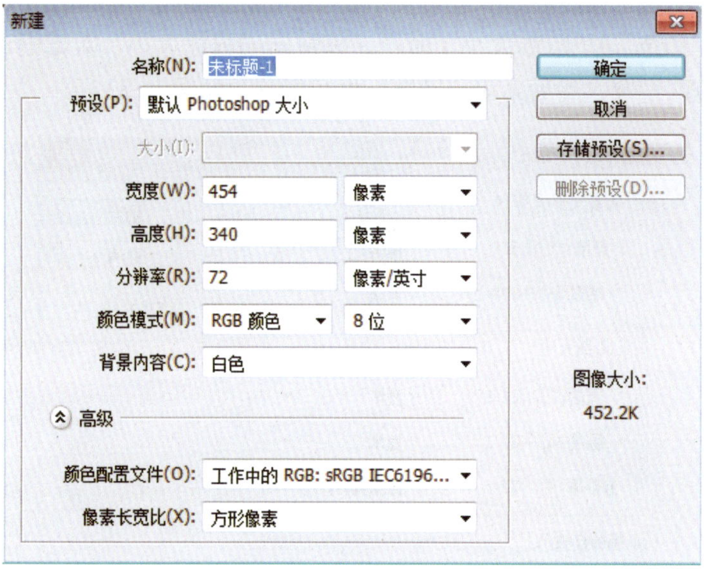


图 1−32

### 3．存储文件

存储文件是指在使用 Photoshop CS6 处理图像过程中或处理完成后对图像所做的保存操作。若不需要对当前文档的文件名、文件类型或存储位置进行修改或操作，则直接选择菜单“文件”|“存储”命令或按 Ctrl+S 组合键即可。

若要将编辑后的图像文件以不同的文件名、文件类型或存储位置进行存储，则应使用另存为的方法。即选择菜单“文件”|“存储为”命令或者按 Ctrl+Shift+S 组合键，弹出“存储为”对话框，选择存储路径，输入文件名，在“格式”下拉列表框中选择文件格式，单击“保存”按钮即可。

## 1.2 图像的基础操作

在编辑图像时，当最初的图像或画布大小不符合用户的需求时，可根据需要对其进行修改尺寸。对图像文件进行调整和编辑即图像的基本操作，包括图像的缩放和图像窗口的缩放、图像大小和画布大小的调整、图像的裁切，以及图像的恢复操作等。

## 1.2.1 图像大小的调整

调整图像大小是指在保留所有图像的情况下通过改变图像的比例来实现图像尺寸的调整。

### 1. 使用“图像大小”命令调整图像大小

图像质量的好坏与图像的大小、分辨率有很大的关系，分辨率越高，图像就越清晰，而图像文件所占用的空间也就越大。

选择菜单“图像”|“图像大小”命令，将弹出“图像大小”对话框，从中可对图像的参数进行相应的设置，然后单击“确定”按钮即可，如图 1–33 所示。

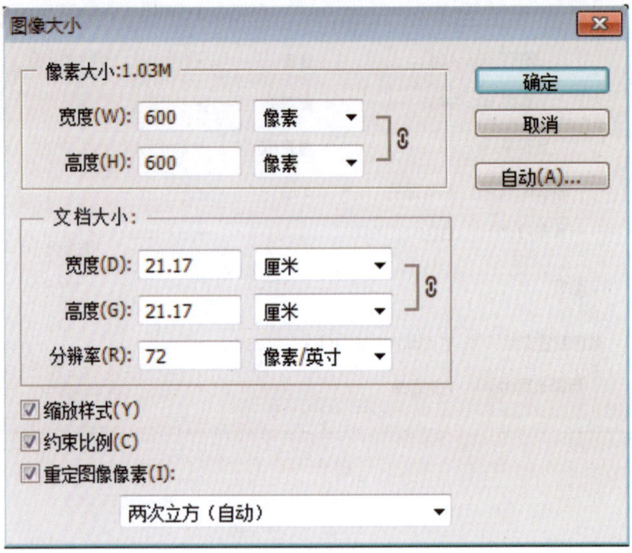


图 1–33

在“图像大小”对话框中，各参数选项的含义如下。

- “像素大小”：用于改变图像在屏幕上的显示尺寸。
- “文档大小”：用于设置文档的宽度、高度和分辨率，以确定图像的大小。
- “缩放样式”：选中该复选框后，将按比例缩放图像中的图层样式效果。
- “约束比例”：选中该复选框后，在“宽度”和“高度”文本框后将出现“链接”标志，更改其中一项后，另一项将按原图像比例相应变化。
- “重定图像像素”：选中该复选框后，将激活“像素大小”选项组中的参数，以改变像素大小；取消选中该复选框后，像素大小将不发生变化。

### 2. 使用“裁剪工具”调整图像大小

裁剪工具主要用来调整画布的尺寸与图像中对象的尺寸。裁剪图像是指使用裁剪工具将部分图像剪去，从而实现图像尺寸的改变或者获取操作者需要的图像部分。

选择工具箱中的裁剪工具，在图像中拖曳得到矩形区域，矩形外的图像会变暗，以便于突出显示被裁剪的区域。矩形区域的内部代表裁剪图像后保留的部分。裁剪框的周围有 8 个控制点，对控制点进行操作可以对该框进行移动、缩小、放大和旋转等调整。图 1−34 和图 1−35 所示为裁剪前后对比效果图。

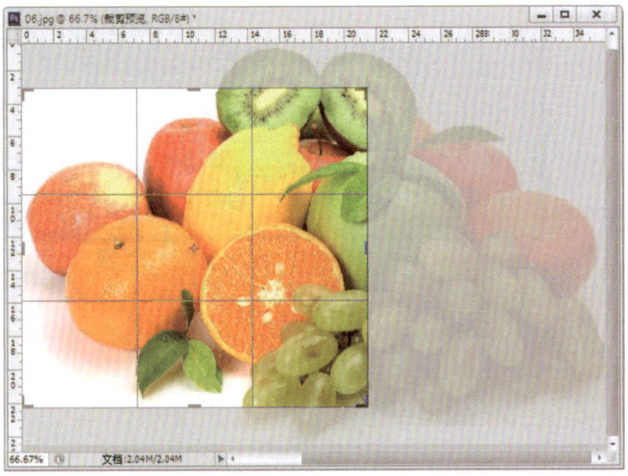

图 1−34

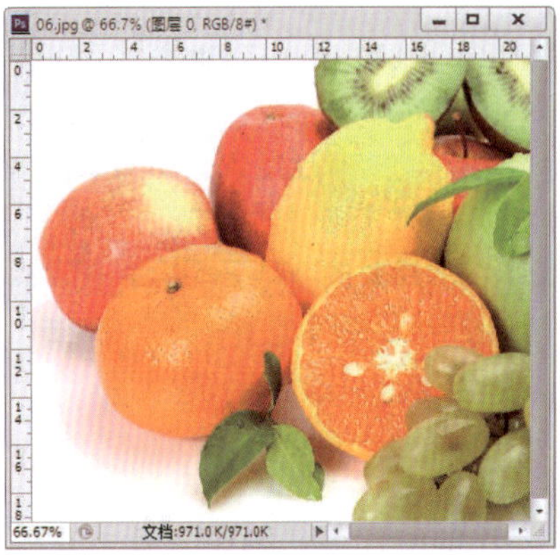

图 1−35

## 1.2.2　画布大小的调整

画布是显示、绘制和编辑图像的工作区域。画布大小在一定程度上影响图像尺寸的大小。放大画布时，会在不影响原有图像的基础上，在图像四周增加空白区域；缩小画布时，则会裁剪掉不需要的图像边缘。

选择菜单“图像”|“画布大小”命令，将弹出“画布大小”对话框，如图 1−36 所示。在该对话框中可以设置扩展图像的宽度和高度，并能对扩展区域进行定位。

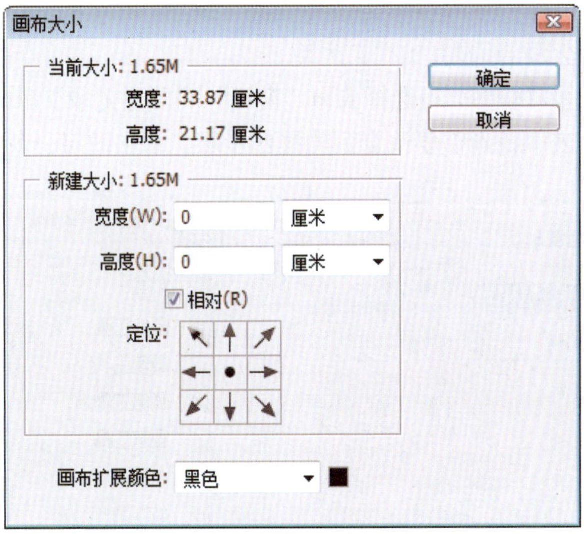


图 1−36

同时，在“画布扩展颜色”下拉列表框中有背景、前景、白色、黑色、灰色等选项可供选择。最后只需单击“确定”按钮即可让图像的调整生效。将画布向四周扩展的效果如图 1−37 和图 1−38 所示。

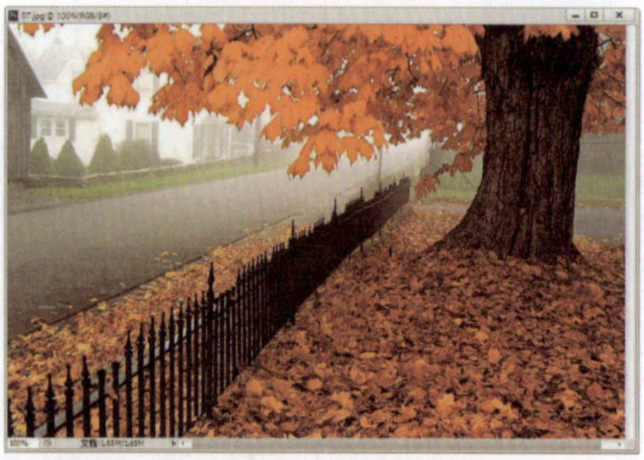

图 1-37

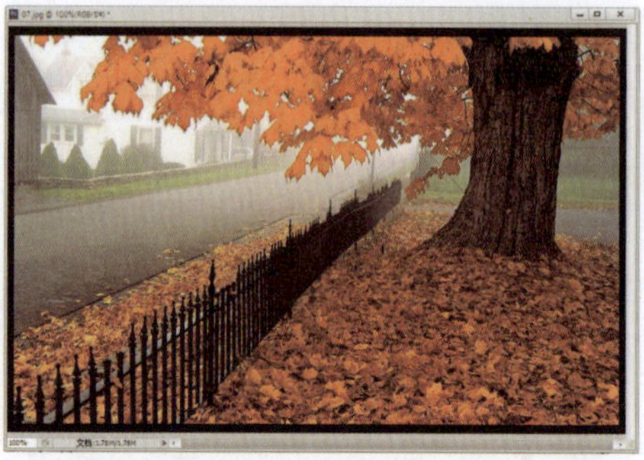

图 1-38

## 1.2.3 图像的恢复操作

在处理图像的过程中，使用软件提供的恢复操作功能可以对效果不满意或错误操作进行恢复。

### 1. 退出操作

退出操作是指在执行某些操作的过程中，完成该操作之前可中途退出该操作，从而取消当前操作对图像的影响。要退出操作只需在执行该操作时按 Esc 键即可。

### 2. 恢复到上一步操作

恢复到上一步是指将图像恢复到上一步编辑操作之前的状态，该步骤所做的更改将被全部撤销。其方法是选择菜单“编辑”|“后退一步”命令，或按 Alt+Ctrl+Z 组合键，如图 1-39 所示。

### 3. 恢复到任意步操作

如果需要恢复的步骤较多，可选择菜单“窗口”|“历史记录”命令，打开“历史记录”面板，在历史记录列表中找到需要恢复到的操作步骤，单击即可，如图 1-40 所示。

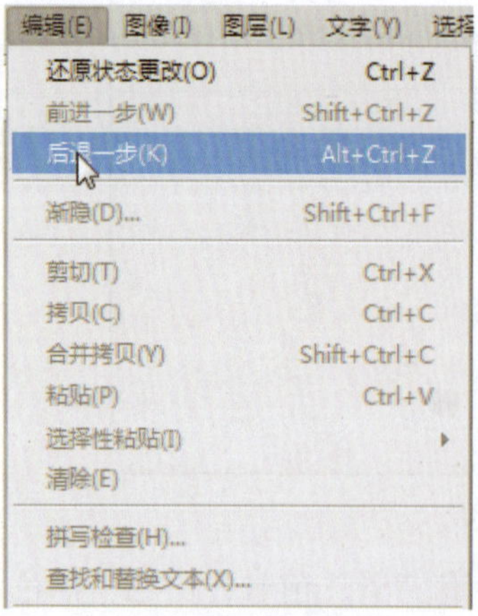


图 1-39

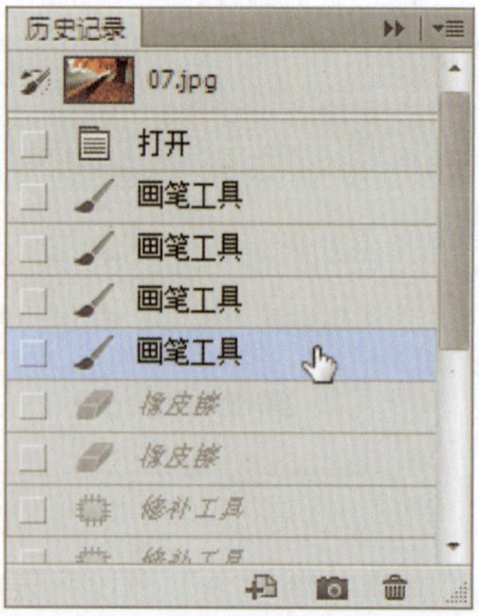


图 1-40

# 1.3 常用术语

了解一些与图像处理相关的常用术语，才能更好地学习使用 Photoshop 进行图像处理的相关知识和技术。

## 1.3.1 位图与矢量图

位图图像 (Bitmap)，亦称为点阵图像或绘制图像，是由称作像素（图片元素）的单个点组成的。它的大小和质量取决于图像中的像素点的多少，每平方英寸中所含像素越多，图像越清晰，颜色之间的混合也越柔和。由于是对图像中的像素进行编辑，所以在对图像进行拉伸、放大或缩小等处理时，其清晰度和柔和度会受到影响，如图 1–41 和图 1–42 所示。

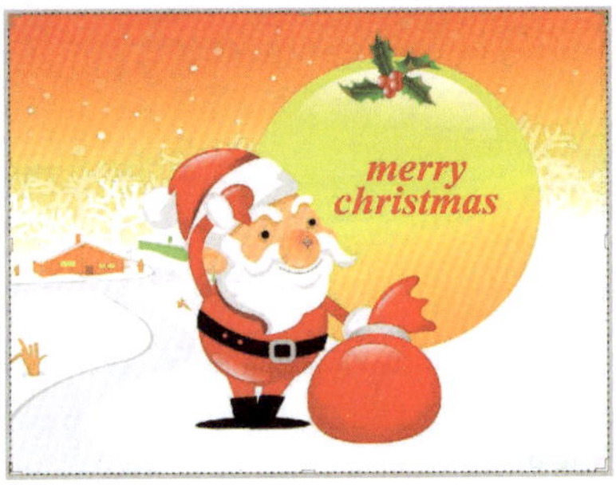


图 1–41

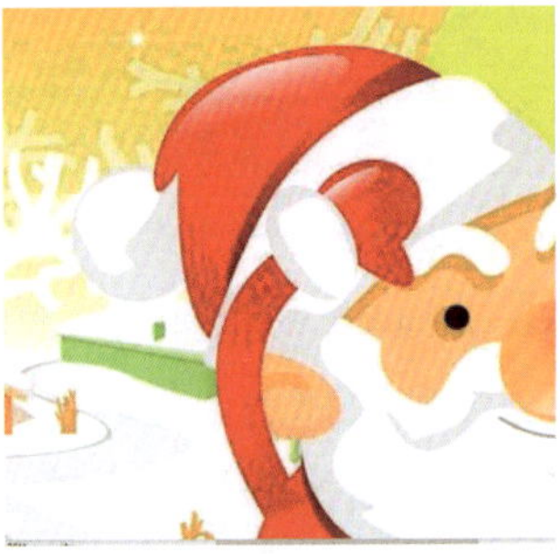

图 1–42

矢量图是根据几何特性来绘制图形的，它的特点是放大后图像不会失真，文件占用空间较小，适用于图形设计、文字设计和版式设计等。矢量图与位图最大的区别是它不受分辨率影响，因此在印刷时任意放大或缩小图形不会影响出图的清晰度，如图 1–43 和图 1–44 所示。

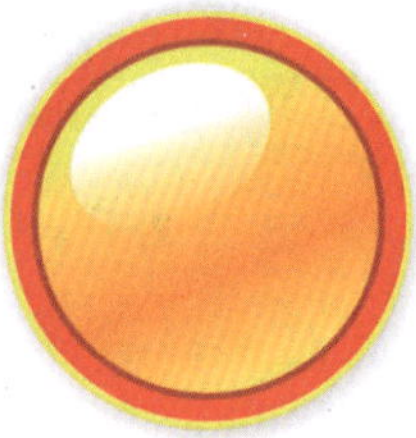

图 1–43

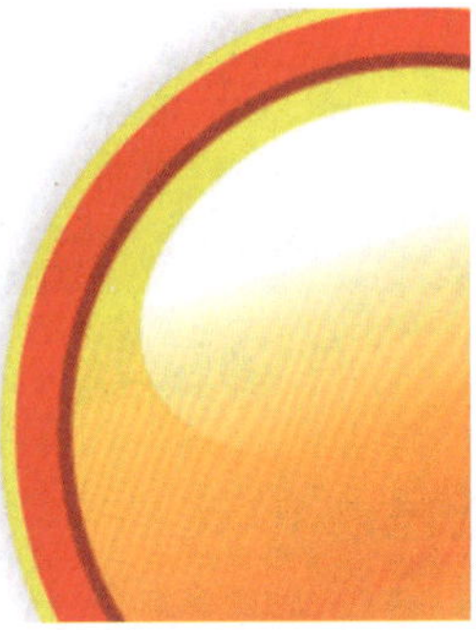

图 1–44

## 1.3.2 像素与分辨率

像素 (Pixel) 是用来衡量数码影像分辨率的一种单位，如同数码照片一样，数码影像也具有连续性的浓淡阶调，若把影像放大数倍，会发现这些连续色调其实是由许多色彩相近的小方点所组成，这些小方点就是构成影像的最小单位“像素”。在计算机编程中，像素组成的图像叫位图或者光栅图像。位图化图像可用于编码数字影像和某些类型的计算机生成艺术。简单说来，像素就是图像的点的数值，点画成线，线画成面，如图 1–45 和图 1–46 所示。

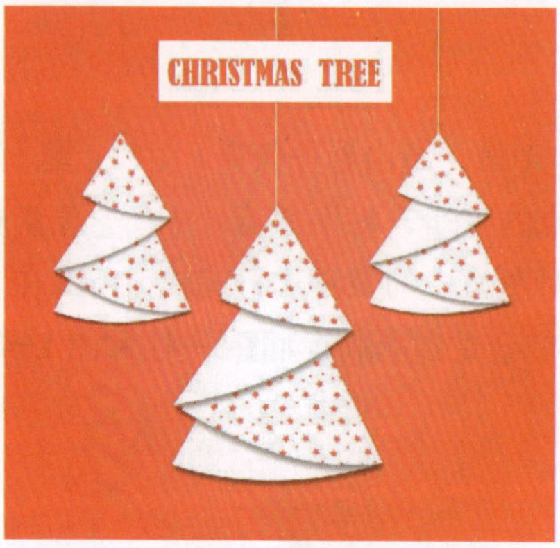


图 1–45

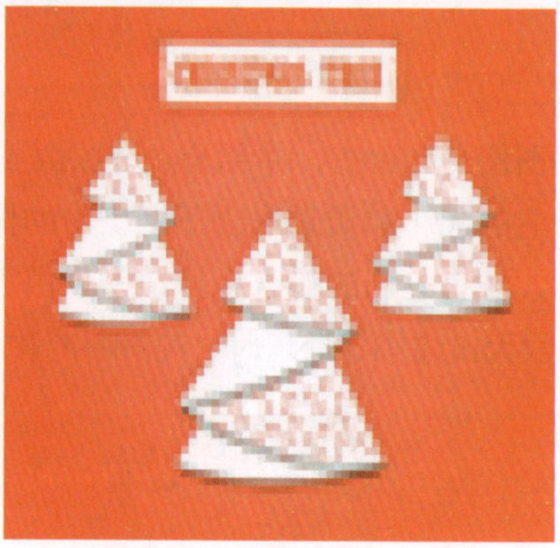

图 1–46

分辨率 (Resolution) 即指屏幕图像的精密度，是指显示器所能显示的像素的多少。由于屏幕上的点、线和面都是由像素组成的，显示器可显示的像素越多，画面就越精细，同样的屏幕区域内能显示的信息也越多，所以分辨率是非常重要的性能指标。图像的分辨率可以改变图像的精细程度，它直接影响图像的清晰度，也就是说，图像的分辨率越高，图像的清晰度也就越高，图像占用的存储空间也越大，如图 1–47 和图 1–48 所示。

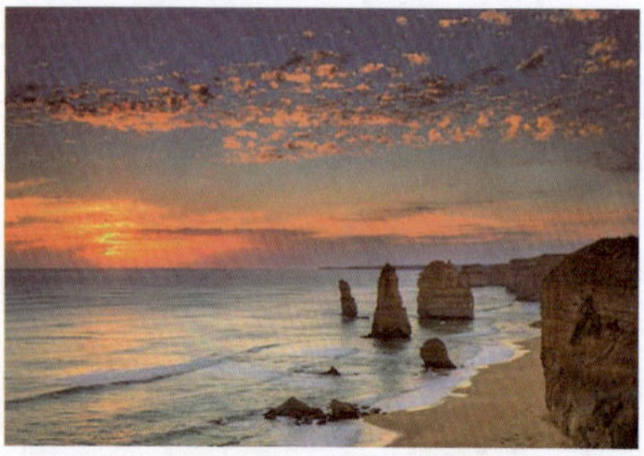

图 1–47

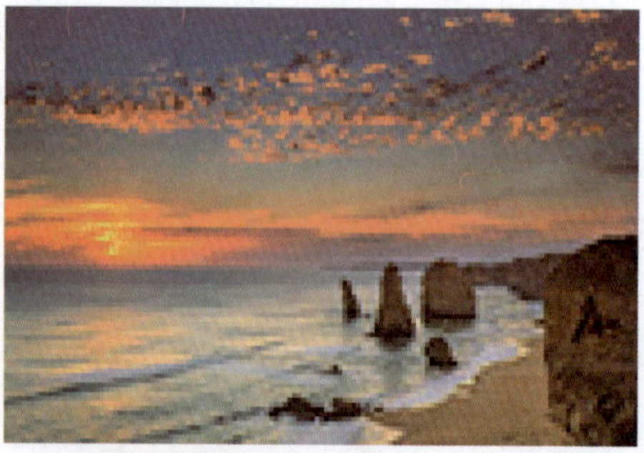

图 1–48

## 1.3.3 常见色彩模式

在 Photoshop 中，记录某种图像颜色的方式就是色彩模式，也可以说是将某种颜色表现为数字形式的模式。Photoshop 为用户提供了 9 种色彩模式，即 RGB 模式、CMYK 模式、Lab 颜色模式、HSB 模式、位图模式、灰度模式、索引颜色模式、双色调模式和多通道模式。下面将分别介绍几种常用的色彩模式。

(1) RGB 模式。

RGB 模式是基于自然界中 3 种基色光的混合原理，将红 (R)、绿 (G) 和蓝 (B)3 种基色按照从 0( 黑 ) 到 255( 白色 ) 的亮度值在每个色阶中分配，从而指定其色彩，如图 1-49 所示。新建的 Photoshop 图像的默认色彩模式为 RGB，计算机显示器使用 RGB 颜色模式显示颜色。尽管 RGB 是标准色彩模式，但是所表示的实际颜色范围仍因应用程序或显示设备而不同。

(2) CMYK 模式。

CMYK 模式是一种印刷模式，其中 4 个字母分别指青 (Cyan)、洋红 (Magenta)、黄 (Yellow) 和黑 (Black)，如图 1-50 所示，在印刷中代表 4 种颜色的油墨。CMYK 模式在本质上与 RGB 模式没有什么区别，只是产生色彩的原理不同。在 RGB 模式中是由光源发出的色光混合生成颜色，而在 CMYK 模式中则由光线照到有不同比例 C、M、Y、K 油墨的纸上，部分光谱被吸收后，反射到人眼的光产生颜色。由于 C、M、Y、K 在混合成色时，随着 C、M、Y、K 成分的增多，反射到人眼的光会越来越少，光线的亮度会越来越低，所有 CMYK 模式产生颜色的方法又被称为色光减色法。

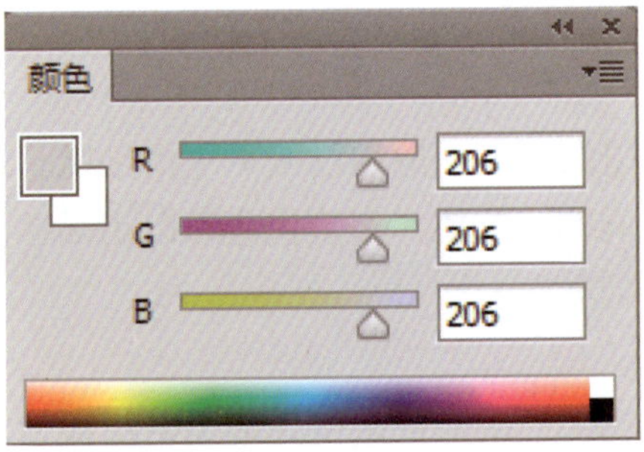


图 1-49

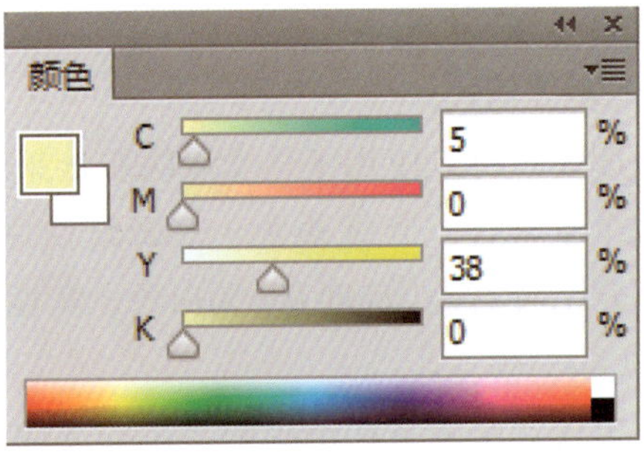


图 1-50

(3) Lab 模式。

Lab 模式解决了由于不同的显示器和打印设备所造成的颜色差异问题，也就是它不依赖于设备。Lab 颜色是以一个亮度分量 L 及两个颜色分量 a 和 b 来表示颜色的，a 代表由绿色到红色的光谱变化，b 代表由蓝色到黄色的光谱变化，如图 1-51 所示。Lab 模式所包含的颜色范围最广，能够包含所有的 RGB 和 CMYK 模式中的颜色。

(4) HSB 模式。

HSB 模式是基于人眼对色彩的观察来定义的，在此模式中，所有的颜色都用色相或色调、饱和度和亮度 3 个特性来描述，如图 1-52 所示。

色相 (H) 是指人眼能看到的纯色，它是与颜色主波长有关的颜色物理和心理特性。不同波长的可见光具有不同的颜色。非彩色 ( 黑、白、灰色 ) 不存在色相属性；所有色彩 ( 红、橙、黄、绿、青、蓝、紫等 ) 都是表示颜色外貌的属性。有时，色相也称为色调。

饱和度 (S) 指颜色的强度或纯度，表示色相中灰色成分所占的比例，用 0% ~ 100%( 纯色 ) 来表示。

亮度 (B) 是颜色的相对明暗程度，通常用 0%( 黑 ) ~ 100%( 白 ) 来度量。

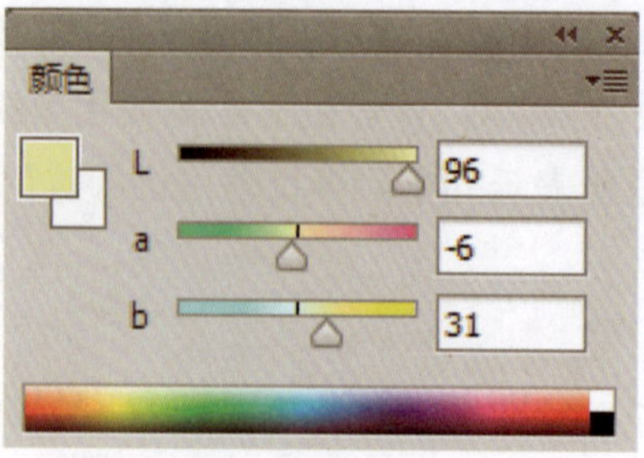


图 1–51

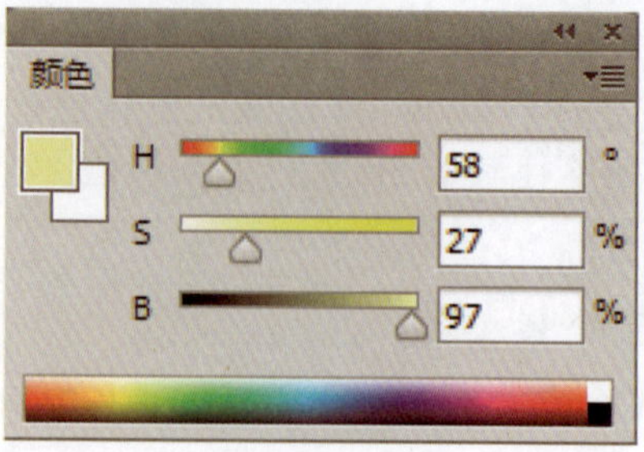


图 1–52

(5) 位图模式。

位图模式用两种颜色（黑和白）来表示图像中的像素。位图模式的图像也叫作黑白图像。由于位图模式只用黑白色来表示图像的像素，在将图像转换为位图模式时会丢失大量细节，因此 Photoshop 提供了几种算法来模拟图像中丢失的细节。在宽度、高度和分辨率相同的情况下，位图模式的图像文件大小最小，约为灰度模式图像的 1/7 和 RGB 模式图像的 1/22 以下。

(6) 灰度模式。

灰度模式可以使用多达 256 级灰度来表现图像，使图像的过渡更平滑细腻。灰度图像的每个像素有一个 0(黑色) ~ 255(白色)之间的亮度值。灰度值也可以用黑色油墨覆盖的百分比来表示（灰度 0% 为白色，灰度 100% 为黑色）。

(7) 索引模式。

索引模式是网络和动画中常用的图像色彩模式，将彩色图像转换为索引模式后包含近 256 种颜色。索引模式图像包含一个颜色表。如果原图像中的颜色不能用 256 色表现，则 Photoshop 会从可使用的颜色中选出最相近的颜色来模拟这些颜色，这样可以减小图像文件的大小。

## 1.3.4 常用文件格式

在存储图像时，用户可以根据需要选择不同的文件格式，如 PSD、BMP、JPEG、GIF 和 PNG 等。

(1) PSD 格式。

PSD 格式是 Photoshop 软件的专用格式，能支持网络、通道、路径、剪贴路径及图层等所有 Photoshop 的功能，还支持 Photoshop 使用的任何颜色深度和图像模式。PSD 格式是采用 RLE 的无损压缩，在 Photoshop 中存储和打开此格式的文件也是较快速的。

(2) BMP 格式。

BMP 格式也是 Photoshop 常用的点阵图格式，此种格式的文件几乎不压缩，占用磁盘空间较大，存储格式可以为 1bit、4bit、8bit、24bit，支持 RGB、索引、灰度和位图色彩模式，但不支持 Alpha 通道。由于 BMP 文件格式是 Windows 环境中的标准图像文件格式，因此在 Windows 环境中运行的图形图像软件都支持 BMP 图像格式。在将图像保存为 BMP 格式时，会弹出“BMP 选项”对话框，如图 1-53 所示。

(3) GIF 格式。

GIF 分为静态 GIF 和动画 GIF 两种，扩展名为 .gif，它支持透明背景图像，适用于多种操作系统，GIF 格式图像文件“体型”很小，网上很多小动画都是 GIF 格式的。其实，GIF 是将多幅图像保存为一个图像文件，从而形成动画，所以归根到底 GIF 仍然是图片文件格式，但 GIF 只能显示 256 色。在保存 GIF 格式时，会弹出“索引颜色”对话框，如图 1-54 所示。

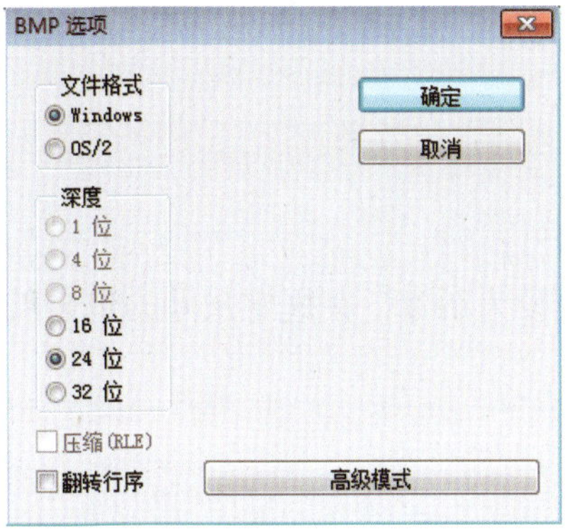


图 1-53

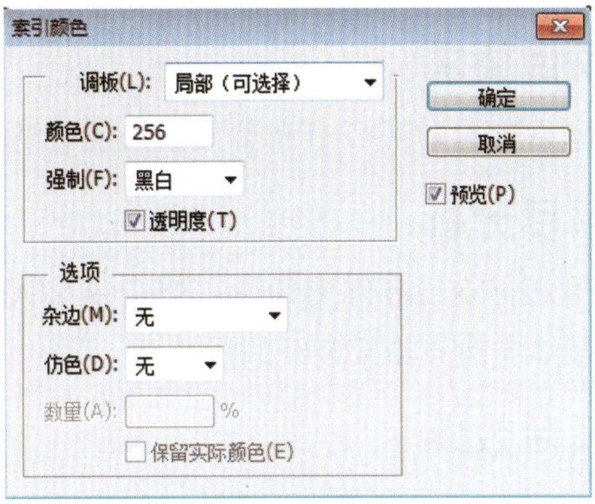


1-54

(4) JPEG 格式。

JPEG 格式是目前网络上最为流行的图像格式，是可以把文件压缩到最小的格式。JPEG 是一种很灵活的格式，具有调节图像质量的功能，允许用不同的压缩比例对文件进行压缩，支持多种压缩级别，压缩比例通常在 10∶1 到 40∶1 之间。压缩比例越大，品质就越低；相反地，压缩比例越小，品质就越好。

(5) PNG 格式。

PNG 格式是 Netscape 公司开发出来的格式，可以用于网络图像。不同于 GIF 格式图像的是，它可以保存 24bit 的真彩色图像，并且支持透明背影和消除锯齿边缘的功能，可以在不失真的情况下压缩保存图像。

(6) PDF 格式。

PDF 格式是 Adobe 公司开发的用于 Windows、Mac、OS、UNIX 和 DOS 系统的一种电子出版软件的文档格式，适用于不同的平台。该格式基于 PostScript Leve 2 语言，因此可以覆盖矢量图像和位图图像，并且支持超链接。PDF 文件是由 Adobe Acrobat 软件生成的文件格式，该格式文件可以存储多页信息，其中包括图形和文件的查找和导航功能，因此 PDF 是网络下载经常使用的文件格式。

(7) TIFF。

TIFF 格式支持位图、灰度、索引、RGB、CMYK 和 Lab 等图像模式。TIFF 是跨平台的图像格式，TIFF 格式文件可在 Windows 和 Mac 系统中打开和存储。它被页面布局程序广泛地接受，常用于出版业和印刷业。

# 【自己练】

## 项目练习：设计糖果包装纸

### 项目背景

Sweet 糖果店为了包装、宣传自己特制的糖果，委托本公司为其设计一款糖果包装纸。

### 项目要求

以糖果店的 LOGO 分布整张糖果包装纸，以达到宣传效果。

### 项目分析

使用 Photoshop 图案预设，把店铺 LOGO 预设为图案，在规定尺寸的包装纸上填充图案，最终完成包糖果装纸的设计。

### 项目效果

### 课时安排

2 课时。

# 第 2 章

## 设计宣传海报
## ——选区与路径详解

### 本章概述

本章主要介绍 Photoshop CS6 中选区及路径的创建与编辑操作。在 Photoshop CS6 中，可以通过路径建立特殊的选区。使用路径，可以更好地完成一些矢量和特定线条及图形的绘制，而选区则可以用来更好地绘制和编辑图形。

### 要点难点

选区的编辑 ★☆☆

路径的编辑 ★★★

### 案例预览

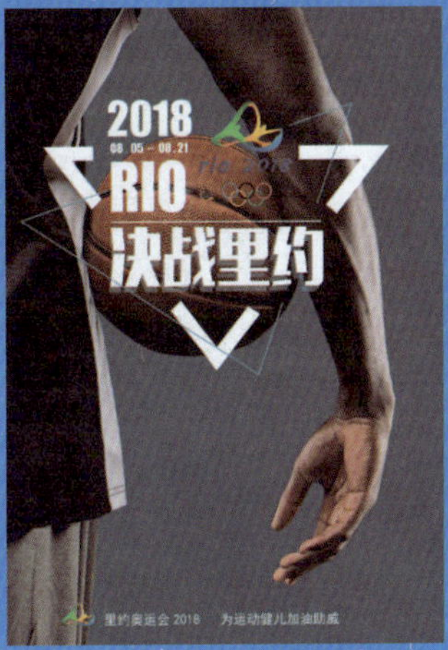


宣传海报效果图

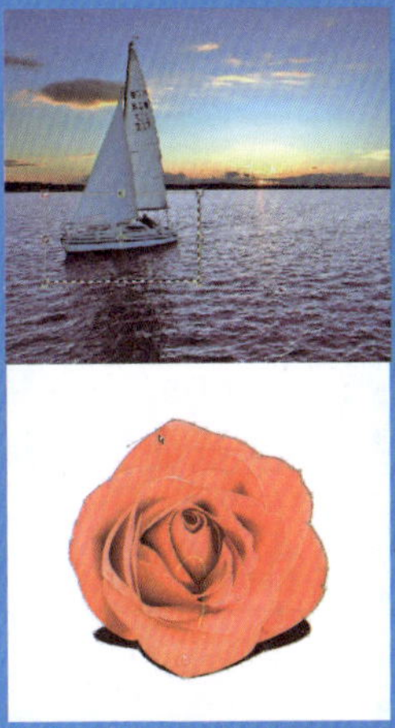

变换选区与路径的调整

# 【跟我学】设计体育赛事海报

## 作品描述

在人来人往的大街小巷，各式各样的宣传海报随处可见，其目的是对潜在客户进行宣传。在此便以制作奥运会宣传海报为例，对其制作过程进行详细介绍。

## 实现过程

STEP 01 选择菜单“文件”|“新建”命令，在弹出的“新建”对话框中设置参数，新建一个文档，如图 2-1 所示。

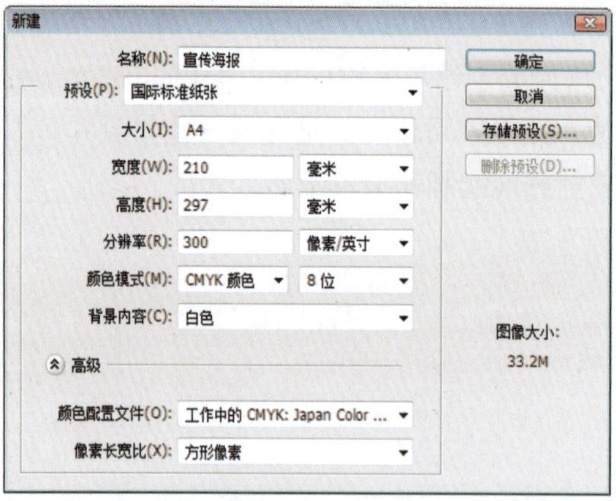


图 2-1

STEP 02 设置■（前景色）为蓝色，双击前景色，在弹出的“拾色器（前景色）”对话框中设置参数，如图 2-2 所示。

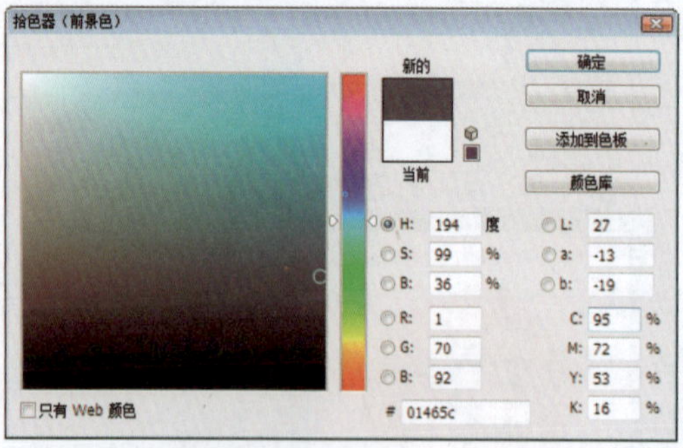


图 2-2

STEP 03 按 Alt+Delete 组合键，填充前景色，如图 2-3 所示。

图 2-3

STEP 04 打开素材文件夹中的人物素材，使用移动工具将其拖曳到“宣传海报”文档中，如图 2-4 所示。

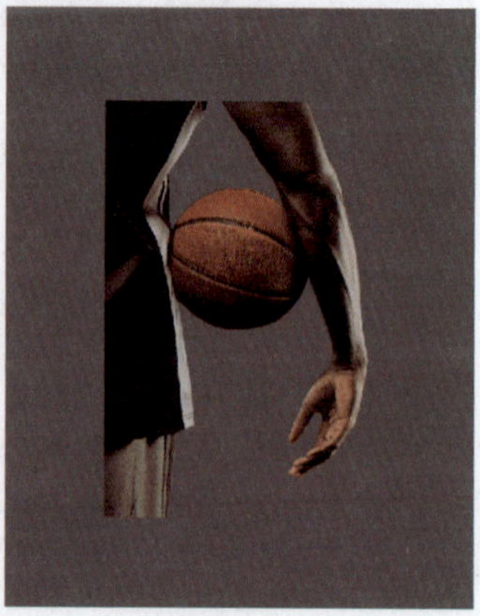

图 2-4

STEP 05 按 Ctrl+T 组合键，对其进行变换，调整大小、位置，如图 2–5 所示。

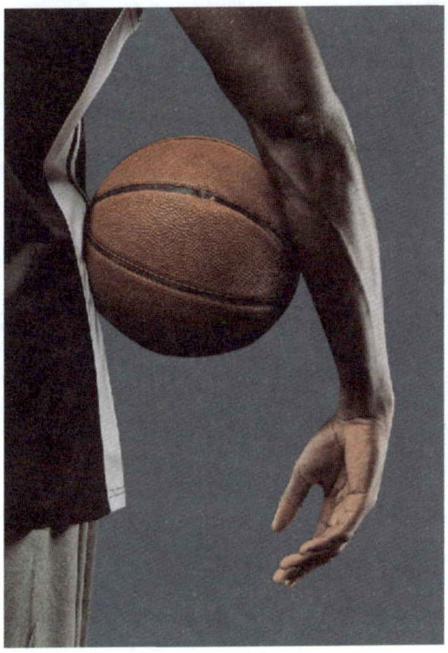

图 2–5

STEP 06 选择工具箱中的横排文字工具，输入文本内容“2018”，选择菜单“窗口”|“字符”命令，在打开的“字符”面板中，设置字体为 Impact，字号为 60 点，字体颜色为白色（R：255、G：255、B：255），如图 2–6 所示。

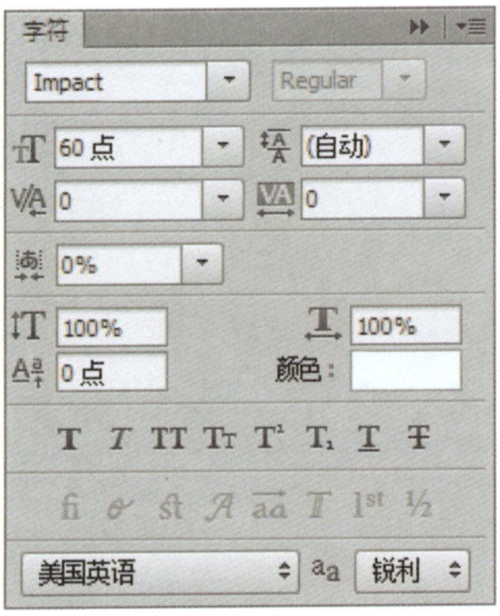


图 2–6

STEP 07 在“图层”面板中，单击文本图层，确定文本内容。然后使用工具箱中的移动工具调整位置至篮球上方，如图 2–7 所示。

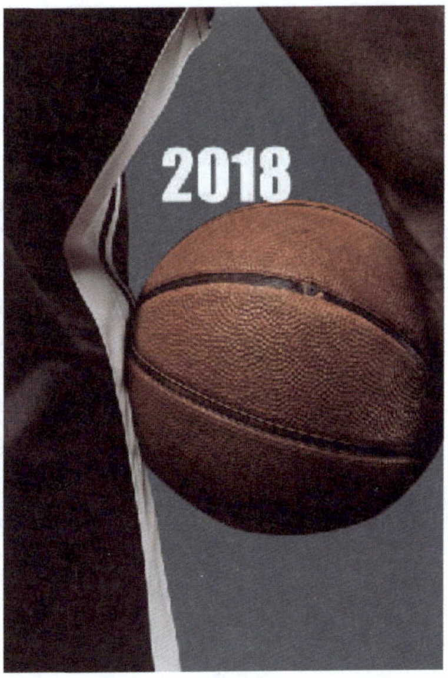


图 2–7

STEP 08 选择工具箱中的横排文字工具，输入文本内容“08.05–08.21”，在“字符”面板中设置其字体、字号、颜色，如图 2–8 所示。

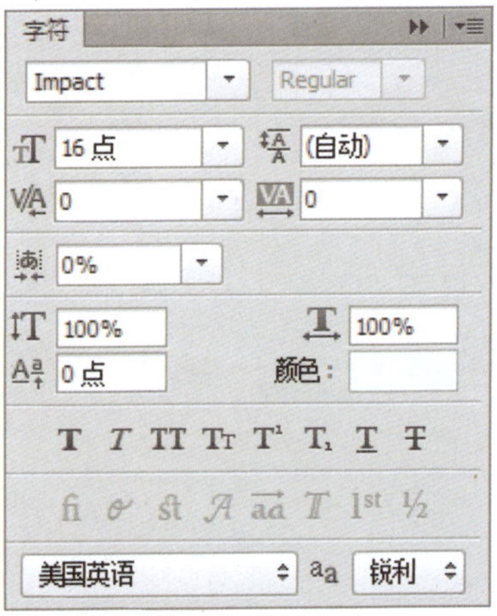


图 2–8

STEP 09 调整其位置至文本“2018”的下方，如图 2–9 所示。

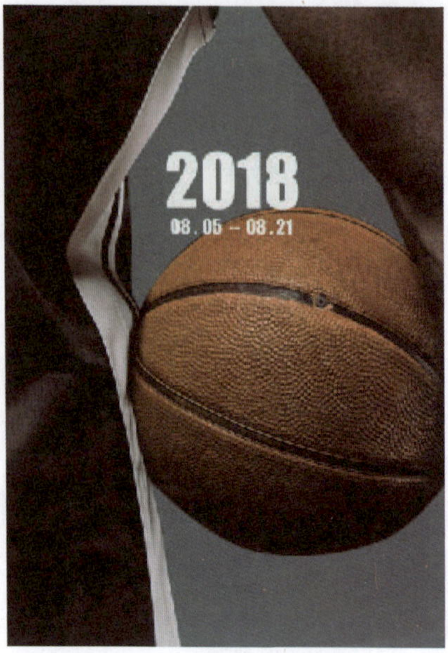


图 2-9

STEP 10 使用横排文字工具输入文本内容“RIO”，在“字符”面板中，设置其字体、字号、颜色，如图 2-10 所示。

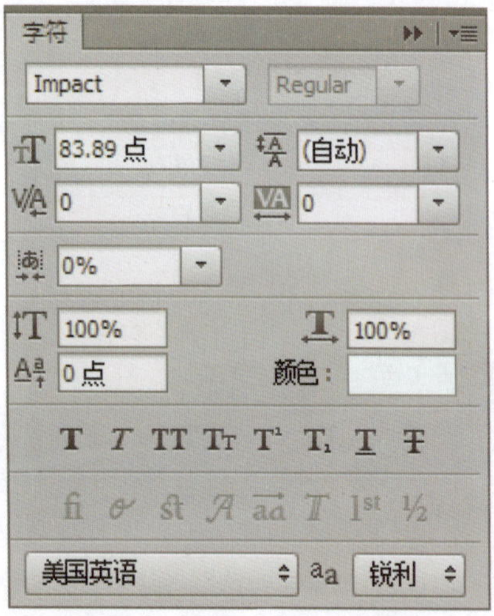


图 2-10

STEP 11 调整其位置至文本“08.05-08.21”的下方，如图 2-11 所示。

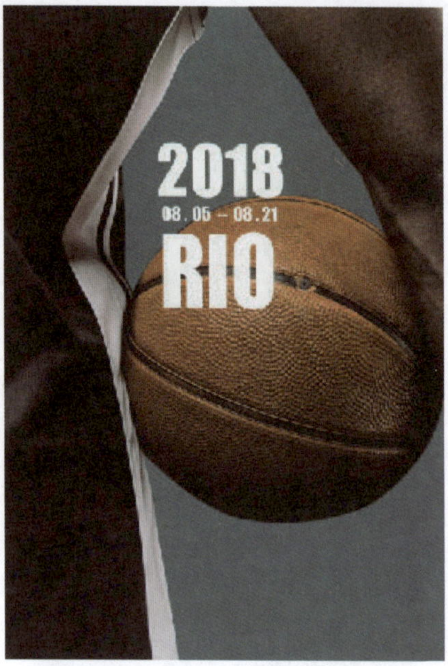


图 2-11

STEP 12 打开素材文件中的“标志.Psd”图像，使用移动工具拖曳到“宣传海报”文档中，如图 2-12 所示。

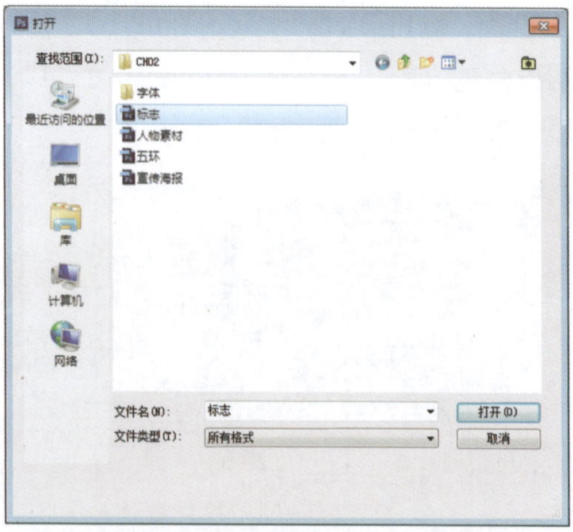


图 2-12

STEP 13 导入一幅素材图像，按 Ctrl+T 组合键，变换其大小，将其放置于文本“2018”的右侧，如图 2-13 所示。

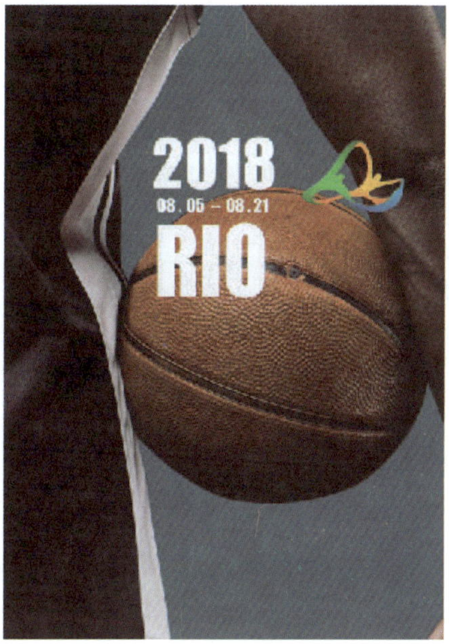


图 2-13

STEP 14 再次使用横排文字工具输入文本内容“rio2018”，在“字符”面板中，设置其字体、字号、颜色（深蓝 R：0、G：72、B：124）、字间距、基线，如图 2-14 所示。

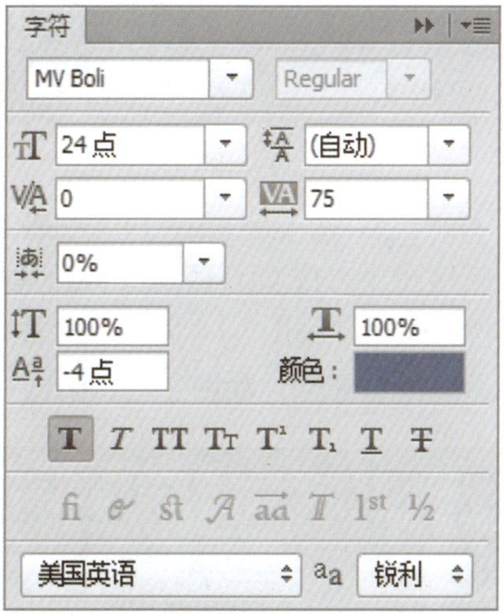


图 2-14

STEP 15 调整其位置至“标志”图层的下方，如图 2-15 所示。

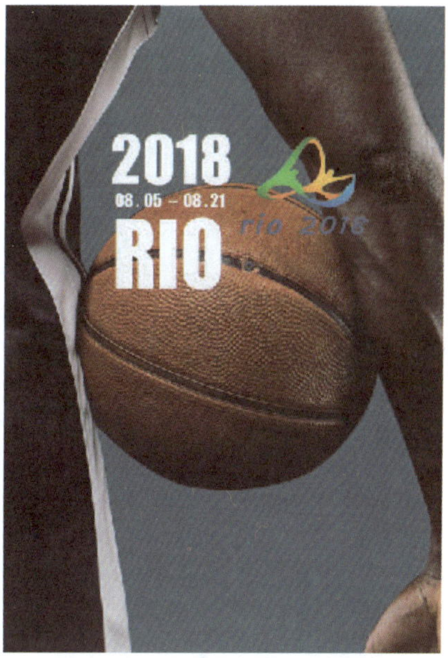


图 2-15

STEP 16 按 Ctrl+Shift+Alt+N 组合键，新建图层。按 Ctrl+R 组合键，显示标尺。选择菜单“视图”|“显示”|“参考线”命令，使用移动工具随意拖出两条相交的参考线，如图 2-16 所示。

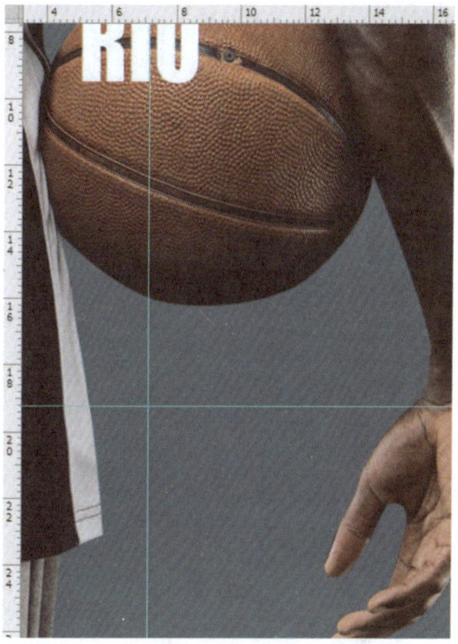

图 2-16

STEP 17 选择工具箱中的椭圆选框工具，依据参考线相交点，按住 Shift+Alt 组合键绘制一个正圆，如图 2-17 所示。

CHAPTER 01
CHAPTER 02
CHAPTER 03
CHAPTER 04
CHAPTER 05

**操作技能**

绘制椭圆时，按住 Shift 键可以画一个正圆，按住 Alt 键可以以某一点为中心画圆，按住 Shift+Alt 组合键可以以某一点为中心画一个正圆。记住，在画圆的时候要先单击，再按快捷键。

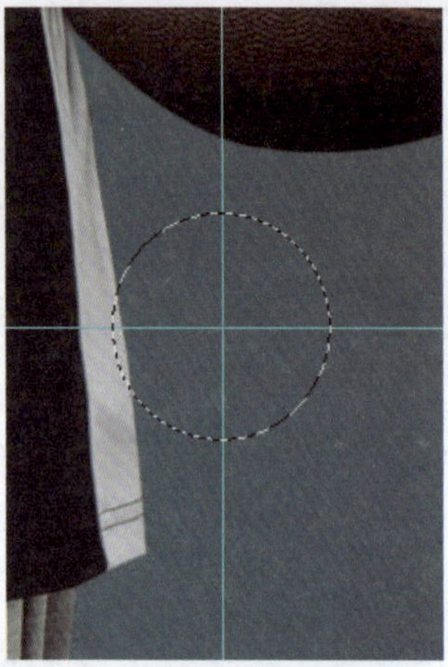

图 2–17

STEP 18 在矩形选框工具属性栏中，选择“从选区中减去”，以参考线相交点为中心绘制一个较小的正圆，从之前绘制的选区中减去现在的选区，获得一个圆环选区，如图 2-18 所示。

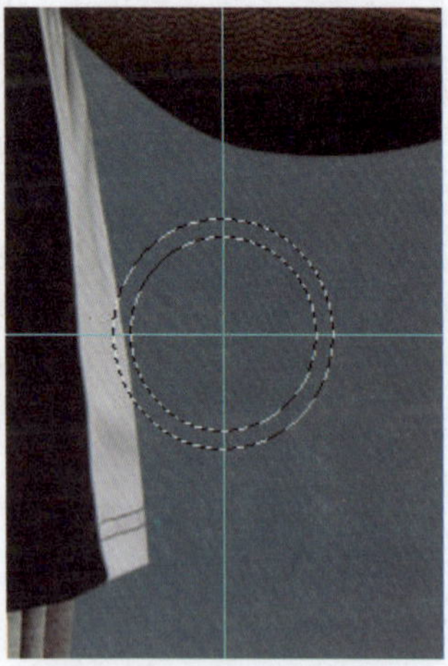

图 2–18

STEP 19 设置前景色为蓝色（R：18、G：118、B：182），设置“图层 1”图层为当前图层，填充前景色，如图 2-19 所示。

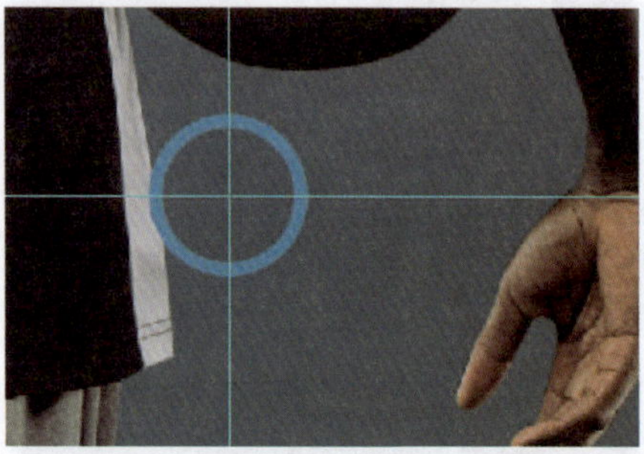

图 2–19

STEP 20 按 Ctrl+J 组合键，复制 4 个“图层 1”图层（奥运五环的其他 4 个圆环），使用移动工具调整其位置，如图 2-20 所示。

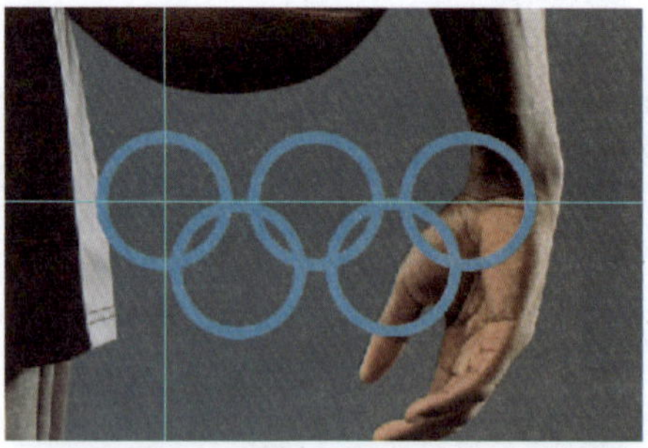

图 2–20

STEP 21 按 Ctrl+Shift+Alt+N 组合键，新建图层。按 Ctrl+R 组合键，取消标尺。选择菜单“视图”|“显示”|“参考线”命令，隐藏参考线，如图 2-21 所示。

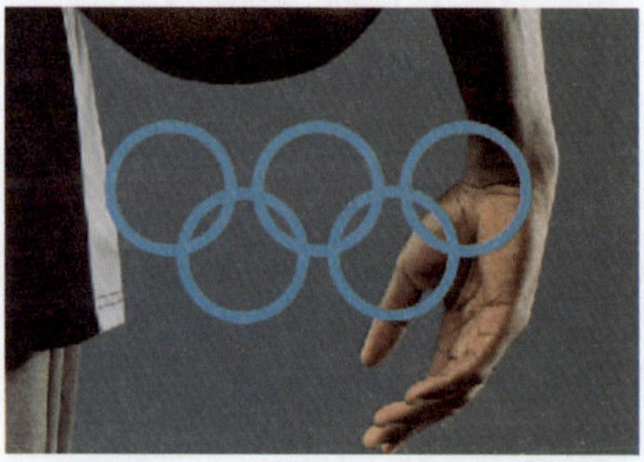

图 2–21

STEP 22 分别设置其他圆环的颜色为黑色（R：0、G：0、B：0）、红色（R：221、G：55、B：77）、黄色（R：191、G：144、B：80）、绿色（R：34、G：149、B：109），如图 2–22 所示。

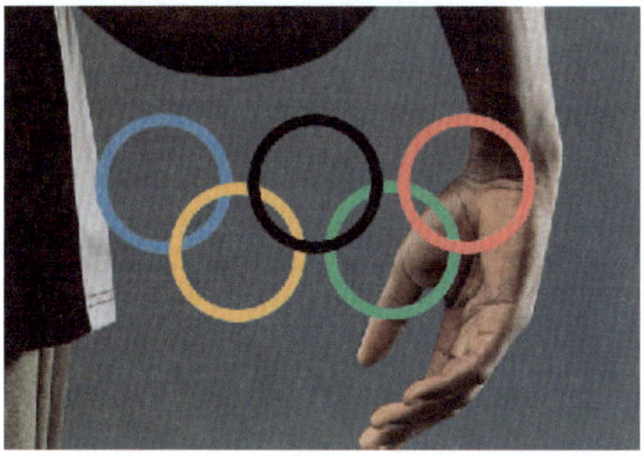

图 2–22

STEP 23 在“图层”面板中双击“图层 1”图层的名称位置，将其重新命名为“蓝色圆环”，以便识别图层。其他 4 个圆环也使用同样的方法，用“颜色 + 名称”的方式命名，如图 2–23 所示。

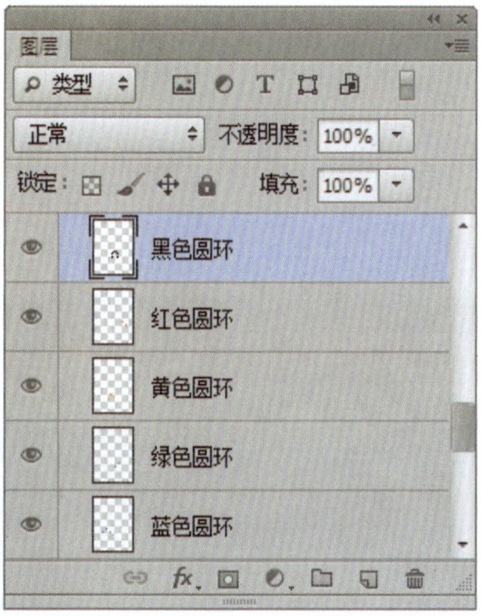


图 2–23

STEP 24 选择工具箱中的矩形选框工具，绘制圆环与圆环相交处的选区（相交处留有一定的间距），沿着黄色圆环，单击确定第一个锚点，如图 2–24 所示。

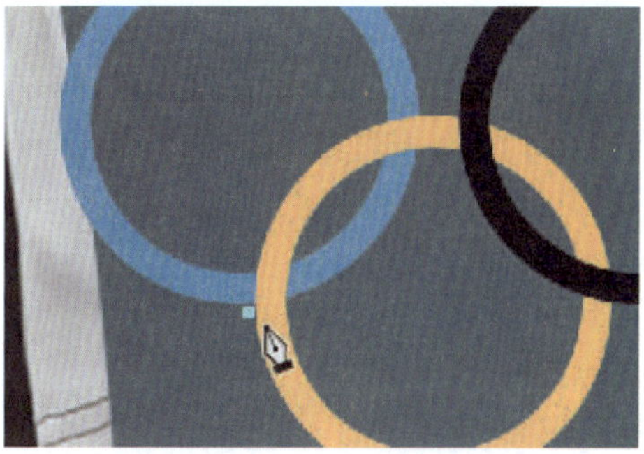

图 2–24

STEP 25 继续确定下一个锚点时，按住左键并拖动鼠标指针，绘制曲线路径，如图 2–25 所示。

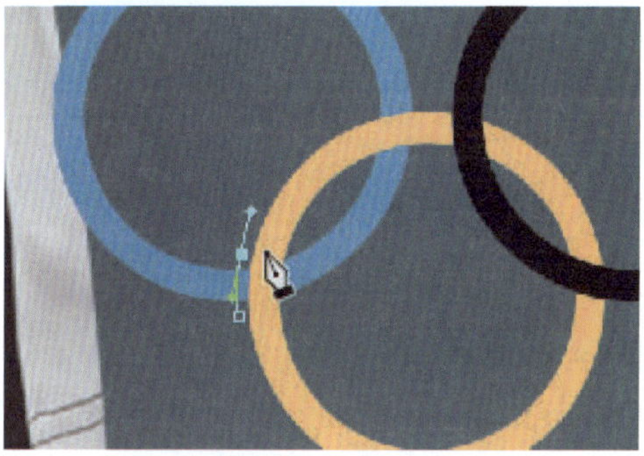

图 2–25

STEP 26 按住 Alt 键，挑选路径，删除右侧的控制柄，方便绘制下一个路径，如图 2–26 所示。

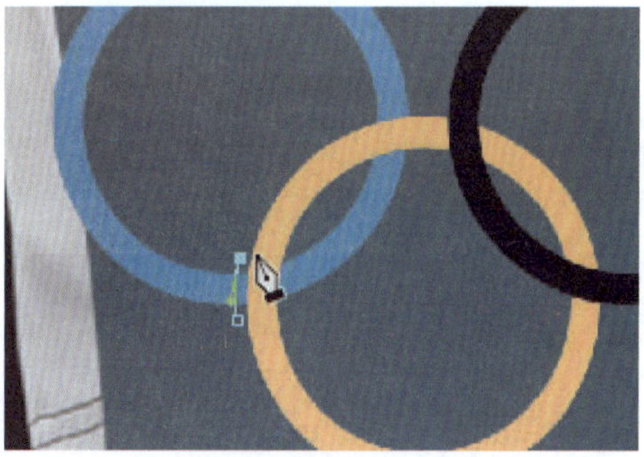

图 2–26

STEP 27 持续绘制路径，最后将鼠标指针移至第一个起始点，钢笔图标变成形状时，闭合路径，按 Ctrl+Enter 组合键，建立选区，如图 2–27 所示。

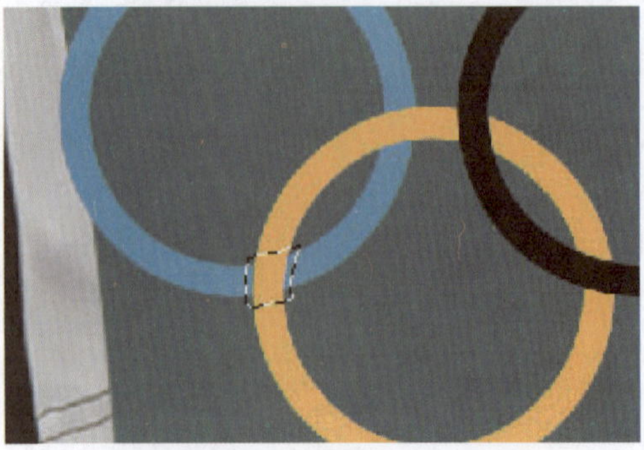

图 2–27

STEP 28 设置“蓝色圆环”图层为当前图层，按 Delete 键，删除选区内的图像，如图 2–28 所示。

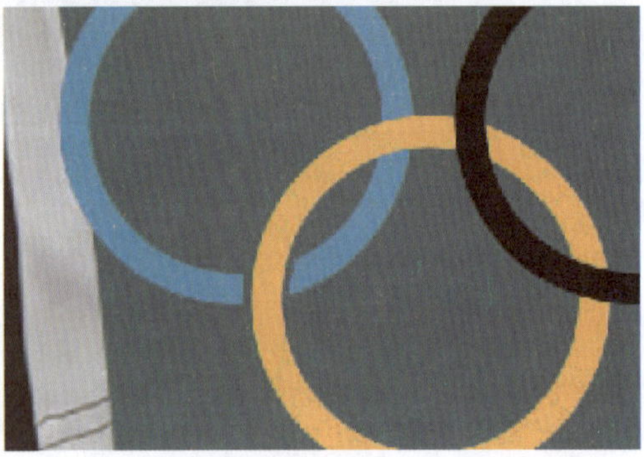

图 2–28

STEP 29 使用同样的方法绘制其他相交处，如图 2–29 所示。

STEP 30 按 Ctrl+G 组合键，创建一个组，如图 2–30 所示。

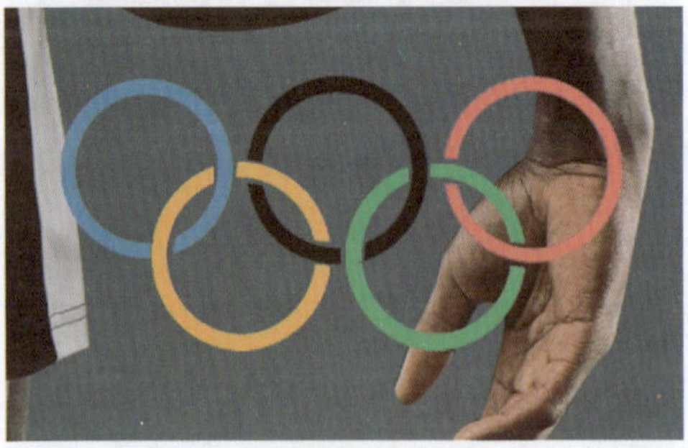

图 2–29

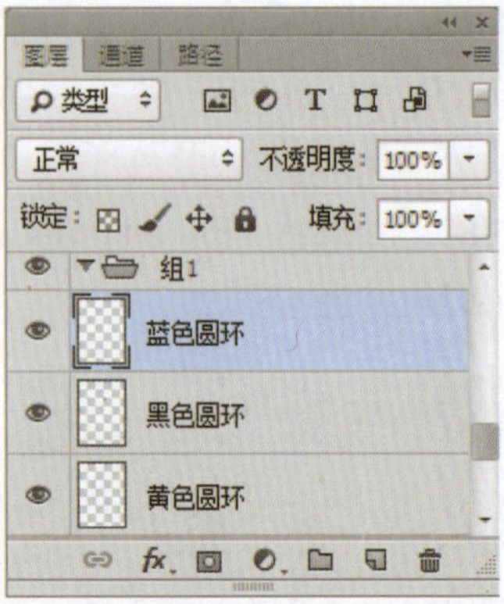


图 2–30

STEP 31 按住 Shift 键，选中 5 个圆环图层，将其拖曳至“组 1”中，如图 2–31 所示。

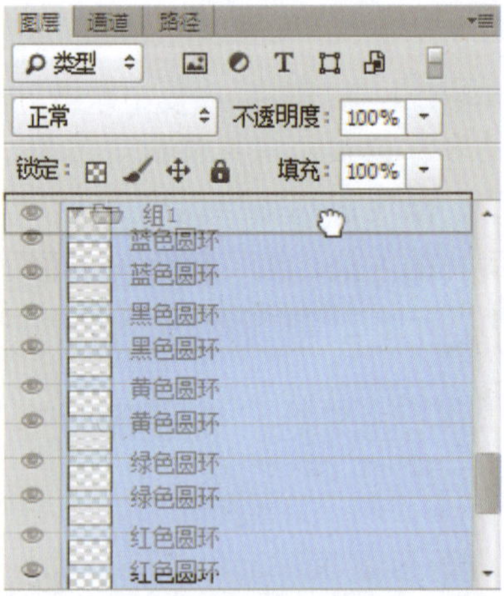


图 2–31

STEP 32 按 Ctrl+T 组合键，对其进行变换，调整其大小、位置，如图 2–32 所示。

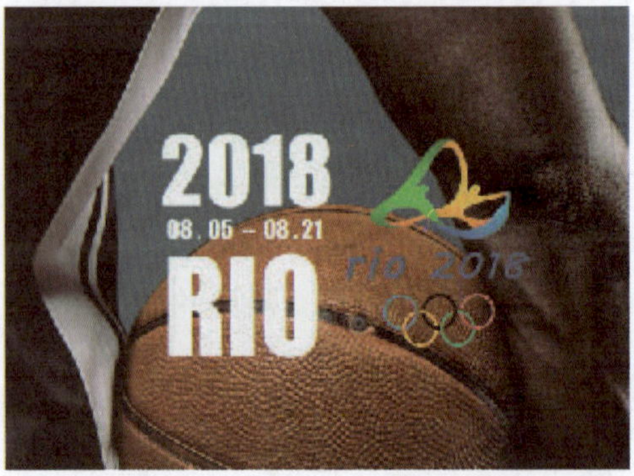


图 2–32

STEP 33 新建一个图层，选择工具箱中的钢笔工具，绘制一条直线路径，如图 2–33 所示。

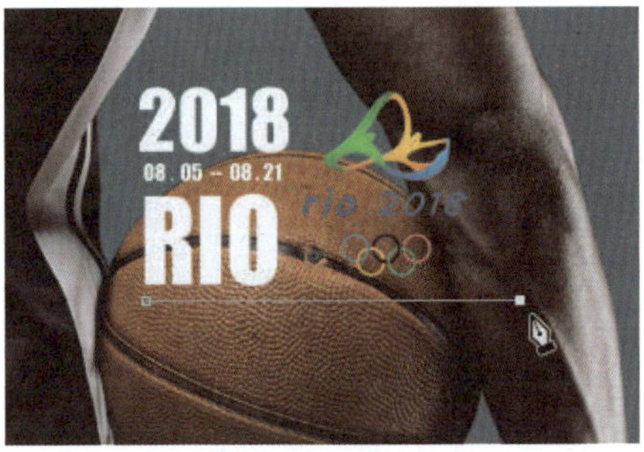


图 2–33

STEP 34 选择工具箱中的画笔工具，在工具属性栏中设置其大小为 5 像素，如图 2–34 所示。

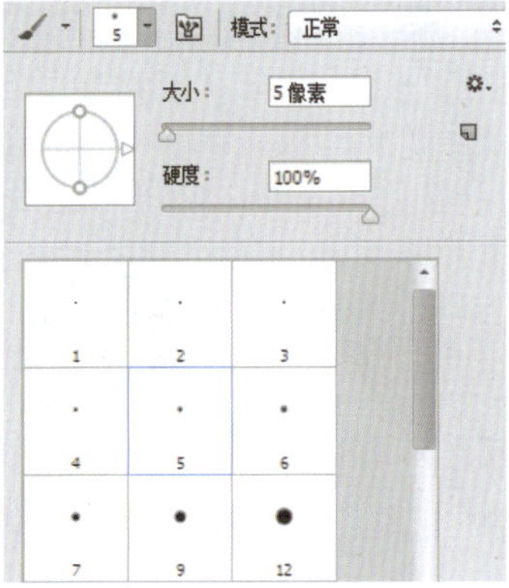


图 2–34

STEP 35 再次选择钢笔工具，右击编辑区，在弹出的快捷菜单中选择“描边路径”命令，描边效果如图 2–35 所示。

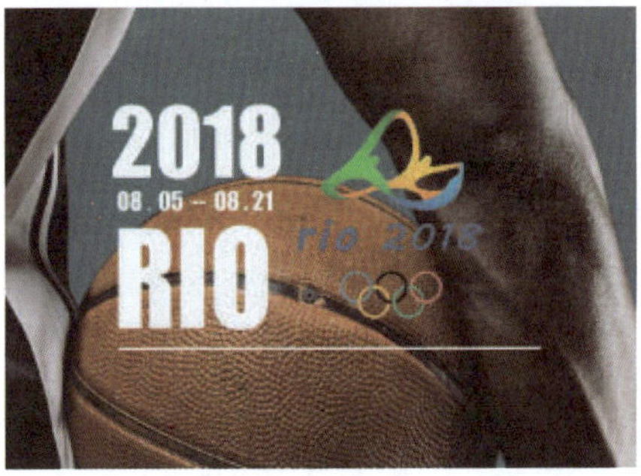


图 2–35

STEP 36 选择工具箱中的横排文字工具，输入文本“决战里约”，设置字体为“造字工房力黑”，字号为 83.57 点，字体颜色为白色（R：255、G：255、B：255），如图 2–36 所示。

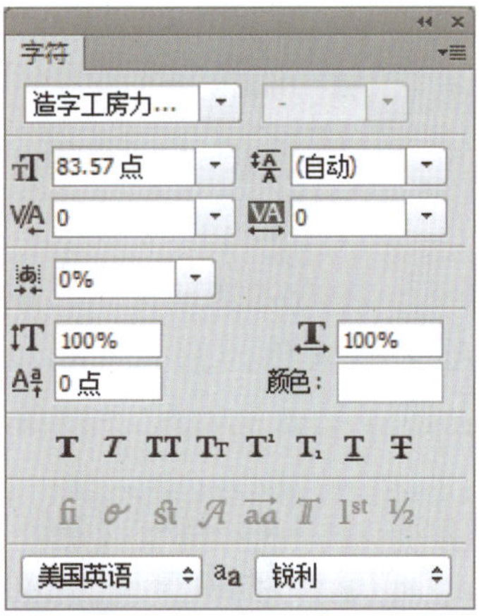


图 2–36

STEP 37 调整其位置至直线下方，如图 2–37 所示。

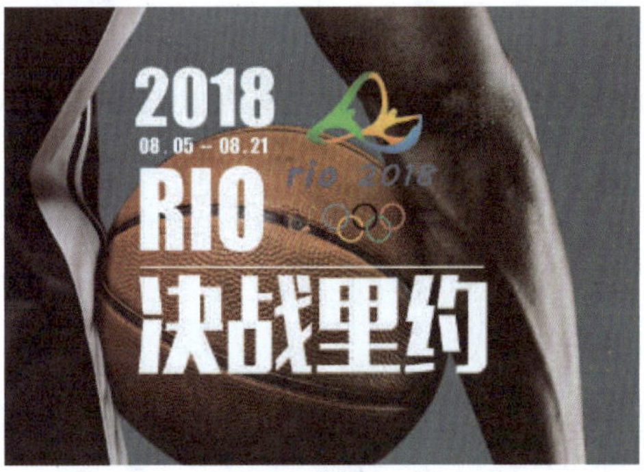


图 2–37

STEP 38 按 Ctrl+J 组合键，复制字体图层，将“决战里约 拷贝”图层移动到“决战里约”图层下面，在“图层”面板中设置其不透明度为 50%，如图 2–38 所示。

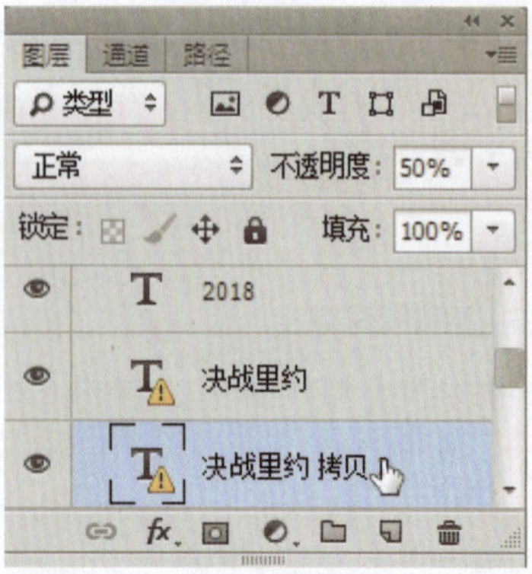


图 2–38

STEP 39 改变不透明度后，调整其位置，调整字体颜色为蓝色（R：23、G：141、B：195），效果如图 2–39 所示。

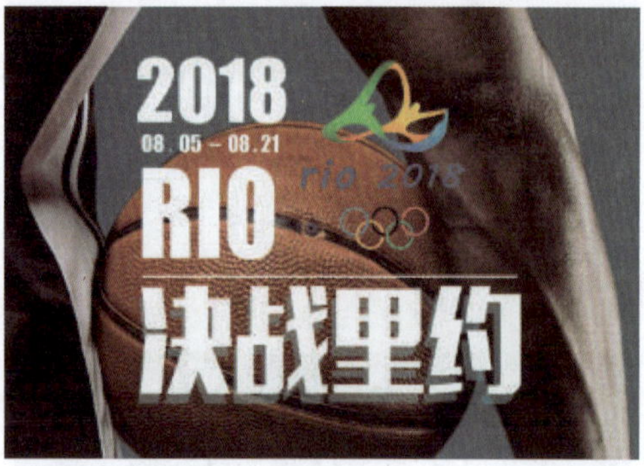


图 2–39

STEP 40 选择工具箱中的自定形状工具，在工具属性栏中设置形状为▲，如图 2–40 所示。

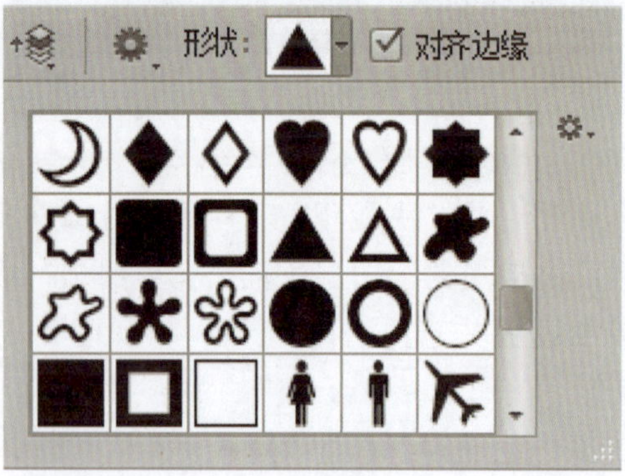


图 2–40

STEP 41 设置前景色为白色（R：255、G：255、B：255），在编辑区内单击，弹出“创建自定形状”对话框，在其中设置参数，如图 2–41 所示。

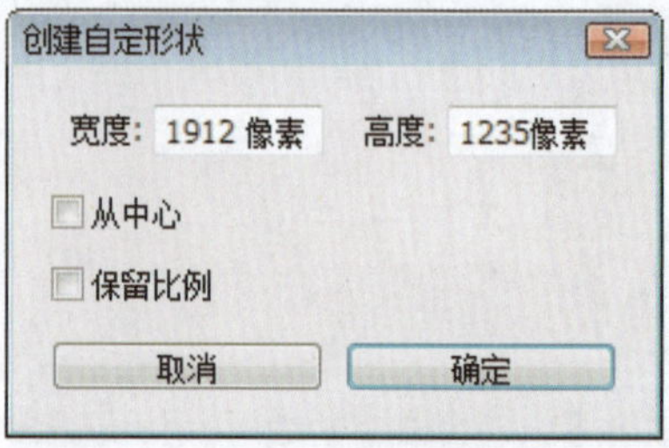


图 2–41

STEP 42 单击编辑区，确定图形，如图 2–42 所示。

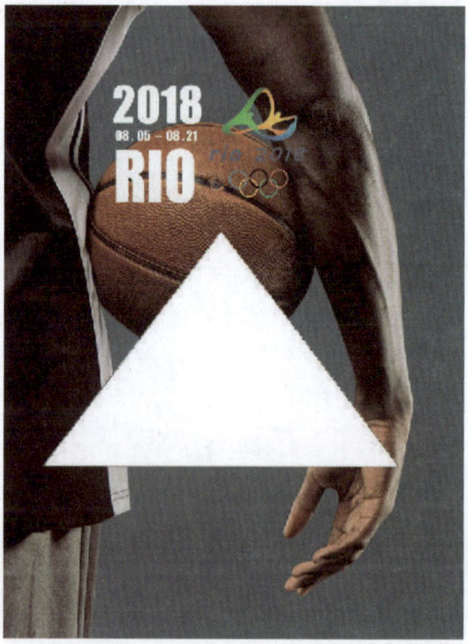


图 2–42

STEP 43 在“图层”面板中，右击“形状 1”图层，在弹出的快捷菜单中选择“删除图层”命令，如图 2–43 所示。

STEP 44 按 Ctrl+J 组合键，复制“形状 1”图层。按住 Ctrl 键，并单击“形状 1 副本”图层的缩览图，显示选区，以便知道图形的位置，如图 2–44 所示。

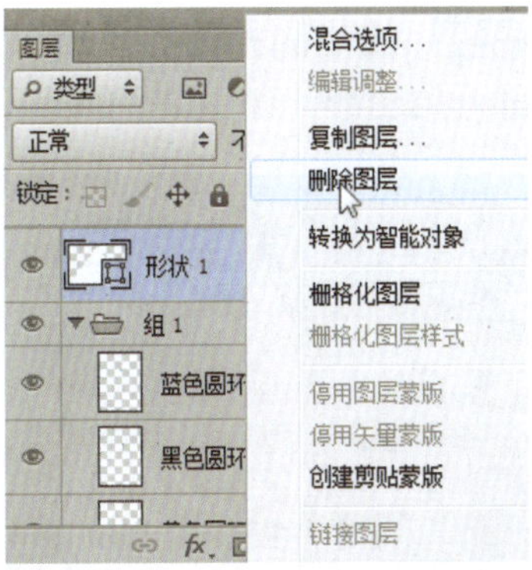


图 2–43

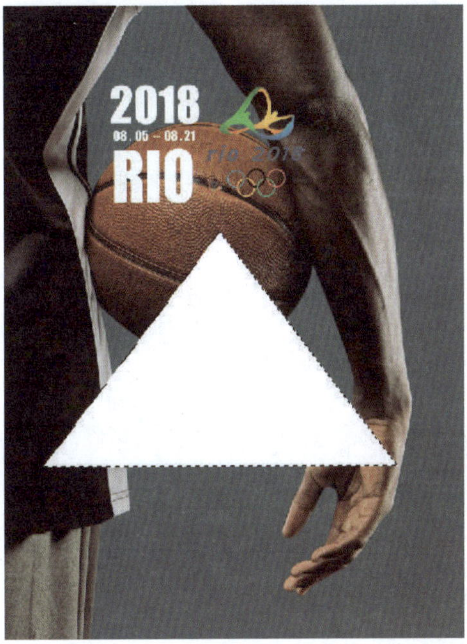


图 2–44

STEP 45 按 Ctrl+T 组合键，变换形状，使其比“形状 1”图层的形状小，并放置在“形状 1”图层的中心位置，如图 2–45 所示。

STEP 46 删除“形状 1 副本”图层，然后设置“形状 1”图层为当前图层，按 Delete 键删除选区内的图形，如图 2–46 所示。

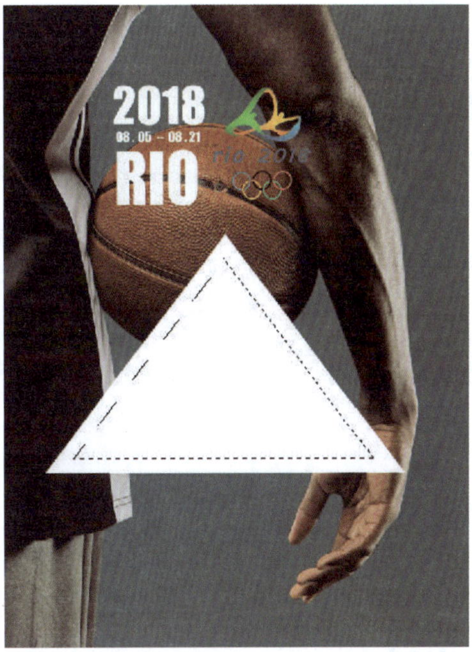


图 2–45

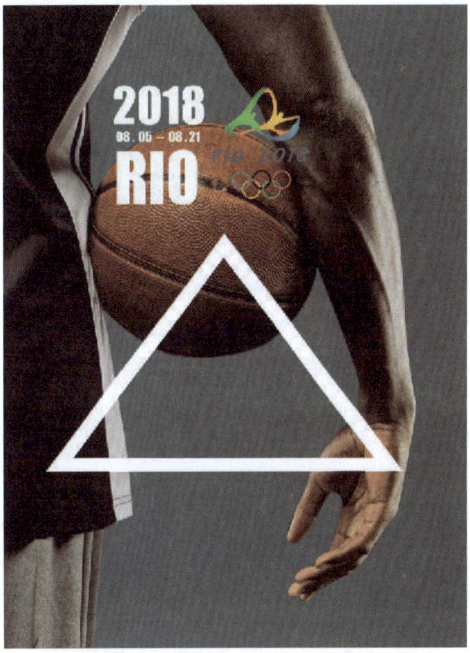


图 2–46

STEP 47 按 Ctrl+T 组合键，右击，在弹出的快捷菜单中选择“垂直翻转”命令，调整其位置，如图 2–47 所示。

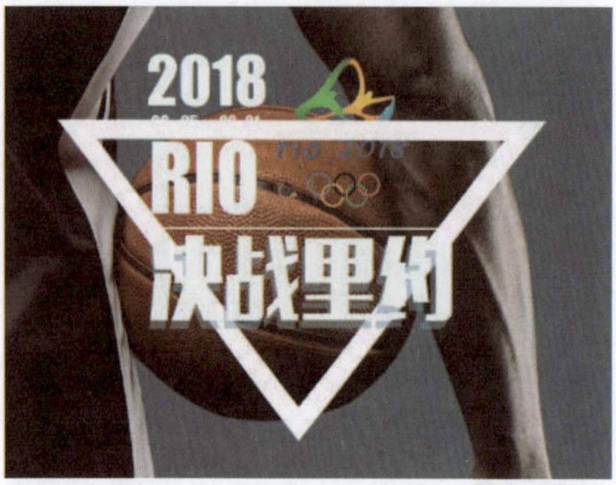


图 2–47

STEP 48 选择工具箱中的钢笔工具，绘制一个闭合路径（便于之后减去三角形框与中间图形及文字的重叠部分），如图 2–48 所示。

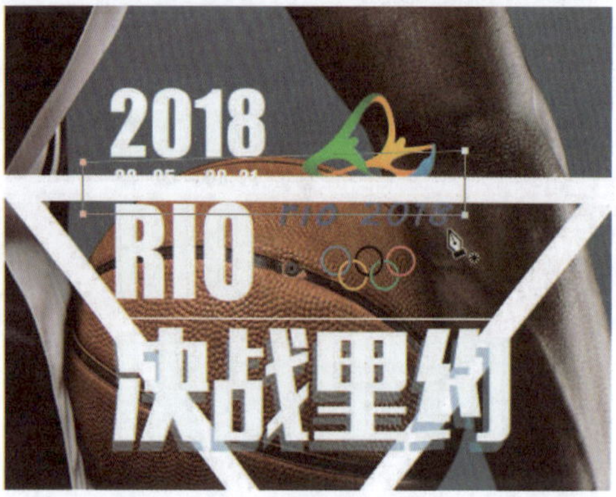


图 2–48

STEP 49 按 Ctrl+Enter 组合键，确定选区，然后按 Delete 键删除选区内的图形，如图 2–49 所示。

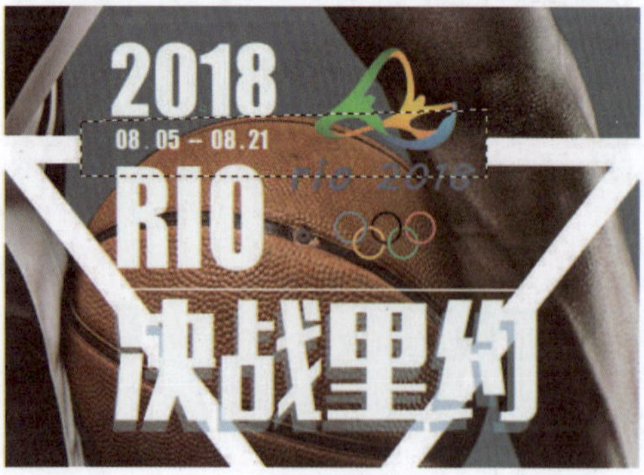


图 2–49

STEP 50 使用同样的方法减去其他两处重叠部分的图形，如图 2–50 所示。

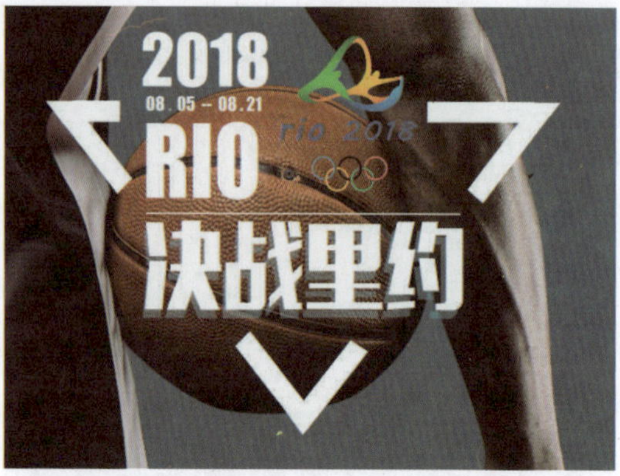


图 2–50

STEP 51 新建一个图层，选择工具箱中的钢笔工具，沿着三角框绘制路径，如图 2–51 所示。

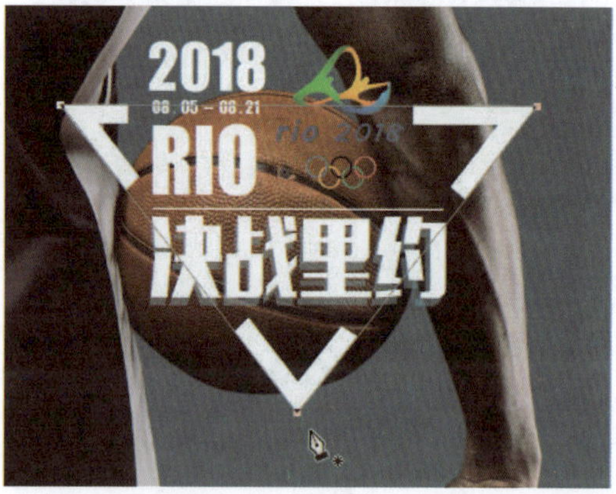


图 2–51

STEP 52 选择工具箱中的画笔工具，在工具属性栏中设置其大小为 5 像素，设置前景色为蓝色（R：23、G：141、B：195），如图 2–52 所示。

STEP 53 再次选择工具箱中的钢笔工具，右击编辑区，在弹出的快捷菜单中选择“描边路径”命令，如图 2–53 所示。

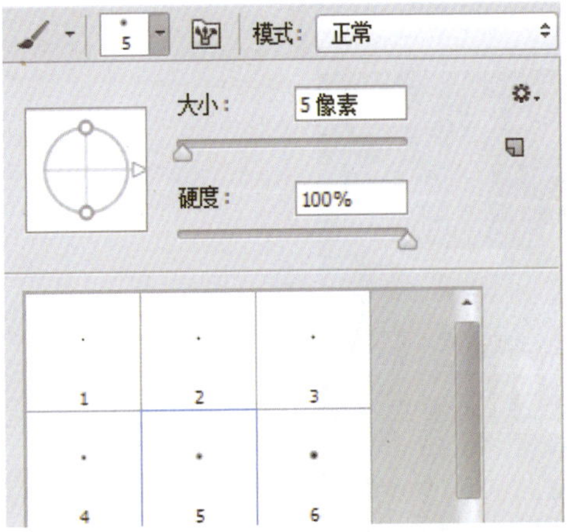


图 2-52

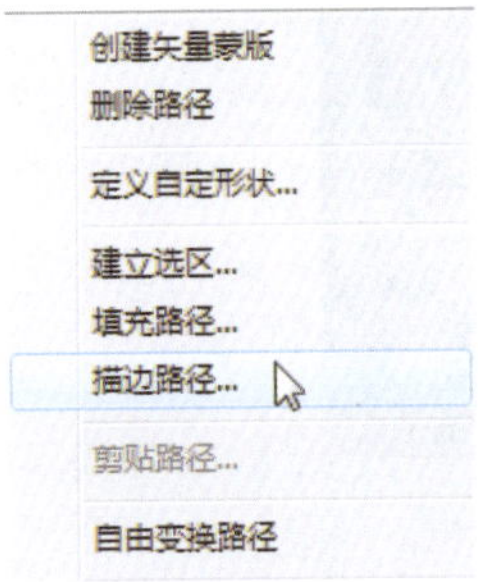


图 2-53

STEP 54 按 Ctrl+T 组合键，使鼠标指针离开变换框，当鼠标指针箭头变成形状时，对其进行旋转，并移动至合适位置，如图 2-54 所示。

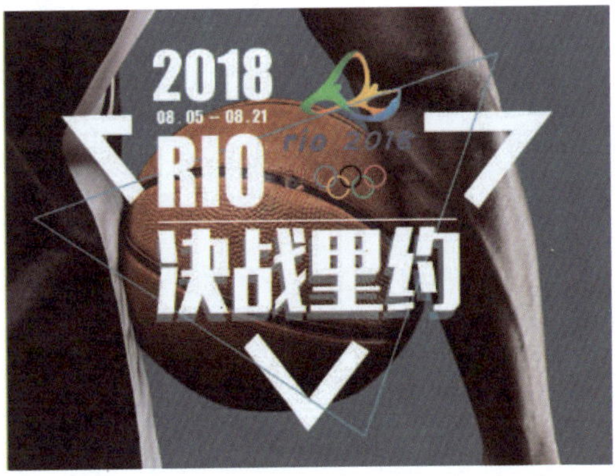


图 2-54

STEP 55 使用同样的方法减去三角形的线框与中间图形及文字的重叠部分，如图 2-55 所示。

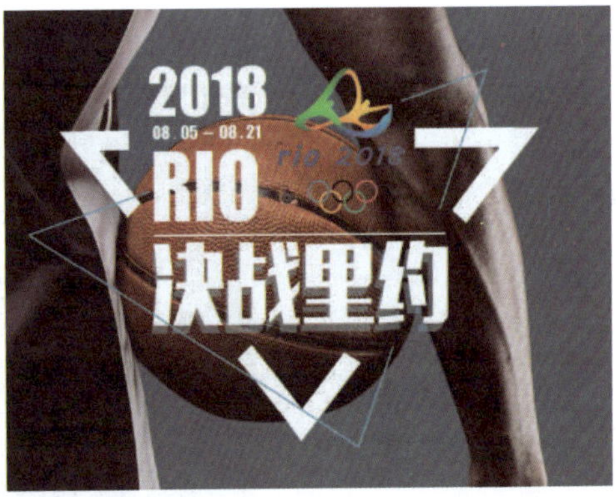


图 2-55

STEP 56 设置“标志”图层为当前图层，按 Ctrl+J 组合键，复制图层，调整其大小、位置，如图 2-56 所示。

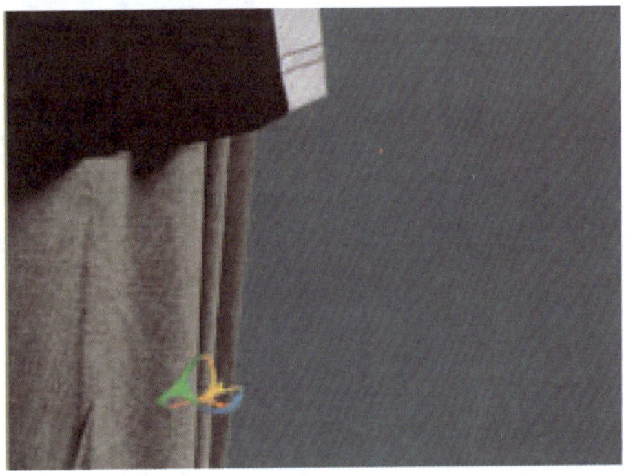

图 2-56

STEP 57 选择工具箱中的横排文字工具，输入文本内容，设置字体为“黑体”，字号为 18 点，字体颜色为白色（R：255、G：255、B：255），调整其至合适位置，如图 2-57 所示。

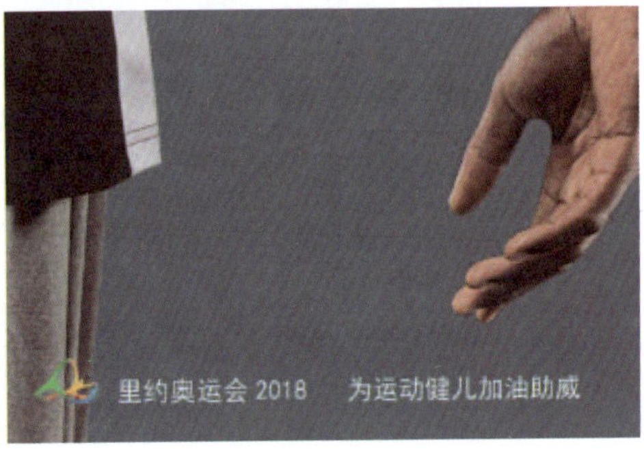


图 2-57

STEP 58 宣传海报设计完成后的效果如图 2-58 所示。

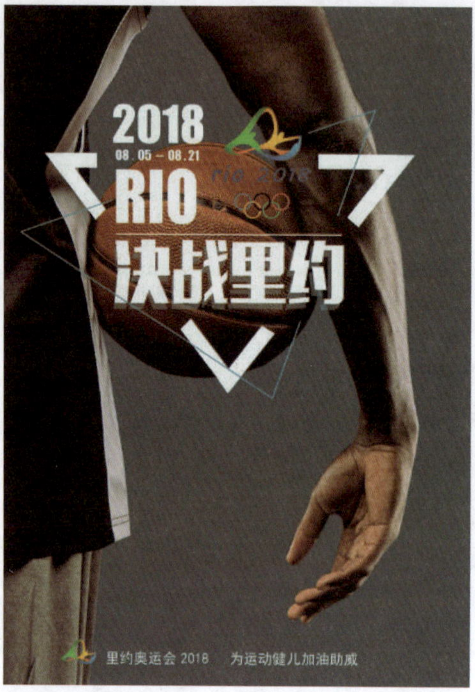


图 2-58

# 【听我讲】

## 2.1 选区的创建

在 Photoshop 中，要对图像的局部进行编辑时，首先需要创建选区，先选中，再进行编辑。选区实际上就是用来控制操作范围的。选区可以从样式上划分为规则选区和不规则选区两大类。可以根据具体情况灵活选择创建选区的方法。

### 2.1.1 规则选区

#### 1. 矩形和正方形选区的创建

规则选框工具包括矩形选框工具、椭圆选框工具、单行选框工具和单列选框工具等。

创建矩形选区的方法是在工具箱中选择（矩形选框工具），在图像中拖动鼠标指针，绘制出矩形的选框，选框内的区域就是选择区域，即选区，如图 2–59 所示。

若要绘制正方形选区，则可以在按住 Shift 键的同时在图像中拖动鼠标指针，绘制出的选区即为正方形，如图 2–60 所示。

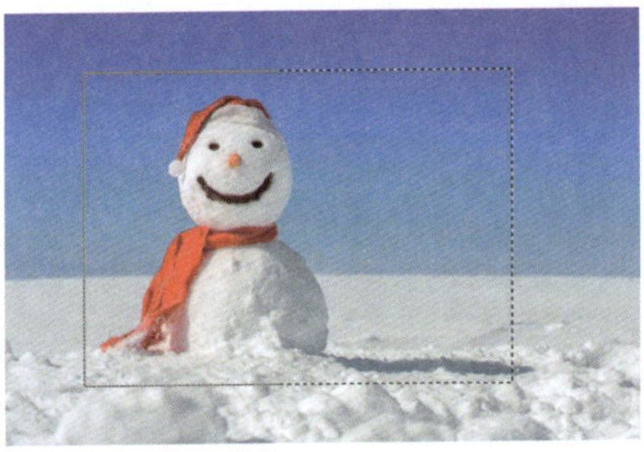

图 2–59

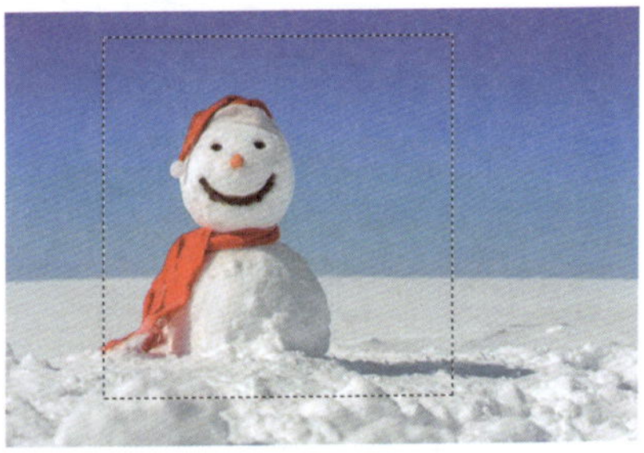

图 2–60

选择矩形选框工具后，将会显示该工具的属性栏，如图 2–61 所示。其中主要选项的功能介绍如下。

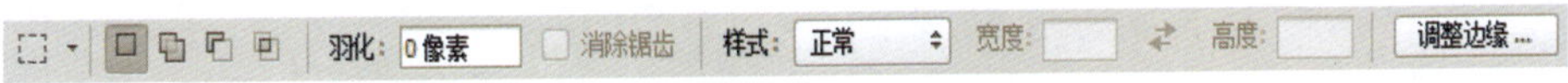


图 2–61

- “当前工具”按钮：该按钮显示的是当前所选择的工具，单击该按钮可以弹出工具箱的下拉菜单，在其中可以调整工具的相关参数。
- 选区编辑按钮组：该按钮组又被称为“布尔运算”按钮组，各按钮的名称从左至右分别是“新选区”“添加到选区”“从选区减去”和“与选区交叉”。单击“新选区”按钮，将选择新的选区；单击“添加到选区”按钮，可以连续选择选区，将新的选择区域添加到原来的选择区域中；单击“从选区减去”按钮，选择范围为从原来的选择区域中减去新的选择区域；单击“与选区交叉”按钮，选择的是新选择区域和原来的选择区域相交的部分。

- “羽化”文本框：羽化是指通过创建选区边框内外像素的过渡来使选区边缘模糊，羽化宽度越大，则选区的边缘越模糊，此时选区的直角处也将变得圆滑，其取值范围为 0 ~ 250 像素。
- “样式”下拉列表框：该下拉列表框中有“正常”“固定比例”和“固定大小”3 个选项，用于设置选区的形状。

### 2. 椭圆和正圆选区的创建

创建椭圆形选区的方法是在工具箱中选择◯（椭圆选框工具），在图像中拖动鼠标指针，绘制出椭圆形的选区，如图 2–62 所示。若要绘制正圆形的选区，则可以按住 Shift 键的同时在图像中拖动鼠标指针，绘制出的选区即为正圆形，如图 2–63 所示。

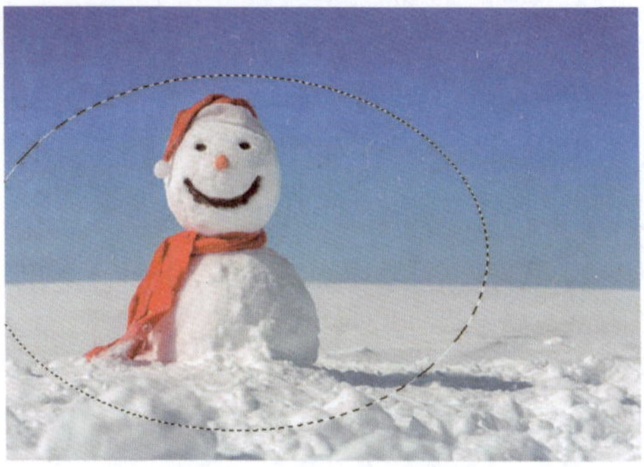

图 2–62

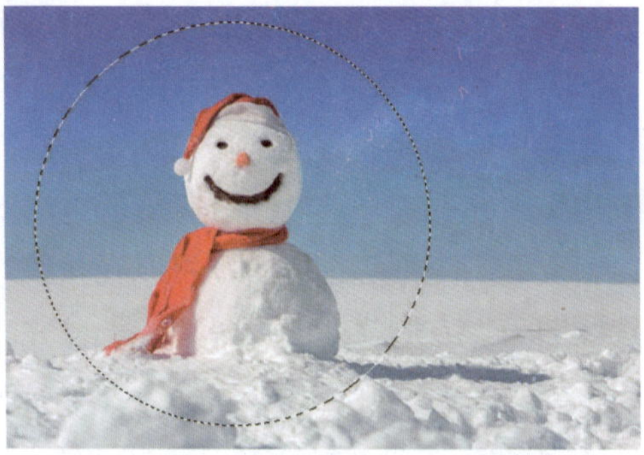

图 2–63

在实际应用中，环形选区应用得比较多，创建环形选区需要借助“从选区减去”按钮。首先创建一个圆形选区，然后单击“从选区减去”按钮，再次绘制选区，此时绘制的选区部分比原来的选区略小，其中间的部分被减去，而只留下环形的圆环区域，如图 2–64 和图 2–65 所示。

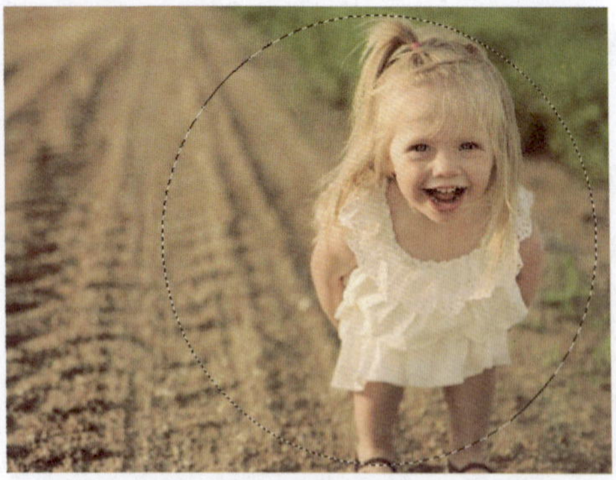

图 2–64

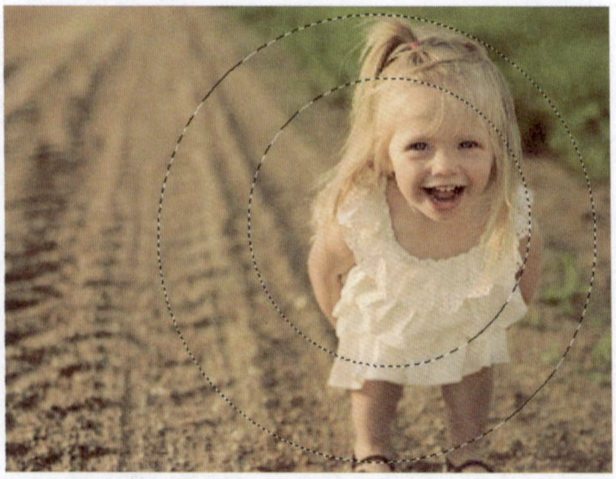

图 2–65

### 3. 单行/单列选区的创建

在工具箱中选择 (单行选框工具)，在图像中单击绘制出单行选区，保持“添加到选区”按钮被选中的状态，继续选择 (单列选框工具)，在图像中拖动鼠标指针绘制出单列选区以增加选区，绘制出十字选区，如图 2-66 和图 2-67 所示。

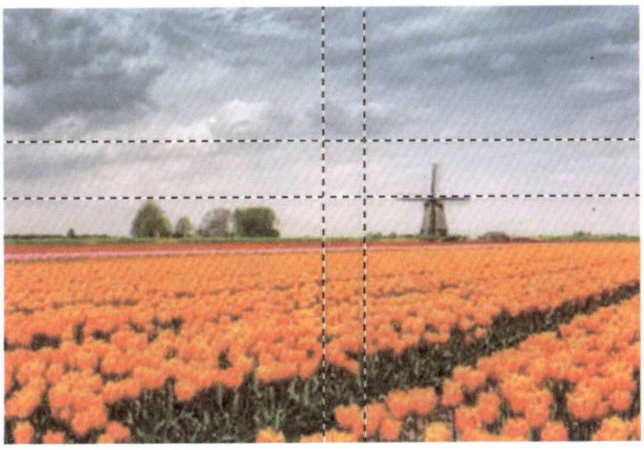

图 2-66

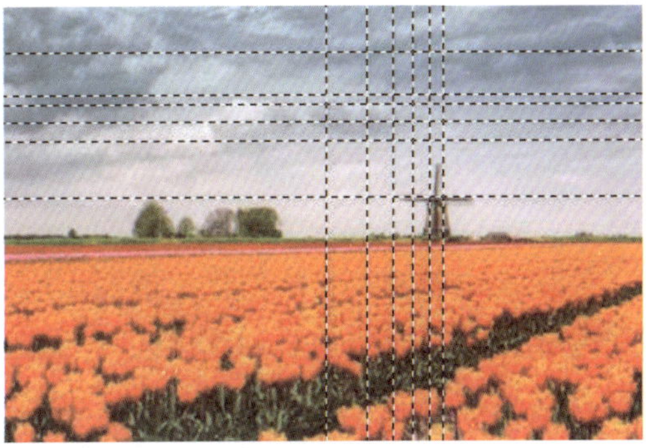

图 2-67

**操作技能**

利用单行选框工具和单列选框工具创建的是 1 像素宽的横向和纵向选区，主要用于制作一些线条。

## 2.1.2 不规则选区

不规则选区从字面上理解是比较随意、自由、不受具体形状制约的选区，它在实际应用中比较常见。Photoshop CS6 为用户提供了套索工具组和魔棒工具组，其中包含套索工具、多边形套索工具、磁性套索工具、魔棒工具及快速选择工具。

### 1. 自由选区的创建

使用套索工具可以创建任意形状的选区，操作时只需要在图像窗口中按住左键拖动进行绘制，释放鼠标后即可创建选区，如图 2-68 和图 2-69 所示。

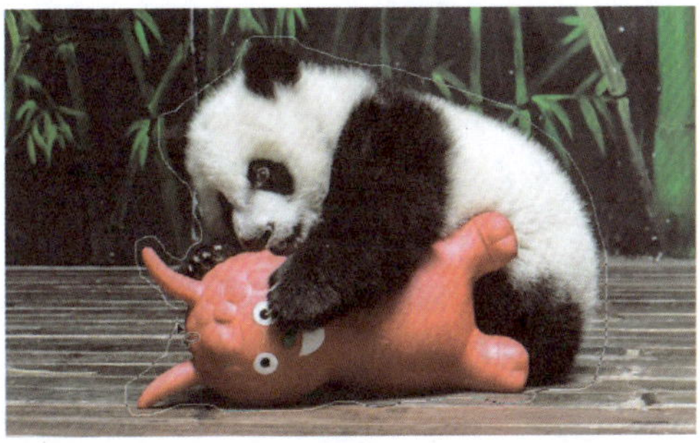

图 2-68

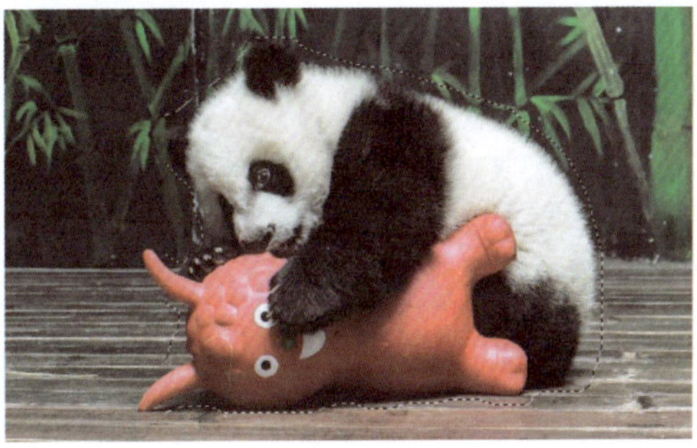

图 2-69

**操作技能**

如果所绘轨迹是一条闭合曲线，则选区即为该曲线所选范围；若轨迹是非闭合曲线，则套索工具会自动将该曲线的两个端点以直线连接从而构成一个闭合选区。

### 2. 不规则矩形选区的创建

使用多边形套索工具可以创建具有直线轮廓的不规则选区。多边形套索工具的原理是使用线段作为选区局部的边界，由连续单击所生成的线段连接起来形成一个多边形的选区。

使用多边形套索工具创建不规则矩形选区的操作方法是：先在图像中单击创建出选区的起始点，然后沿需要创建选区的轨迹上单击，创建出选区的其他端点，最后将鼠标指针移动到起始点处，当鼠标指针箭头变成形状时单击，即创建出需要的选区，如图 2–70 和图 2–71 所示。若不回到起点，在任意位置双击也会自动在起点和终点间生成一条连线作为多边形选区的最后一条边。

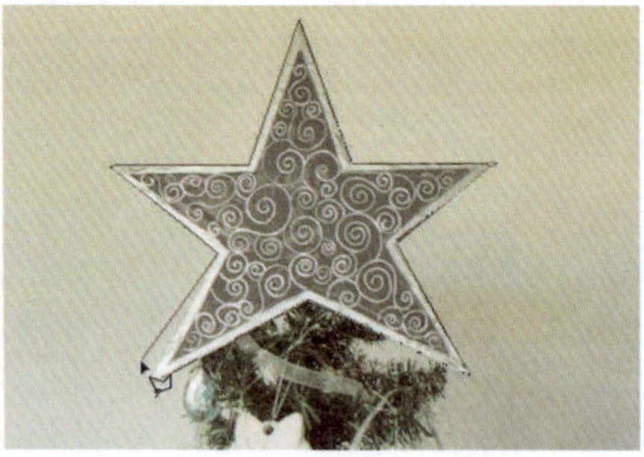

图 2–70

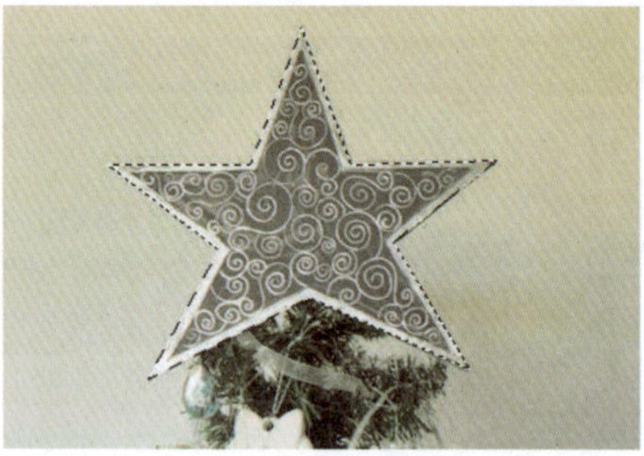

图 2–71

**操作技能**

在属性栏中单击“添加到选区”按钮，还可以将更多的选区添加到创建的选区中。

### 3. 其他不规则选区的创建

（1）磁性套索工具的应用。

使用磁性套索工具可以为图像中颜色交界处反差较大的区域创建精确选区。磁性套索工具根据颜色像素自动查找边缘来生成与选择对象最接近的选区，一般适用于选择与背景反差较大且边缘复杂的对象。

使用磁性套索工具创建不规则选区的操作方法是：在图像窗口中需要创建选区的位置单击确定选区起始点，沿选区的轨迹拖动鼠标指针，系统将自动在鼠标移动的轨迹上选择对比度较大的边缘产生节点，当鼠标指针回到起始点其箭头变成形状时单击，即可创建出精确的不规则选区，如图 2–72 和图 2–73 所示。

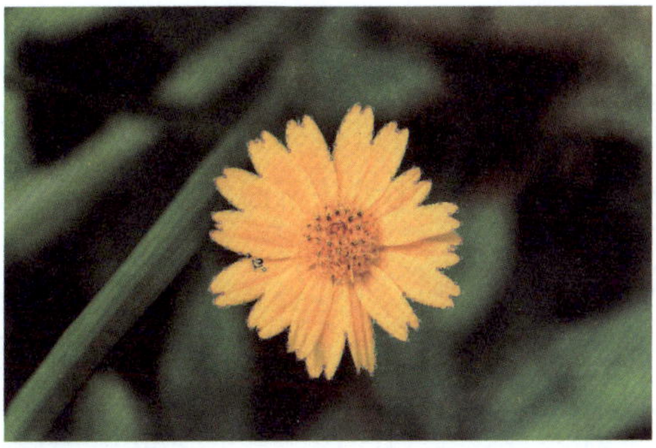

图 2-72

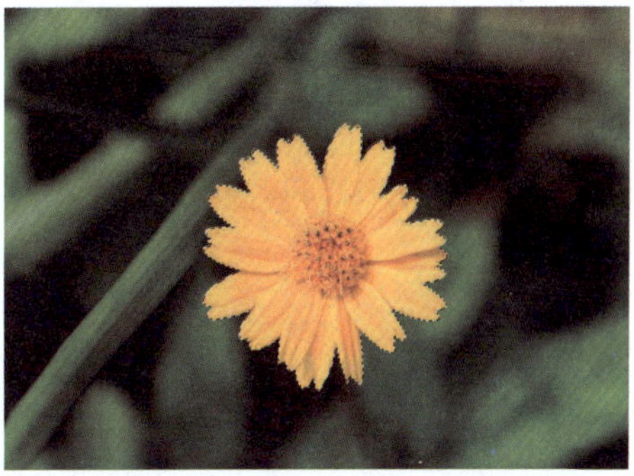

图 2-73

**操作技能**

当磁性套索节点不够密集时，可以在磁性套索工具属性栏中设置频率。

（2）魔棒工具组的应用。

选择魔棒工具后，将会显示该工具的属性栏，如图 2-74 所示。

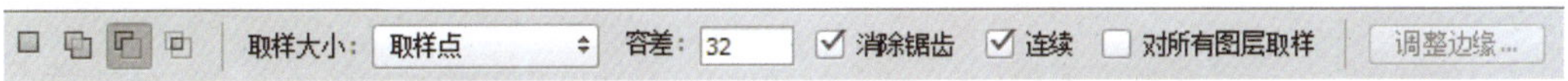


图 2-74

魔棒工具组中包括魔棒工具和快速选择工具，它们都属于灵活性很强的选择工具，通常用于选取图像中颜色相同或相近的区域，不必跟踪其轮廓。

使用魔棒工具创建选区的操作方法比较简单，在工具箱中选择（魔棒工具），在属性栏中设置"容差"以辅助软件对图像边缘进行区分，一般情况下设置为 30px。将鼠标指针移动到需要创建选区的图像中，当其箭头变成形状时单击即可快速创建选区。

使用快速选择工具创建选区时，其选取范围会随着鼠标指针移动而自动向外扩展并自动查找和跟随图像中定义的边缘。如果所选区域分为两个部分，则可以在属性栏中单击"添加选区"按钮。对图 2-75 所示的图像使用魔棒工具和快速选择工具创建选区的效果分别如图 2-76 和图 2-77 所示。

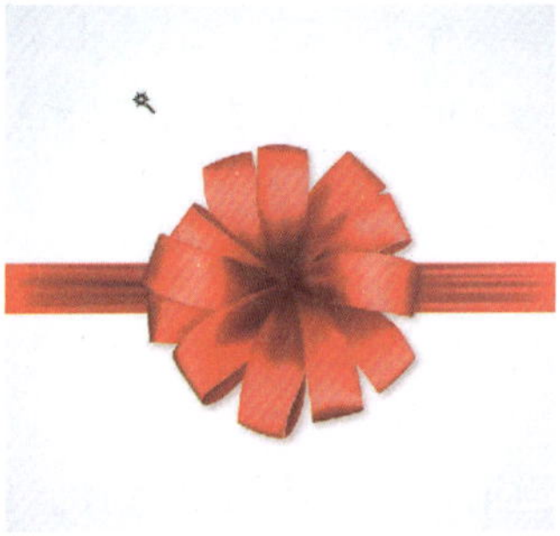

图 2-75

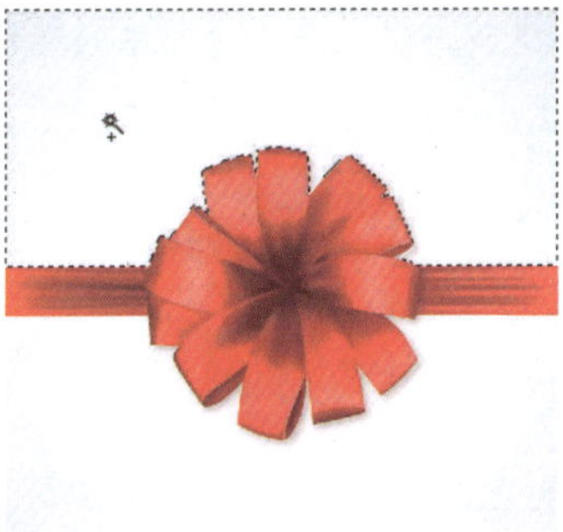

图 2-76

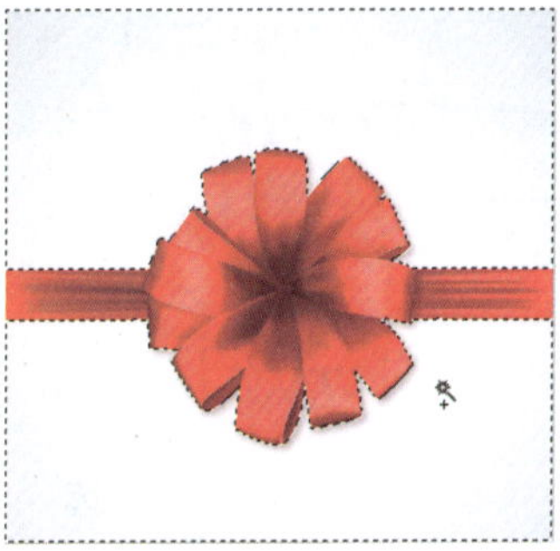

图 2-77

## 2.2 选区的编辑

创建选区后，可以根据需要对选区的位置、大小、形状等进行编辑和修改。选区的编辑包括移动、反选、隐藏或显示、存储、载入、变换、羽化等，下面将对其操作过程进行详细介绍。

### 2.2.1 移动选区

若创建的选区并未与目标图像重合或未完全选择所需要的区域，此时需要对选区位置进行调整，以对选区进行重新定位。在选择任意选区工具的状态下，将鼠标指针移动到选区的边缘位置，当其箭头变成▷形状时拖动鼠标指针即可移动选区，如图 2−78 和图 2−79 所示。在使用鼠标拖动选区的同时按住 Shift 键可使选区在水平、垂直或 45° 斜线方向移动。

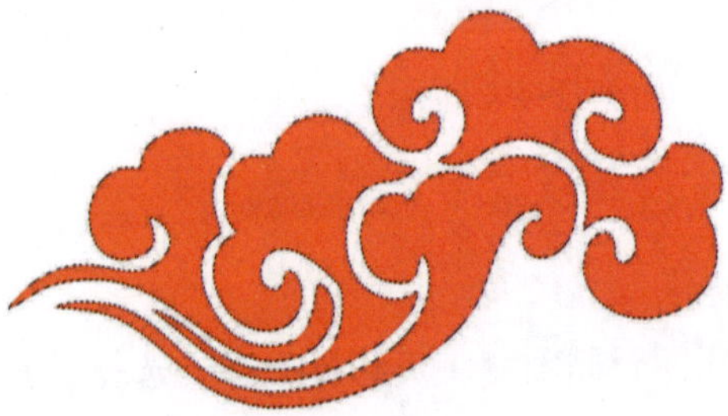

图 2−78

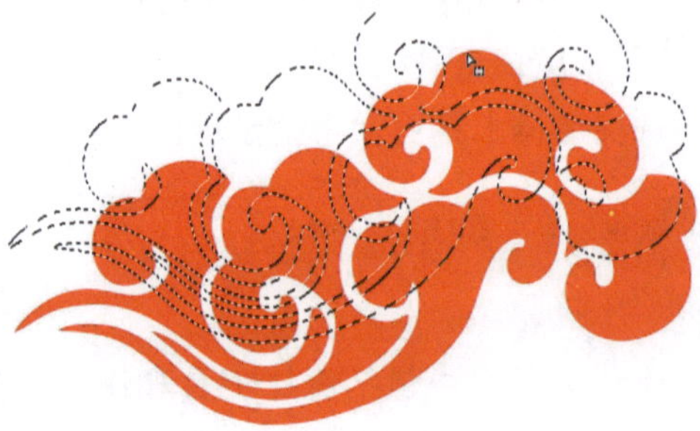

图 2−79

当鼠标指针变成▶形状时，同时将选区拖动到另一个图像窗口中，此时该选区内的图像被复制到该图像窗口中。

除此之外，还可以使用方向键移动选区。按方向键可以每次以 1 像素为单位移动选区，若按 Shift 键的同时按方向键，则以 10 像素为单位移动选区。

**操作技能**

用户在创建选区后可将选区隐藏，以免影响对图像的观察。其操作方法是按 Ctrl+H 组合键即可将选区隐藏。当需要显示选区继续对图像进行处理时，再次按 Ctrl+H 组合键即可显示隐藏的选区。

### 2.2.2 反选选区

反选选区是指快速选择当前选区外的其他图像区域，而当前选区将不再被选择。创建选区后，选择菜单“选择”|“反向”命令或者按 Ctrl+Shift+I 组合键，可以选取图像中除选区以外的其他图像区域，如图 2−80 和图 2−81 所示。

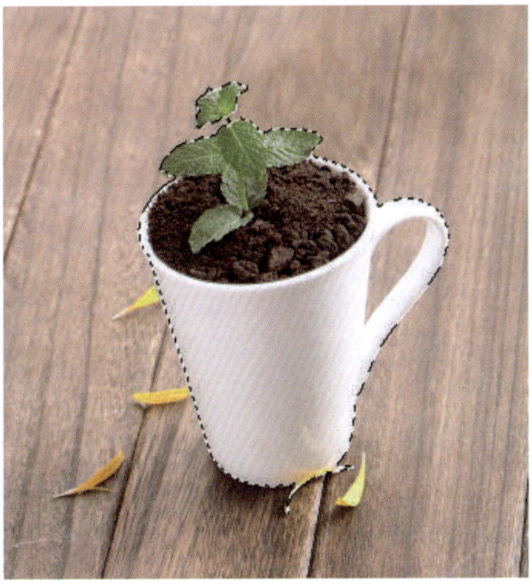

图 2-80

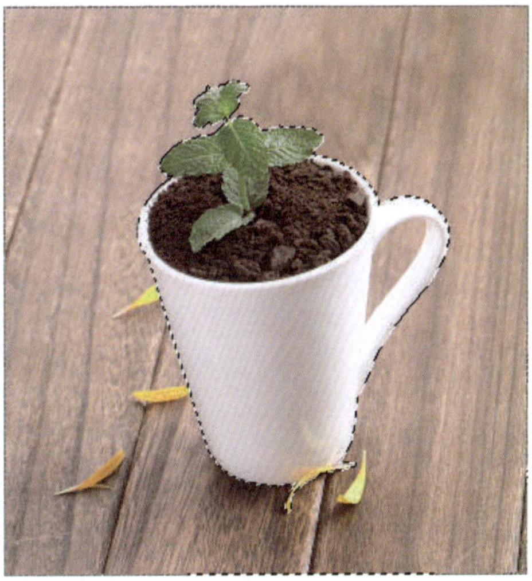

图 2-81

## 2.2.3 存储选区

对于创建好的选区，如果需要多次使用，可以将其进行存储。使用“存储选区”命令，可以将当前的选区存放到一个新的 Alpha 通道中。选择菜单“选择”|“存储选区”命令，弹出“存储选区”对话框，如图 2-82 所示。在其中设置选区名称后，单击“确定”按钮，即可对当前选区进行存储。

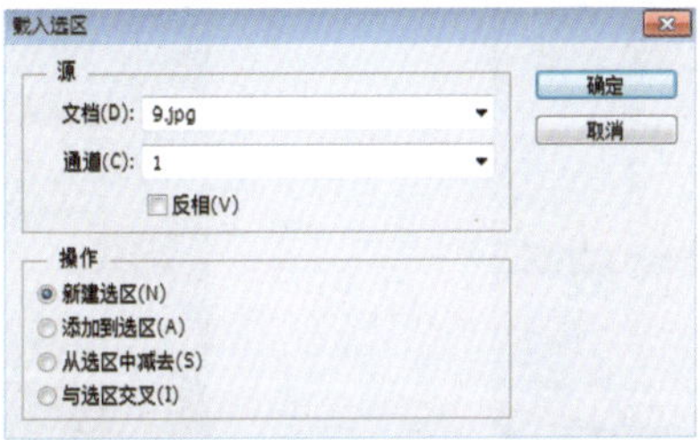


图 2-82 “存储选区”对话框

在“存储选区”对话框中，主要选项的含义介绍如下。

- “文档”下拉列表框：用于设置保存选区的目标图像文件，默认为当前图像，若选择“新建”选项，则将其保存到新建的图像中。
- “通道”下拉列表框：用于设置存储选区的通道。
- “名称”文本框：用于输入要存储选区的名称。
- “新建通道”单选按钮：选中该单选按钮表示为当前选区建立新的目标通道。

## 2.2.4 载入选区

使用“载入选区”命令可以调出 Alpha 通道中存储过的选区。选择菜单“选择”|

“载入选区”命令，弹出“载入选区”对话框，如图 2–83 所示。在“文档”下拉列表框中选择刚才保存的选区；在“通道”下拉列表框中选择存储选区的通道名称；在“操作”选项组中选择载入选区与图像中现有选区的运算方式，完成后单击“确定”按钮即可载入选区。

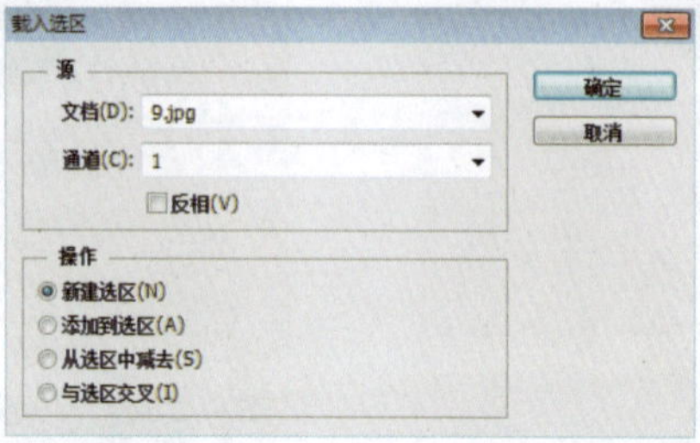


图 2–83

## 2.2.5 变换选区

通过“变换选区”命令可以改变选区的形状，包括缩放、旋转、斜切、扭曲、透视、变形等，变换时只是对选区进行变换，选区内的图像将保持不变。

选择菜单“选择”|“变换选区”命令，或在选区上右击，在弹出的快捷菜单中选择“变换选区”命令，此时将在选区的四周出现调整控制框，可以移动控制框上控制点的位置，完成调整后按 Enter 键确认变换即可，如图 2–84 和图 2–85 所示。

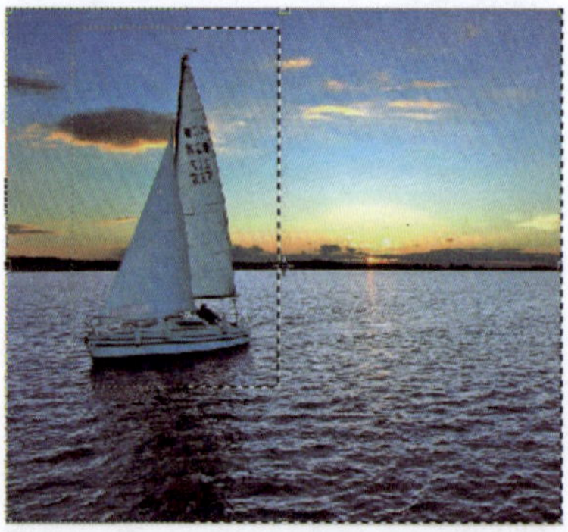

图 2–84

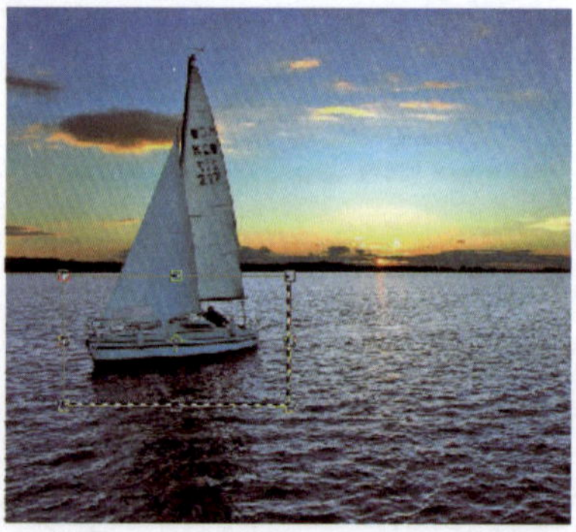

图 2–85

## 2.2.6 调整选区

创建选区后还可以对选区进行一定的调整和修改。选择菜单“选择”|“ 修改”命令，在弹出的子菜单中选择相应命令即可实现对应的功能，包括边界、平滑、扩展、收缩和羽化。

### 1. 边界

边界也叫扩边，是指用户可以在原有的选区上再套用一个选区，填充颜色时则只能填充两个选区中间的部分。选择菜单“选择”|“修改”|“边界”命令，弹出“边界选区”对

话框，在“宽度”文本框中输入数值，单击“确定”按钮即可。通过“边界”命令创建出的选区是带有一定模糊过渡效果的选区，填充选区即可看出，如图 2–86 和图 2–87 所示。

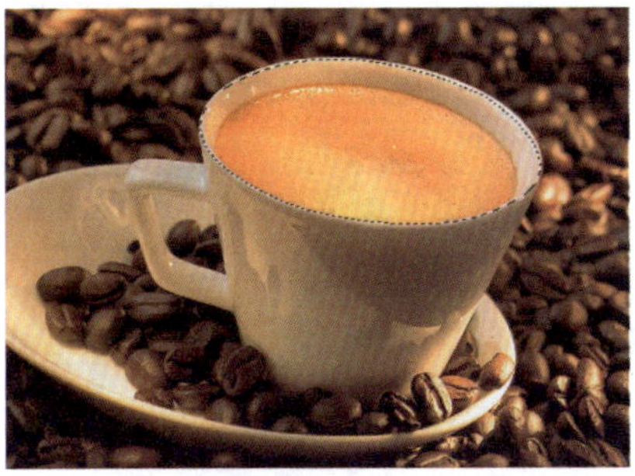

图 2–86

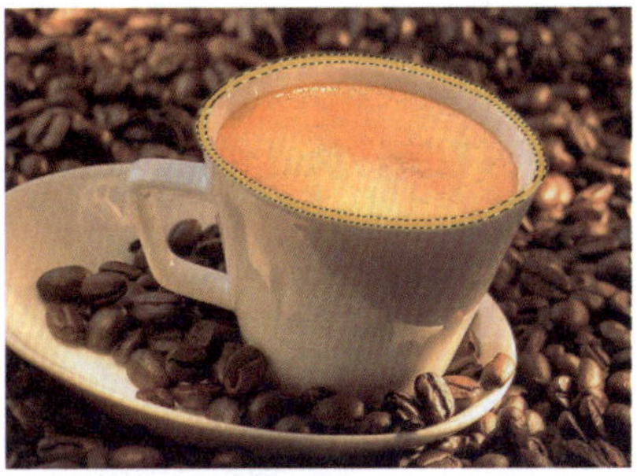

图 2–87

## 2. 平滑

平滑选区是指调节选区的平滑度，清除选区中的杂散像素、平滑尖角和锯齿，如图 2–88 和图 2–89 所示。选择菜单“选择”|“修改”|“平滑”命令，弹出“平滑选区”对话框，在“取值半径”文本框中输入数值，单击“确定”按钮即可。

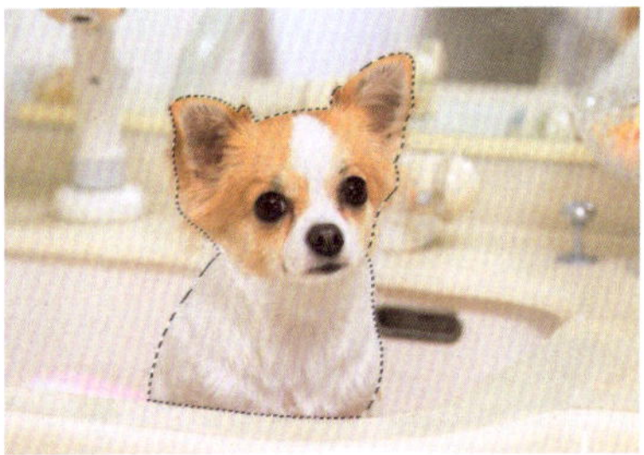

图 2–88

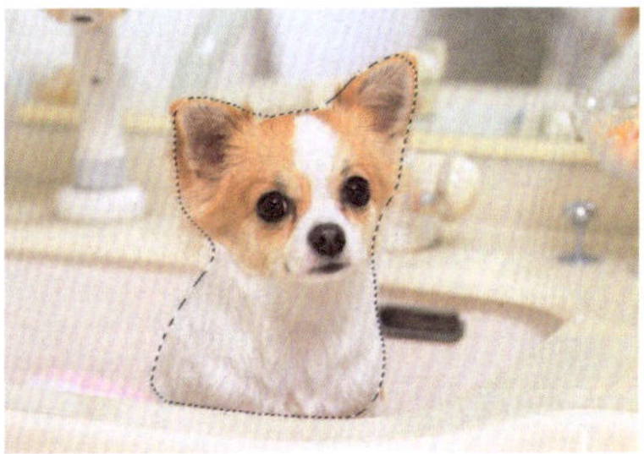

图 2–89

## 3. 扩展

扩展选区即按特定数量的像素扩大选择区域，通过“扩展”命令能精确扩展选区的范围，选区的形状实际上并没有改变，如图 2–90 和图 2–91 所示。选择菜单“选择”|“修改”|“扩展”命令，弹出“扩展选区”对话框，在“扩展量”文本框中输入数值，单击“确定”按钮即可。

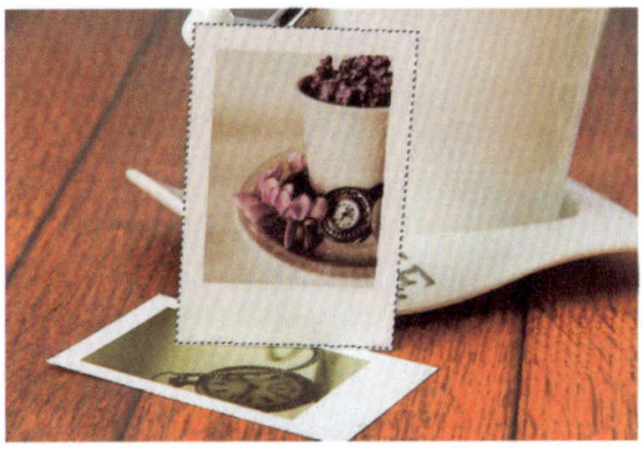

图 2–90

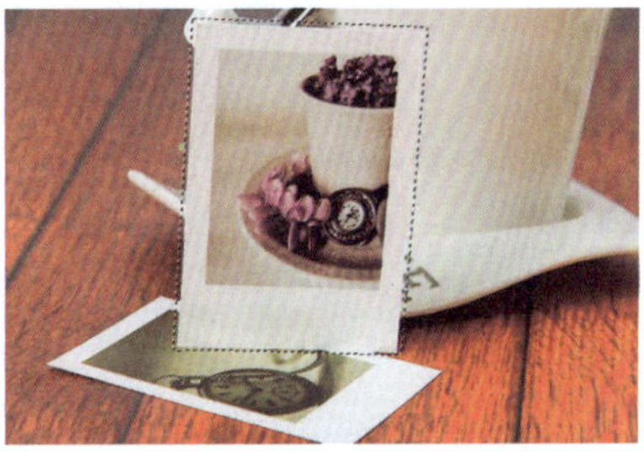

图 2–91

### 4. 收缩

收缩与扩展相反，收缩即按特定数量的像素缩小选择区域，通过“收缩”命令可去除一些图像边缘杂色，让选区变得更精确，选区的形状也没有改变，如图 2–92 和图 2–93 所示。选择菜单“选择”|“修改”|“收缩”命令，弹出“收缩选区”对话框，在“收缩量”文本框中输入数值，单击“确定”按钮即可。

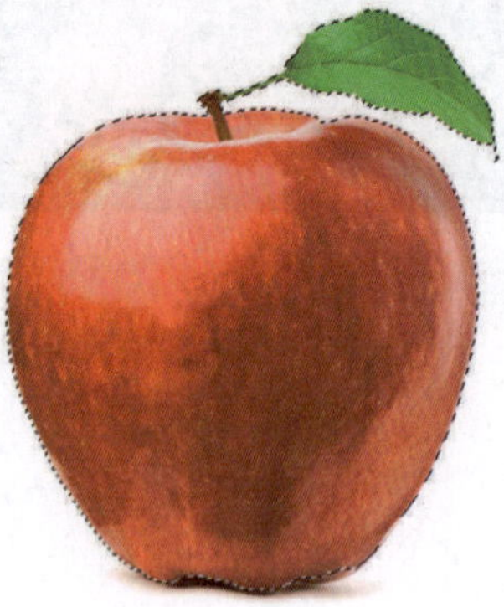

图 2–92

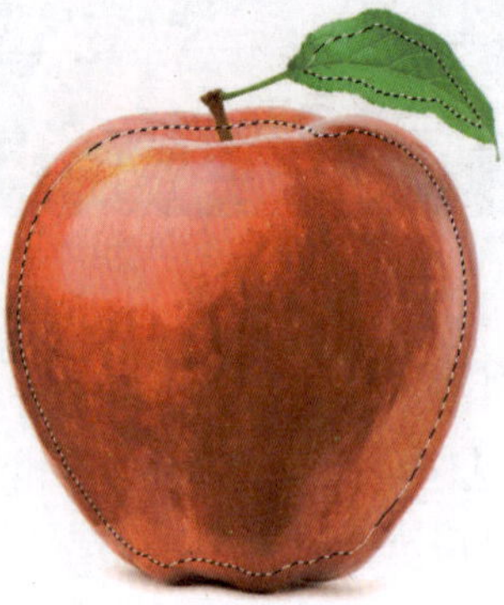

图 2–93

### 5. 羽化

羽化选区的目的是使选区边缘变得柔和，从而使选区内的图像与选区外的图像自然地过渡。羽化功能常用于图像合成。

羽化选区的方法有以下两种。

（1）创建选区前羽化。

使用选区工具创建选区前，在其属性栏的“羽化”文本框中输入一定数值后再创建选区，这时创建的选区将带有羽化效果。

（2）创建选区后羽化。

创建选区后选择菜单“选择”|“修改”|“羽化”命令或按 Shift+F6 组合键，弹出“羽化选区”对话框，从中设置羽化半径，单击“确定”按钮即可完成选区的羽化操作。羽化前后对比效果图如图 2–94 和图 2–95 所示。

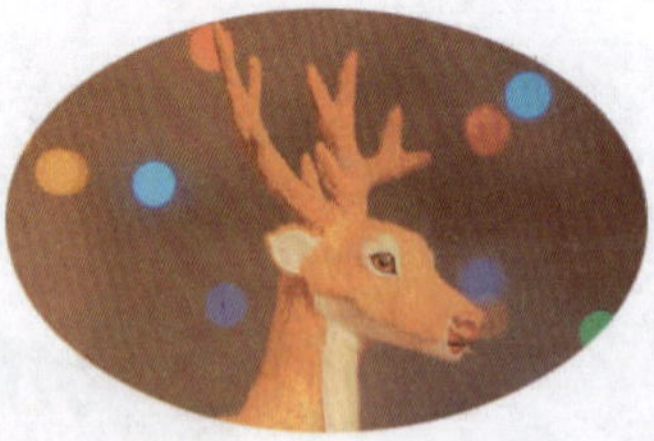

图 2–94

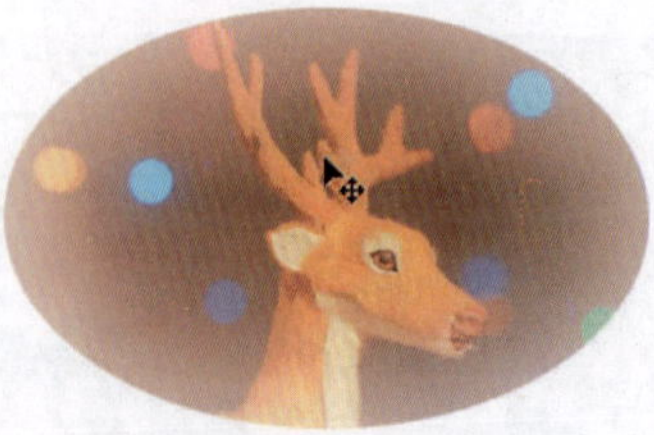

图 2–95

**操作技能**

对选区内的图像进行移动、填充等操作后才能看到图像边缘的羽化效果。

## 2.3 路径的创建

利用 Photoshop 提供的路径功能，可以绘制线条或曲线，并对绘制的线条进行填充和描边，完成一些绘画工具无法完成的工作。路径由一条或多条直线段或曲线段组成。路径的形状是由锚点控制的，锚点标记路径段的端点。通过路径绘制出来的图形为矢量图形。

### 2.3.1 路径和“路径”面板

所谓路径，是指在屏幕上一些不可打印、不能活动的矢量形状，由锚点和连接锚点的线段或曲线构成。每个锚点包含两个控制柄，用于精确调整锚点及其所连两条线段的曲度，从而匹配想要选择的边界。

选择菜单“窗口”|“路径”命令，打开“路径”面板，从中可以进行路径的新建、保存、复制、填充及描边等操作，如图 2-96 所示。

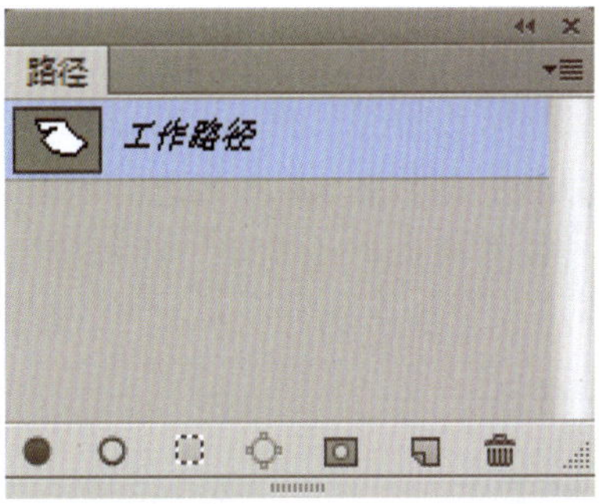


图 2-96

在“路径”面板中，主要选项的含义介绍如下。

- 路径缩略图和路径图层名：用于显示路径的大致形状和路径名称，双击名称后可为该路径重命名。
- “用前景色填充路径”按钮：单击该按钮将使用前景色填充当前路径。
- “用画笔描边路径”按钮：单击该按钮可用画笔工具和前景色为当前路径描边。
- “将路径作为选区载入”按钮：单击该按钮可将当前路径转换为选区，此时还可对选区进行其他编辑操作。
- “从选区生成工作路径”按钮：单击该按钮可将当前选区转换为路径。
- “添加图层蒙版”按钮：单击该按钮可以为路径添加图层蒙版。

- “创建新路径”按钮：单击该按钮可以创建新的路径图层。
- “删除当前路径”按钮：单击该按钮可以删除当前路径图层。

## 2.3.2 钢笔工具的应用

钢笔工具是一种矢量绘图工具，使用它可以精确绘制出直线或平滑的曲线。选择（钢笔工具），在图像中单击创建路径起点，此时在图像中会出现一个锚点，沿需要创建路径的图案轮廓方向单击并按住鼠标左键不放向外拖动，让曲线贴合图像边缘，直到鼠标指针与创建的路径起点相连接，路径才会自动闭合，如图 2–97 和图 2–98 所示。

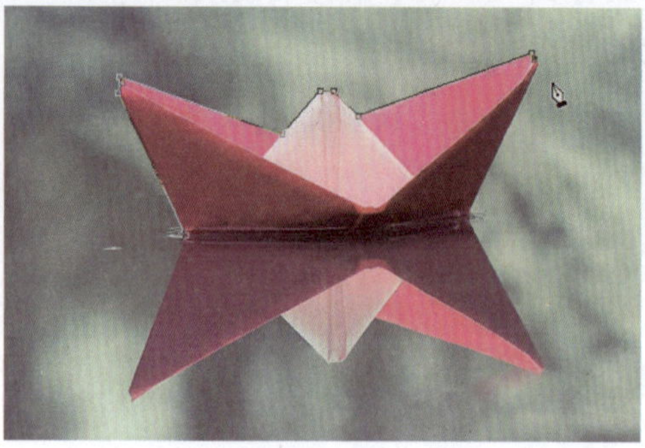

图 2–97

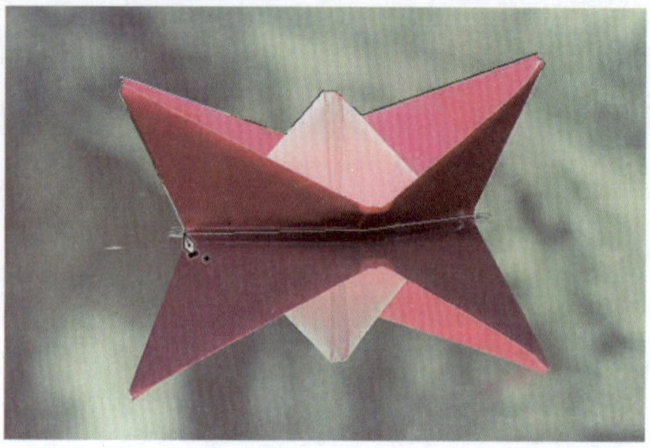

图 2–98

## 2.3.3 自由钢笔工具的应用

自由钢笔工具可以用来绘制任意形状的路径。在绘画时，将自动添加锚点，无须确定锚点的位置，完成路径绘制后同样可进一步对其进行调整。

选择（自由钢笔工具），若在属性栏中选中“磁性的”复选框，则创建连续的路径，同时会随着鼠标指针的移动产生一系列的锚点，如图 2–99 和图 2–100 所示；若取消勾选该复选框，则可创建不连续的路径。

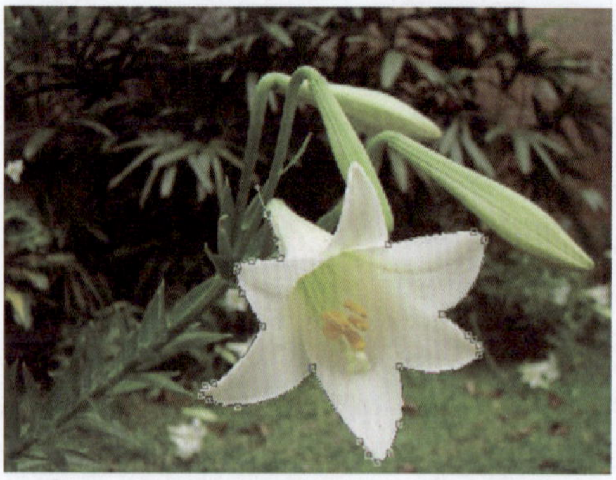

图 2–99

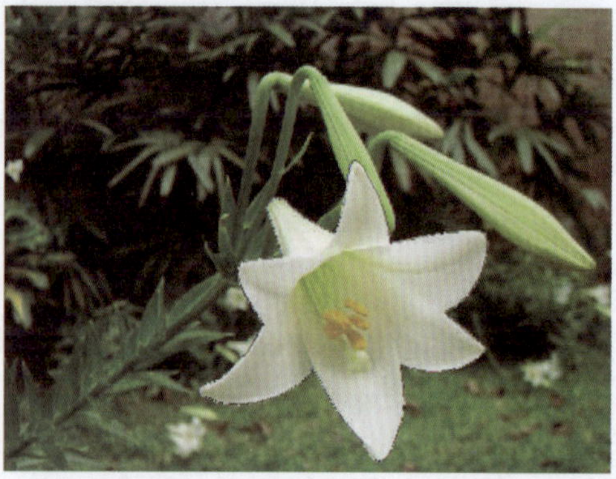

图 2–100

**操作技能**

自由钢笔工具类似于套索工具，不同的是，套索工具绘制的是选区，而自由钢笔工具绘制的是路径。

## 2.3.4 路径形状的调整

路径可以是平滑的直线或曲线，也可以是由多个锚点组成闭合形状，在路径中添加锚点或删除锚点都能改变路径的形状。

### 1. 添加锚点

在工具箱中选择（添加锚点工具），将鼠标指针移到要添加锚点的路径上，当鼠标指针变成形状时单击即可添加一个锚点，添加的锚点以实心显示，此时拖动该锚点可以改变路径的形状，如图 2–101 ～图 2–103 所示。

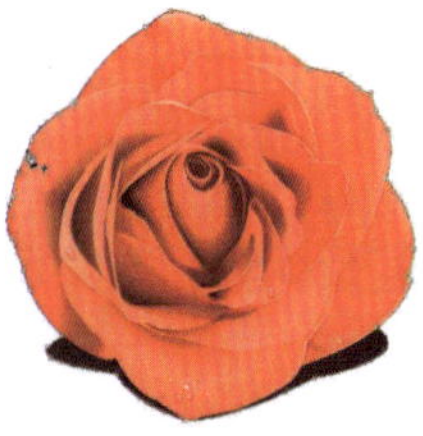

图 2–101

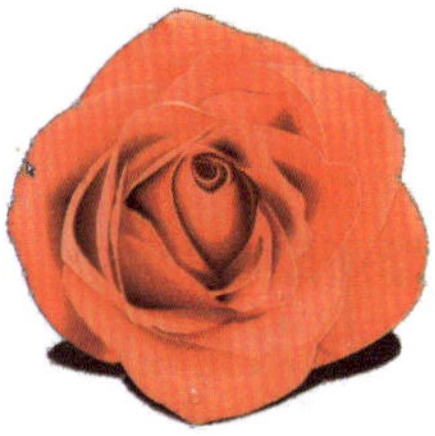

图 2–102

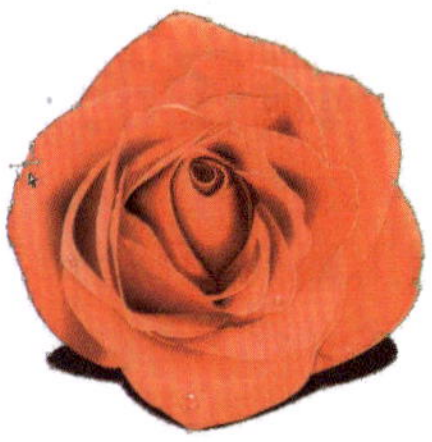

图 2–103

### 2. 删除锚点

删除锚点工具的功能与添加锚点工具相反，它主要用于删除不需要的锚点。在工具箱中选择“删除锚点工具”，将鼠标指针移到要删除的锚点上，当鼠标指针变成形状时单击即可删除该锚点，删除锚点后路径的形状也会发生相应变化，如图 2–104 和图 2–105 所示。

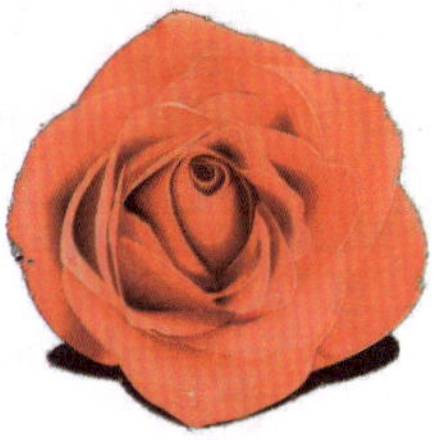

图 2–104

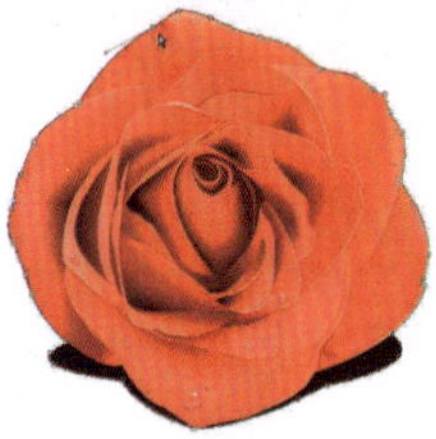

图 2–105

3. 转换锚点

使用（转换点工具）可以将在角点和平滑点之间进行转换。

若在要转换为平滑点的锚点上按住左键不放并拖动，会出现锚点的控制柄，拖动控制柄即可调整曲线的形状，如图 2−106 所示。

若要将平滑点转换为没有方向线的角点，只要单击平滑锚点即可，如图 2−107 所示。

若要将平滑点转换为带有方向线的角点，要使方向线出现，然后拖动方向点，使方向线断开，如图 2−108 所示。

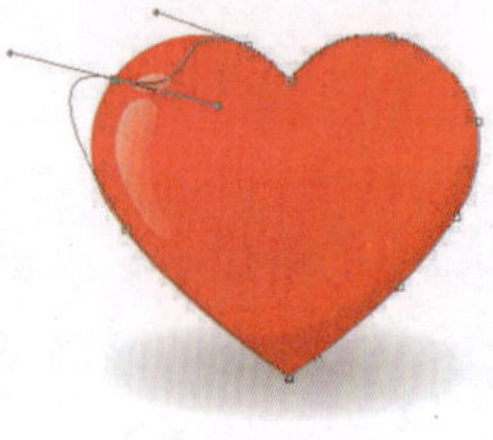
图 2−106

图 2−107

图 2−108

## 2.4 路径的编辑

使用（路径选择工具）可以选择所绘制的路径，并可以对其进行编辑，如复制路径、删除多余路径、存储路径、描边路径以及填充路径等。

### 2.4.1 选择路径

在对路径进行编辑操作之前首先需要选择路径。在工具箱中选择（路径选择工具），将光标移动到图像窗口中单击路径，即可选择该路径。选择路径后按住左键不放进行拖动，即可改变所选择路径的位置，如图 2−109 和图 2−110 所示。路径选择工具用于选择和移动整个路径。

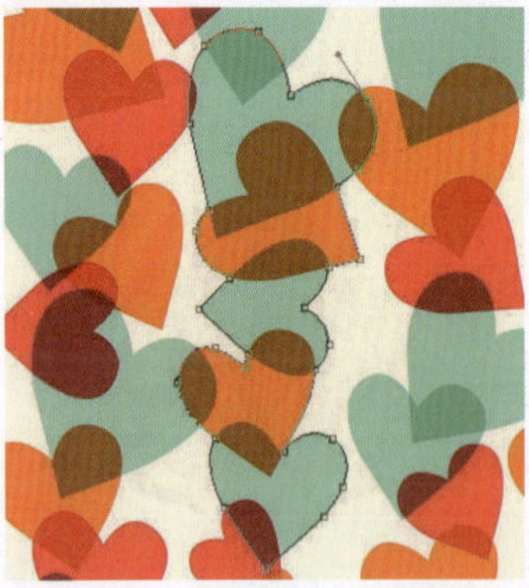
图 2−109

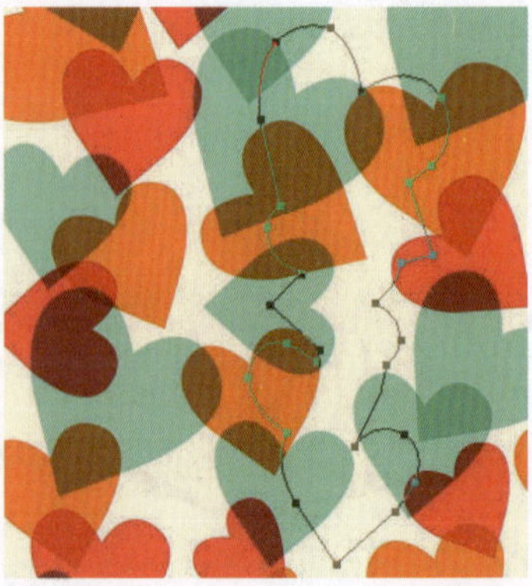
图 2−110

（直接选择工具）用于移动路径的部分锚点或线段，或者调整路径的方向点和方向线，而其他未选中的锚点或线段则不被改变，如图 2–111 和图 2–112 所示。选中的锚点显示为实心方形，未被选中的显示为空心方形。

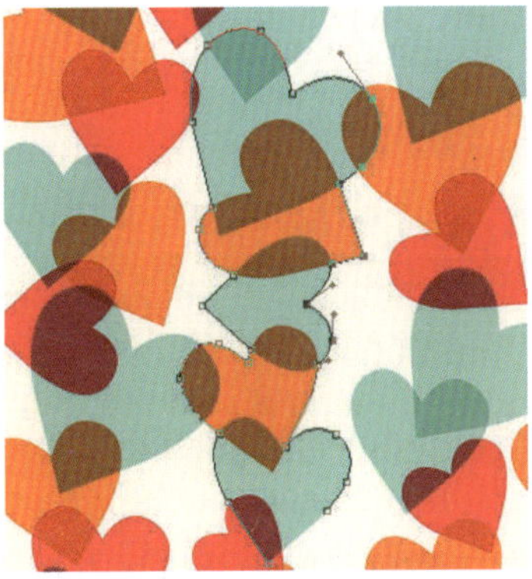
图 2–111

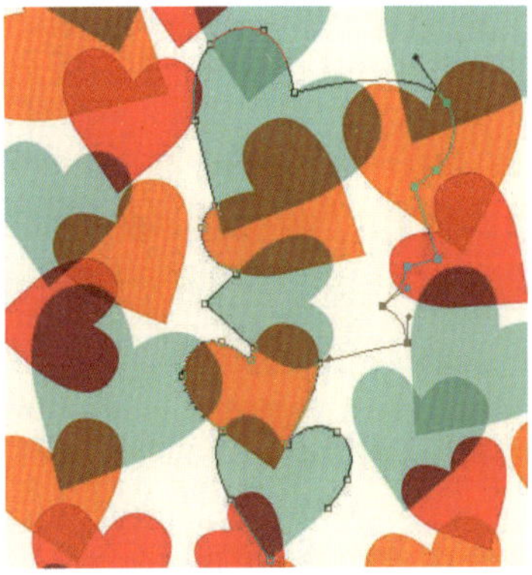
图 2–112

## 2.4.2　复制路径

选择需要复制的路径，按住 Alt 键，此时光标变成形状，拖动路径即可复制出新的路径。若按住 Alt+Shift 组合键的同时拖动路径，能让复制出的路径与原路径成水平、垂直或 45°，如图 2–113 和图 2–114 所示。

图 2–113

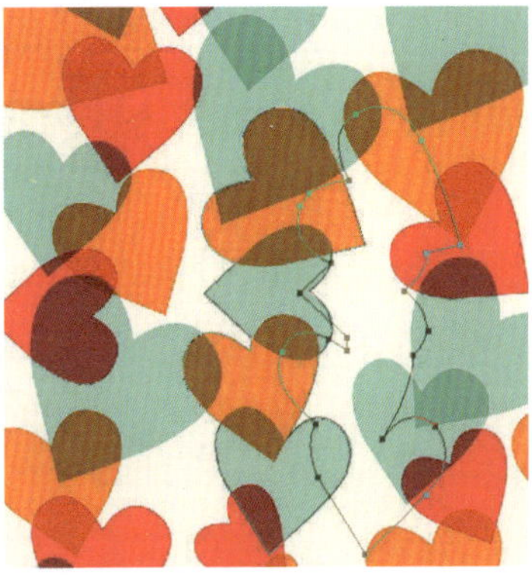
图 2–114

## 2.4.3　删除路径

删除路径非常简单，若要删除整个路径，在“路径”面板中单击选中该路径，然后单击该面板底部的“删除当前路径”按钮即可，如图 2–115 所示。若要删除一个路径的某段路径，光使用直接选择工具选择所要删除的路径段，然后按 Delete 键即可。

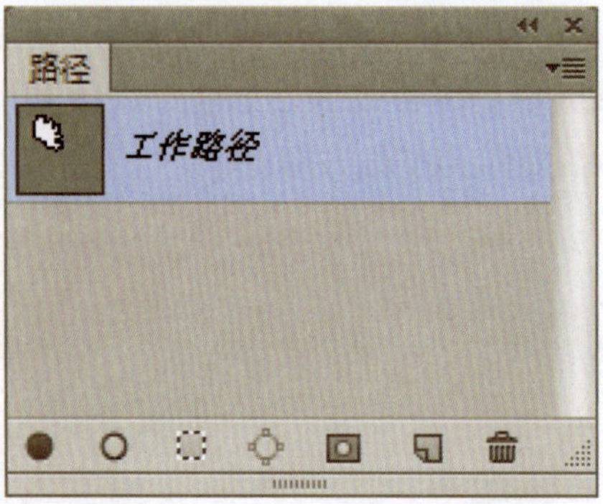


图 2–115

## 2.4.4 存储路径

在图像中首次绘制的路径会默认为工作路径，若将工作路径转换为选区并填充选区，再次绘制路径时新路径会自动覆盖前面绘制的路径，只有将其存储为路径，才能对路径进行保存。

在“路径”面板中单击右上角的▾≡按钮，在弹出的下拉菜单中选择“存储路径”命令，弹出“存储路径”对话框。在该对话框的“名称”文本框中设置路径名称，然后单击“确定”按钮，即可保存路径。此时在“路径”面板中可以看到，工作路径变成了“路径 1”，如图 2–116 所示。

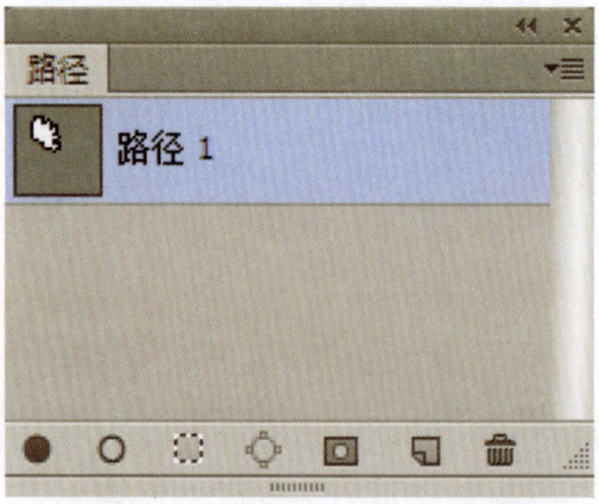


图 2–116

## 2.4.5 描边路径

描边就是在边缘加上边框，描边路径则是沿已有的路径为路径边缘添加画笔线条效果。画笔的笔触和颜色用户可以自定义，可使用的工具包括画笔工具、铅笔工具、橡皮擦工具和图章工具等。

描边的具体操作方法是先设置好前景色，再选择用于描边的工具（这里选择画笔工具，设置笔触大小为 2 像素），然后在“路径”面板中选中要描边的路径，单击该面板底部的“用画笔描边路径”按钮即可，如图 2–117 和图 2–118 所示。

图 2–117

图 2–118

## 2.4.6 填充路径

填充路径可以对路径填充前景色、背景色或其他颜色，同时还可以为图像快速填充图案。若路径为线条，则会按照“路径”面板中显示的选区范围进行填充。

填充路径的具体操作方法是，设置好前景色后，在“路径”面板中选中要描边的路径，单击该面板右上角的按钮，在弹出的下拉菜单中选择“填充路径”命令，打开“填充路径”对话框，从中设置填充的方式，单击“确定”按钮即可，如图 2–119 和图 2–120 所示。

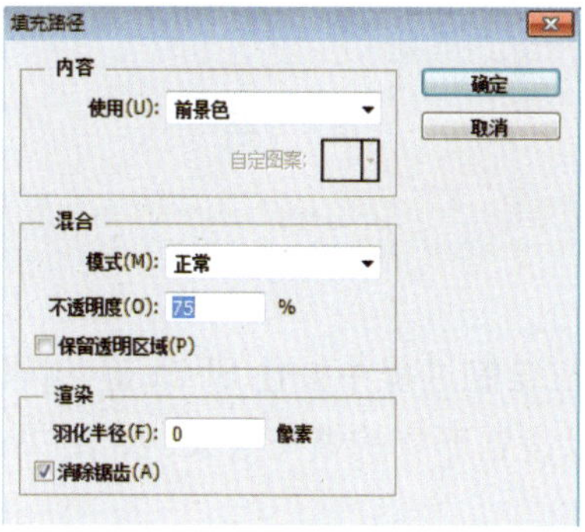


图 2–119

图 2–120

# 2.5 绘制形状

用形状工具绘制出来的图形会显示路径，并且具有矢量图形的性质。颜色的填充可以使用前景色填充方式，也可以使用渐变色或图案来填充。使用形状工具可以绘制出多种规则或不规则的形状或路径，如矩形、圆角矩形、椭圆形、多边形、直线及自定义形状等。

## 2.5.1 绘制矩形和圆角矩形

使用矩形工具可以在图像窗口中绘制任意方形或具有固定长宽的矩形。具体的操作方法是选择■（矩形工具），在该工具的属性栏中选择“形状”选项，在图像中拖动绘制出以前景色填充的矩形。此时，若选择“路径”选项，则绘制出矩形路径，如图 2–121 所示。

使用圆角矩形工具可以绘制出带有一定圆角弧度的图形。圆角矩形工具的使用方法与矩形工具相同，不同的是，选择▢（圆角矩形工具），在该工具的属性栏中会出现“半径”文本框，在其中输入的数值越大，圆角的弧度也就越大。若选择“路径”选项，则绘制出矩形路径，如图 2–122 所示。

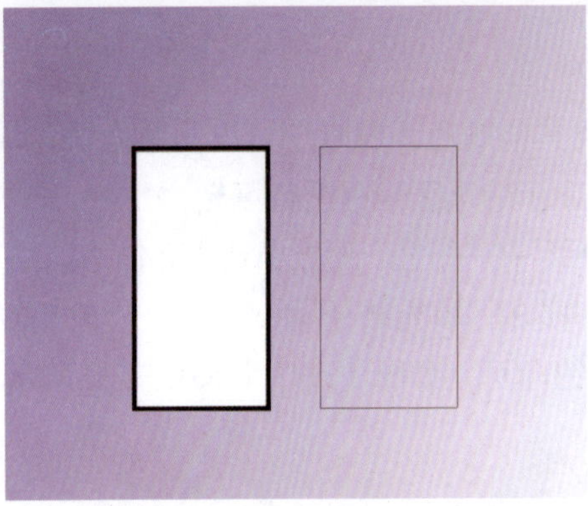

图 2–121

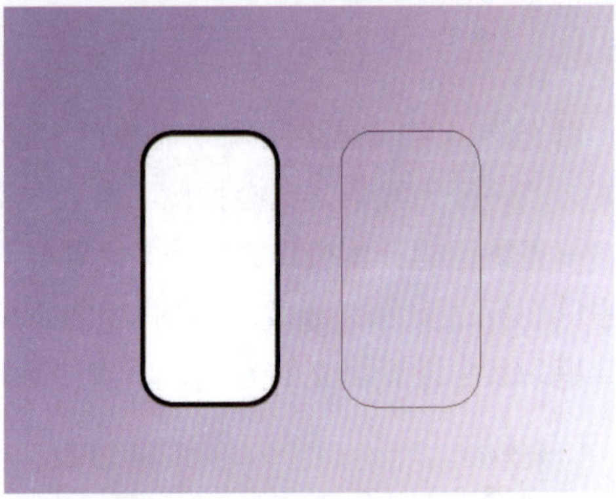

图 2–122

## 2.5.2 绘制椭圆和正圆

使用椭圆工具可以绘制椭圆形状和正圆形状。在绘制过程中按住 Shift 键的同时拖动鼠标指针，绘制的则为正圆形状。在绘制图形后可以设置形状的填充效果，如图 2–123 和图 2–124 所示。

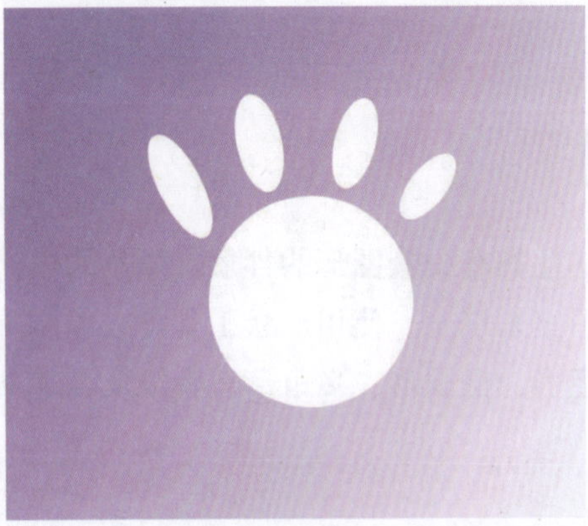

图 2–123

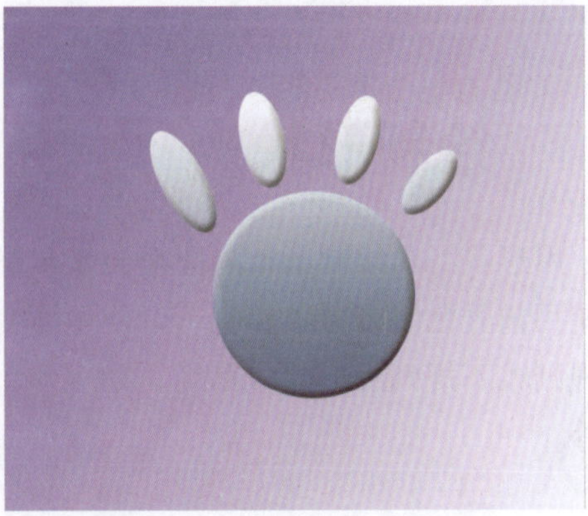

图 2–124

## 2.5.3 绘制多边形

使用多边形工具可以绘制具有不同边数的多边形和星形，在属性栏的“边”文本框中输入需要的边数，即可绘制相应的图形。在绘制图形后可以设置形状的填充效果，如图 2–125 和图 2–126 所示。单击按钮，在弹出的下拉面板中可以设置半径、缩进边依据等。

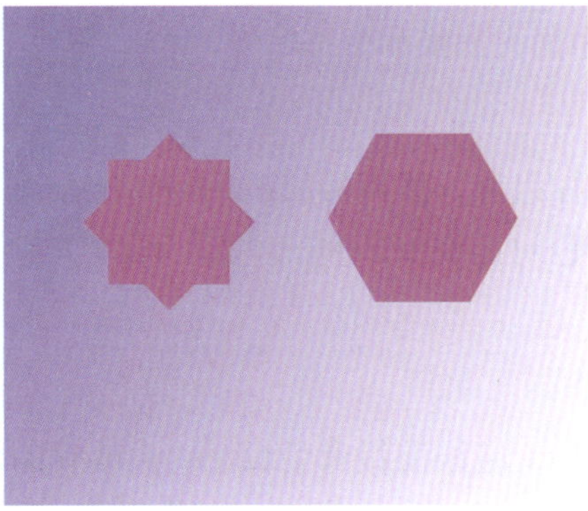

图 2–125

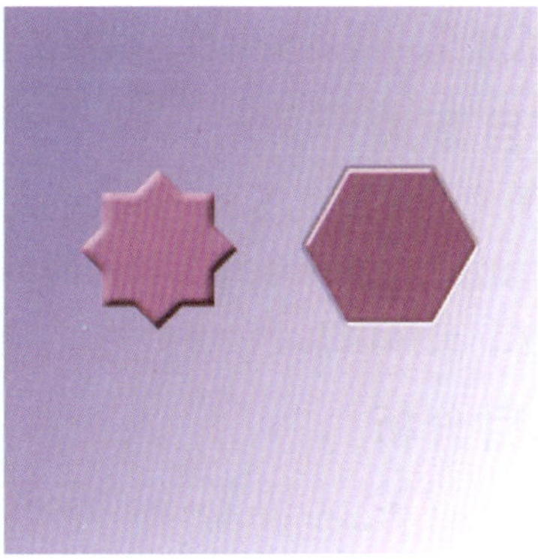

图 2–126

## 2.5.4 绘制自定义形状

使用（自定形状工具）可以绘制系统自带的不同形状。Photoshop CS6 为用户提供了如动物、箭头、画框、音乐、自然、物体、装饰、符号等多种类型的形状，更加方便了用户使用。在属性栏的“形状”下拉面板中选择需要绘制的形状即可，如图 2–127 和图 2–128 所示。

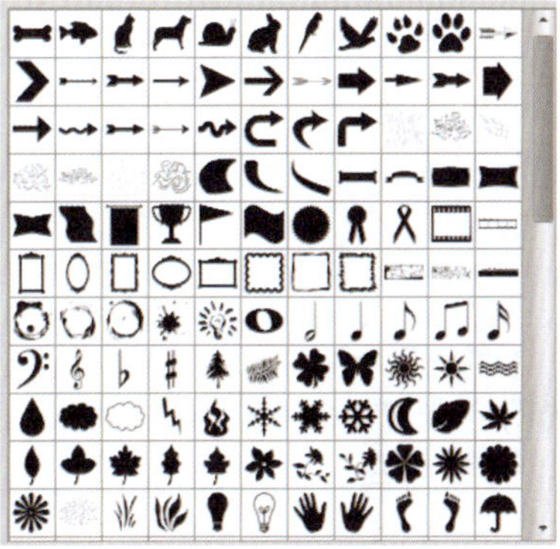

图 2–127

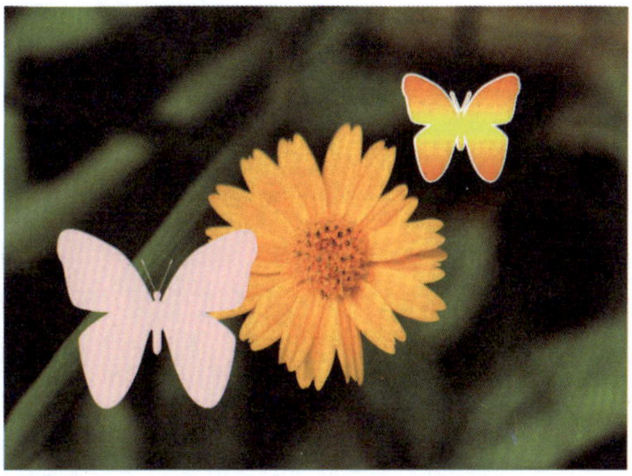

图 2–128

**操作技能**

单击下拉面板中的扩展按钮，在弹出的下拉菜单中还可以选择其他预设的形状进行绘制。

# 【自己练】

## 项目练习：设计包装盒

### 项目背景

此海报是一张公益海报，其目的是宣传保护中国大熊猫和生态环境。

### 项目要求

画面为海报标准尺寸，海报版式为文字与图片组合，展现阅读上的舒适感。海报的制作要体现出自然环境与大熊猫的关系，要求颜色对比融洽，突出主题，激发人们对自然被破坏，大熊猫需要被保护的危机意识。

### 项目分析

对背景设置不透明度，添加蒙版实现渐变效果，减淡海报背景颜色。主要目的是表现自然环境被破坏。在熊猫图层上添加蒙版，使其与竹子融合在一起，联系动物与环境相结合的主题，增添海报的生动感，展示其宣传意义。

### 项目效果

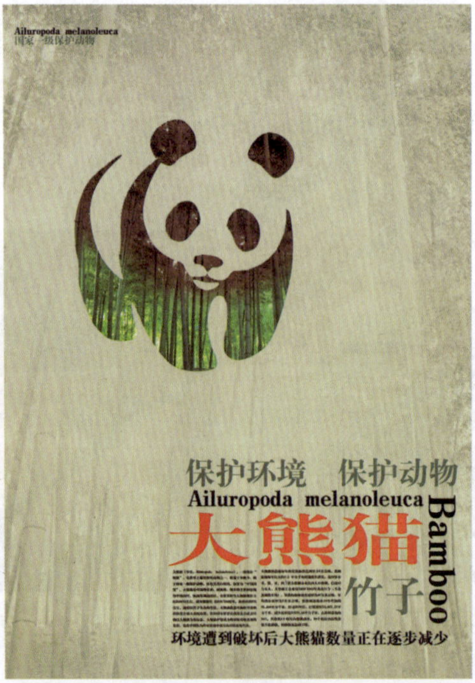


### 课时安排

2 课时。

# 第 3 章

# 设计产品包装
# ——图层详解

## 本章概述

本章主要讲解图层的应用。图层是 Photoshop 的核心功能，任何操作都必须通过图层来完成。所有的图像可以放在不同的图层上进行独立的操作，也可以合并为一个图层。并且图层与图层之间互不影响。学会有关图层的操作方法是 Photoshop 的基本技能。

## 要点难点

管理图层 ★☆☆

管理图层样式 ★★★

## 案例预览

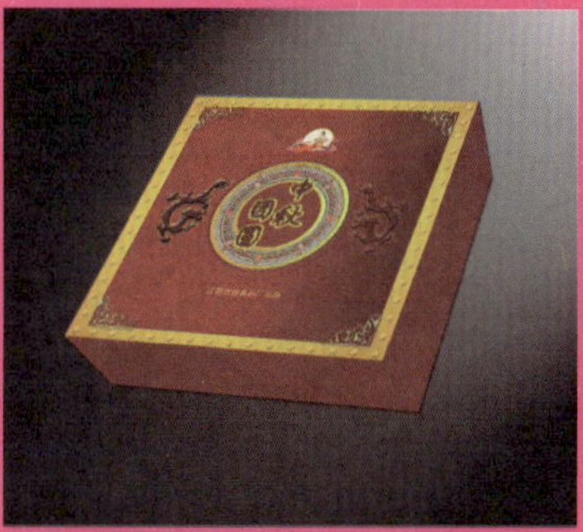

月饼包装盒

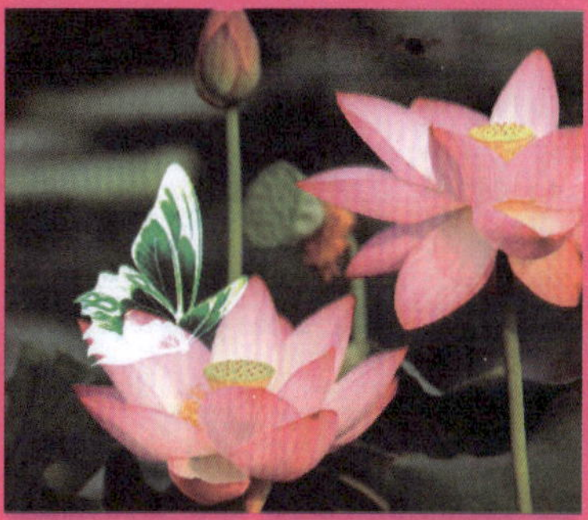

“划分”图层混合模式效果

# 【跟我学】设计月饼包装盒

## 作品描述

中国有很多传统节日，如中秋节就是其中一个，吃月饼赏月是必不可少的活动之一。对于商家来讲，月饼包装盒的设计尤为关键。月饼品种的不同其包装的样式也不同。因此，一个精美的礼品包装盒显得特别重要。在此便以月饼包装盒的制作为例展开介绍。该月饼盒的尺寸为 16cm × 4cm × 16cm，最终呈现为立体效果。

## 实现过程

### 1．月饼包装盒平面效果

STEP 01 启动 Photoshop CS6，选择菜单“文件”|“新建”命令，弹出“新建”对话框，从中设置文档大小，如图 3–1 所示。

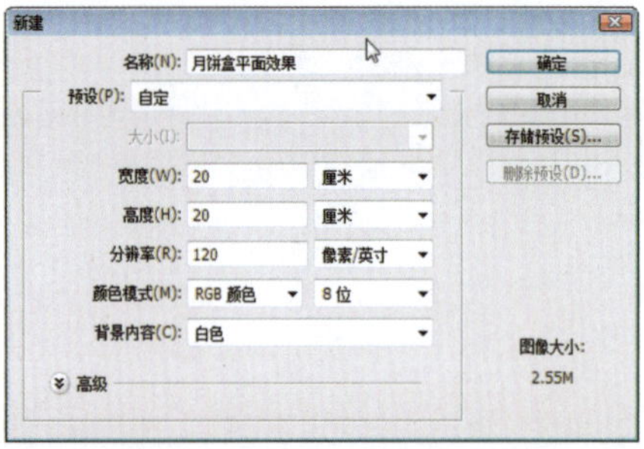


图 3–1

STEP 02 右击文档标题栏，在弹出的快捷菜单中选择“移动到新窗口”命令，如图 3–2 所示。

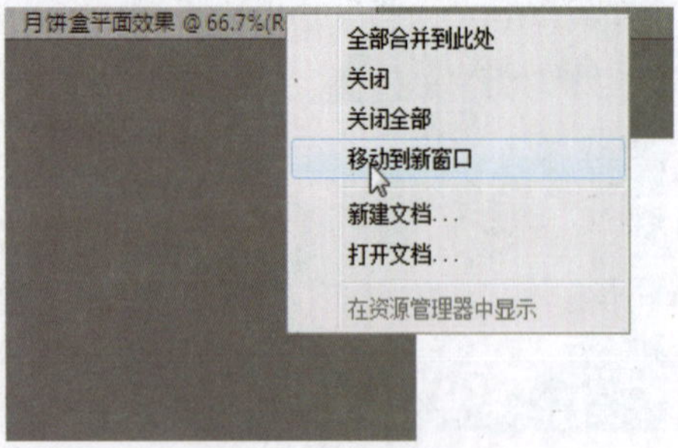


图 3–2

STEP 03 按 Ctrl+R 组合键，显示标尺。依据月饼盒的正面尺寸（16 cm × 16 cm），使用移动工具拖曳出参考线，如图 3–3 所示。

图 3–3

STEP 04 打开“素材文件 \ 模块 03\001.jpg”素材图像，将其拖曳至当前文档，如图 3–4 所示。

STEP 05 按 Ctrl+T 组合键，对其进行变换缩放，使其铺满整个画布。在“图层”面板中调整不透明度为 10%，效果如图 3–5 所示。

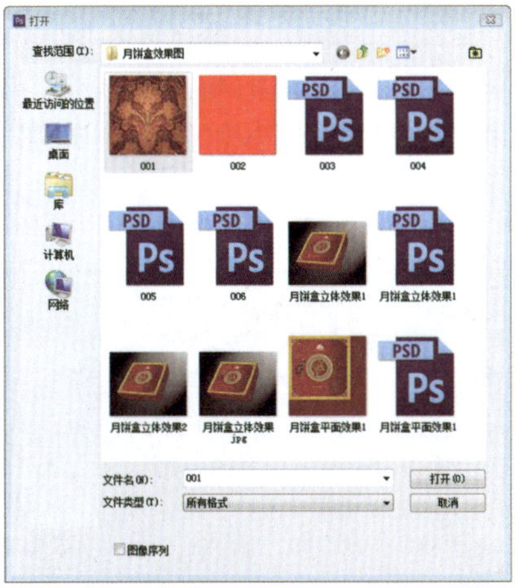


图 3-4

图 3-5

STEP 06 打开“素材文件\模块3\002.jpg”素材图像，将其拖曳至当前文档，如图3-6所示。

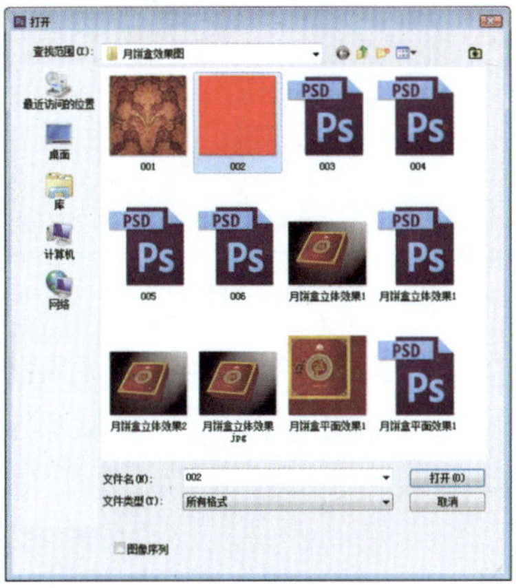


图 3-6

STEP 07 按Ctrl+T组合键，使其依据参考线，调整其大小，放置其对应位置（图像中花纹中心对准参考线）。使用矩形工具绘制矩形选区，按Delete键删除其多余部分，如图3-7所示。

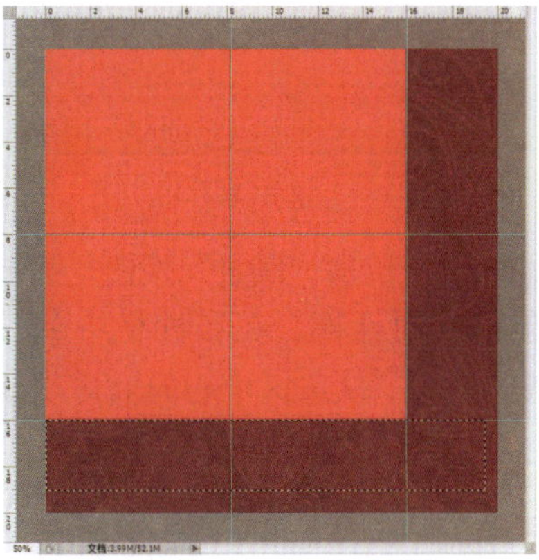

图 3-7

STEP 08 按Ctrl+Shift+N组合键，新建“图层2”图层，设置该图层模式为“正片叠底”，然后按住Alt键单击“002”图层的缩览图，获得选区，如图3-8所示。

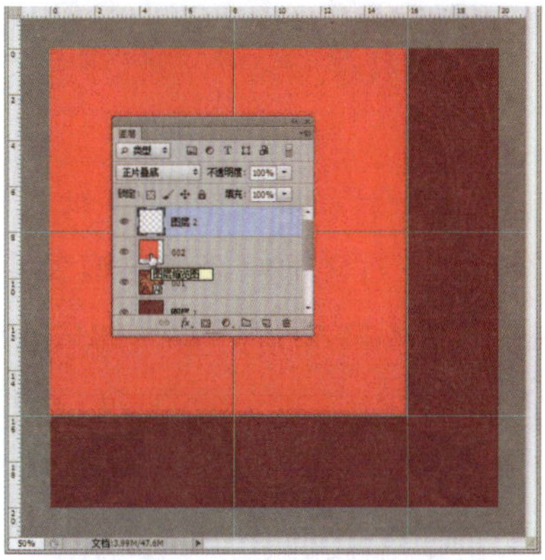

图 3-8

STEP 09 选择工具箱中的（渐变工具），单击属性栏中的渐变条，在弹出的“渐变编辑器”对话框中设置渐变类型为“黑，白渐变”，双击两侧的色标，设置其参数值（左R:217、G:19、B:19；右R:142、G:12、B:12），如图3-9所示。

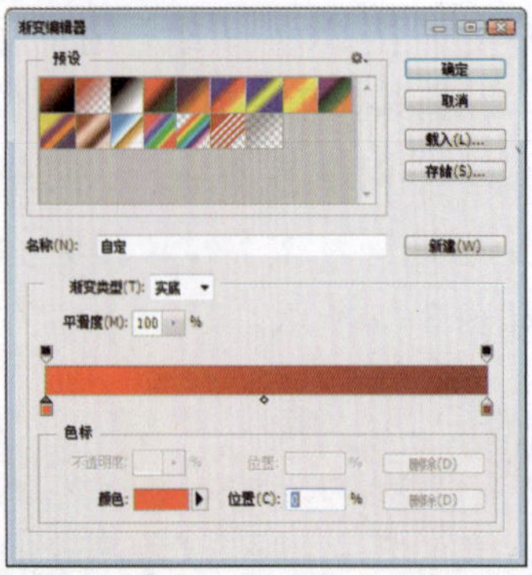

图 3-9

STEP 10 单击“确定”按钮，关闭“渐变编辑器”对话框，在属性栏中单击“径向渐变”按钮，从选区中心向右应用渐变，如图 3-10 所示。

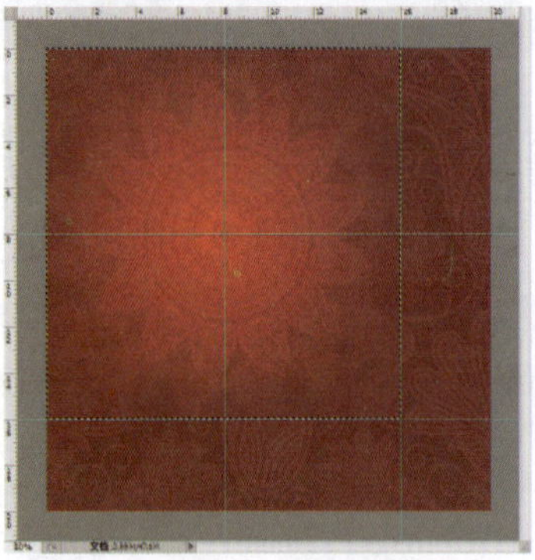

图 3-10

STEP 11 打开“素材文件\模块03\003.psd”素材图像，将其拖曳至当前文档，并调整适当大小后，放置在合适位置，如图 3-11 所示。

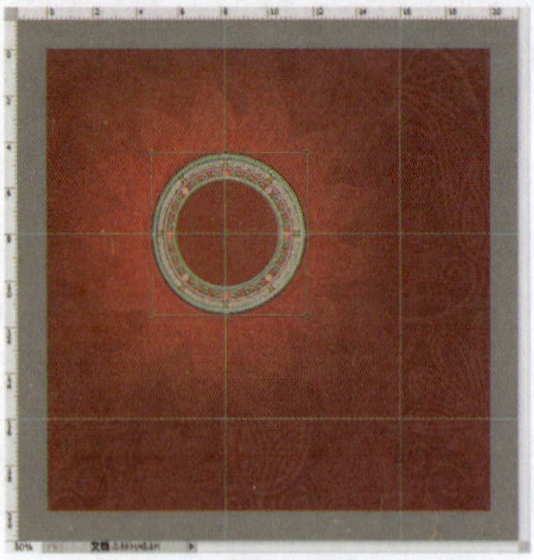

图 3-11

STEP 12 打开“素材文件\模块03\004.psd”素材图像，将其拖曳至当前文档，并调整大小和位置，如图 3-12 所示。

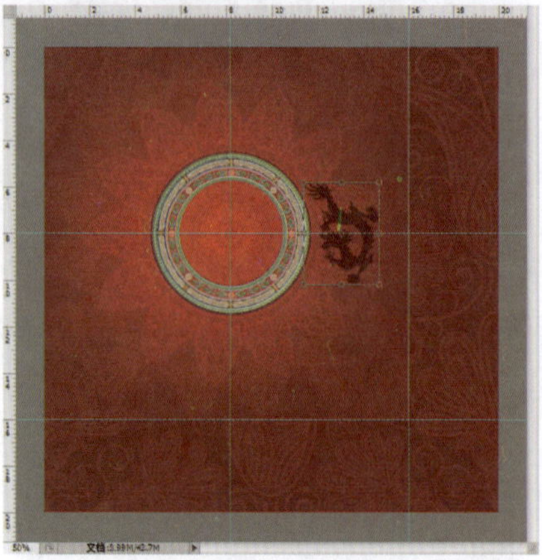

图 3-12

STEP 13 在“图层”面板中设置“004”图层的不透明度为 60%，然后双击该图层缩览图，在弹出的“图层样式”对话框中为图层添加“外发光”图层样式，发光颜色为黄色（R:255、G:240、B:0），其他参数设置如图 3-13 所示。

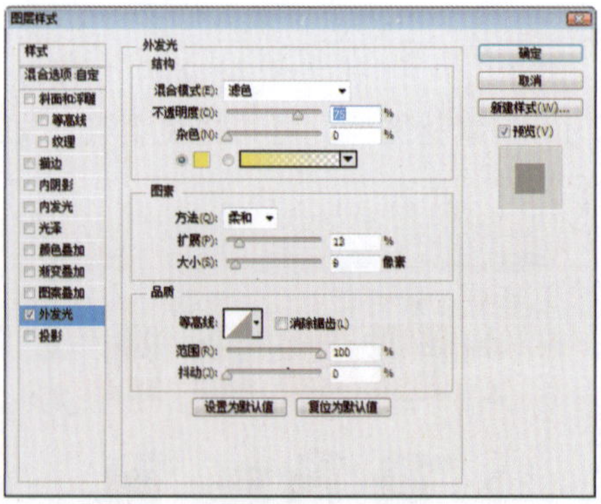

图 3-13

STEP 14 在“图层样式”对话框中，继续添加“斜面和浮雕”图层样式，如图 3-14 所示。

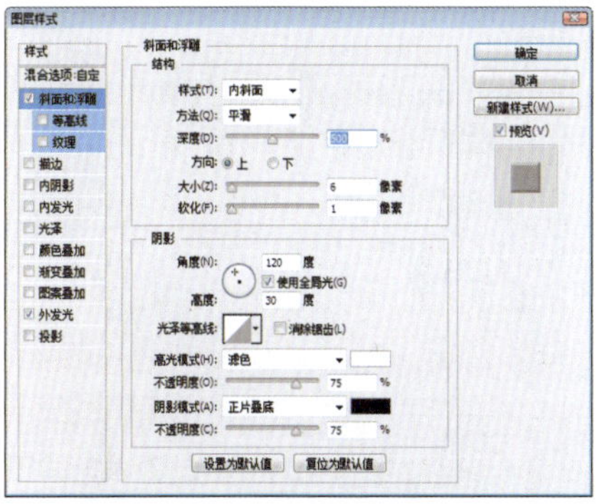

图 3-14

STEP 15 添加图层样式后的效果如图 3-15 所示。

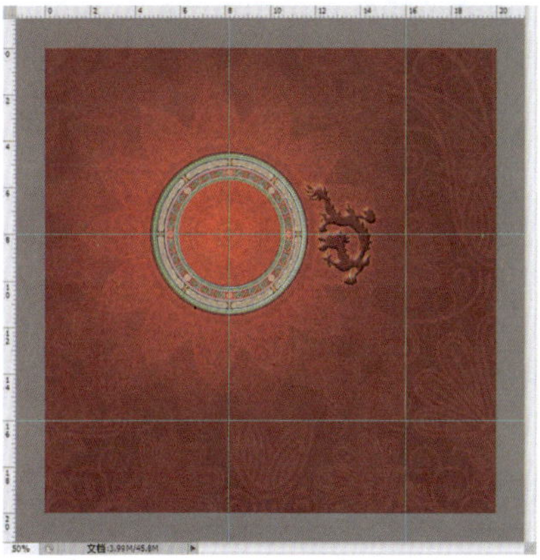

图 3-15

STEP 16 按 Ctrl+J 组合键，复制“004”图层，使用移动工具将图像移至合适位置，按 Ctrl+T 组合键，进行水平翻转图像，如图 3-16 所示。

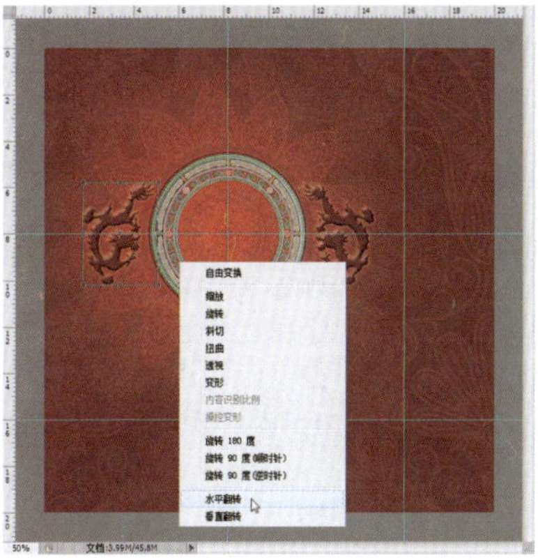

图 3-16

STEP 17 选择椭圆选框工具，按住 Shift+Alt 组合键的同时，拖曳鼠标指针，绘制一个与“003”图层中心空白部分重合的正圆，如图 3-17 所示。

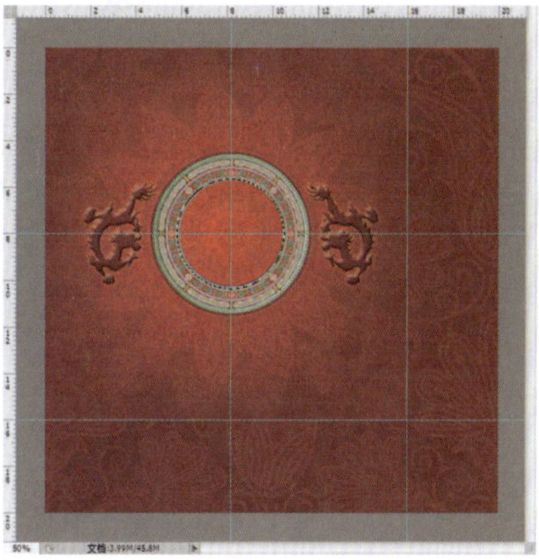

图 3-17

STEP 18 按 Ctrl+Shift+N 组合键，新建一个图层，设置前景色为红色（R:136、G:10、B:13），按 Alt+Delete 组合键，填充前景色；按 Ctrl+D 组合键取消选区，效果如图 3-18 所示。

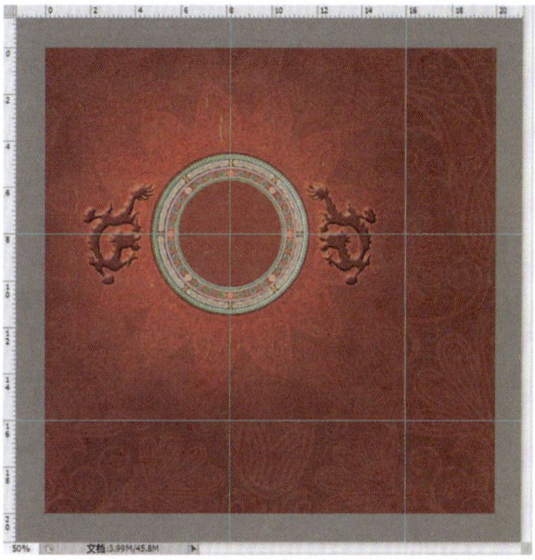

图 3-18

STEP 19 再次选择椭圆选框工具，绘制一个和之前一样的正圆，在该工具的属性栏中单击（从选区减去）按钮，再使用椭圆选框工具绘制一个比之前小一点的正圆，效果如图 3-19 所示。

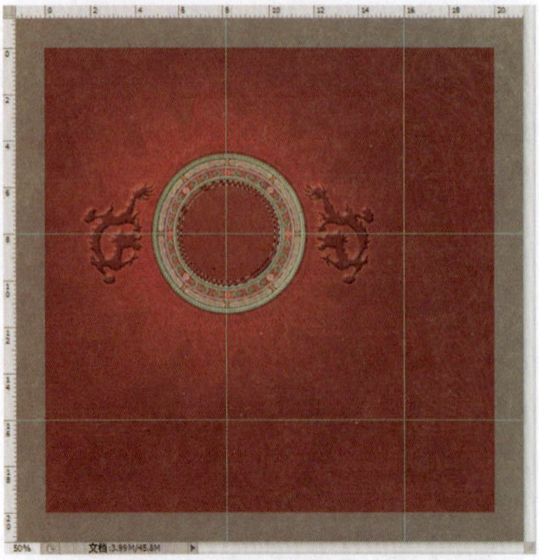

图 3-19

STEP 20 在工具箱中选择渐变工具，单击属性栏中的渐变条，在弹出的“渐变编辑器”对话框中设置渐变类型为“黑，白渐变”，双击两侧的色标，设置其参数值（左 R:250、G:245、B:3；右 R:218、G:165、B:23），如图 3-20 所示。

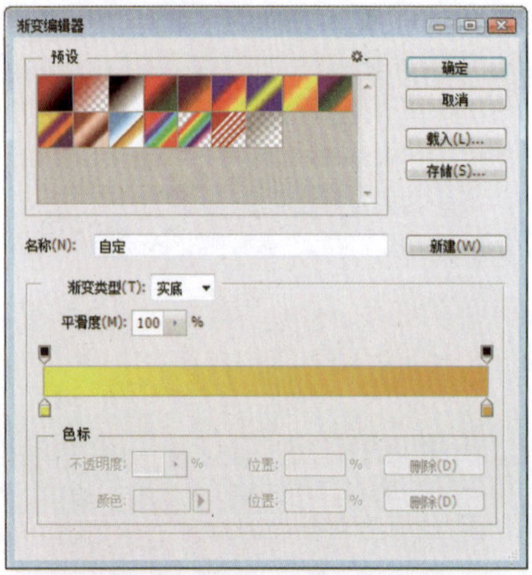


图 3-20

STEP 21 按 Ctrl+Shift+N 组合键，新建一个“图层 4”图层，使用渐变工具在选区内从右至左应用渐变，效果如图 3-21 所示。

STEP 22 使用同样的方法再绘制一个图形，如图 3-22 所示。

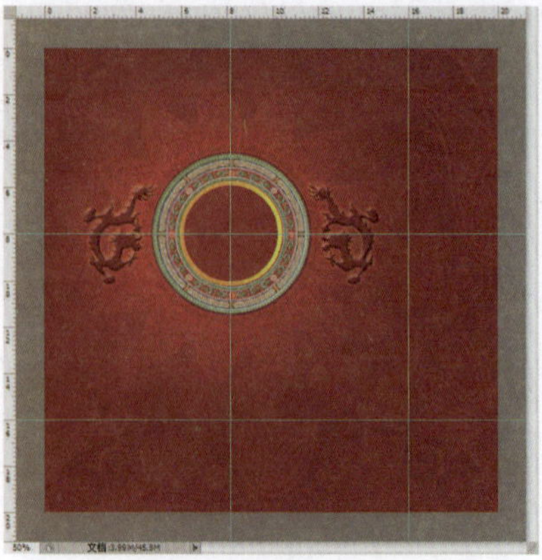

图 3-21

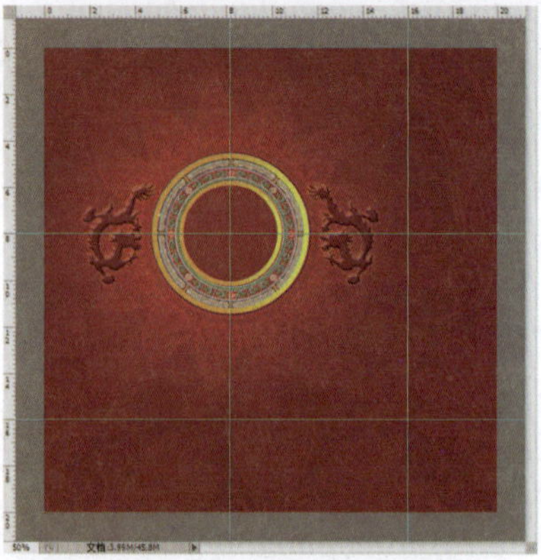

图 3-22

STEP 23 在工具箱中选择竖排文本工具，在合适的位置输入“中秋团圆”，设置文本的字体为“方正舒体简体”，字体大小为 48 点，字体颜色为红色（R:100、G:1、B:1），如图 3-23 所示。

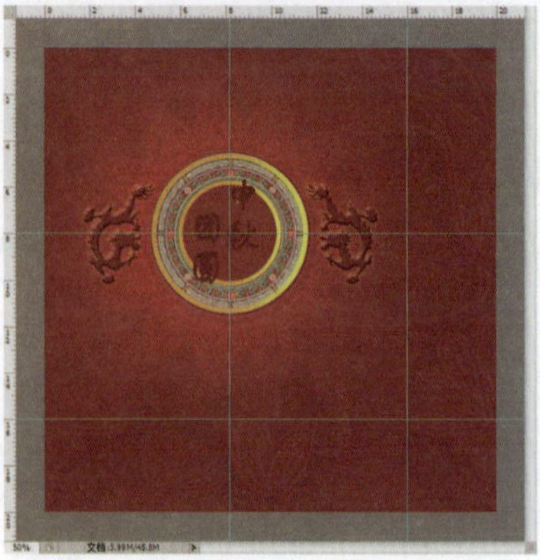

图 3-23

STEP 24 为文本图层添加“描边”图层样式，设置描边“大小”为7像素，描边“颜色”为黄色（R:230、G:205、B:15），如图3-24所示。

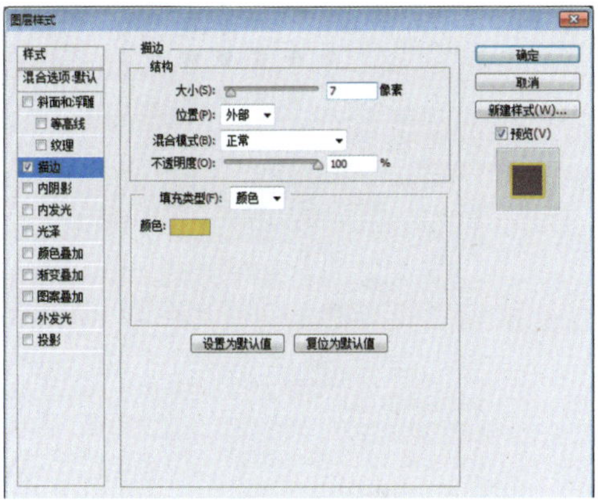


图 3-24

STEP 25 为文本描边后，选择工具箱中的横排文本工具，输入公司名称，并设置字体为“黑体”，字号为12点，字体颜色为黄色（R:251、G:205、B:101），效果如图3-25所示。

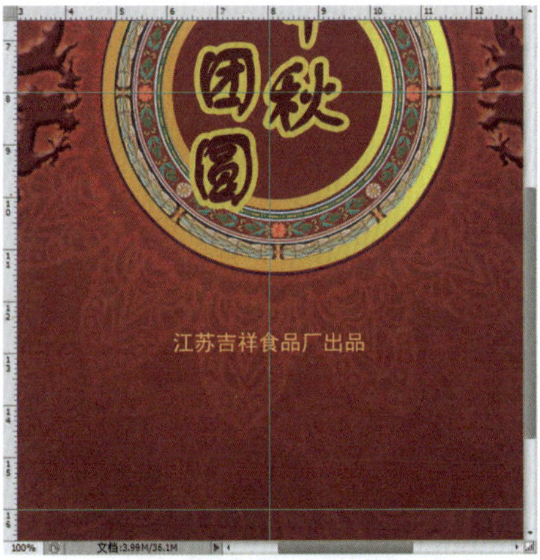


图 3-25

STEP 26 打开“素材文件\模块03\005.psd”素材图像，将其拖曳至当前文档，并调整适当大小后，放置在合适位置，如图3-26所示。

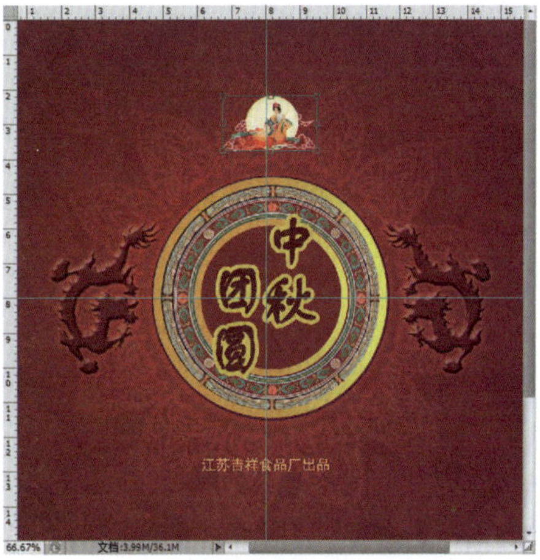


图 3-26

STEP 27 在工具箱中选择渐变工具，单击属性栏中的渐变条，在弹出的“渐变编辑器”对话框中设置渐变颜色，其中两侧的色标为深黄色（R:218、G:165、B:23），中间色标值为R:255、G:255、B:0，如图3-27所示。

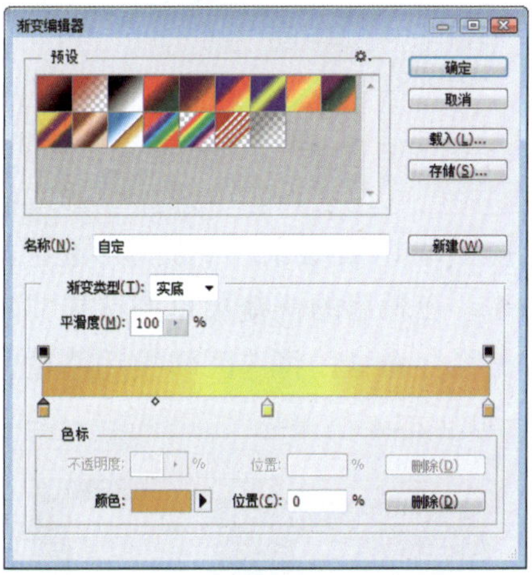


图 3-27

STEP 28 新建“图层6”图层，在工具箱中选择矩形工具，依据参考线绘制矩形选区，并在选区内应用渐变，效果如图3-28所示。

STEP 29 再次使用矩形选框工具绘制一个较小的选区，按Delete键删除选区内的图像，如图3-29所示。

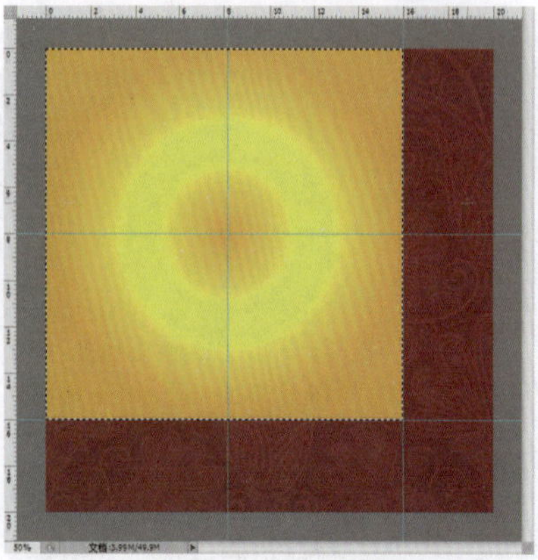

图 3-28

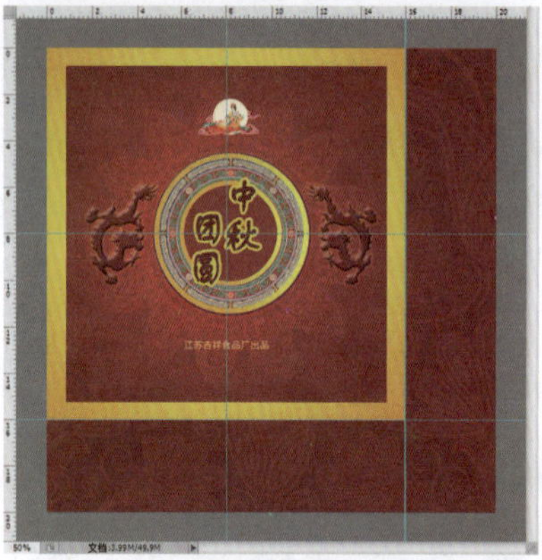

图 3-29

STEP 30 在工具箱中选择矩形选框工具，按住 Shift 键绘制一个正方形选区。然后右击，在弹出的快捷菜单中选择“建立工作路径”命令，将选区转换为路径，如图 3-30 所示。

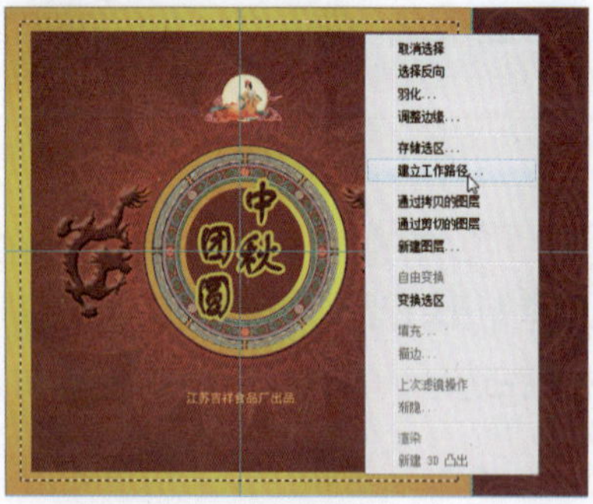


图 3-30

STEP 31 在工具箱中选择画笔工具，选择菜单“窗口”|“画笔”命令，打开“画笔”面板，在其中设置画笔形状及间距，如图 3-31 所示。

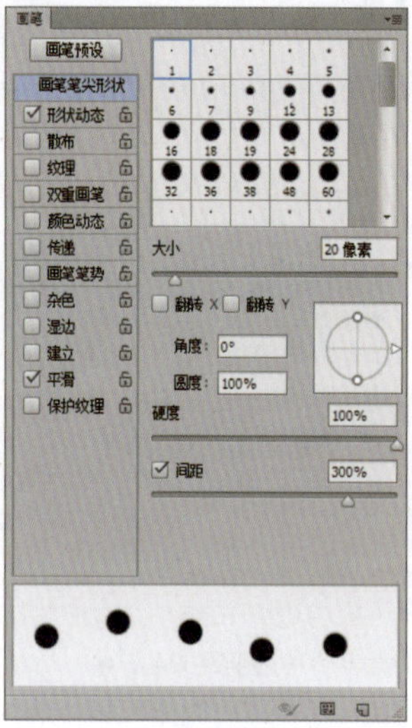


图 3-31

STEP 32 设置前景色为（R:240、G:191、B:29），新建一个“图层 7”图层，在“路径”面板中的“工作路径”上右击，在弹出的快捷菜单中选择“描边路径”命令，描边路径，如图 3-32 所示。

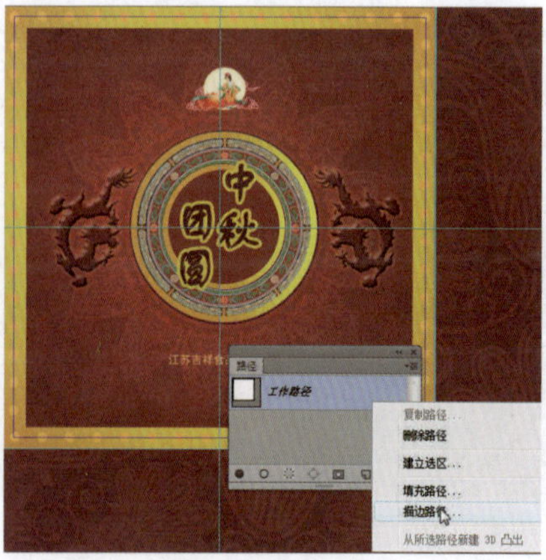


图 3-32

STEP 33 双击“图层 7”图层缩览图，在弹出的“图层样式”对话框中添加“斜面和浮雕”图层样式，如图 3-33 所示。

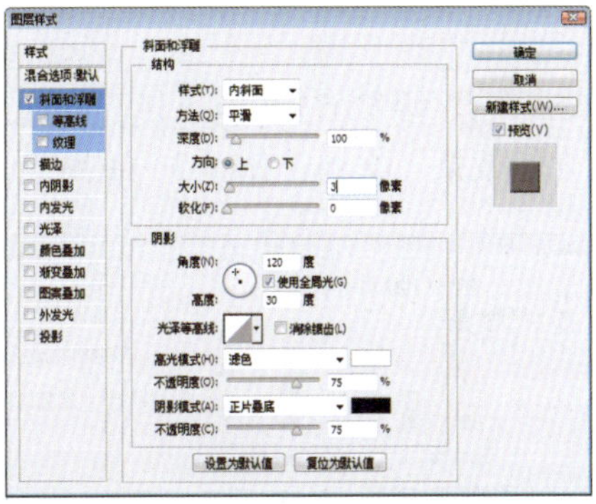

图 3-33

STEP 34 添加“斜面和浮雕”图层样式后的效果如图 3-34 所示。

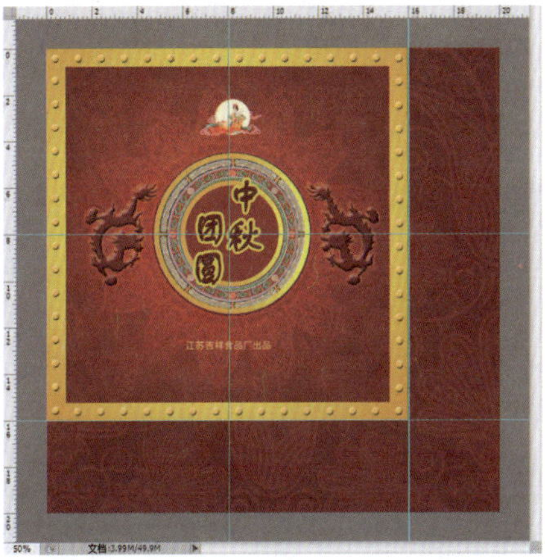

图 3-34

STEP 35 打开“素材文件\模块03\006.psd”素材图像，将其拖曳至当前文档的左上角，如图 3-35 所示。

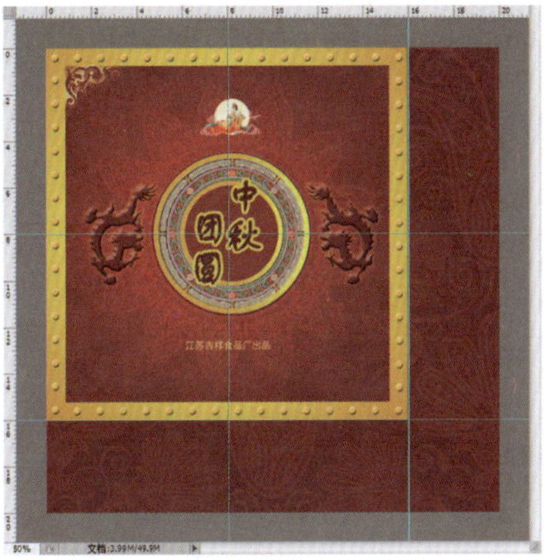

图 3-35

STEP 36 双击“006”图层缩览图，在弹出的“图层样式”对话框中添加“投影”图层样式，如图 3-36 所示。

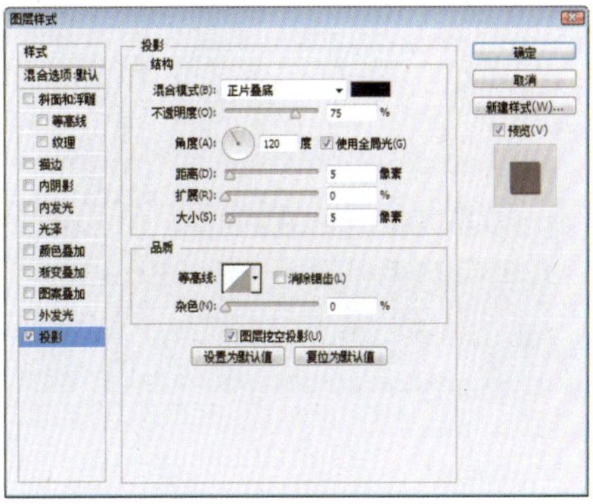

图 3-36

STEP 37 添加“投影”图层样式后的效果如图 3-37 所示。

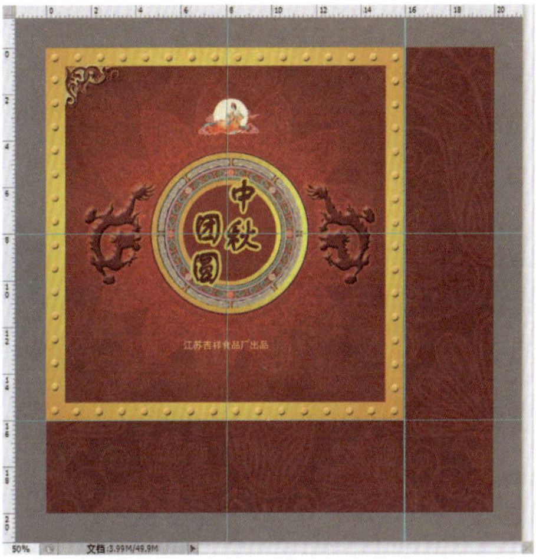

图 3-37

STEP 38 按 Ctrl+J 组合键，将“007”图层复制 3 次，按 Ctrl+T 组合键，旋转角度后，将其放置在其他 3 个角的位置，如图 3-38 所示。

STEP 39 最后按 Ctrl+Shift+S 组合键，将文本以 JPEG 格式保存，如图 3-39 所示。

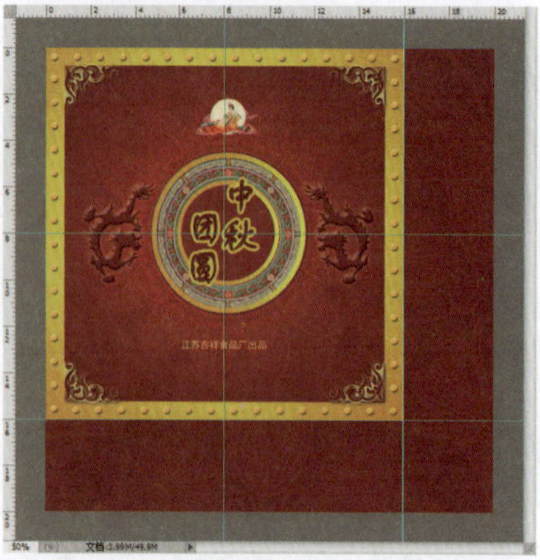


图 3–38

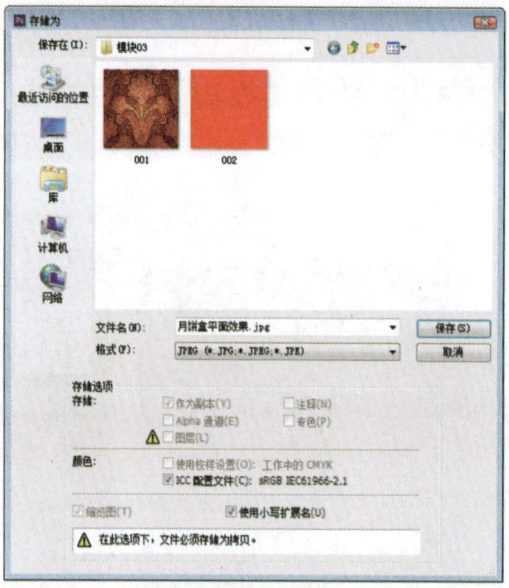


图 3–39

STEP 40 最终月饼盒的平面效果如图 3–40 所示。

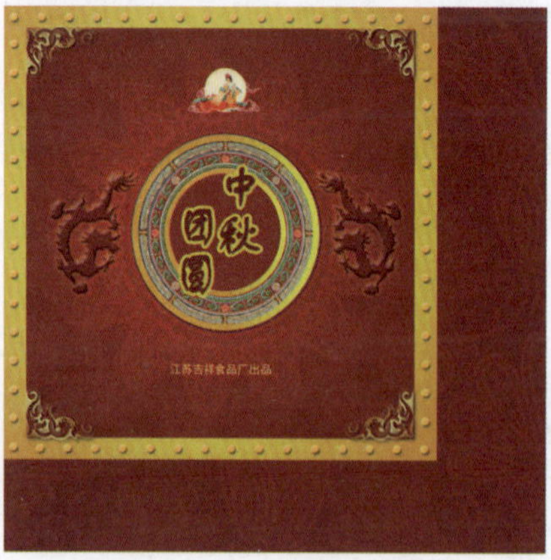


图 3–40

## 2. 月饼盒立体效果

STEP 01 按 Ctrl+N 组合键，新建“月饼盒立体效果”文档，如图 3–41 所示。

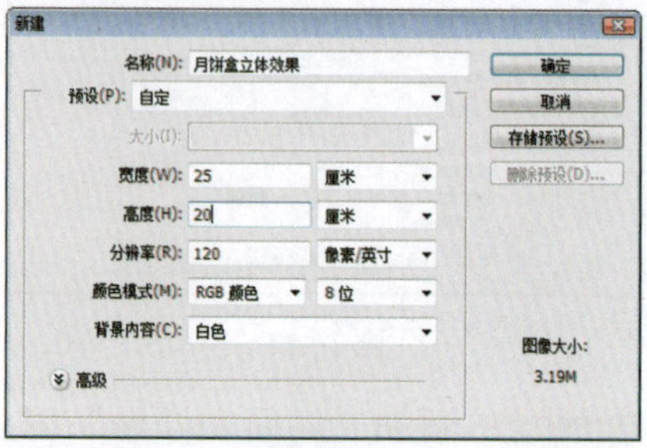


图 3–41

STEP 02 设置前景色为（R:149、G:147、B:147），按 Alt+Delete 组合键，填充前景色，如图 3–42 所示。

图 3–42

STEP 03 选择菜单“滤镜”|“渲染”|“光照效果”命令，在弹出的光照“属性”面板中设置灯光参数，如图 3–43 所示。

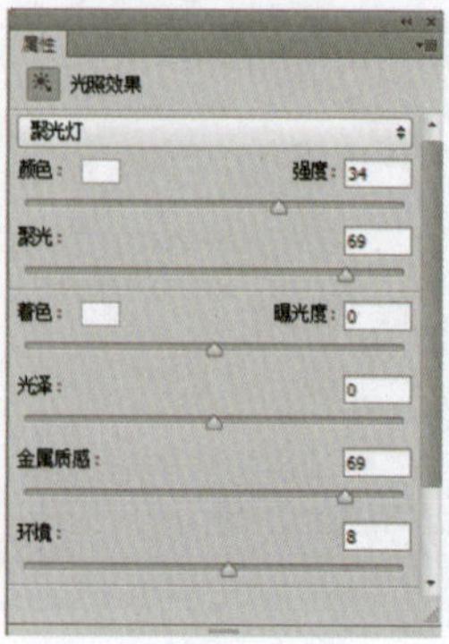


图 3–43

STEP 04 添加光照之后的效果如图 3–44 所示。

图 3–44

STEP 05 打开“素材文件\模块03\月饼盒平面效果 .jpg”素材图像，在工具箱中选择矩形选框工具，依据参考线，绘制矩形选区，并按 Ctrl+C 组合键复制图像，如图 3–45 所示。

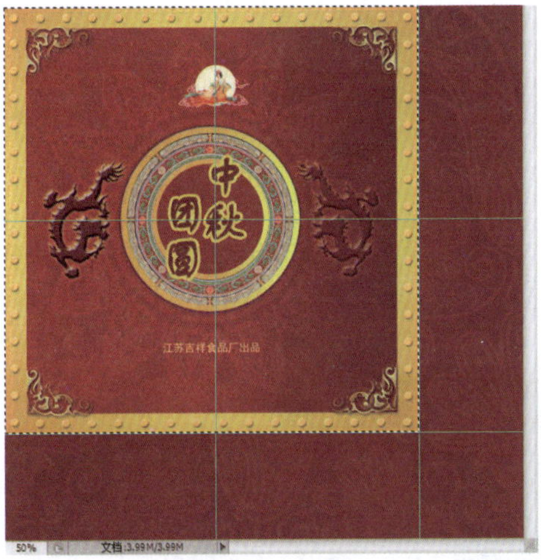


图 3–45

STEP 06 在当前文档上按 Ctrl+V 组合键粘贴图像，按 Ctrl+T 组合键打开自由变换框，按住 Ctrl 键的同时单击变换框的 4 个角点并拖曳，将其透视变形，如图 3–46 所示。

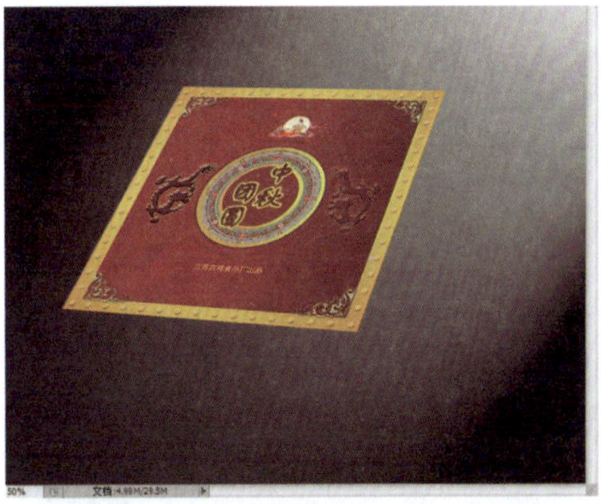

图 3–46

STEP 07 使用矩形选框工具在“月饼盒平面效果 .jpg”图像上选择图像，然后按 Ctrl+C 组合键复制图像，如图 3–47 所示。

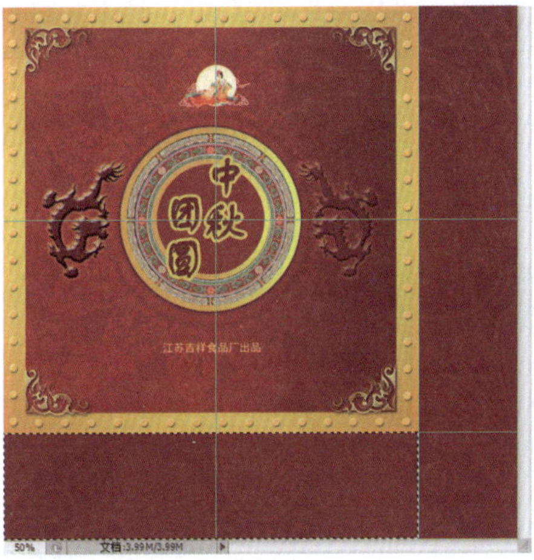


图 3–47

STEP 08 使用 STEP 06 的方法，将图像透视变形，如图 3–48 所示。

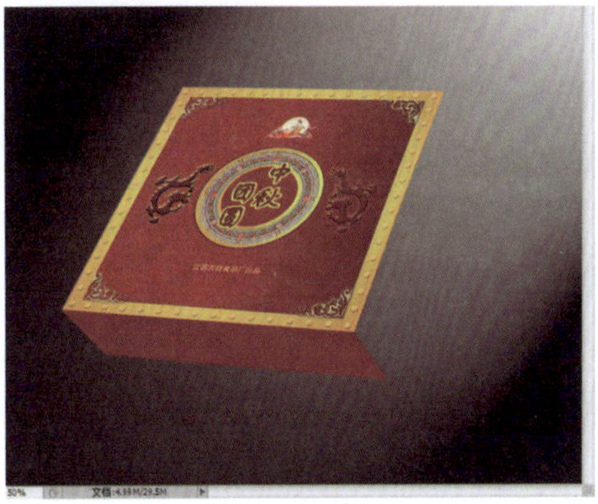

图 3–48

STEP 09 继续在“月饼盒平面效果 .jpg”图像中，按 Ctrl+C 组合键复制图像，如图 3-49 所示。

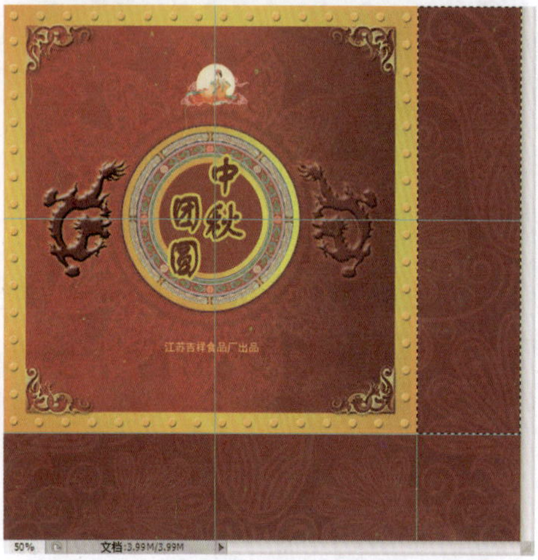


图 3-49

STEP 10 将图像透视变形，如图 3-50 所示。

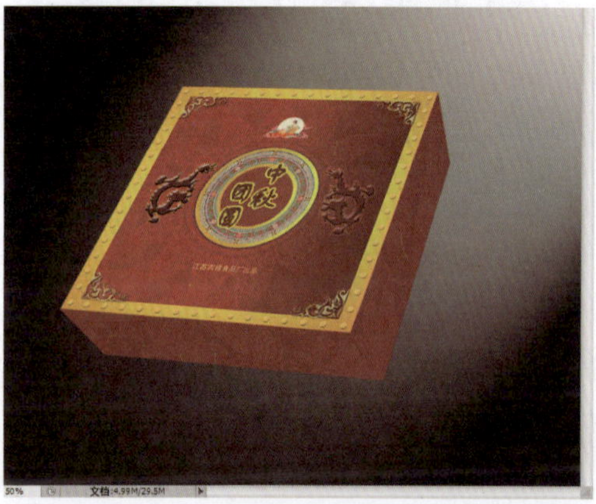

图 3-50

STEP 11 在工具箱中选择钢笔工具，绘制开放路径，如图 3-51 所示。

STEP 12 设置前景色为黑色，在工具箱中选择画笔工具，然后打开“画笔预设”选取器，从中选择合适的画笔，如图 3-52 所示。

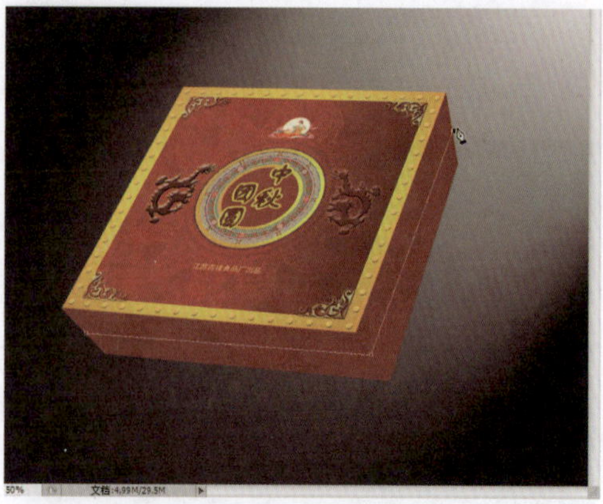

图 3-51

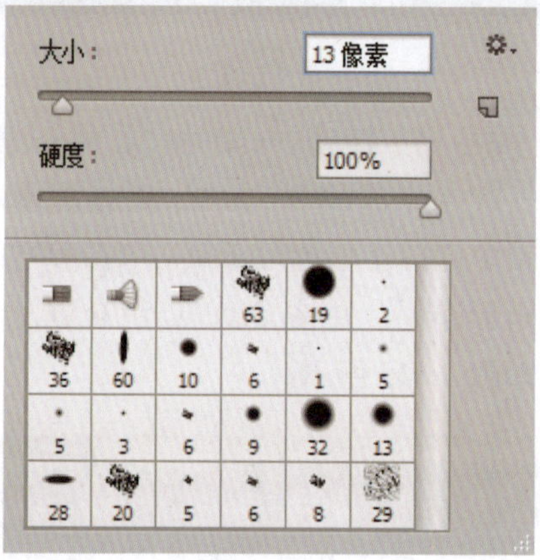


图 3-52

STEP 13 新建“图层 4”图层，在“路径”面板底部单击“用画笔描边路径”按钮，为路径描边，如图 3-53 所示。

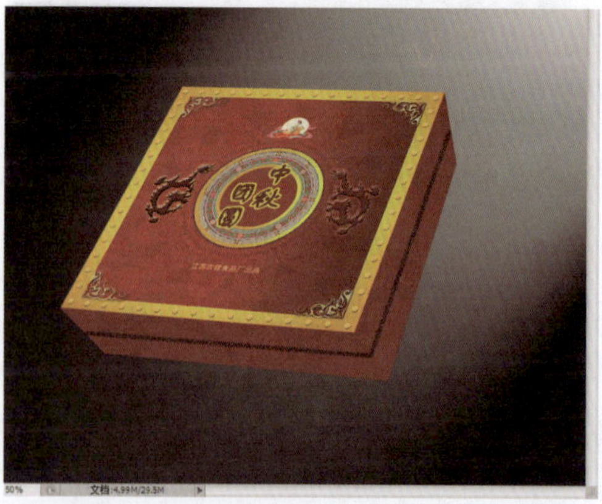

图 3-53

STEP 14 按住 Shift 键，选择除“背景”图层外的所有图层，如图 3–54 所示。按 Ctrl+G 组合键，创建组。

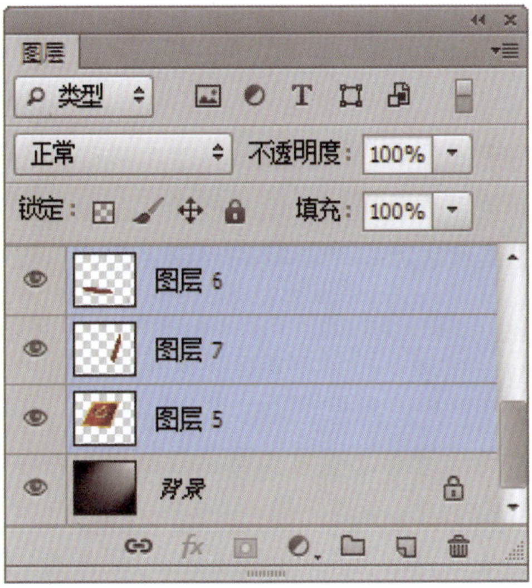


图 3–54

STEP 15 将“组 1”拖曳至“图层”面板底部的“创建新图层”按钮上，复制组，然后在“组 1 副本”上右击，在弹出的快捷菜单中选择“合并图层”命令，如图 3–55 所示。

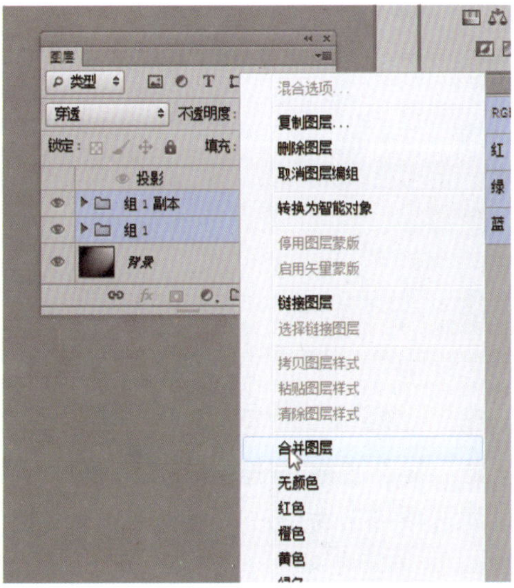


图 3–55

STEP 16 双击“组 1 副本”，在弹出的“图层样式”对话框中添加“投影”图层样式，如图 3–56 所示。

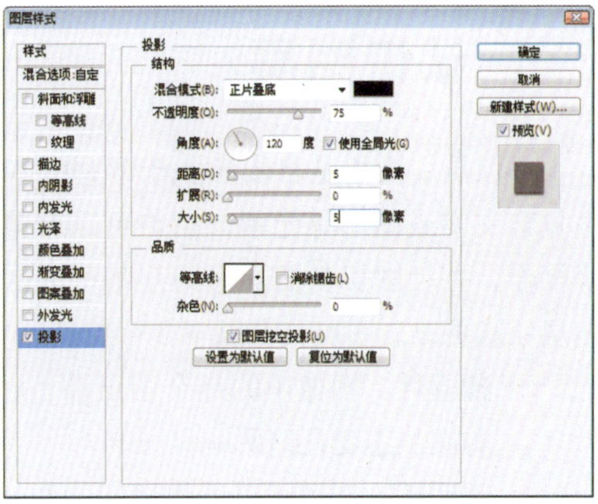


图 3–56

STEP 17 添加“投影”图层样式后的效果如图 3–57 所示。

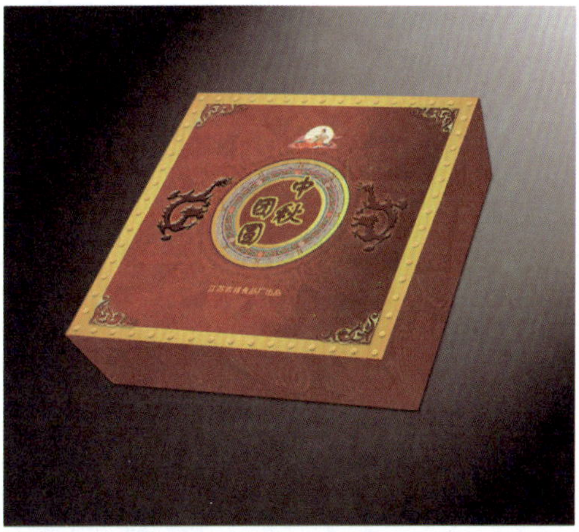

图 3–57

# 【听我讲】

## 3.1 认识图层

“图层”面板是自由独立于Photoshop工作空间里的一个面板。在这个神奇的图层中包含文字或图形等元素，用户可以对其进行缩放、更改颜色、设置样式、改变透明度等操作，并且图层与图层之间互不干涉，一个图层代表了一个单独的元素，用户可以对图层任意更改。图层具有以下3个特性。

- 独立性：图像中的每个图层都是独立的，当移动、调整或删除某个图层时，其他的图层不受任何影响。
- 透明性：图层可以看作透明的胶片，未绘制图像的区域可查看下方图层的内容，将众多的图层按一定顺序叠加在一起，便可得到复杂的图像。
- 叠加性：图层由上至下叠加在一起，并不是简单的堆积，而是通过控制各图层的混合模式和选项之后叠加在一起，可以得到千变万化的图像效果。

在Photoshop中，几乎所有应用都是基于图层的，很多复杂强劲的图像处理功能也是图层所提供的。选择菜单“窗口”|“图层”命令，打开“图层”面板，如图3–58所示。

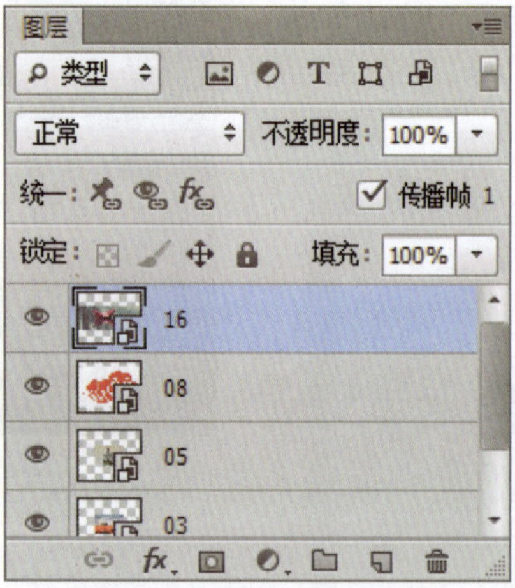


图 3–58

在“图层”面板中，主要选项的含义介绍如下。

- 图层滤镜：位于“图层”面板的顶部，显示基于名称、种类、效果、模式、属性或颜色标签的图层的子集。使用新的过滤选项可帮助用户快速地在复杂文档中找到关键层。
- 图层的混合模式：用于选择图层的混合模式。
- “图层整体不透明度”不透明度：100%：用于设置当前图层的不透明度。

- “图层锁定” ：用于对图层进行不同的锁定，包括锁定透明像素、锁定图像像素、锁定位置和锁定全部。图层被锁定后，将显示完全锁定图标或部分锁定图标。
- “图层内部不透明度” ：可以在当前图层中调整某个区域的不透明度。
- “指示图层可见性” ：用于控制图层显示或者隐藏，不能编辑在隐藏状态下的图层。
- 图层缩览图：指图层图像的缩小图，方便确定调整的图层。在缩小图上右击，在弹出的快捷菜单中可以选择缩小图的大小、颜色、像素等。
- 图层名称：用于定义图层的名称，若想要更改图层名称，只需双击要重命名的图层，输入名称即可。
- “图层按钮组” 在“图层”面板底部的7个按钮分别是链接图层、添加图层样式、添加图层蒙版、创建新的填充或调整图层、创建新组、创建新图层和删除图层，它们是图层操作中常用的命令。

## 3.2 管理图层

对图像的创作和编辑离不开图层，因此对图层的基本操作必须熟练掌握。在Photoshop CS6中，图层的操作包括新建、删除、复制、合并、重命名及调整图层叠放顺序等。

### 3.2.1 新建图层

默认状态下，打开或新建的文件只有“背景”图层。新建图层的操作很简单，即选择菜单“图层”|“新建”|“图层”命令，弹出“新建图层”对话框，单击“确定”按钮即可，如图3-59所示。或者在“图层”面板中，单击“创建新图层”按钮，即可在当前图层上面新建一个图层，新建的图层会自动成为当前图层。

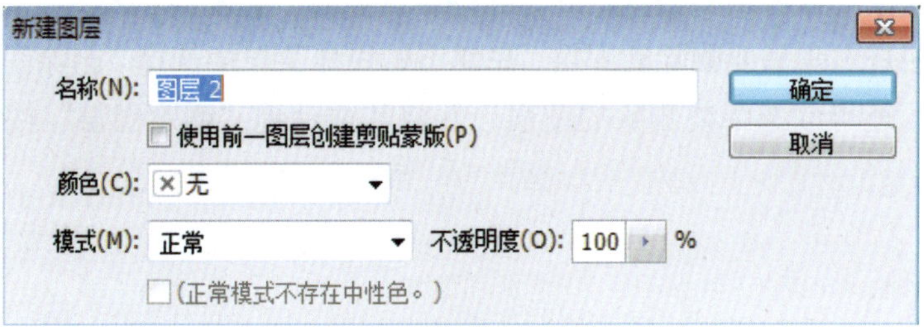


图 3-59

除此之外，还应该掌握其他图层创建的方法。

(1) 文字图层。选择文字工具，在图像中单击，出现闪烁光标后输入文字，按Ctrl+Enter组合键确认即可创建文字图层。

（2）形状图层。选择自定形状工具，在属性栏中单击“设置待创建的形状”选项 形状: 右侧的下拉列表框，在弹出的下拉面板中选择相应的形状，在图像上单击并拖动鼠标指针，即会自动生成形状图层。

（3）填充或调整图层。单击“图层”面板底部的“创建新的填充或调整图层”按钮，在弹出的下拉菜单中选择相应的命令，适当调整参数后单击“确定”按钮，即会在“图层”面板中出现调整图层或填充图层。

## 3.2.2 复制与删除图层

在对图像进行编辑之前，要选择相应图层作为当前工作图层，此时只需将光标移动到“图层”面板上，当其箭头变成形状时单击需要选择的图层即可。或者在图像上右击，在弹出的快捷菜单中选择相应的图层名称也可选择该图层。

选择需要复制的图层，将其拖动到“创建新图层”按钮上即可复制出一个副本图层，如图 3–60 和图 3–61 所示。复制副本图层可以避免因为操作失误造成的图像效果的损失。

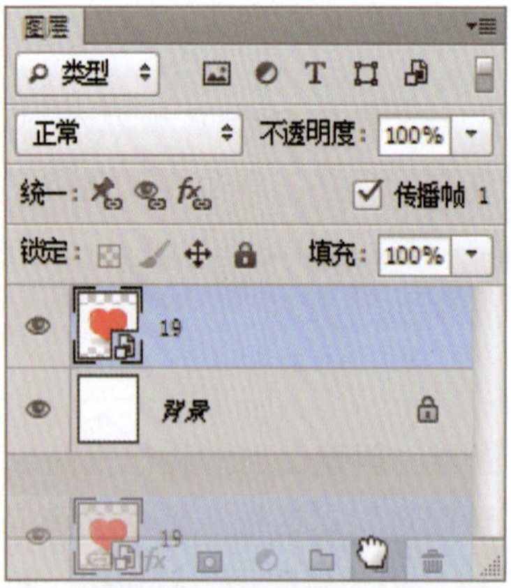

图 3–60

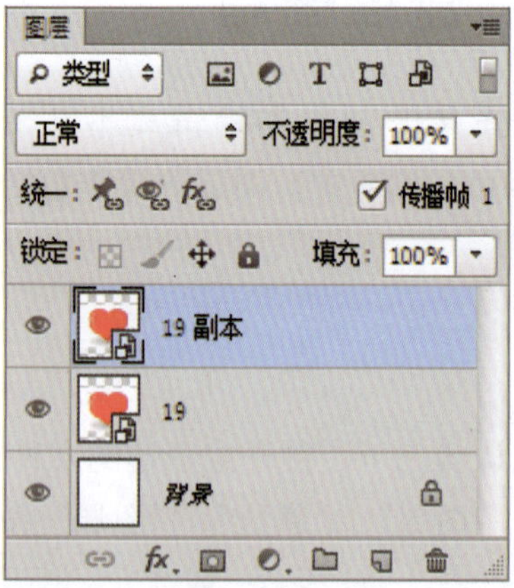

图 3–61

为了减少图像文件占用的磁盘空间，在编辑图像时，通常会将不再使用的图层删除。具体的操作方法是右击需要删除的图层，在弹出的快捷菜单中选择“删除图层”命令即可。

除此之外，还可以选中要删除的图层，并将其拖动到“删除图层”按钮上，释放鼠标即可删除。

## 3.2.3 重命名图层

如果需要修改图层的名称，在图层名称上双击，图层名称变为蓝色呈可编辑状态，如图 3–62 所示。此时，输入新的图层名称，按 Enter 键确认即可重命名该图层，如图 3–63 所示。

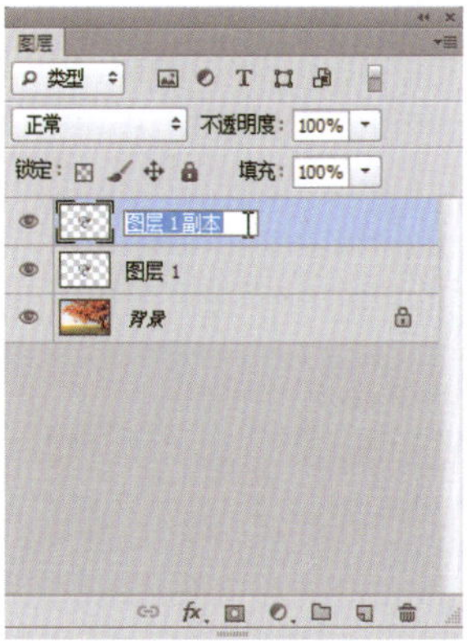


图 3–62

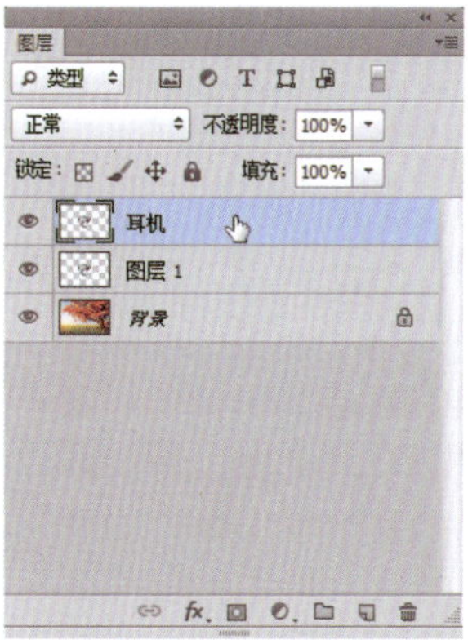


图 3–63

## 3.2.4 调整图层顺序

图像并不仅仅只有一个图层，而图层的叠放顺序直接影响着图像的合成结果。因此，常常需要调整图层的叠放顺序来达到设计的要求。

最常用的方法是在“图层”面板中单击选择需要调整位置的图层，将其直接拖动到目标位置，出现黑色双线时释放鼠标即可，如图 3–64 所示。或者在“图层”面板上选择要移动的图层，选择菜单“图层”|“排列”命令，然后从子菜单中选择相应的命令，选定图层被移动到指定的位置上，如图 3–65 所示。

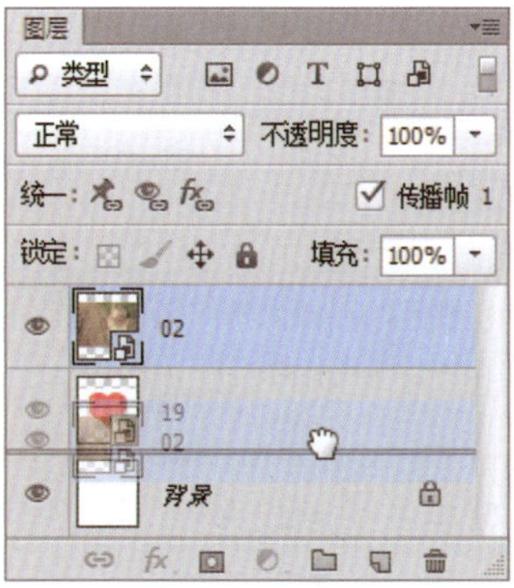


图 3–64

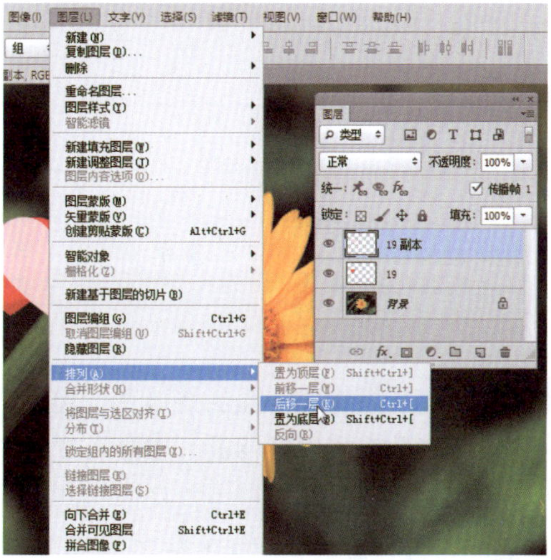


图 3–65

## 3.2.5 对齐与分布图层

在图像编辑过程中，常常需要将多个图层进行对齐或分布排列。对齐图层是指将两个或两个以上图层按一定规律进行对齐排列，以当前图层或选区为基础，在相应方向上

对齐。选择菜单“图层”|“对齐”命令，在弹出的子菜单中选择相应的对齐方式即可。图 3–66 和图 3–67 所示为顶边对齐效果。

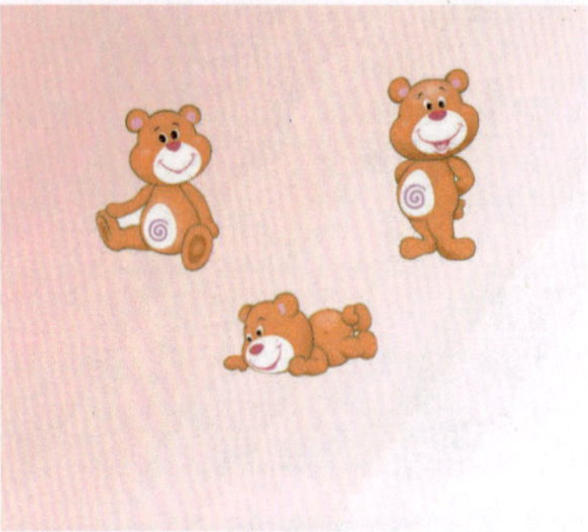

图 3–66

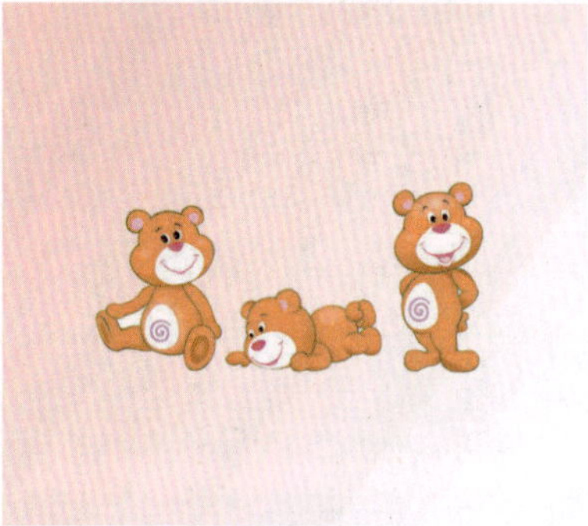

图 3–67

分布图层是指将 3 个以上图层按一定规律在图像窗口中进行分布。在“图层”面板中选择图层后，选择菜单“图层”|“分布”命令，在弹出的子菜单中选择所需的分布方式即可。图 3–68 和图 3–69 所示为水平居中分布效果。

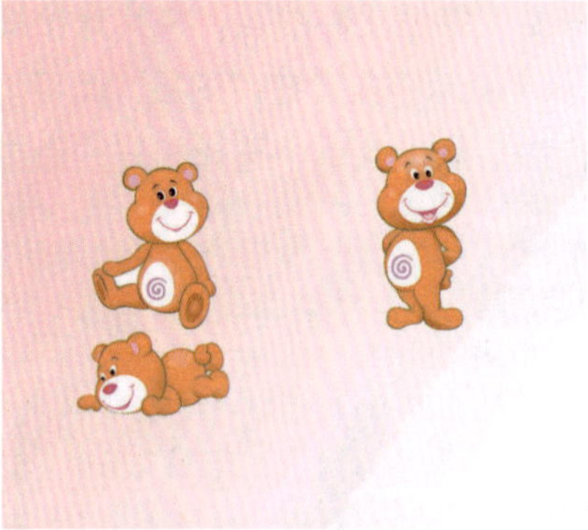

图 3–68

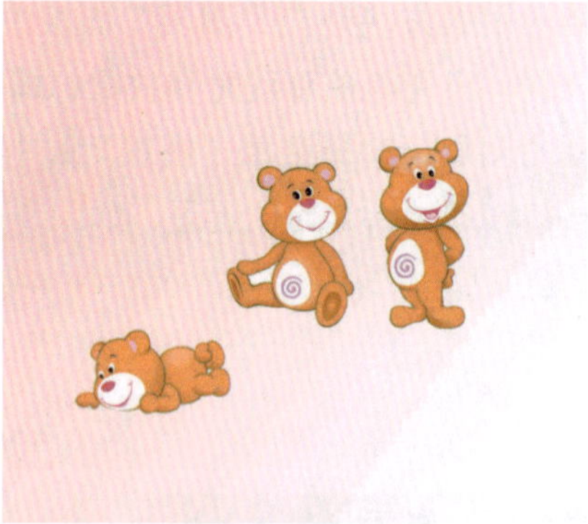

图 3–69

## 3.2.6 链接图层

图层的链接是指将多个图层链接在一起，链接后可同时对已链接的多个图层进行移动、变换、复制等操作。要链接图层，应在“图层”面板中选择至少两个图层，单击“链接图层”按钮即可，如图 3–70 所示。

若要取消图层之间的链接，具体的操作方法是选择要取消链接的图层，然后单击“图层”面板底部的“链接图层”按钮即可。

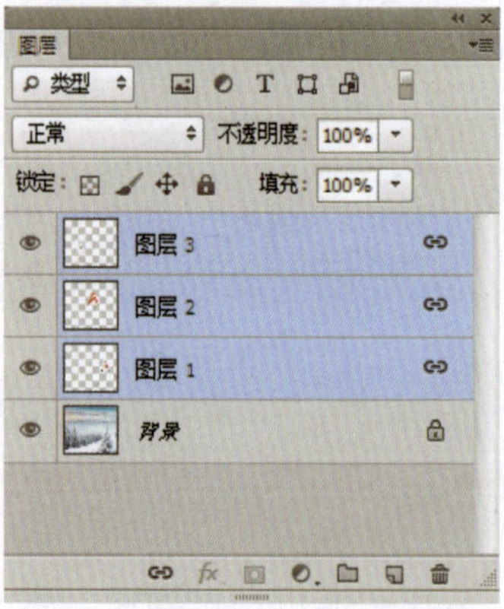


图 3–70

**操作技能**

按住 Shift 键，单击链接图层右侧的链接图标，在链接图标上出现一个红 X，表示当前图层的链接被禁用。如果按住 Shift 键，再次单击链接图标可重新启用链接。

## 3.2.7 锁定图层

为了防止对图层进行一些错误操作，还可以将图层锁定。Photoshop CS6 为用户提供了锁定透明像素、锁定图像像素、锁定位置和锁定全部 4 种锁定方式，只要选择需要锁定的图层，然后在“图层”面板中单击相应的锁定按钮即可，如图 3−71 所示。如想要解锁图层，只需选择需要解锁图层，再次单击锁定按钮即可，如图 3−72 所示。

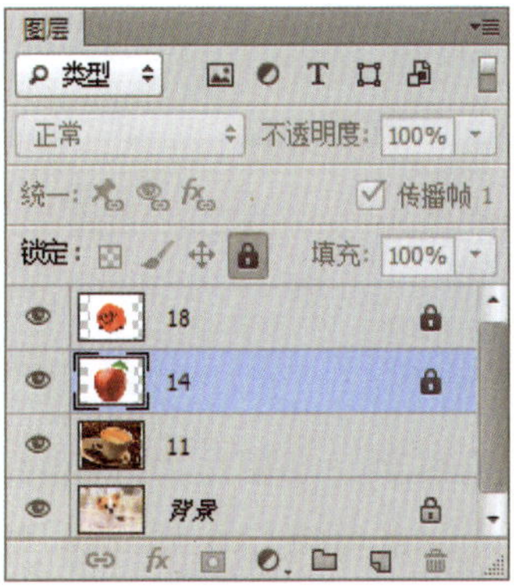


图 3−71

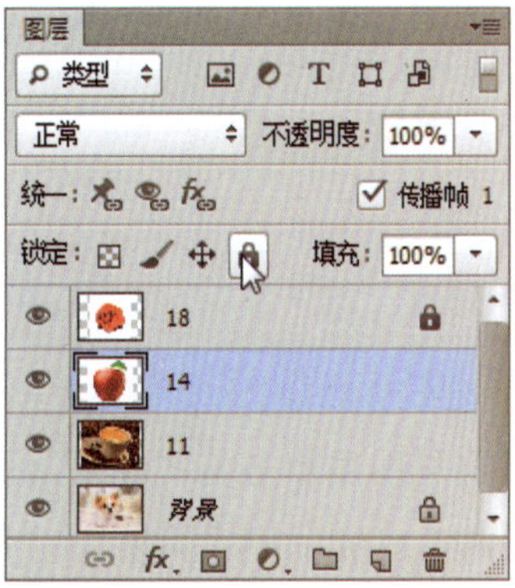


图 3−72

“图层锁定”各按钮的功能介绍如下。

- “锁定透明像素”：锁定图层或图层组中的透明区域。当使用绘图工具绘图时，将只对图层的非透明区域（即有图像像素的部分）有效。
- “锁定图像像素”：锁定图层或图层组中有像素的区域。单击此按钮，任何绘图、编辑工具和命令都不能在图层上进行操作。选择绘图工具后，鼠标指针将显示为禁止编辑形状。
- “锁定位置”：锁定像素的位置。单击此按钮，将不能对图层执行移动、旋转、自由变换等操作，但可以绘图和编辑。
- “锁定全部”：完全锁定图层，不能对图层进行任何操作。

## 3.2.8 合并图层

设计一幅图像，往往需要很多图层，图层越多，文件越大。简单来说，合并图层就是将两个或两个以上图层中的图像合并到一个图层上。在操作过程中，图层太多，不方便用户操作，可根据需要对图层进行合并，减少图层的数量以便操作。当最终确定了图像的内容后，为了缩减文件，可以合并图层。

### 1. 合并多个图层

当需要合并两个或多个图层时，在“图层”面板中选中要合并的图层，选择菜单“图层”|“合并图层”命令，或者单击“图层”面板右上角的按钮，在弹出的下拉菜单中选择“合并图层”命令，即可合并图层，如图 3–73 和图 3–74 所示。

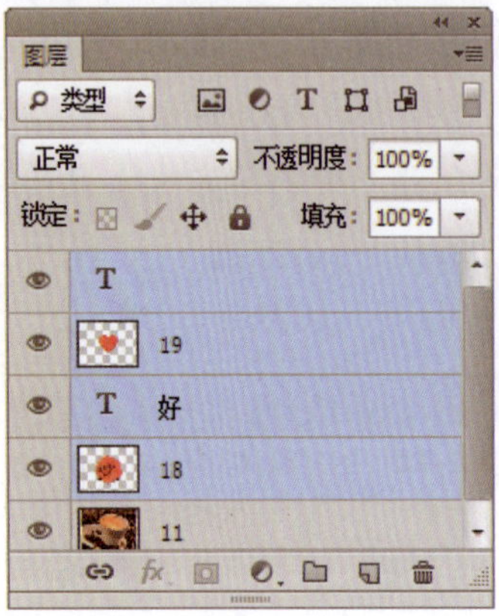


图 3–73

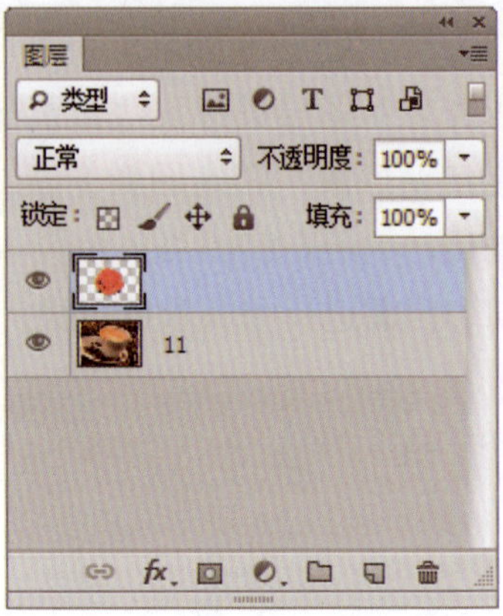


图 3–74

### 2. 合并可见图层

合并可见图层就是将“图层”面板中可见的图层合并到一个图层中，而隐藏的图像则保持不动。选择菜单“图层”|“合并可见图层”命令，或者按 Ctrl+Shift+E 组合键即可合并可见图层。合并后的图层以合并前选择的图层名称命名，如图 3–75 和图 3–76 所示。

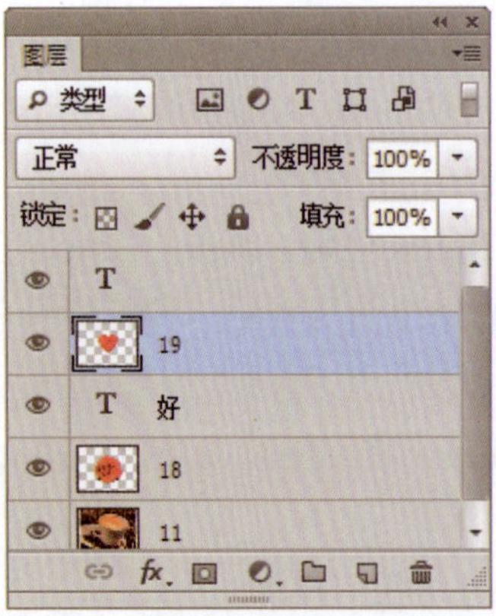


图 3–75

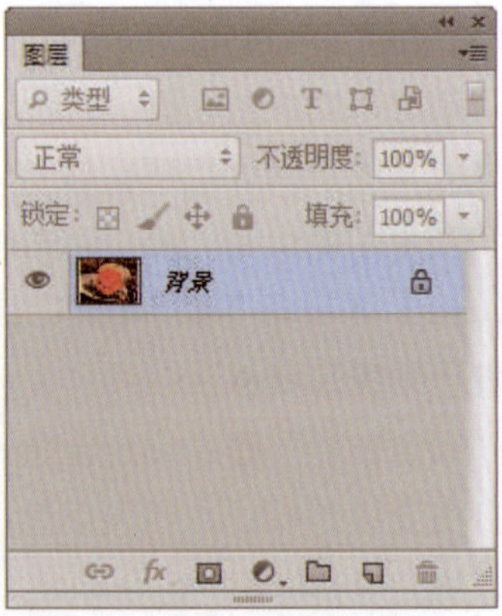


图 3–76

## 3.2.9 盖印图层

盖印图层是将之前对图像进行处理后的效果以图层的形式复制在了一个图层上，便于继续进行编辑，这种方式极大地方便了用户操作，同时也节省了时间。

一般情况下，选择位于“图层”面板最顶层的图层，并按 Ctrl+Shift+Alt+E 组合键即可盖印所有图层，如图 3-77 和图 3-78 所示。

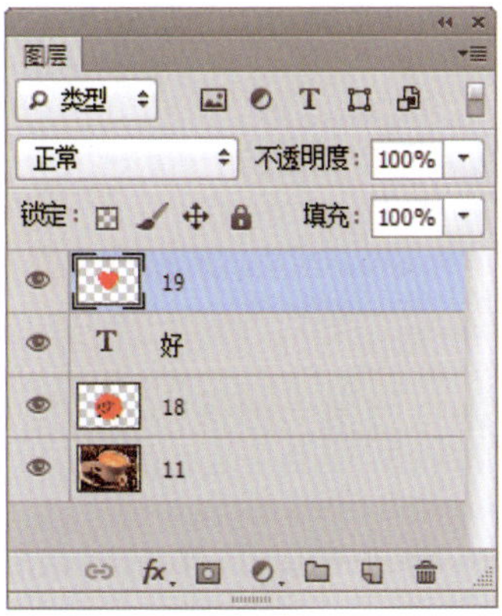

图 3-77

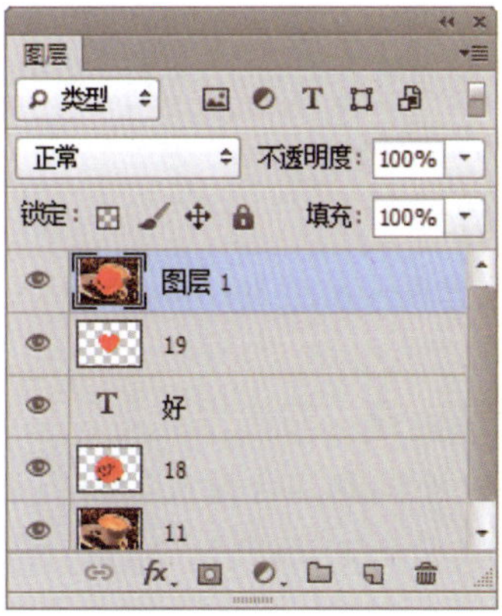

图 3-78

## 3.3 图层样式

图层样式就是指为图层添加各种各样的效果。例如投影、内阴影、内发光、外发光、斜面和浮雕、光泽、颜色叠加、渐变叠加等。下面将详细介绍图层样式的应用。

### 3.3.1 调整图层不透明度

图层的不透明度直接影响图层上图像的透明效果，对其进行调整可淡化当前图层中的图像，使图像产生虚实结合的透明感。在“图层”面板的“不透明度”数值框中输入相应的数值或直接拖动滑块即可，如图 3-79 和图 3-80 所示。数值的取值范围在 0% ~ 100% 之间，当值为 100% 时，图层完全不透明；为 0% 时，图层完全透明。

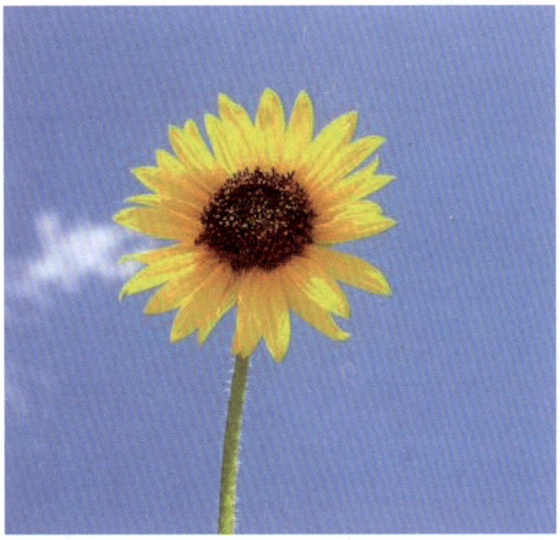

图 3-79

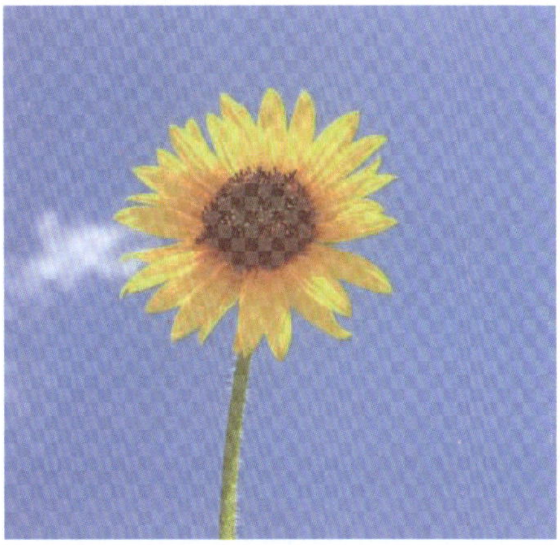

图 3-80

**操作技能**

在“图层”面板中，“不透明度”和“填充”两个选项都可用于设置图层的不透明度，但其作用范围是有区别的。“填充”只用于设置图层的内部填充颜色，对添加到图层的外部效果（如投影）不起作用。

## 3.3.2 设置图层混合模式

图层混合模式的应用非常广泛，在“图层”面板中可以很方便地设置各图层的混合模式，选择不同的混合模式会得到不同的效果。

默认情况为正常模式，除正常模式外，Photoshop CS6中提供了26种图层混合模式，分别为溶解、变暗、正片叠底、颜色加深、线性加深、深色、变亮、滤色、颜色减淡、线性减淡（添加）、浅色、叠加、柔光、强光、亮光、线性光、点光、实色混合、差值、排除、减去、划分、色相、饱和度、颜色和明度。在“图层”面板的“混合模式”下拉列表框中选择不同的选项即可改变当前图层的混合模式，如图3-81所示。

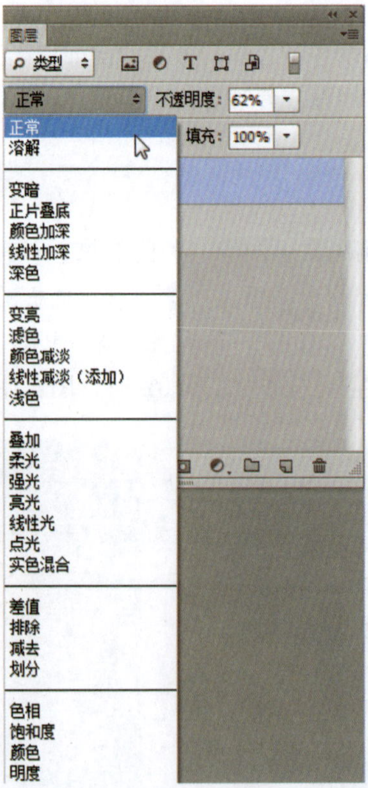


图 3-81

图层混合模式的设置效果及其功能说明如下。

（1）正常：该模式为默认的混合模式，使用此模式时，图层之间不会发生相互作用，如图 3-82 所示。

（2）溶解：在图层完全不透明的情况下，溶解模式与正常模式所得到的效果是相同的。若降低图层的不透明度时，图层像素不是逐渐透明化，而是某些像素透明，其他像素则完全不透明，从而得到颗粒化效果。如果不透明度越低，消失的像素就越多，如图 3-83 所示。

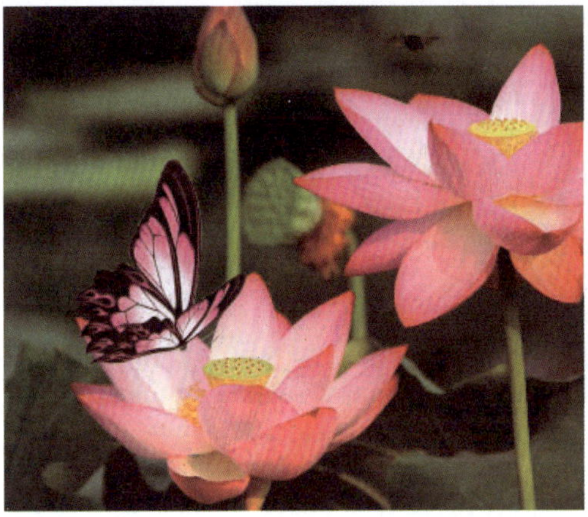

图 3-82

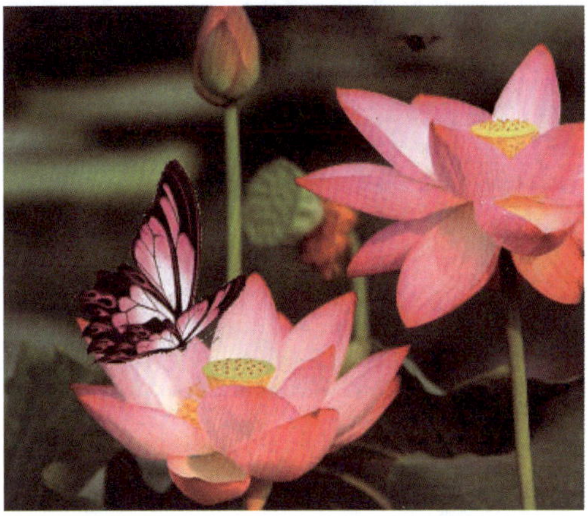

图 3-83

（3）变暗：该模式的应用将会产生新的颜色，即它对上下两个图层相对应像素的颜色值进行比较，取较小值得到自己各个通道的值，因此叠加后图像效果整体变暗，如图 3-84 所示。

（4）正片叠底：该模式可用于添加阴影和细节，而不会完全消除下方的图层阴影区域的颜色。其中，任何颜色与黑色混合时仍为黑色，与白色混合时没有变化，如图 3-85 所示。

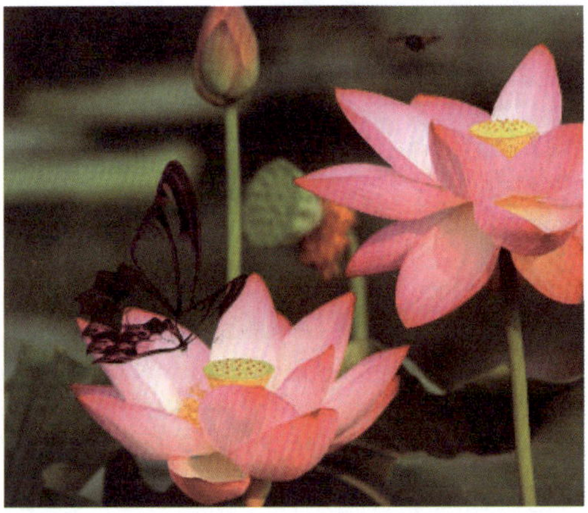

图 3-84

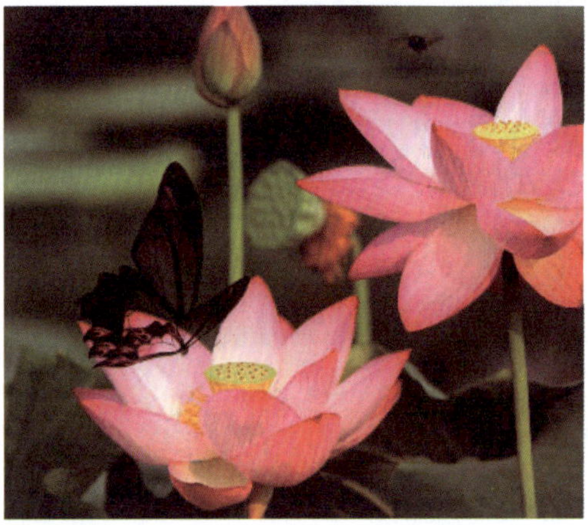

图 3-85

（5）颜色加深：该模式主要用于创建非常暗的阴影效果。根据图像每个通道中的颜色信息通过增加对比度使基色变暗以反映混合色，如图 3-86 所示。

(6) 线性加深：使用该模式查看每一个颜色通道的颜色信息，加暗所有通道的基色，并通过提高其他颜色的亮度来反映混合颜色，与白色混合时没有变化，如图 3-87 所示。

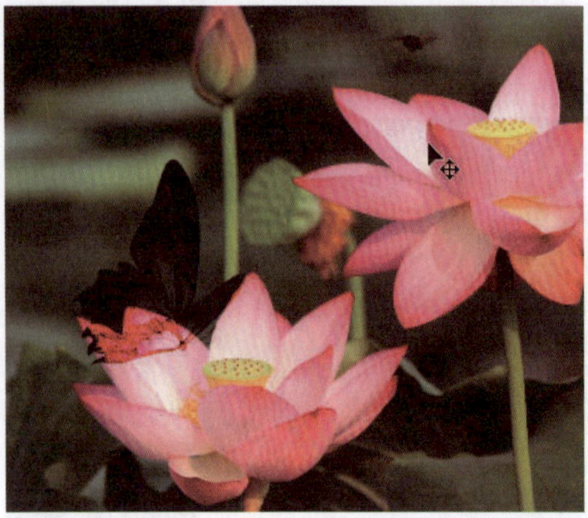

图 3-86

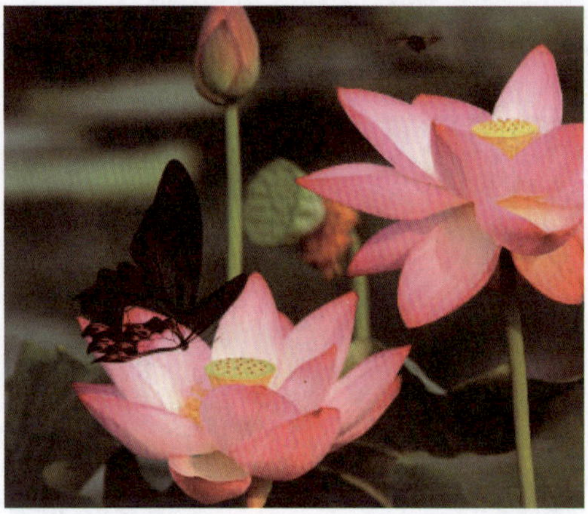

图 3-87

(7) 深色：应用该模式将比较混合色和基色的所有通道值的总和，并显示值较小的颜色。正是由于它从基色和混合色中选择最小的通道值来创建结果颜色，因此该模式的应用不会产生第三种颜色，如图 3-88 所示。

(8) 变亮：此模式与“变暗”图层混合模式相反，混合结果为图层中较亮的颜色，如图 3-89 所示。

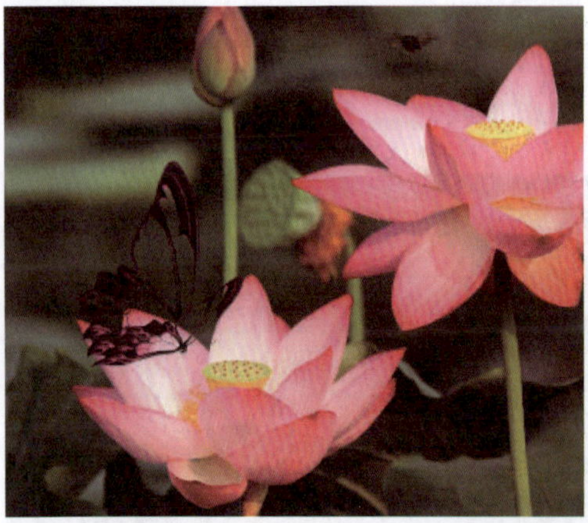

图 3-88

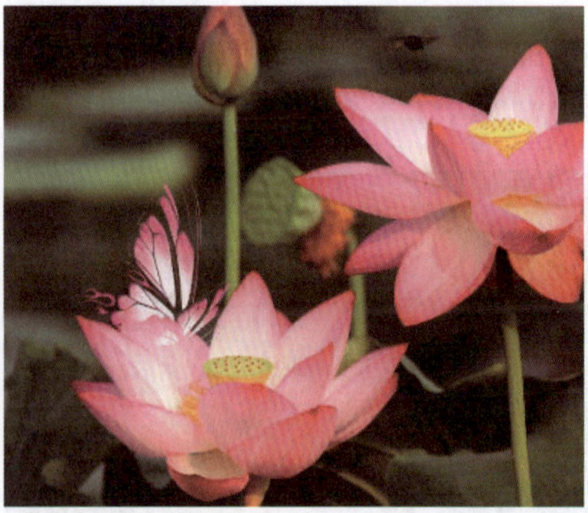

图 3-89

(9) 滤色：根据图像每个通道中的颜色信息，并将混合色的互补色与基色复合。结果色总是较亮的颜色，用黑色过滤时颜色保持不变，如图 3-90 所示。

(10) 颜色减淡：根据图像每个通道中的颜色信息，并通过减小对比度使基色变亮以反映混合色，与黑色像素混合时无变化，如图 3-91 所示。

(11) 线性减淡（添加）：应用该模式将查看每个颜色通道的信息，通过降低其亮度来使颜色变亮，但与黑色混合时无变化，如图 3–92 所示。

（12）浅色：该模式的应用与“深色”图层混合模式的应用效果正好相反，如图 3–93 所示。

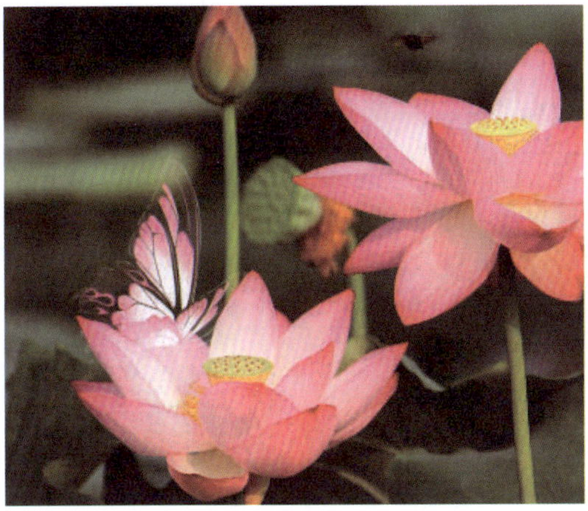

图 3–90

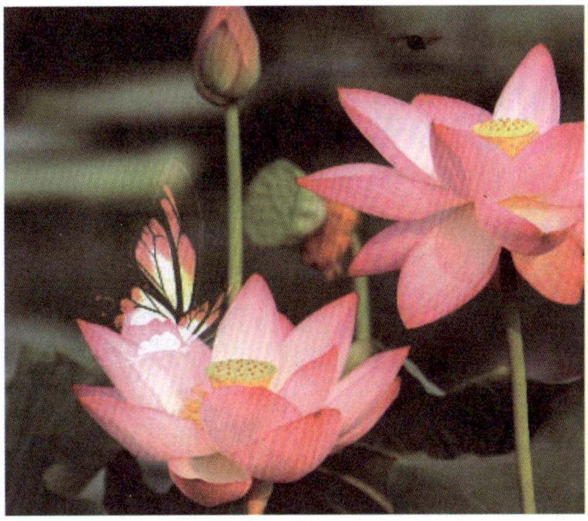

图 3–91

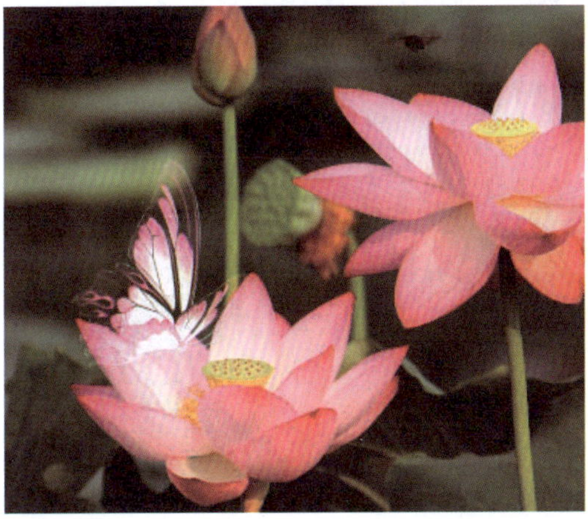

图 3–92

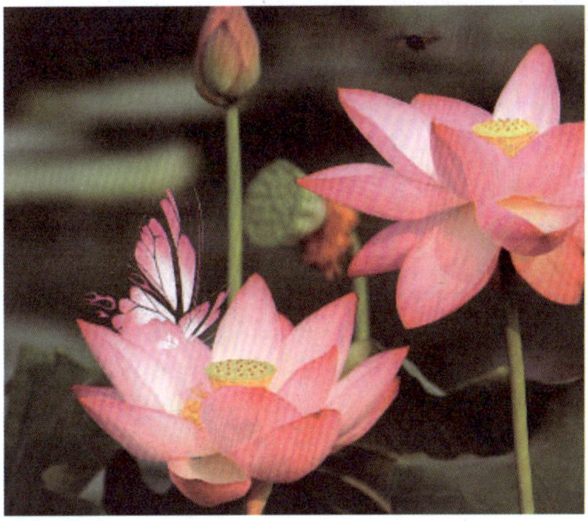

图 3–93

（13）叠加：该模式的应用将对各图层颜色进行叠加，具体取决于基色。保留底色的高光和阴影部分，底色不被取代，而是和上方图层混合来体现原图的亮度和暗部，图案或颜色在现有像素上叠加，同时保留基色的明暗对比，不替换基色，如图 3–94 所示。

（14）柔光：该模式的应用将根据上方图层的明暗程度决定最终的效果是变亮还是变暗。当上方图层颜色比 50% 灰色亮时，图像变亮，相当于减淡；当上方图层颜色比 50% 灰色暗时，图像变暗，相当于加深，如图 3–95 所示。

（15）强光：该模式的应用效果与“柔光”图层混合模式类似，但其加亮与变暗的程度比柔光模式强很多，如图 3–96 所示。

（16）亮光：该模式的应用将通过增加或降低对比度来加深和减淡颜色。如果上方图层颜色比 50% 的灰度亮，则图像通过降低对比度来减淡；反之图像被加深，如图 3–97 所示。

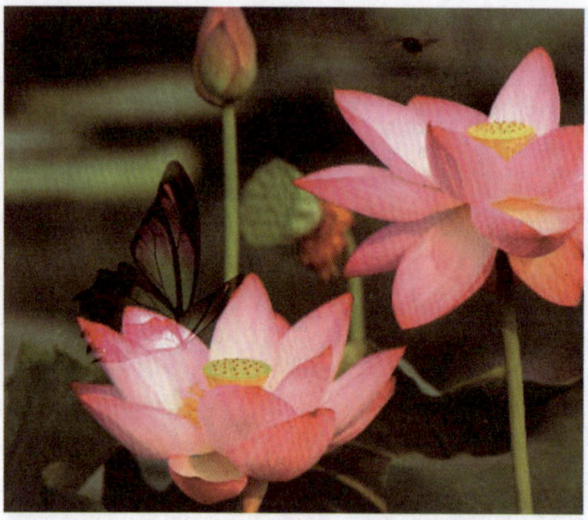

图 3–94

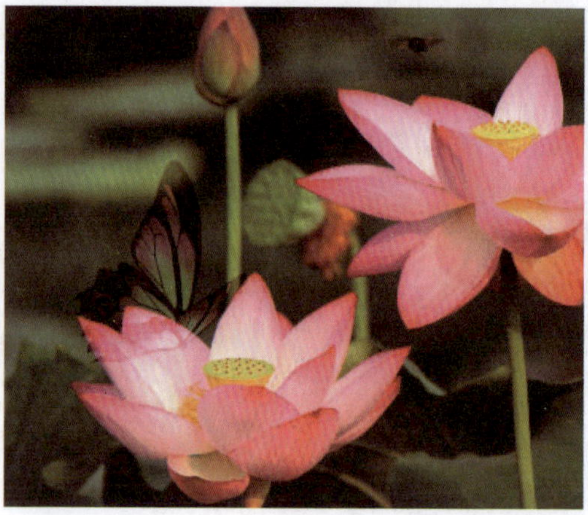

图 3–95

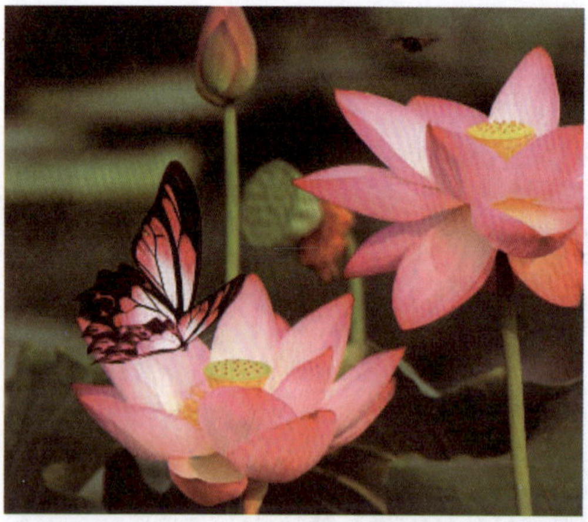

图 3–96

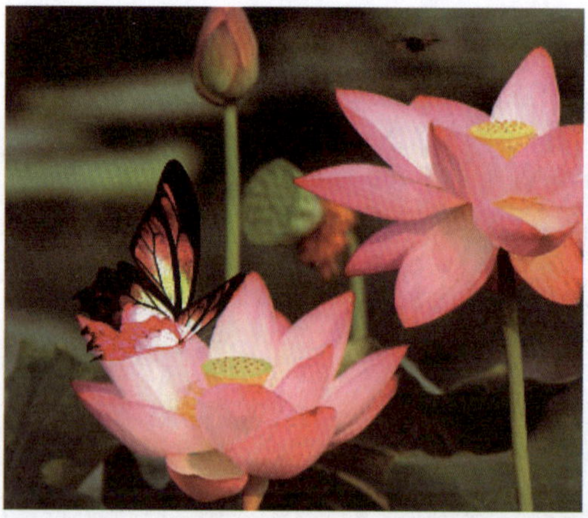

图 3–97

（17）线性光：通过减小或增加亮度来加深或减淡颜色，具体取决于混合色。若上方图层颜色比 50% 的灰度亮，则图像增加亮度；反之图像变暗，如图 3–98 所示。

（18）点光：该模式的应用将根据颜色亮度，决定上方图层颜色是否替换下方图层颜色，如图 3–99 所示。

（19）实色混合：应用该模式后将使两个图层叠加后具有很强的硬性边缘，如图 3–100 所示。

（20）差值：该模式的应用将使上方图层颜色与底色的亮度值互减，取值时以亮度较高的颜色减去亮度较低的颜色。较暗的像素被较亮的像素取代，而较亮的像素不变，如图 3–101 所示。

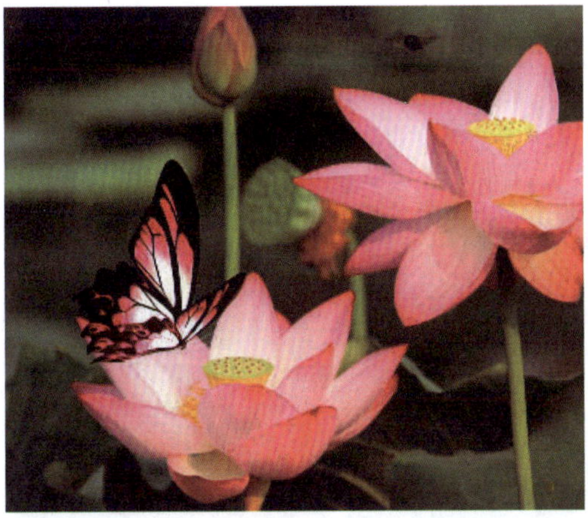

图 3-98

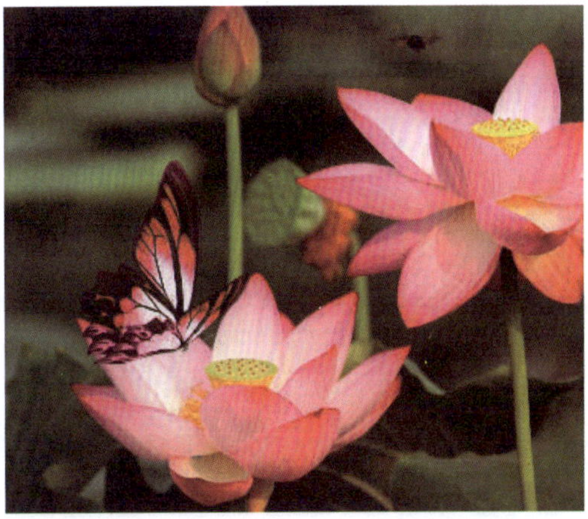

图 3-99

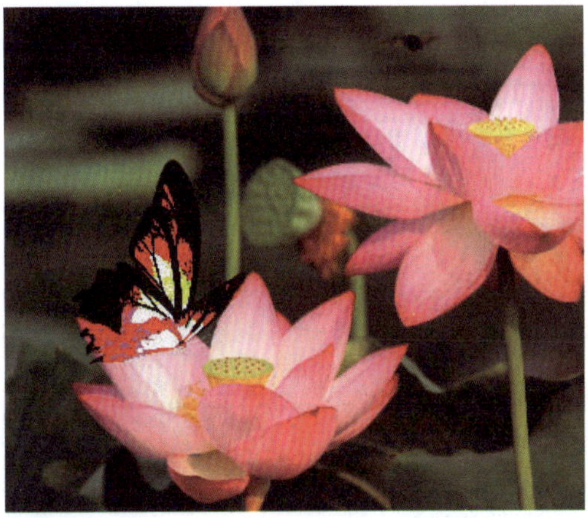

图 3-100

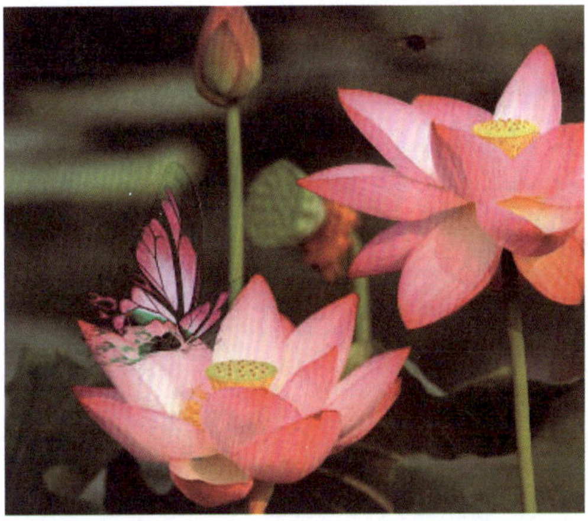

图 3-101

(21) 排除：该模式的应用效果与“差值”图层混合模式相类似，但图像效果会更加柔和，如图 3-102 所示。

(22) 减去：该模式的应用将当前图层与下面图层中图像色彩进行相减，将相减结果呈现出来，如图 3-103 所示。

(23) 划分：该模式的应用将上一层的图像色彩以下一层的颜色为基准进行划分所产生的效果，如图 3-104 所示。

(24) 色相：该模式的应用将采用底色的亮度、饱和度以及上方图层中图像的色相作为结果色。混合色的亮度及饱和度与底色相同，但色相则由上方图层的颜色决定，如图 3-105 所示。

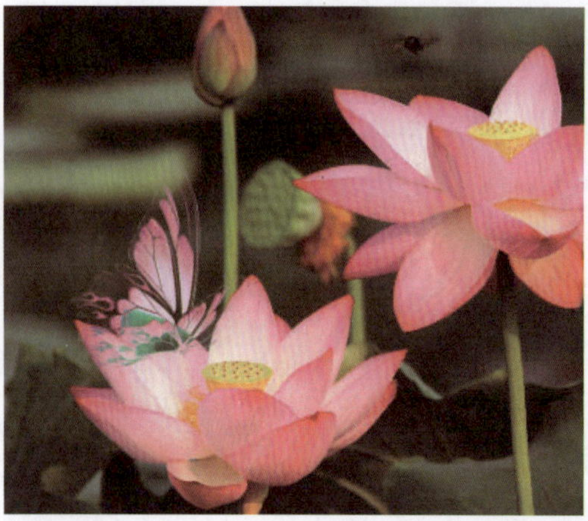

图 3-102

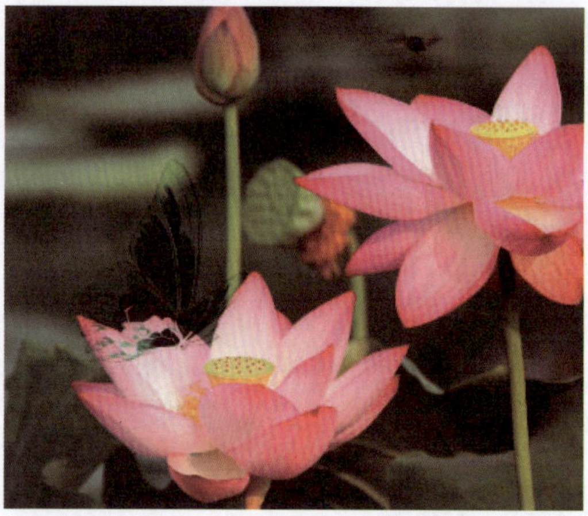

图 3-103

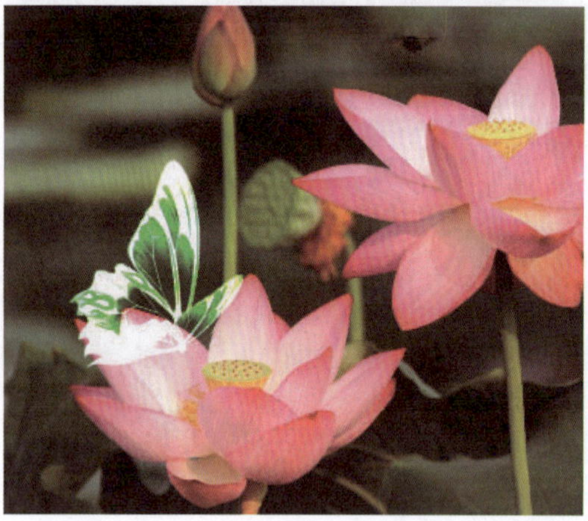

图 3-104

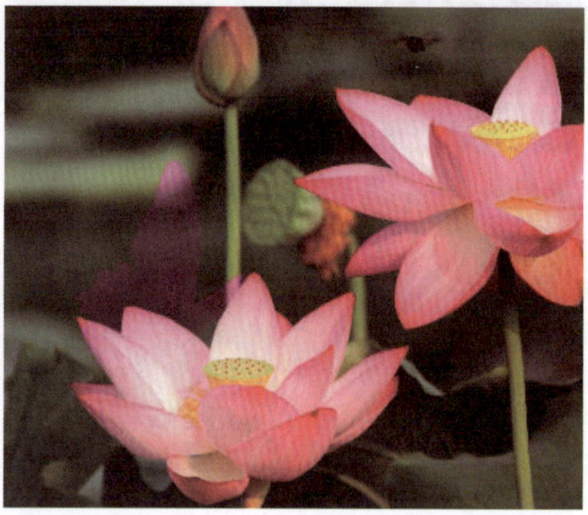

图 3-105

（25）饱和度：该模式的应用将采用底色的亮度、色相以及上方图层中图像的饱和度作为结果色。混合后的色相及明度与底色相同，但饱和度由上方图层决定。若上方图层中图像的饱和度为零，则原图就没有变化，如图 3-106 所示。

（26）颜色：该模式的应用将采用底色的亮度以及上方图层中图像的色相及饱和度作为结果色。混合后的明度与底色相同，颜色由上方图层图像决定，如图 3-107 所示。

（27）明度：该模式的应用将采用底色的色相饱和度以及上方图层中图像的亮度作为结果色。此模式与“颜色”图层混合模式相反，即其色相度饱和度由底色决定，如图 3-108 所示。

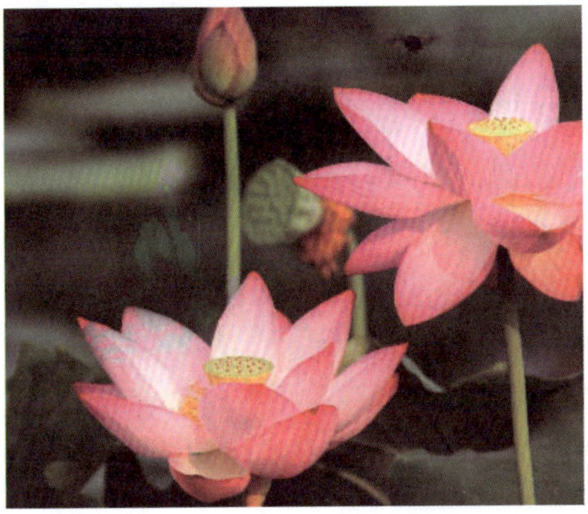

图 3—106

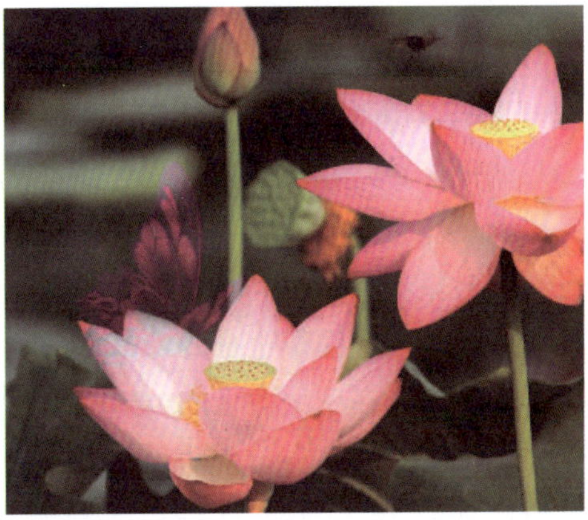

图 3—107

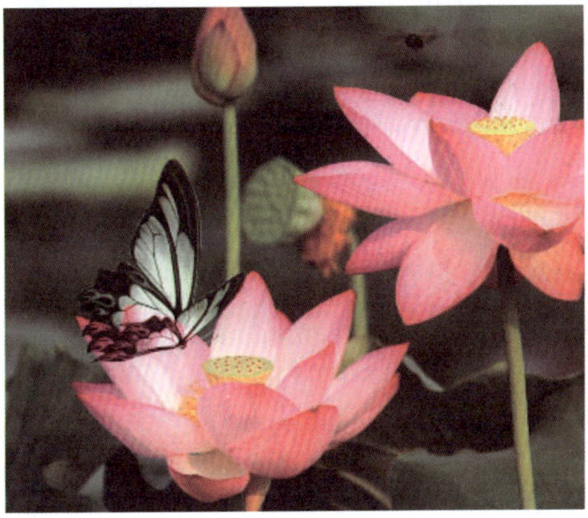

图 3—108

### 3.3.3 应用图层样式

双击需要添加图层样式的图层，弹出“图层样式”对话框，如图3—109所示。选中相应的复选框并设置参数以调整效果，单击“确定”按钮即可。

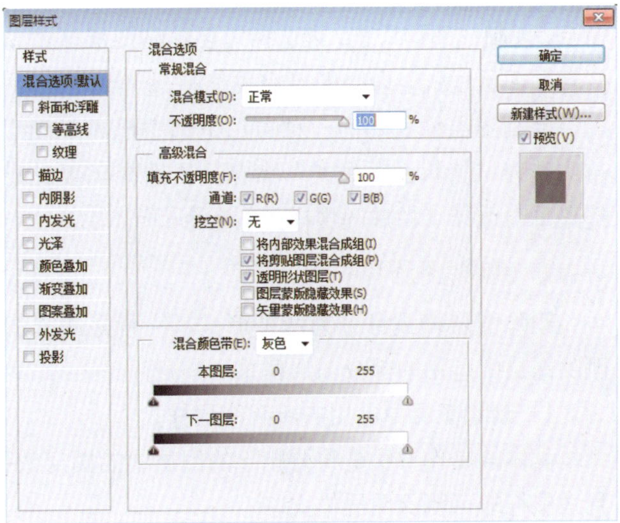


图 3—109

此外，还可以单击“图层”面板底部的“添加图层样式”按钮fx，从弹出的下拉菜单中选择任意一种样式，弹出“图层样式”对话框，选中相应的复选框并设置参数。若选中多个复选框，则可同时为图层添加多种样式效果。

下面将对各图层样式的应用进行简单介绍。

- 投影：用于模拟物体受光后产生的投影效果，以增加图像的层次感。
- 内阴影：是指沿图像边缘向内产生投影效果。“投影”图层样式是在图层内容的背后添加阴影；“内阴影”图层样式是在图层边缘内添加阴影，使图层呈现内陷的效果。
- 外发光：在图像边缘的外部添加发光效果。
- 内发光：在图像边缘的内部添加发光效果。
- 斜面和浮雕：用于增加图像边缘的明暗度，并增加投影来使图像产生不同的立体感。
- 光泽：在图像上填充明暗度不同的颜色并在颜色边缘部分产生柔化效果，常用于制作光滑的磨光或金属效果。
- 颜色叠加：使用一种颜色覆盖在图像表面。为图像添加“颜色叠加”样式就如同使用画笔工具沿图像涂抹上一层颜色，不同的是由“颜色叠加”图层样式叠加的颜色不会破坏原图像。
- 渐变叠加：使用一种渐变颜色覆盖在图像表面。
- 图案叠加：使用一种图案覆盖在图像表面。
- 描边：使用一种颜色沿图像边缘填充某种颜色。

## 3.3.4 管理图层样式

### 1. 复制图层样式

如果要重复使用一个已经设置好的图层样式，可以复制该图层样式应用到其他图层上。选中已添加图层样式的图层，选择菜单“图层”|“ 图层样式”|“ 拷贝图层样式”命令，复制该图层样式，再选择需要粘贴图层样式的图层，选择菜单“图层”|“ 图层样式”|“粘贴图层样式”命令即可完成复制。

复制图层样式的另一种方法是选中已添加图层样式的图层，右击，在弹出的快捷菜单中选择“拷贝图层样式”命令，再选择需要粘贴图层样式的图层，右击，在弹出的快捷菜单中选择“粘贴图层样式”命令即可。

### 2. 删除图层样式

删除图层样式可分为两种形式，一种是删除图层中运用的所有图层样式；另一种是删除图层中运用的部分图层样式。

1）删除图层中运用的所有图层样式

具体的操作方法是将要删除的图层中的图层效果图标fx拖动到“删除图层”按钮上，释放鼠标即可删除图层样式。

2）删除图层中运用的部分图层样式

具体的操作方法是展开图层样式，选择要删除的其中一种图层样式，将其拖到“删除图层”按钮上，释放鼠标即可删除该图层样式，而其他的图层样式依然保留，如图 3–110 和图 3–111 所示。

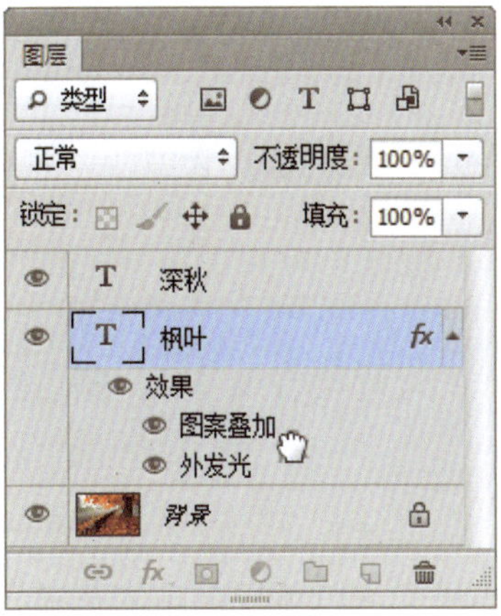


图 3–110

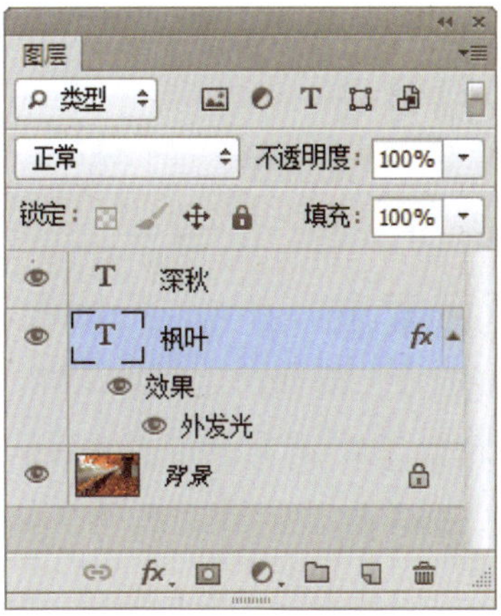


图 3–111

## 3．隐藏图层样式

有时图像中的效果太过复杂，难免会扰乱画面，这时用户可以隐藏图层效果。选择任意图层，再选择菜单“图层”|“图层样式”|“隐藏所有效果”命令，此时该图像文件中所有的图层的图层样式将被隐藏。

单击当前图层中已添加的图层样式前的图标，即可将当前图层的图层样式隐藏。此外，还可以单击其中某一种图层样式前的图标，即只隐藏该图层样式，如图 3–112 和图 3–113 所示。

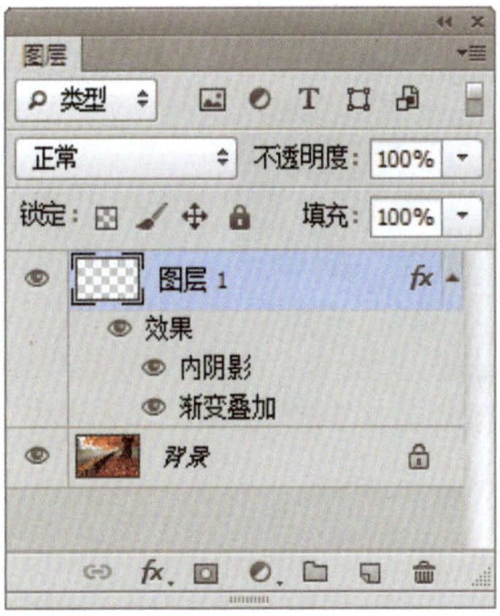


图 3–112

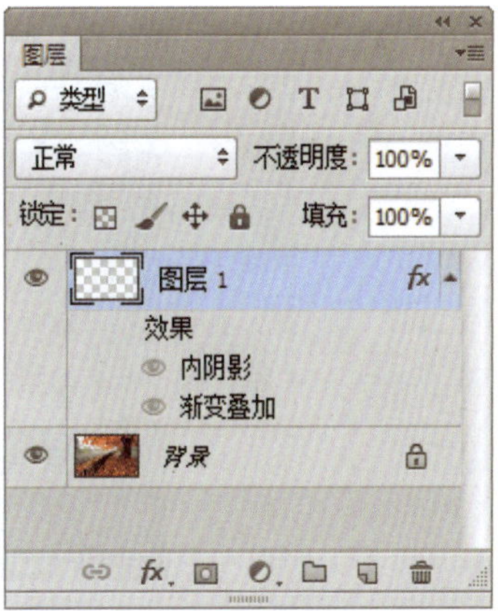


图 3–113

# 【自己练】

## 项目练习：设计咖啡包装

### 项目背景

一款名为“好滋味咖啡”为了促销产品销售量，现委托本公司为其设计一个有质感，并且能够给消费者传达产品特征的包装。

### 项目要求

包装的设计要简洁化、易识别、色彩明确，制作的过程要有规范性，颜色的使用要符合咖啡自己特性，符合消费者的审美需求。

### 项目分析

包装正面利用两个图片结合，既能体现咖啡的本质又可以体现咖啡的味道，从而吸引消费者的购买欲望，咖啡标志、名称、宣传语放置在包装正面，给消费者传达第一个重要信息。包装侧面使用文字工具进行第二个重要信息的排版，其主要包括（主要成分、日期、联系方式、公司名称、公司地址等），侧面还需放置第三重要的信息（条形码、安全质量标志、环保标志），这些都是包装必不可少的信息，最后使用渐变工具对背景填充渐变，增加包装的质感。

### 项目效果

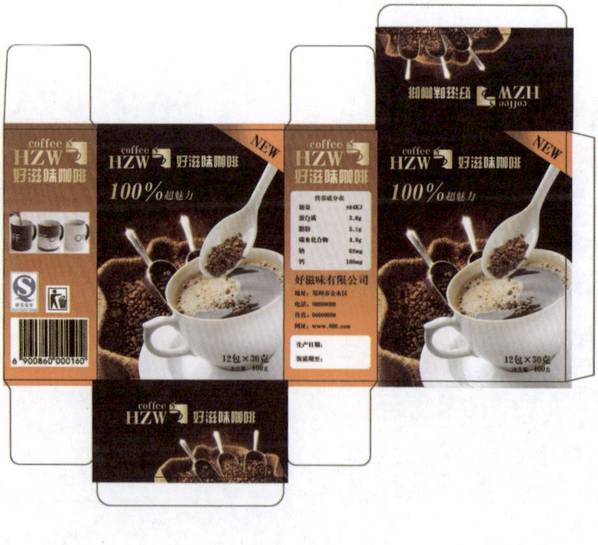


### 课时安排

2 课时。

# 第 4 章

# 设计宣传展架
# ——文本详解

## 本章概述

文本的应用在 Photoshop 中是最基本的，也是最常见的。它是一种由像素组成的特殊的图像结构，其分辨率和当前文档设置的分辨率一样，并且将字符放大或缩小时，字符边缘都不会模糊。本章将详细介绍文本的应用知识。

## 要点难点

沿路径输入文字 ★☆☆

设置字体效果 ★★☆

将文字转换为工作路径 ★★☆

## 案例预览

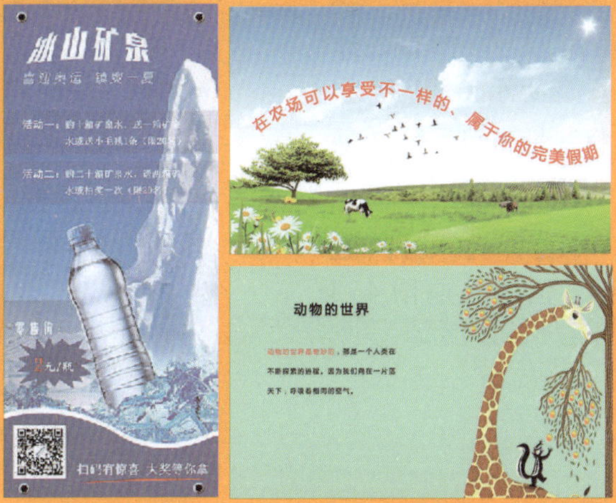


商业宣传展架：沿路径输入文字与设置文字效果

# 【跟我学】设计矿泉水宣传展架

## 作品描述

人们在生活中可以看到各式各样的宣传展架，例如举办活动、销售宣传等，宣传展架的便利对宣传起到了重要的作用。在此便以制作一款矿泉水宣传展架（尺寸为 80cm × 180cm）为例，对其制作过程展开详细介绍。

## 实现过程

### 1. 宣传展架平面效果

在此，首先对宣传展架平面效果的制作进行介绍。

STEP 01 选择“文件”|“新建”命令，在弹出的“新建”对话框中设置参数，新建一个文档，如图 4-1 所示。

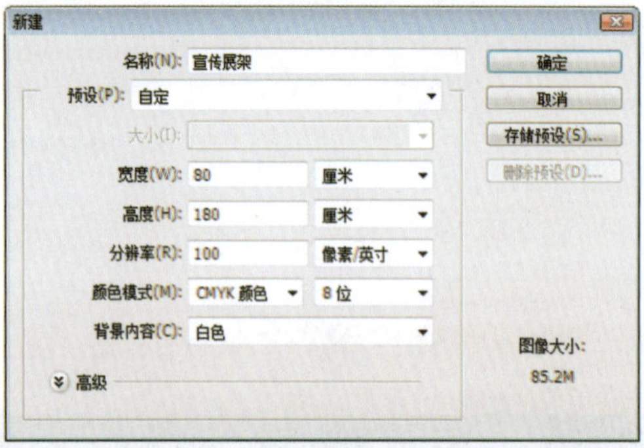


图 4-1

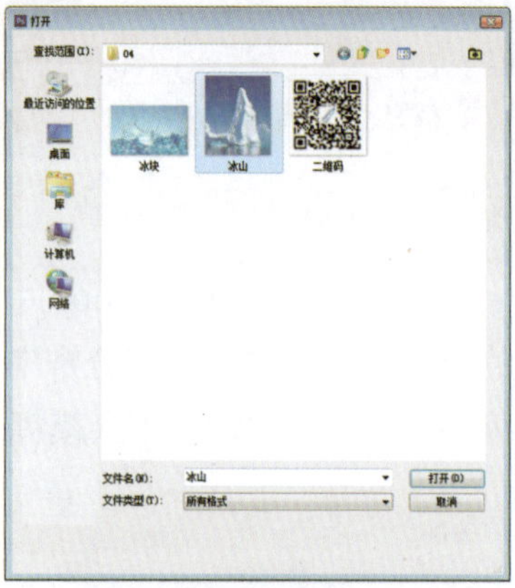


图 4-2

STEP 02 打开素材文件中的“冰山.jpg”图像，如图 4-2 所示。然后使用工具箱中的移动工具将其拖曳到“宣传展架”文档中。

STEP 03 按 Ctrl+T 组合键，对其进行变换，改变其大小、位置，如图 4-3 所示。

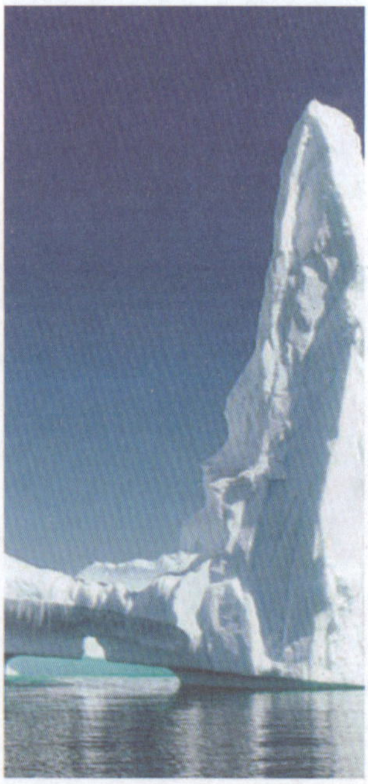

图 4-3

STEP 04 打开素材文件中的“冰块 .jpg”图像，如图 4–4 所示。然后使用工具箱中的移动工具将其拖曳到“宣传展架”文档中。

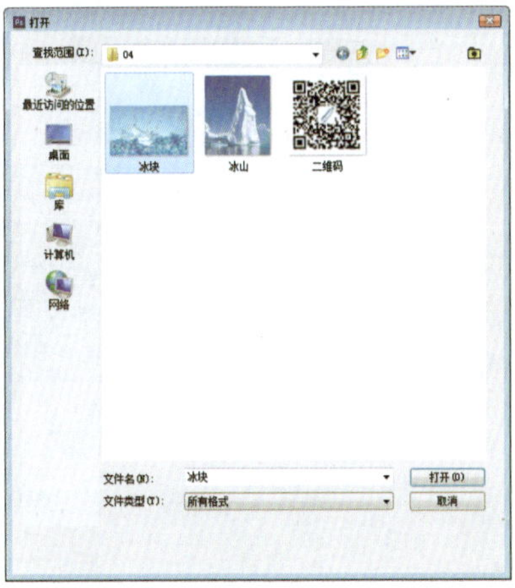


图 4–4

STEP 05 按 Ctrl+T 组合键，对其进行变换，改变其大小、位置，如图 4–5 所示。

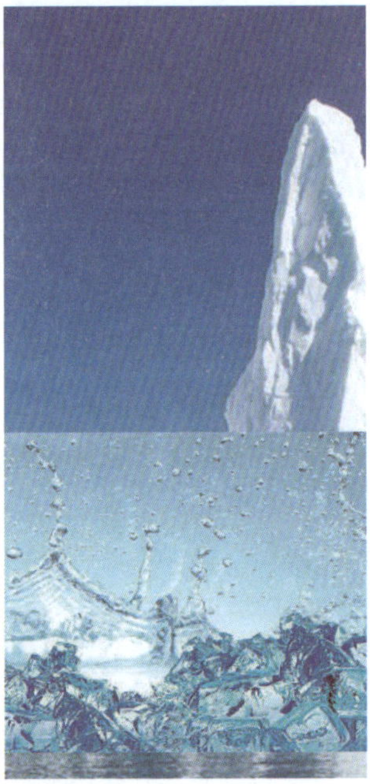

图 4–5

STEP 06 设置“冰块”图层为当前图层，在“图层”面板的底部，单击“添加蒙版”按钮，为“冰块”图层添加蒙版，如图 4–6 所示。

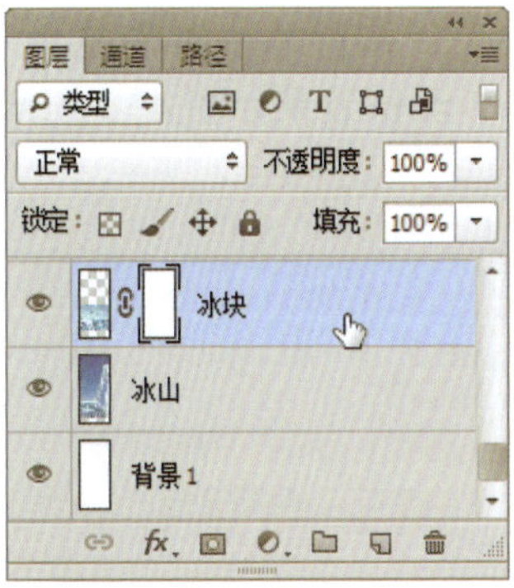


图 4–6

STEP 07 设置前景色为黑色，选择工具箱中的画笔工具，按【或】键，对画笔的大小进行放大或者缩小，在画笔工具属性栏中设置“不透明度”为 50%，如图 4–7 所示。

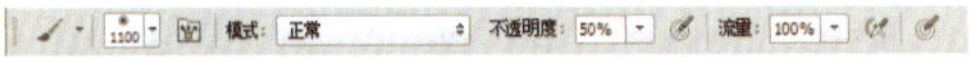


图 4–7

**操作技能**

在使用画笔编辑蒙版，需要显示图像时，则使用白色画笔在蒙版上涂抹；需要显示当前图层与下面图层融合时，则使用灰色或者半透明画笔在蒙版上涂抹。

STEP 08 使用黑色画笔工具，在“冰块”图层上方进行涂抹，以便“冰块”图层与“冰山”图层相融合，效果如图 4–8 所示。

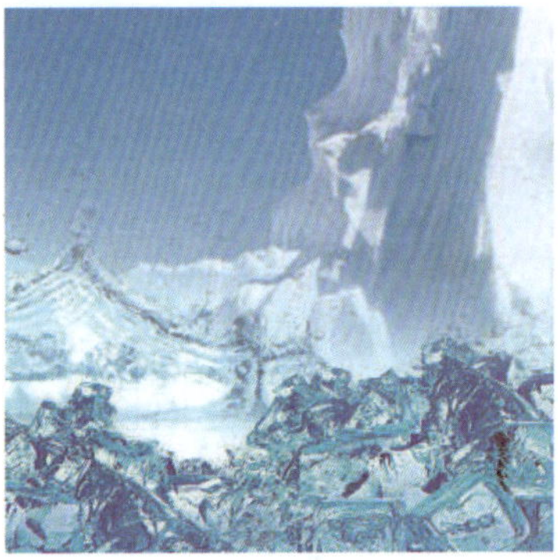

图 4–8

STEP 09 接近冰块时调整画笔不透明度为20%，涂抹效果如图4–9所示。

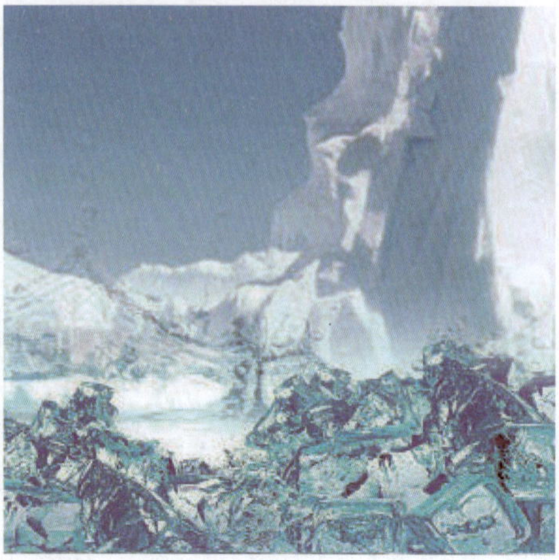

图 4–9

STEP 10 打开素材文件中的“矿泉水瓶.psd”图像，如图4–10所示。然后使用工具箱中的移动工具将其拖曳到“宣传展架”文档中。

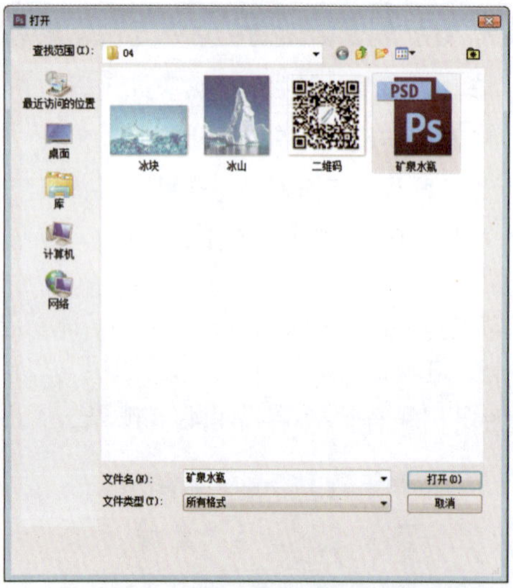


图 4–10

STEP 11 按Ctrl+T组合键，对其进行变换，改变其大小、位置，如图4–11所示。

STEP 12 在“图层”面板中降低“矿泉水瓶”图层的不透明度，以便看清下面的“冰块”图层，如图4–12所示。

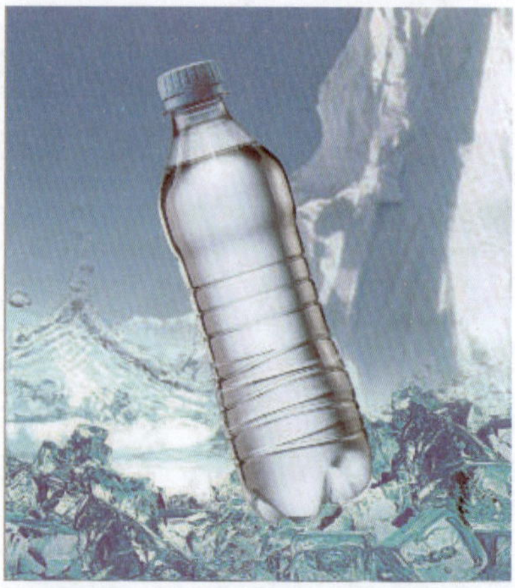

图 4–11

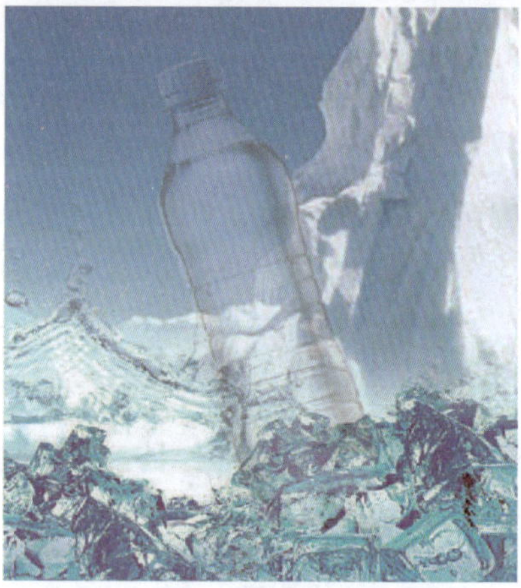

图 4–12

STEP 13 选择工具箱中的钢笔工具，沿着如图4–13所示的几块冰块绘制一个闭合路径，制作水瓶插在冰块中的感觉。

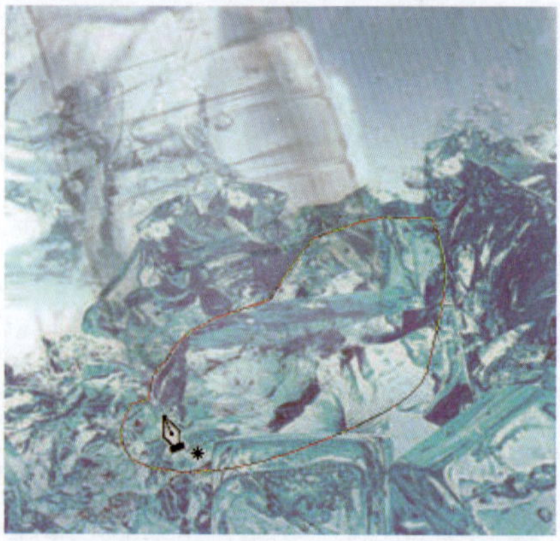

图 4–13

STEP 14 恢复“矿泉水瓶”图层的不透明度为100%，按Ctrl+Enter组合键，确定选区，如图4–14所示。

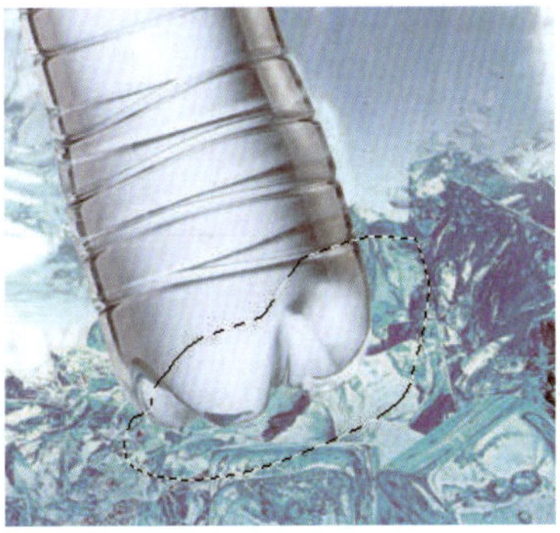

图 4–14

STEP 15 按Delete键删除选区内图形，效果如图4–15所示。

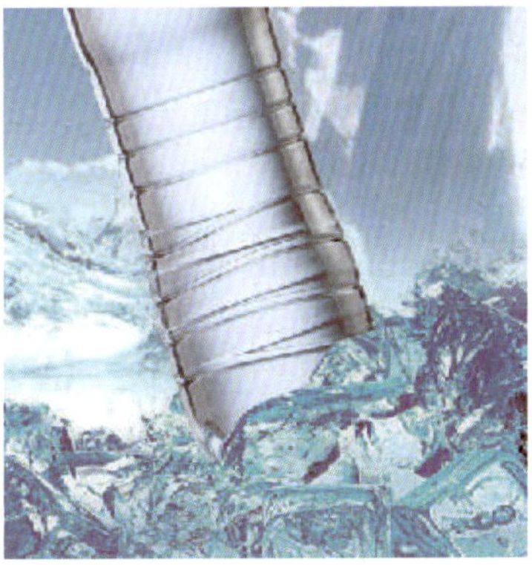

图 4–15

STEP 16 按Ctrl+Shift+Alt+N组合键，新建一个图层。选择工具箱中的钢笔工具，绘制如图4–16所示的闭合路径。

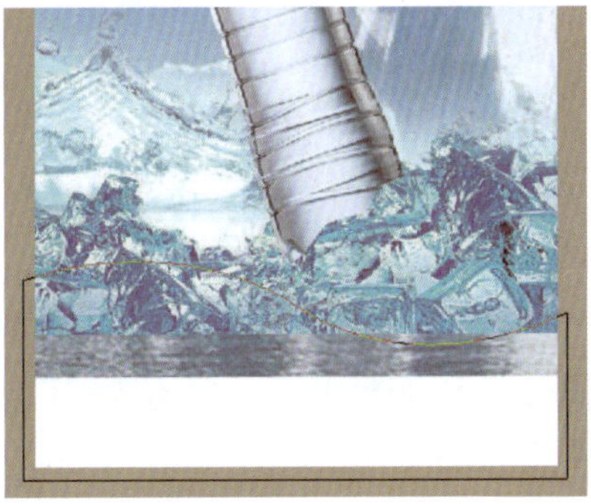

图 4–16

STEP 17 按Ctrl+Enter组合键，确定选区，如图4–17所示。

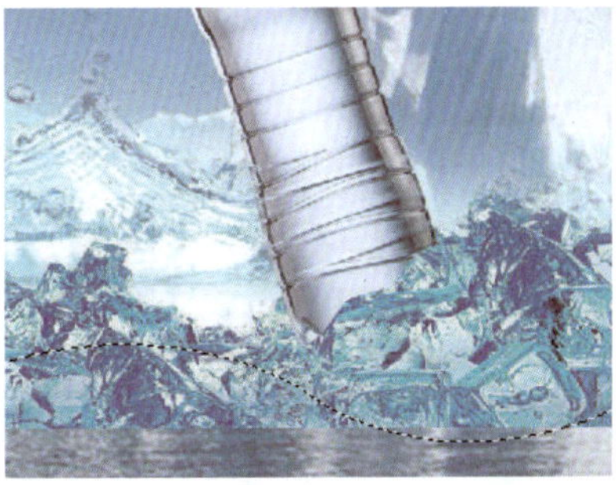

图 4–17

STEP 18 设置前景色为蓝色（R：0、G：69、B：128），按Alt+Delete组合键，填充前景色，如图4–18所示。

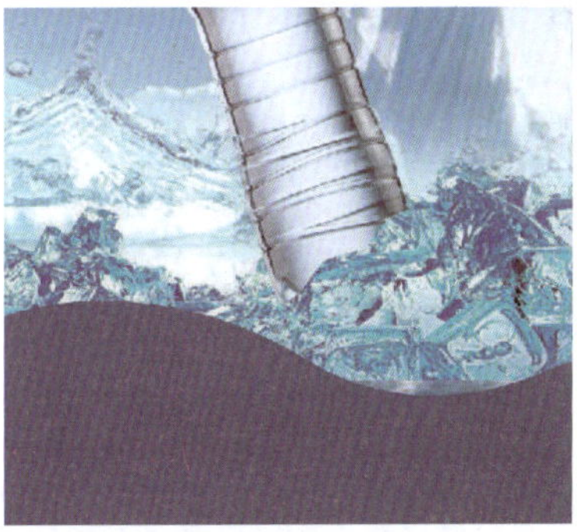

图 4–18

STEP 19 按Ctrl+J组合键，复制“图层1”图层，在“图层”面板中移动“图层1拷贝”图层至“图层1”图层的下方，如图4–19所示。

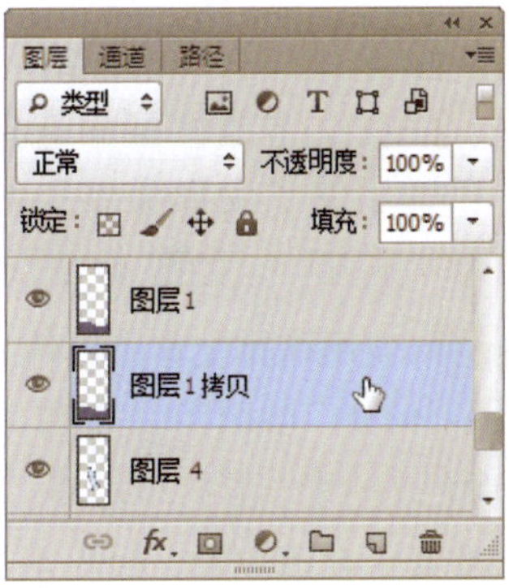


图 4–19

**STEP 20** 设置前景色为白色（R：255、G：255、B：255），按住 Ctrl 键的同时，单击“图层 1”图层的缩览图，填充前景色，然后使用移动工具移动其至合适位置，如图 4–20 所示。

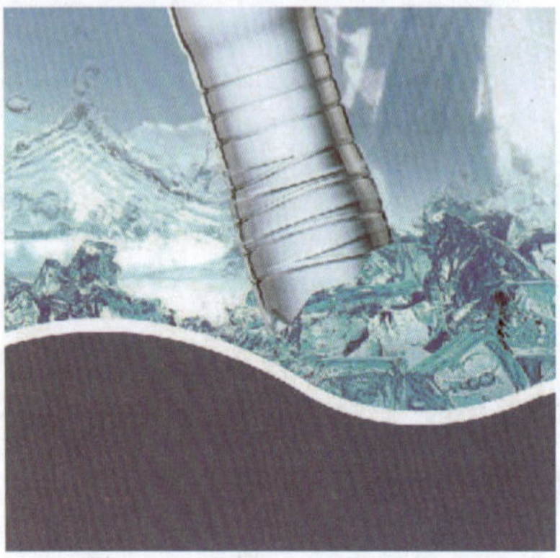

图 4–20

**STEP 21** 选择工具箱中的横排文字工具，输入文本内容为“冰山矿泉”，设置字体为“造字工房力黑”，字号为 264 点，字体颜色为白色（R：255、G：255、B：255），调整其至合适位置，如图 4–21 所示。

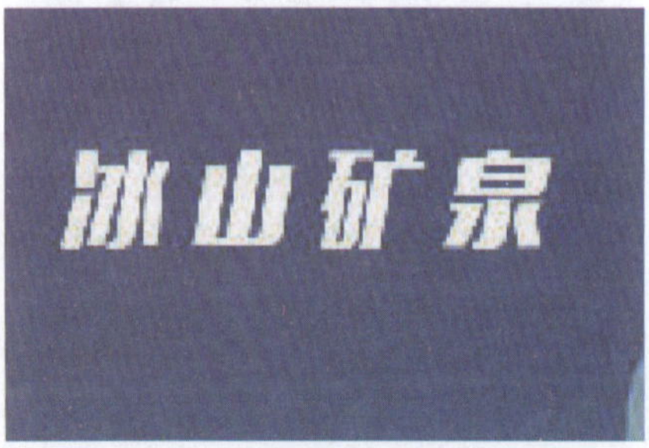


图 4–21

**STEP 22** 在文字属性栏中选择“文字变形”，在弹出的“变形文字”对话框中设置样式为“上弧”，如图 4–22 所示。

**STEP 23** 使用横排文本工具输入文本内容，设置字体为“幼圆”，字号为 131.64 点，字体颜色为白色（R：255、G：255、B：255），调整其至合适位置，如图 4–23 所示。

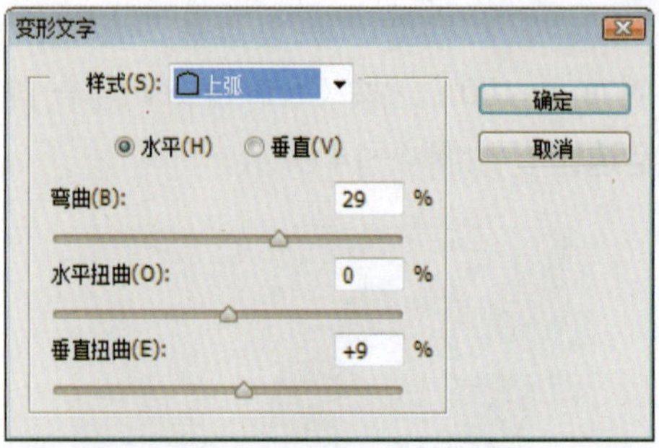


图 4–22

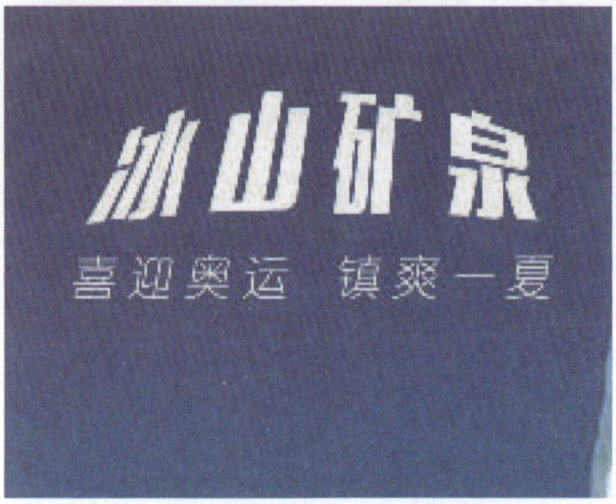


图 4–23

**STEP 24** 使用横排文本工具输入文本内容为“活动一”与“活动二”，设置字体为“黑体”，字号为 110 点，字体颜色为白色（R：255、G：255、B：255），如图 4–24 所示。

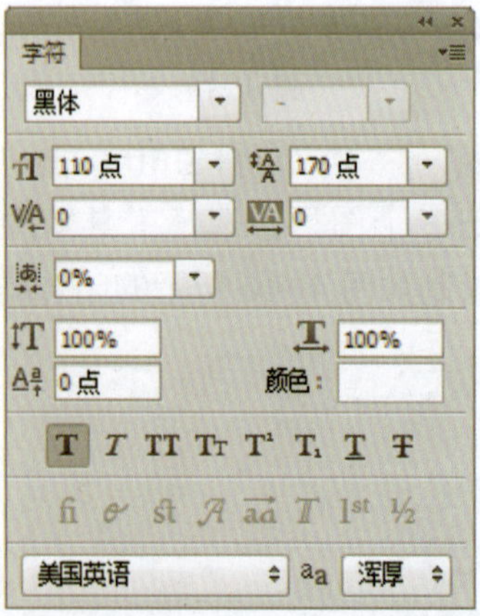


图 4–24

**STEP 25** 调整其至合适位置后，效果如图 4–25 所示。

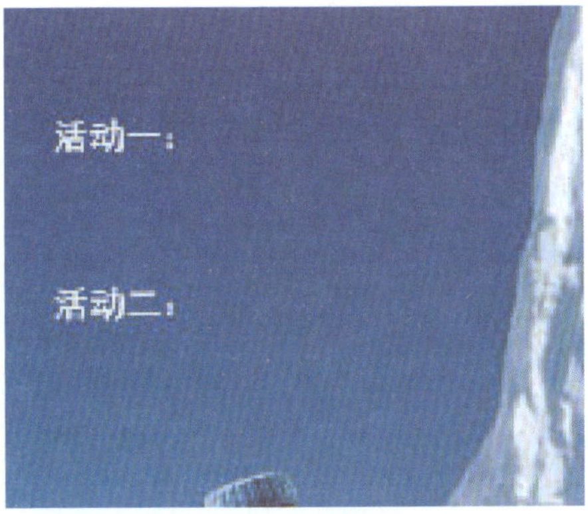


图 4–25

STEP 26 使用横排文本工具输入文本内容，选择菜单“窗口”|“字符”命令，在弹出的“字符”对话框中设置其行间距、字体、字号、颜色，调整其至合适位置，如图 4–26 所示。

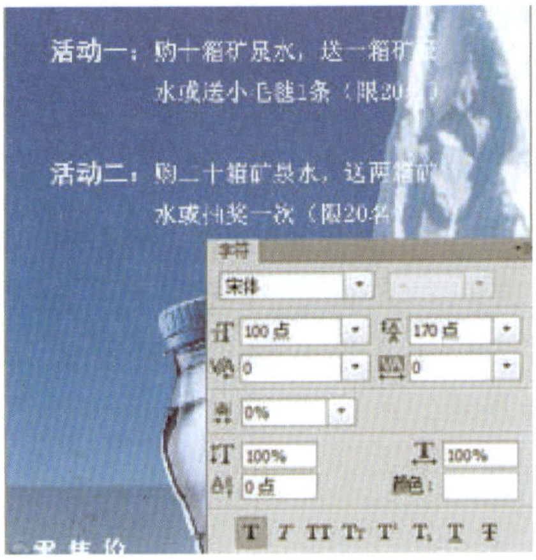


图 4–26

STEP 27 使用横排文本工具输入文本内容为“零售价：”，设置字体为“汉仪长美黑简”，字号为 150 点，字体颜色为白色（R：255、G：255、B：255），调整其至合适位置，如图 4–27 所示。

STEP 28 使用横排文本工具输入文本内容为“2 元 / 瓶”，设置字体为“楷体”，字号为 120 点，字体颜色为白色（R：255、G：255、B：255），如图 4–28 所示。

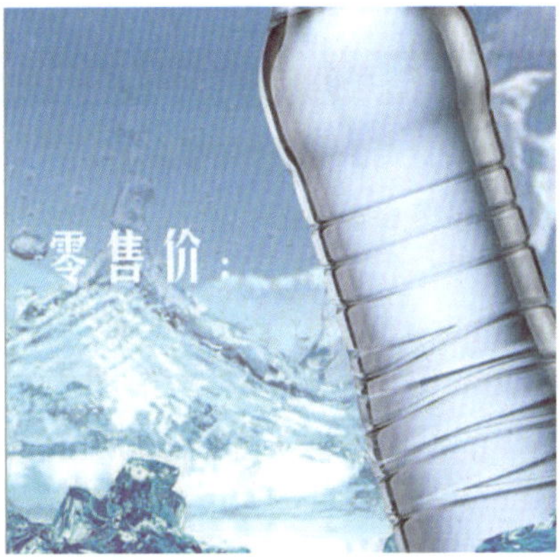


图 4–27

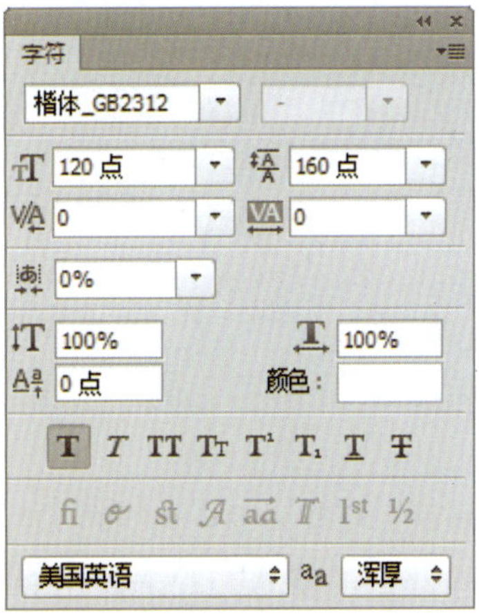


图 4–28

STEP 29 将其调整至合适的位置后，选择文本内容中的 2，设置颜色为红色（R：231、G：31、B：25），字号设置得大一些，如图 4–29 所示。

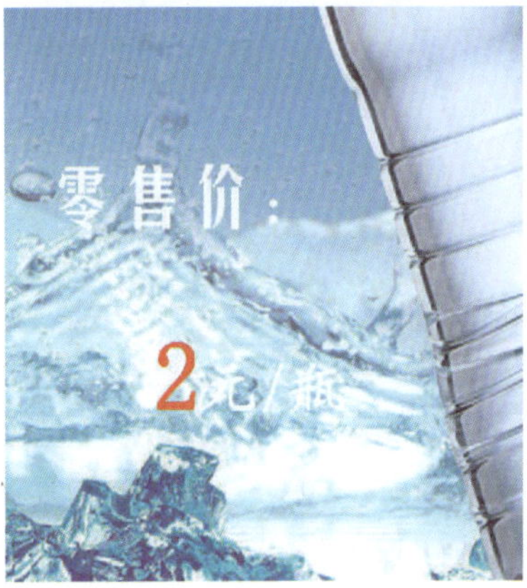


图 4–29

**操作技能**

由于背景为浅色，为使字体辨认清晰，需要在文字图层下加深色底。

STEP 30 按 Ctrl+Shift+Alt+N 组合键，在文本图层下方新建一个图层。选择工具箱中的矩形选框工具，绘制矩形选区，如图 4-30 所示。

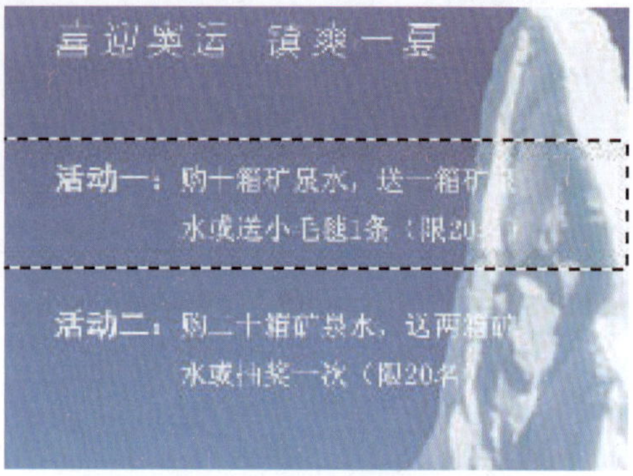


图 4-30

STEP 31 设置前景色为蓝色（R：0、G：69、B：128），按 Alt+Delete 组合键，填充前景色，如图 4-31 所示。

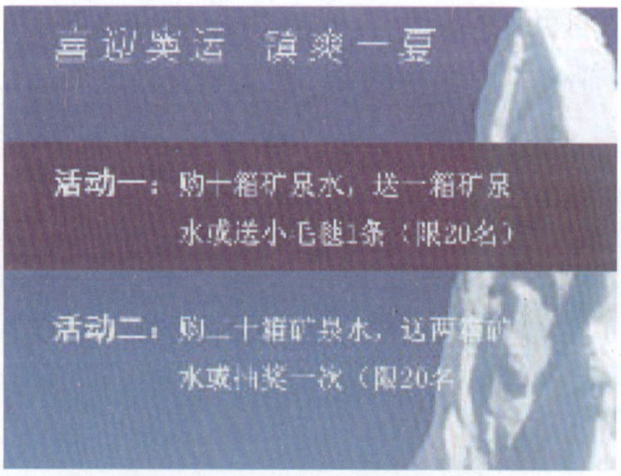


图 4-31

STEP 32 在“图层”面板中设置图层的不透明度为 15%，效果如图 4-32 所示。

STEP 33 按 Ctrl+J 组合键，复制“图层 2”图层，使用移动工具调整其至合适位置，如图 4-33 所示。

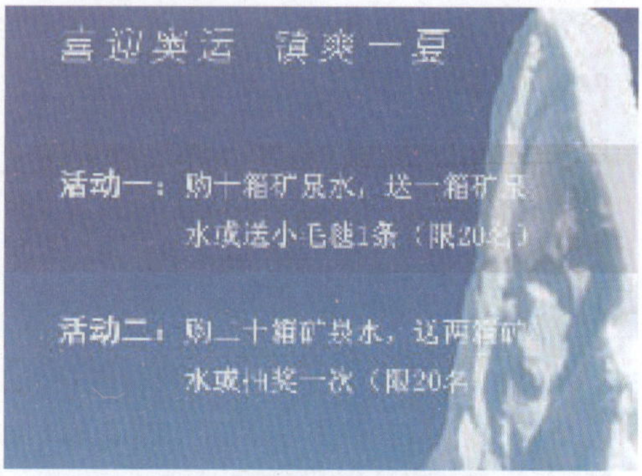


图 4-32

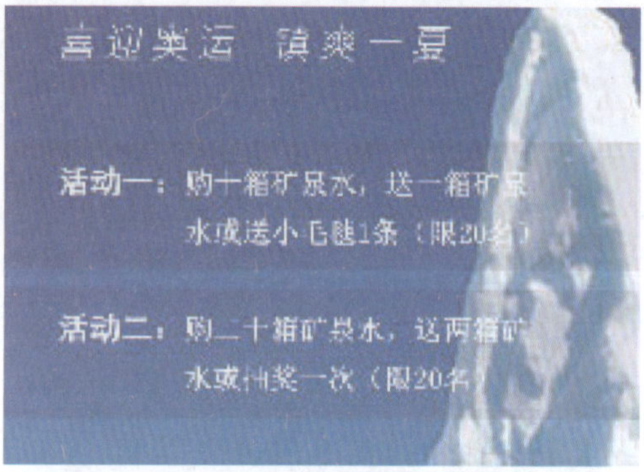


图 4-33

STEP 34 再次按 Ctrl+J 组合键，复制“图层 2 拷贝”图层，调整其至合适位置；然后按 Ctrl+T 组合键变换其大小，如图 4-34 所示。

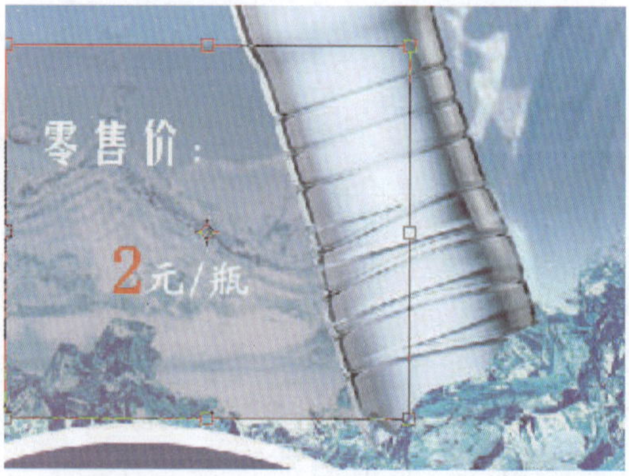


图 4-34

STEP 35 在“图层”面板中将“图层 2 拷贝 2”图层移至“矿泉水瓶”图层的下方，如图 4-35 所示。

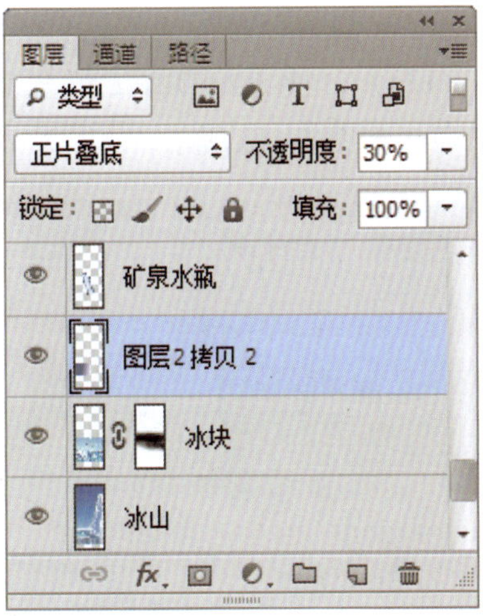


图 4–35

STEP 36 选择工具箱中的 （渐变工具），在属性栏中单击“点按可编辑渐变”按钮，在弹出的“渐变编辑器”对话框中设置渐变类型为“前景色到背景色渐变”的线性渐变，如图 4–36 所示。

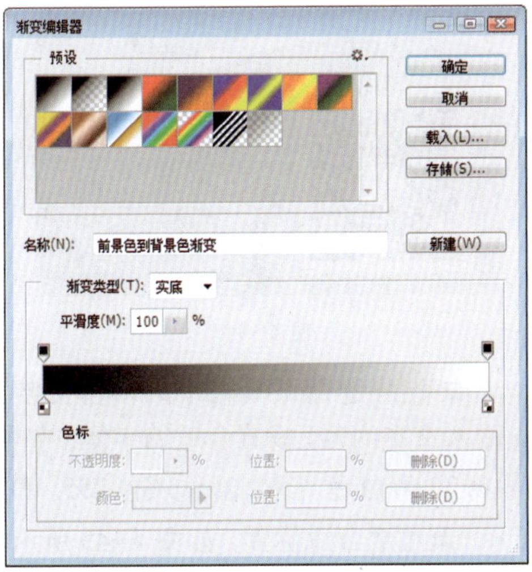


图 4–36

STEP 37 最后设置左侧色标为蓝色（R：0、G：69、B：128），右侧色标为白色（R：255、G：255、B：255），如图 4–37 所示。

STEP 38 按住 Ctrl 键的同时，单击“图层 2 拷贝 2”图层的缩览图，载入选区，如图 4–38 所示。

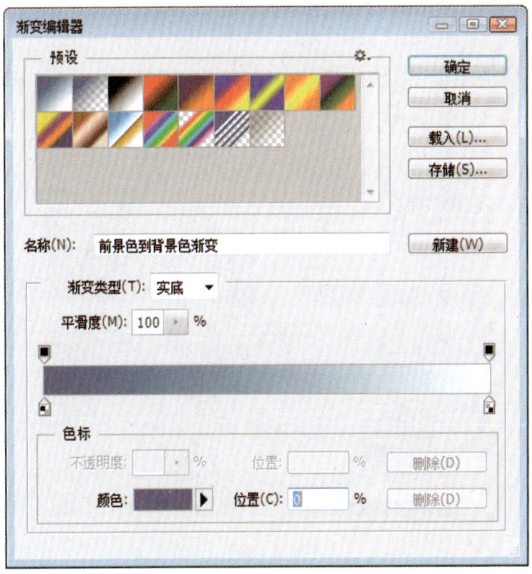


图 4–37

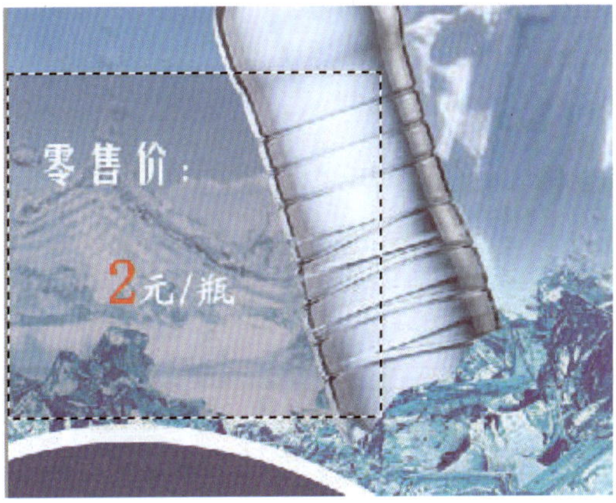


图 4–38

STEP 39 在选区内从左至右应用渐变，效果如图 4–39 所示。

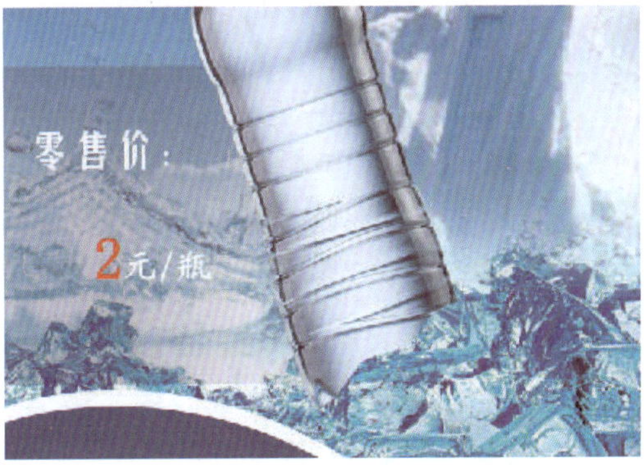


图 4–39

STEP 40 选择工具箱中的钢笔工具，绘制如图 4-40 所示的图形。

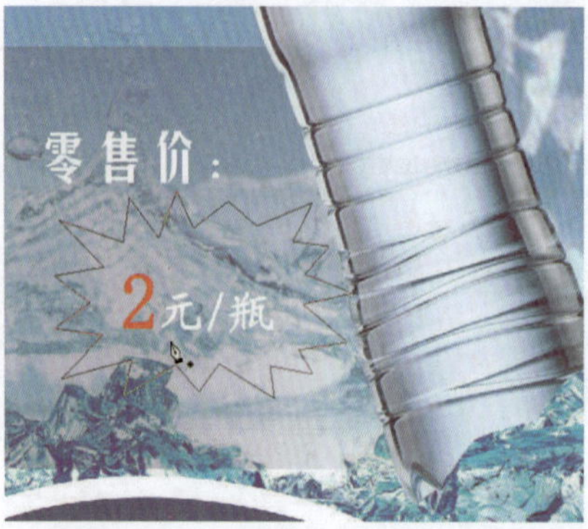


图 4-40

STEP 41 按 Ctrl+Enter 组合键，确定选区，如图 4-41 所示。

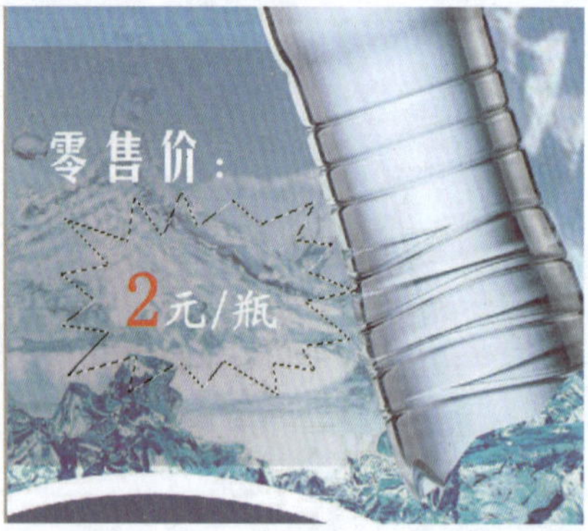


图 4-41

STEP 42 在文本图层“2 元 / 瓶”的下方，按 Ctrl+Shift+Alt+N 组合键，新建一个图层，如图 4-42 所示。

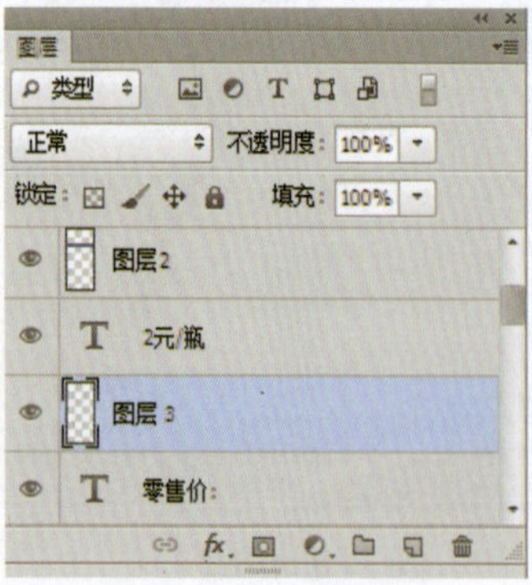


图 4-42

STEP 43 设置前景色为蓝色（R：0、G：69、B：128），按 Alt+Delete 组合键，填充前景色，如图 4-43 所示。

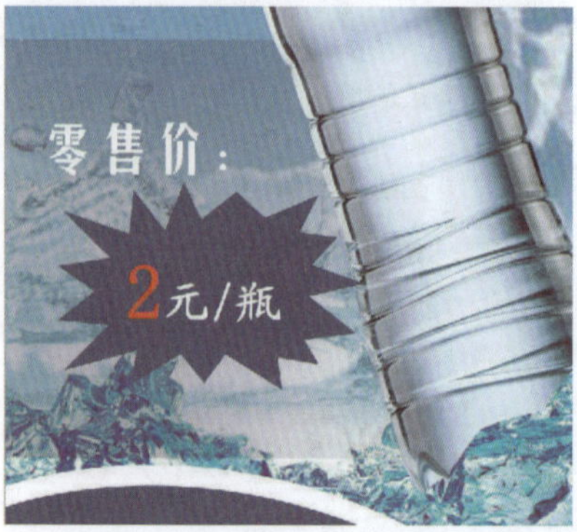


图 4-43

STEP 44 打开素材文件中的“二维码 .jpg”图像，然后使用移动工具将其拖曳到“宣传展架”文档中，如图 4-44 所示。

图 4-44

STEP 45 选择工具箱中的横排文字工具，输入文本内容，设置合适的字体、字号，字体颜色为白色（R：255、G：255、B：255），调整至合适位置，如图 4-45 所示。

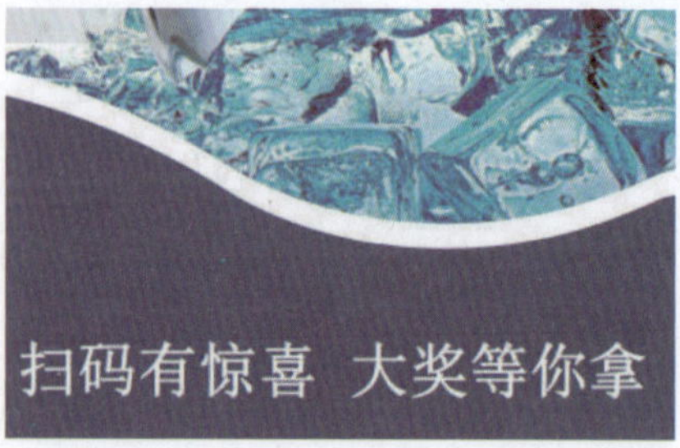


图 4-45

STEP 46 选择工具箱中的钢笔工具，绘制如图 4–46 所示的曲线路径。

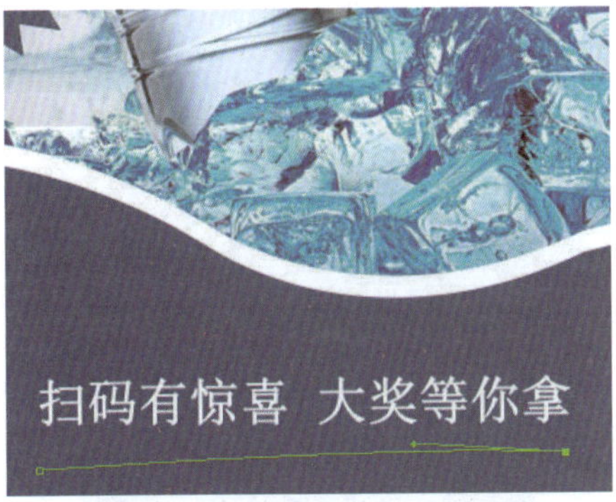


图 4–46

STEP 47 选择工具箱中的画笔工具，在属性栏中设置画笔类型为“干介质画笔”，选择如图 4–47 所示的画笔，设置其大小为 63 像素。

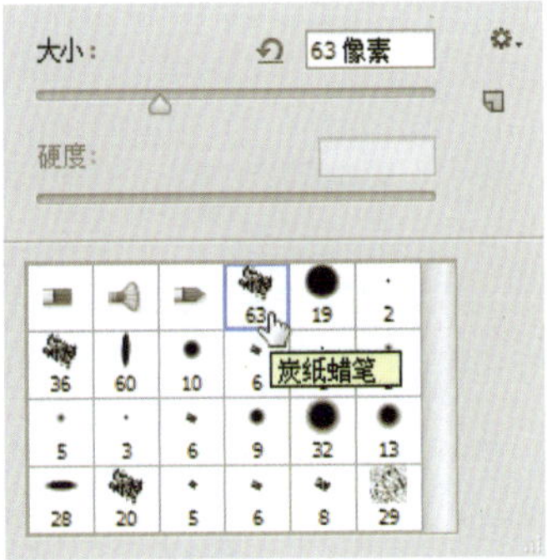


图 4–47

STEP 48 新建“图层 4”图层，设置前景色为红色，如图 4–48 所示。

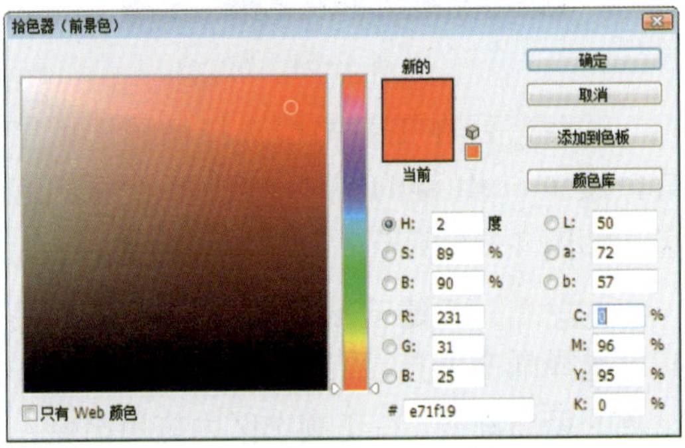


图 4–48

STEP 49 再次选择工具箱中的钢笔工具，右击编辑区，在弹出的快捷菜单中选择“描边路径”命令，在弹出的“描边路径”对话框中，将工具设置为画笔进行描边，如图 4–49 所示。

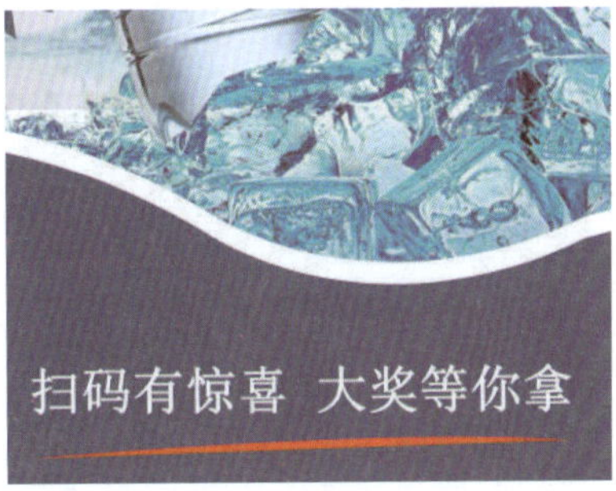


图 4–49

STEP 50 按 Ctrl+S 组合键，将文件存储为“宣传展架 .jpg”图像模式。最终宣传展架设计完成效果如图 4–50 所示。

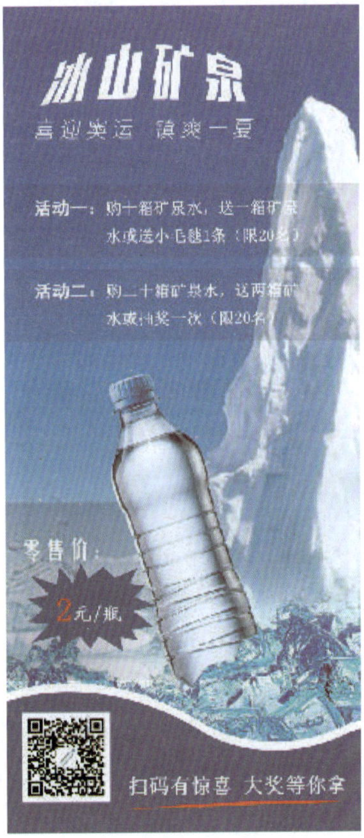


图 4–50

### 2. 宣传展架立体效果

完成平面效果的制作之后，接下来将对其立体的呈现进行设计。

STEP 01 选择菜单“文件”|“新建”命令，在弹出的“新建”对话框中设置参数，新建一个文档，如图 4–51 所示。

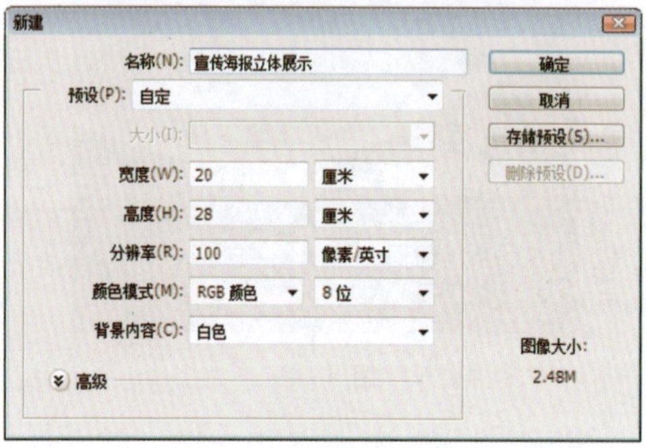


图 4–51

STEP 02 在工具箱中选择渐变工具，设置渐变类型为黑、白渐变的线性渐变，在“背景”图层上从下至上应用渐变，效果如图 4–52 所示。

图 4–52

STEP 03 打开素材文件中的“x 展架 .psd”图像，使用移动工具将其拖曳到“宣传展架”文档中，调整其大小、位置，如图 4–53 所示。

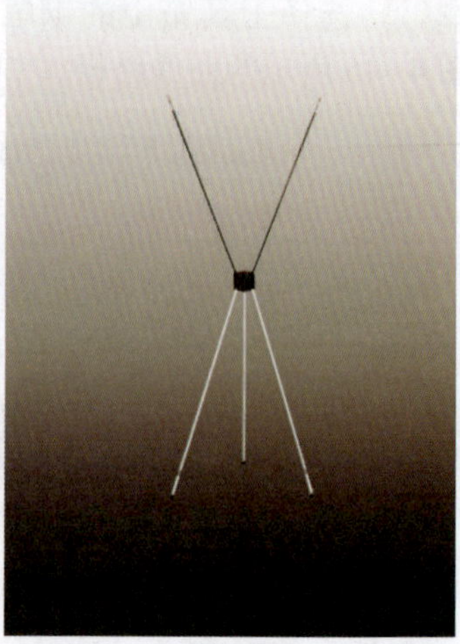

图 4–53

STEP 04 打开素材文件中的“宣传展架 .jpg”图像，使用移动工具将其拖曳到“宣传展架”文档中，调整其大小、位置，如图 4–54 所示。

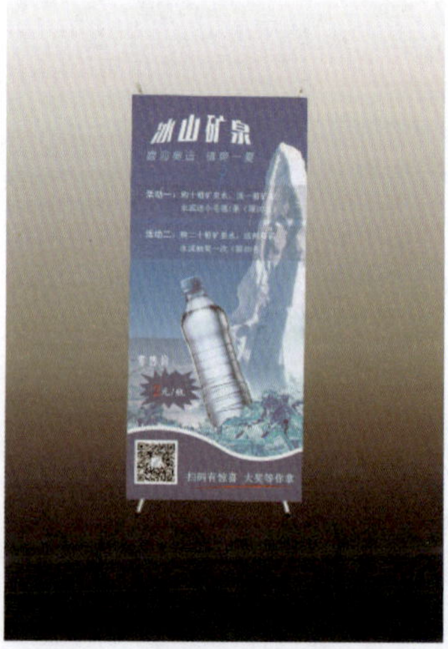


图 4–54

STEP 05 在工具箱中选择椭圆选框工具，按住 Shift 键的同时，绘制一个正圆选区，如图 4–55 所示。

STEP 06 新建“图层 1”图层，在工具箱中选择渐变工具，设置渐变类型为黑、白、灰色的径向渐变，在正圆选区内应用渐变，如图 4–56 所示。

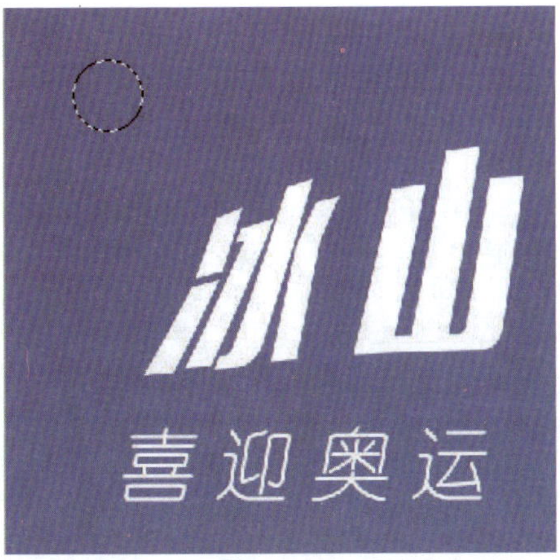


图 4-55

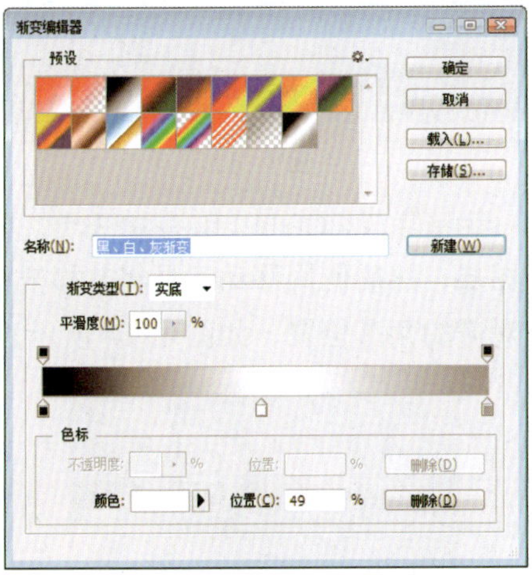


图 4-56

STEP 07 应用渐变后的效果如图 4-57 所示。

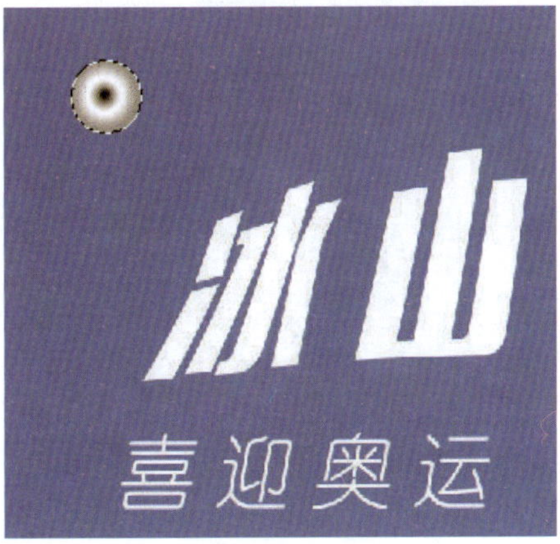


图 4-57

STEP 08 选择菜单“选择”|“修改”|“收缩”命令，弹出 “收缩选区”对话框，设置“收缩量”为40像素，选区效果如图4-58所示。

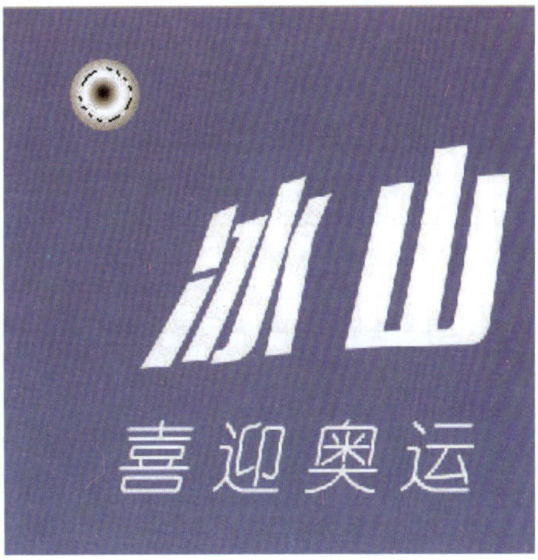


图 4-58

STEP 09 收缩选区后，按 Delete 键删除图像，效果如图 4-59 所示。

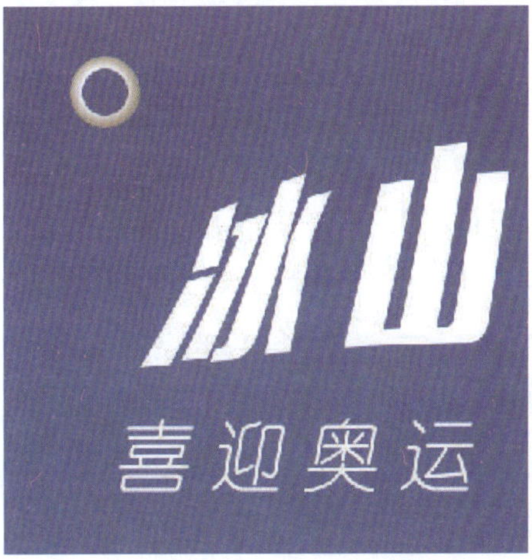


图 4-59

STEP 10 双击“图层 1”图层缩览图，弹出“图层样式”对话框，为其添加“斜面和浮雕”图层样式，具体参数设置如图 4-60 所示。

STEP 11 添加“斜面和浮雕”图层样式后的效果如图 4-61 所示。

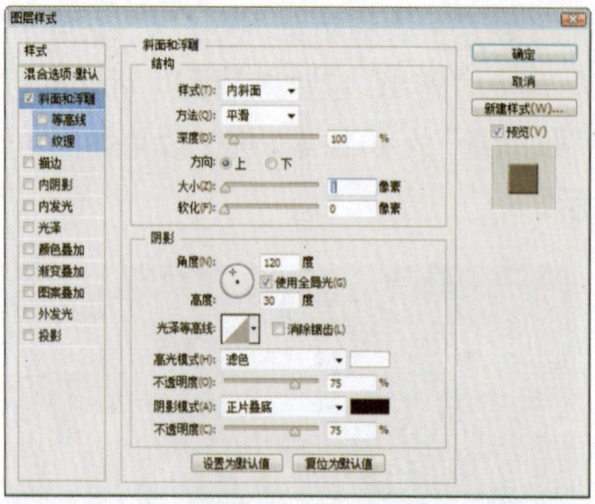


图 4-60

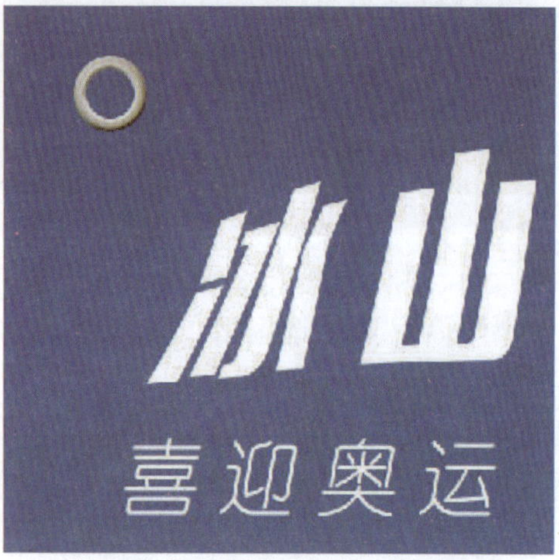


图 4-61

STEP 12 在工具箱中选择椭圆选框工具，绘制一个，如图 4-62 所示的选区。

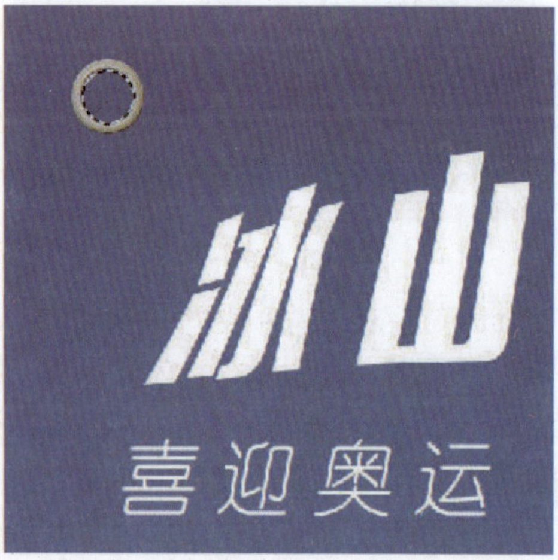


图 4-62

STEP 13 设置前景色为黑色，按 Alt+Delete 组合键填充前景色，效果如图 4-63 所示。

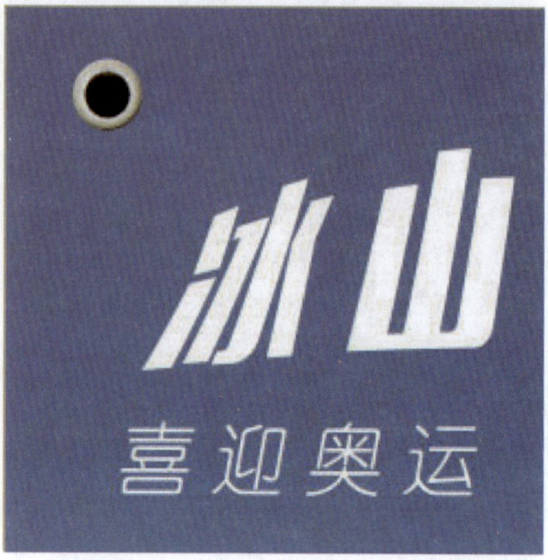


图 4-63

STEP 14 按 Ctrl+J 组合键 3 次，复制 3 个图层，然后使用移动工具将其移至其他 3 个对应的角落位置，如图 4-64 所示。

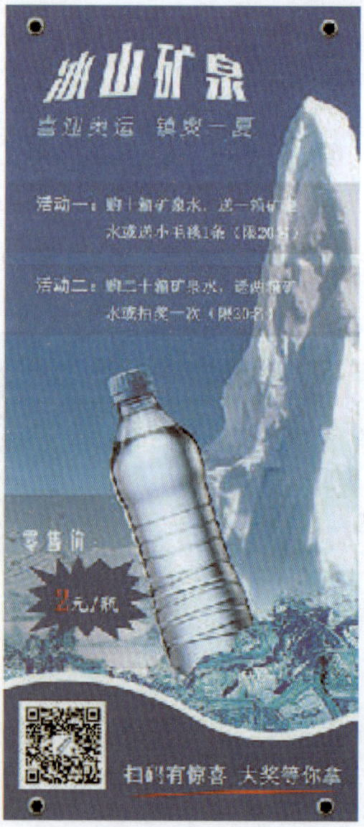


图 4-64

STEP 15 按 Ctrl+J 组合键，复制“宣传展架”图层、“图层 1 副本 2”图层、“图层 1 副本 3”图层和“x 展架”图层。然后按 Ctrl+T 组合键，在弹出的快捷菜单中选择“垂直翻转”命令将它们进行垂直翻转。最后使用移动工具将其移至合适位置，如图 4−65 所示。

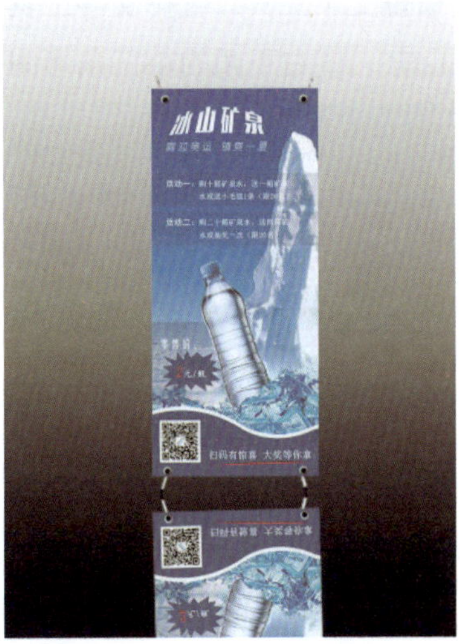


图 4−65

STEP 16 按住 Shift 键，选中“宣传展架副本”图层、“图层 1 副本 4”图层、“图层 1 副本 5”图层和“x 展架 副本”图层，然后右击，在弹出的快捷菜单中选择“合并图层”命令将其进行合并，如图 4−66 所示。

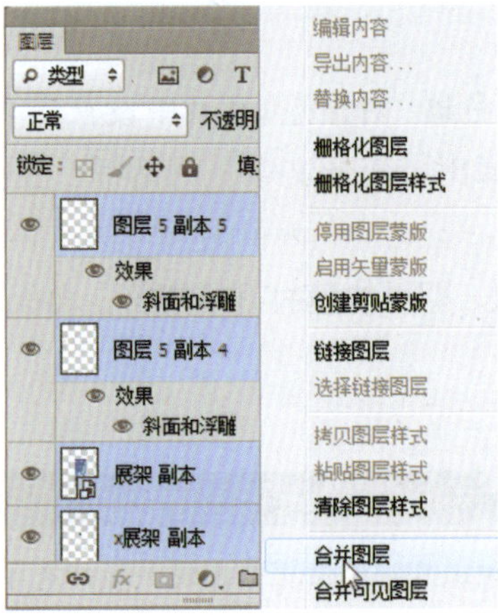


图 4−66

STEP 17 对合并之后的“展架 2 副本”图层添加蒙版，如图 4−67 所示。

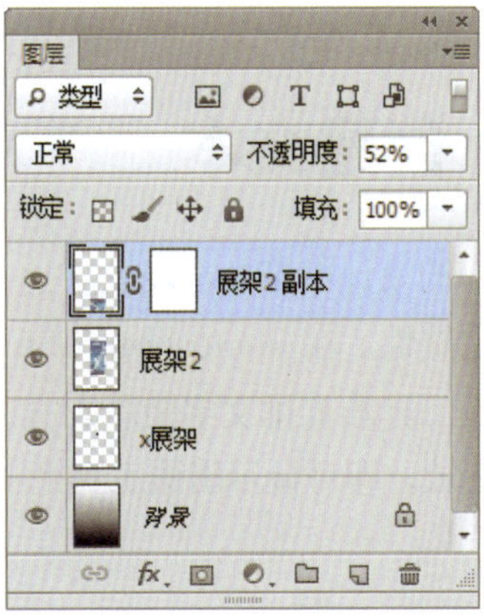


图 4−67

STEP 18 按住 Ctrl 键，单击合并之后的“展架 2 副本”图层缩览图，载入选区。然后选择工具箱中的渐变工具，设置渐变类型为“前景色到背景色渐变”的线性渐变，在选区内拖拉应用渐变，效果如图 4−68 所示。

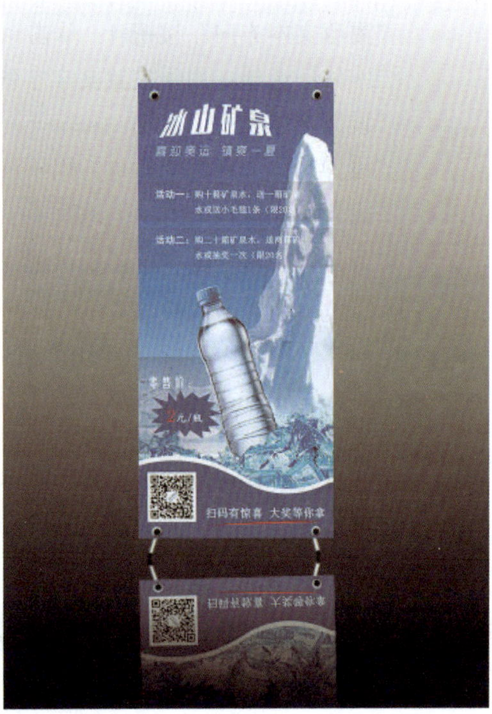


图 4−68

# 【听我讲】

## 4.1 创建文本

任何的设计中都会出现文字这一元素，文字不仅具有说明性，还可以美化图片，增加图片的完整性。在 Photoshop CS6 中，文字工具包括横排文字工具、直排文字工具、横排文字蒙版工具和直排文字蒙版工具。右击“横排文字工具”右下角的小三角形图标或按住左键不放，即可显示出该工具组中隐藏的子工具，如图 4–69 所示。

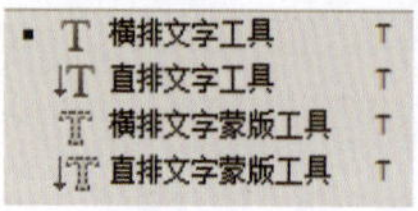


图 4—69

选择文字工具后，将在属性栏中显示该工具的属性参数，其中包括了多个按钮和选项设置，如图 4–70 所示。

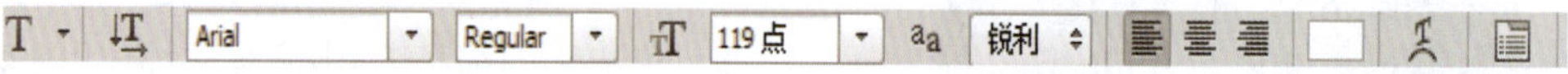


图 4—70

其中，各选项的含义介绍如下。

- “更改文本方向”按钮：单击该按钮即可实现文字横排和直排之间的转换。
- “字体”选项：用于设置文字字体。
- “设置字体样式”选项 Regular：用于设置文字加粗、斜体等样式。
- “设置字体大小”选项：用于设置文字的字体大小，默认单位为点，即像素。
- “设置消除锯齿的方法”选项：用于设置消除文字锯齿的模式。
- 对齐按钮组：用于快速设置文字对齐方式，从左到右依次为“左对齐”“居中对齐”和“右对齐”。
- “设置文本颜色”色块：单击色块，将弹出“拾色器”对话框，在其中设置文本颜色。
- “创建文字变形”按钮：单击该按钮，将弹出“变形文字”对话框，在其中可设置其变形样式。
- “切换字符和段落面板”按钮：单击该按钮，即可快速打开“字符”面板和“段落”面板。

**操作技能**

横排文字蒙版工具可创建出横排的文字选区，使用该工具时图像上会出现一层红色蒙版；垂直文字蒙版工具与横排文字蒙版工具效果一样，只是方向为竖排文字选区。

## 4.1.1 输入水平与垂直文字

选择文字工具，在属性栏中设置文字的字体和字号，然后在图像中单击，此时在图像中出现相应的文本插入点，此时输入文字即可。其中文本的排列方式包含横排文字和直排文字两种。使用“横排文字工具”可以在图像中从左到右输入水平方向的文字；使用“直排文字工具”可以在图像中输入垂直方向的文字，如图 4–71 和图 4–72 所示。文字输入完成后，按 Ctrl+Enter 组合键或者单击文字图层即可。

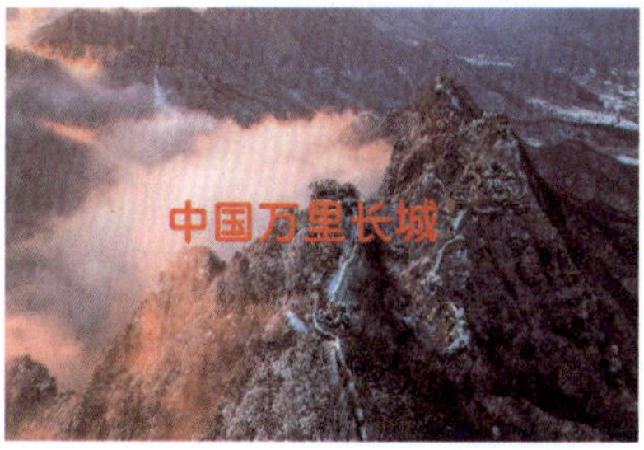


图 4–71

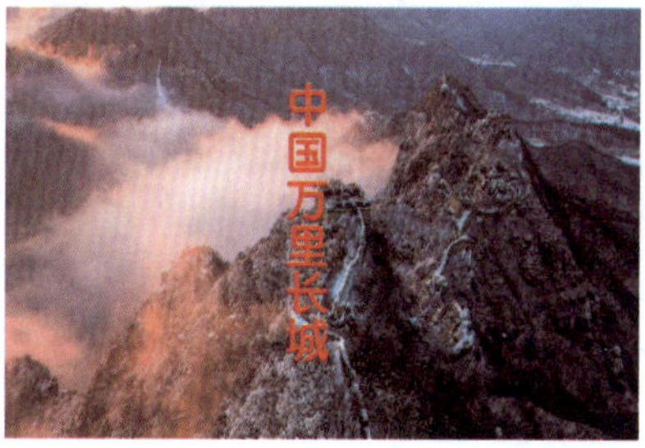


图 4–72

**操作技能**

如果需要调整已经创建好的文本排列方式，则可以单击文本工具属性栏中的“切换文本取向”按钮，或者选择“文字”|“取向（水平或垂直）”命令即可。

## 4.1.2 输入段落文字

若需要输入的文字内容较多，可通过创建段落文字的方式来进行文字输入，以便对文字进行管理并对格式进行设置。

选取文字工具，将鼠标指针移动到图像窗口中，当鼠标指针变成插入符号时，按住左键不松，拖动鼠标指针，此时在图像窗口中拖拉出一个文本框。文本插入点会自动插入到文本框前端，然后在文本框中输入文字，当文字到达文本框的边界时会自动换行。如果文字需要分段时，按 Enter 键即可，如图 4–73 和图 4–74 所示。

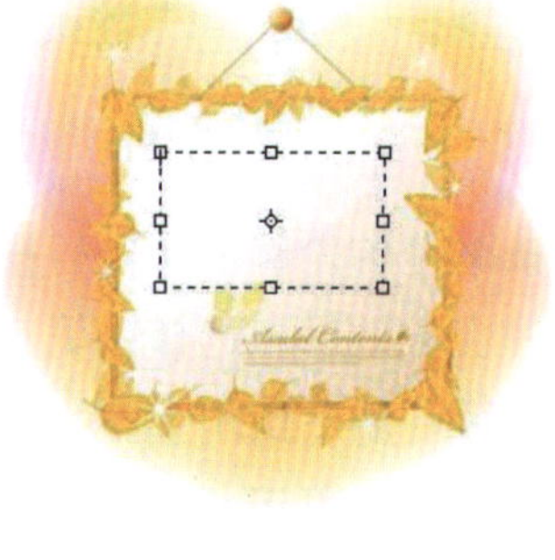

图 4–73

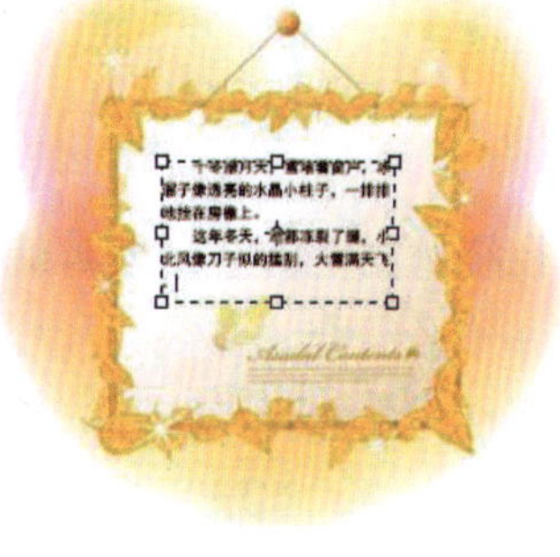

图 4–74

若开始绘制的文本框较小，会导致输入的文字内容不能完全显示在文本框中，此时将鼠标指针移动到文本框四周的控制点上拖动来调整文本框大小，使文字全部显示在文本框中。

**操作技能**

在缩放文本框时，其中的文字会根据文本框的大小自动调整。如果文本框无法容纳输入的文本，其右下角的方形控制点中会显示一个⊞号。

## 4.1.3 输入文字型选区

文字型选区需选择横排文字蒙版工具或直排文字蒙版工具可以创建文字选区，如图4−75和图4−76所示，即沿文字边缘创建的选区。

**操作技能**

使用文字蒙版工具创建选区时，“图层”面板中不会生成文字图层，因此输入文字后，不能再编辑该文字内容。

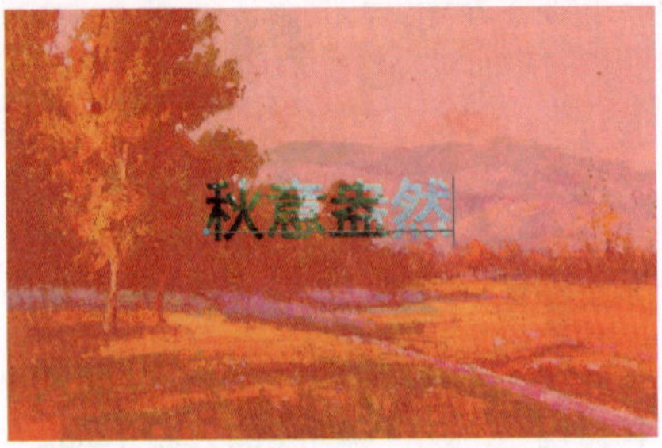

图 4−75

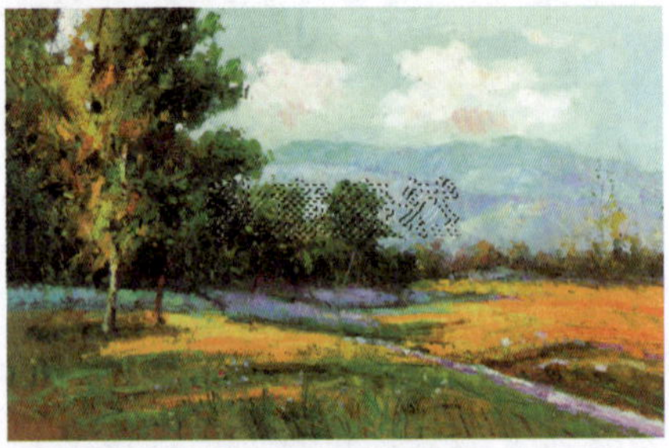

图 4−76

文字蒙版工具与文字工具性质完全不同，使用文字蒙版工具可以创建未填充颜色的以文字为轮廓边缘的选区。用户可以为文字型选区填充渐变颜色或图案，以便制作出更多的文字效果。

## 4.1.4 沿路径输入文字

沿路径绕排文字的字面理解就是让文字跟随某一条路径的轮廓形状进行排列，有效地将文字和路径结合，在很大程度上扩充了文字带来的视觉效果。选择钢笔工具或形状工具，在属性栏中选择“路径”选项，在图像中绘制路径，然后使用文本工具，将鼠标指针移至路径上方，当鼠标指针箭头变为⌶形状时，在路径上单击，此时光标会自动吸附到路径上，即可输入文字。按Ctrl+Enter组合键确认，即得到文字按照路径走向排列的效果，如图 4−77 和图 4−78 所示。

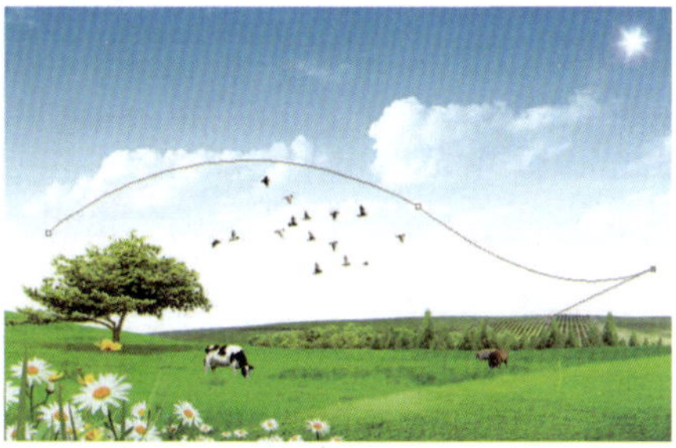

图 4−77

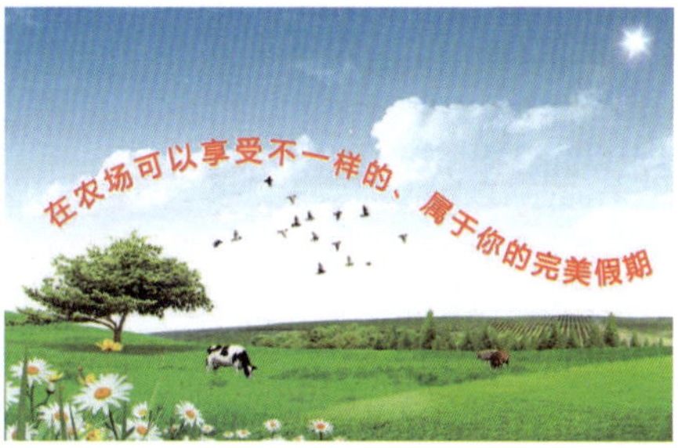


图 4−78

## 4.2 设置文本

在 Photoshop CS6 中有两个关于文本的面板，一个是文字，还有一个是段落。在这两个面板中用户可以设置字体的类型、大小、字距、基线移动以及颜色等属性，让文字更贴近用户想表达的主题，并使整个画面变得更加完整性。

单击“字符”按钮，即可打开“字符”面板，如图 4−79 所示。在该面板中可以对文字设置更多的选项，如行间距、竖向缩放、横向缩放、比例间距、字符间距等。

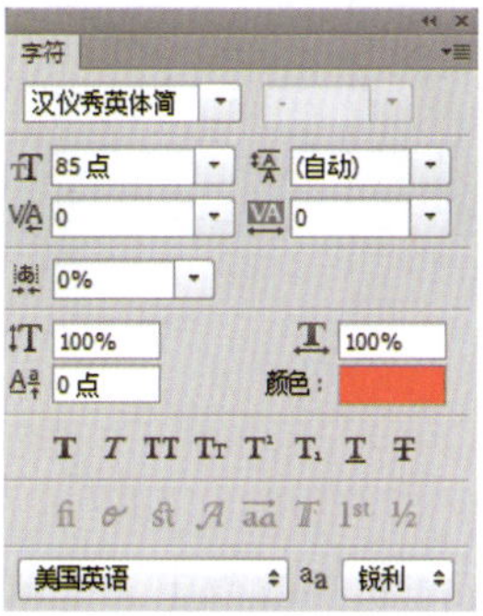


图 4−79

下面主要介绍“字符”面板中各选项的功能。

- “设置行距”：用于设置输入文字行与行之间的距离。
- “字距调整”：用于设置文字字与字之间的距离。
- “比例间距”：用于设置文字字符间的比例间距，数值越大则字距越小。
- “垂直缩放”：用于设置文字垂直方向上的缩放大小，即高度。
- “水平缩放”：用于设置文字水平方向上的缩放大小，即宽度。
- “基线偏移”：用于设置文字在默认高度基础上向上（正）或向下（负）偏移。
- 文字效果按钮组：单击相应按钮，即可为文字添加一定的特殊效果，包括仿粗体、仿斜体、全部大写字母 、小型大写字母 、上标、下标、下划线和删除线 8 种。

## 4.2.1 设置文字效果

在制作图像时，为了更加吸引人的注意，往往需要一些更独特的文字效果。通过改变文字的颜色，为文字添加粗体、斜体或转换为全部大写，以及为文字添加上标和下标、下划线和删除线等，能让文字效果更丰富多彩。

### 1. 调整文字颜色

调整文字的颜色可以设置整个文本的颜色，也可以针对单个字符。设置文字颜色的具体方法如下。

选择需要调整颜色的文字，在属性栏中单击颜色色块，在弹出的“拾色器”对话框中设置颜色。也可以在“字符”面板的“颜色”选项中设置文字颜色，如图 4-80 和图 4-81 所示。

**技能提示**

如果设置了单独字符的颜色，那么当选择文字图层时属性栏中的颜色缩览图将显示为“?”。

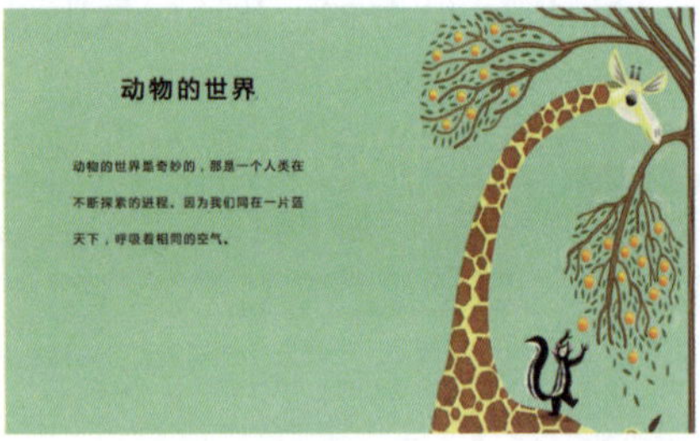


图 4-80

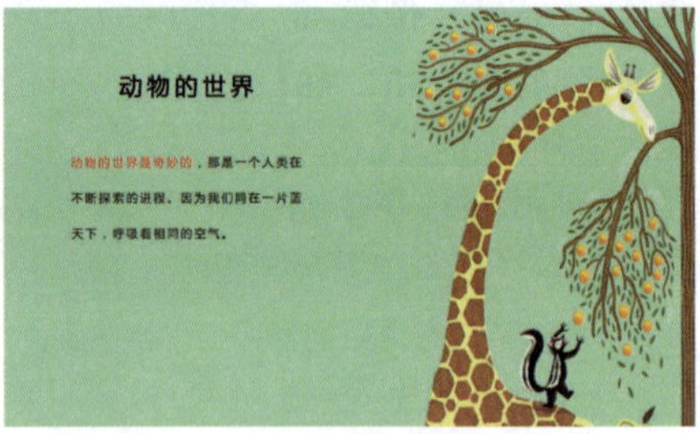


图 4-81

### 2. 添加文字效果

在 Photoshop CS6 中，单击“字符”面板中文字效果按钮组 T T TT Tт T¹ T₁ T Ŧ 中相应的按钮即可为文字添加特殊效果。这些文字样式可以重复使用，且能同时单击多个按钮应用多种样式，如图 4-82 和图 4-83 所示。

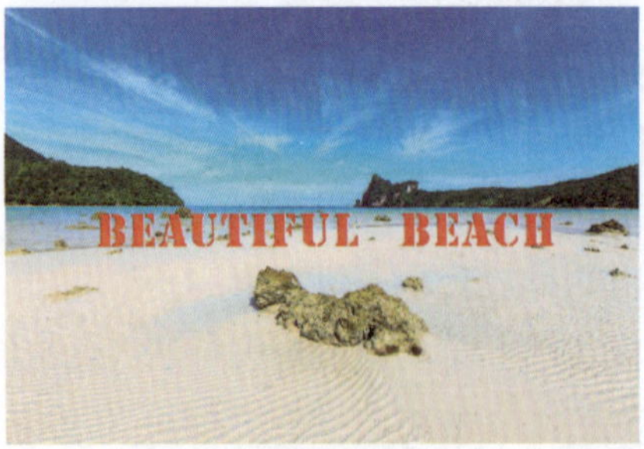


图 4-82

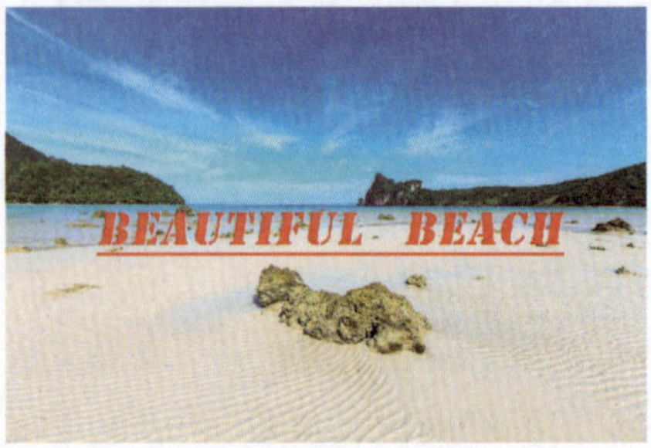


图 4-83

## 4.2.2 设置文字格式

在设计作品中，如果只是输入文本会使文字版面显得很单调，这就需要对文本格式进行设置。文字的格式包括文字的行距、间距、垂直缩放、水平缩放等。

### 1. 调整间距

调整间距一般有两种方式：一种是设置所选字符的字距调整；另一种是设置所选字符的比例间距。

选取要调节字符间距的文本，在“字符”面板的“设置所选字符的字距调整” 下拉列表框中输入字符间距的数值即可调整字符间距。数值越大，字符间距增加；数值越小，字符间距减少。图 4-84 ~图 4-86 所示分别为 0、-150、200 的文字效果。

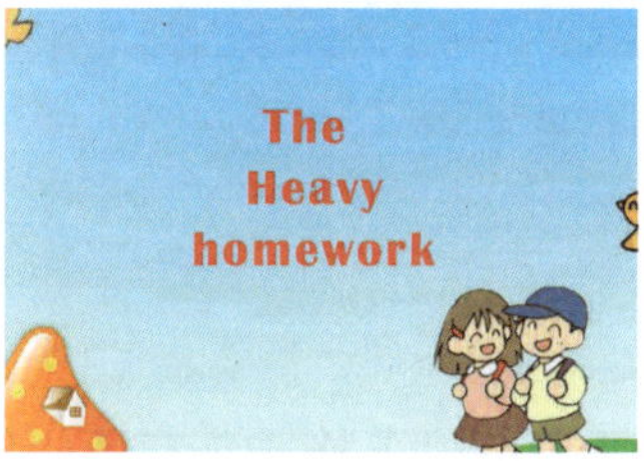


图 4-84

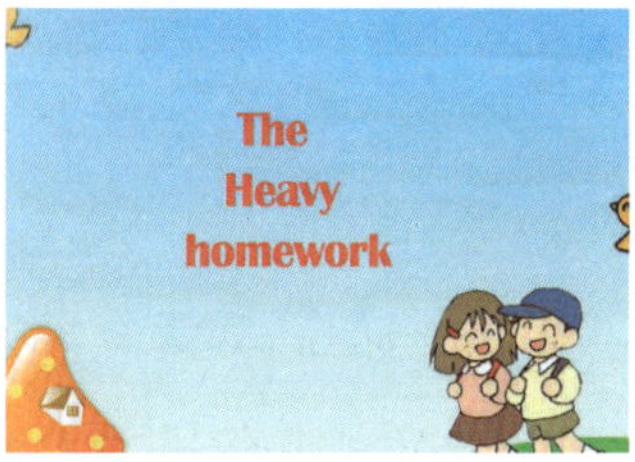


图 4-85

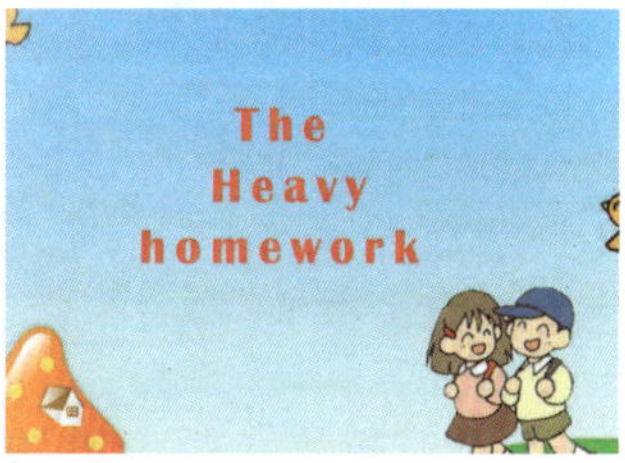


图 4-86

设置所选字符的比例间距与设置所选字符的字距调整方法相似。选择需要调整的文字后，在“字符”面板中的“设置所选字符的比例间距”下拉列表框中输入比例间距的百分比即可对文字的比例间距进行调整。

### 2. 调整行距

行距即文字行与行之间的距离。默认情况下行距为“自动”。调整行距的具体操作方法如下。

选择要调整行距的文本，在“字符”面板的“设置行距” 下拉列表中选择或输入数值即可对行距进行调整。图 4-87 ~图 4-89 所示分别为行距为自动、10 点、24 点的文字效果。

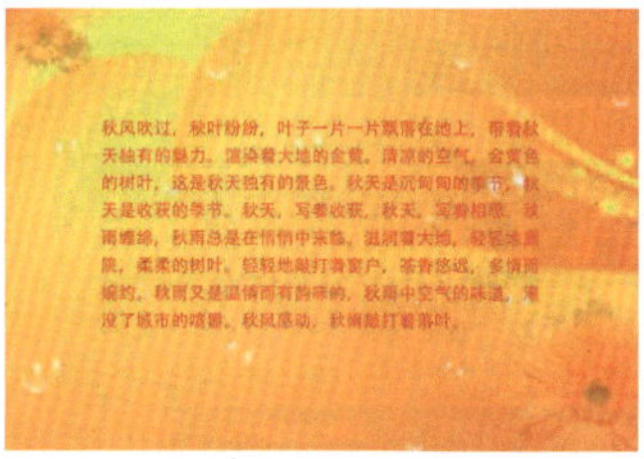

图 4-87

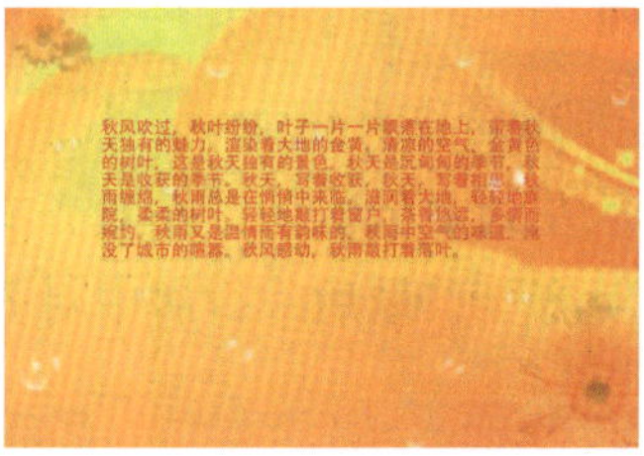

图 4-88

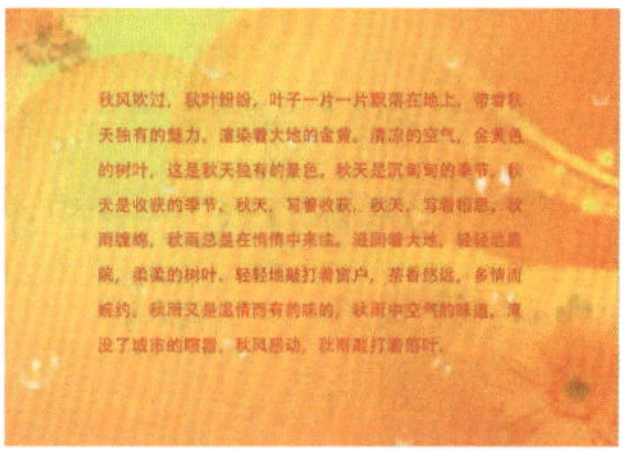

图 4-89

### 3. 调整垂直和水平缩放

文字的垂直缩放即文字垂直方向上的大小比例。水平缩放即文字水平方向上的大小比例。输入文字后可对全部文字或部分文字进行高度或宽度的调整，具体的操作方法如下。

选中需要调整字符水平或垂直缩放比例的文本，在“字符”面板中的“垂直缩放”文本框或水平缩放文本框中输入数值即可缩放所选的文本。图 4–90 和图 4–91 所示为调整部分文字的水平缩放为 140% 和垂直缩放为 200% 的文字效果。

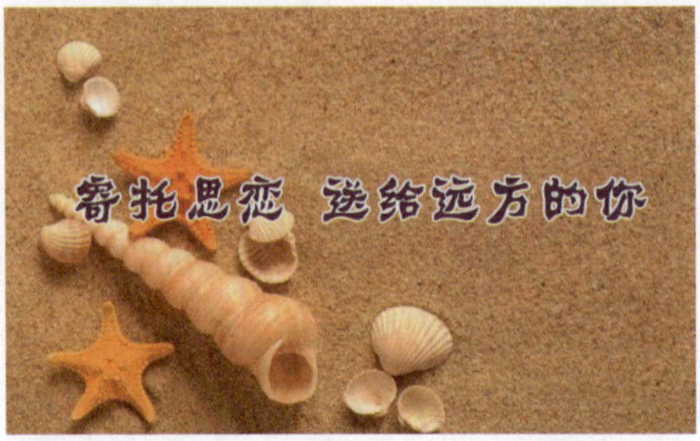


图 4–90

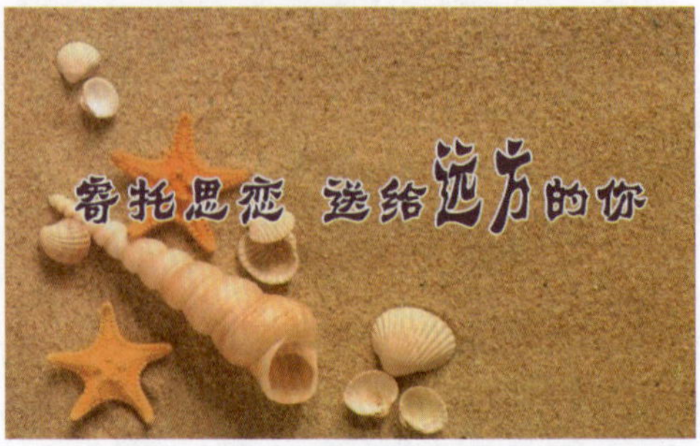


图 4–91

## 4.2.3 设置段落格式

设置段落格式包括设置文字的对齐方式和缩进方式等，不同的段落格式具有不同的文字效果。段落格式的设置主要通过段落面板来实现，选择菜单“窗口”|“段落”命令，打开“段落”面板，如图 4–92 所示。在该面板中单击相应的按钮或输入数值即可对文字的段落格式进行调整。

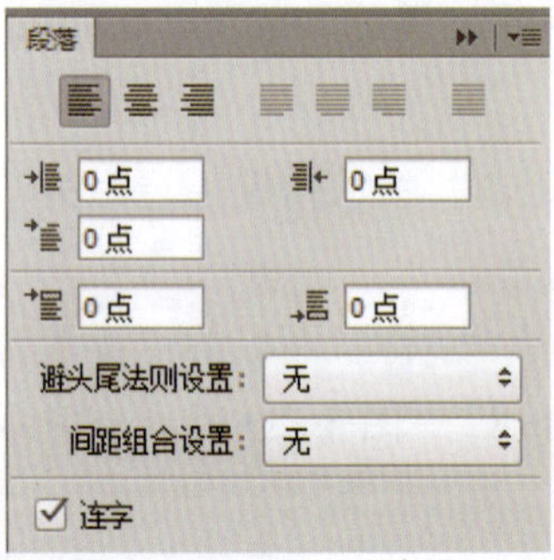


图 4–92

在“段落”面板中，主要选项的含义介绍如下。

- “对齐方式”按钮组：从左到右依次为“左对齐文本”“居中对齐文本”“右对齐文本”“最后一行左对齐”“最后一行居中对齐”“最后一行右对齐”和“全部对齐”。
- “缩进方式”按钮组：“左缩进”按钮（段落的左边距离文字区域左边界的距离）、“右缩进”按钮（段落的右边距离文字区域右边界的距离）和“首行缩进”按钮（每一段的第一行留空或超前的距离）。
- “添加空格”按钮组：“段前添加空格”按钮（设置当前段落与上一段的距离）

和“段后添加空格”按钮（设置当前段落与下一段落的距离）。

- “避头尾法则设置”选项：用于将换行集设置为宽松或严格。
- “间距组合设置”选项：用于设置内部字符集间距。
- “连字”复选框：选中该复选框可将文字的最后一个英文单词拆开，形成连字符号，而剩余的部分则自动换到下一行。

# 4.3 编辑文字图层

## 4.3.1 将文字转换为工作路径

在图像中输入文字后，选择文字图层，右击，在弹出的快捷菜单中选择“创建工作路径”命令，或者选择菜单“文字”|“创建工作路径”命令，即可将文字转换为文字形状的路径。

转换为工作路径后，可以使用“路径选择工具”对文字路径进行移动，调整工作路径的位置。同时还能通过按 Ctrl+Enter 快捷键将路径转换为选区，让文字在文字型选区、文字型路径以及文字型形状之间进行相互转换，变换出更多效果，如图 4–93 ～图 4–95 所示。

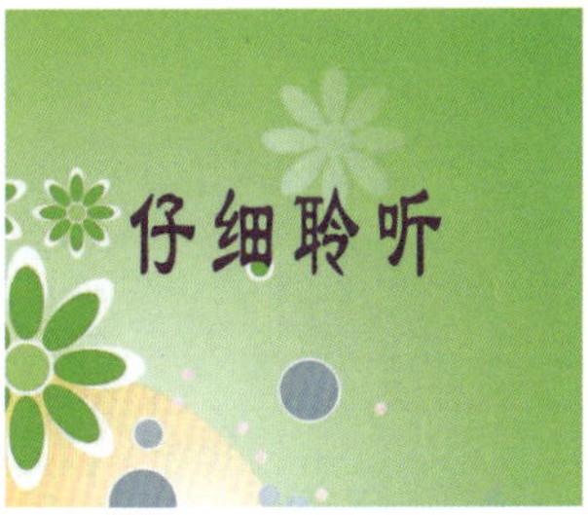


图 4–93

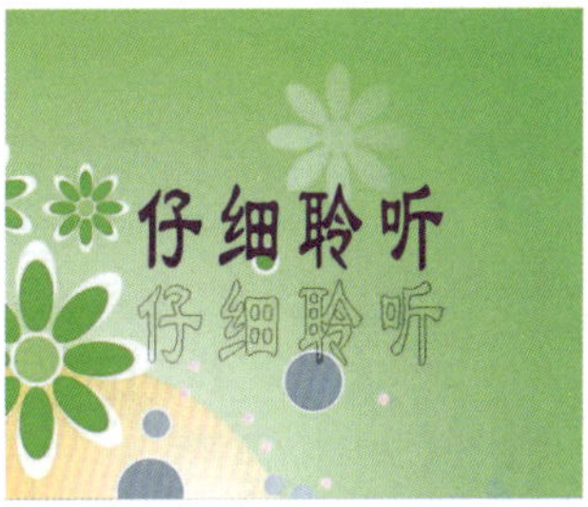


图 4–94

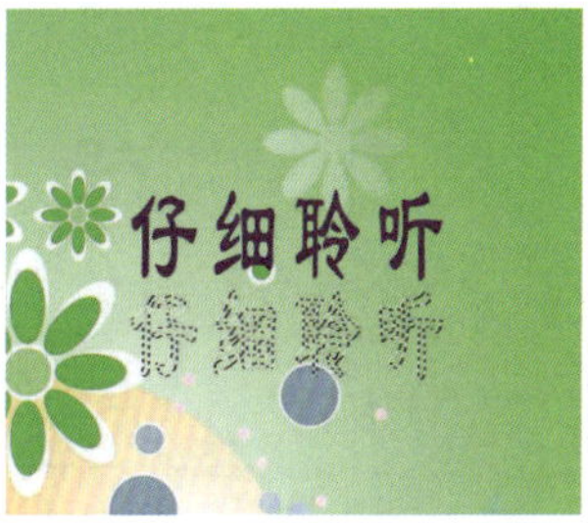


图 4–95

**技能提示**

将文字转换为工作路径后，原文字图层保持不变并可继续进行编辑。

## 4.3.2 栅格化文字图层

文字图层是一种特殊的图层，它具有文字的特性，可对其文字大小、字体等进行修改；但如果要在文字图层上绘制、应用滤镜等操作，这时需要将文字图层转化为普通图层。文字的栅格化即是将文字图层转换成普通图层，如图 4–96 和图 4–97 所示。

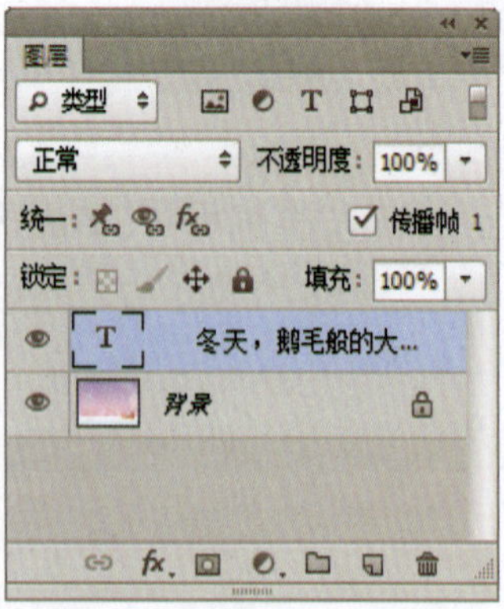


图 4-96

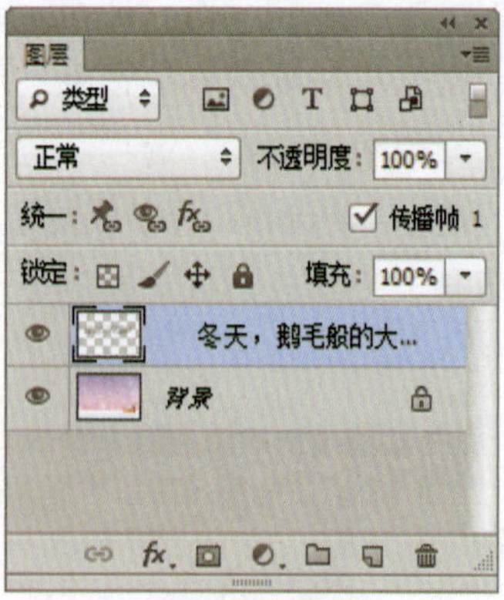


图 4-97

转换后的文字图层中可以应用各种滤镜效果，文字图层以前所应用的图层样式并不会因转换而受到影响。文字图层栅格化后无法对文件进行字体的更改。

栅格化文字图层主要有以下两种方法。

（1）选中文字图层，选择菜单“图层”|“栅格化”|“文字”命令，或者选择菜单“文字”|“栅格化文字图层”命令即可，如图 4-98 所示。

（2）选中文字图层，在图层名称上右击，在弹出的快捷菜单中选择“栅格化文字”命令即可，如图 4-99 所示。

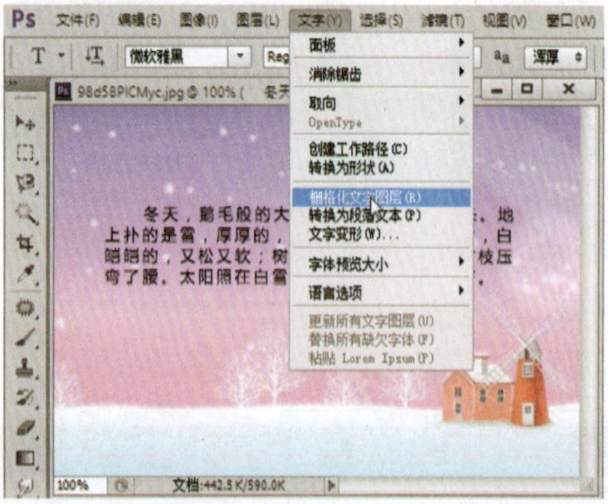


图 4-98

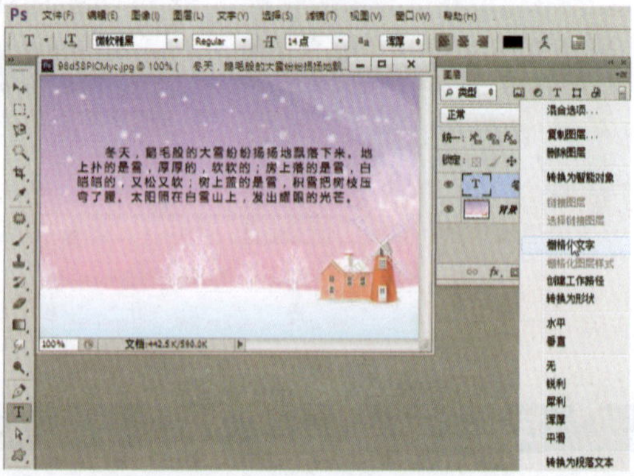

图 4-99

## 4.3.3 变形文字

变形文字即对文字的水平形状和垂直形状做出调整，让文字效果更多样化。变形文字工具只针对整个文字图层而不能单独针对一个字体或者某些文字。

选择菜单“文字”|“文字变形”命令，或者单击工具属性栏中的“创建文字变形”按钮，打开如图 4-100 所示的“变形文字”对话框。

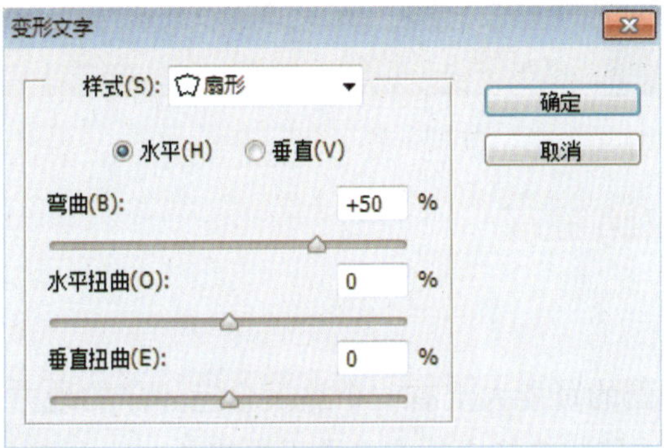


图 4-100

其中，“水平”和“垂直”选项主要用于调整变形文字的方向；“弯曲”选项用于指定对图层应用的变形程度；“水平扭曲”和“垂直扭曲”选项用于对文字应用透视变形。结合“水平”和“垂直”方向上的控制以及弯曲度的协助，可以为图像中的文字增加许多效果。应用扇形文字样式，调整弯曲、水平扭曲、垂直扭曲的效果如图 4-101 ～图 4-103 所示。

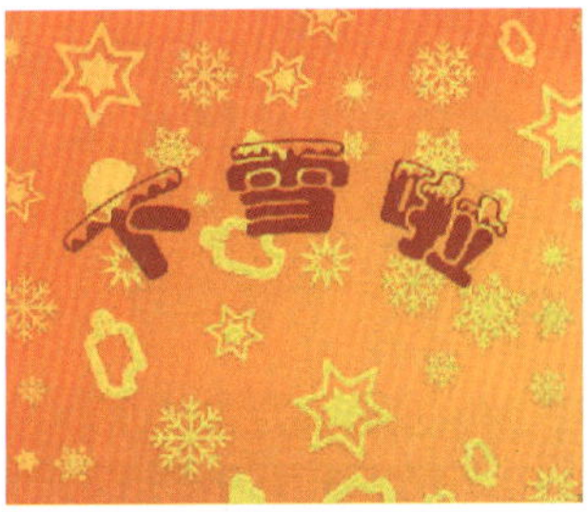


图 4-101

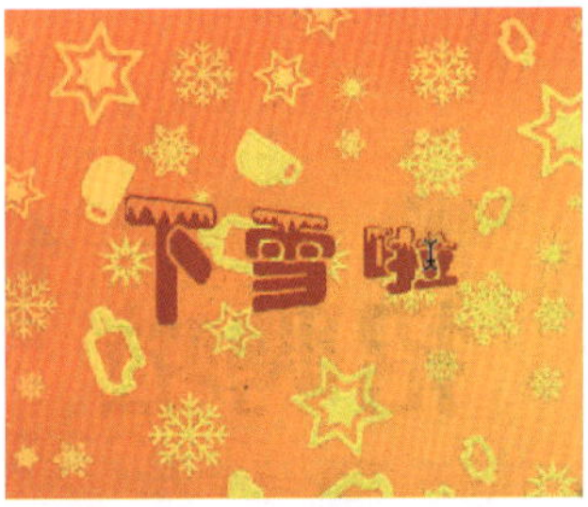


图 4-102

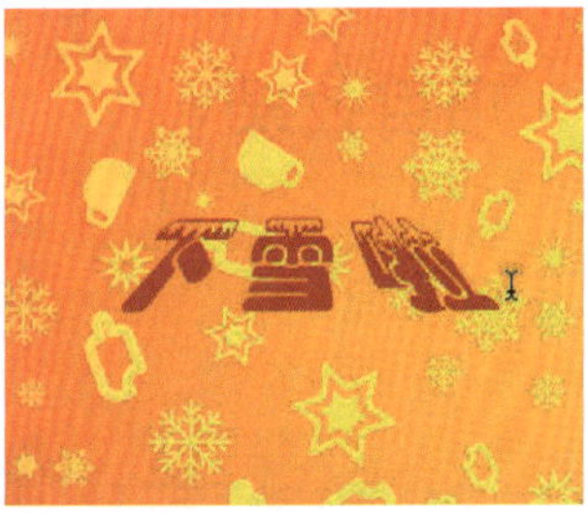


图 4-103

**技能提示**

Photoshop CS6 为用户提供了 15 种文字的变形样式，分别为扇形、下弧、上弧、拱形、凸起、贝壳、花冠、旗帜、波浪、鱼形、增加、鱼眼、膨胀、挤压和扭转，使用这些样式可以创建多种艺术字体。

# 【自己练】

## 项目练习：设计招聘单页

### 项目背景

为了让更多设计方面的贤能人士有一个施展自己才华的地方，现为本公司制作一个招聘单页，鼓励更多有才华、有能力的人们勇于挑战。

### 项目要求

单页的制作要体现出招聘的力度，视觉上要有一定的视觉冲击力，语言的编排要有激情，颜色要鲜亮。

### 项目分析

单页的设计视觉中心位置主要放置宣传语、招聘要求，突出主要内容，背景颜色设计具有冲击力的画面，更能激起现代年轻人的热情。

### 项目效果

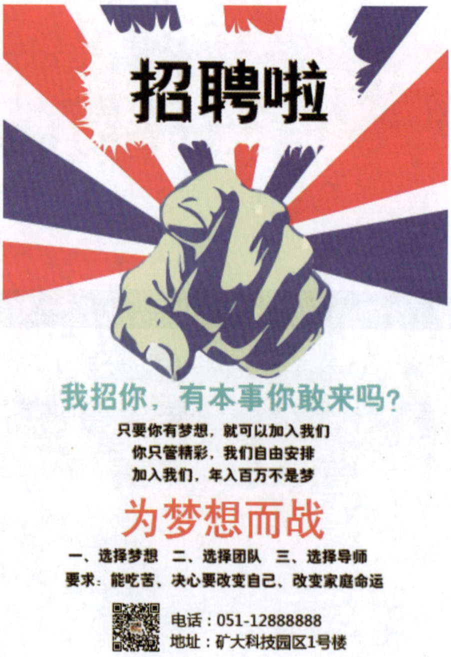


### 课时安排

1 课时。

# 第 5 章

# 设计网站首页
# ——绘图工具详解

## 本章概述

在 Photoshop CS6 中，用户可以通过一些绘图工具绘制自己想要的图像，因此熟练掌握这些工具相当重要。本章将主要介绍如何使用绘图工具绘制图像，制作出自己想要的图像效果。

## 要点难点

画笔工具组的应用 ★☆☆

历史记录画笔工具的应用 ★★☆

渐变工具的应用 ★★★

## 案例预览

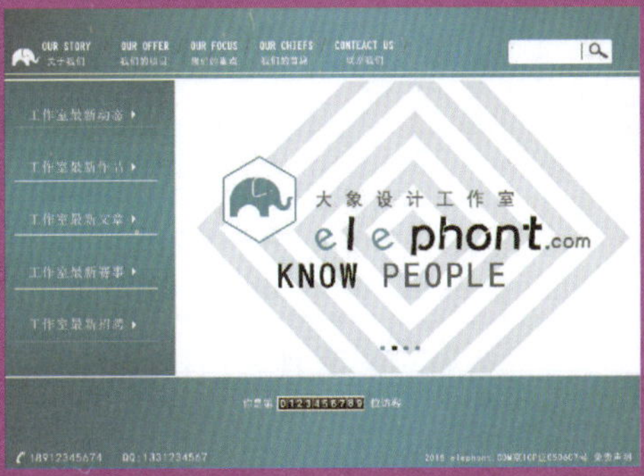

设计网站首页

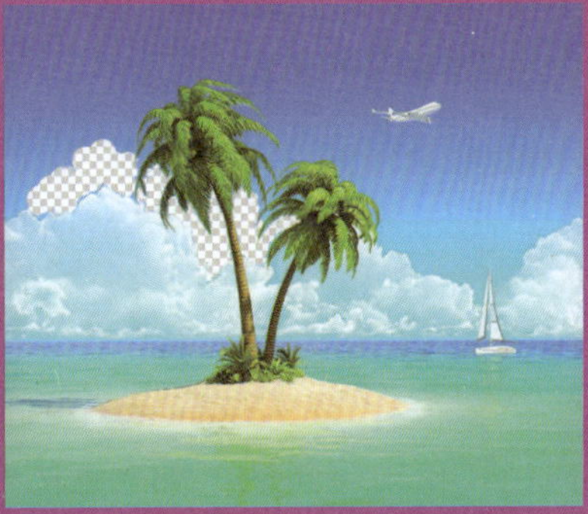
背景橡皮擦的应用

# 【跟我学】设计工作室网站首页

## 作品描述

很多公司为了拓展线上业务，开通了网上货物订购、配送、服务平台，然而每个网站都需要设计一个属于自己独特风格的网站首页，从而才能吸引更多的客户。在此将以制作一个名为大象工作室的网站首页（尺寸为 35cm × 25cm）为例，对其制作过程展开详细介绍。

## 实现过程

STEP 01 选择菜单“文件”|“新建”命令，在弹出的“新建”对话框中设置参数，新建一个文档，如图 5–1 所示。

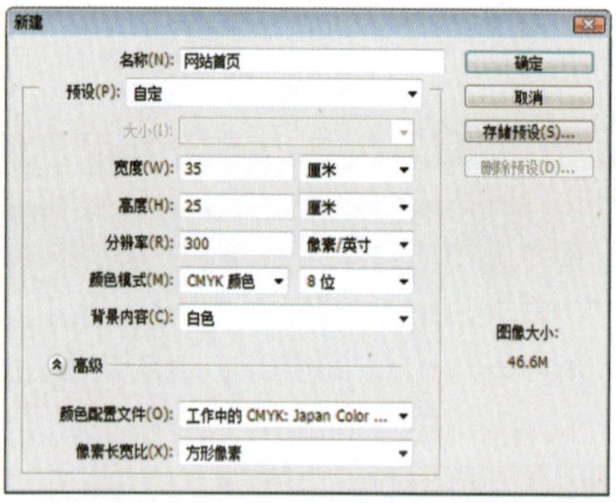


图 5–1

STEP 02 选择工具箱中的（矩形选框工具），在该工具属性栏中设置样式类型为“固定大小”，设置宽度为 35cm、高度为 3.81cm，如图 5–2 所示。

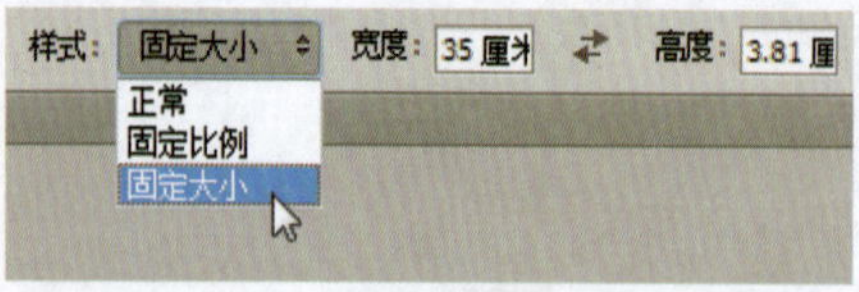


图 5–2

STEP 03 单击编辑区，确立选区，将选区移至编辑区正上方，如图 5–3 所示。

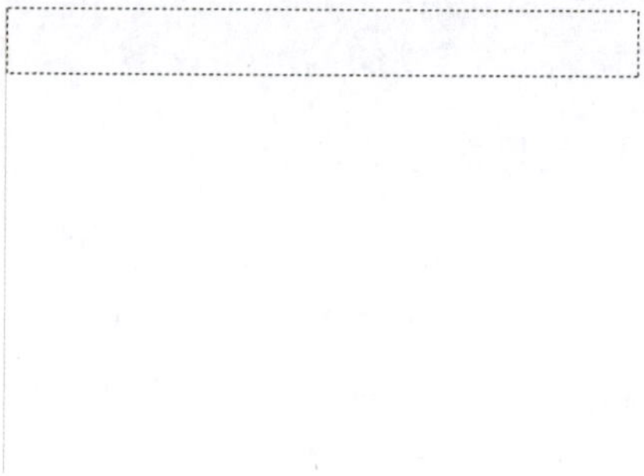

图 5–3

STEP 04 按Shift+Ctrl+Alt+N组合键，新建“图层 1”图层，设置前景色为蓝色（R:49、G:144、B:176），按 Alt+Delete 组合键，填充前景色，如图 5–4 所示。



图 5–4

STEP 05 选择工具箱中的（渐变工具），然后对该工具属性栏中的“渐变条”进行编辑，在弹出的“渐变编辑器”对话框中选择渐变类型为“前景色到透明渐变”，如图 5–5 所示。

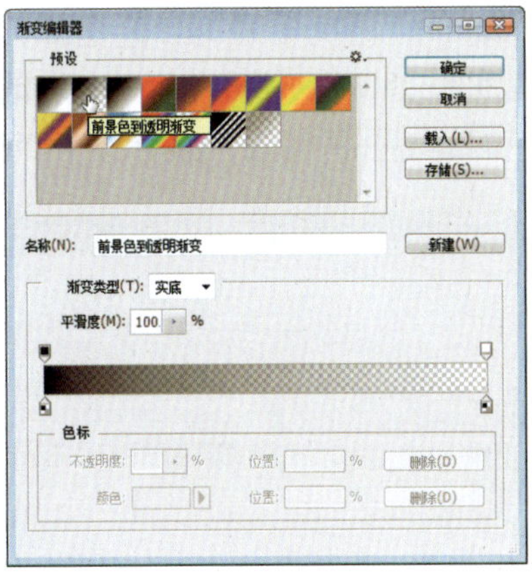


图 5-5

STEP 06 分别设置两边色标颜色（左R:16、G:88、B:111；右 R:46、B:143、G:176），如图 5-6 所示。

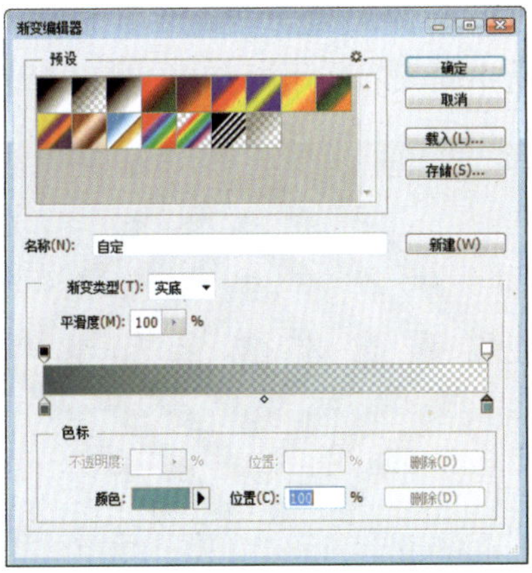


图 5-6

STEP 07 在渐变工具属性栏中选择径向渐变，并在选区内从中间到右边应用渐变，如图 5-7 所示。

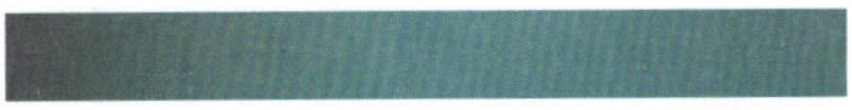

图 5-7

STEP 08 再次使用矩形选框工具绘制一个宽度为 9.36cm、高度为 15.9cm 的矩形选区，调整至合适位置，如图 5-8 所示。

图 5-8

STEP 09 按Shift+Ctrl+Alt+N组合键，新建一个“图层 2”图层，填充蓝色前景色，如图 5-9 所示。

图 5-9

STEP 10 使用渐变工具在选区中从中间至右应用渐变，如图 5-10 所示。

图 5-10

STEP 11 再次使用矩形选框工具绘制一个宽度为35cm、高度为5.21cm的矩形选区，调整至合适位置，如图5−11所示。

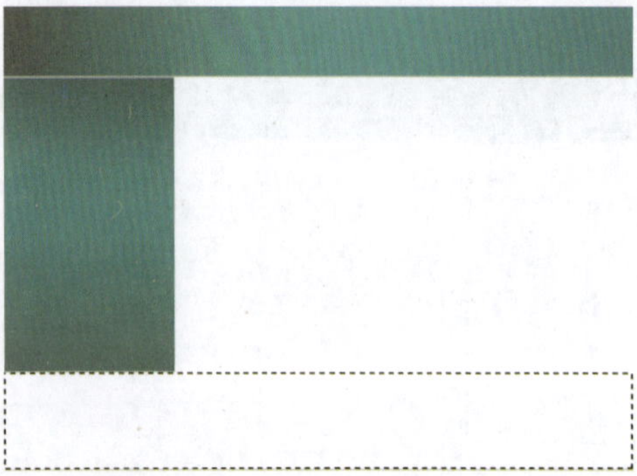

图 5−11

STEP 12 按Shift+Ctrl+Alt+N组合键，新建一个“图层3”图层，填充蓝色前景色，如图5−12所示。

图 5−12

STEP 13 使用渐变工具在选区中从中间至右应用渐变，如图5−13所示。

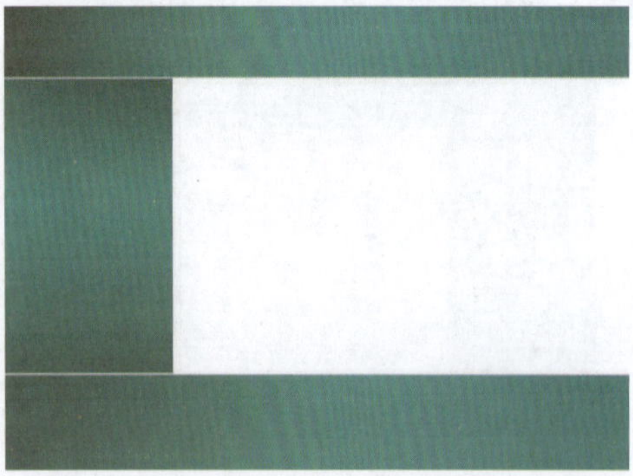

图 5−13

STEP 14 再次使用矩形选框工具绘制一个宽度为25cm、高度为15.76cm的矩形选区，调整至合适位置，如图5−14所示。

图 5−14

STEP 15 按Shift+Ctrl+Alt+N组合键，新建一个“图层4”图层。选择渐变工具，设置渐变类型为“菱形渐变”，在选区内从中间至右应用渐变，如图5−15所示。

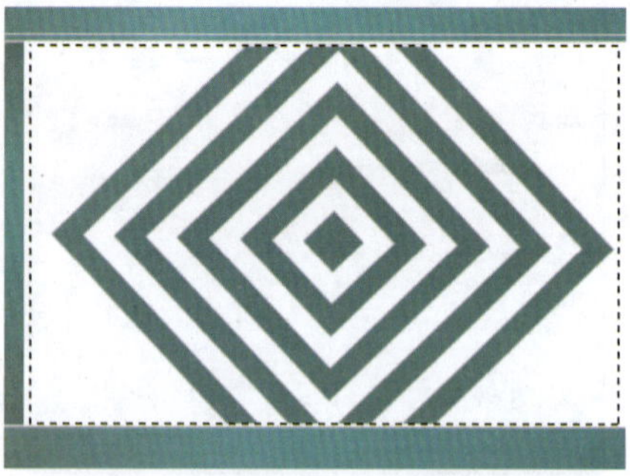

图 5−15

STEP 16 在“图层”面板中改变“图层4 ”图层的“不透明度”为22%，效果如图5−16所示。

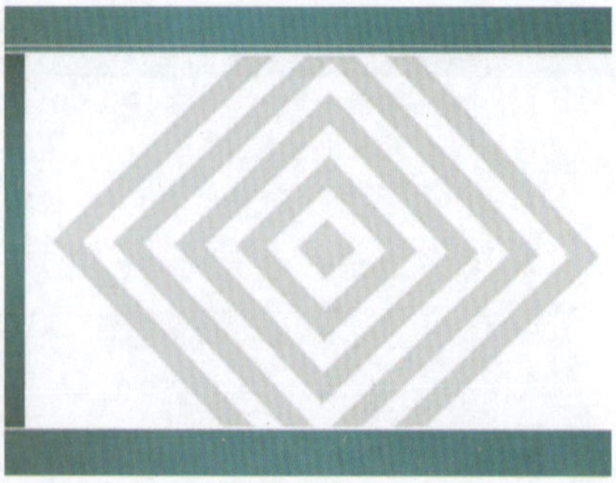

图 5−16

STEP 17 选择工具箱中的钢笔工具，确定第一个描点之后，按住 Shift 键，绘制一条直线，如图 5–17 所示。

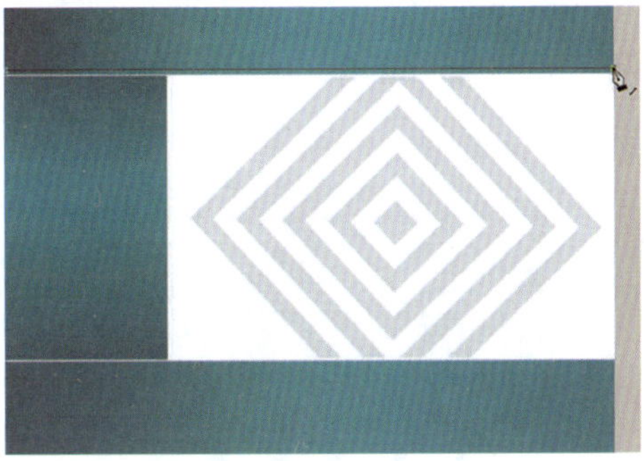

图 5–17

STEP 18 按Shift+Ctrl+Alt+N组合键，新建一个“图层 5”图层。选择工具箱中的画笔工具，设置画笔的类型为基本画笔，大小为 3 像素，如图 5–18 所示。

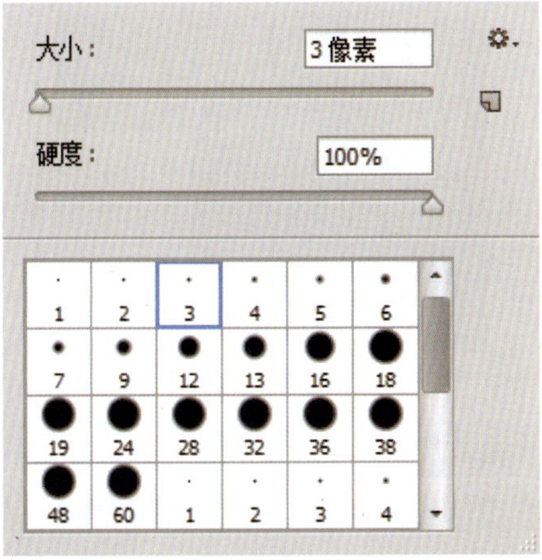


图 5–18

STEP 19 选择工具箱中的钢笔工具，然后右击编辑区，在弹出的快捷菜单中选择“描边路径”命令，弹出“描边路径”对话框，选择“画笔”工具，如图 5–19 所示。

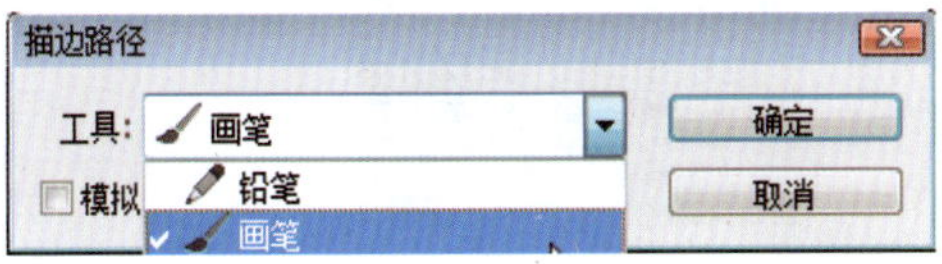


图 5–19

STEP 20 描边效果如图 5–20 所示。

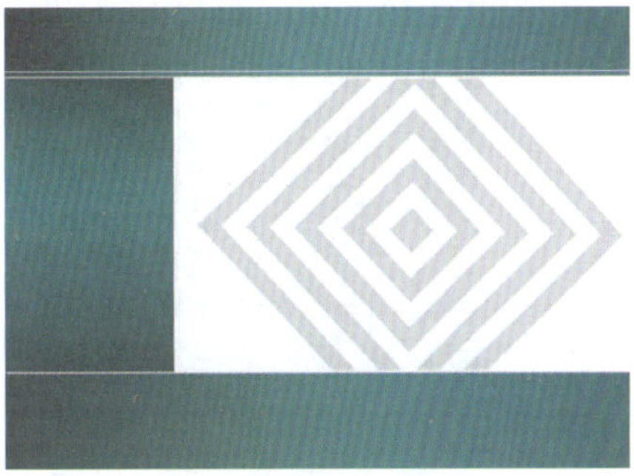

图 5–20

STEP 21 按 Ctrl+T 组合键，复制“图层 5”图层，变换其长短，调整其至合适位置，如图 5–21 所示。

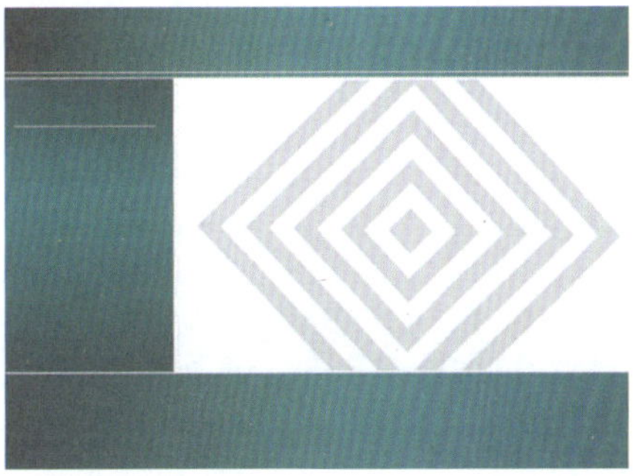

图 5–21

STEP 22 按 Ctrl+J 组合键，复制“图层 5 副本”图层，再次按 Ctrl+T 组合键，对其进行垂直向下移动，按 Enter 键，确定位置，如图 5–22 所示。

图 5–22

STEP 23 按 Shift+Alt+Ctrl+T 组合键，进行重复变换 3 次，如图 5–23 所示。

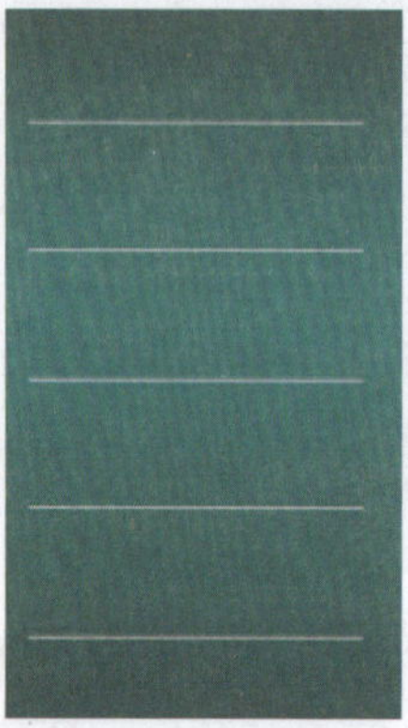

图 5–23

STEP 24 选择工具箱中的横排文本工具，输入文本内容，设置字体为“长城特圆体”，字号为 16 点，字体颜色为白色（R:255、G:255、B:255），调整至合适位置，如图 5–24 所示。

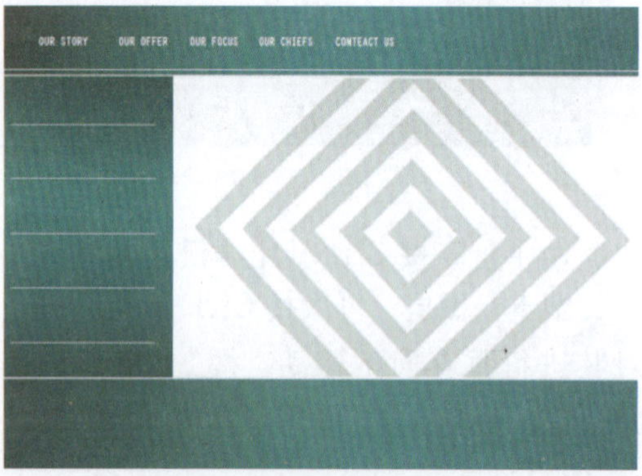


图 5–24

STEP 25 选择工具箱中的钢笔工具，绘制一条斜线，如图 5–25 所示。

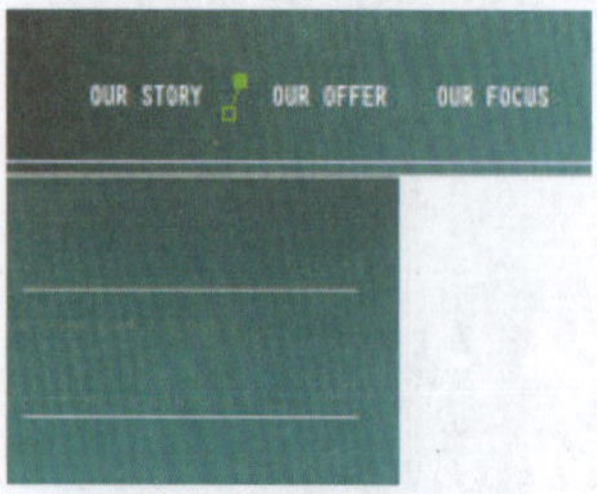


图 5–25

STEP 26 设置前景色为蓝色（R:7、G:74、B:95），按 Shift+Ctrl+Alt+N 组合键，新建一个“图层 6”图层。选择工具箱中的画笔工具，设置画笔的类型为基本画笔，大小为 5 像素，如图 5–26 所示。

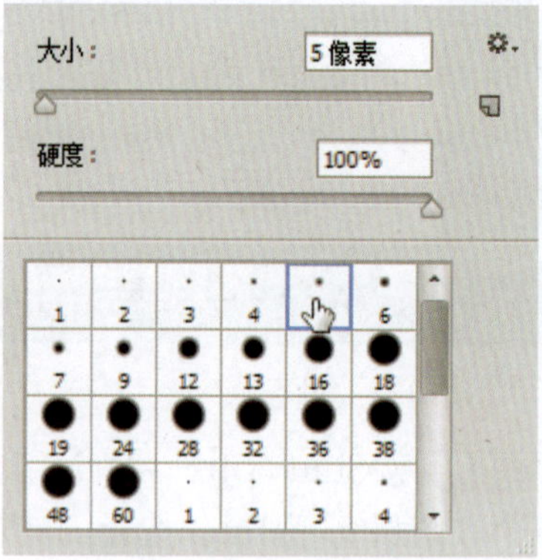


图 5–26

STEP 27 描边效果如图 5–27 所示。

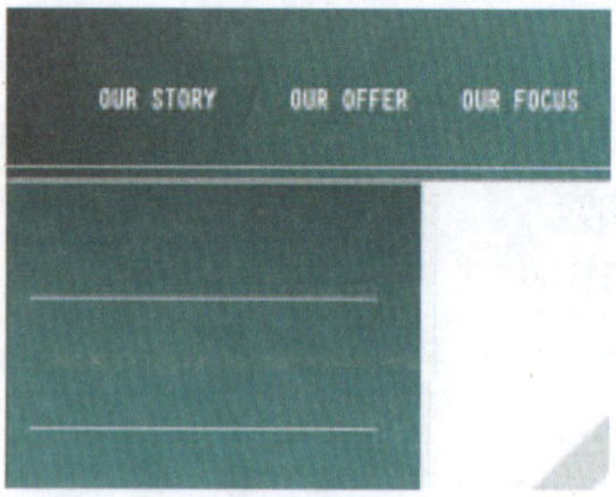


图 5–27

STEP 28 按 Ctrl+J 组合键，复制“图层 6”图层，再次按 Ctrl+T 组合键，对其进行垂直向下移动，按 Enter 键，确定位置，如图 5–28 所示。

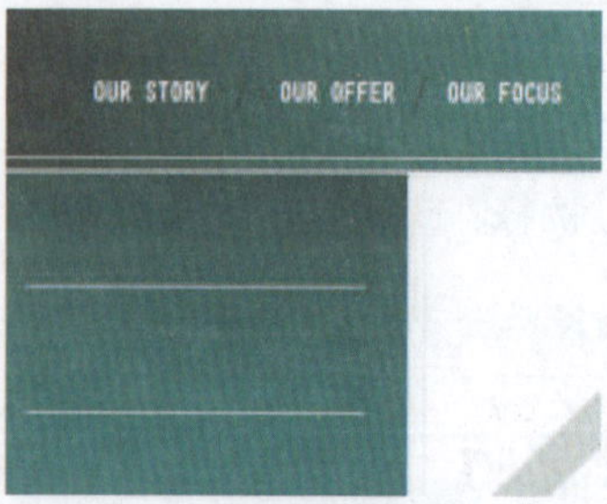


图 5–28

STEP 29 按 Shift+Alt+Ctrl+T 组合键，进行重复变换 3 次，如图 5–29 所示。

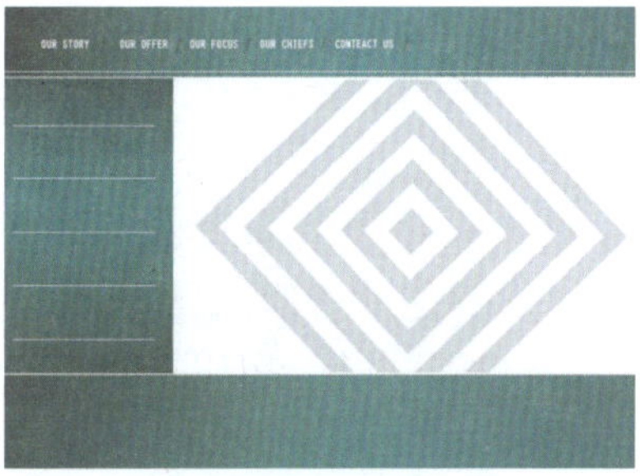

图 5–29

STEP 30 再次使用横排文字工具输入文本内容为“关于我们”，设置字体为“黑体”，字号为 14 点，字体颜色为白色（R：255、G：255、B：255），调整至合适位置，如图 5–30 所示。

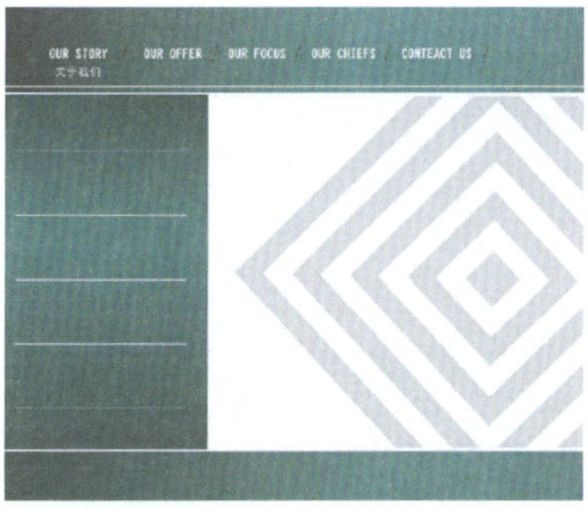

图 5–30

STEP 31 按 Ctrl+J 组合键，复制“关于我们”图层，再次按 Ctrl+T 组合键，对其进行水平向左移动，按 Enter 键，确定位置，如图 5–31 所示。

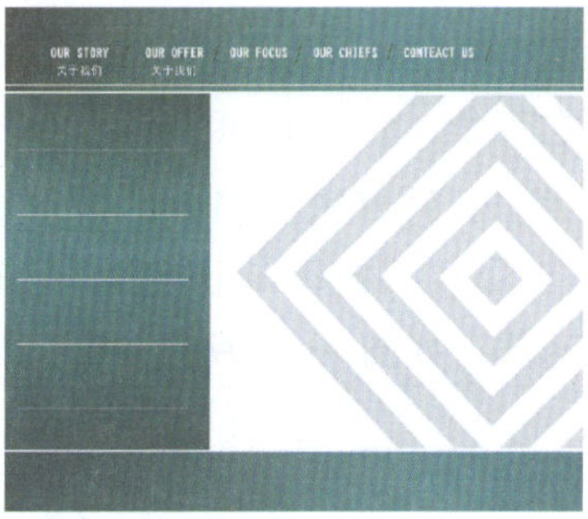

图 5–31

STEP 32 按 Shift+Alt+Ctrl+T 组合键，进行重复变换 3 次，如图 5–32 所示。

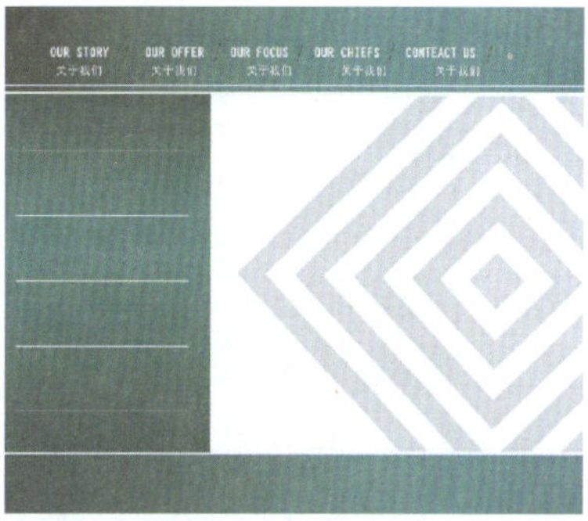

图 5–32

STEP 33 调整 4 段复制的文字位置，使其与上方的文字相对应，如图 5–33 所示。

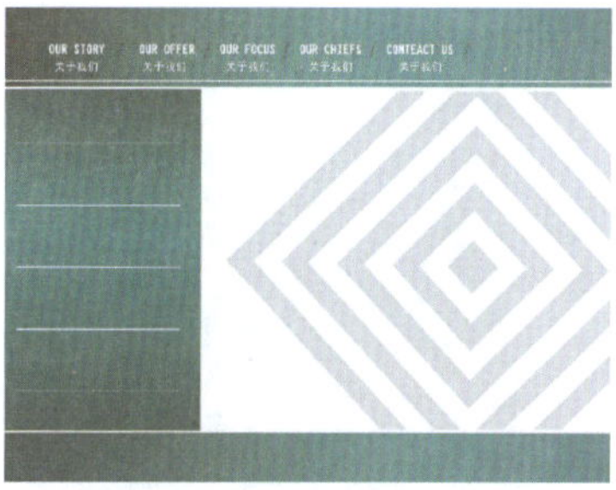

图 5–33

STEP 34 最后分别输入新的文本内容替换 4 段复制的文本内容，如图 5–34 所示。

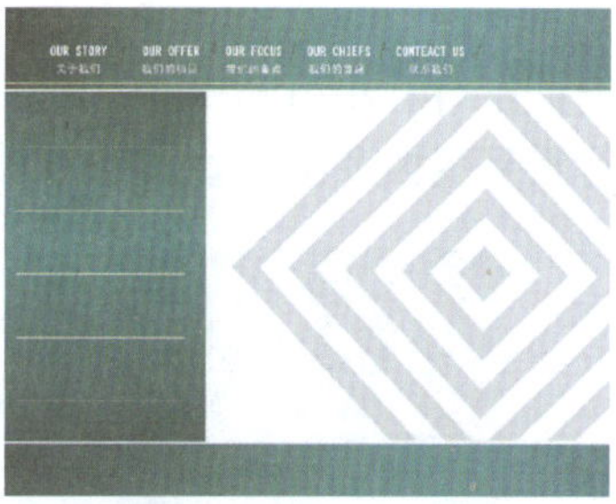

图 5–34

STEP 35 使用横排文字工具输入文本内容为“工作室最新动态”，设置字体为“宋体”，字号为 20 点，字体颜色为白色（R：255、G：255、B：255），调整至合适位置，如图 5–35 所示。

图 5–35

STEP 36 按 Ctrl+J 组合键，复制“工作室最新动态”图层，再次按 Ctrl+T 组合键，对其进行垂直向下移动，按 Enter 键，确定位置，如图 5–36 所示。

图 5–36

STEP 37 按 Shift+Alt+Ctrl+T 组合键，进行重复变换 3 次，如图 5–37 所示。

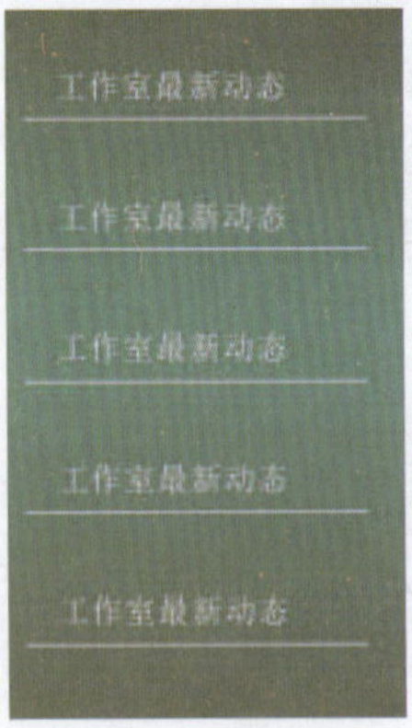


图 5–37

STEP 38 最后分别输入新的文本内容替换 4 段复制的文本内容，如图 5–38 所示。

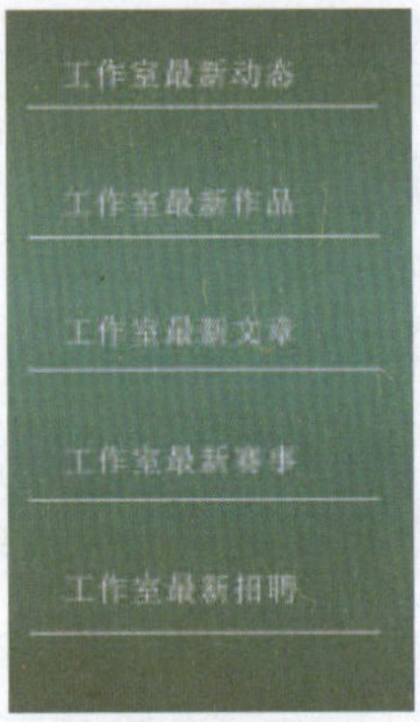


图 5–38

STEP 39 使用横排文字工具输入文本内容，设置字体为“黑体”，字号为 18 点，字体颜色为白色（R:255、G:255、B:255），调整至左下角，如图 5–39 所示。

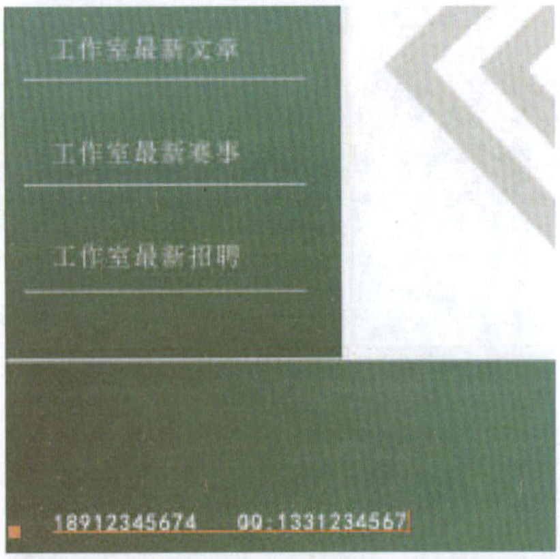


图 5–39

STEP 40 使用横排文字工具输入文本内容，设置字体为“黑体”，字号为 14 点，字体颜色为白色（R:255、G:255、B:255），调整至右下角，如图 5–40 所示。

STEP 41 选择工具箱中的矩形选框工具，按住 Shift 键拖动鼠标指针，绘制一个正方形选区，如图 5–41 所示。

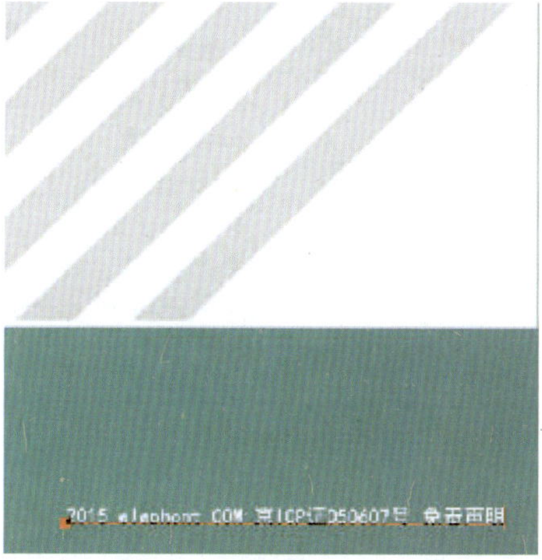

图 5-40

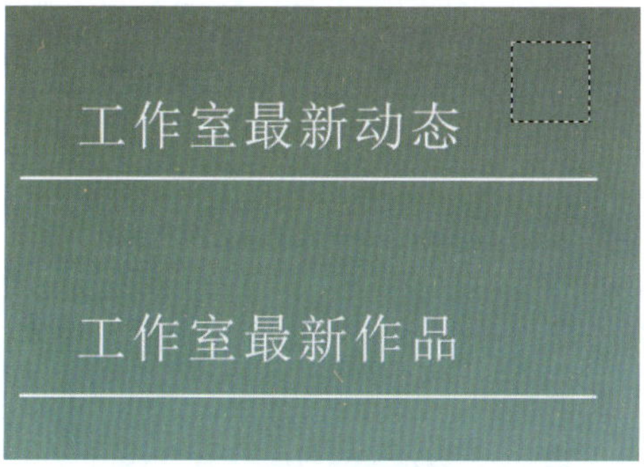


图 5-41

STEP 42 按 Shift+Ctrl+Alt+N 组合键，新建一个“图层 7”图层，设置前景色为白色，并进行填充，如图 5-42 所示。

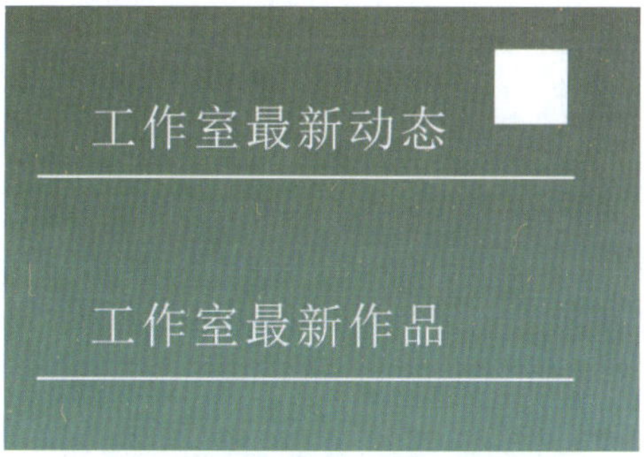


图 5-42

STEP 43 按 Ctrl+T 组合键，在“变换”属性栏中设置旋转为 45°，效果如图 5-43 所示。

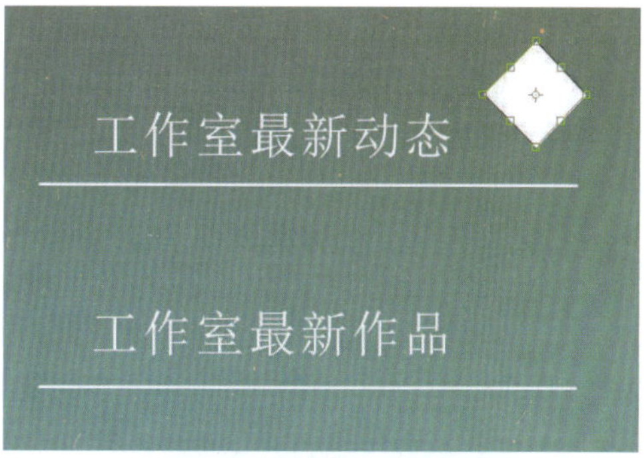


图 5-43

STEP 44 再次使用矩形选框工具绘制一个矩形选区，按 Delete 键删除图像，如图 5-44 所示。

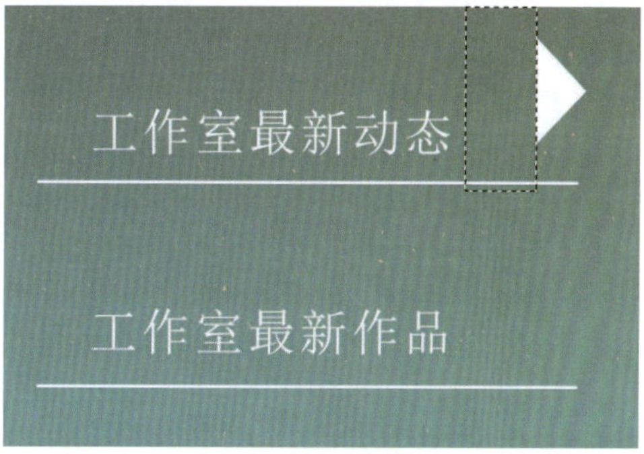


图 5-44

STEP 45 按 Ctrl+T 组合键，调整其位置、大小，如图 5-45 所示。

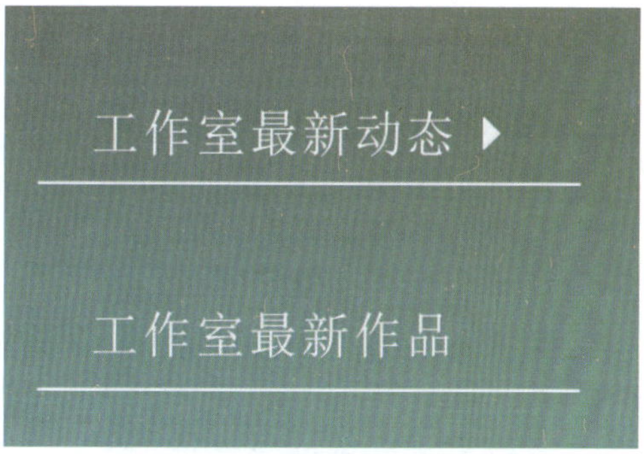


图 5-45

STEP 46 使用同样的重复变换方法，在垂直方向复制 4 个相同图形，如图 5-46 所示。

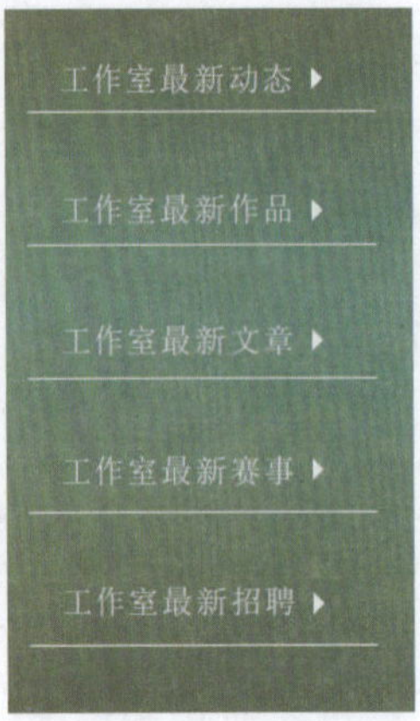


图 5–46

STEP 47 选择工具箱中的自定义形状工具，设置自定义形状为“电话 3”，如图 5–47 所示。

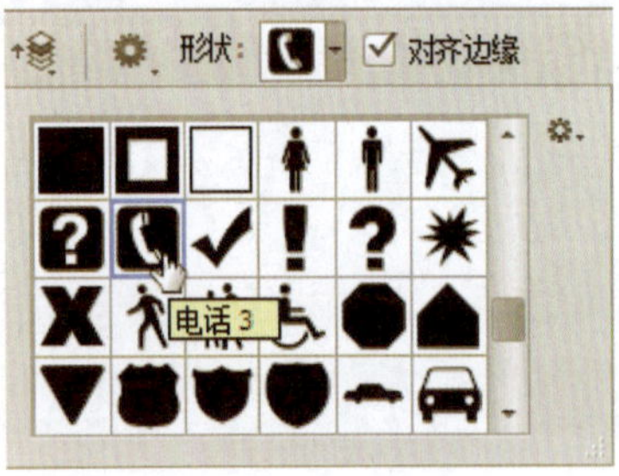


图 5–47

STEP 48 按住 Shift 键的同时，拖动鼠标指针等比例绘制图形，如图 5–48 所示。

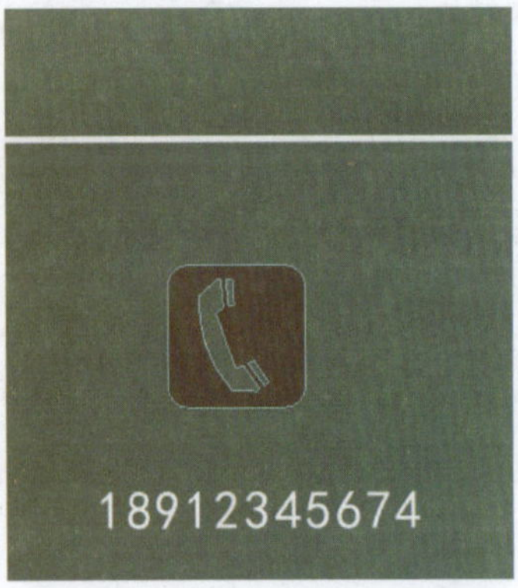


图 5–48

STEP 49 在“图层”面板中，右击“形状 1”图层，在弹出的快捷菜单中选择“栅格化图层”命令，如图 5–49 所示。

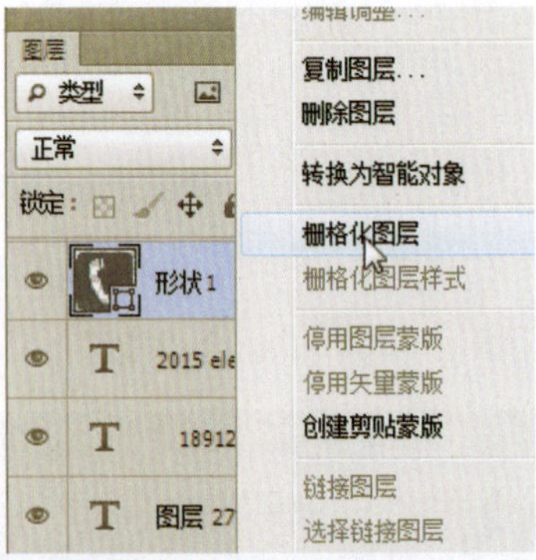


图 5–49

STEP 50 选择工具箱中的（魔术棒工具），在工具属性栏中设置选取方式为“添加到选区”，使用魔术棒连续选取空白部分，如图 5–50 所示。

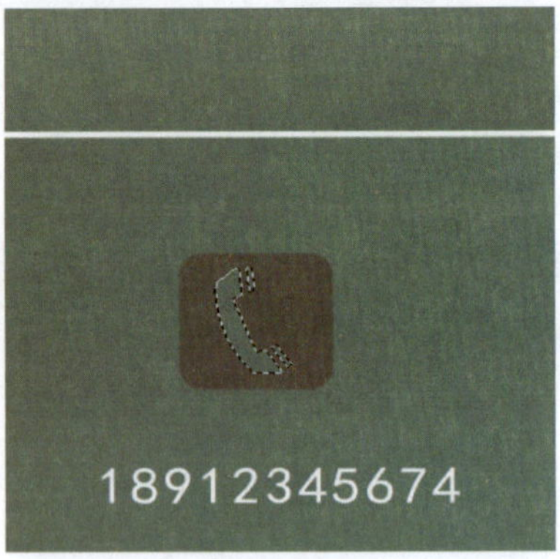


图 5–50

STEP 51 按 Shift+Ctrl+Alt+N 组合键，新建一个“图层 8”图层，设置前景色为白色，并进行填充，如图 5–51 所示。

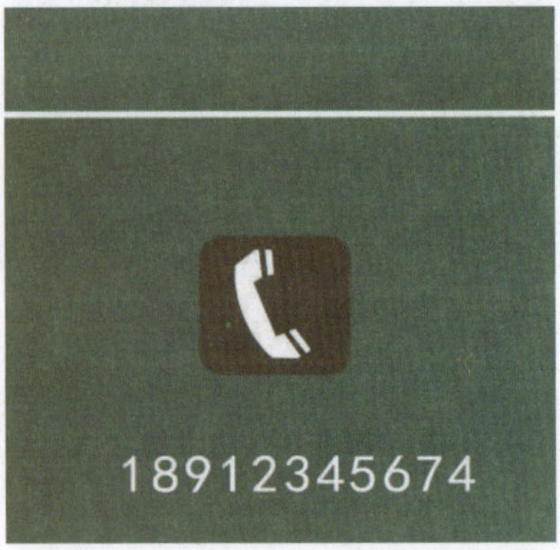


图 5–51

STEP 52 按 Delete 键删除“形状 1”图层，按 Ctrl+T 组合键对“图层 7”图层进行旋转，改变其位置、大小，如图 5-52 所示。

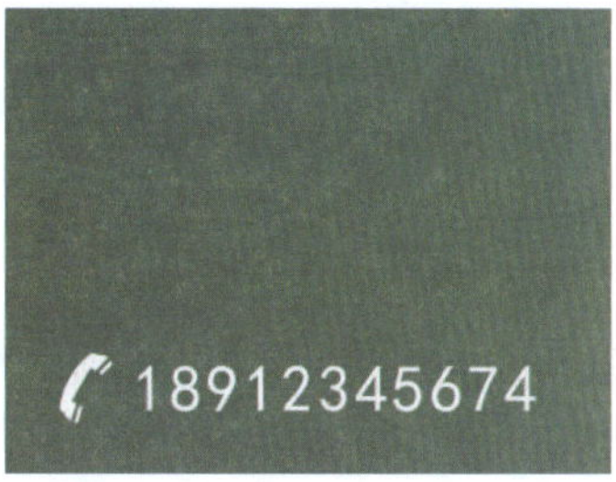


图 5-52

STEP 53 再次选择自定义形状工具，设置自定义形状为“六边形”，如图 5-53 所示。

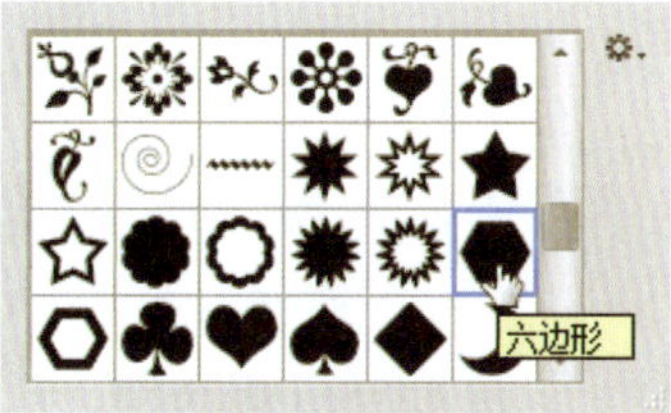


图 5-53

STEP 54 设置前景色为白色，按住 Shift 键的同时，拖动鼠标指针，在编辑区绘制一个正六边形，如图 5-54 所示。

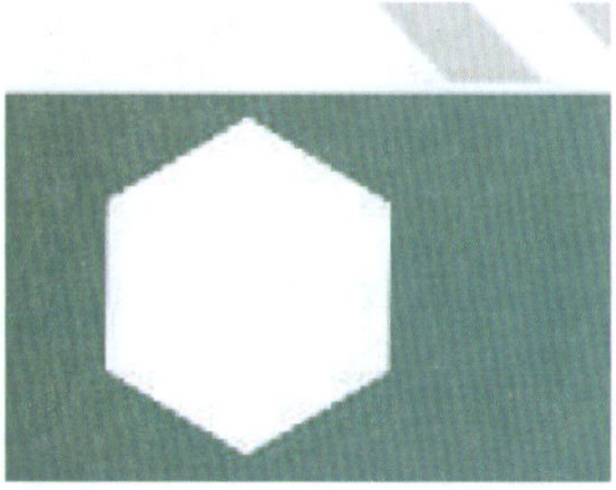

图 5-54

STEP 55 双击“形状 2”图层，弹出“图层样式”对话框，在左侧列表框中选中“描边”复选框，在右侧面板中设置其参数（颜色为蓝色），如图 5-55 所示。

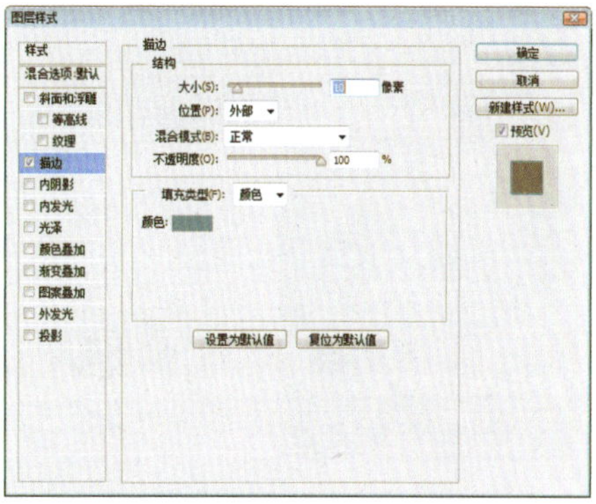


图 5-55

STEP 56 描边之后，调整至合适的位置，如图 5-56 所示。

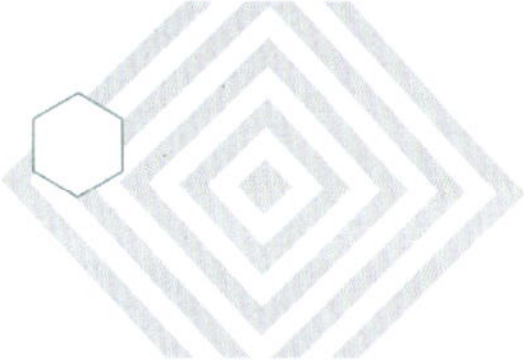

图 5-56

STEP 57 打开素材文件中的“标志.psd”图像，然后使用移动工具拖曳到“网站首页”文档中，放置合适位置，如图 5-57 所示。

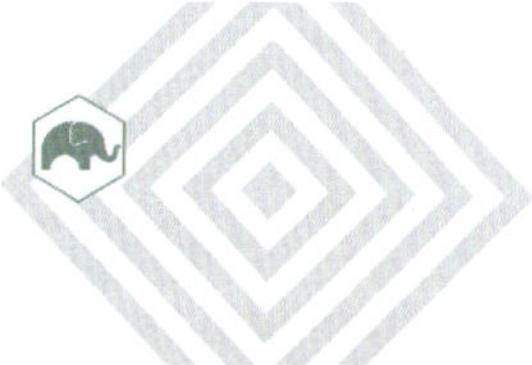

图 5-57

STEP 58 按 Ctrl+J 组合键，复制“标志”图层，按 Ctrl+T 组合键，调整其位置、大小。按住 Ctrl 键，单击“标志”图层缩览图，显示选区，设置前景色为白色，并进行填充，如图 5-58 所示。

STEP 59 使用横排文字工具输入文本内容，设置字体为“黑体”，字号为 14 点，字体颜色为蓝色（R:5、G:69、B:89），调整至合适位置，如图 5-59 所示。

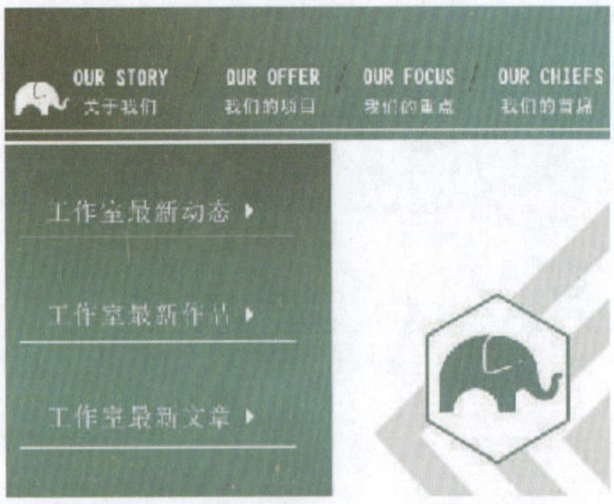


图 5—58

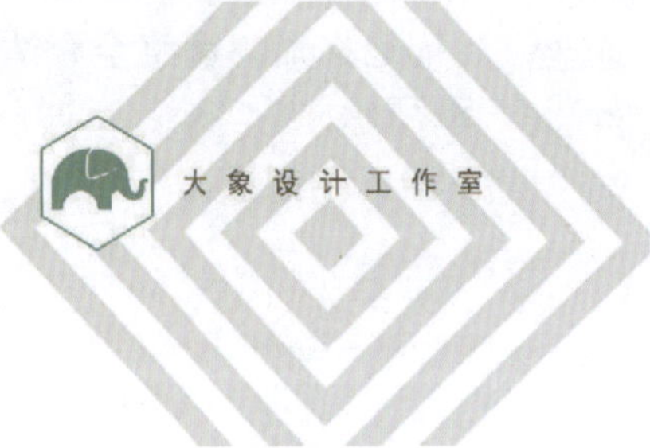


图 5—59

STEP 60 使用横排文字工具输入文本内容，设置字体为“康彩”，字号为 65 点，字体颜色为黑色（R:0、G:0、B:0），选择文本中的“.com”，设置字号为 30 点，字体颜色为蓝色（R:5、G:69、B:89），调整至合适位置，如图 5—60 所示。

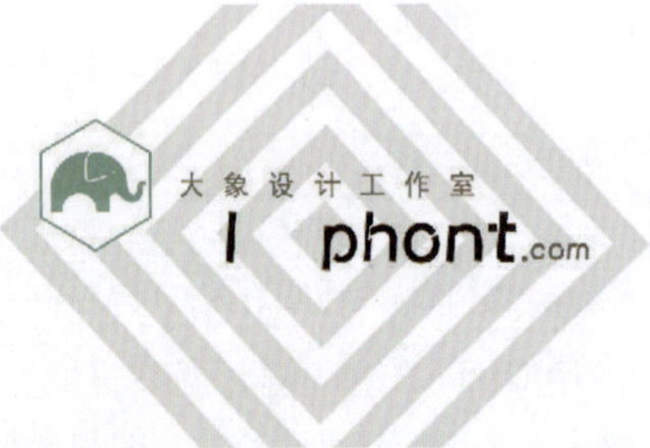


图 5—60

STEP 61 使用横排文字工具输入文本内容，设置字体为“Myriad Pro”，字号为 66.75 点，字体颜色为蓝色（R:15、G:123、B:157），调整至合适位置，如图 5—61 所示。

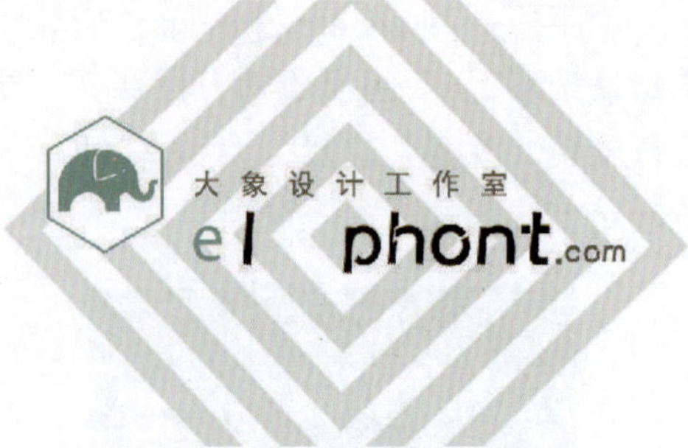


图 5—61

STEP 62 按 Ctrl+T 组合键，对字母“e”进行旋转一定角度，如图 5—62 所示。

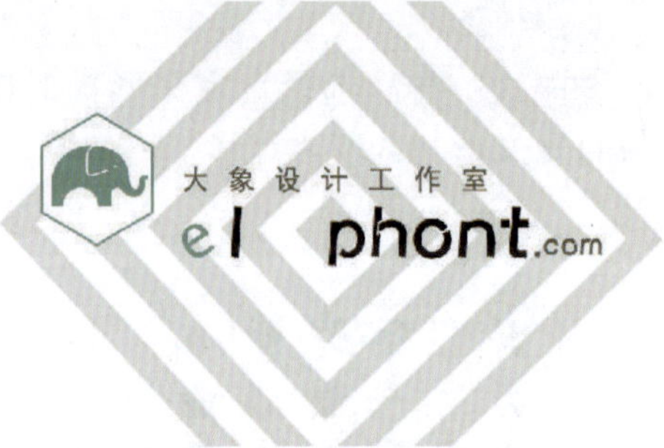


图 5—62

STEP 63 按 Ctrl+J 组合键，复制“e”图层，调整其至合适位置，如图 5—63 所示。

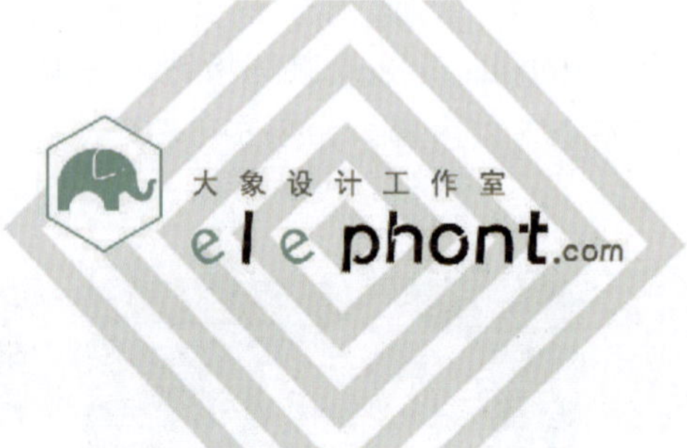


图 5—63

STEP 64 再次使用横排文字工具输入文本内容，设置字体为“黑体”，字号为 55 点，字体颜色为黑色（R:0、G:0、B:0），调整至合适位置，如图 5—64 所示。

STEP 65 选择文本中的“PEOPLE”，改变字体颜色为蓝色（R:5、G:69、B:89），如图 5—65 所示。

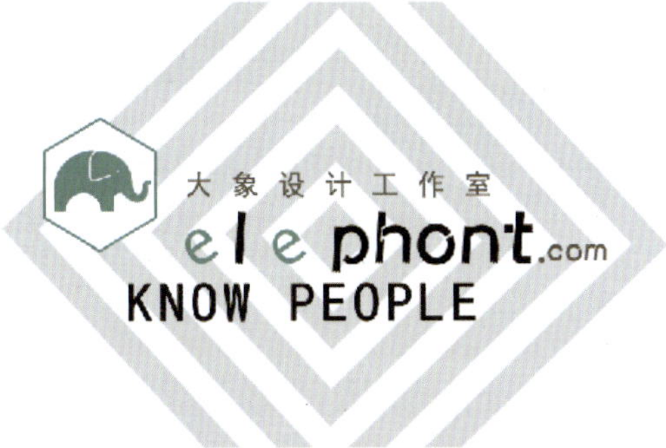


图 5-64

图 5-65

STEP 66 选择工具箱中的椭圆选框工具，按住 Shift+Alt 组合键，绘制一个正圆，如图 5-66 所示。

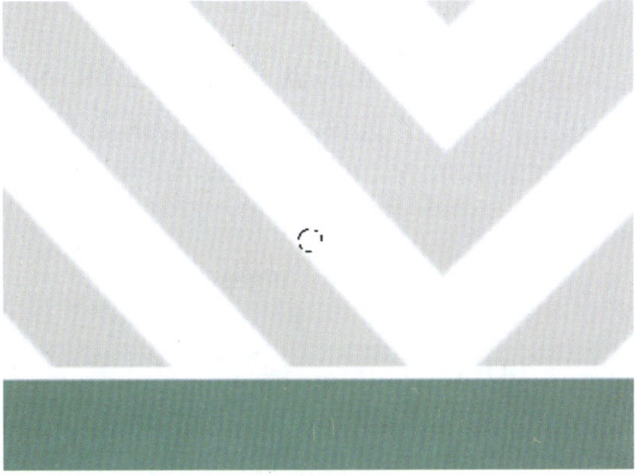

图 5-66

STEP 67 按 Shift+Ctrl+Alt+N 组合键，新建一个“图层 9”图层，设置前景色为蓝色（R:16、G:123、B:157），按 Alt+Delete 组合键，填充前景色，如图 5-67 所示。

图 5-67

STEP 68 按 Ctrl+J 组合键，复制“图层 9”图层，再次按 Ctrl+T 组合键，对其进行水平向右移动，按 Enter 键，确定位置，如图 5-68 所示。

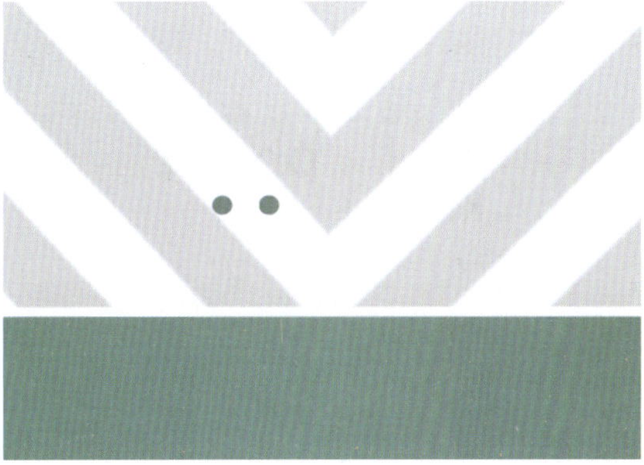

图 5-68

STEP 69 按 Shift+Alt+Ctrl+T 组合键，进行重复变换两次，如图 5-69 所示。

图 5-69

STEP 70 选择“图层 9 拷贝”图层，按住 Alt 键，单击图层的缩览图，设置前景色为黑色，并进行填充，如图 5–70 所示。

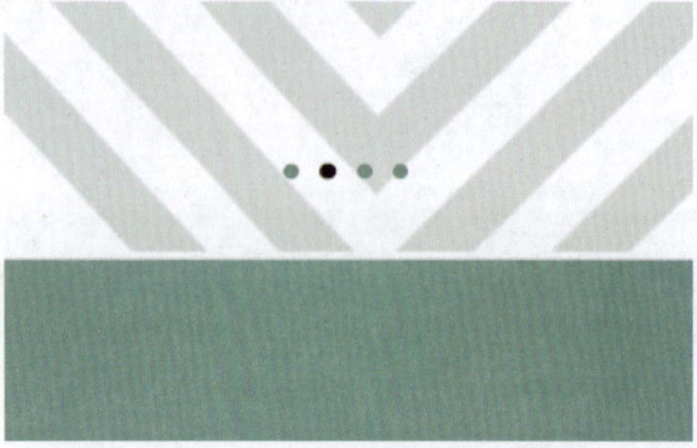

图 5–70

STEP 71 然后将其调整至合适的位置，效果如图 5–71 所示。

图 5–71

STEP 72 设置前景色为白色，选择工具箱中的圆角矩形工具，双击编辑区，在弹出的“创建圆角矩形”对话框中，设置其参数，如图 5–72 所示。

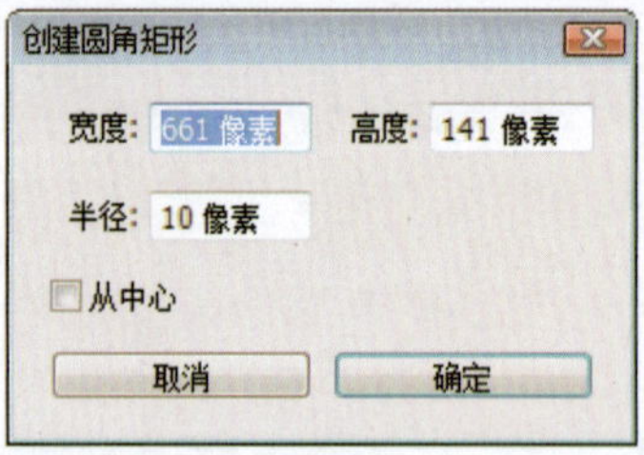


图 5–72

STEP 73 单击编辑区，创建图形，调整其至右上角，如图 5–73 所示。

图 5–73

STEP 74 按 Shift+Ctrl+Alt+N 组合键，新建一个“图层 10”图层。选择工具箱中的钢笔工具，按住 Shift 键，绘制一条直线，如图 5–74 所示。

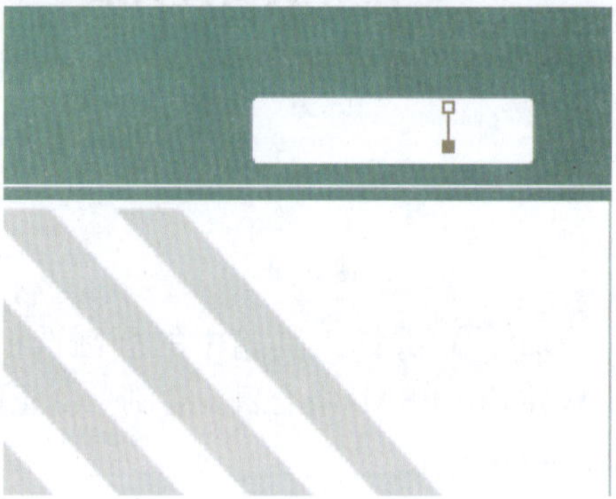

图 5–74

STEP 75 设置前景色为蓝色（R:5、G:69、B:89），选择工具箱中的画笔工具，调整画笔大小为 5 像素，如图 5–75 所示。

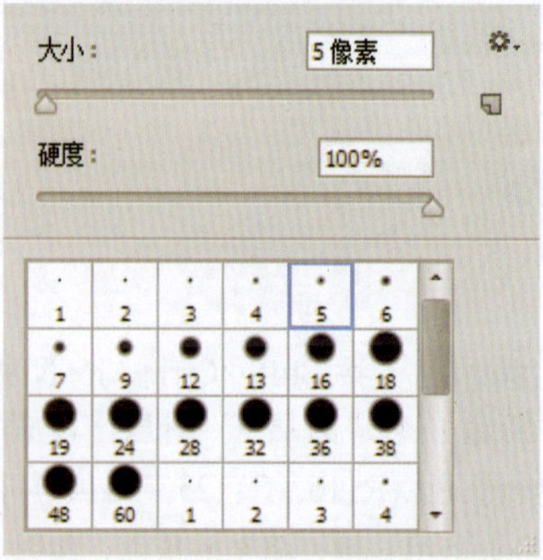


图 5–75

STEP 76 选择工具箱中的钢笔工具，右击编辑区，在弹出的快捷菜单中选择“描边路径”命令，描边效果如图 5-76 所示。

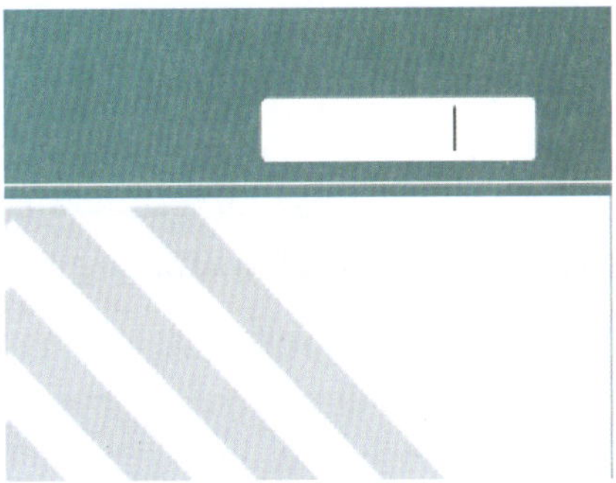

图 5-76

STEP 77 选择工具箱中的自定义图案工具，选择“搜索”图案，如图 5-77 所示。

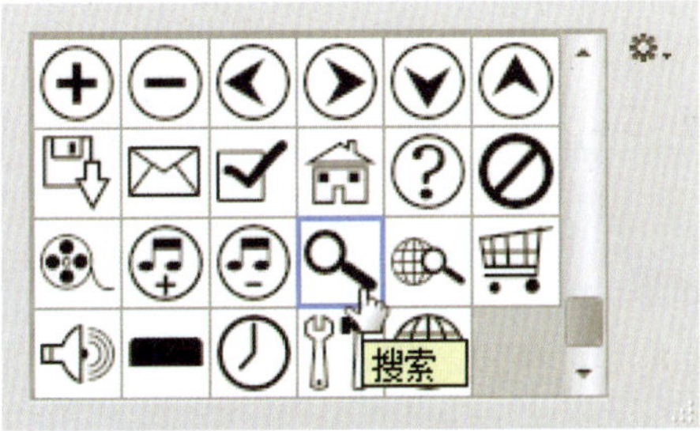


图 5-77

STEP 78 按住 Shift 键的同时，拖住鼠标绘制等比例图案，调整至合适位置，如图 5-78 所示。

图 5-78

STEP 79 打开素材文件中的“计数器.psd”图像，然后使用移动工具拖曳到“网站首页”文档中，调整至合适位置，如图 5-79 所示。

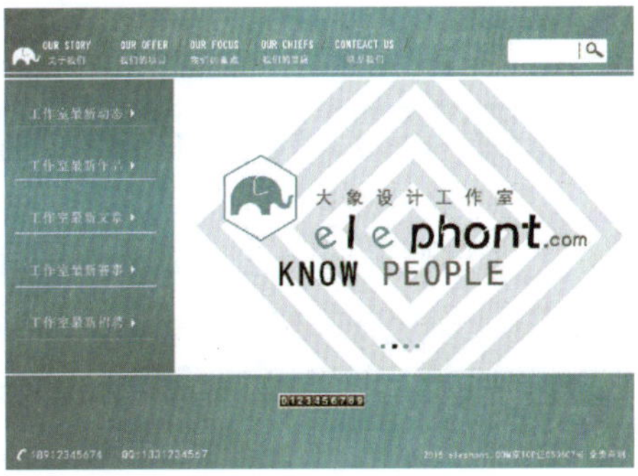


图 5-79

STEP 80 使用横排文字工具输入文本内容（“第”与“位”中间空 19 个字符），设置字体为“黑体”，字号为 16 点，字体颜色为白色（R:255、G:255、B:255），调整至合适位置，如图 5-80 所示。

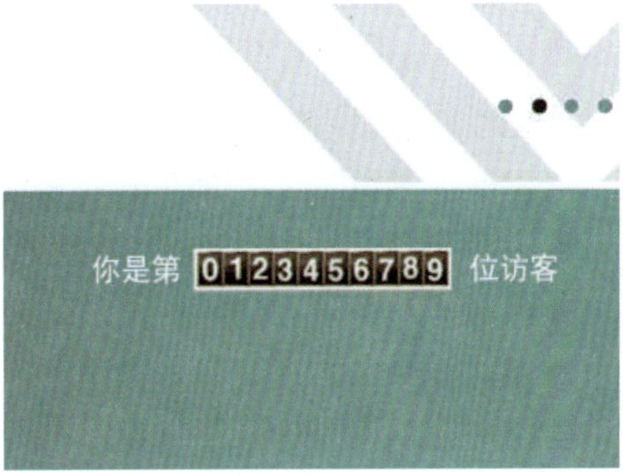


图 5-80

STEP 81 最终网站首页设计完成，效果如图 5-81 所示。

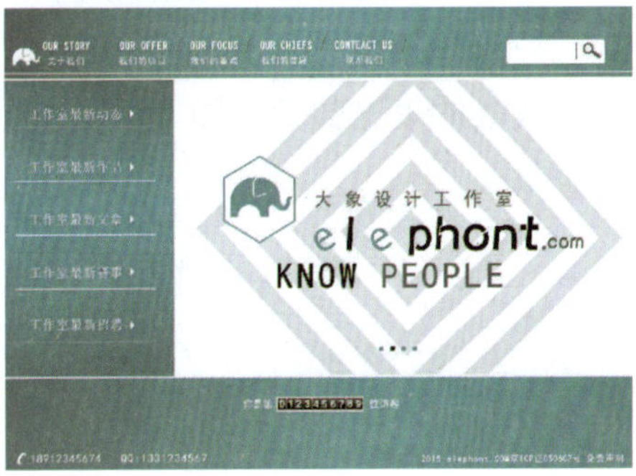


图 5-81

# 【听我讲】

## 5.1 画笔工具组的应用

在 Photoshop CS6 中，画笔工具组包括了画笔工具、铅笔工具、历史记录画笔工具等绘图工具。了解并掌握这些绘图工具的功能与操作方法，并且灵活地使用这些绘图工具，才能绘制出更好的图像效果，同时也为图像处理提高了更好的操作空间。

### 5.1.1 画笔工具

使用画笔工具可以绘制出多种图形。在“画笔”控制面板上所选择的画笔决定了绘制效果，并且画笔工具默认使用前景色进行绘制。

选择工具栏中的（画笔工具）后，在菜单栏下方显示该工具的属性栏，如图 5-82 所示。

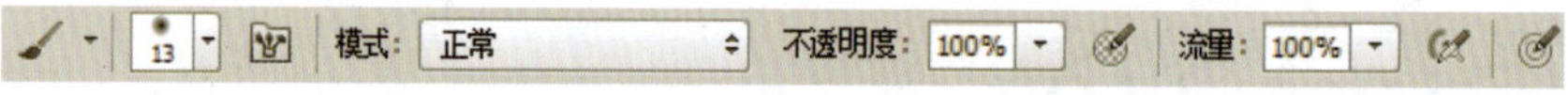


图 5-82

在画笔工具属性栏中，主要选项的含义介绍如下。

- “工具预设”：实现新建工具预设和载入工具预设等操作。
- “画笔预设”：选择画笔笔尖，设置画笔大小和硬度。
- “模式”：设置画笔的绘画模式，即绘画时的颜色与当前颜色的混合模式。
- “不透明度”：设置在使用画笔绘图时所绘制颜色的不透明度。该值越小，所绘制出的颜色越浅，反之则越深。
- “流量”：设置使用画笔绘图时所绘制颜色的深浅。若设置的流量较小，则其绘制效果如同降低不透明度一样，但经过反复涂抹，颜色就会逐渐饱和。
- “启用喷枪样式的建立效果”：单击该按钮即可启动喷枪功能，将渐变色调应用于图像，同时模拟传统的喷枪技术，Photoshop 会根据单击程度确定画笔线条的填充数量。图 5-83 ~ 图 5-85 所示为使用不同的画笔样式绘制出的图像效果。

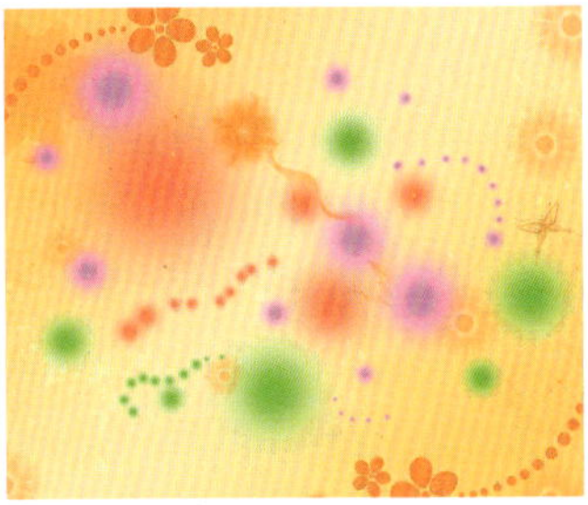

图 5-83

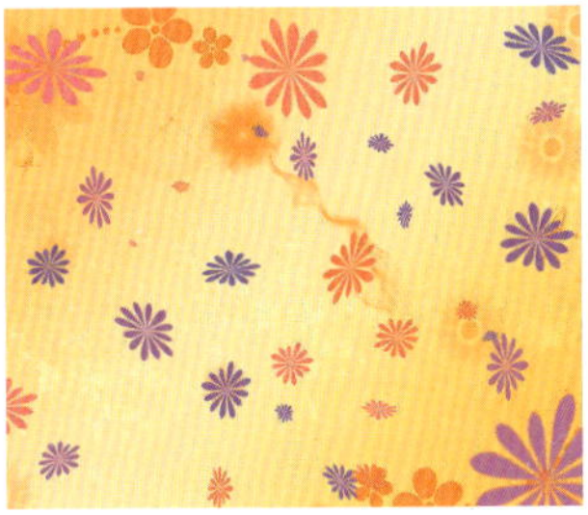

图 5-84

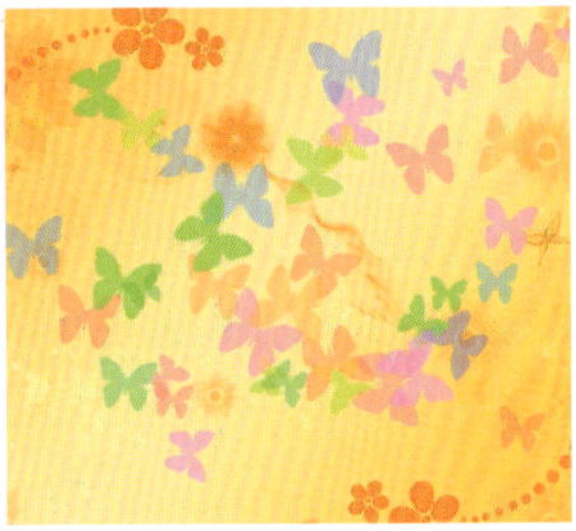

图 5-85

除了在属性栏中对画笔进行设置外，还可以单击“切换画笔面板”按钮或者按 F5 键显示“画笔”面板，在其中同样也能对画笔样式、大小以及绘制选项进行设置。

## 5.1.2 铅笔工具

铅笔工具在功能及运用上与画笔工具比较相似，但使用铅笔工具可以绘制出硬边缘的效果，特别是绘制斜线，锯齿效果会非常明显，并且所有定义的外形光滑的笔刷也会被锯齿化。选择工具箱中的（铅笔工具），在菜单栏下方显示该工具的属性栏，如图 5−86 所示。

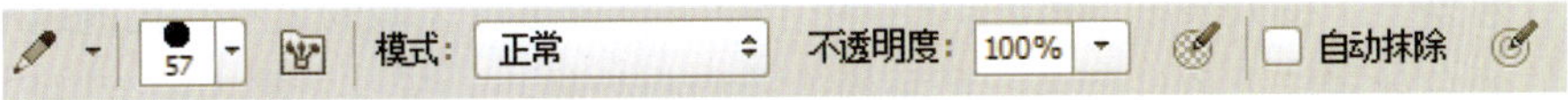


图 5−86

在铅笔工具属性栏中，除了“自动抹除”选项外，其他选项均与画笔工具相同。选中“自动抹除”复选框，铅笔工具会自动选择是以前景色还是背景色作为画笔的颜色。若起始点为前景色，则以背景色作为画笔颜色；若起始点为背景色，则以前景色作为画笔颜色。

按住 Shift 键的同时使用铅笔工具在图像中拖动鼠标指针则可以绘制直线效果。图 5−87 和图 5−88 所示为使用不同的铅笔样式绘制出的图像效果。

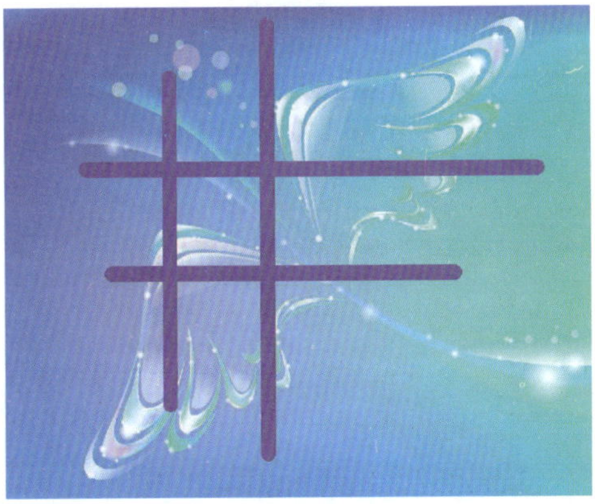

图 5−87

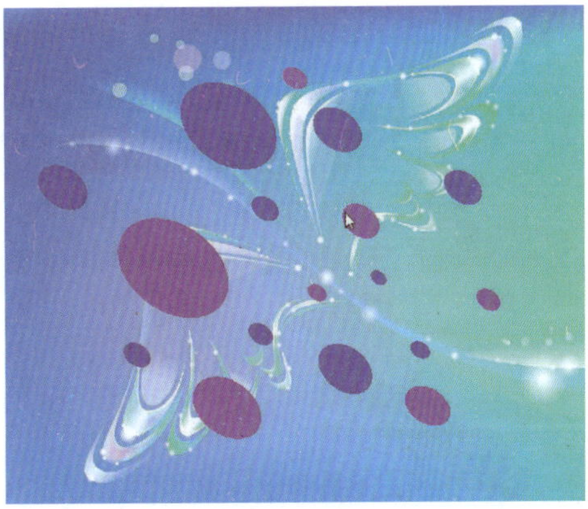

图 5−88

## 5.1.3 颜色替换工具

颜色替换工具位于画笔工具组中，用户可以在保留图像原有材质与明暗的基础上，使用颜色替换工具能够很容易用前景色置换图像中的色彩，赋予图像更多变化。选择工具箱中的（颜色替换工具），在菜单栏下方显示该工具的属性栏，如图 5-89 所示。

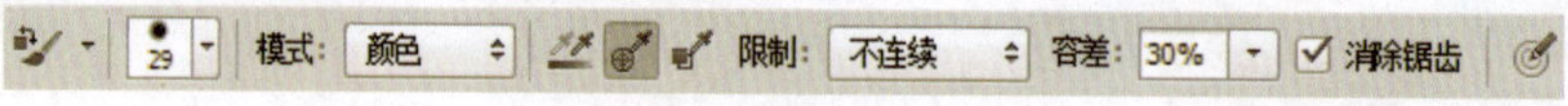


图 5-89

在颜色替换工具属性栏中，主要选项的含义介绍如下。

- “模式”选项：用于设置替换颜色与图像的混合方式，有“色相”“饱和度”“明度”和“颜色”4 种方式供选择。
- 取样方式选项：用于设置所要替换颜色的取样方式，包括“连续”“一次”和“背景色板”3 种方式。
- “限制”选项：用于指定替换颜色的方式。“不连续”表示替换在容差范围内所有与取样颜色相似的像素；“连续”表示替换与取样点相接或邻近的颜色相似区域；“查找边缘”表示替换与取样点相连的颜色相似区域，能较好地保留替换位置颜色反差较大的边缘轮廓。
- “容差”下拉列表框：用于控制替换颜色区域的大小。数值越小，替换的颜色就越接近色样颜色，所替换的范围也就越小；反之，替换的范围越大。
- “消除锯齿”复选框：选中此复选框，在替换颜色时，将得到较平滑的图像边缘。

颜色替换工具的使用方法很简单，即首先设置前景色，然后选择颜色替换工具，并设置其各选项参数，在图像中进行涂抹即可实现颜色的替换，如图 5-90 和图 5-91 所示。

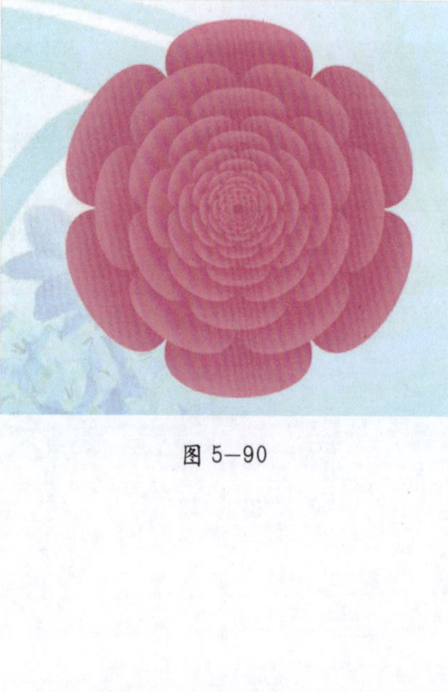

图 5-90

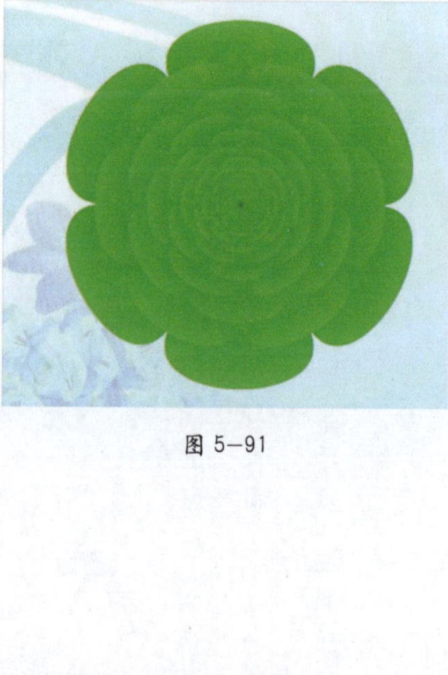

图 5-91

# 5.2 橡皮擦工具组的应用

在 Photoshop CS6 中，擦除图像即擦除图像中的多余的区域。擦除工具包括橡皮擦工具、背景橡皮擦工具和魔术橡皮擦工具。

## 5.2.1 橡皮擦工具

橡皮擦工具主要用于擦除当前图像中的颜色。选择工具箱中的（橡皮擦工具），在菜单栏的下方会显示该工具的属性，如图 5-92 所示。

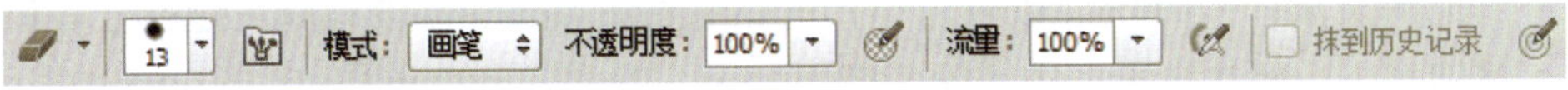


图 5-92

在橡皮擦工具属性栏中，主要选项的含义介绍如下。

- “模式”选项：该模式包括“画笔”“铅笔”和“块”3 个选项。若选择“画笔”或“铅笔”选项，可以设置使用画笔工具或铅笔工具的参数，包括笔刷样式、大小等。若选择“块”选项，橡皮擦工具将使用方块笔刷。
- “不透明度”下拉列表框：若不想完全擦除图像，则可以降低不透明度。
- “抹到历史记录”复选框：在擦除图像时，可以使图像恢复到任意一个历史状态。该方法常用于恢复图像的局部到前一个状态。

使用橡皮擦工具在图像窗口中拖动鼠标指针，可用背景色的颜色来覆盖鼠标指针拖动处的图像颜色。若是对“背景”图层或是已锁定透明像素的图层使用橡皮擦工具，则会将像素更改为背景色，如图 5-93 所示；若是对普通图层使用橡皮擦工具，则会将像素更改为透明效果，如图 5-94 所示。

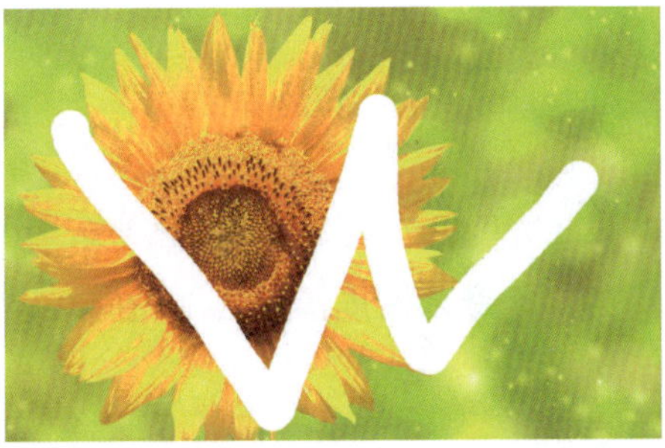

图 5-93

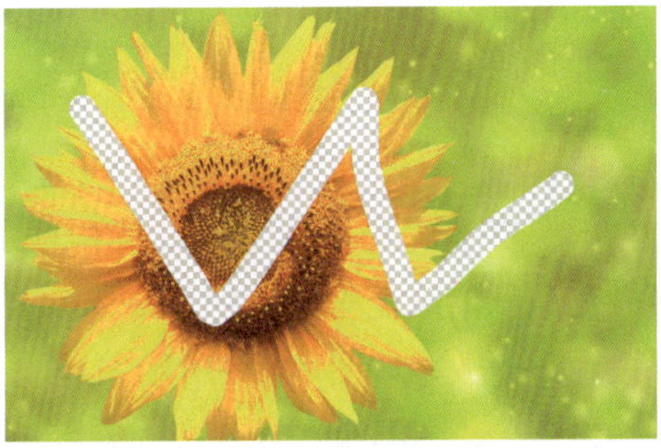

图 5-94

## 5.2.2 背景橡皮擦工具

背景橡皮擦工具可以用于擦除指定颜色，并将被擦除的区域以透明色填充。选择工具箱中的（背景橡皮擦工具），在菜单栏的下方会显示该工具的属性，如图 5-95 所示。

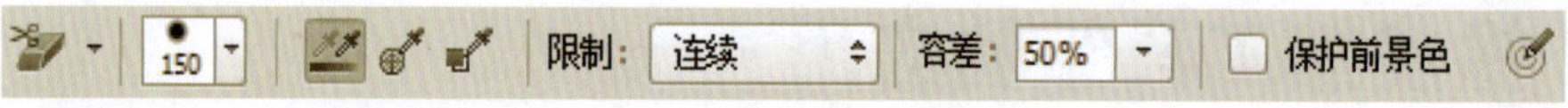


图 5-95

在背景橡皮擦工具属性栏中，主要选项的含义介绍如下。

- “限制”选项：该下拉列表框中包含 3 个选项。若选择“不连续”选项，则擦除图像中所有具有取样颜色的像素；若选择“连续”选项，则擦除图像中与光标相连的具有取样颜色的像素；若选择“查找边缘”选项，则在擦除与光标相连区域的同时保留图像中物体锐利的边缘效果。
- “容差”下拉列表框：可设置被擦除的图像颜色与取样颜色之间差异的大小，取值范围为 0% ~ 100%。数值越小，被擦除的图像颜色与取样颜色越接近，擦除的范围越小；数值越大，则擦除的范围越大。
- “保护前景色”复选框：选中该复选框可防止具有前景色的图像区域被擦除。图 5-96 和图 5-97 所示为使用背景橡皮擦工具擦除图像效果图。

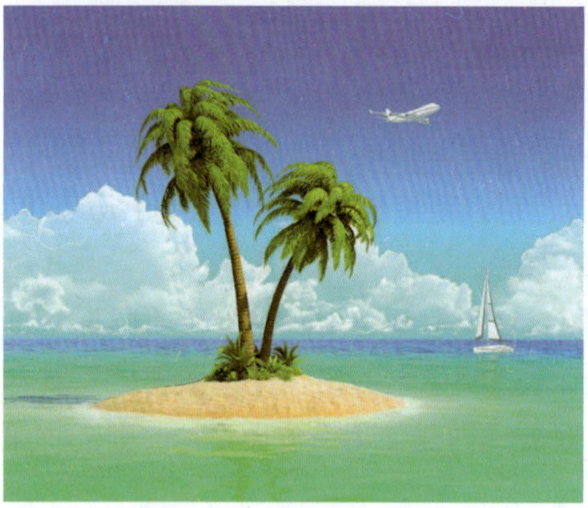

图 5-96

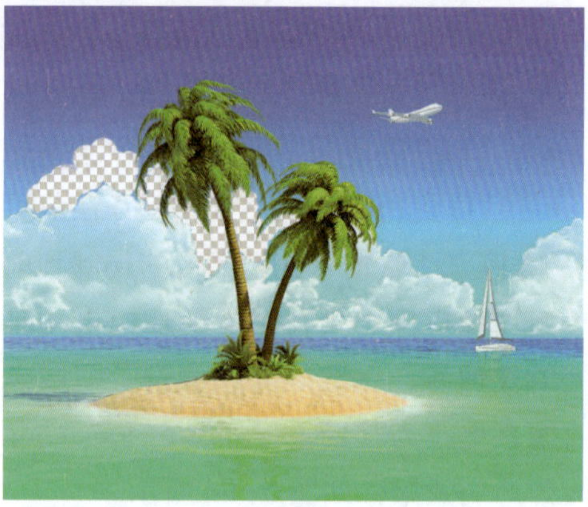

图 5-97

## 5.2.3 魔术橡皮擦工具

魔术橡皮擦工具是魔术棒工具和背景橡皮擦工具的结合，可以将一定容差范围内的背景颜色全部清除而得到透明区域。选择工具箱中的（魔术橡皮擦工具），在属性栏中可以设置其参数，如图 5-98 所示。

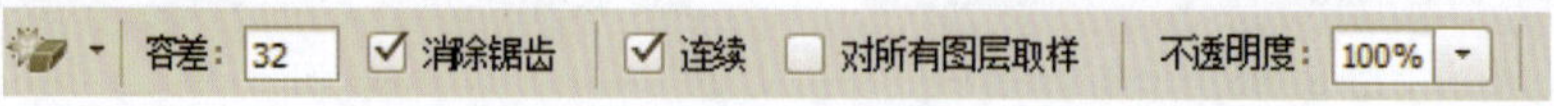


图 5-98

在魔术橡皮擦工具属性栏中，主要选项的含义介绍如下：

- “消除锯齿”复选框：选中此复选框，将得到较平滑的图像边缘。
- “连续”复选框：选中该复选框可使擦除工具仅擦除与单击处相连接的区域。
- “对所有图层取样”复选框：选中该复选框，将利用所有可见图层中的组合数据来采集色样，否则只对当前图层的颜色信息进行取样。

使用魔术橡皮擦工具可以一次性擦除图像或选区中颜色相同或相近的区域，让擦除部分的图像呈透明效果。该工具都能直接对“背景”图层进行擦除操作，而无须进行解锁。如图 5–99 和图 5–100 所示为使用魔术橡皮擦擦除图像的效果。

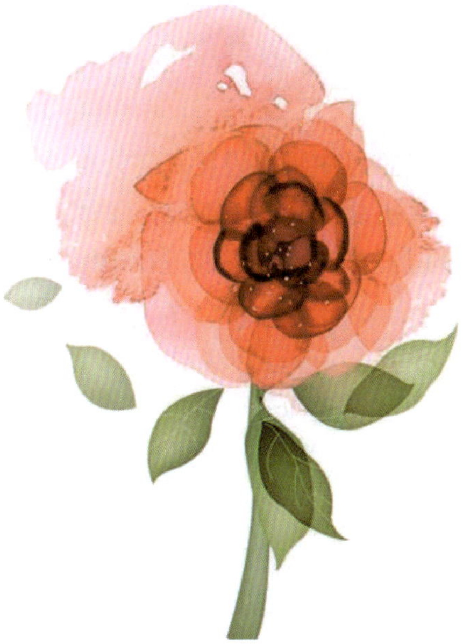

图 5–99

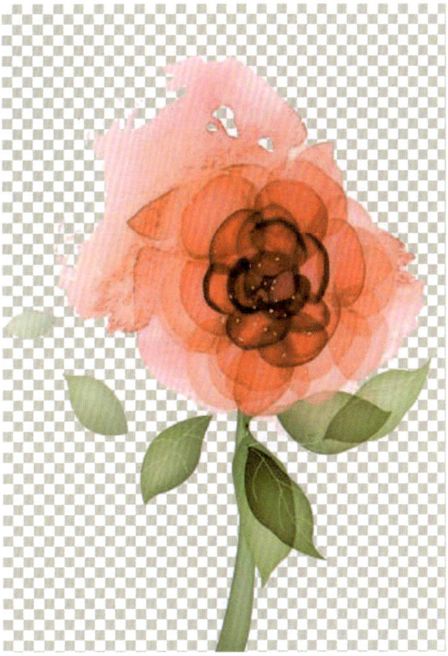

图 5–100

## 5.3 历史记录工具组的应用

历史记录工具属于图像恢复工具，在进行错误操作之后，可以使用历史记录工具将图像编辑中的某个状态还原出来。历史记录工具可分为历史记录画笔工具和历史记录艺术画笔工具。

### 5.3.1 历史记录画笔工具

选择菜单“窗口”|“历史记录”命令，打开“历史记录”面板，如图 5–101 所示。单击执行过的相应操作步骤即可还原图像效果。而“历史记录画笔工具”类似于一个还原器，比“历史记录”面板更具有弹性，使用它可以将图像恢复到某个历史状态下的图像，图像中未被修改过的区域将保持不变。

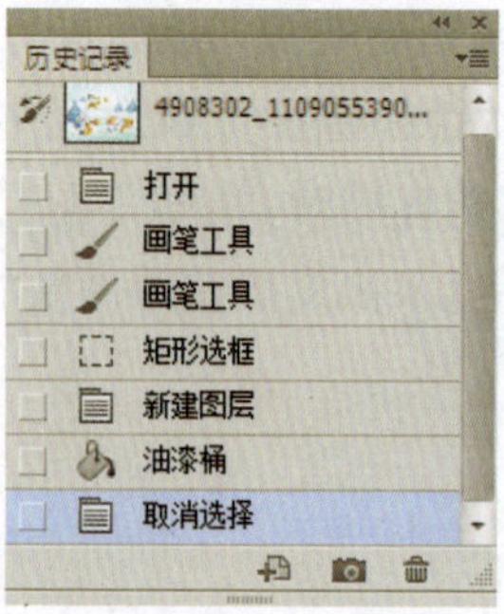


图 5-101

选择工具箱中的（历史记录画笔工具），在其属性栏中可以设置画笔大小、模式、不透明度及流量等参数，如图 5-102 所示。完成后单击并按住鼠标不放，同时在图像中需要恢复的位置处拖动，光标经过的位置即会恢复为上一步中为对图像进行操作的效果，而图像中未被修改过的区域将保持不变。

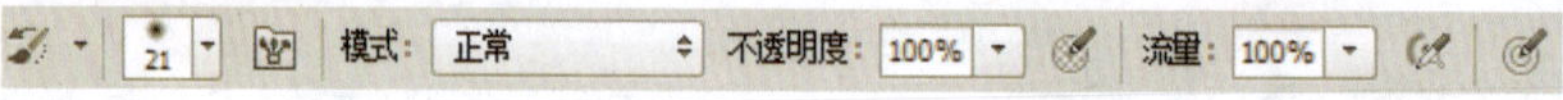


图 5-102

## 5.3.2 历史记录艺术画笔工具

使用历史记录艺术画笔工具恢复图像时，会产生一定的艺术笔触，常用于制作富有艺术气息的绘画图像。

选择工具箱中的（历史记录艺术画笔工具），在其属性栏中可以设置画笔大小、模式、不透明度、样式、区域及容差等参数，如图 5-103 所示。

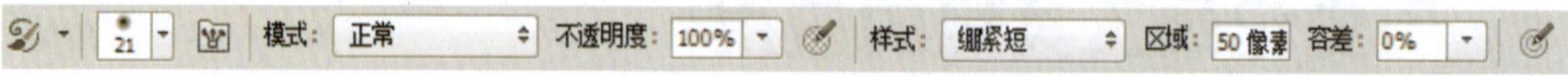


图 5-103

在“样式”下拉列表框中可以选择不同的笔刷样式绘制。在“区域”文本框中可以设置历史记录艺术画笔描绘的范围，范围越大，影响的范围就越大。图 5-104 和图 5-105 所示为使用历史记录艺术画笔工具绘制的图像效果。

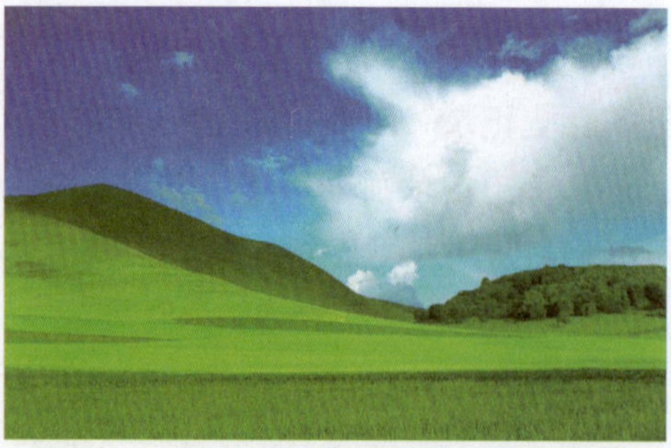

图 5-104

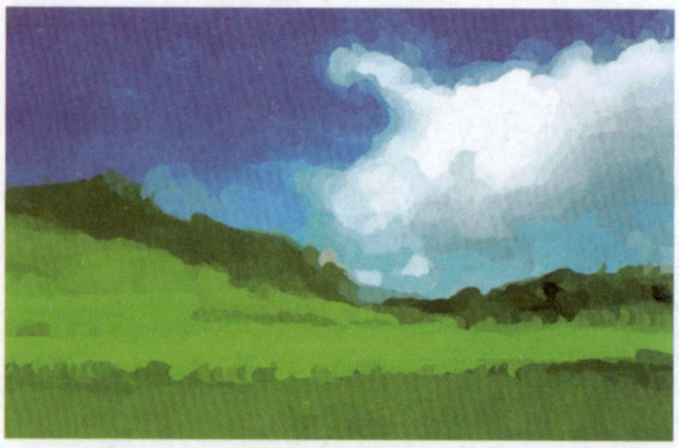

图 5-105

# 5.4 渐变工具组的应用

在 Photoshop CS6 中，渐变工具组中的渐变工具是用来对图像填充渐变的颜色。如果图像中没有选区，渐变色会填充到当前图层上；如果图像中有选区，渐变色会填充到选区当中。渐变工具组分为渐变工具和油漆桶工具。

## 5.4.1 渐变工具

在填充颜色时，使用渐变工具可以将颜色从一种颜色变化到另一种颜色，如由浅到深、由深到浅的变化。选择工具箱中的▣(渐变工具)，在其属性栏中将显示该工具的选项参数，如图 5-106 所示。

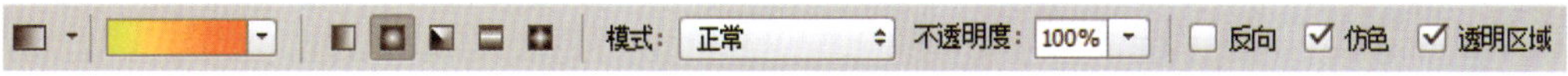


图 5-106

在渐变工具属性栏中，各主要选项的含义介绍如下。

- “点按可编辑渐变”按钮：用于显示渐变颜色的预览效果图。单击渐变条，将弹出“渐变编辑器”对话框，如图 5-107 所示，从中可以设置渐变颜色。

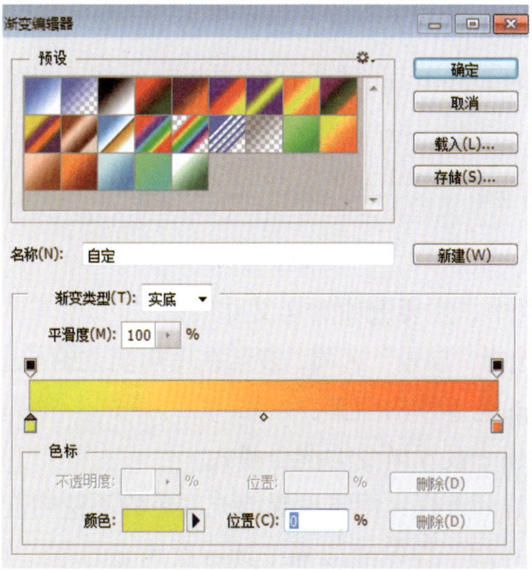


图 5-107

- “渐变类型”按钮：单击不同的按钮即选择不同渐变类型，从左到右分别是“线性渐变”“径向渐变”“角度渐变”“对称渐变”和“菱形渐变”。
- “模式”选项：用于设置渐变的混合模式。
- “不透明度”下拉列表框：用于设置填充颜色的不透明度。
- “反向”复选框：选中该复选框，填充后的渐变颜色刚好与用户设置的渐变颜色相反。

- “仿色”复选框：选中该复选框，可以用递色法来表现中间色调，使渐变效果更加平衡。
- “透明区域”复选框：选中该复选框，将打开透明蒙版功能，使渐变填充可以应用透明设置。

选择渐变工具，在弹出的面板中单击选择相应的渐变样式，然后将鼠标指针定位在图像中要设置为渐变起点的位置，拖动以定义终点，然后自动填充渐变。图 5-108 ~ 图 5-112 所示为不同的渐变类型绘制出的渐变效果。

图 5-108

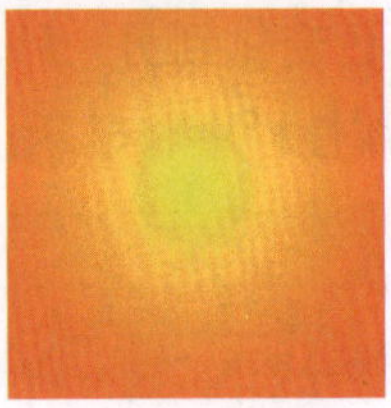
图 5-109

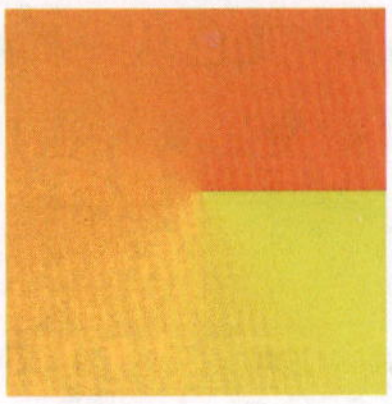
图 5-110

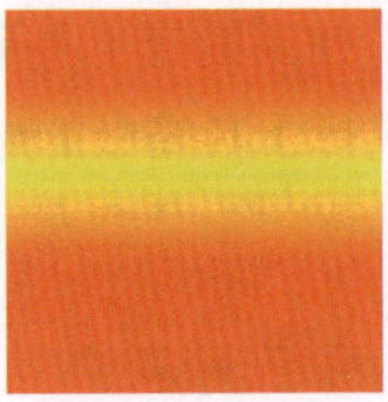
图 5-111

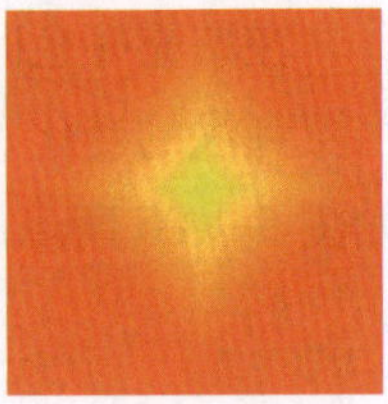
图 5-112

## 5.4.2 油漆桶工具

油漆桶工具与渐变工具同样是填充颜色的，但是油漆桶工具只填充颜色。在填充颜色时，使用油漆桶工具可以在选区中填充颜色，也可以在图层图像上单击填充颜色。选择工具箱中的 （油漆桶工具），在其属性栏中将显示该工具的选项参数，如图 5-113 所示。

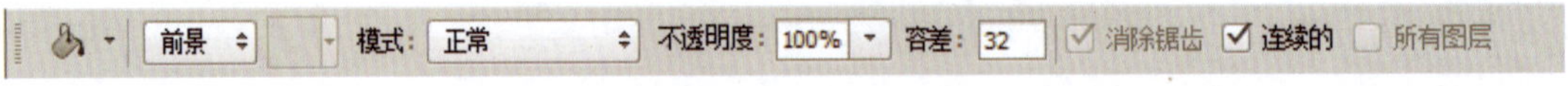

图 5-113

在油漆桶工具属性栏中，主要选项的含义介绍如下。

- “填充”选项：选择“前景”选项，表示在图中填充的前景色；选择“图案”选项，表示在图中填充的是连续的图案。
- “模式”选项：用于设置渐变的混合模式。
- “不透明度”下拉列表框：用于设置填充颜色的不透明度。
- “容差”文本框：用于控制油漆桶工具每次填充的范围，数值越大，允许填充的范围也就越大。
- “消除锯齿”复选框：选中该复选框，可使填充的边缘保持平滑。
- “连续的”复选框：选中该复选框，填充的区域适合单击相似并连续的部分；如果取消选中该复选框，填充的区域是所有和单击点相似的像素，不管是否和单击点连续。
- “所有图层”复选框：选中该复选框，不管当前在哪个图层上操作，用户所使用的工具对所有的图层都起作用，而不是只针对当前操作图层。

选择工具箱中的油漆桶工具，在图像上单击，填充前景色，如图 5–114 和图 5–115 所示。

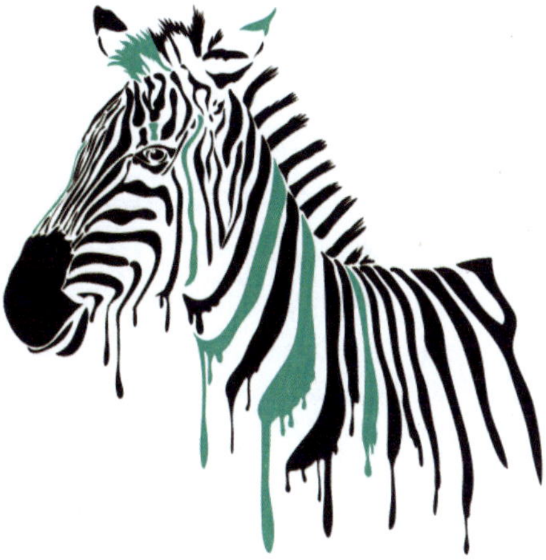

图 5–114

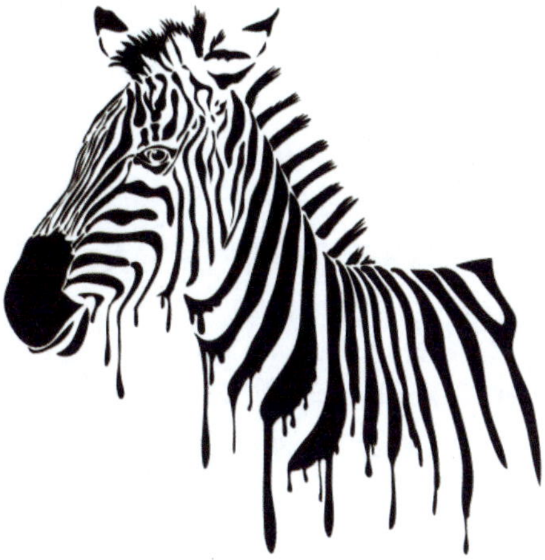

图 5–115

# 【自己练】

## 项目练习：设计网站首页

### 项目背景

GOOD TIME 好时光蛋糕店在网上开了一家店，为了吸引顾客购买，提升销量，特委托本公司为其设计一张网站首页。

### 项目要求

设计画面要简洁、个性、清新自然，颜色要鲜亮，构图要舒适，以呈现蛋糕纯天然、营养丰富、口味可多种选择的特色，向访客更好地介绍蛋糕店的产品，达到扩大宣传的目的。

### 项目分析

首页以诱人的蛋糕图片为背景，旁边放置多种口味的蛋糕，以达到吸引顾客的目的，颜色大面积使用黄色，增加顾客购买欲望，网页左侧放置公司信息菜单，右侧放置特色内容，方便客户寻找。

### 项目效果

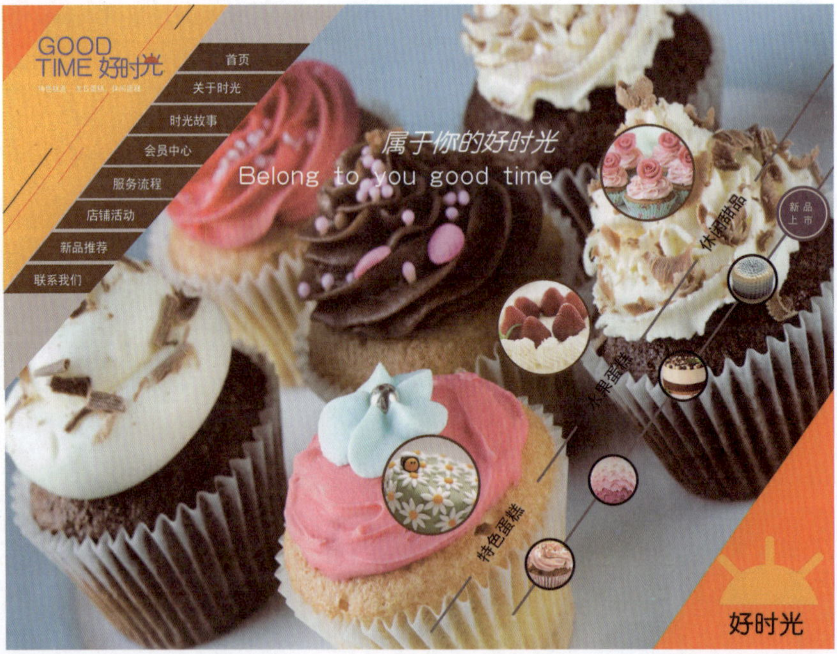


### 课时安排

2 课时。

# 第 6 章

# 设计导向标识
# ——图像编辑工具详解

## 本章概述

Photoshop CS6 的工具，不仅可以绘制图像，还可以对图像进行编辑，处理图像效果，改变其视觉效果。想要使图像变得更加完美，必须熟练掌握这些工具。本章将主要介绍如何使用修图工具美化图像，最终制作出自己想要的图像效果，使图片更具灵活性。

## 要点难点

裁剪工具的应用 ★☆☆

仿制图章的应用 ★★☆

污点修复工具的应用 ★★☆

## 案例预览

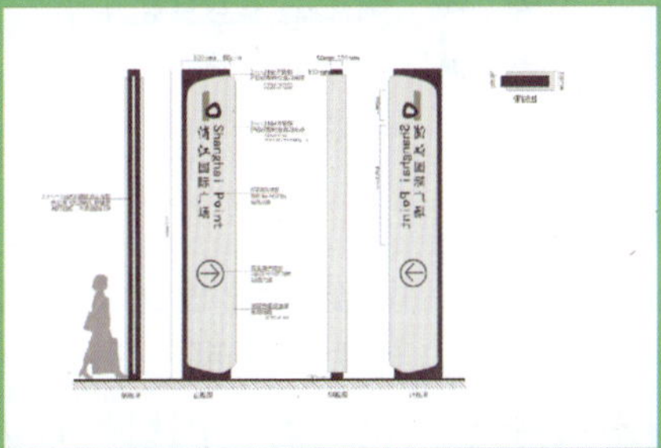

室外导向标识设计

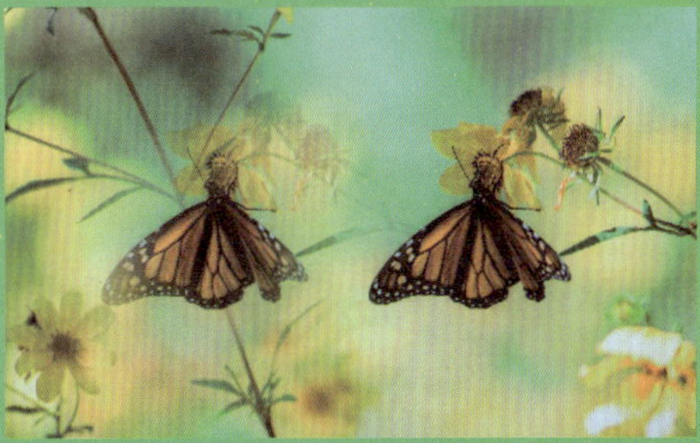

仿制图章工具的应用

# 【跟我学】设计室外导向标识

## 作品描述

每个公司或者场所都有自己的室外导向标识，便于让人们更快地寻找其具体位置，在此便以制作一个浦江国际广场的室外导向标识为例，详细介绍其制作过程。

## 实现过程

**STEP 01** 启动Photoshop CS6软件后，选择菜单“文件”|“新建”命令，弹出“新建”对话框，创建一个新的文档，如图 6–1 所示。

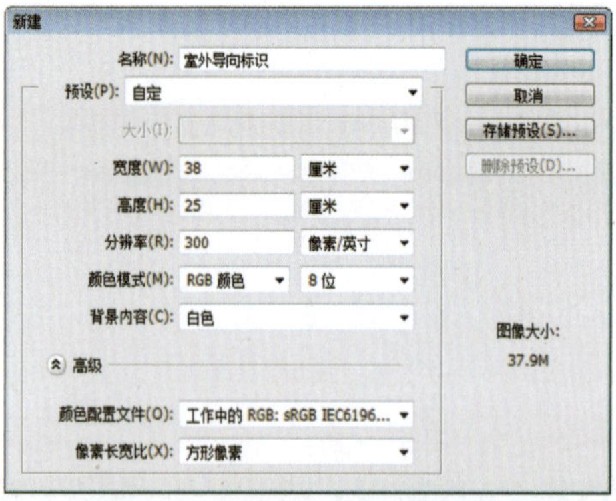


图 6–1

**STEP 02** 在文档中的标题栏处右击，在弹出的快捷菜单中选择“移动到新窗口”命令，如图 6–2 所示。

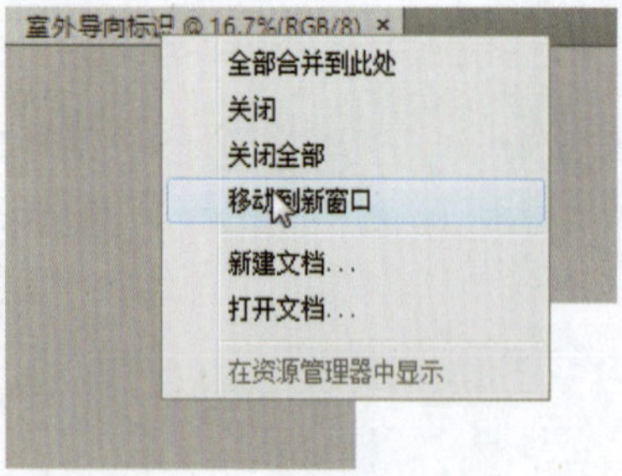


图 6–2

**STEP 03** 按 Ctrl+Shift+Alt+N 组合键，新建一个“图层 1”图层。选择工具箱中的钢笔工具，在编辑区下方，按住 Shift 键的同时，绘制一条直线路径，作为地平线，如图 6–3 所示。

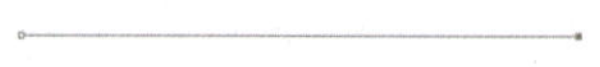

图 6–3

**STEP 04** 选择工具箱中的画笔工具，在该工具属性栏中选择基本画笔，设置其大小为 12 像素，如图 6–4 所示。

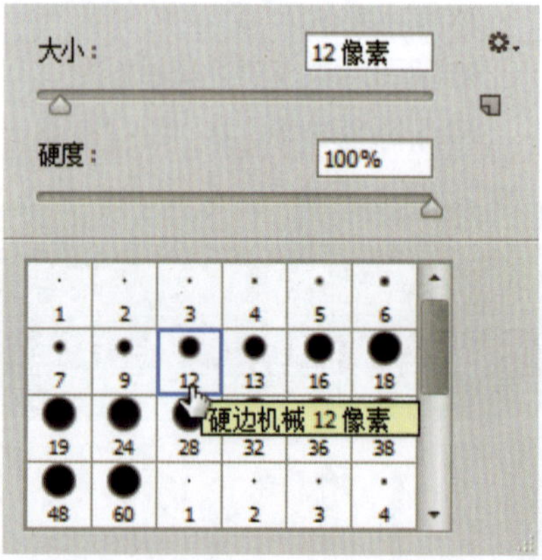


图 6–4

**STEP 05** 设置前景色为黑色（R:0、G:0、B:0），再次使用钢笔工具在编辑区右击，在弹出的快捷菜单中选择“描边路径”命令，使用“画笔”描边，描边效果如图 6–5 所示。

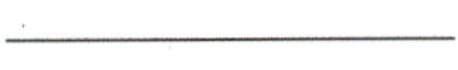

图 6-5

STEP 06 新建一个“图层 2”图层，使用工具箱中的钢笔工具绘制一条斜线路径，如图 6-6 所示。

图 6-6

STEP 07 选择工具箱中的画笔工具，在该工具属性栏中选择基本画笔，设置其大小为 3 像素，如图 6-7 所示。

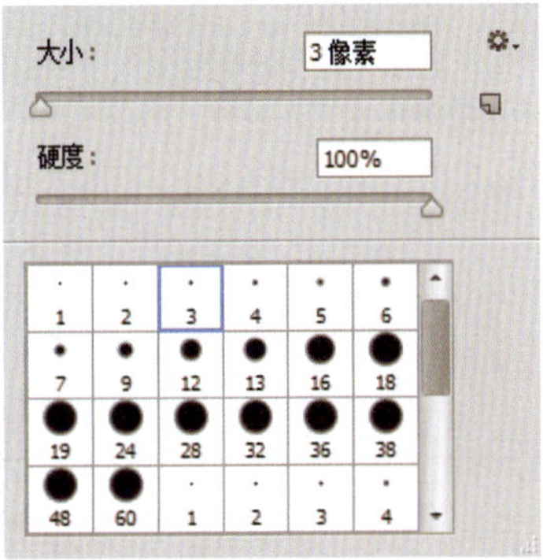


图 6-7

STEP 08 设置前景色为黑色（R:0、G:0、B:0），再次使用钢笔工具在编辑区右击，在弹出的快捷菜单中选择“描边路径”命令，使用“画笔”描边，描边效果如图 6-8 所示。

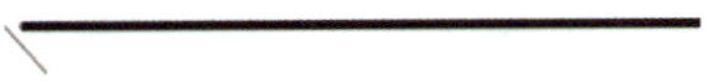

图 6-8

STEP 09 按 Ctrl+J 组合键，复制一个“图层 2”图层，按 Ctrl+T 组合键，变换图形，水平移动一定距离，如图 6-9 所示。

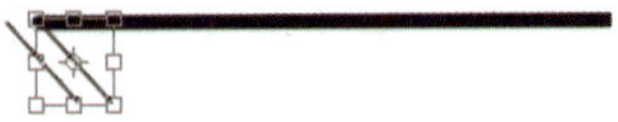

图 6-9

STEP 10 按 Ctrl+Shift+Alt+T 组合键，重复变换图形，如图 6-10 所示。

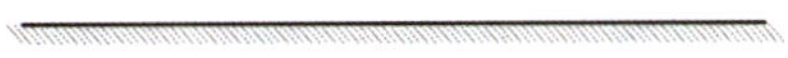

图 6-10

STEP 11 在“图层”面板中，按住 Shift 键，选择“图层 2”图层以及复制的图层，然后右击“图层 2”图层，在弹出的快捷菜单中选择“合并图层”命令，如图 6-11 所示。

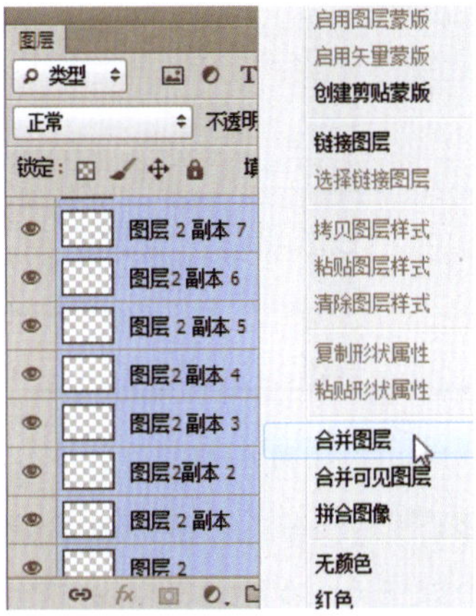


图 6-11

STEP 12 设置“图层 2”图层为当前图层，选择工具箱中的矩形选框工具，在如图 6-12 所示的位置绘制一个矩形选区。

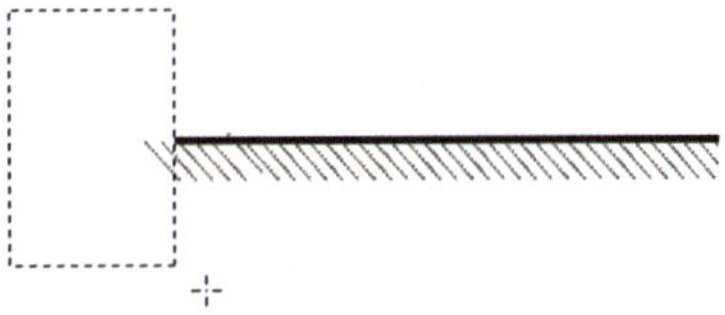

图 6-12

STEP 13 按 Delete 键，删除选区内图形，如图 6-13 所示。

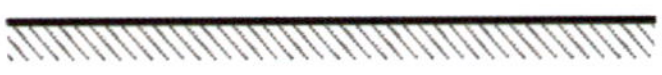

图 6-13

STEP 14 使用同样方法删除右侧图形，如图 6-14 所示。

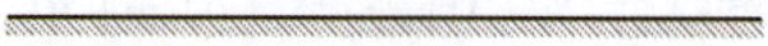

图 6–14

STEP 15 新建一个“图层 3”图层，使用矩形选框工具绘制一个宽度为 2.82cm、长度为 17.62cm 的矩形选区，设置前景色为蓝色(R:7、G:39、B:64)，按 Alt+Delete 组合键，填充前景色，调整至合适位置，如图 6–15 所示。

图 6–15

STEP 16 选择工具箱中的钢笔工具，绘制一个如图 6–16 所示的闭合路径。

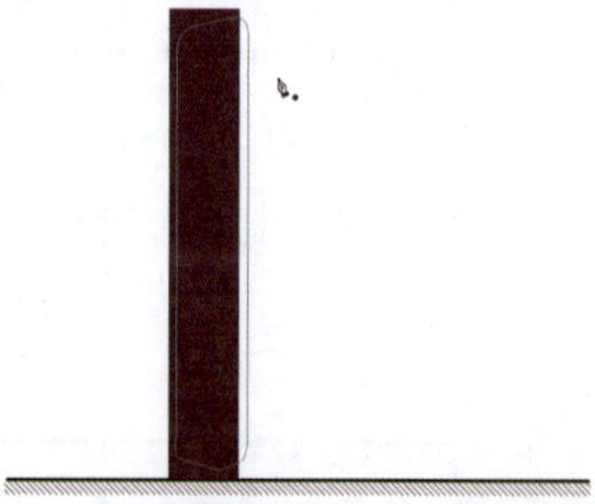

图 6–16

STEP 17 新建一个“图层 4”图层，按 Ctrl+Enter 组合键确定选区，设置前景色为白色(R:229、G:230、B:225)，按 Alt+Delete 组合键，填充前景色，如图 6–17 所示。

STEP 18 将鼠标指针移至“图层 4”图层上双击，弹出“图层样式”对话框，在左侧列表框中选中“描边”复选框，在右侧“描边”选项组中设置参数（颜色为灰色(R:127、G:126、B:127)，如图 6–18 所示。

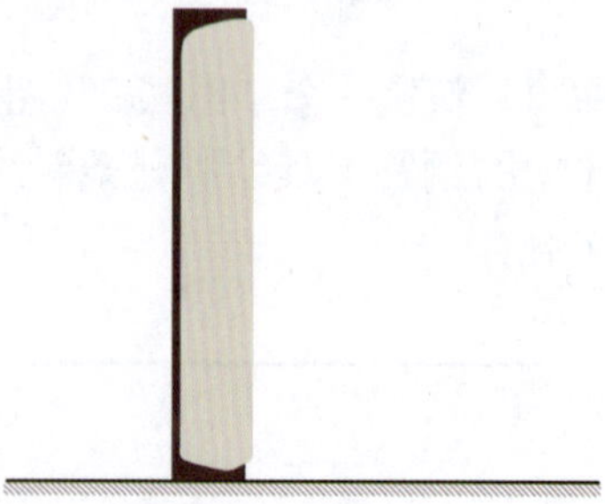

图 6–17

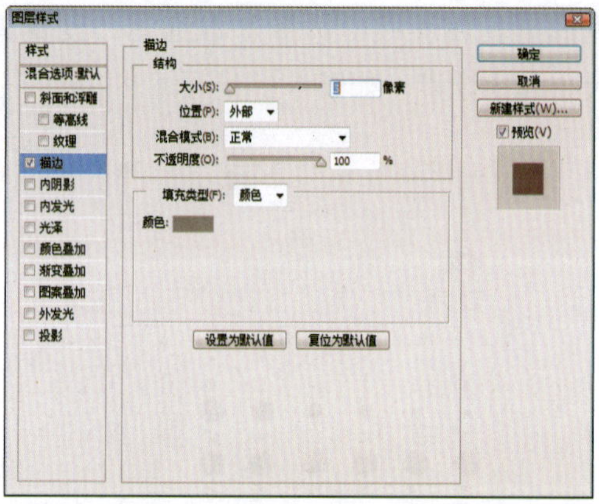


图 6–18

STEP 19 按住 Shift 键，选择“图层 3”和“图层 4”图层，按 Ctrl+J 组合键，复制两个图层。调整至合适位置后，按 Ctrl+T 组合键，在变形控制框上右击，在弹出的快捷菜单中选择“水平翻转”命令，对图形进行翻转，如图 6–19 所示。

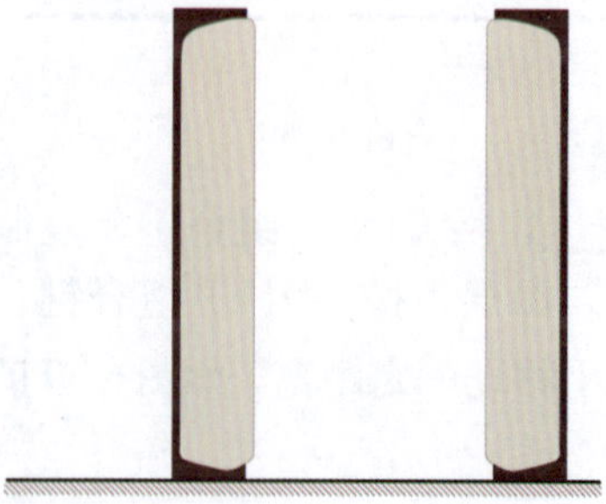

图 6–19

STEP 20 选择工具箱中的矩形选框

工具，绘制一个宽度为1.06cm、高度为16.84cm的矩形选区。新建一个“图层5”图层，设置前景色为白色(R:229、G:230、B:225)，填充前景色，并调整至合适位置，如图6-20所示。

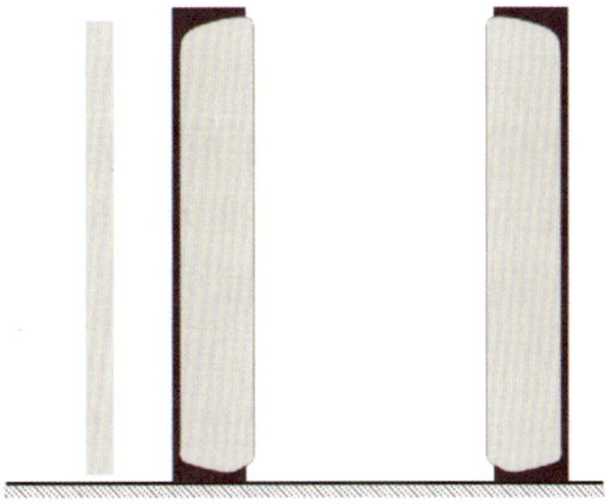

图 6-20

STEP 21 将鼠标指针移至“图层5”图层上双击，弹出“图层样式”对话框，在左侧列表框中选中“描边”复选框，在右侧“描边”选项组中设置参数(颜色为灰色(R:127、G:126、B:127)，如图6-21所示。

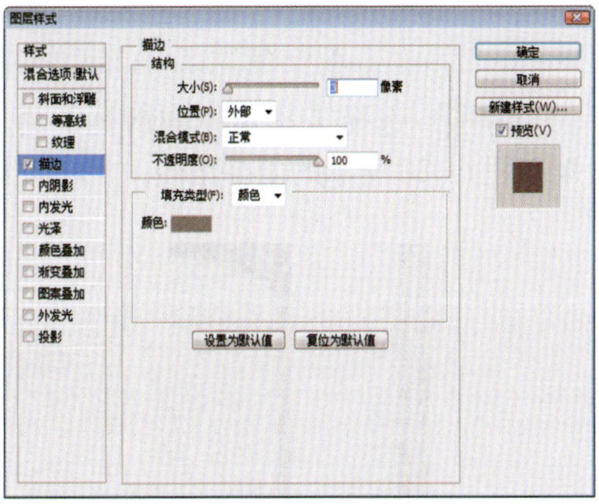


图 6-21

STEP 22 按Ctrl+J组合键，复制图层，调整至合适位置，如图6-22所示。

STEP 23 使用矩形选框工具绘制一个宽度为0.72cm、高度为17.55cm的矩形选区。新建一个“图层6”图层，设置前景色为蓝色(R:7、G:39、B:64)，填充前景色，并调整至合适位置，如图6-23所示。

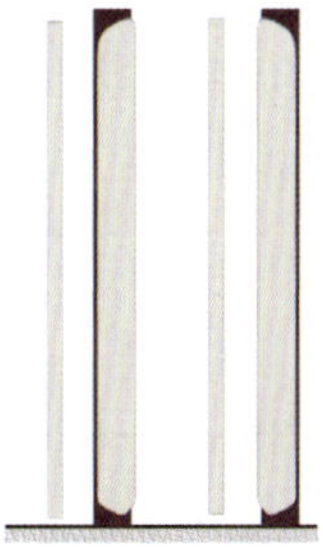

图 6-22

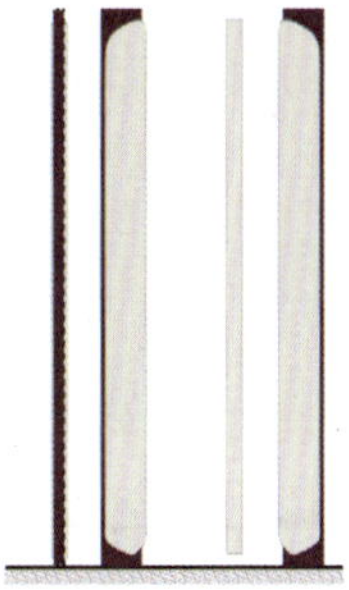

图 6-23

STEP 24 按Ctrl+J组合键，复制图层，调整至合适位置，如图6-24所示。

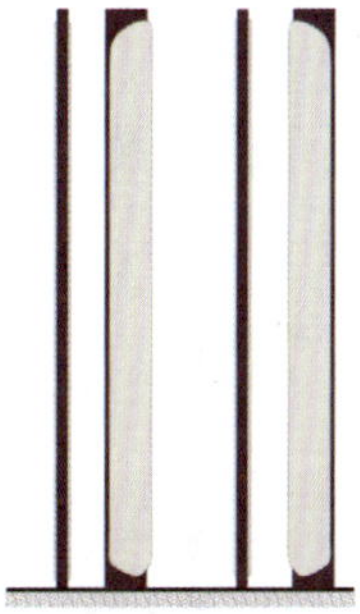

图 6-24

STEP 25 在“图层”面板中拖动“图层5”图层到“图层6”图层的下方，效果如图6-25所示。

STEP 26 使用矩形选框工具绘制一个宽度为0.14cm、高度为16.87cm的矩形选区。新建一个“图层7”图层，设置前景色为白色(R:229、G:230、B:225)，填充前景色，并调整至合适位置，如图6-26所示。

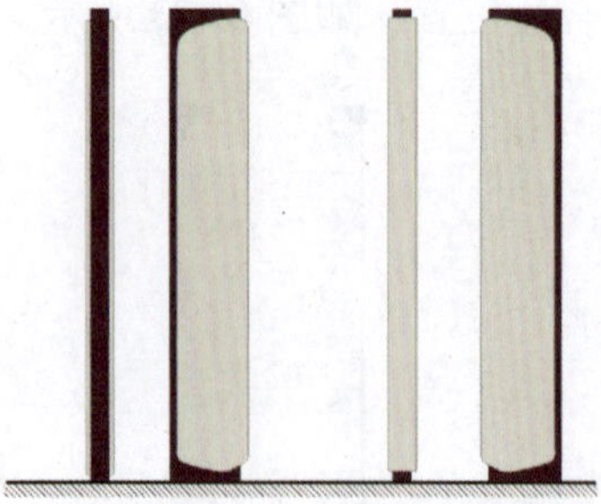

图 6-25

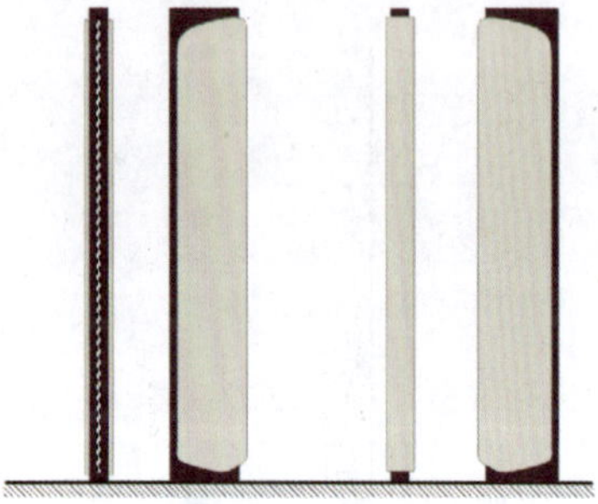

图 6-26

STEP 27 使用矩形选框工具绘制一个宽度为2.79cm、高度为1.04cm的矩形选区。新建一个“图层8”图层，设置前景色为白色(R:229、G:230、B:225)，填充前景色，并调整至合适位置，如图6-27所示。

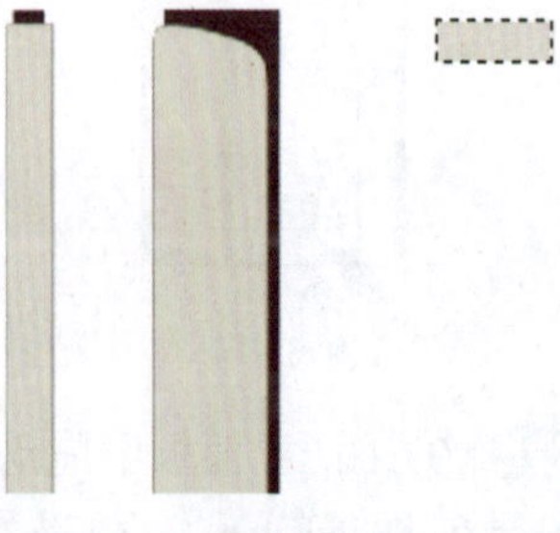

图 6-27

STEP 28 将鼠标指针移至“图层8”图层上双击，弹出“图层样式”对话框，在左侧列表框中选中“描边”复选框，在右侧“描边”选项组中设置参数（颜色为灰色(R:127、G:126、B:127)，效果如图6-28所示。

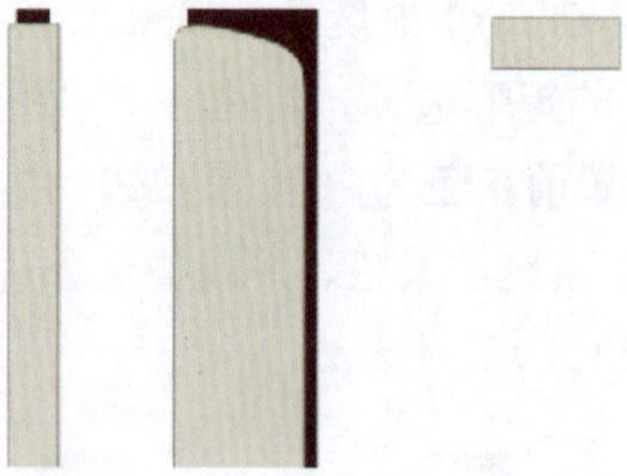

图 6-28

STEP 29 再次使用矩形选框工具绘制一个宽度为2.83cm、高度为0.66cm的矩形选区。新建一个“图层9”图层，设置前景色为蓝色(R:7、G:39、B:64)，填充前景色，并调整至合适位置，如图6-29所示。

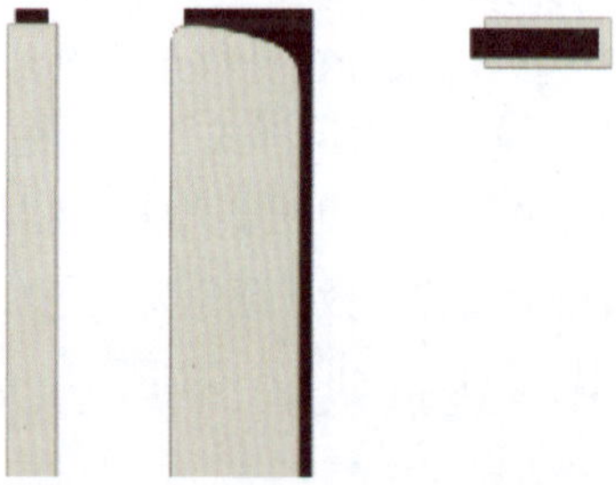

图 6-29

STEP 30 选择工具箱中的钢笔工具，绘制如图6-30所示的闭合路径。

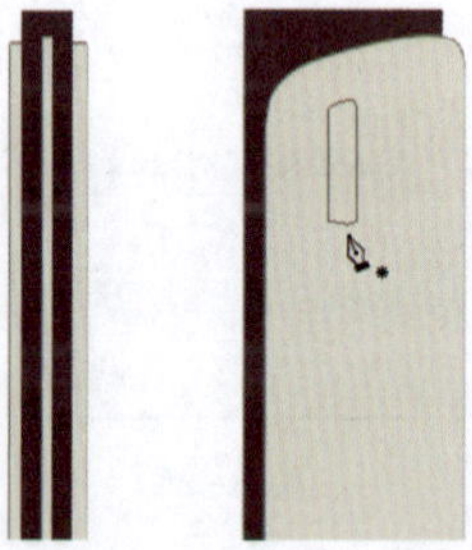

图 6-30

STEP 31 按Ctrl+Enter组合键确定选区，按Shift+Alt+Ctrl+N组合键，新建一个“图层10”图层，设置前景色为绿色(R:123、G:126、B:107)，填充前景色，调整至合适位置，如图6-31所示。

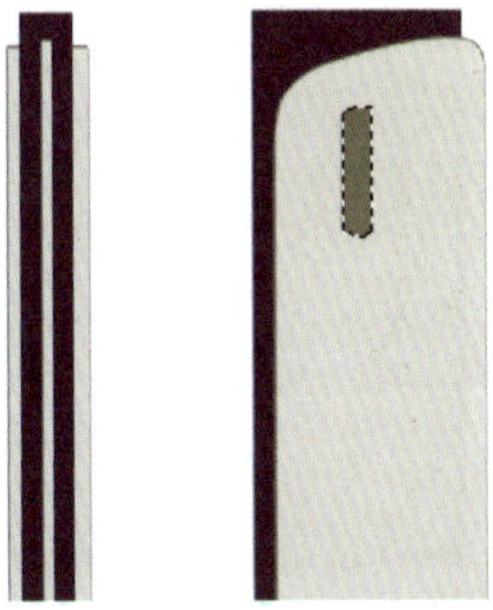

图 6-31

STEP 32 使用钢笔工具绘制如图 6-32 所示的闭合路径，然后在钢笔工具属性栏中单击“排除重叠图像” 按钮，制作减去部分的图形，按 Ctrl+Enter 组合键，确定选区，如图 6-33 所示。

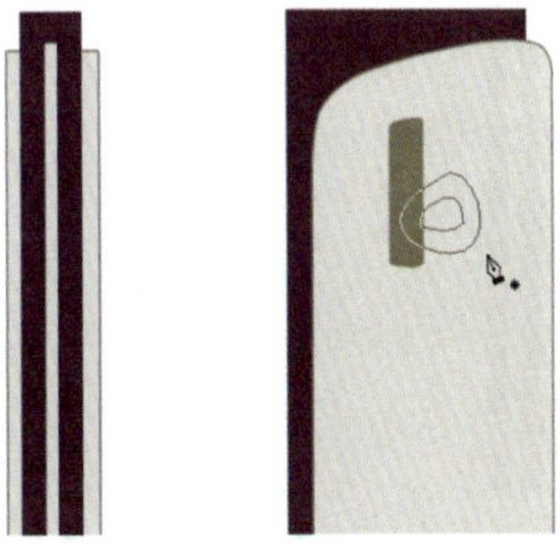

图 6-32

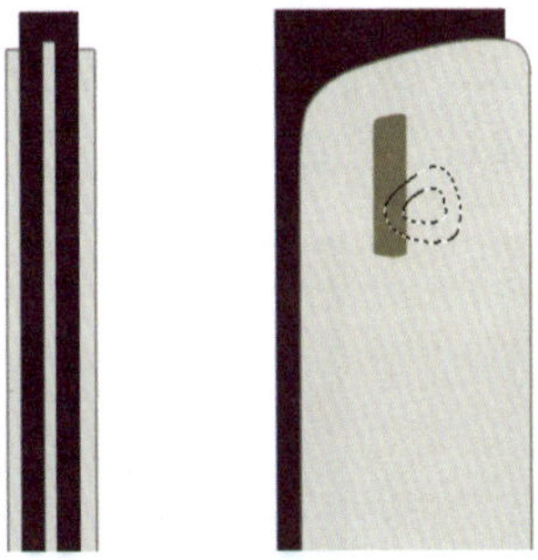

图 6-33

STEP 33 按 Shift+Alt+Ctrl+N 组合键，新建一个“图层 11”图层，设置前景色为蓝色 (R:7、G:39、B:64)，填充前景色，如图 6-34 所示。

STEP 34 设置图层样式为“描边”，在弹出的“图层样式”对话框中设置其参数，如图 6-35 所示。

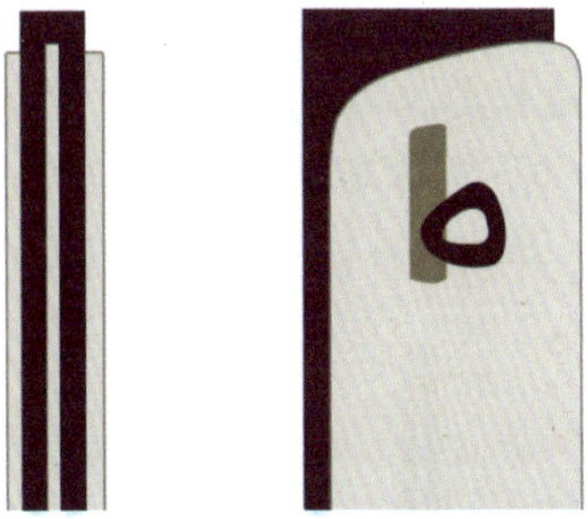

图 6-34

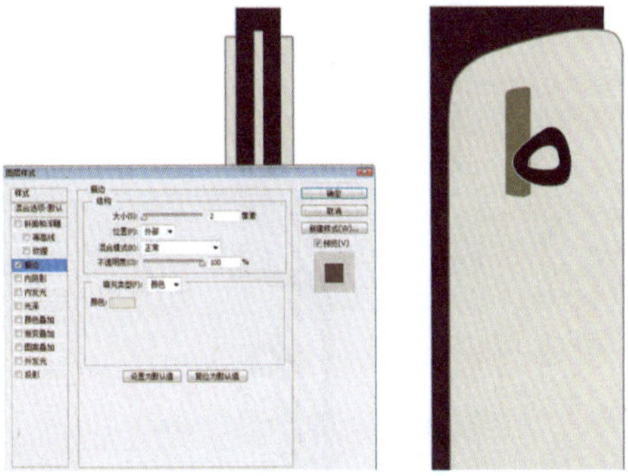

图 6-35

STEP 35 选择工具箱中的竖排文字工具，输入文本，设置字体为“华文行楷”，字号为 27 点，字体颜色为蓝色 (R:7、G:39、B:64)，并放置合适位置，如图 6-36 所示。

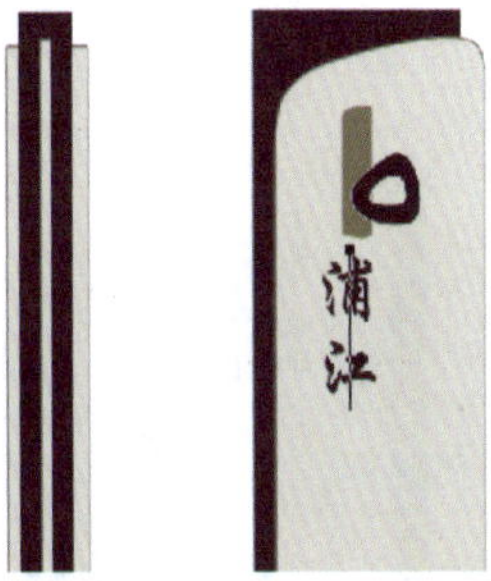


图 6-36

STEP 36 再次使用工具箱中的竖排文字工具输入文本，设置字体为“黑体”，字号为 20 点，字体颜色为蓝色 (R:7、G:39、B:64)，并放置合适位置，如图 6-37 所示。

STEP 37 继续使用工具箱中的竖排文字工具输入文本，设置字体为“黑体”，字号为 20 点，字体颜色为蓝色 (R:7、G:39、B:64)，并放置合适位置，如图 6-38 所示。

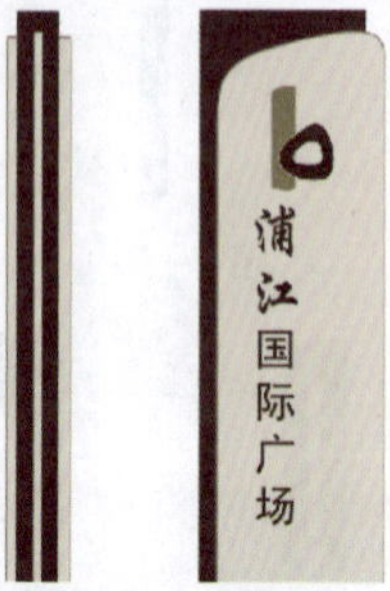


图 6-37

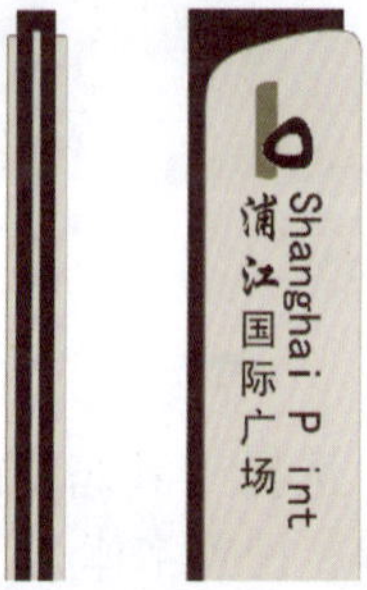


图 6-38

STEP 38 设置“图层 11”图层为当前图层，按 Ctrl+J 组合键，复制图层 11，然后调整其大小，并放置合适位置，如图 6-39 所示。

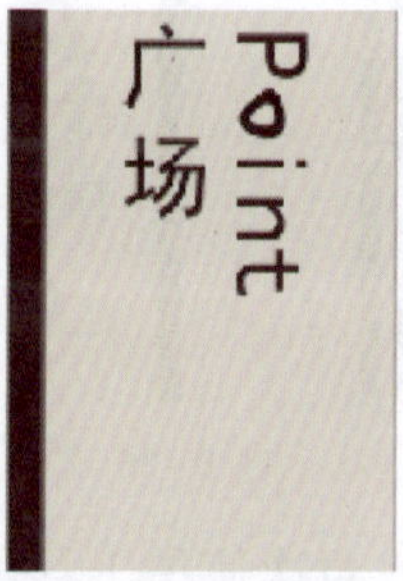


图 6-39

STEP 39 按 Ctrl+R 组合键，显示标尺，然后使用移动工具拖曳出两条横竖相交的参考线至合适位置，如图 6-40 所示。

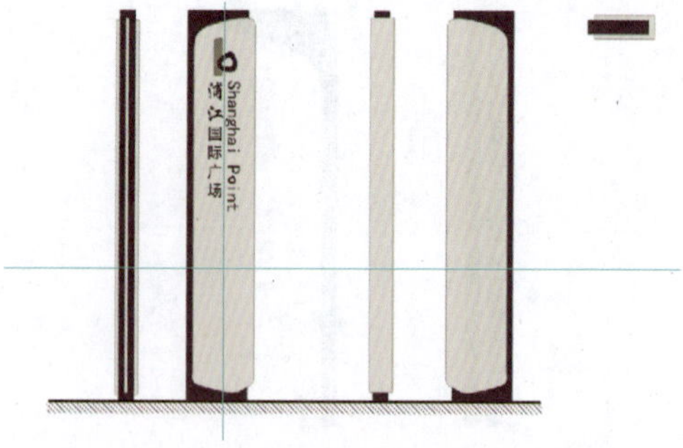

图 6-40

STEP 40 选择工具箱中的椭圆选框工具，移动鼠标指针至参考线相交位置，按住 Alt+Shift 组合键，绘制一个正圆选区，如图 6-41 所示。

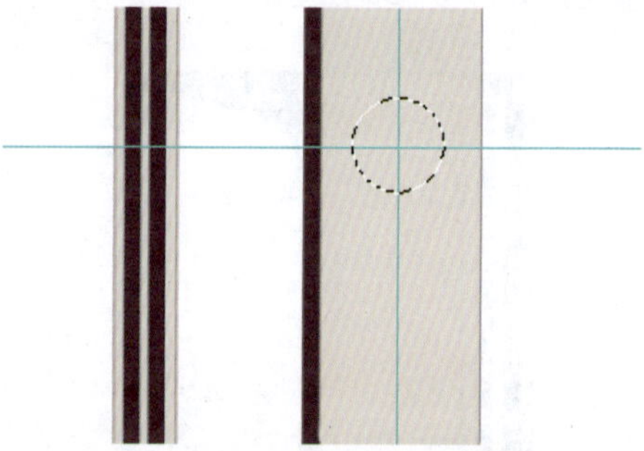

图 6-41

STEP 41 在该工具属性栏中单击“从选区中减去”按钮，使用同样方法绘制较小的正圆选区，如图 6-42 所示。

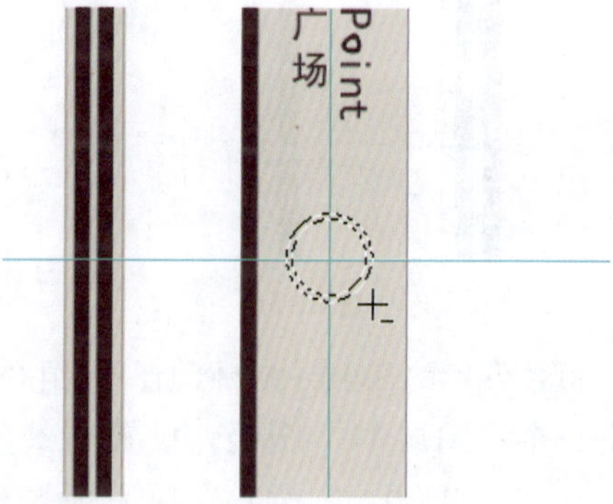


图 6-42

STEP 42 按 Shift+Alt+Ctrl+N 组合键，新建一个“图层 12”图层，设置前景色为蓝 色 (R:7、G:39、B:64)， 按 Alt+Shift

组合键，填充前景色，如图 6–43 所示。

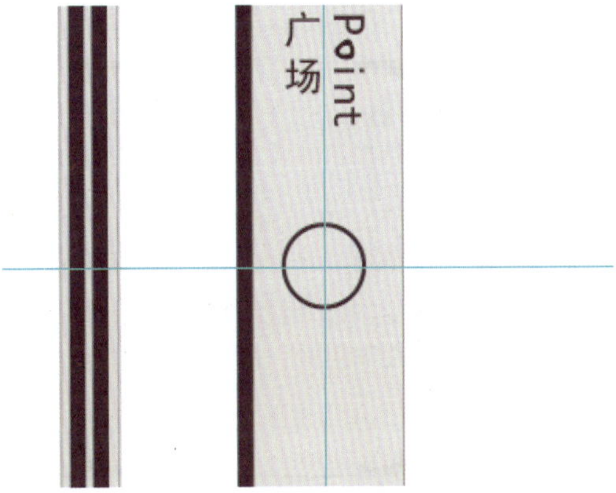


图 6–43

STEP 43 选择菜单“视图”|“显示”|“参考线”命令，取消参考线。按 Shift+Alt+Ctrl+N 组合键，新建一个“图层 13”图层，设置前景色为黑色 (R：0、G：0、B：0)，使用钢笔工具绘制一个路径，如图 6–44 所示。

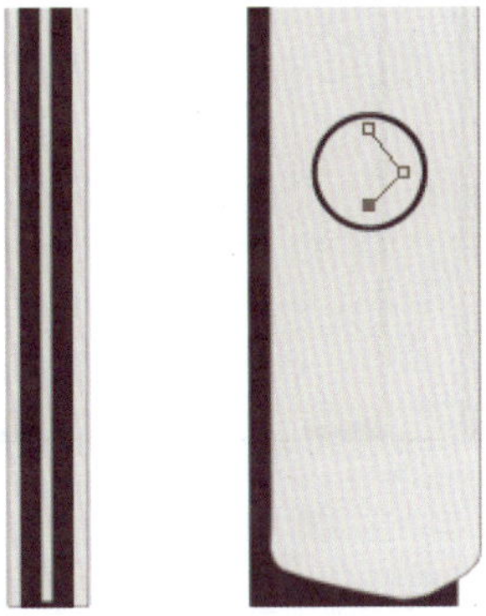

图 6–44

STEP 44 选择工具箱中的画笔工具，设置画笔大小为 7 像素。然后选择工具箱中的钢笔工具，右击编辑区，在弹出的快捷菜单中选择“描边路径”命令，使用“画笔”描边，描边效果如图 6–45 所示。

STEP 45 再次选择钢笔工具，按住 Shift 键绘制一条直线路径，使用同样方法在同一图层上进行描边，描边效果如图 6–46 所示。

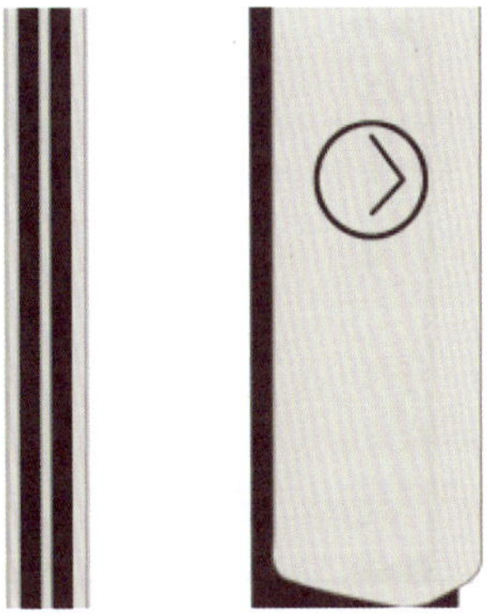

图 6–45

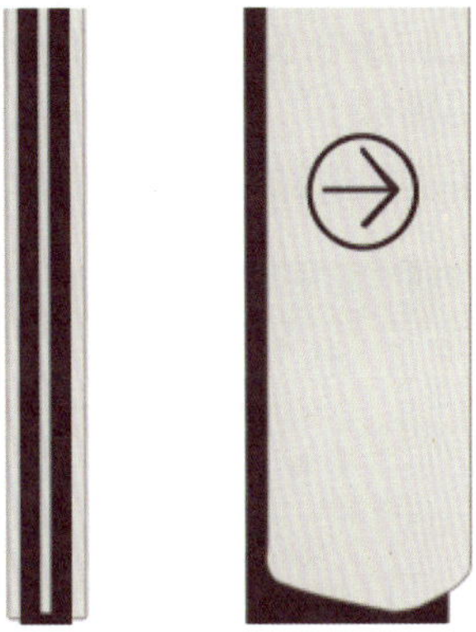

图 6–46

STEP 46 选择工具箱中的移动工具，在该工具属性栏中选中“自动选择”复选框，如图 6–47 所示。

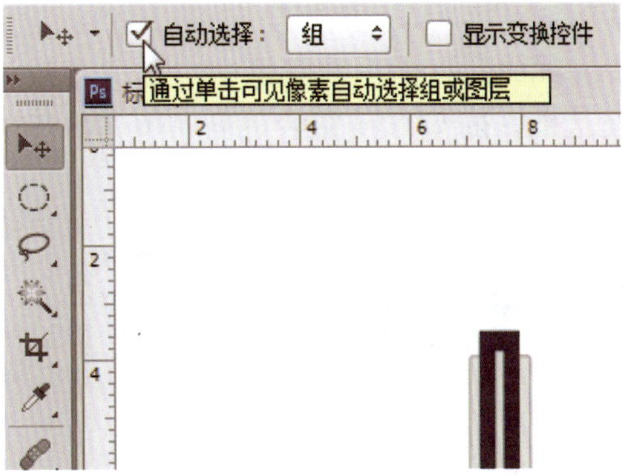


图 6–47

STEP 47 使用移动工具在编辑区内绘制选区，选中选区内图层，如图 6–48 所示。

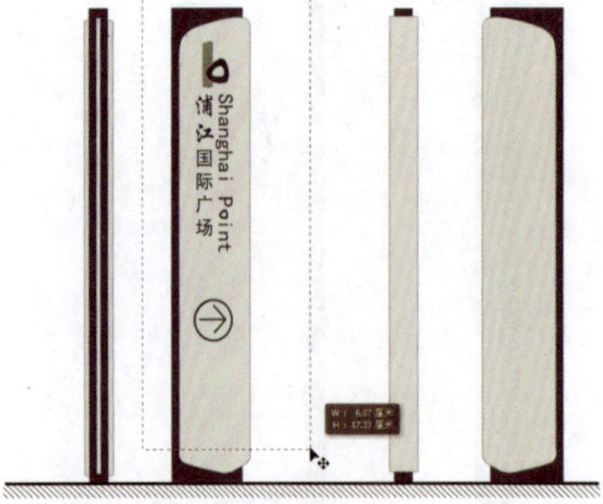


图 6—48

STEP 48 按住 Ctrl 键，在“图层”面板中单击“图层 3”和“图层 4”图层，取消对两个图层的选择，如图 6—49 所示。

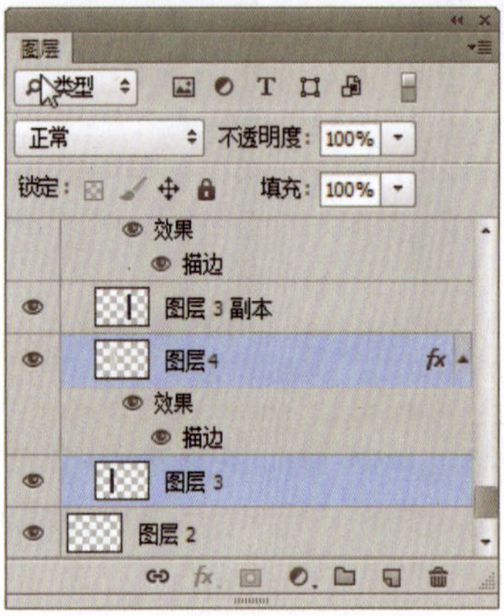


图 6—49

STEP 49 然后取消选中“自动选择”复选框，按 Ctrl+J 组合键复制图层，并调整至合适位置，如图 6—50 所示。

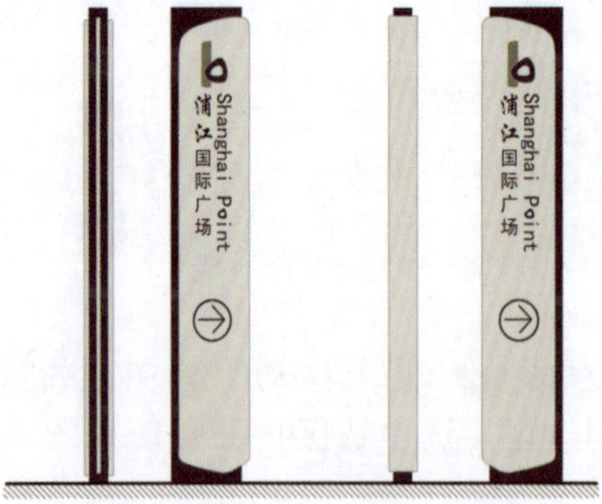


图 6—50

STEP 50 按 Ctrl+T 组合键，对其进行水平翻转，效果如图 6—51 所示。

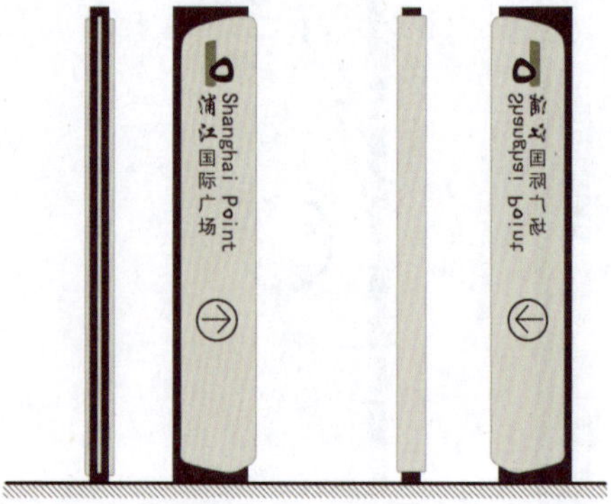


图 6—51

STEP 51 打开素材文件中的“人物.psd”图像，然后使用移动工具拖曳到“室外导向标识”文档中，调整其大小到合适位置，如图 6—52 所示。

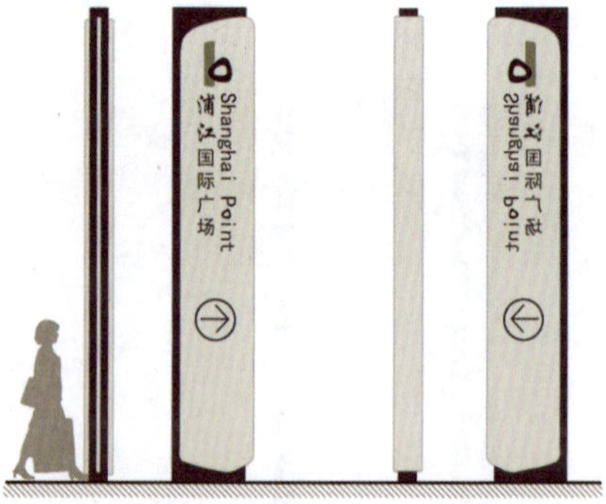


图 6—52

STEP 52 按Shift+Alt+Ctrl+N组合键，新建一个“图层 12”图层。选择工具箱中的钢笔工具，按住 Shift 键的同时，绘制尺寸标线，如图 6—53 所示。

STEP 53 设置前景色为黑色（R：0、G：0、B：0），选择工具箱中的画笔工具，设置画笔大小为 2 像素，然后选择工具箱中的钢笔工具，右击编辑区，在弹出的快捷菜单中选择“描边路径”命令，使用“画笔”描边，描边效果如图 6—54 所示。

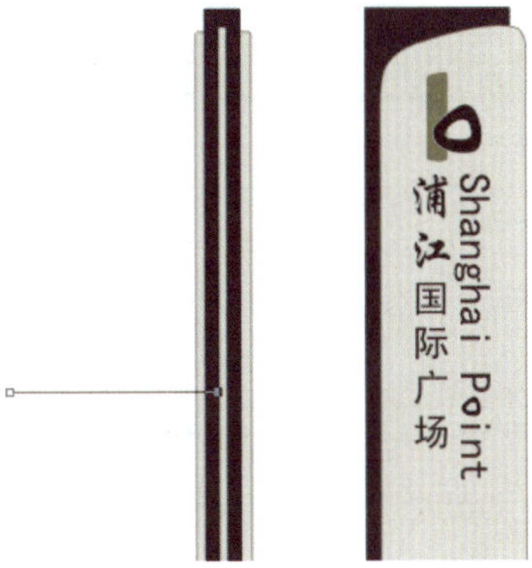


图 6–53

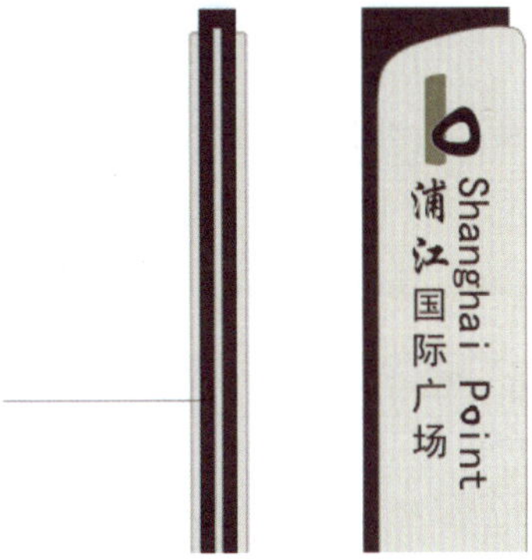


图 6–54

STEP 54 使用同样的方法绘制其余几处，如图 6–55 所示。

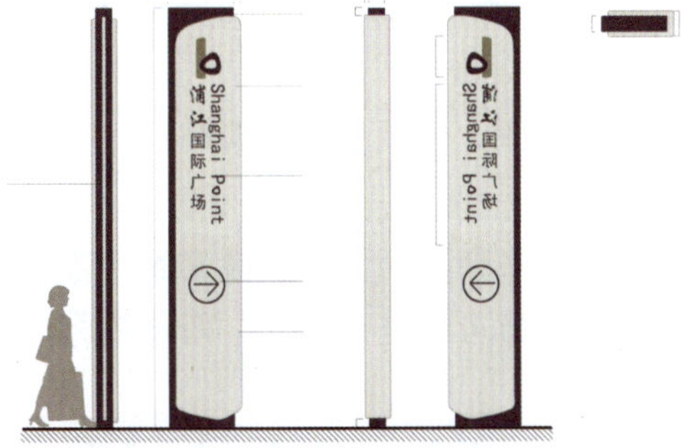


图 6–55

STEP 55 选择工具箱中的竖排文字工具，输入文本（具体尺寸与内容），设置字体为“微软雅黑”，字号为 9 点，字体颜色为黑色 (R:0、G:0、B:0)，如图 6–56 所示。

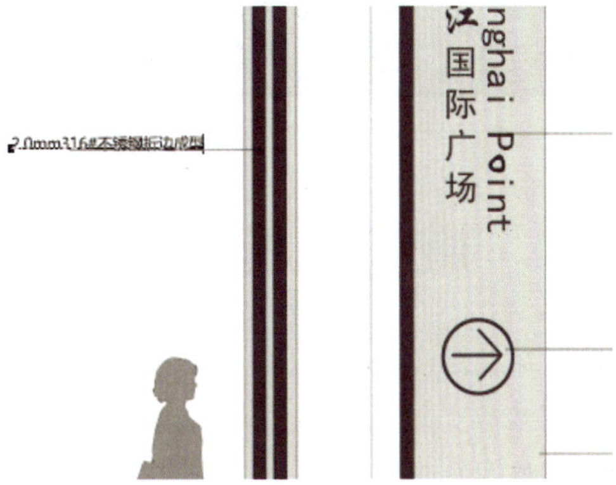


图 6–56

**操作技能**

需要输入横排文字时，可选择工具箱中的横排文字工具即可。

STEP 56 使用同样的方法输入其他几处文本内容，如图 6–57 所示。

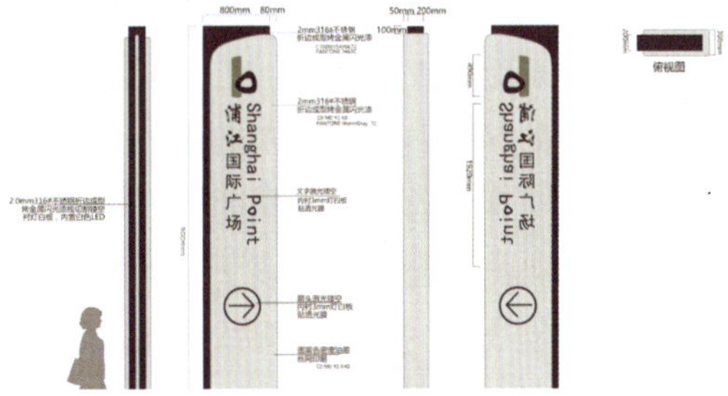


图 6–57

STEP 57 最终标识设计完成效果如图 6–58 所示。

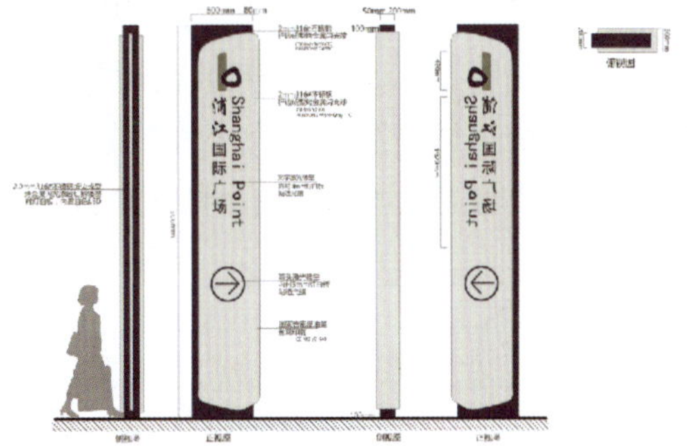


图 6–58

【听我讲】



# 6.1 裁剪工具组的应用

在编辑图像时，图像的初始大小和比例不一定能满足用户的需要，此时可以根据需要，使用裁剪工具调整图像大小和比例。之后还可以使用加深或减淡工具、模糊或锐化工具等调整图像整体效果。

## 6.1.1 裁剪工具

用户可根据需要使用裁剪工具，对图像进行裁剪，改变图像的大小。在使用裁剪工具时，可以在工具属性栏中设置裁剪区域的大小，也可以使用固定的长宽比例裁剪图像。

选择工具箱中的裁剪工具，在菜单栏下方将显示该工具属性栏，如图 6–59 所示。

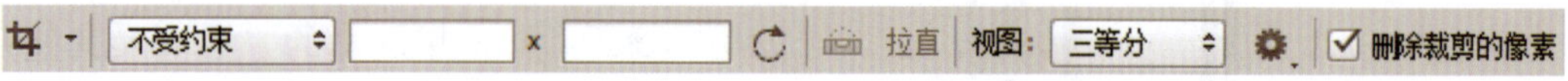


图 6–59

在裁剪工具属性栏中，各选项的含义介绍如下。

- “不受约束”选项：在下拉列表框中可以选择一些预设的长宽比，也可以在后面的文本框中直接输入数值。
- “拉直”选项：该功能允许用户为照片定义水平线，将倾斜的照片“拉”回水平。
- “视图”选项：在该下拉列表框中用户可以选择裁剪区域的参考线，包括三等分、黄金分割、金色螺旋线等常用构图线。
- 按钮：单击该按钮，用户可以进行一些功能设置，包括使用经典模式（CS6 之前的剪裁工具模式）等。
- “删除裁剪的像素”复选框：若选中该复选框，多余的画面将会被删除；若取消选中“删除裁剪的像素”复选框，则对画面的裁剪可以是无损的，即被裁剪掉的画面部分并没有被删除，可以随时改变裁剪范围。

选择裁剪工具，在图像边缘会显示裁剪框，裁剪框的周围有 8 个控制点，利用这些控制点能快速调整图像的大小和旋转角度等，起到了纠正图像构图的作用。裁剪后，图像自动沿裁剪边缘增加或缩小图像，如图 6–60 和图 6–61 所示。

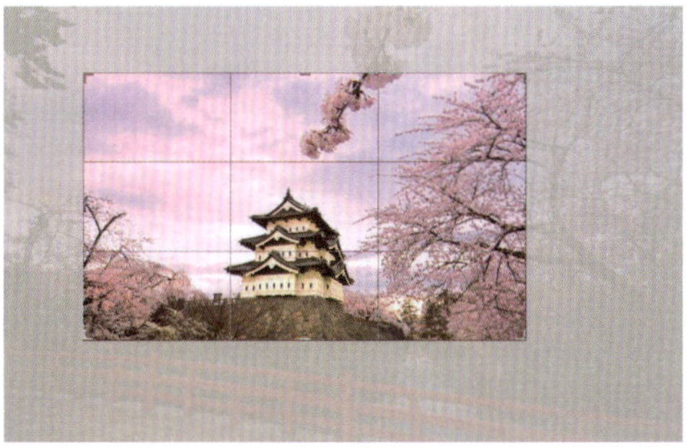

图 6−60

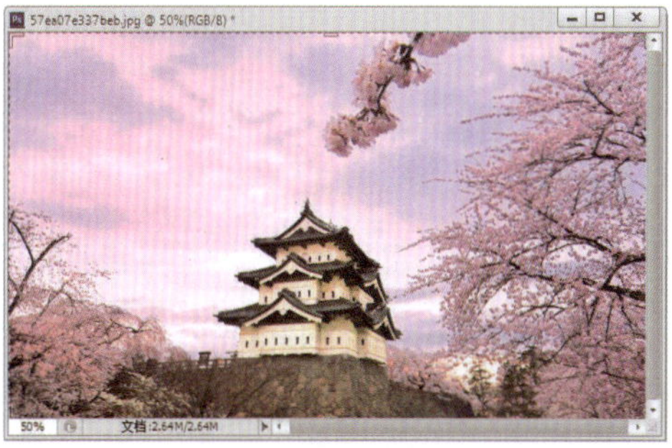

图 6−61

## 6.1.2 透视裁剪工具

“透视裁剪工具”用来纠正不正确的透视变形。选择工具箱中的透视裁剪工具，当光标变成形状时，在图像上拖曳裁剪区域，只需要分别单击画面中的 4 个顶点，即可定义一个任意形状的四边形。进行裁剪时，软件不仅会对选中的画面区域进行裁剪，还会把选定区域“变形”为正四边形，如图 6−62 和图 6−63 所示。

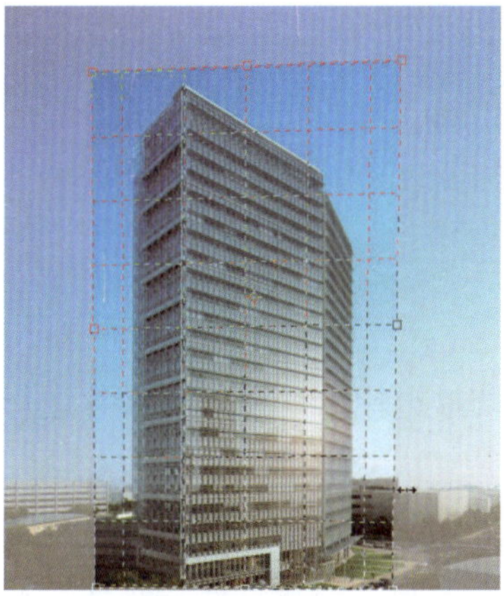

图 6−62

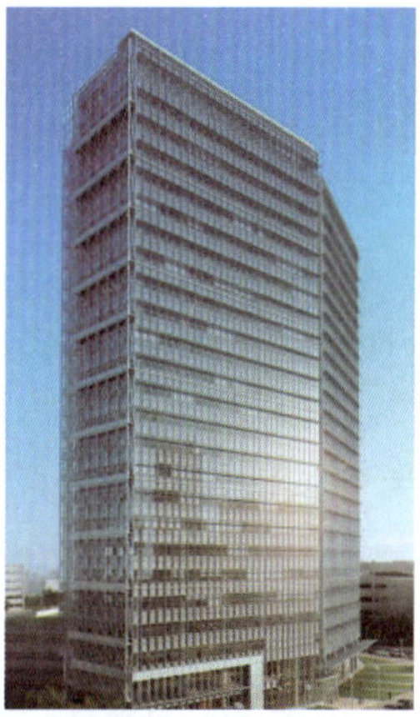

图 6−63

## 6.1.3 切片工具

切片是指对图像进行重新切割划分。在制作网页切图时使用较多，可以用来制作 HTML 标记、创建链接、翻转和动画等。

选择工具箱中的（切片工具），在图像中绘制出一个切片区域，释放鼠标后图像被分割，每部分图像的左上角显示序号。在任意一个切片区域内右击，在弹出的快捷菜单中选择“划分切片”命令，弹出“划分切片”对话框，如图 6−64 所示。在该对话框中选中“水平划分”或“垂直划分”复选框，在下面相应的文本框中输入切片个数，单击“确定”按钮即可将切片平均划分。

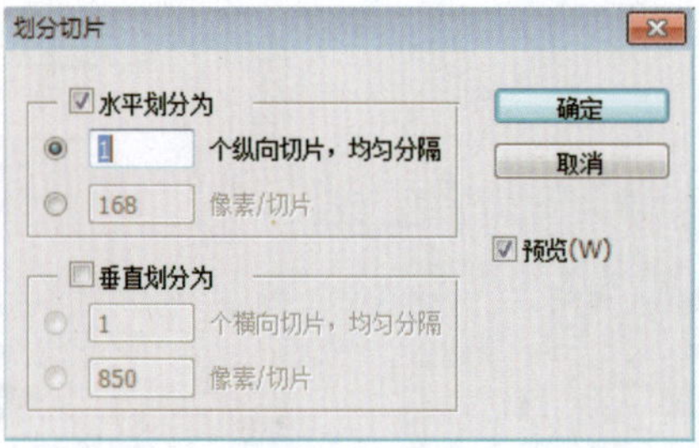


图 6-64

一般情况下，使用切片工具之前先调出参考线，使用参考线划分出区域，然后单击该工具属性栏上的“基于参考线的切片”按钮 基于参考线的切片 ，就可以按参考线进行切片，如图 6-65 和图 6-66 所示。

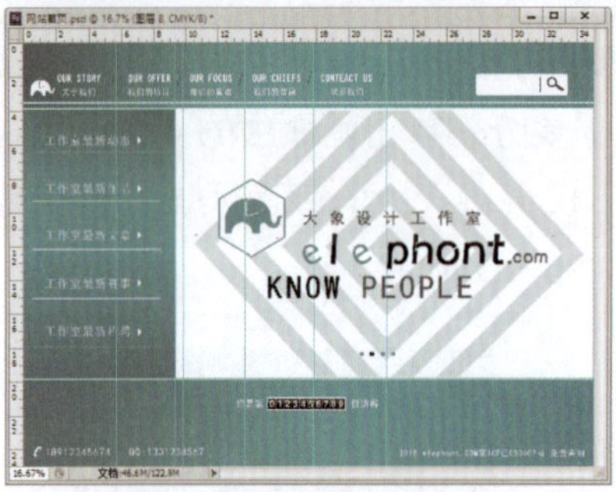


图 6-65

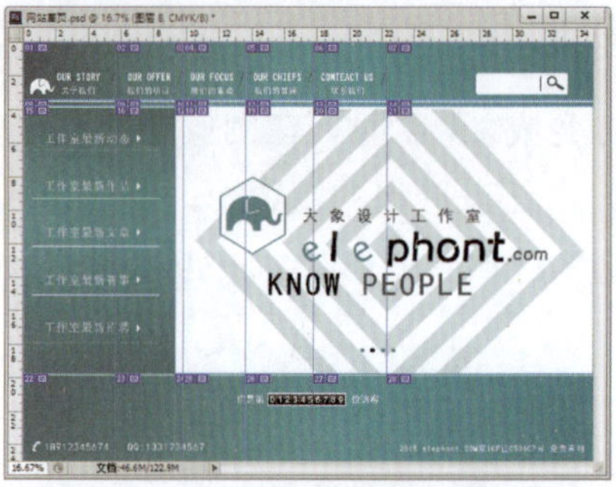


图 6-66

## 6.1.4 切片选择工具

如果需要变换切片的位置和大小，可以使用“切片选择工具”对切片进行选择和编辑等操作。

选择工具箱中的切片选择工具，单击需要编辑的切片，按住左键不放，可以随意移动切片位置。还可以使用鼠标左键按住切片四周的控制点，随意伸展或收缩切片大小，如图 6-67 和图 6-68 所示。

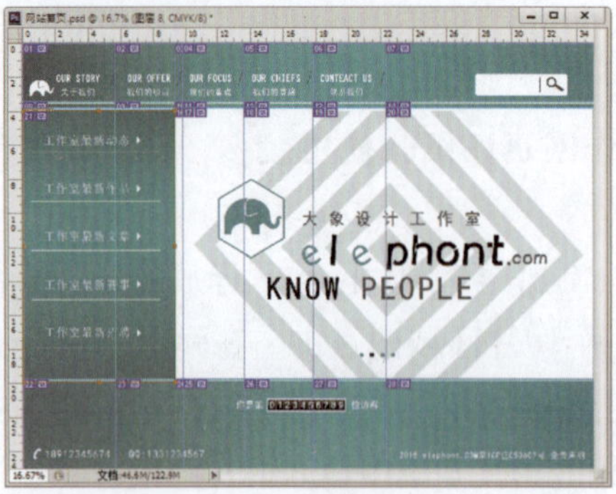


图 6-67

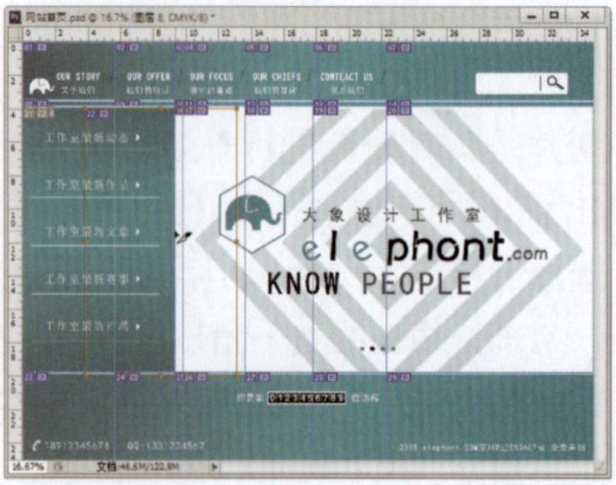


图 6-68

# 6.2 图章工具组的应用

图章工具是常见的修图工具，主要用于对图像的复制和修复，以及修补图像中的不足部分。图章工具包括仿制图章工具和图案图章工具。

## 6.2.1 仿制图章工具

仿制图章工具的作用是将取样图像应用到其他图像或同一图像的其他位置。仿制图章工具在操作前需要从图像中取样，然后将样本应用到其他图像或同一图像的其他部分。仿制图章工具与修复画笔工具的区别在于使用仿制图章工具复制出来的图像在色彩上与原图是完全一样的，因此仿制图章工具在进行图片处理时，用处是很大的。

选择工具箱中的（仿制图章工具），在该工具属性栏上显示其选项参数，如图6–69所示。

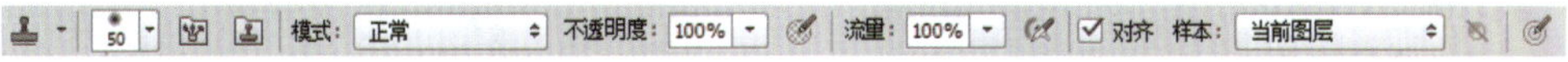


图 6–69

选择仿制图章工具后，在该工具属性栏中设置选项参数，然后按住 Alt 键，在图像中单击取样，释放 Alt 键后，在需要修复的图像区域单击即可仿制出取样处的图像，如图6–70和图 6–71 所示。

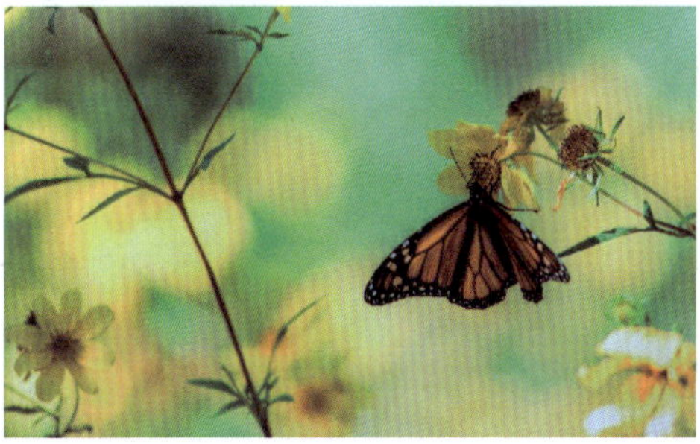

图 6–70

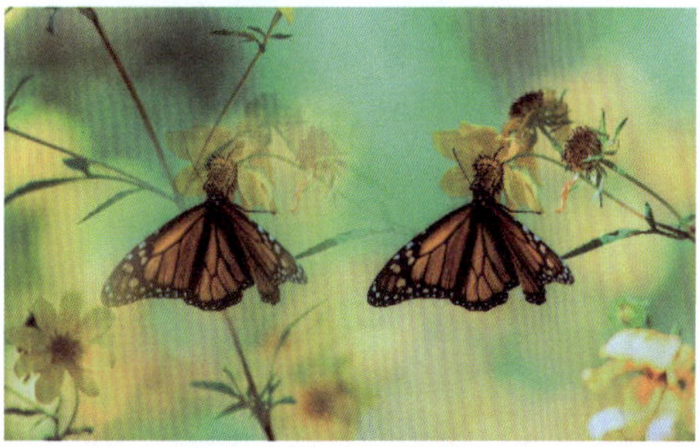

图 6–71

**操作技能**

在仿制图章工具属性栏中，若选中“对齐”复选框，则可以对像素连续取样，而不会丢失当前的取样点；若取消选中“对齐”复选框，则会在每次停止并重新开始绘画时使用初始取样点中的样本像素。若选中“对所有图层取样”复选框，则可以从所有可视图层对数据进行取样；若取消选中“对所有图层取样”复选框，将只从现用图层取样。

## 6.2.2 图案图章工具

图案图章工具是将系统自带的或用户自定义的图案进行复制，并应用到图像中。图案可以用来创建特殊效果、背景网纹或壁纸设计等。选择工具箱中的（图案图章工具），在该工具属性栏上显示其选项参数，如图 6–72 所示。

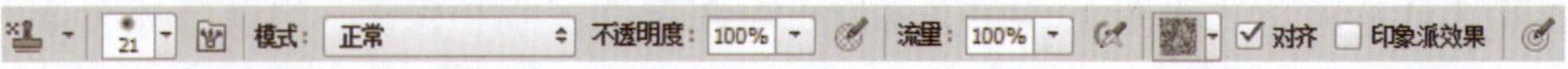


图 6–72

在该工具属性栏中，若选中“对齐”复选框，每次单击拖曳得到的图像效果是图案重复衔接拼贴；若取消选中“对齐”复选框，多次复制时会得到图像的重叠效果。

首先使用矩形选框工具选取要作为自定义图案的图像区域，然后选择菜单“编辑”|“定义图案”命令，弹出“图案名称”对话框，为选区命名并保存。选择工具箱中的图案图章工具，在该工具属性栏的“图案”下拉面板中选择所需图案，将鼠标指针移到图像窗口中，按住左键并拖动，即可使用选择的图案覆盖当前区域的图像，如图 6–73 和图 6–74 所示。

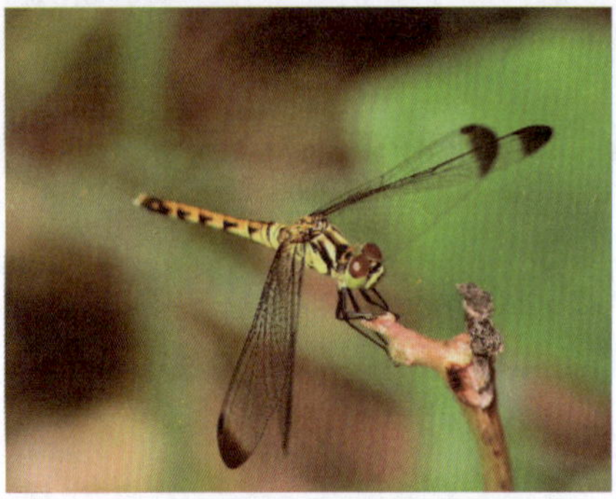

图 6–73

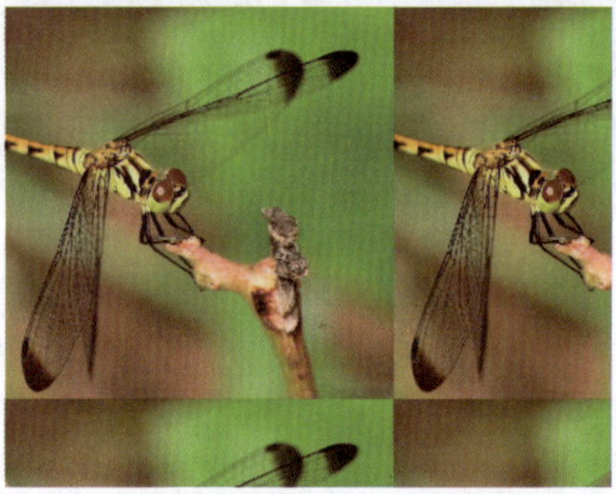

图 6–74

## 6.2.3 内容感知移动工具

内容感知移动工具是 Photoshop CS6 新增的一个功能强大、操作简单的智能修复工具。内容感知移动工具主要有以下两大功能。

(1) 感知移动功能。主要是用来移动图片中的主体，并随意放置到合适的位置。移动后的空隙位置，软件会智能修复。

(2) 快速复制。选取想要复制的部分，移到其他需要的位置就可以实现复制，复制后的边缘会自动柔化处理，跟周围环境融合。

选择工具箱中的（内容感知移动工具），在该工具属性栏中显示其选项参数，如图 6–75 所示。

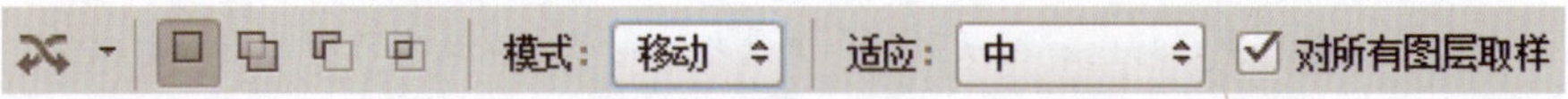


图 6–75

在该工具属性栏中，主要选项的含义介绍如下。

- “模式”选项：在该下拉列表中包括“移动”和“扩展”两个选择。若选择“移动”选项，就会实现“感知移动”功能；若选择“扩展”选项，就会实现“快速复制”功能。

- “适应”选项：在该下拉列表中包含“非常严格”“严格”“中”“松散”“非常松散”5个调整方式选项。这是用来设定复制时是完全复制，还是允许“内容感知”感测环境后做些调整，一般来说，预设的“中度”就有不错的效果。

选择工具箱中的内容感知移动工具，此时鼠标指针出现有“X”图形，按住左键并拖动画出选区，然后在选区中再按住左键拖动，移到想要放置的位置后释放鼠标即可，如图6–76和图6–77所示。

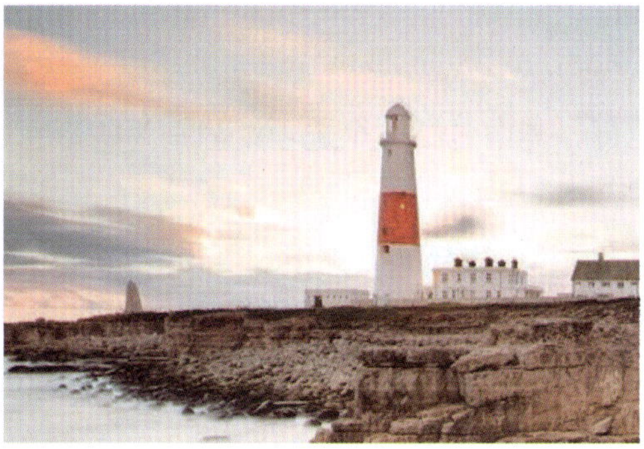

图 6–76

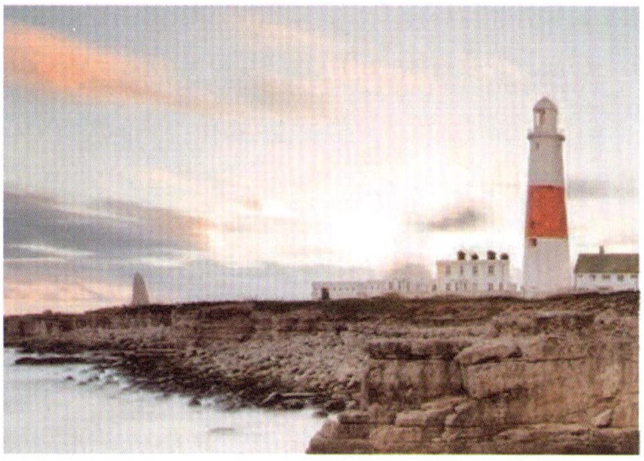

图 6–77

## 6.3 减淡工具组的应用

减淡工具组包括减淡工具、加深工具和海绵工具。利用这些工具，可以调整图像局部的色调和颜色，使作品呈现出不一样的视觉效果。

### 6.3.1 减淡工具

减淡工具可以使图像的颜色更加明亮。使用减淡工具可以改变图像特定区域的曝光度，从而使得图像的该区域变亮。

选择工具箱中的（减淡工具），在该工具属性栏中进行设置后将鼠标指针移动到需要处理的位置，单击并拖动鼠标指针进行涂抹即可应用减淡效果，如图6–78和图6–79所示。

图 6–78

图 6–79

## 6.3.2 加深工具

加深工具主要用于加深阴影效果。使用加深工具可以改变图像特定区域的曝光度，从而调整图像明暗的统一性。选择工具箱中的（加深工具），在菜单栏下方显示其选项参数，如图 6–80 所示。

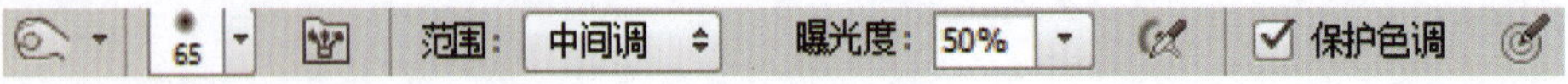


图 6–80

在加深工具属性栏中，主要选项的含义介绍如下。

- “范围”选项：用于设置加深的作用范围，其中包括 3 个选项，分别为阴影、中间调和高光。
- “曝光度”下拉列表框：用于设置对图像色彩减淡的程度，取值范围为 0% ~ 100%。输入的数值越大，对图像减淡的效果就越明显。
- “保护色调”复选框：选中该复选框后，使用加深或减淡工具进行操作时可以尽量保护图像原有的色调不失真。

选择工具箱中的加深工具，在该工具属性栏中进行相应设置后，将鼠标指针移到图像窗口中，单击并拖动鼠标指针进行涂抹即可应用加深效果，如图 6–81 和图 6–82 所示。

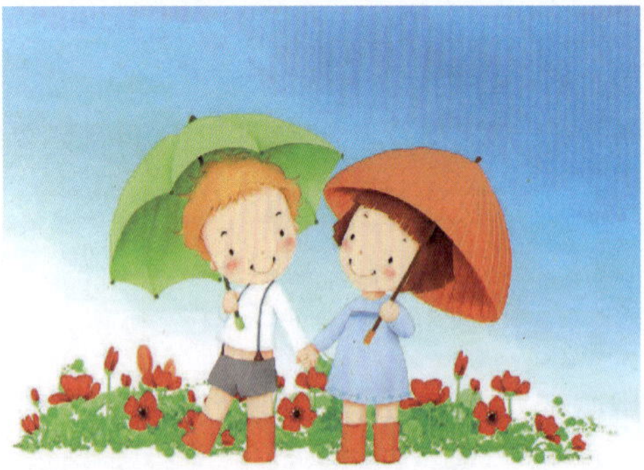

图 6–81

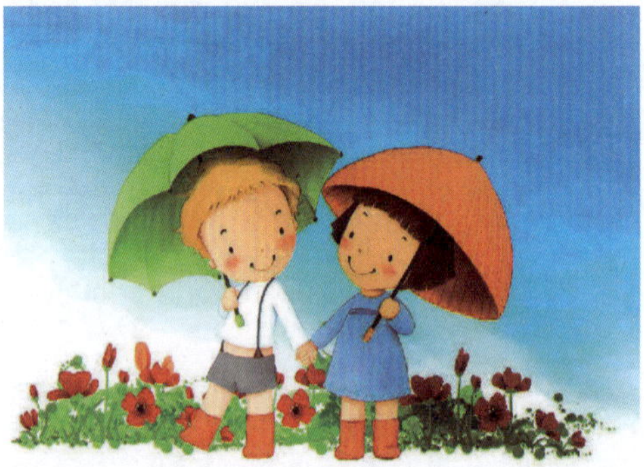

图 6–82

## 6.3.3 海绵工具

海绵工具为色彩饱和度调整工具，可用来改变局部的色彩饱和度（去色）或增加饱和度（加色）。当增加颜色的饱和度时，其灰度就会减少；饱和度为 0% 的图像为灰度图像。选择工具箱中的海绵工具时，在菜单栏下方显示其选项参数，如图 6–83 所示。

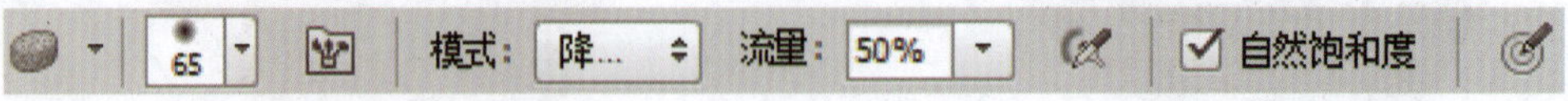


图 6–83

在海绵工具属性栏中，主要选项的含义介绍如下。

- “模式”选项：在该下拉列表中包括“降低饱和度”和“饱和”两个选项。选择“降低饱和度”选项，将降低图像颜色的饱和度；选择“饱和”选项，则增加图像颜色的饱和度。

- “流量”下拉列表框：用于设置饱和或不饱和的程度。

选择工具箱中的（海绵工具），在该工具属性栏中设置相关选项后，将鼠标指针移动到图像窗口中单击并拖动鼠标进行涂抹即可。图 6–84 和图 6–85 所示为使用海绵工具的前后对比效果。

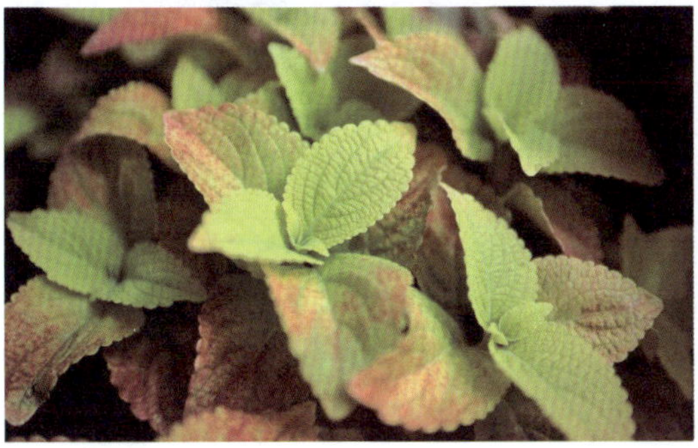

图 6–84

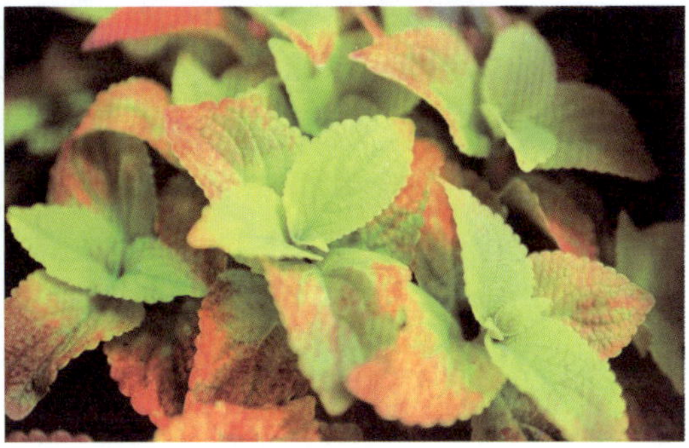

图 6–85

## 6.4 模糊工具组的应用

模糊工具组包括模糊工具、锐化工具和涂抹工具，常用于调整图像的对比度、清晰度，创建精美、细致的图像。

### 6.4.1 模糊工具

“模糊工具”可以降低图像相邻像素之间的对比度，使图像局部区域变得柔和，产生一种模糊效果。模糊工具还可以柔化粘贴到某个文档中的图像参差不齐的边界，使之更加平滑地融入到背景。

选择工具箱中的（模糊工具），在该工具属性栏中显示其选项参数，如图 6–86 所示。

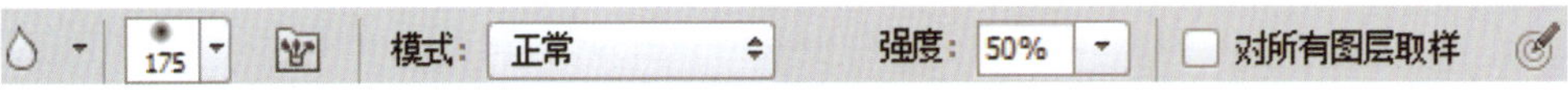


图 6–86

在模糊工具属性栏中，各主要选项的含义介绍如下。

- “画笔”下拉列表：用于设置涂抹画笔的直径、硬度以及样式。
- “强度”下拉列表框：用于设置模糊的强度，数值越大，模糊效果越明显。

选择工具箱中的模糊工具，在该工具属性栏中设置参数，然后在图像窗口中单击并拖动鼠标指针涂抹需要模糊的区域即可，如图 6–87 和图 6–88 所示。

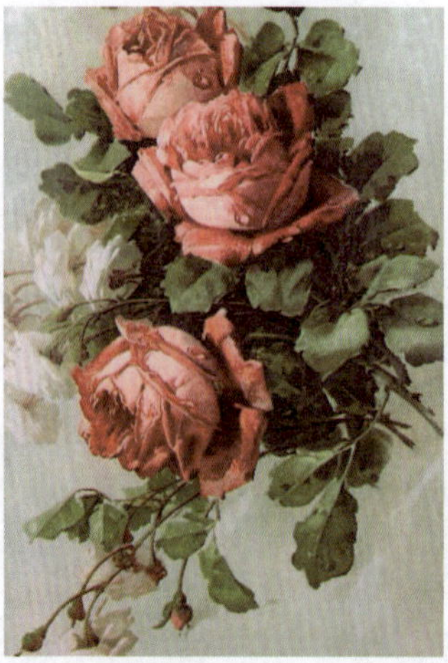

图 6–87

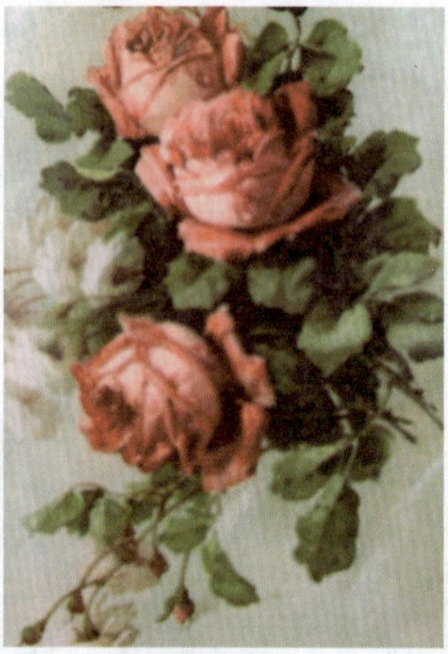

图 6–88

## 6.4.2 锐化工具

锐化工具与模糊工具相反，锐化工具用于增加图像中像素边缘的对比度和相邻像素间的反差，提高图像清晰度或聚焦程度，从而使图像产生清晰的效果。通过属性栏模式的切换，即可控制要影响的图像区域。“强度”文本框中的数值越大，锐化效果越明显。

选择工具箱中的△（锐化工具），在该工具属性栏中设置参数，然后在图像窗口中单击并拖动鼠标指针涂抹需要锐化的区域即可，如图 6–89 和图 6–90 所示。

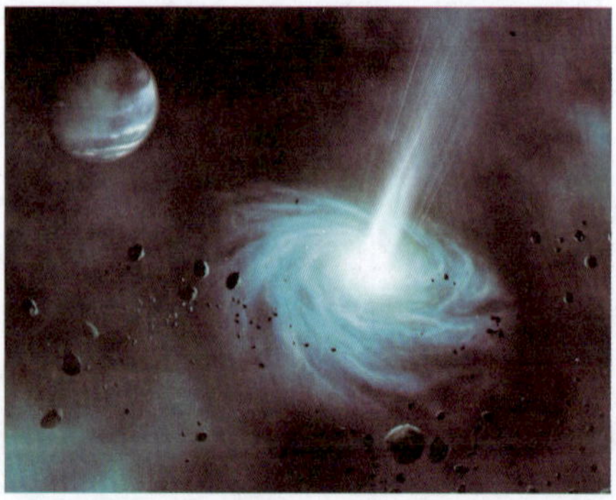

图 6–89

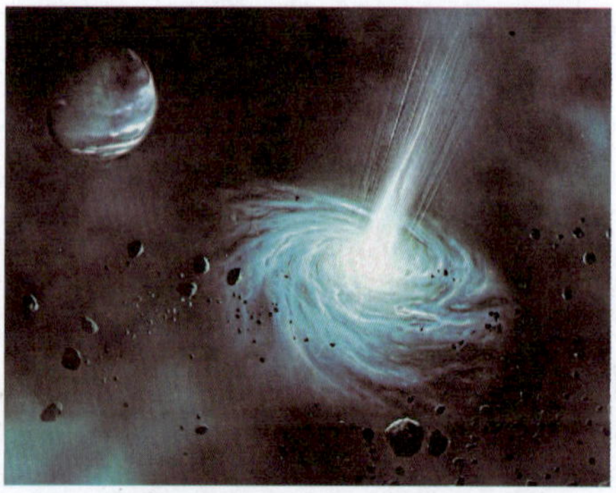

图 6–90

## 6.4.3 涂抹工具

涂抹工具的作用就像是使用手指进行涂抹混合颜色，提取最先单击处的颜色与鼠标指针拖动经过的颜色相融合挤压，以产生模糊的效果。

选择工具箱中的（涂抹工具），在该工具属性栏中显示其选项参数，如图 6–91 所示。

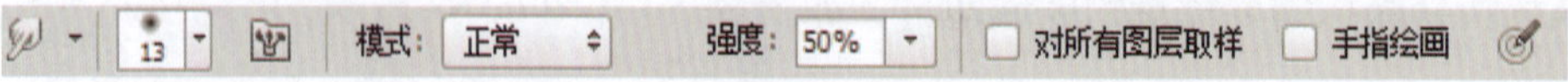


图 6–91

在该工具属性栏中，若选中“手指绘画”复选框，单击拖曳时，则使用前景色与图像中的颜色相融合；若取消选中该复选框，则使用开始拖曳时的图像颜色。图 6–92 和图 6–93 所示为使用涂抹工具涂抹前后的效果。

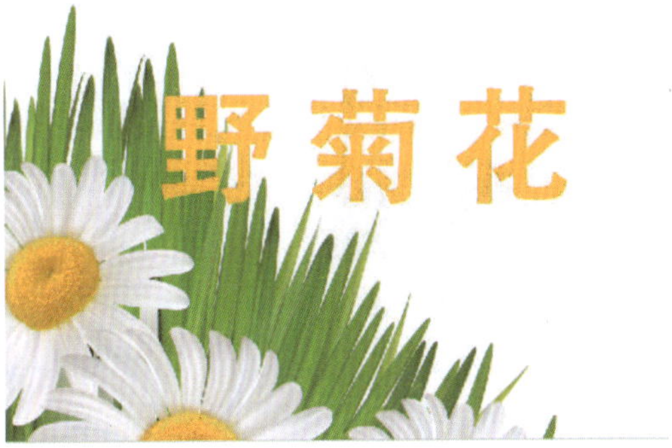


图 6–92

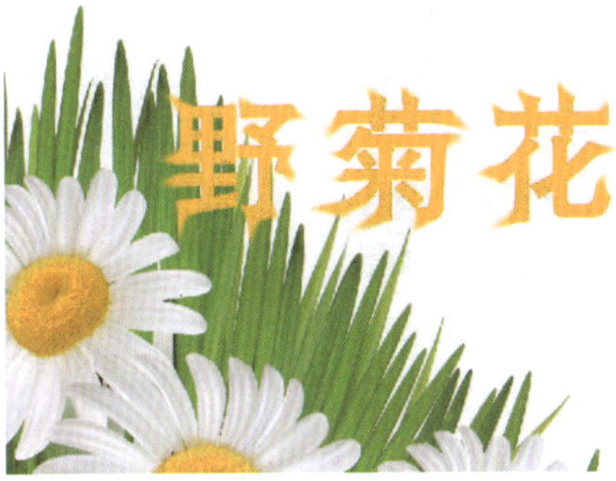


图 6–93

## 6.5 污点修复工具组的应用

污点修复工具组是常见的修补工具组，可以修复图片中的缺陷，能使修复后的部分融入周围的图像中，并保持其纹理、亮度和层次不变。用户可根据需要选择污点修复画笔工具、修复画笔工具、修补工具、红眼工具等，对照片进行相应的修复操作。

### 6.5.1 污点修复画笔工具

（污点修复画笔工具）是将图像的纹理、光照、阴影等与所修复的图像进行自动匹配。该工具不需要进行取样定义样本，只要确定需要修补的图像位置，然后在需要修补的位置单击并拖动鼠标指针，释放鼠标即可修复图像中的污点，快速去除图像中的瑕疵。

选择污点修复画笔工具，在该工具属性栏中显示其选项参数，如图 6–94 所示。

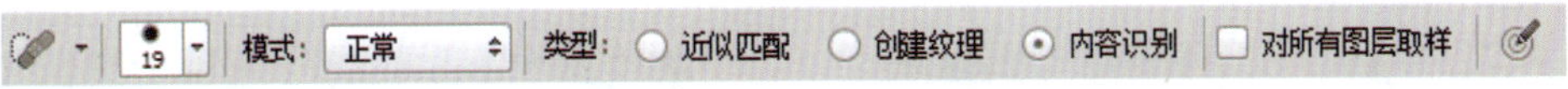


图 6–94

在污点修复画笔工具属性栏中，主要选项的含义介绍如下。

- “类型”选项：选中“近似匹配”单选按钮，将使用选区边缘周围的像素来查找要用作选定区域修补的图像区域；选中“创建纹理”单选按钮，将使用选区中的所有像素创建一个用于修复该区域的纹理；选中“内容识别”单选按钮，将使用比较附近的图像内容，不留痕迹地填充选区，同时保留让图像栩栩如生的关键细节，如阴影和对象边缘。
- “对所有图层取样”复选框：选中该复选框，可使取样范围扩展到图像中所有的可见图层。

如图 6–95 和图 6–96 所示为使用污点修复画笔工具修复图像前后的效果对比。

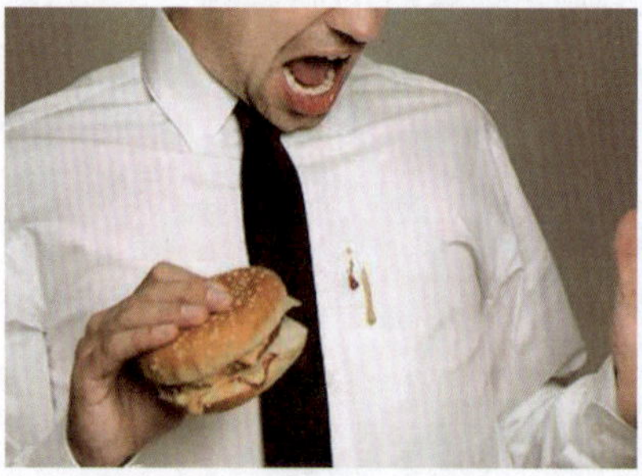

图 6–95

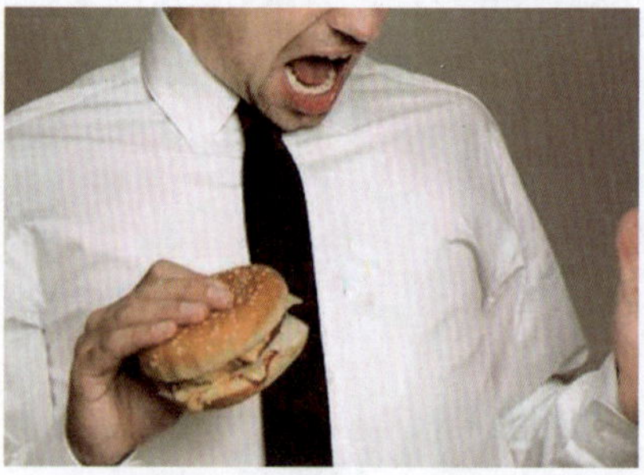

图 6–96

## 6.5.2 修复画笔工具

修复画笔工具与污点修复画笔工具相似，最根本的区别在于使用修复画笔工具前需要指定样本，即在无污点位置进行取样，再用取样点的样本图像来修复图像。与仿制图章工具相同，用于修补瑕疵，可以从图像中取样或用图案填充图像。使用修复画笔工具修复时，在颜色上会与周围颜色进行一次运算，使其更好地与周围融合。

选择工具箱中的（修复画笔工具），在该工具属性栏中显示其选项参数，如图 6–97 所示。

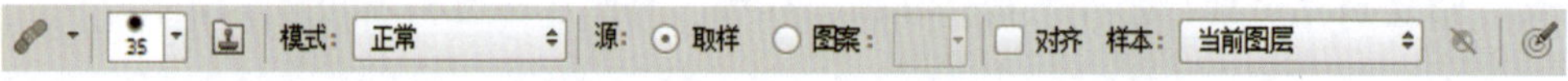


图 6–97

在修复画笔工具属性栏中，选中“取样”单选按钮，表示修复画笔工具对图像进行修复时以图像区域中某处颜色作为基点。选中“图案”单选按钮，可在其右侧的列表中选择已有的图案用于修复。

选择工具箱中的修复画笔工具，按住 Alt 键的同时在其他的图像区域单击取样，释放 Alt 键后在需要清除的图像区域单击即可修复，如图 6–98 和图 6–99 所示。

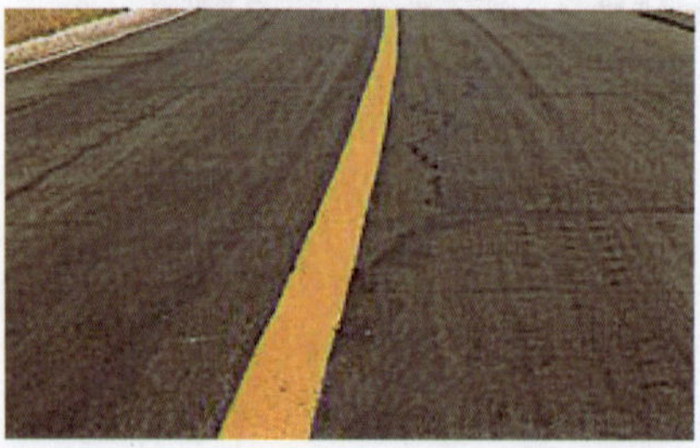

图 6–98

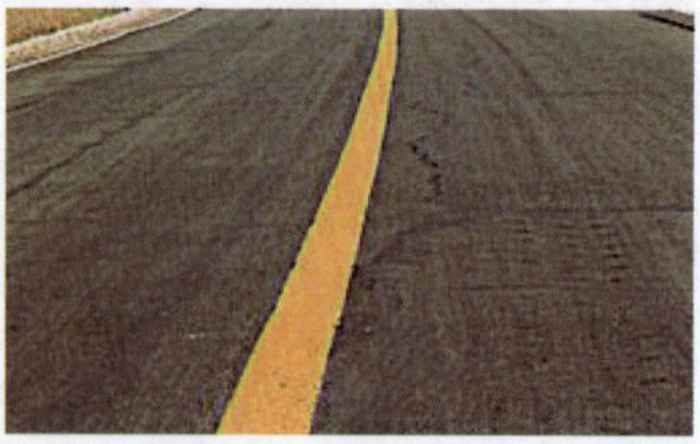

图 6–99

## 6.5.3 修补工具

修补工具和修复画笔工具类似，都是使用图像中其他区域或图案中的像素来修复选中的区域。修补工具会将样本像素的纹理、光照和阴影与源像素进行匹配。

选择工具箱中的（修补工具），在该工具属性栏中显示其选项参数，如图 6−100 所示。其中，若选中“源”单选按钮，则修补工具将从目标选区修补源选区；若选中“目标”单选按钮，则修补工具将从源选区修补目标选区。

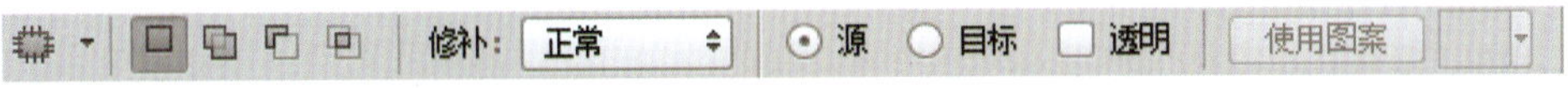


图 6−100

选择工具箱中的修补画笔工具，在该工具属性栏中设置参数，在图像中沿需要修补的部分绘制出一个随意性的选区，拖动选区到其他部分的图像上，释放鼠标即可用其他部分的图像修补有缺陷的图像区域，如图 6−101 和图 6−102 所示。

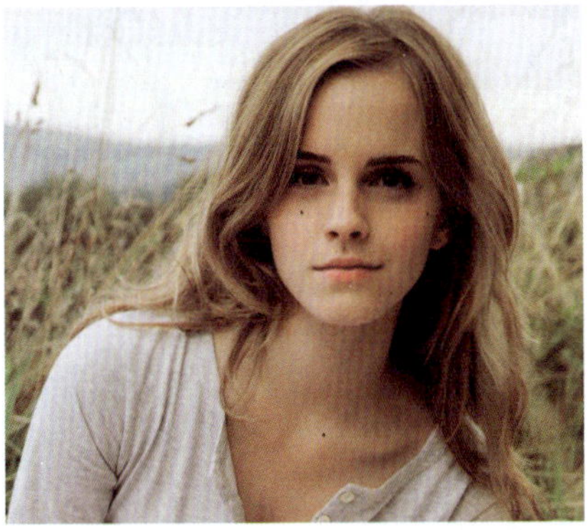

图 6−101

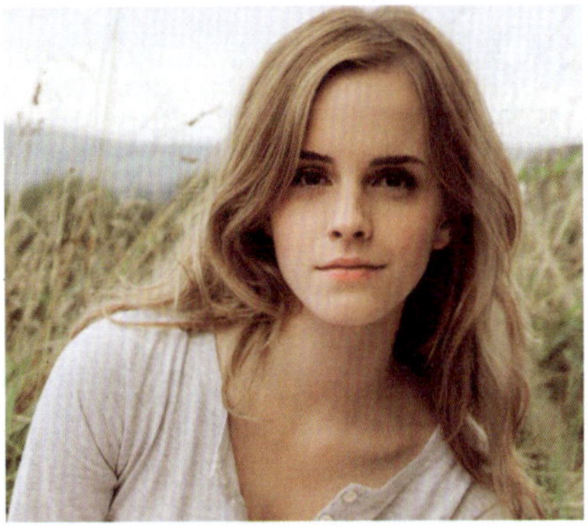

图 6−102

## 6.5.4 红眼工具

在使用闪光灯或光线昏暗处进行人物拍摄，拍出的照片人物眼睛容易泛红，这种现象即常说的红眼现象。Photoshop 提供的红眼工具可以去除照片中人物眼睛中的红点，以恢复眼睛光感。

选择工具箱中的（红眼工具），在该工具属性栏中设置瞳孔大小，设置其瞳孔的变暗程度，数值越大颜色越暗，在图像中红眼位置单击即可，如图 6−103 和图 6−104 所示。

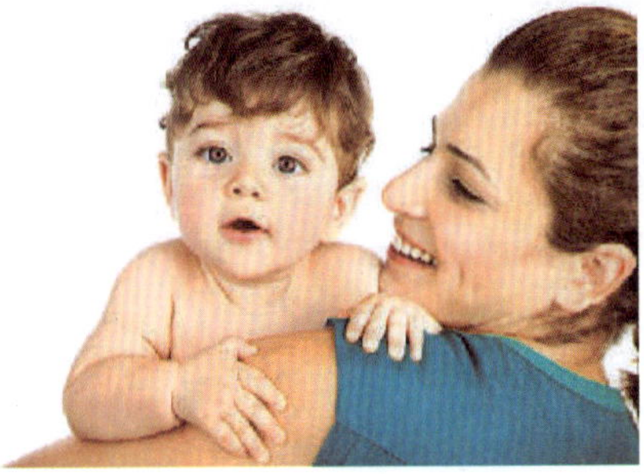

图 6−103

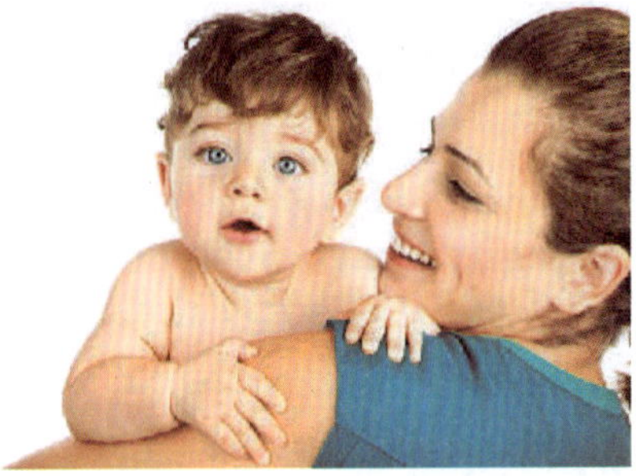

图 6−104

# 【自己练】

## 项目练习：设计企业导向标识

### 项目背景

嘉兴国际有限公司为了方便陌生客户易于在短时间内寻找公司具体位置和宣传企业形象，特委托本公司为其设计一个室外导向标识。

### 项目要求

颜色要符合品牌形象，重点要突出企业标识，具体导向信息要明确，表达要清楚，设计形式要简单大方。

### 项目分析

室外导视识别颜色为红色与标志颜色相呼应，企业标志和企业全称要放置在室外导视识别的重要位置，起到企业文化、企业形象宣传作用。导向信息放置室外导视识别的下部，处于传达的第二信息。

### 项目效果

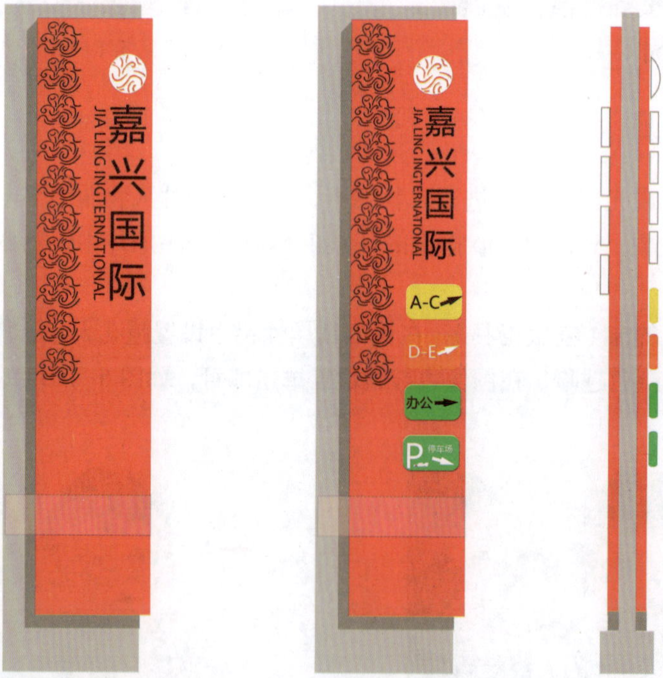


### 课时安排

2 课时。

# 第 7 章

# 设计杂志封面——色彩与色调详解

## 本章概述

在 Photoshop 软件中，当素材图像和照片的色调不符合用户所需时，就需要对图像进行色调或色彩上的调整。在图片的后期处理中，通过调整图像色彩的纯度、色调的饱和度，能够使原本黯淡无光的图像变得光彩夺人，使原本毫无生气的图像变得充满活力。本章将对色彩、色调处理进行详细介绍。

## 要点难点

图像色彩的调整 ★★★
色彩色调的调整 ★★☆
特殊色彩的调整 ★☆☆

## 案例预览

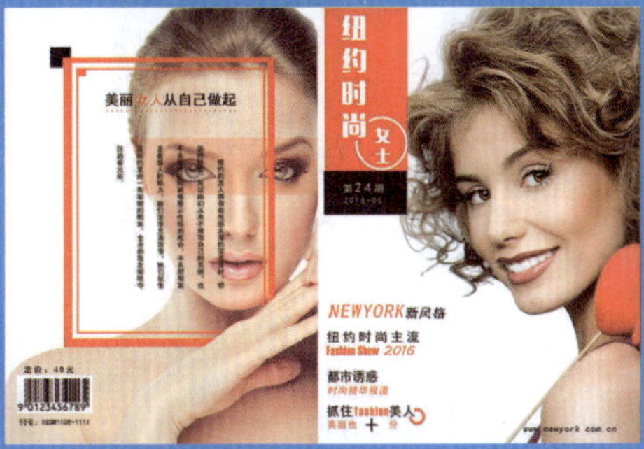


杂志封面设计

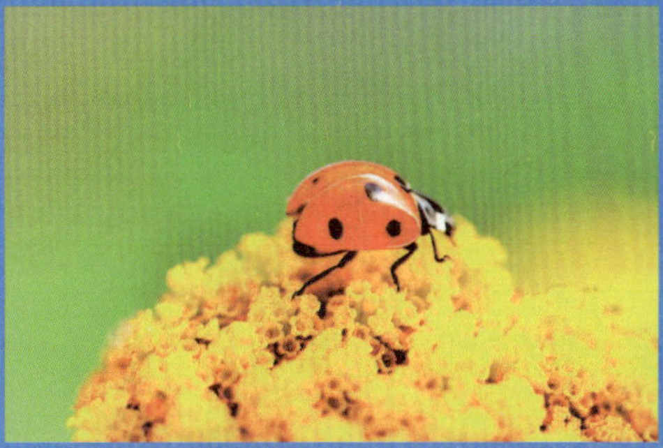

图像色调调整

# 【跟我学】设计纽约时尚杂志封面

## 作品描述

近年来，中国报刊业的发展十分迅速，其中杂志就是处处可见的报刊类型之一。其封面至关重要，杂志封面起到了体现杂志本身的特色，并且与其他杂志的区分，吸引读者眼球，在此便以制作一本纽约时尚杂志（尺寸为 21cm × 28.5cm）的封面为例，展开其详细的介绍。

## 实现过程

### 1. 设计杂志封面

STEP 01 选择菜单“文件”|“新建”命令，在弹出的“新建”对话框中设置参数，新建一个文档，如图 7–1 所示。

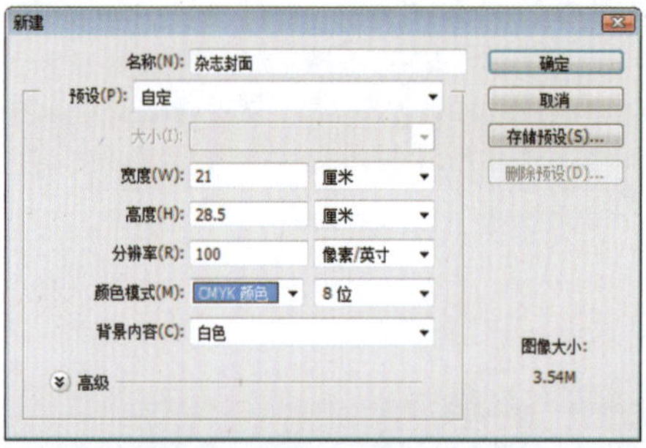


图 7–1

STEP 02 打开一个素材文件“图片 1.jpg”，使用工具箱中的移动工具将其拖曳到“杂志封面 .psd”文档中，如图 7–2 所示。

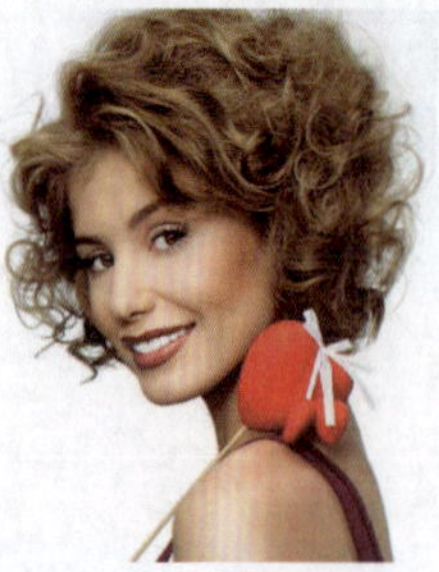

图 7–2

STEP 03 按 Ctrl+T 组合键，对其进行变换，调整大小、位置，效果如图 7–3 所示。

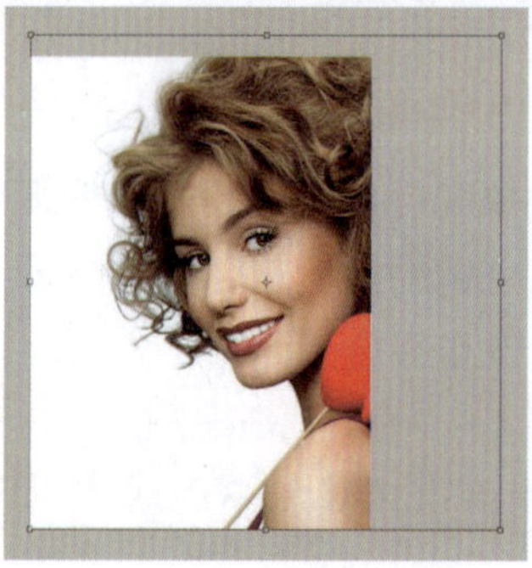

图 7–3

STEP 04 选择工具箱中的矩形选框工具，在该工具属性栏中设置其参数（样式为固定大小、宽为 5.48、高为 10.77），单击编辑区左上角，确定矩形选区，如图 7–4 所示。

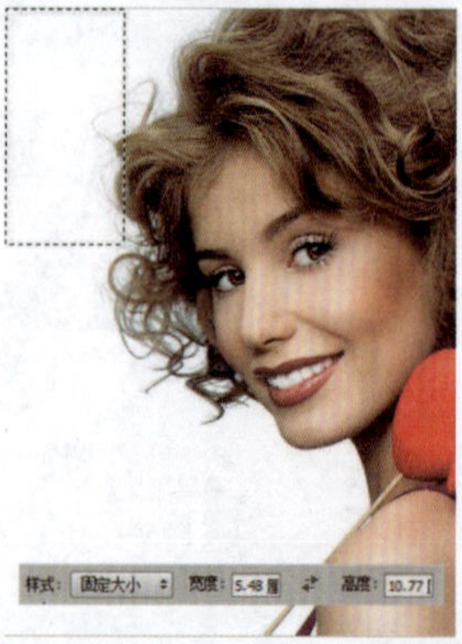


图 7–4

STEP 05 设置前景色为红色（R:210、G:19、B:34），按 Alt+Delete 组合键，填充前景色，效果如图 7–5 所示。

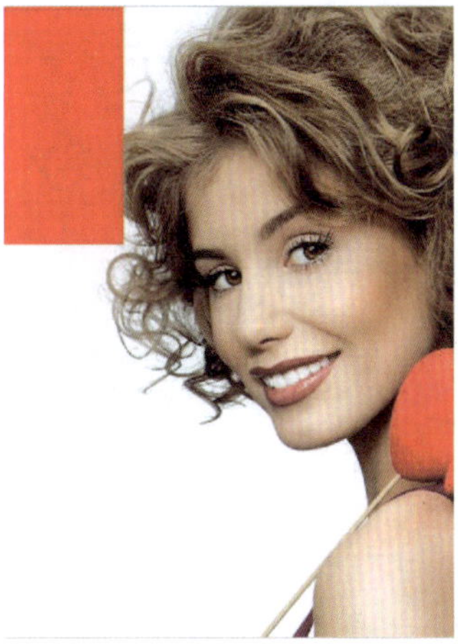

图 7–5

STEP 06 再次选择矩形选框工具，在该工具属性栏中设置其参数（样式为固定大小、宽为 5.48、高为 2.8），单击编辑区红色矩形左下角，确定矩形选区，如图 7–6 所示。

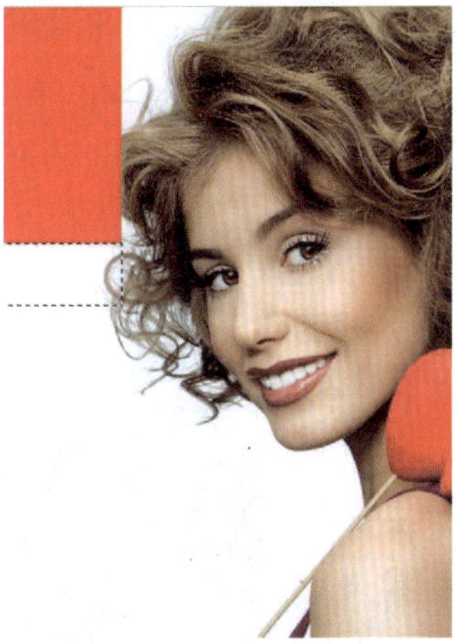

图 7–6

STEP 07 设置前景色为黑色（R:0、G:0、B:0），按 Alt+Delete 组合键，填充前景色，效果如图 7–7 所示。

STEP 08 在工具箱中选择竖排文字工具，输入文本内容“纽约时尚”，设置字体、字号，字体颜色为白色（R:255、G:255、B:255），使用移动工具放置合适位置，如图 7–8 所示。

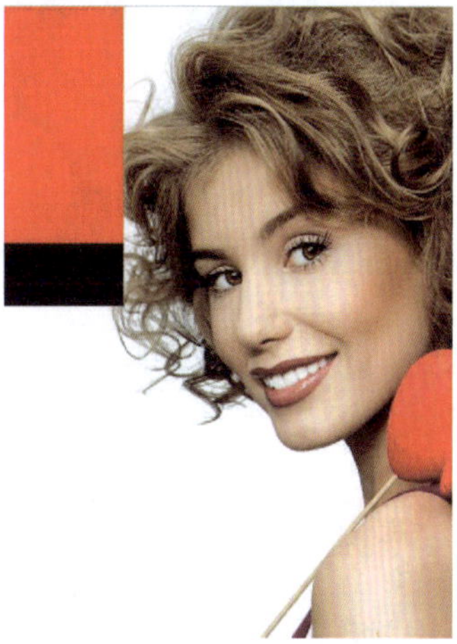

图 7–7

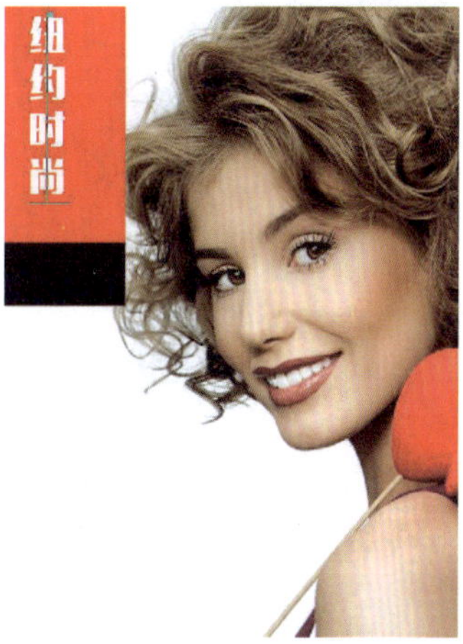


图 7–8

STEP 09 再次使用竖排文字工具输入文本内容“女士”，设置字体、字号，字体颜色为白色（R:255、G:255、B:255），使用移动工具放置合适位置，如图 7–9 所示。

STEP 10 在工具箱中选择横排文字工具，输入文本内容为“第 24 期”，设置字体为“黑体”，字号为 18 点，字体颜色为白色（R:255、G:255、B:255），使用移动工具放置合适位置，如图 7–10 所示。

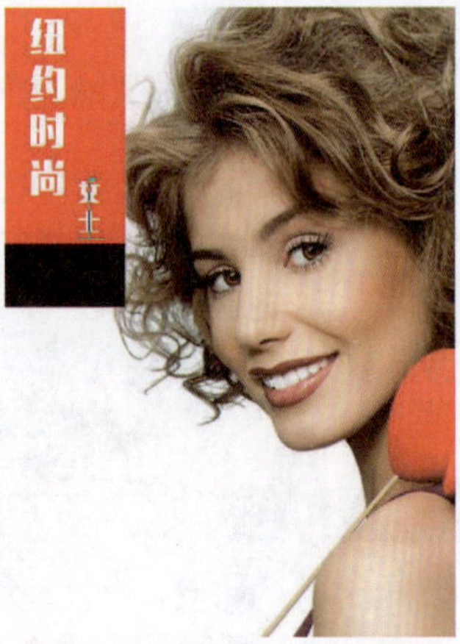


图 7–9

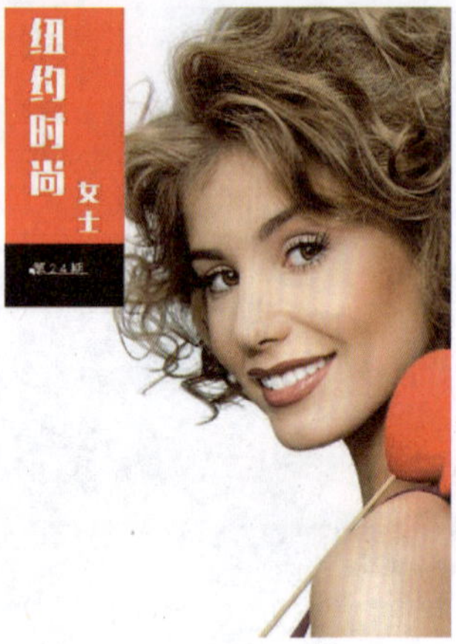


图 7–10

STEP 11 使用文字工具选取文本内容中的 24，调整字号略大一些，如图 7–11 所示。

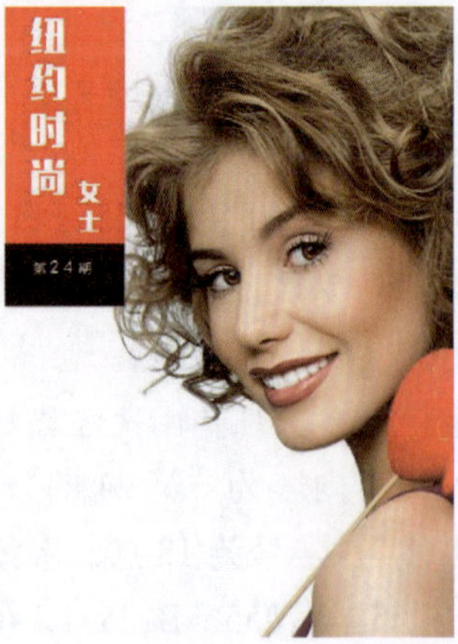


图 7–11

STEP 12 按 Ctrl+R 组合键，显示标尺。使用移动工具从标尺中拖曳出两条相交的参考线，如图 7–12 所示。

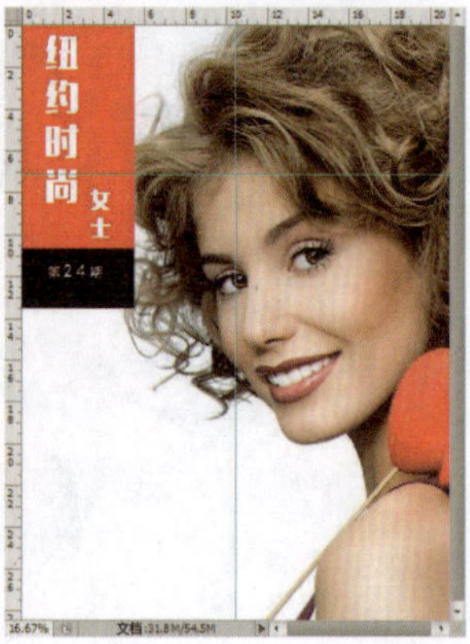


图 7–12

STEP 13 选择工具箱中的椭圆选框工具，依据参考线的交点，按住 Shift+Alt 键的同时，拖动鼠标指针，绘制一个正圆选区，如图 7–13 所示。

**操作技能**

绘制椭圆选取时，按住 Shift 键是画一个正圆，按住 Alt 键是以某一点为中心画圆，按住 Shift+Alt 组合键是以某一点为中心画一个正圆。记住，在画圆时要先单击，再按快捷键。

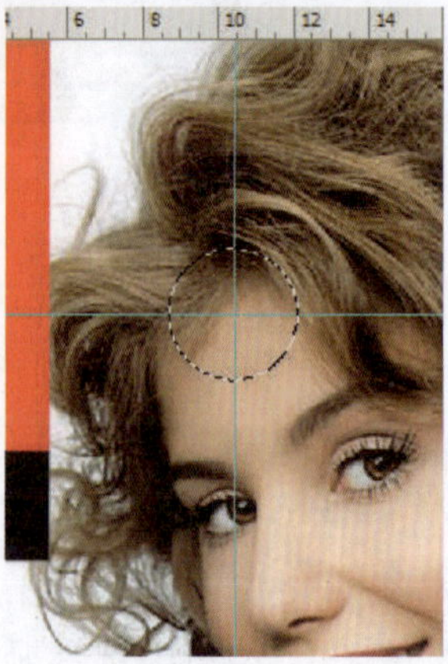


图 7–13

STEP 14 按 Ctrl+Shift+Alt 组合键，新建一个图层，设置前景色为白色（R:255、G:255、B:255），填充前景色的效果如图 7-14 所示。

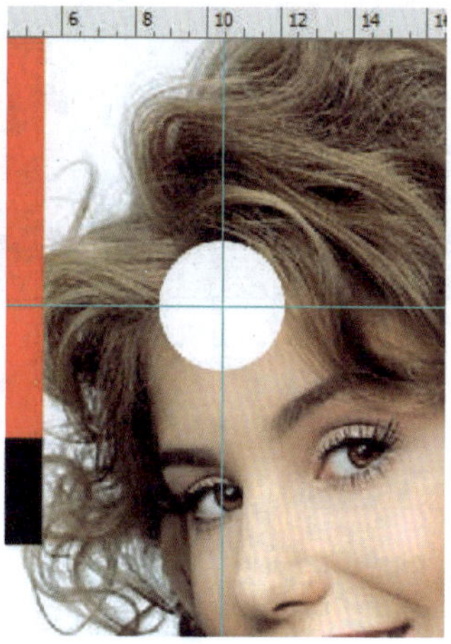

图 7-14

STEP 15 再次使用椭圆选框工具以参考线的交点为中心绘制一个比之前小的正圆，如图 7-15 所示。

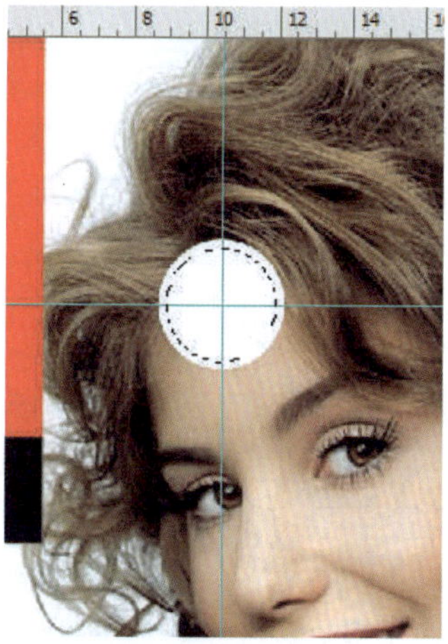

图 7-15

STEP 16 设置“图层 1”图层为当前图层，按 Delete 键，删除选区内图形；按 Ctrl+D 组合键，取消选区，如图 7-16 所示。

STEP 17 按 Ctrl+T 组合键，对图形进行变换，调整其大小和位置，如图 7-17 所示。

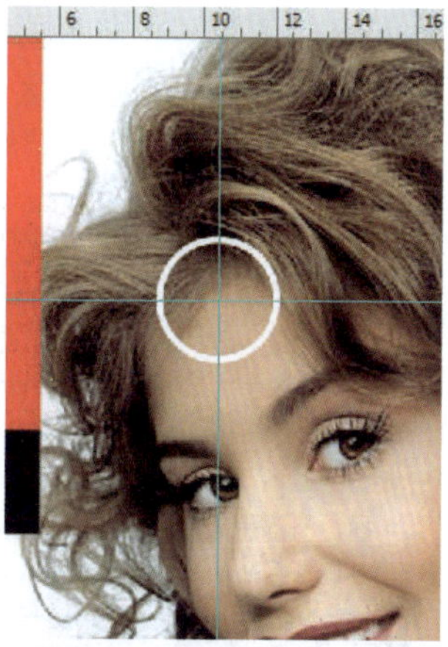

图 7-16

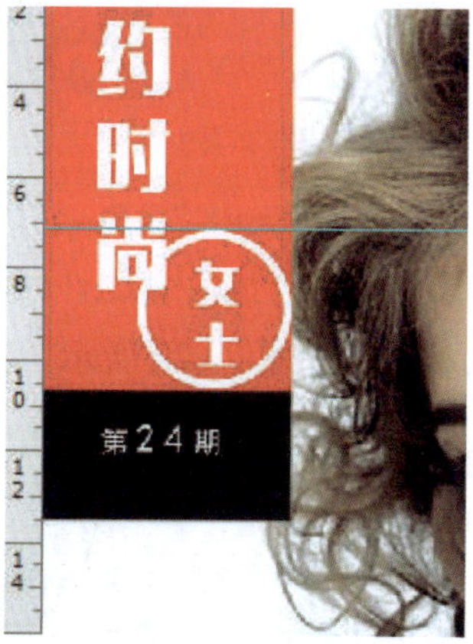


图 7-17

STEP 18 选择工具箱中的矩形选框工具，绘制一个适当大小（图形与字体重叠部分，并留出一定缝隙）的矩形选区，如图 7-18 所示。

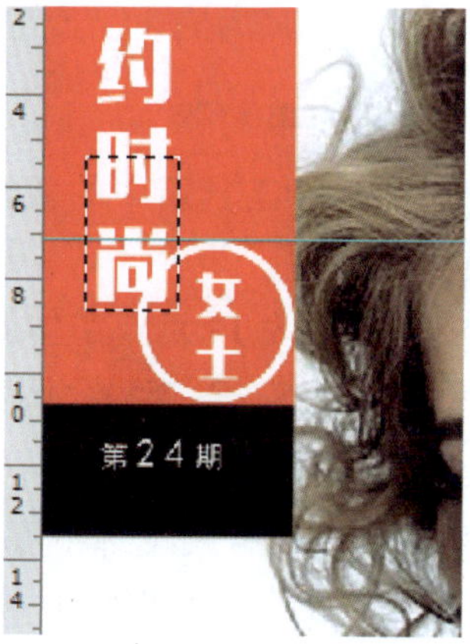


图 7-18

STEP 19 在“图层 1”图层为当前图层的情况下，按 Delete 键，删除选区内图形，如图 7–19 所示。

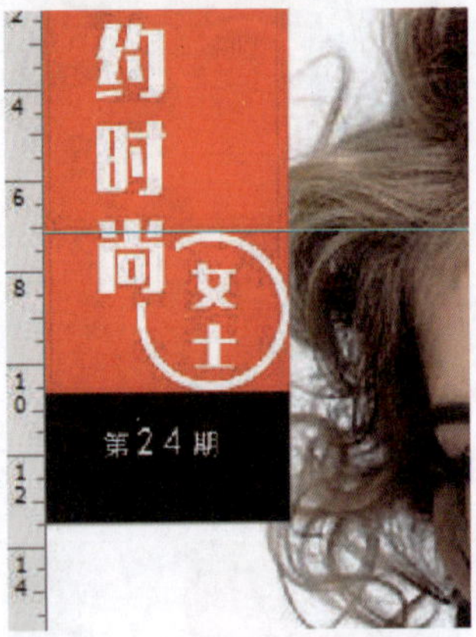


图 7–19

STEP 20 选择“视图”|“显示”|“参考线”菜单命令，隐藏参考线；按 Ctrl+R 组合键，取消标尺，效果如图 7–20 所示。

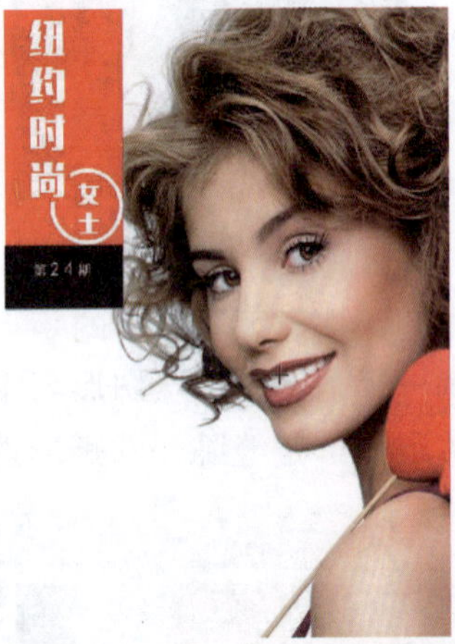


图 7–20

STEP 21 选择工具箱中的横排字体工具，输入文本内容“2016–05”，设置字体为“黑体”，字号为 14 点，字体颜色为白色（R:255、G:255、B:255），调整至合适的位置，如图 7–21 所示。

STEP 22 再次输入文本内容“NEW YORK 新风格”，设置字体为“黑体”，字号为 24 点，字体颜色为黑色（R:0、G:0、B:0），调整至合适的位置，如图 7–22 所示。

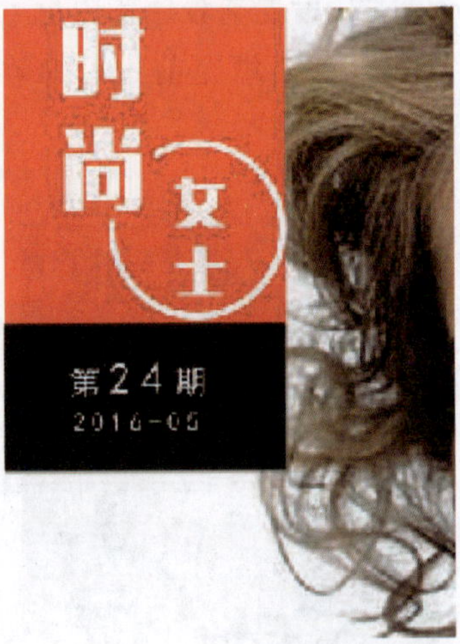


图 7–21

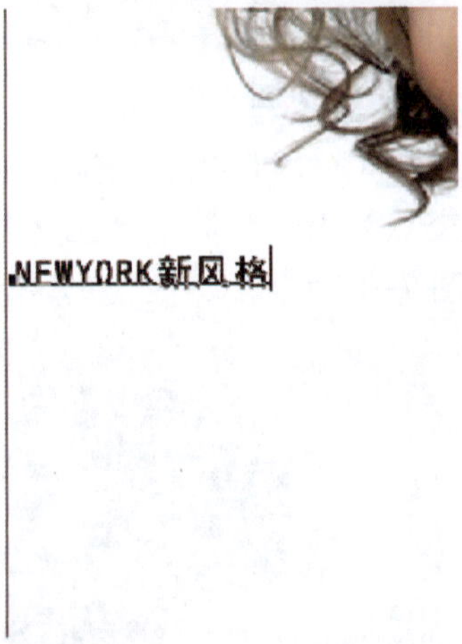


图 7–22

STEP 23 选择文本内容“NEW YORK”，选择菜单“窗口”|“字符”命令，在“字符”面板中设置字号为 36 点，字体颜色为红色（R:210、G:19、B:34），字体样式为“仿斜体”，如图 7–23 所示。

STEP 24 选择文本内容为“新风格”，在“字符”面板中设置其样式为“仿斜体”，效果如图 7–24 所示。

STEP 25 使用横排文字工具输入文本内容“纽约时尚主流”，设置字体为“黑体”，字号为 24 点，字体颜色为黑色（R:0、G:0、

B:0)，调整至合适的位置，如图7-25所示。

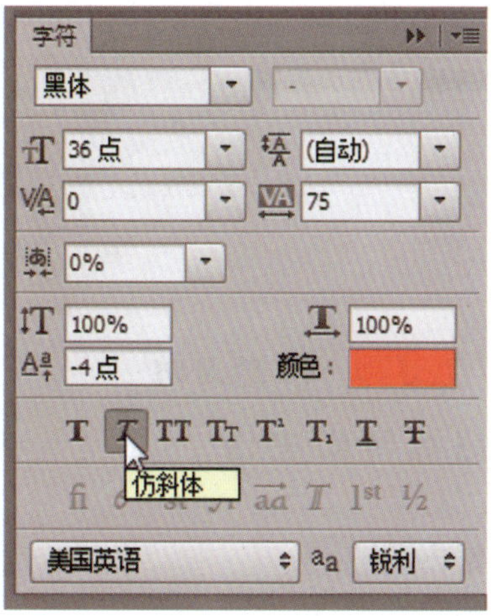


图 7-23

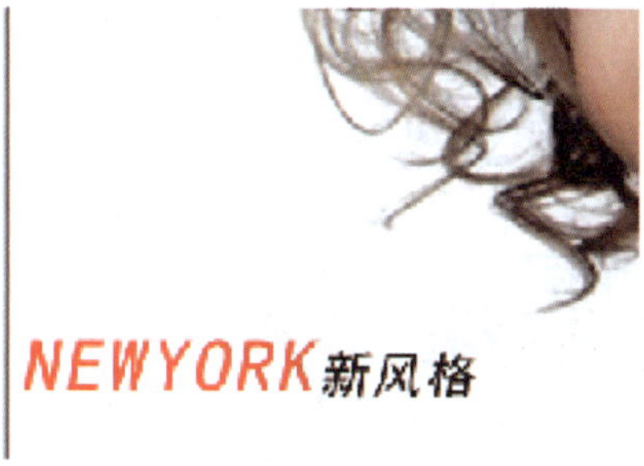


图 7-24

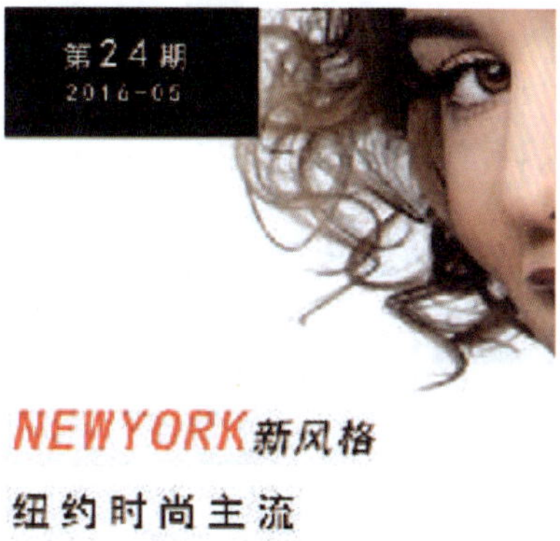


图 7-25

STEP 26 使用横排文字工具输入文本内容为“Fashion Show 2016”，在“字符”面板中，设置Fashion Show的字体为Haettenschweiler，字号为24点，字体颜色为红色（R:210、G:19、B:34），调整至合适的位置，如图7-26所示。

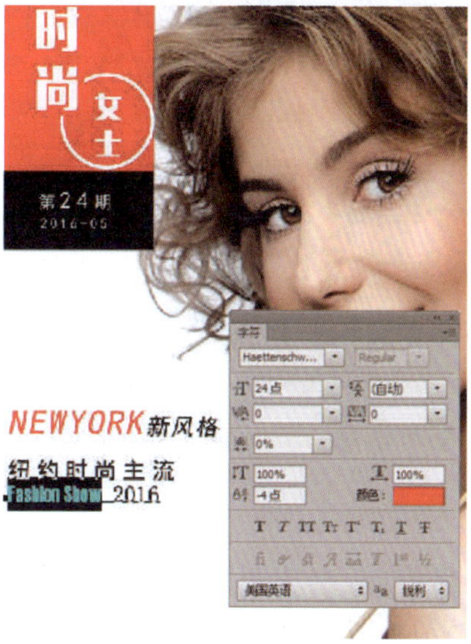


图 7-26

STEP 27 设置Fashion Show的字体为Haettenschweiler，字号为24点，字体颜色为黑色（R:0、G:0、B:0），如图7-27所示。

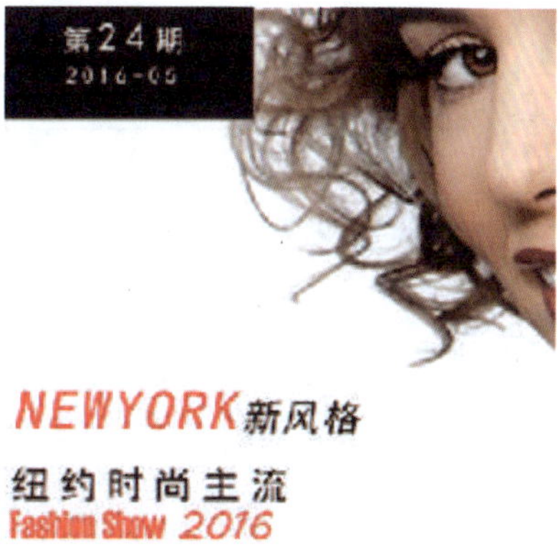


图 7-27

STEP 28 使用横排文字工具输入文本内容为“都市诱惑”，设置字体为“黑体”，字号为24点，字体颜色为黑色（R:0、G:0、B:0），调整至合适的位置，如图7-28所示。

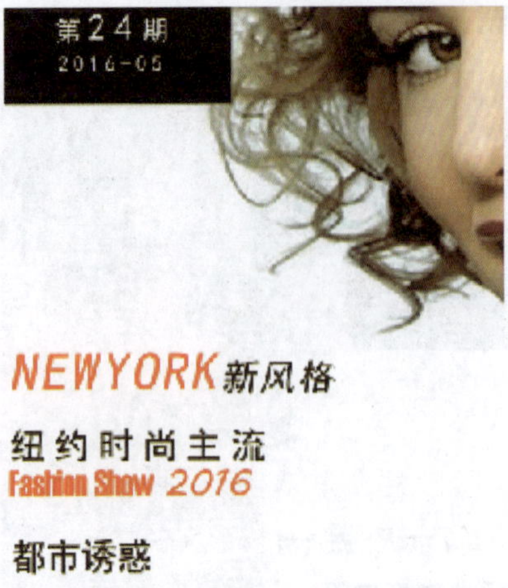


图 7–28

STEP 29 继续使用横排文字工具输入文本内容“时尚精华报道”，在“字符”面板中设置字体为“黑体”，字号为18点，字体颜色为红色（R:210、G:19、B:34），字体样式为“仿斜体”，调整至合适的位置，如图7–29所示。

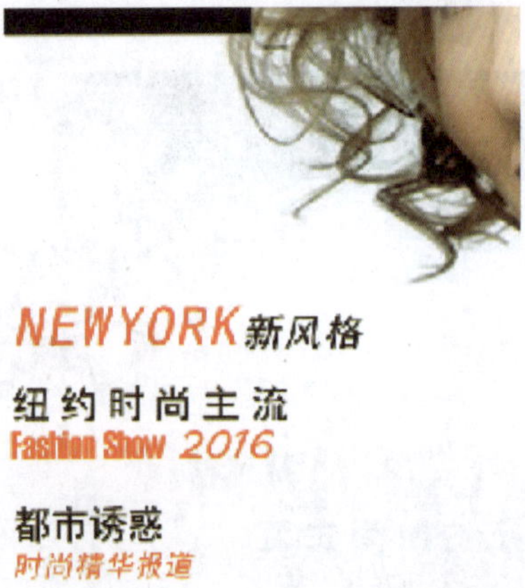


图 7–29

STEP 30 使用横排文字工具输入文本内容“抓住fashion美人”，设置字体为“黑体”，字号为24点，字体颜色为黑色（R:0、G:0、B:0），调整至合适的位置，如图7–30所示。

STEP 31 选择文本内容为fashion，设置字体为Haettenschweiler、字号为24点，字体颜色为红色（R:210、G:19、B:34），如图7–31所示。

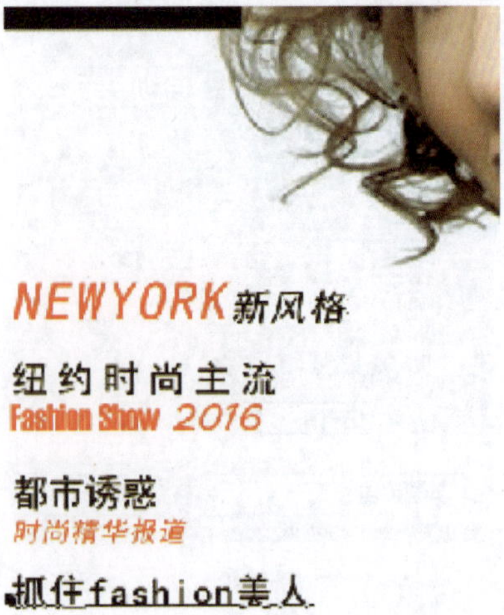


图 7–30

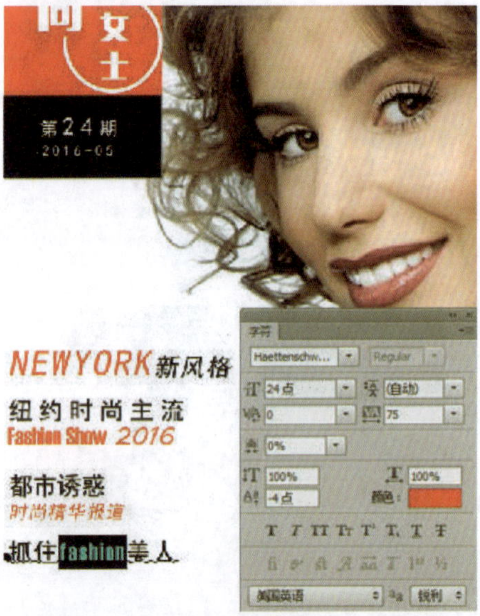


图 7–31

STEP 32 使用横排文字工具输入文本内容“美丽也 分”，设置字体为“黑体”，字号为18点，字体颜色为红色（R:210、G:19、B:34），调整至合适的位置，如图7–32所示。

STEP 33 再次使用横排文字工具输入文本内容“+”，设置字体为“宋体”，字号为48点，字体颜色为黑色（R:0、G:0、B:0），调整其至“也”与“分”的中间位置，如图7–33所示。

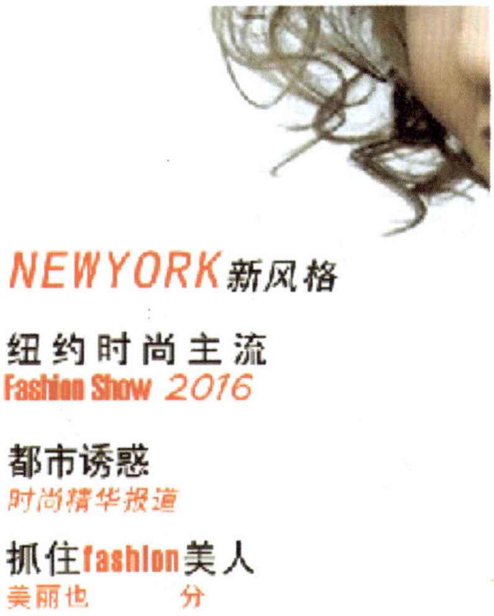


图 7–32

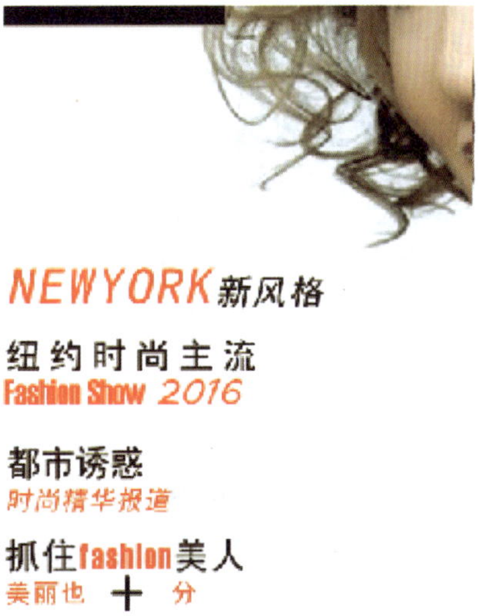


图 7–33

STEP 34 按住Ctrl键，在“图层”面板上选择所有的文字图层，如图7–34所示。

STEP 35 在横排文字工具属性栏中设置左对齐文本，如图7–35所示。

STEP 36 在工具箱中选择自定形状工具，在该工具属性栏中设置形状为“圆形边框”，如图7–36所示。

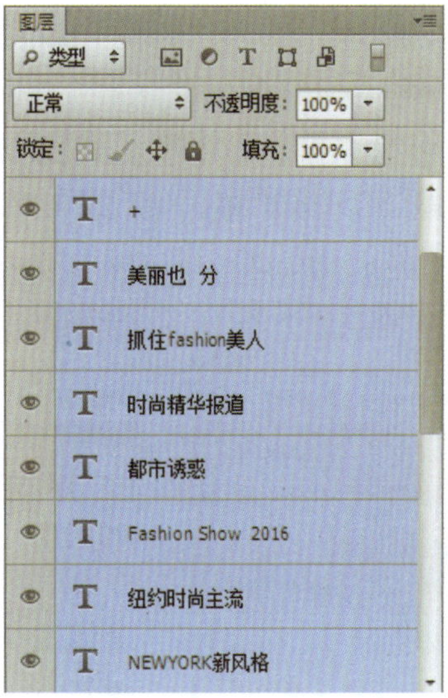


图 7–34

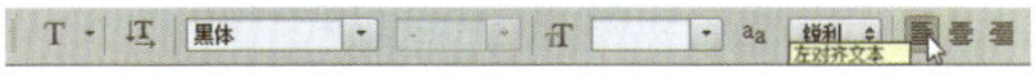


图 7–35

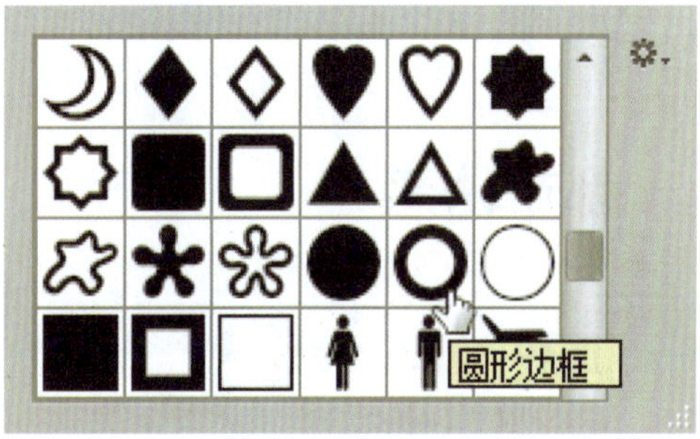


图 7–36

STEP 37 设置前景色为红色（R:210、G:19、B:34），按住左键与Shift键的同时，拖动鼠标指针，在编辑区绘制一个圆形边框，如图7–37所示。

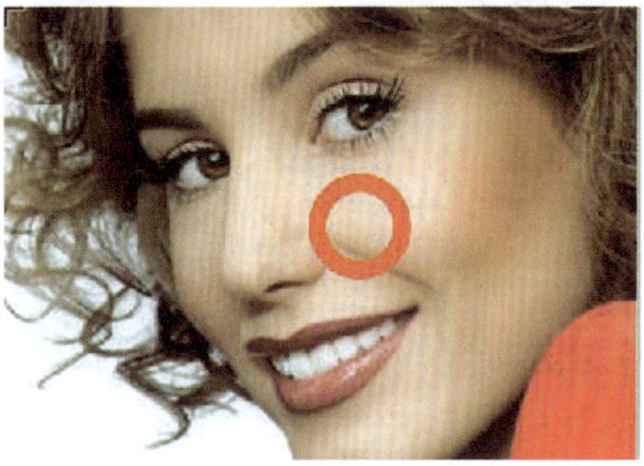

图 7–37

STEP 38 设置“形状 1”图层为当前图层，将鼠标指针移至“形状 1”上，右击，在弹出的快捷菜单上选择“栅格化图层”命令，如图 7–38 所示。

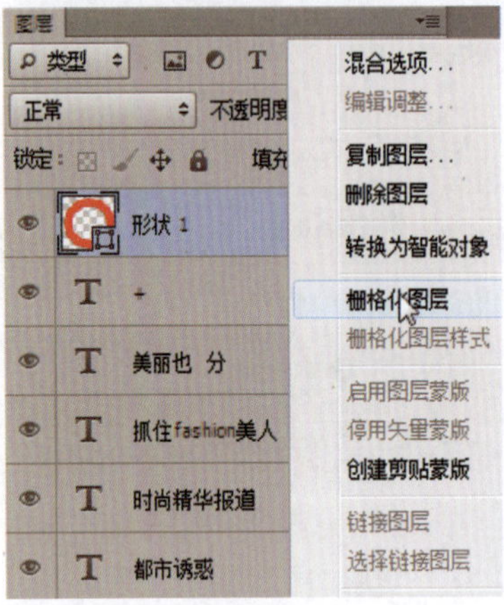


图 7–38

STEP 39 按 Ctrl+T 组合键，进行变换，调整其大小、位置，效果如图 7–39 所示。

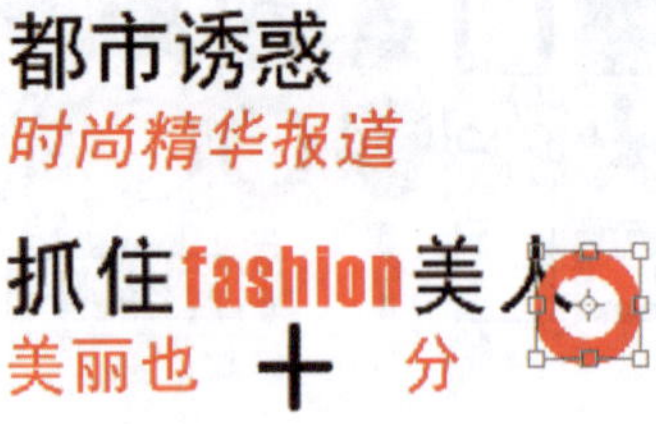


图 7–39

STEP 40 选择工具箱中的矩形选框工具，在“人”与“圆形边框”交接处，绘制一个适当大小的矩形，如图 7–40 所示。

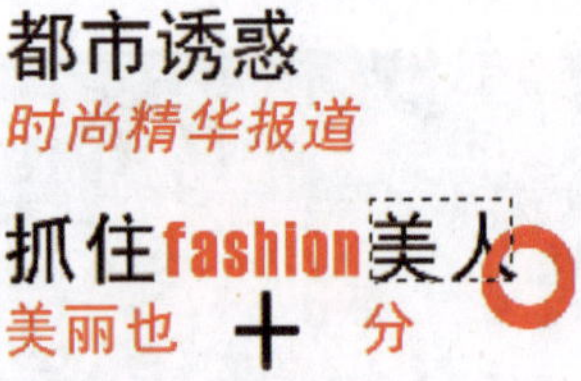


图 7–40

STEP 41 按 Delete 键删除选区内图形，如图 7–41 所示。

STEP 42 使用横排文字工具输入文本内容“www.newyork com.cn”，设置字体为“宋体”，字号为 17 点，字体颜色为黑色（R:0、G:0、B:0），调整其放置在图像右下角，如图 7–42 所示。

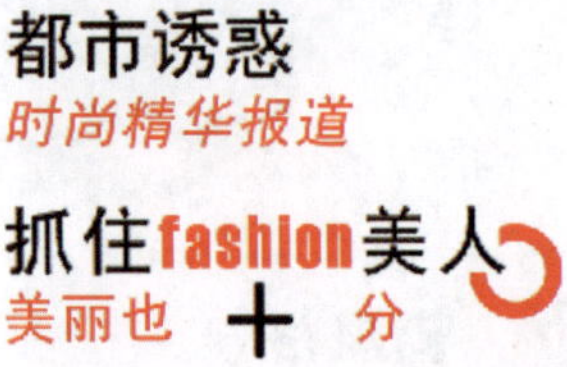


图 7–41

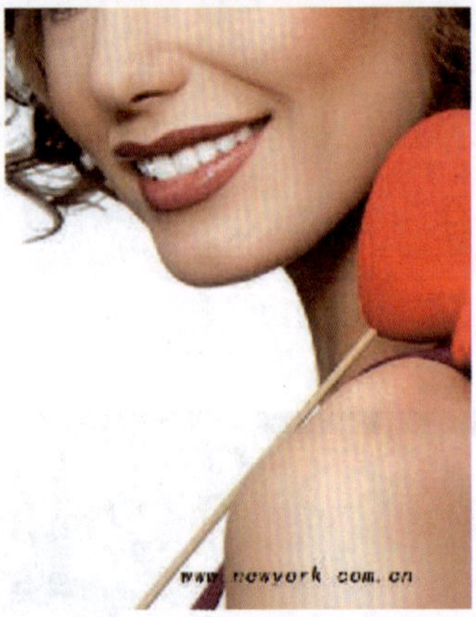


图 7–42

STEP 43 选择菜单“文件”|“存储为”命令（快捷键为 Shift+Ctrl+S），保存为 JPEG 文件，如图 7–43 所示。

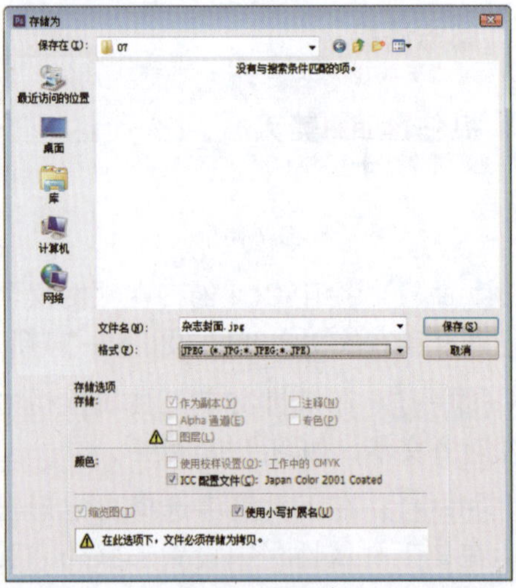


图 7–43

STEP 44 最终封面设计完成效果如图 7-44 所示。

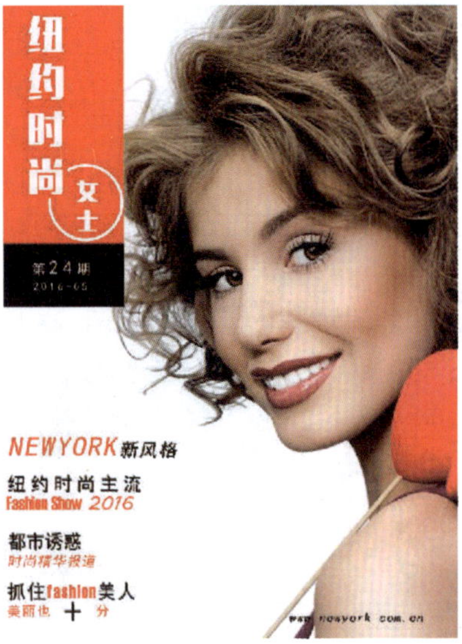


图 7-44

## 2. 设计杂志封底

STEP 01 选择菜单“文件”|“新建”命令，在弹出的“新建”对话框中设置参数，新建一个文档，如图 7-45 所示。

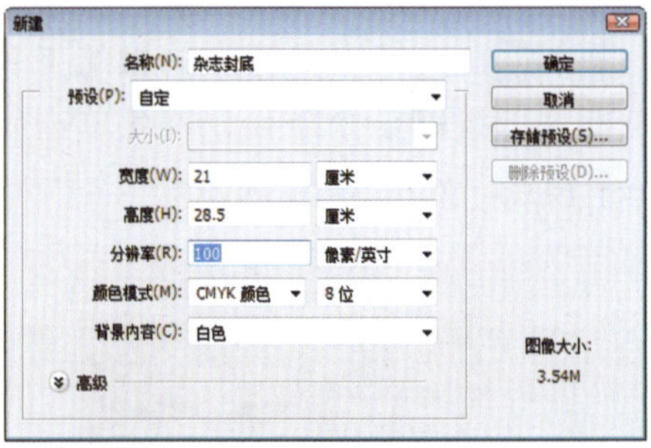


图 7-45

STEP 02 打开一个素材文件“图片 2.psd”，使用移动工具拖曳其至“杂志封面”文档中，按 Ctrl+T 组合键，进行变换，调整其位置、大小，效果如图 7-46 所示。

STEP 03 在工具箱中选择矩形选框工具，绘制一个 14.18 cm × 19.24 cm 的矩形选区，如图 7-47 所示。

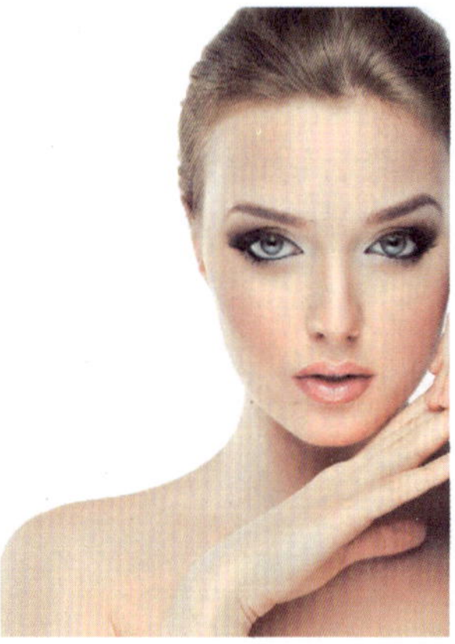

图 7-46

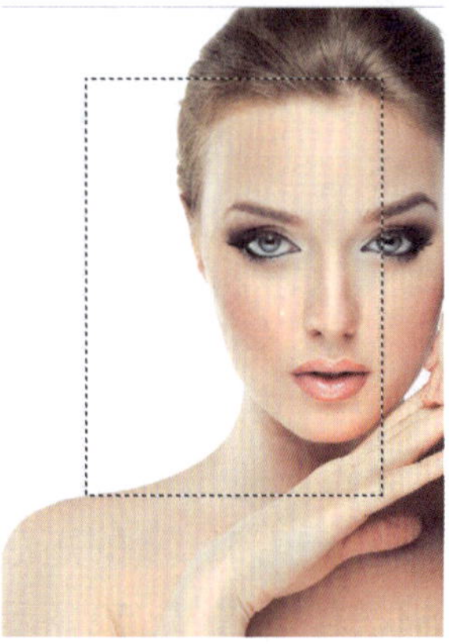

图 7-47

STEP 04 设置前景色为红色（R:210、G:19、B:34），新建一个“图层 1”图层，按 Alt+Delete 组合键，填充前景色，效果如图 7-48 所示。

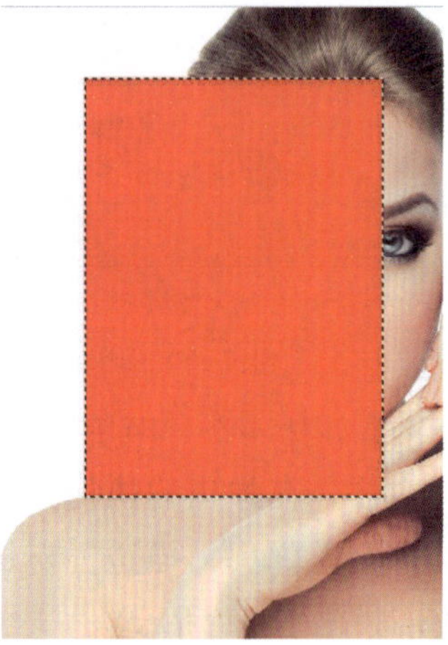

图 7-48

STEP 05 选择工具箱中的矩形选框工具，绘制一个 13.32 cm × 18.32 cm 的矩形选区，调整至合适的位置后，按 Delete 键删除选区内的图形，效果如图 7-49 所示。

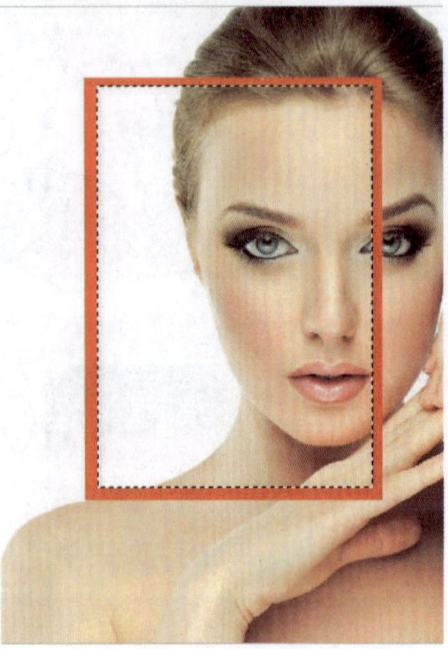

图 7-49

STEP 06 再次使用矩形选框工具绘制一个 12.56 cm × 17.51 cm 的矩形选区，调整至合适的位置，如图 7-50 所示。

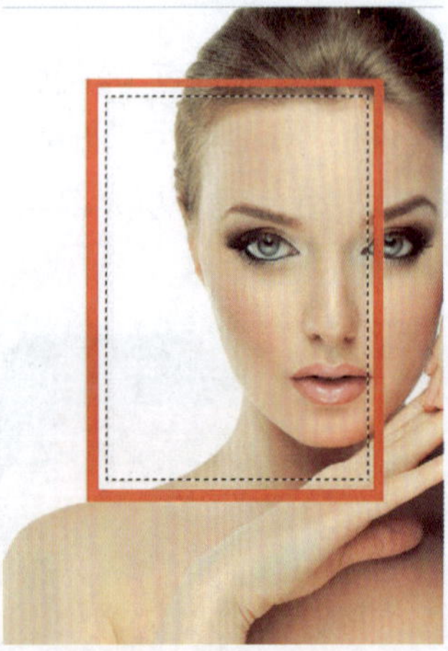

图 7-50

STEP 07 新建一个“图层 2”图层，在编辑区内右击，在弹出的快捷菜单中选择“描边”命令，弹出“描边”对话框，设置其参数，如图 7-51 所示。

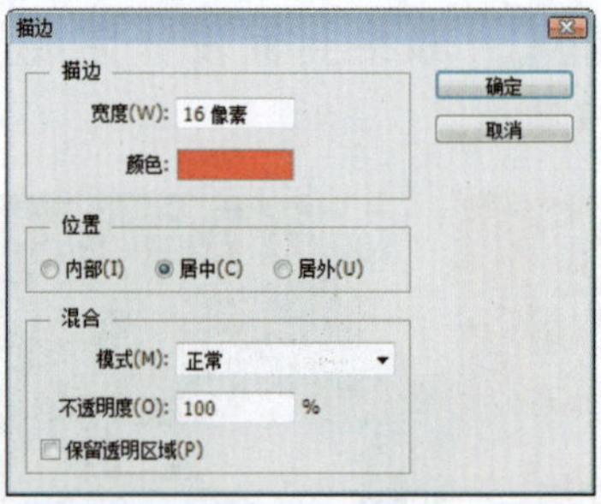


图 7-51

STEP 08 描边的效果如图 7-52 所示。

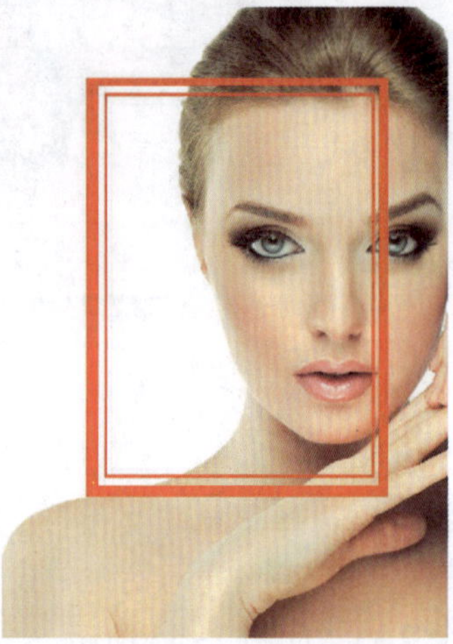

图 7-52

STEP 09 选择工具箱中的钢笔工具，沿模特手部绘制一个路径。首先单击确立第一个锚点，如图 7-53 所示。

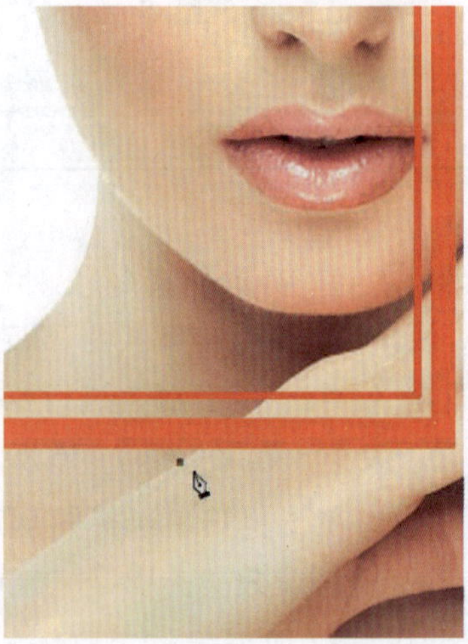

图 7-53

STEP 10 在另一个位置继续单击并拖动，创建曲线路径，如图 7–54 所示。

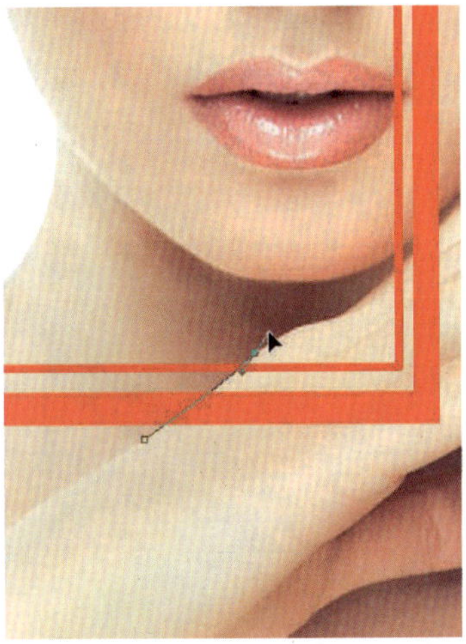

图 7–54

STEP 11 按住 Alt 键，移动鼠标指针至刚刚创建的锚点处，调整选取路径，删除一边的控制柄，以方便绘制下一个曲线路径，如图 7–55 所示。

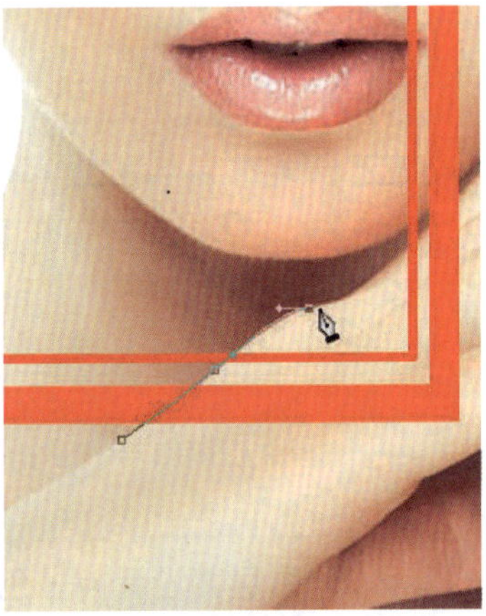

图 7–55

**操作技能**

按住 Shift 键，可以将该锚点控制在前一锚点的水平方向、垂直方向或斜向 45° 的方向上，创建直线路径，分别如图 7-56~ 图 7-58 所示。

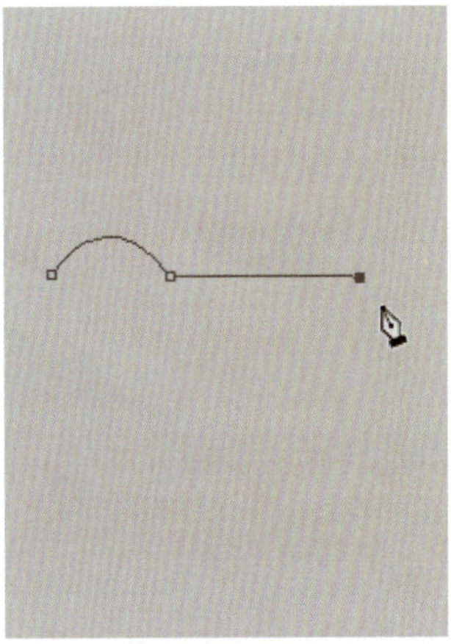

图 7–56

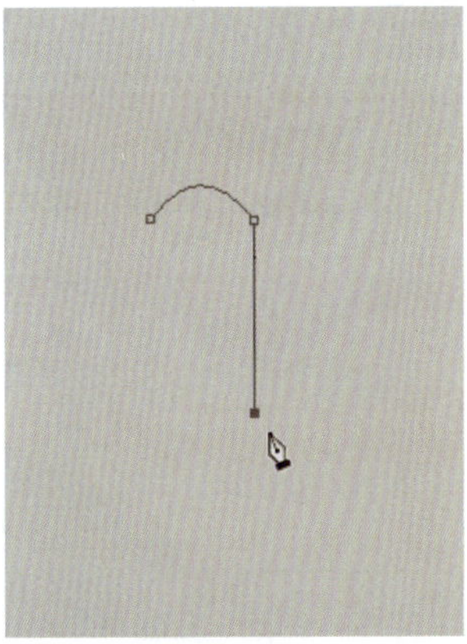

图 7–57

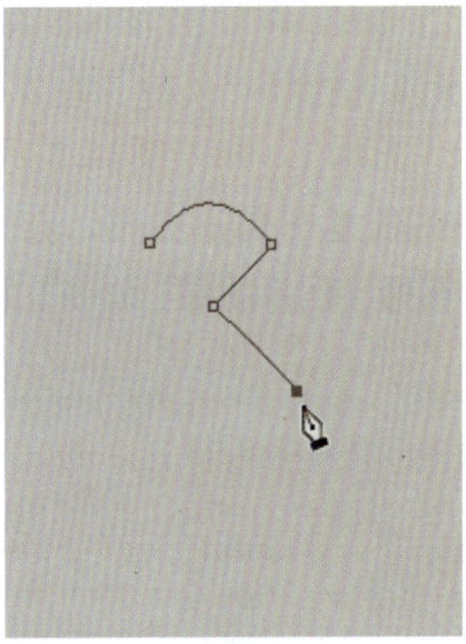

图 7–58

STEP 12 当绘制到最后一个锚点时，鼠标指针移至起点，钢笔工具图标变为 形状时，单击，创建闭合路径，如图 7–59 所示。

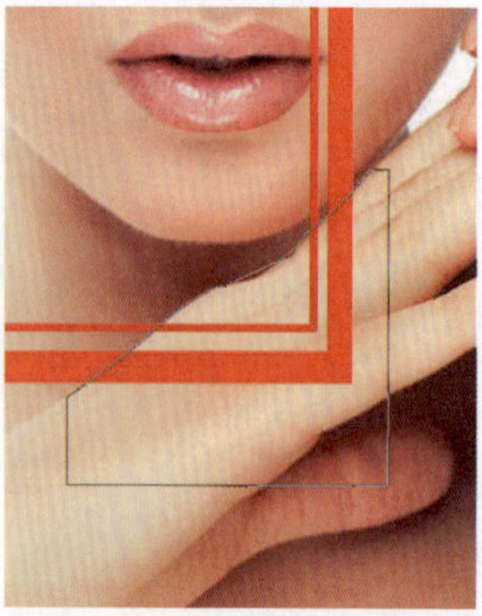

图 7–59

STEP 13 按 Ctrl+Enter 组合键，建立选区，如图 7–60 所示。

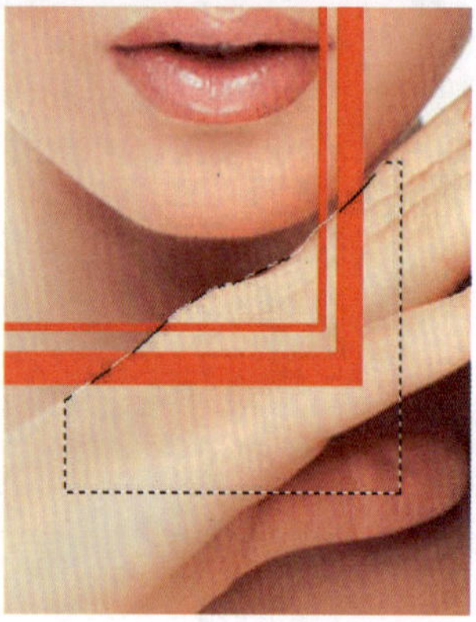

图 7–60

STEP 14 按住 Shift 键，在“图层”面板中选择“图层 1”和“图层 2”图层，在两者之间的任意图层上右击，在弹出的快捷菜单中选择“合并图层”命令，如图 7–61 所示。

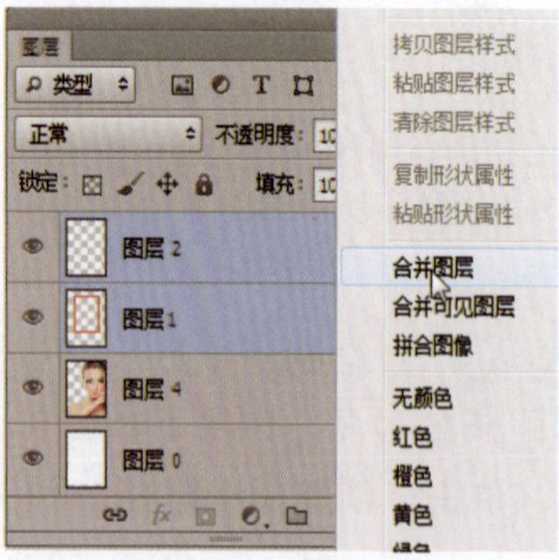


图 7–61

STEP 15 设置合并图层为当前图层，按Delete键删除选区内图形，效果如图 7–62 所示。

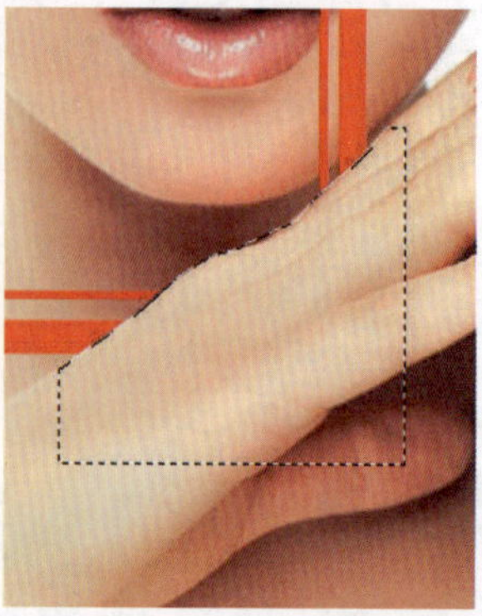

图 7–62

STEP 16 选择工具箱中的矩形选框工具，按住 Shift+Alt 组合键的同时，拖动鼠标指针绘制一个正方形，如图 7–63 所示。

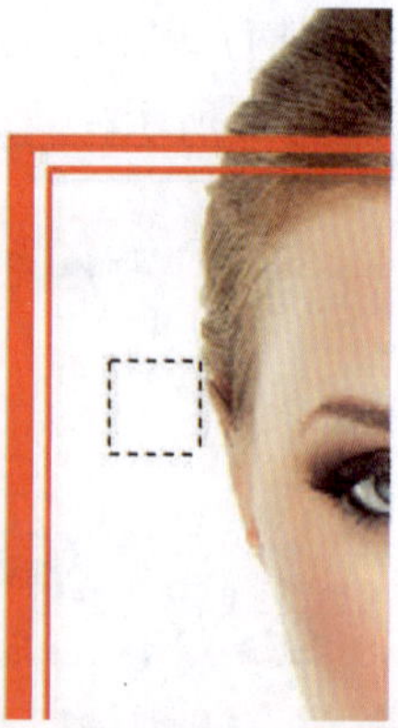

图 7–63

STEP 17 按 Ctrl+Shift+N 组合键，创建一个“图层 3”图层，设置前景色为黑色（R:0、G:0、B:0），填充前景色，并调整其大小和位置，如图 7–64 所示。

STEP 18 在“图层”面板中，将鼠标指针移至“图层 3”图层上，按住左键不放，将其拖至“图层 2”图层的下方，如图 7–65 所示。

STEP 19 移动图层后的效果如图 7–66 所示。

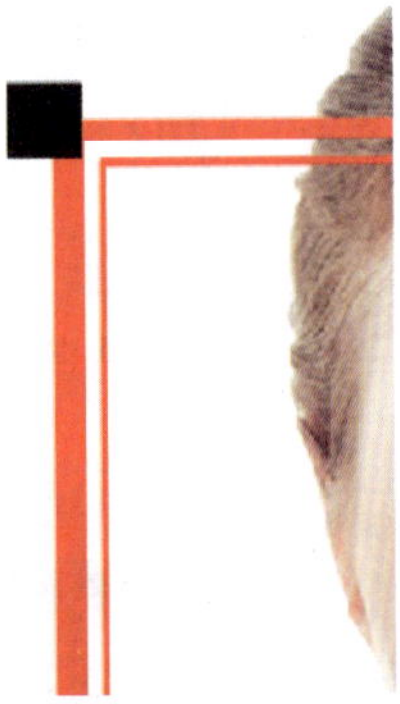

图 7-64

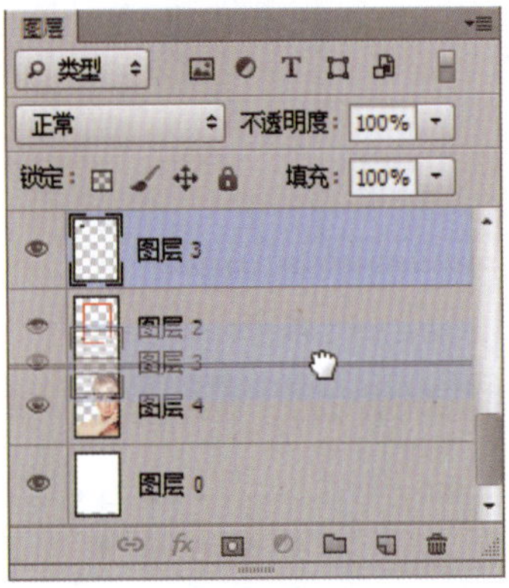


图 7-65

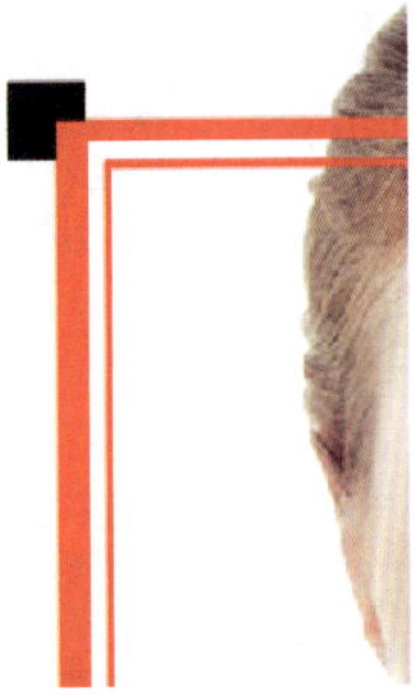

图 7-66

**STEP 20** 按 Ctrl+J 组合键复制“图层 3”图层为“图层 3 拷贝”图层，如图 7-67 所示。设置前景色为红色（R:210、G:19、B:34），填充前景色，并调整其大小和位置，如图 7-68 所示。

**STEP 21** 选择工具箱中横排文字工具，输入文本内容“美丽女人从自己做起”，在横排文字工具属性栏中设置其参数，如图 7-69 所示。

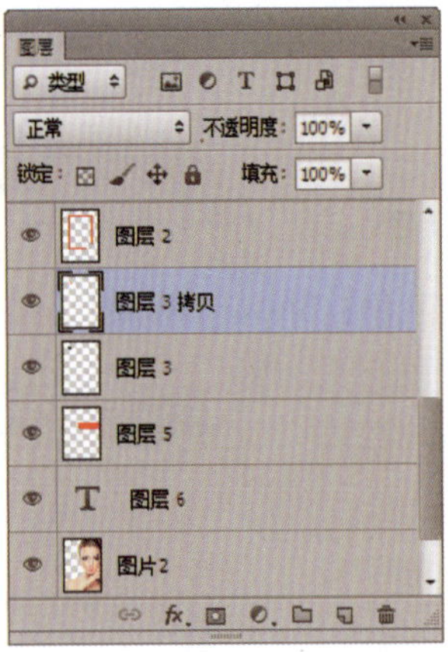


图 7-67

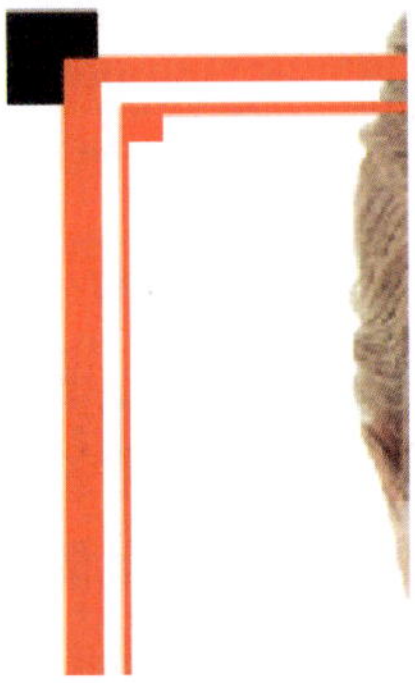

图 7-68

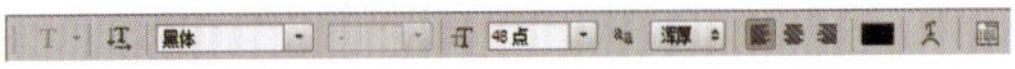

图 7-69

**STEP 22** 调整其至合适的位置，效果如图 7-70 所示。

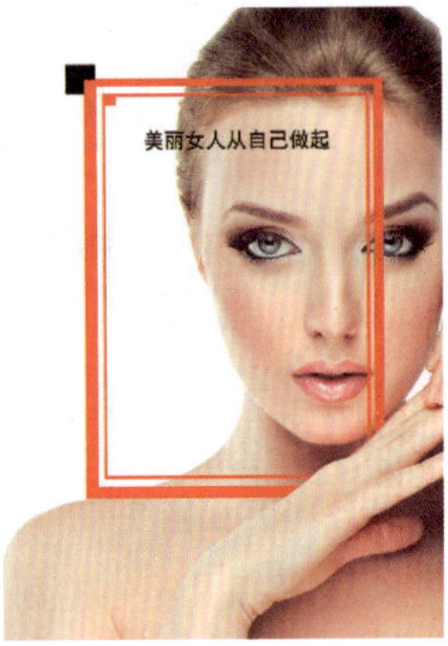


图 7-70

**STEP 23** 选择文本中的“女人”两个字，改变其颜色为红色（R:210、G:19、B:34），如图 7–71 所示。

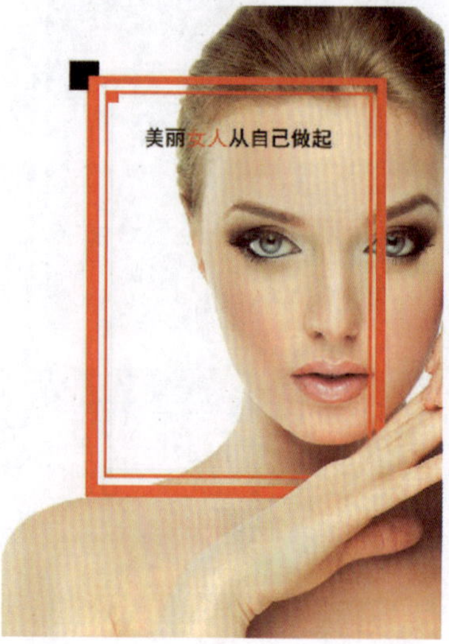


图 7–71

**STEP 24** 选择工具箱中的竖排文字工具，输入文本，设置字体为“黑体”，字号为 22 点，字体颜色为黑色，如图 7–72 所示。

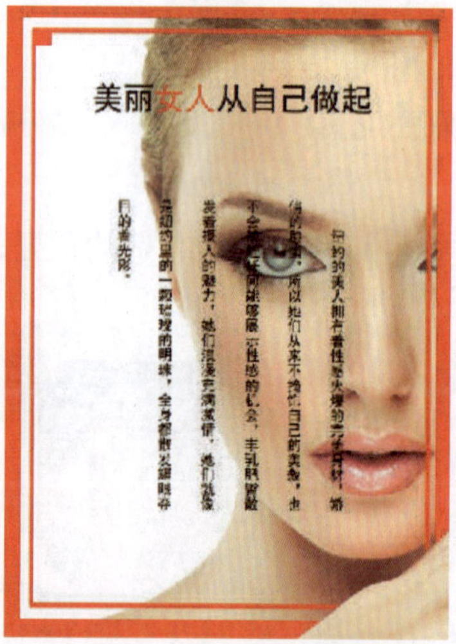


图 7–72

**STEP 25** 选择工具箱中的钢笔工具，绘制一个直线路径，如图 7–73 所示。

**STEP 26** 选择工具箱中的画笔工具，然后选择菜单“窗口”|“画笔”命令，打开“画笔”面板，在其中设置画笔形状及间距，如图 7–74 所示。

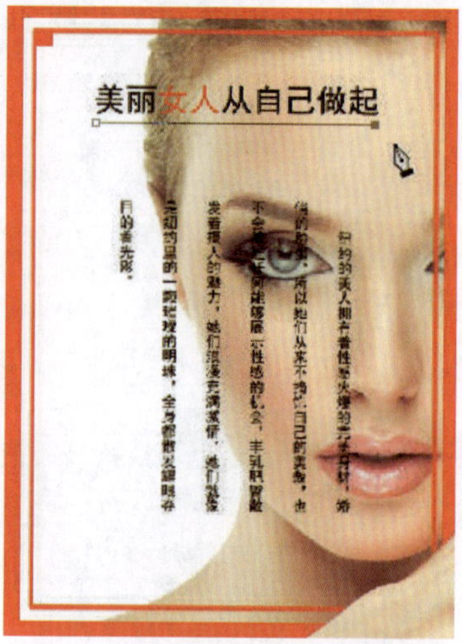


图 7–73

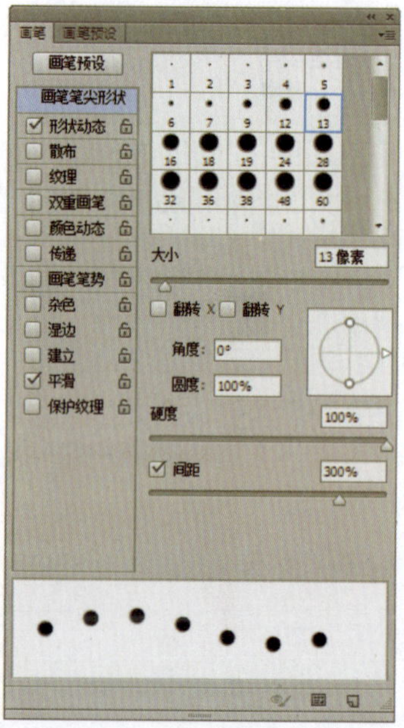


图 7–74

**STEP 27** 新建一个“图层 4”图层，选择工具箱中的钢笔工具，在编辑区内右击，在弹出的快捷菜单中选择“描边路径”命令，如图 7–75 所示。

**STEP 28** 描边后的效果如图 7–76 所示。

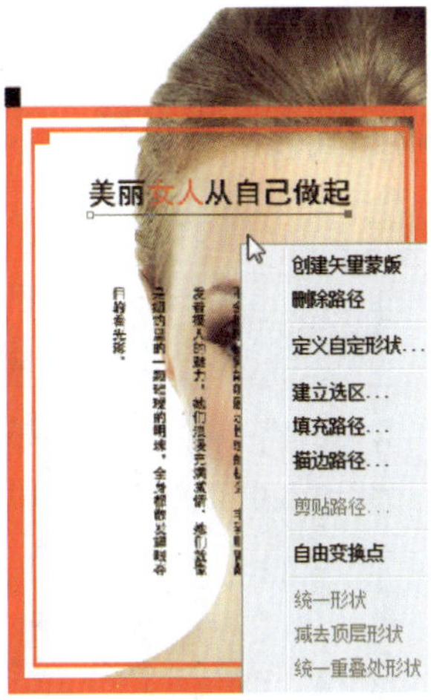


图 7–75

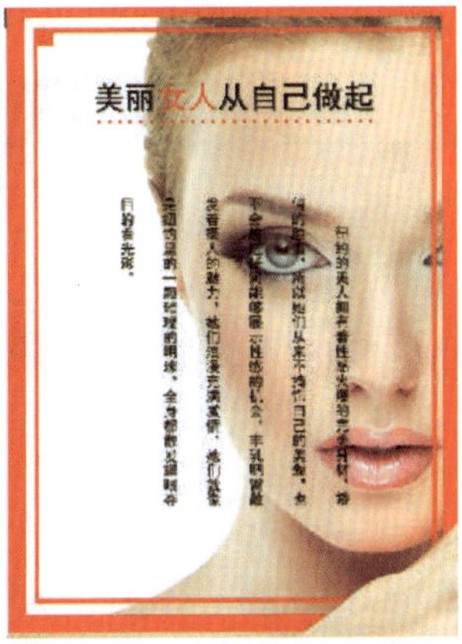


图 7–76

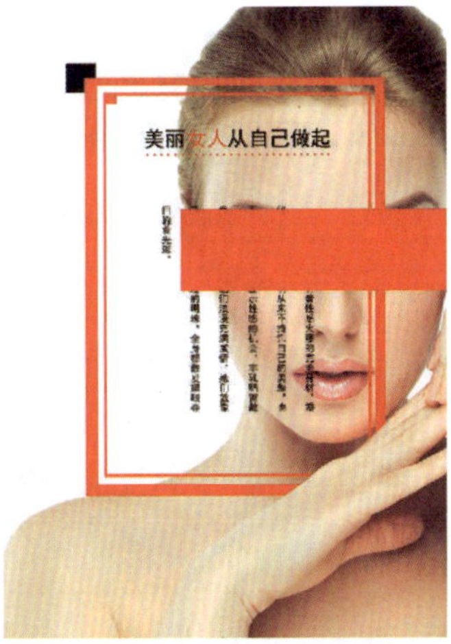


图 7–78

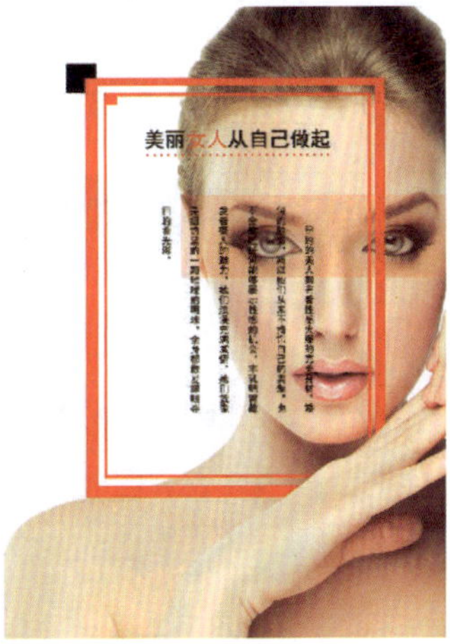


图 7–79

STEP 29 选择工具箱中的矩形选框工具，在该工具栏中设置样式为固定大小（宽为 12.6cm， 高为 3.78cm）， 如图 7–77 所示。

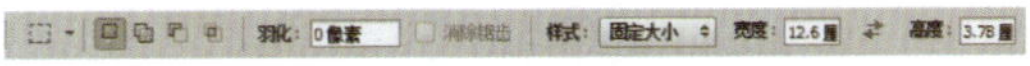


图 7–77

STEP 30 新建一个“图层 5”图层，设置前景色为红色（R:210、G:19、B:34），填充前景色，效果如图 7–78 所示。

STEP 31 移动“图层 5”图层至“图层 2”图层的下方，调整其不透明度和位置，利用“图层 5”图层增加字体的识别度，如图 7–79 所示。

STEP 32 按住 Ctrl 键，单击“图层 2”图层缩览图，如图 7–80 所示。建立一个选区，如图 7–81 所示。

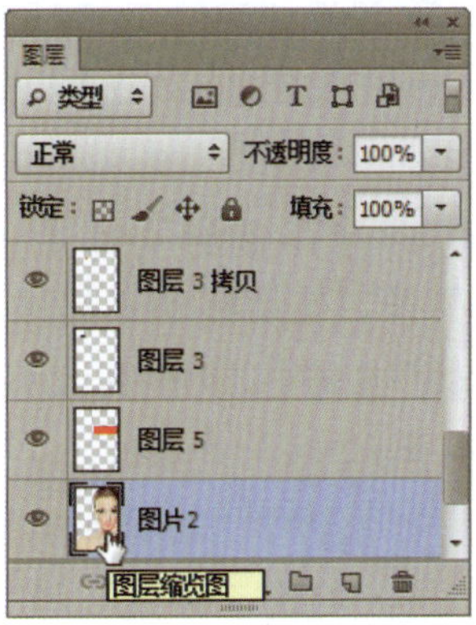


图 7–80

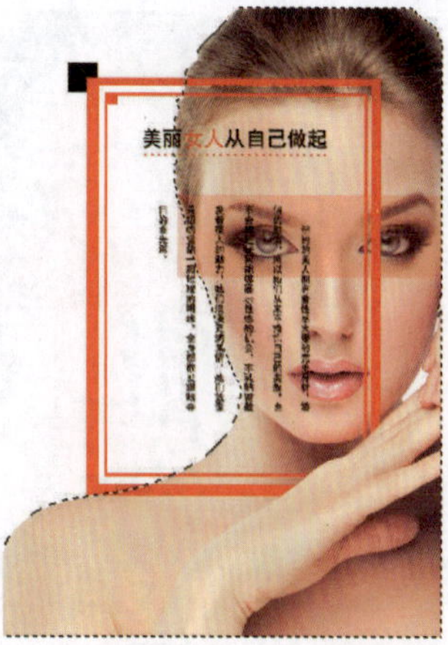


图 7-81

STEP 33 选择工具箱中的矩形选框工具，右击，在弹出的快捷菜单中选择“选择反向”命令，效果如图 7-82 所示。

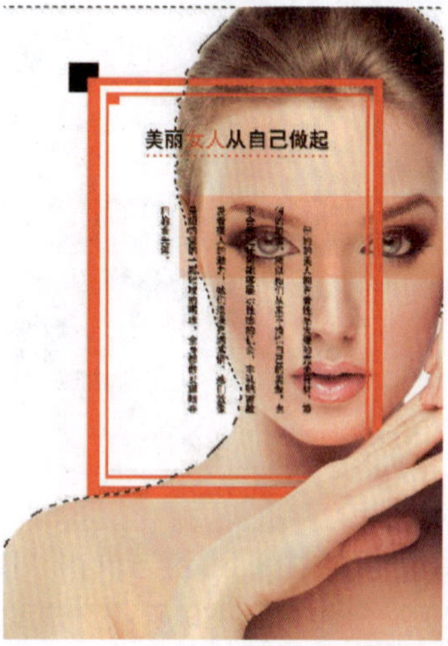


图 7-82

STEP 34 设置“图层 5”图层为当前图层，按 Delete 键删除选区内图形，如图 7-83 所示。

STEP 35 打开素材文件中的“条形码 .jpg”图像，使用移动工具移动至“杂志封底 .psd”文档中，调整其大小和位置，如图 7-84 所示。

STEP 36 选择工具箱中的横排文字工具，输入文本“定价：40 元”，设置字体为“黑体”，字号为 15 点，字体颜色为黑色，调整其至合适的位置，如图 7-85 所示。

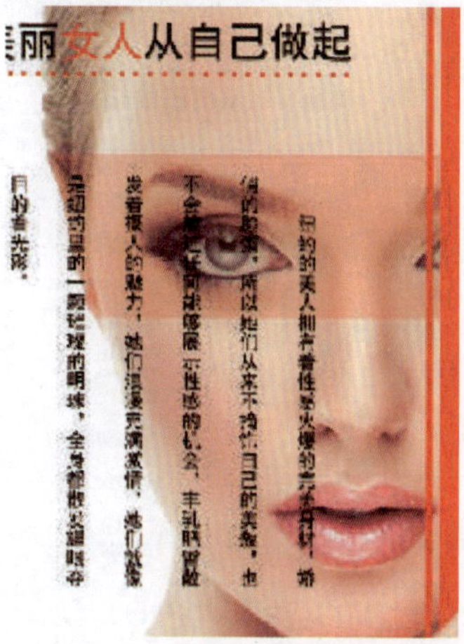


图 7-83

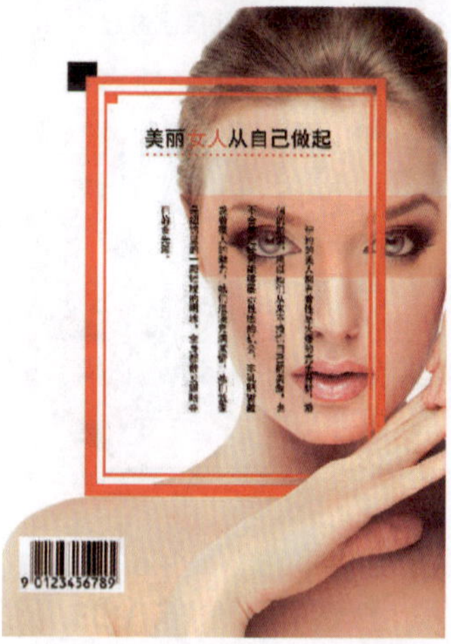


图 7-84

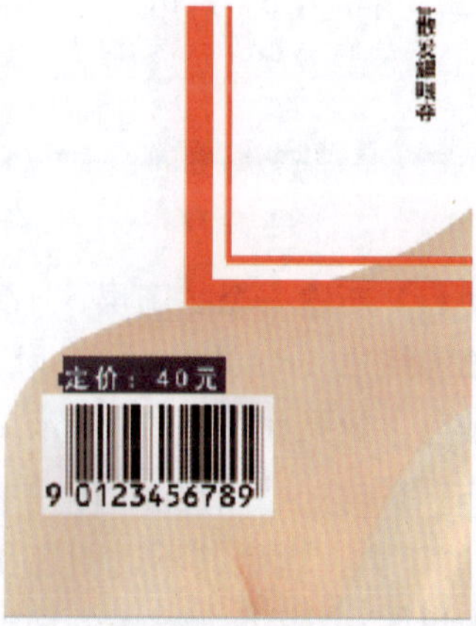


图 7-85

STEP 37 再次使用横排文字工具输入文本“刊号：ISSN1108-1111”，设置字体为“黑体”，字号为14点，字体颜色为黑色，调整其至合适的位置，如图7-86所示。

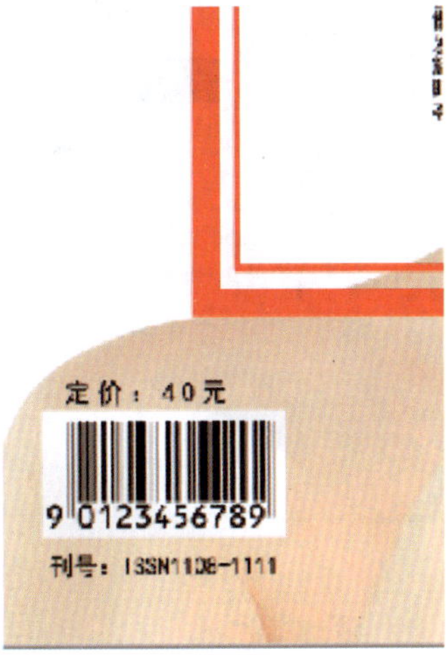


图 7-86

STEP 38 选择菜单“文件”|“存储为”命令（快捷键为Shift+Ctrl+S），保存为JPEG图像，如图7-87所示。

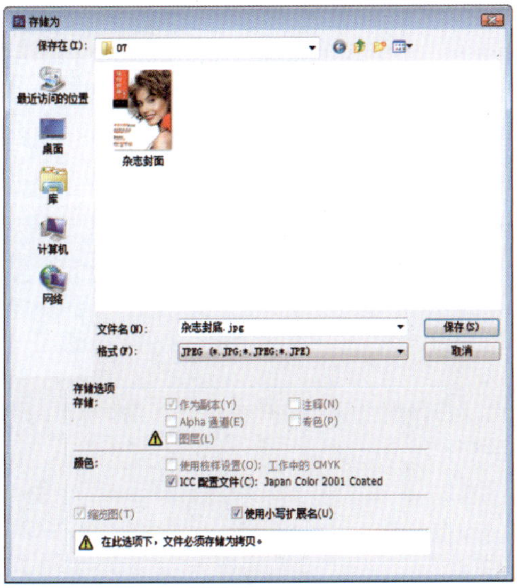


图 7-87

STEP 39 最终封底设计完成，效果如图7-88所示。

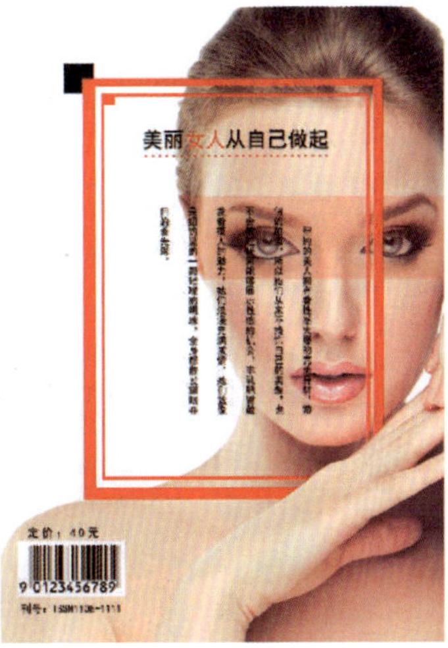


图 7-88

## 3. 封面与封底的结合

STEP 01 选择菜单“文件”|“新建”命令，在弹出的“新建”对话框中设置参数，新建一个文档，如图7-89所示。

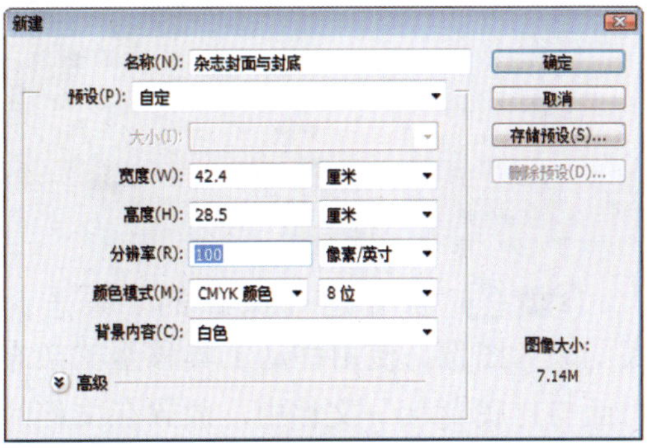


图 7-89

STEP 02 按Ctrl+R组合键，显示标尺。选择菜单“视图”|“显示”|“参考线”命令，然后使用移动工具拖曳出两条纵向参考线，如图7-90所示。

STEP 03 打开之前保存的“杂志封面.jpg”图像，使用移动工具移至“杂志封面与封底.psd”文档中，放置在文档的右侧，效果如图7-91所示。

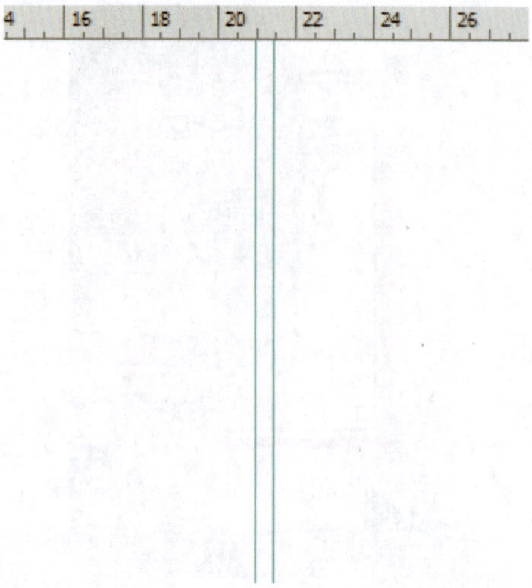


图 7-90

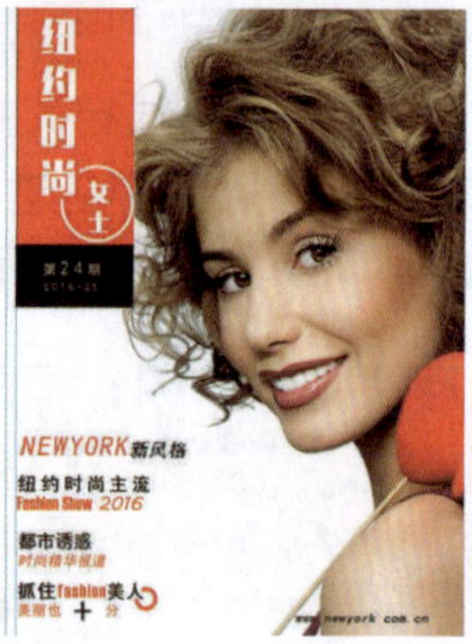


图 7-91

STEP 04 打开之前保存的“杂志封底.jpg”图像，使用移动工具移至“杂志封面与封底.psd”文档中，放置在文档的左侧，效果如图 7-92 所示。

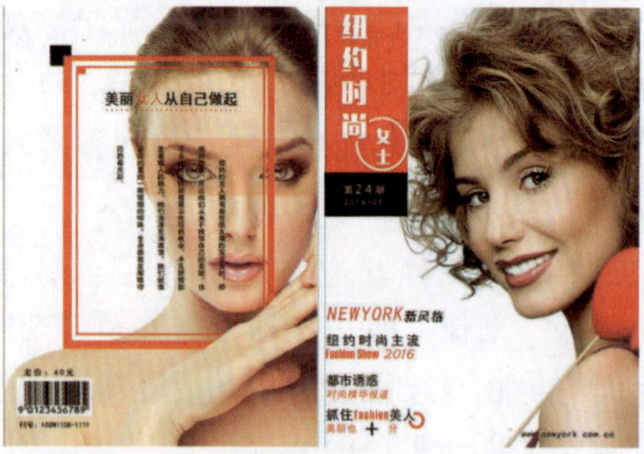


图 7-92

STEP 05 选择菜单“文件”|“存储为”命令（快捷键为 Shift+Ctrl+S），保存为 JPEG 图像。最终制作完成的效果如图 7-93 所示。

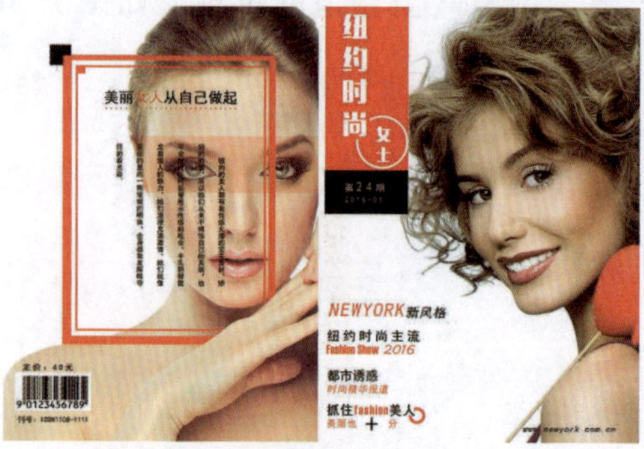


图 7-93

# 【听我讲】

## 7.1 图像色彩的调整

色彩是构成图像的重要元素之一。调整图像的色彩，图像带给人们的视觉感受和风格也会跟随着变化，图像也会呈现出全新的面貌。

### 7.1.1 “色彩平衡”命令

色彩平衡是指调整图像整体色彩平衡，只作用于复合颜色通道，在彩色图像中改变颜色的混合，用于纠正图像中明显的偏色问题。使用“色彩平衡”命令可以在图像原色的基础上根据需要来添加其他颜色，或通过增加某种颜色的补色，以减少该颜色的数量，从而改变图像的色调。

选择菜单“图像”|“调整”|“色彩平衡”命令（或按 Ctrl+B 组合键），弹出“色彩平衡”对话框，从中可以通过设置参数或拖动滑块来控制图像色彩的平衡，如图 7−94 所示。

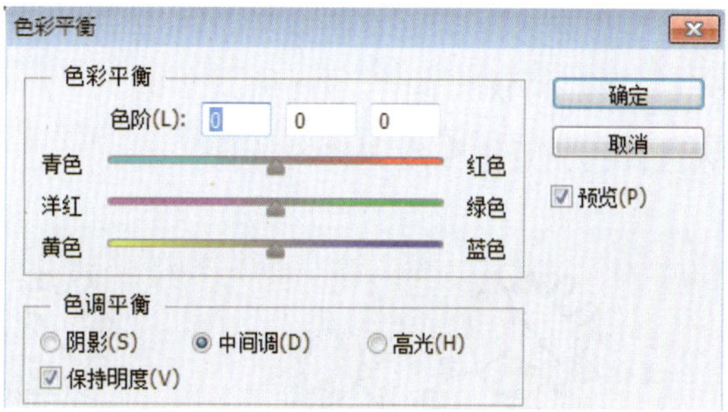


图 7−94

在“色彩平衡”对话框中，各选项的含义介绍如下。

- “色彩平衡”选项组：在“色阶”后面的文本框中输入数值即可调整组成图像的 6 个不同原色的比例，用户也可直接用鼠标指针拖动文本框下方的 3 个滑杆中滑块的位置来调整图像的色彩。
- “色调平衡”选项组：用于选择需要进行调整的色彩范围，包括暗调、中间调和高光。选中某一个单选按钮，就可对相应色调的像素进行调整。选中“保持亮度”复选框时，调整色彩时将保持图像亮度不变。图 7−95 和图 7−96 所示为调整色彩平衡前后效果图。

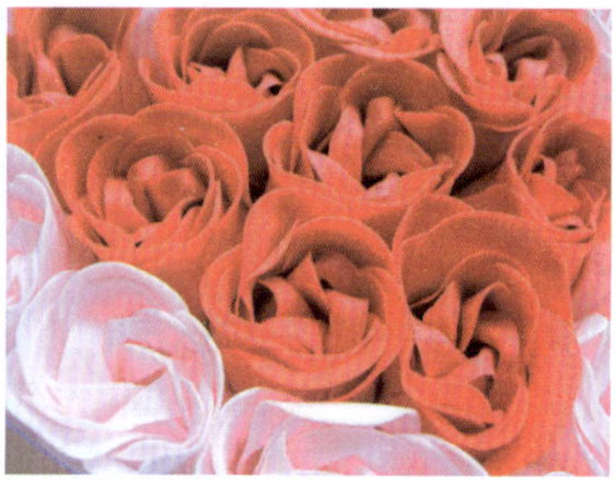

图 7−95

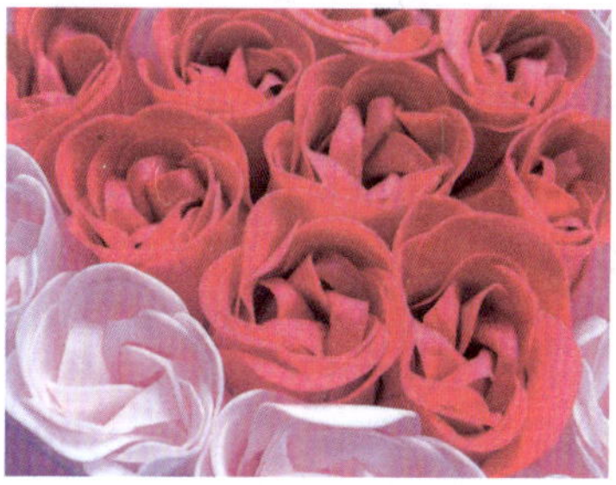

图 7−96

## 7.1.2 “色相 / 饱和度”命令

“色相 / 饱和度”命令主要用于调整图像像素的色相及饱和度，通过对图像的色相、饱和度及亮度进行调整，从而达到改变图像色彩的目的。而且还可以通过给像素定义新的色相及饱和度，实现灰度图像上色的功能，或创作单色调效果。

选择菜单“图像”|“调整”|“色相 / 饱和度”命令（或按 Ctrl+U 组合键），弹出“色相 / 饱和度”对话框，如图 7–97 所示。

在“色相 / 饱和度”对话框中，若选择“全图”选项可一次调整整幅图像中的所有颜色。若选择“全图”选项之外的选项，则色彩变化只对当前选中的颜色起作用。若选中“着色”复选框，则通过调整色相及饱和度，能让图像呈现多种富有质感的单色调效果。图 7–98 ~ 图 7–100 所示为图像进行色相及饱和度调整的效果。

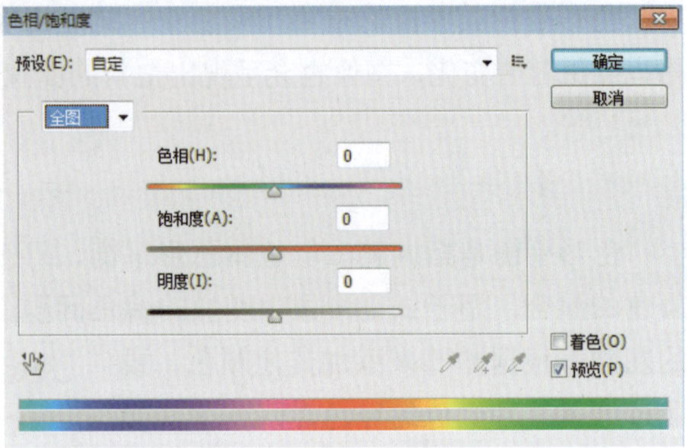


图 7–97

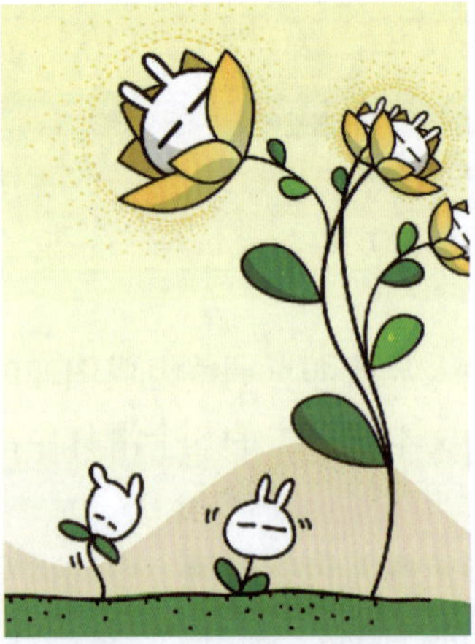

图 7–98

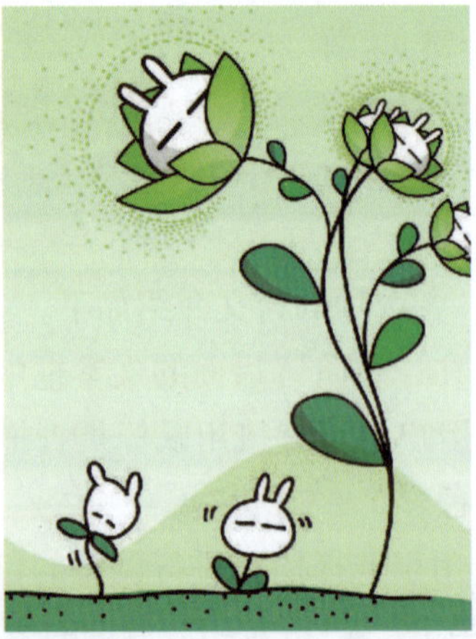

图 7–99

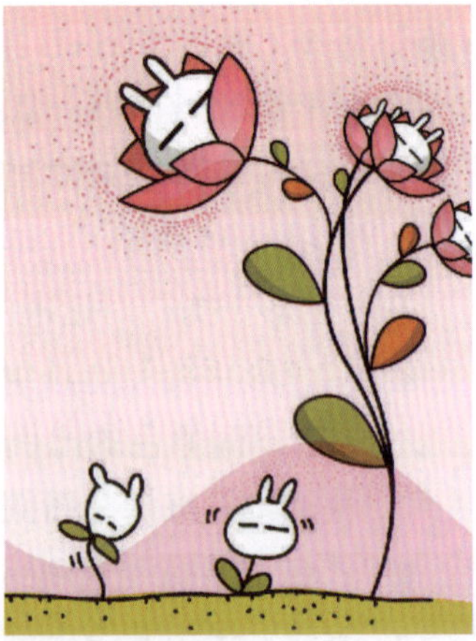

图 7–100

## 7.1.3 “替换颜色”命令

“替换颜色”命令将图像中某颜色范围内的图像进行调整或替换，作用是用其他颜色替换图像中的某个区域的颜色，来调整色相、饱和度和明度值。简单来说，“替换颜色”命令可以视为一项结合了“色彩范围”和“色相 / 饱和度”命令的功能。

选择菜单“图像”|“调整”|“替换颜色”命令，弹出“替换颜色”对话框，如图 7–101 所示。

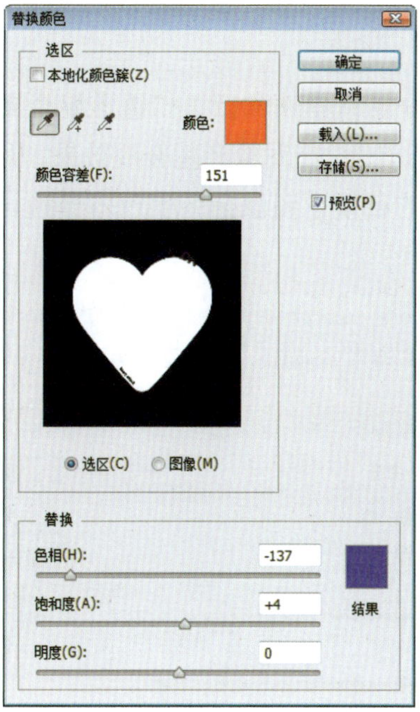


图 7-101

将鼠标指针移动到需要替换颜色的图像上单击以吸取颜色，并在该对话框中设置颜色容差，在图像预览区域中出现需要替换颜色的选区效果，呈黑白图像显示，白色代表替换区域，黑色代表不需要替换的颜色。设定好需要替换的颜色区域后，在“替换”选项组中拖动滑块对“色相”“饱和度”和“明度”进行调整替换，同时可以移动“颜色容差”下的滑块进行控制，数值越大，模糊度越高，替换颜色的区域越大。图 7-102 和图 7-103 所示为替换颜色前后对比效果。

图 7-102

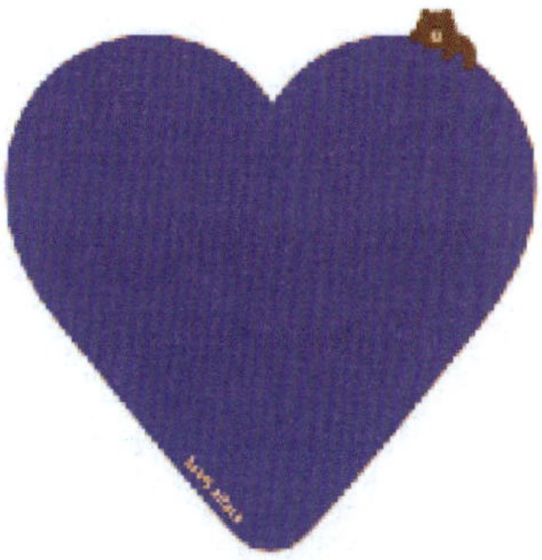

图 7-103

**操作技能**

“可选颜色”命令可以校正颜色的平衡，选择某种颜色范围进行针对性的修改，在不影响其他原色的情况下修改图像中的某种原色的数量。

## 7.1.4 “通道混合器”命令

使用“通道混合器”命令的概率非常低。“通道混合器”可以将图像中某个通道的颜色与其他通道中的颜色进行混合，使图像产生合成效果，从而达到调整图像色彩的目的。通过对各通道彼此不同程度的替换，图像会产生色彩变换，赋予图像不同的画面效果与风格。

选择菜单“图像”|“ 调整”|“ 通道混合器”命令，弹出“通道混和器”对话框，从中可通过设置参数或拖动滑块来控制图像色彩，如图 7-104 所示。

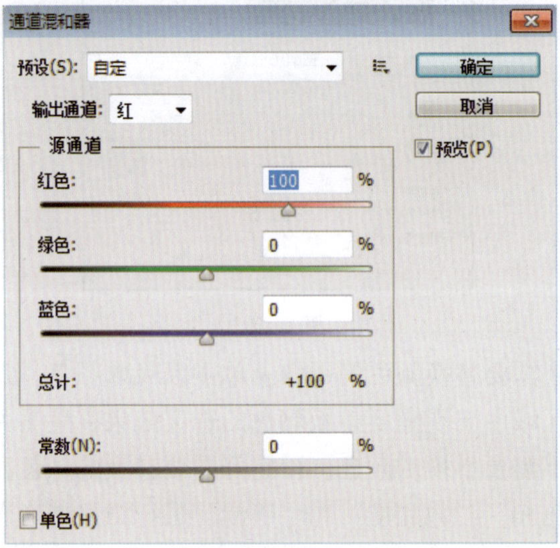


图 7-104

在“通道混合器”对话框中，各选项的含义介绍如下。

- “输出通道”下拉列表框：在该下拉列表中可以选择对某个通道进行混合。
- “源通道”选项组：拖动滑块可以减少或增加源通道在输出通道中所占的百分比。
- “常数”选项：该选项可将一个不透明的通道添加到输出通道，若为负值则为黑通道，若为正值则为白通道。
- “单色”复选框：选中该复选框后则对所有输出通道应用相同的设置，创建该色彩模式下的灰度图，也可继续调整参数让灰度图像呈现不同的质感效果。

## 7.1.5 “匹配颜色”命令

“匹配颜色”命令实质是在基元相似性的条件下，运用匹配准则搜索线条系数作为同名点进行替换。使用“匹配颜色”命令可以快速修正图像偏色等问题。

选择菜单“图像”|“调整”|“匹配颜色”命令，弹出“匹配颜色”对话框，从中调整参数后单击“确定”按钮即可，如图7-105所示。

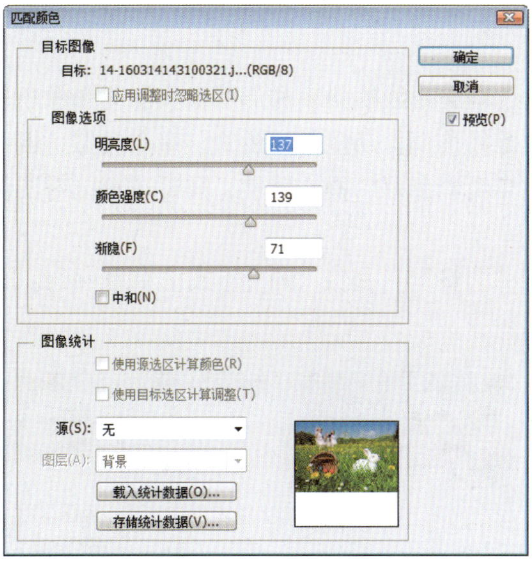


图 7—105

在使用“匹配颜色”命令对图像进行处理时，选中“中和”复选框可以使颜色匹配的混合效果有所缓和，在最终效果中将保留一部分原先的色调，使其过渡自然，效果逼真。图 7—106 和图 7—107 所示为使用“匹配颜色”命令前后对比效果。

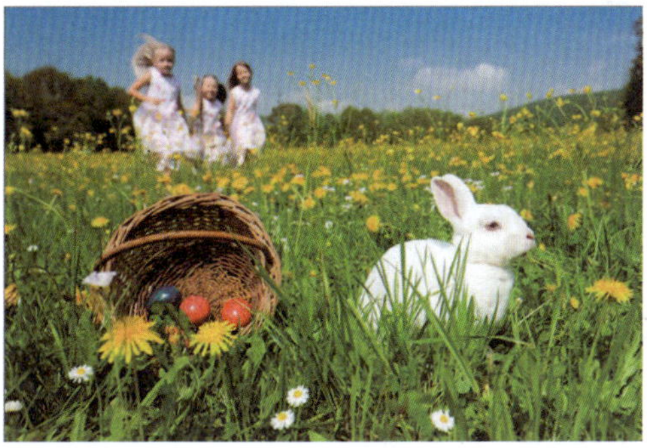

图 7—106

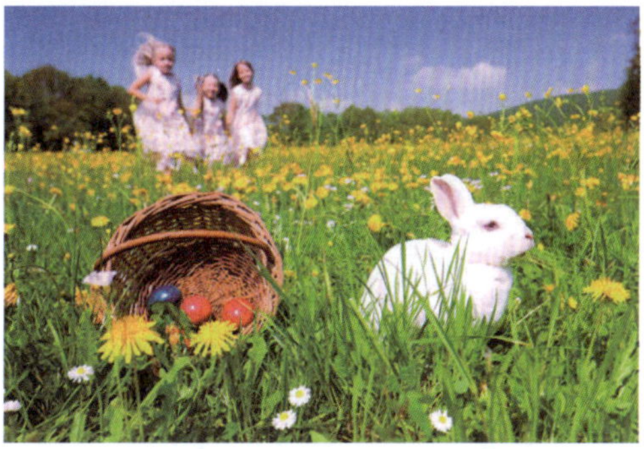

图 7—107

**操作技能**

“匹配颜色”命令仅适用于“RGB 颜色”模式。

## 7.2 图像色调的调整

在 Photoshop CS6 中还可以通过“变化”“匹配颜色”“替换颜色”“可选颜色”通道混合器“阴影 / 高光”命令对整幅图像的色彩或图像中的单独一种色彩进行调整。

## 7.2.1 “曲线”命令

“曲线”命令是通过调整曲线的斜率和形状来实现对图像色彩、亮度和对比度的综合调整，从而改变图像整体色调。功能与“色阶”命令类似，但不同的是曲线的调整范围更为精确，其不会破坏像素色彩的操作特性，同时还可以对图像中的个别颜色通道进行精确调整。

选择菜单“图像”|“调整”|“曲线”命令（或按 Ctrl+M 组合键），弹出“曲线”对话框，如图 7-108 所示。

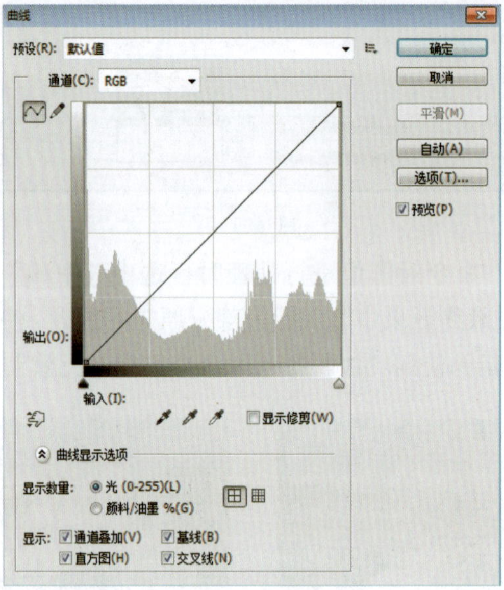


图 7-108

在“曲线”对话框中，各选项的含义介绍如下。

- “预设”下拉列表框：Photoshop CS6 已对一些特殊调整做了设定，在其中选择相应选项即可快速调整图像。
- “通道”下拉列表框：可选择需要调整的通道。
- 曲线编辑框：曲线的水平轴表示原始图像的亮度，即图像的输入值；垂直轴表示处理后新图像的亮度，即图像的输出值；曲线的斜率表示相应像素点的灰度值。在曲线上单击可创建控制点。
- “编辑点以修改曲线”按钮：表示以拖动曲线上控制点的方式来调整图像。
- “通过绘制来修改曲线”按钮：单击该按钮后将鼠标指针移到曲线编辑框中，当其箭头变成形状时单击并拖动，绘制需要的曲线来调整图像。
- 按钮：控制曲线编辑框中曲线的网格数量。
- “显示”选项组：该选项组中包括“通道叠加”“基线”“直方图”和“交叉线”4 个复选框，只有选中这些复选框才会在曲线编辑框中显示 3 个通道叠加以及基线、直方图和交叉线的效果。图 7-109 和图 7-110 所示为调整曲线前后效果。

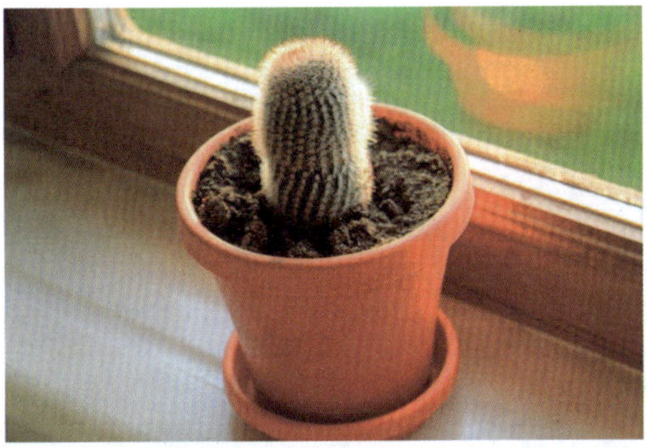

图 7-109

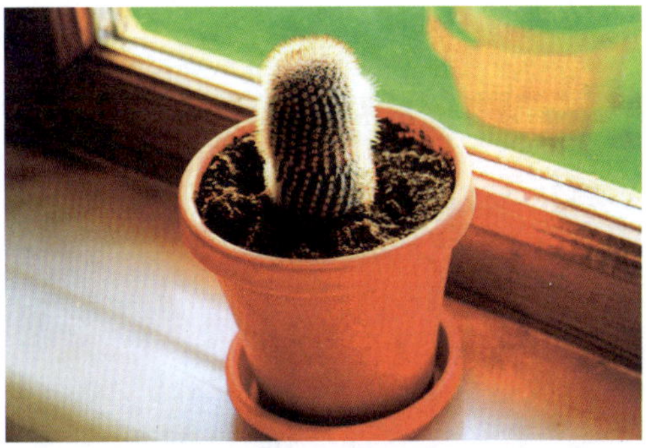

图 7-110

## 7.2.2　“色阶”命令

色阶是表示图像亮度强弱的指数标准，即色彩指数。可以通过色阶矫正图像的色调范围和色彩平衡，纠正偏色问题。选择菜单“图像”|“调整”|“色阶”命令，或者按Ctrl+L 组合键，弹出“色阶”对话框，从中可以设置通道、输入色阶和输出色阶的参数，调整图像的效果，如图 7-111 所示。

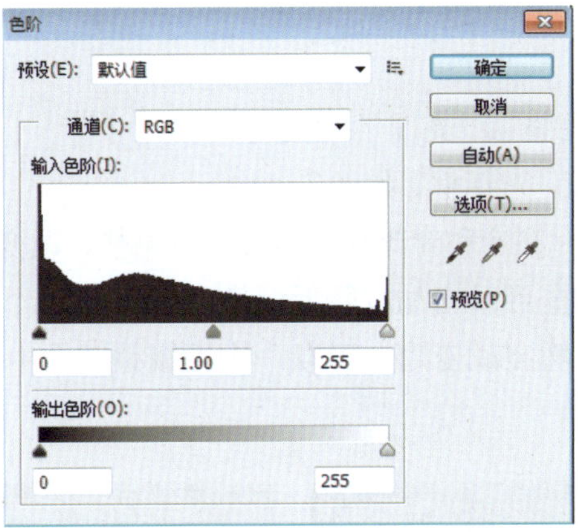


图 7-111

在“色阶”对话框中，各选项的含义介绍如下。

- “预设”下拉列表框：Photoshop CS6 对一些常见调整做了预先设定，如较暗、较亮、中间调较亮等，直接选择相应的预设选项即可快速调整图像颜色。
- “通道”下拉列表框：不同颜色模式的图像，在其“通道”下拉列表框中显示相应的通道，用户可以根据需要调整整体通道或者调整单个通道。
- “输入色阶”区域：黑、灰、白滑块分别对应 3 个文本框，依次用于调整图像的暗调、中间调和高光。
- “输出色阶”渐变条：用于调整图像的亮度和对比度，与其下方的两个滑块对应。黑色滑块表示图像的最暗值，白色滑块表示图像的最亮值，拖动滑块调整最暗和最亮值，从而实现亮度和对比度的调整。如图 7-112 和图 7-113 所示为调整“绿”

通道的效果。

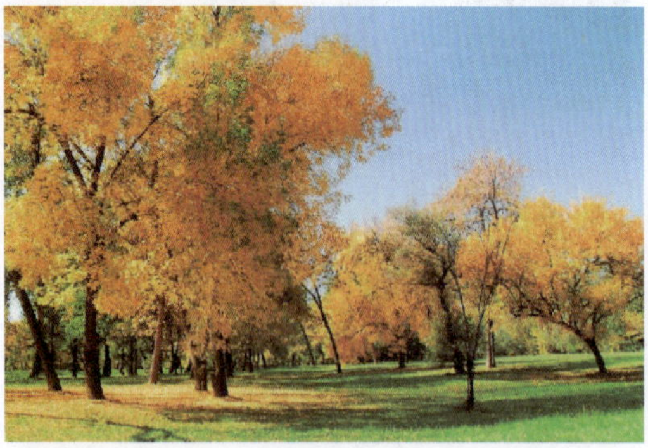

图 7–112

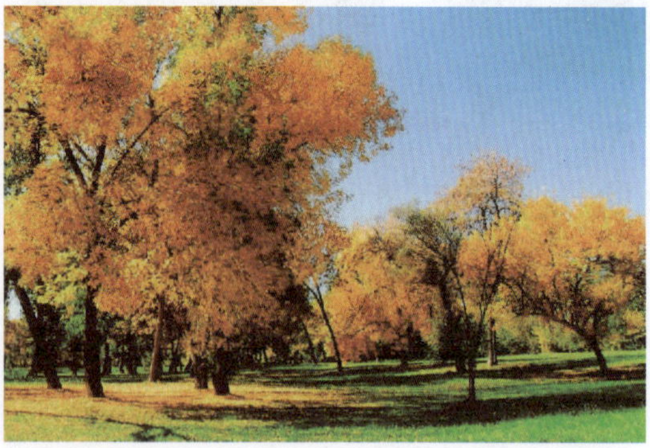

图 7–113

## 7.2.3 “亮度 / 对比度”命令

亮度即图像的明暗，可以对图像进行亮度变更的处理；对比度可以通过删减中间像素的色彩值来加强图像的对比程度，范围越大对比越强，反之越小。

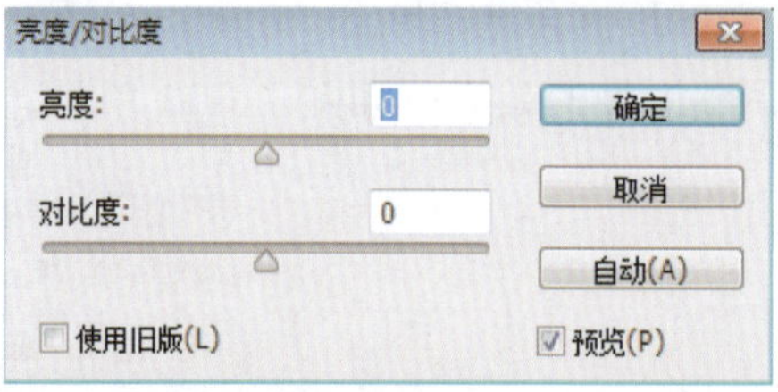


图 7–114

选择菜单“图像”|“调整”|“亮度 / 对比度”命令，弹出“亮度 / 对比度”对话框，如图 7–114 所示。在该对话框中可以对亮度和对比度的参数进行调整，改变图像效果。

“亮度 / 对比度”命令可以增加或降低图像中的低色调、半色调和高色调图像区域的对比度，将图像的色调增亮或变暗，可以一次性调整图像中所有的像素，如图 7–115 和图 7–116 所示。

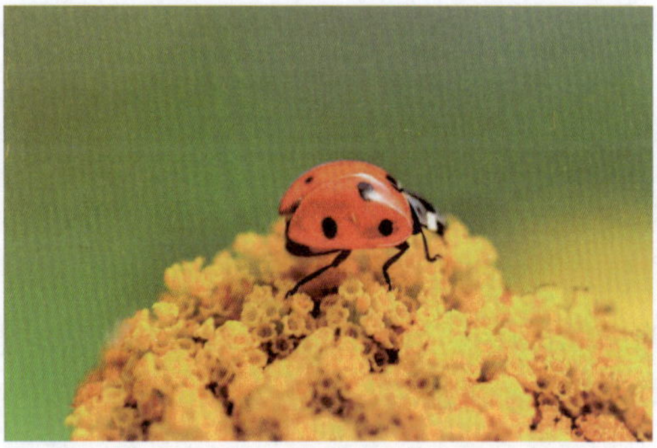

图 7–115

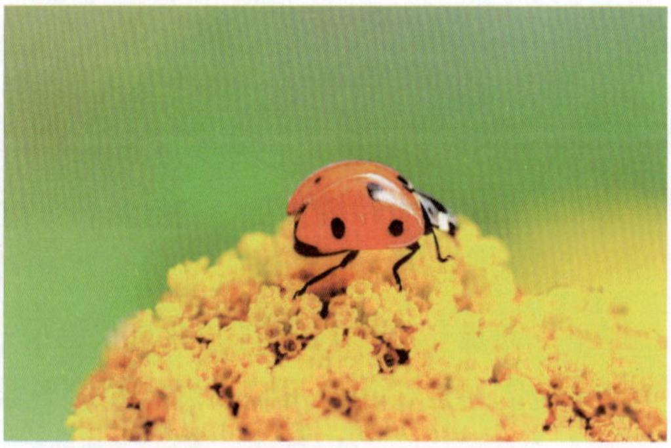

图 7–116

## 7.2.4 “阴影 / 高光”命令

“阴影 / 高光”命令不是简单地使图像变亮或变暗，而是根据图像中阴影或高光的像素色调增亮或变暗。该命令可以分别控制图像的阴影或高光，非常适合校正强逆光而形成剪影的照片，也适合校正由于太接近相机闪光灯而有些发白的焦点。

选择菜单“图像”|“调整”|“阴影／高光”命令，弹出“阴影／高光”对话框，在“阴影”选项组中调整阴影量，在“高光”选项组中调整高光量，然后单击“确定”按钮即可。图 7-117 和图 7-118 所示为使用“阴影／高光”命令前后对比效果。

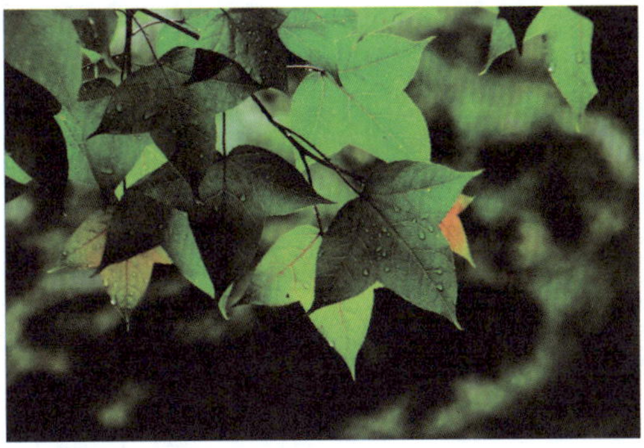

图 7-117

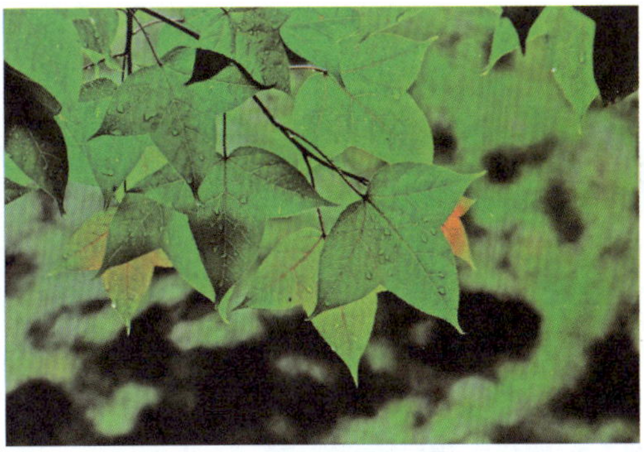

图 7-118

## 7.3 特殊色彩的处理

在 Photoshop CS6 中，设有处理特殊颜色的命令，其中包括“去色”“反相”“色调均化”“色调分离”“阈值”及“渐变映射”等命令。可以根据需要选择命令，快速使图像产生特殊的颜色效果。

### 7.3.1 “去色”命令

“去色”命令即去掉图像的颜色，将图像中所有颜色的饱和度变为 0，使图像显示为灰度，每个像素的亮度值不会改变。

选择菜单“图像”|“调整”|“去色”命令（或按 Shift+Ctrl+U 组合键），即可去除图像的色彩。图 7-119 和图 7-120 所示为图像去色前后对比效果。

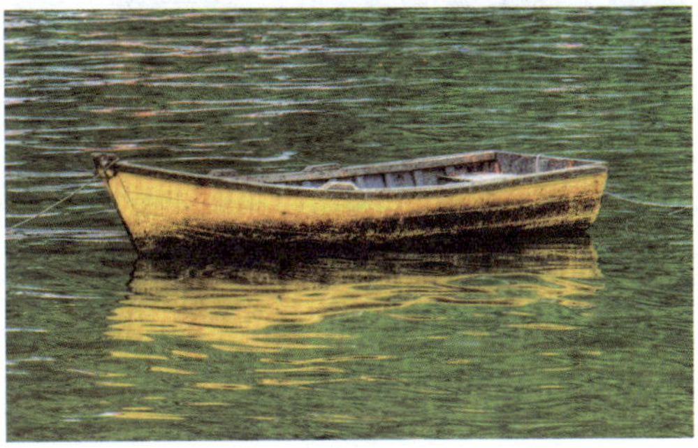

图 7-119

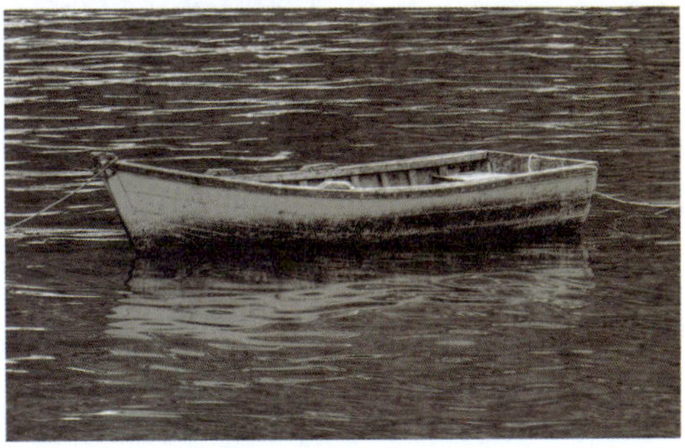

图 7-120

### 7.3.2 “反相”命令

使用“反相”命令可以将图像中的所有颜色替换为相应的补色，即将每个通道中的像素亮度值转换为 256 种颜色的相反值，以制作出负片效果。当然，也可以将负片效果还原为图像原来的色彩效果。

选择菜单“图像”|“调整”|“反相”命令（或按 Ctrl+I 组合键）即可。图 7–121 和图 7–122 所示为图像反相前后的对比效果。

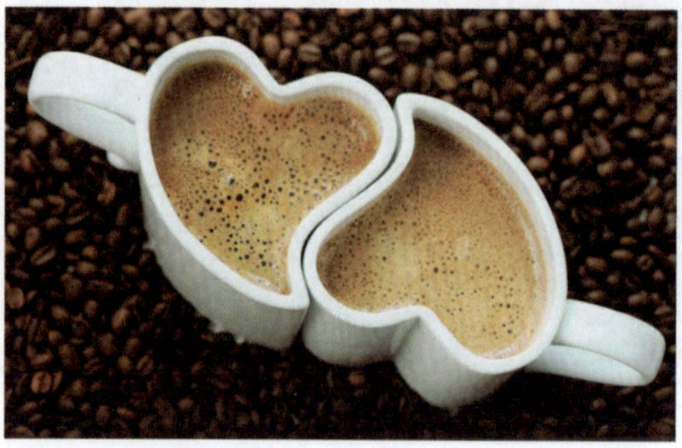

图 7–121

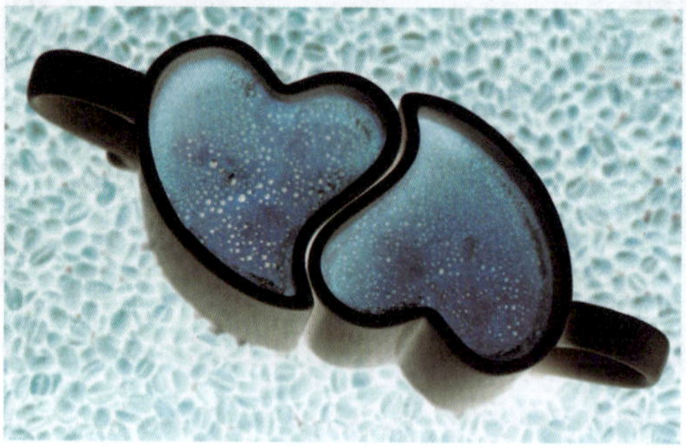

图 7–122

### 7.3.3 “阈值”命令

“阈值”命令可以将一幅彩色图像或灰度图像转换为只有黑白两种色调的图像。选择菜单“图像”|“调整”|“阈值”命令，弹出“阈值”对话框，如图 7–123 所示。在该对话框中可拖动滑块以调整阈值色阶，完成后单击“确定”按钮即可。

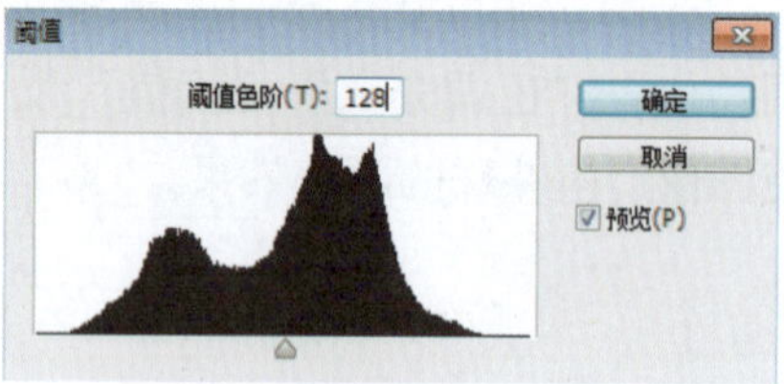


图 7–123

根据“阈值”对话框中的“阈值色阶”，将图像像素的亮度值一分为二，比阈值亮的像素将转换为白色，而比阈值暗的像素将转换为黑色。图 7–124 和图 7–125 所示为使用“阈值”命令前后对比效果。

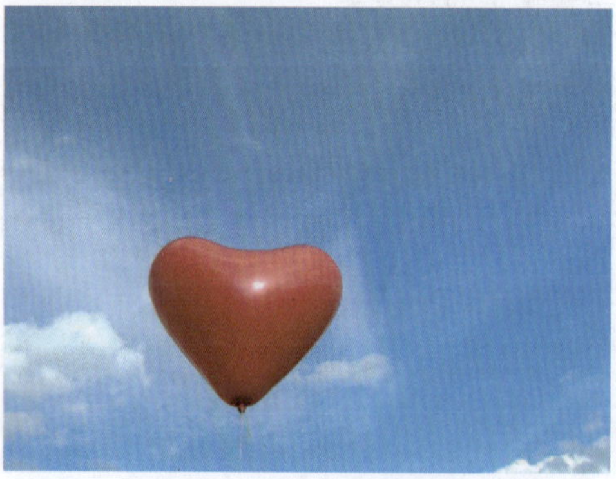

图 7–124

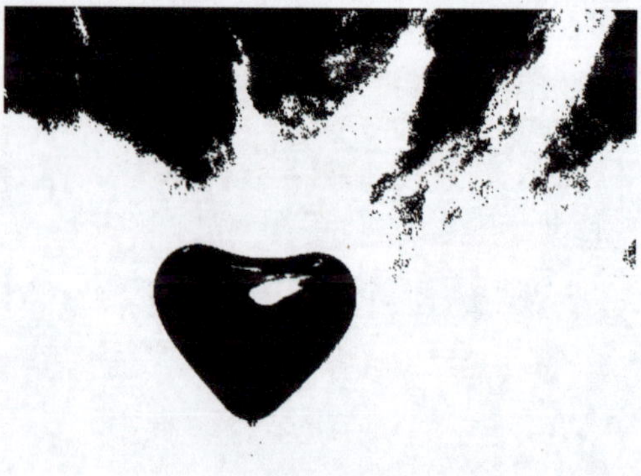

图 7–125

## 7.3.4 “渐变映射”命令

渐变映射可以将相等的图像灰度范围映射到指定的渐变填充色。即在图像中将阴影映射到渐变填充的一个端点颜色，高光映射到另一个端点颜色，而中间调映射到两个端点颜色之间。这里说的灰度范围映射，即指按不同的明度进行映射。

选择菜单“图像”|“调整”|“渐变映射”命令，弹出“渐变映射”对话框，单击渐变颜色条右侧的下三角按钮，将会弹出渐变样式面板，用户可单击选择相应的渐变样式以确立渐变颜色，如图 7–126 所示。

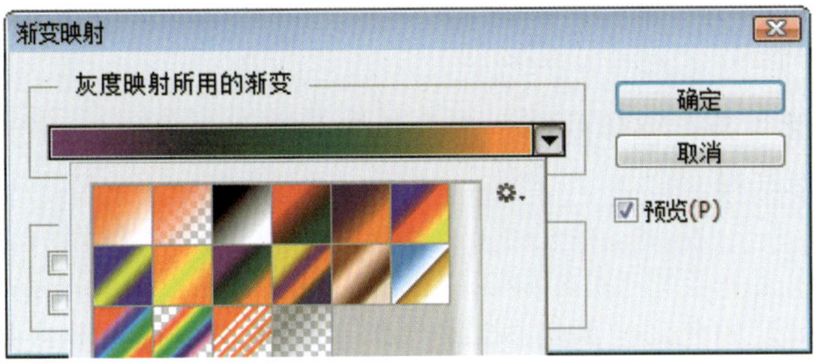


图 7–126

“渐变映射”功能首先对所处理的图像进行分析，然后根据图像中各个像素的亮度，用所选渐变模式中的颜色进行替代。但该功能不能应用于完全透明图层，因为完全透明图层中没有任何像素。图 7–127 和图 7–128 所示为图像应用“渐变映射”命令前后对比效果。

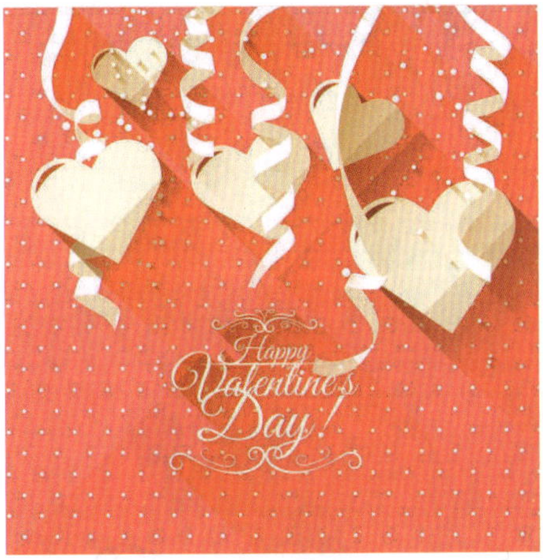


图 7–127

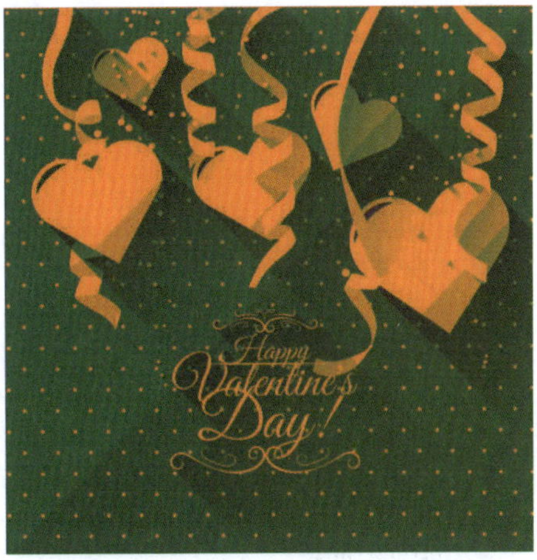


图 7–128

# 【自己练】

## 项目练习：设计儿童书籍封面

### 项目背景

某出版社出版一本儿童手绘插画书籍，委托本公司为其设计一张与书籍内容风格相统一的封面，吸引更多小读者的阅读和购买。

### 项目要求

书籍封面尺寸要规范，整体的颜色氛围要与书籍内容相结合，色彩不能过于沉闷，版式要生动，文字要活泼。

### 项目分析

整个书籍封面背景的色彩使用的是紫色与粉色的渐变，封面、封底是以插画排版为主，以便吸引儿童阅读。字体排版灵活生动，不枯燥。书脊不填充图案，直接以紫色为背景，主要突出书名、作者、出版社。封底出现的条形码和定价是书籍的必要内容。

### 项目效果

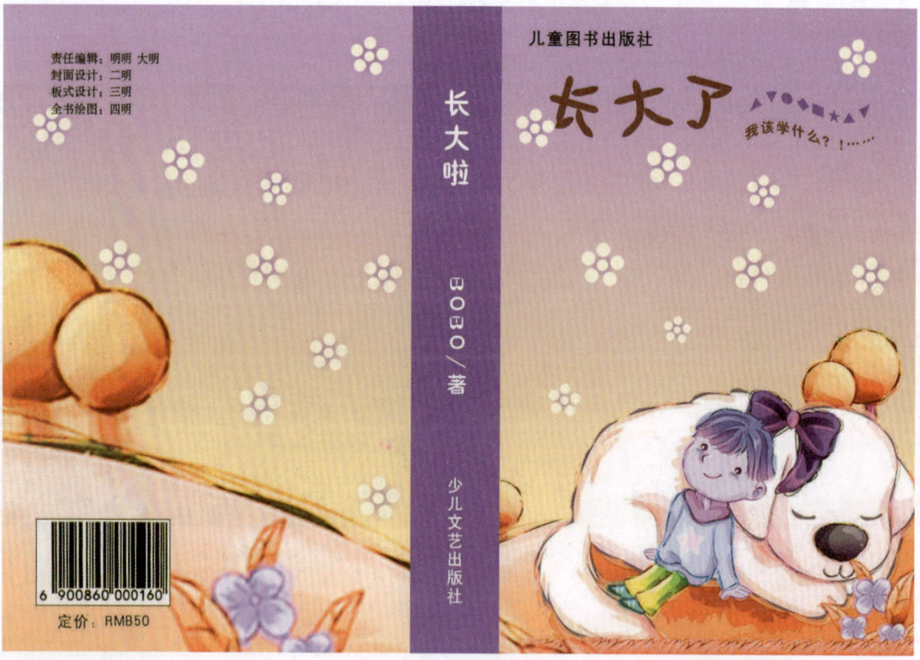


### 课时安排

2 课时。

# 第 8 章

# 设计手提袋
# ——通道与蒙版详解

## 本章概述

通道和蒙版是 Photoshop CS6 中两个不可缺少的利器，所有有关图像的颜色信息都是由通道反映出来的，通过编辑通道可改变图像中的颜色分量或创建特殊的选区。蒙版用来控制图像的显示区域，通过对蒙版的编辑可以在不损失图像的前提下，将部分图像显示或隐藏。因此，必须深入理解和掌握通道和蒙版，以便灵活处理图像。

## 要点难点

创建颜色通道 ★☆☆
建立图层蒙版 ★★★
将通道装换为蒙版 ★★☆

## 案例预览

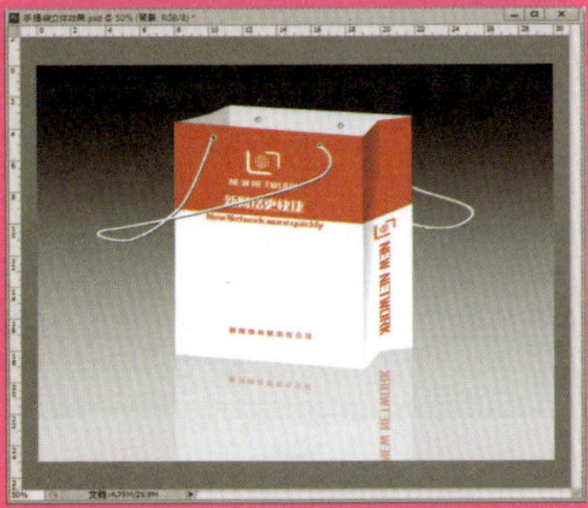
手提袋平面效果设计

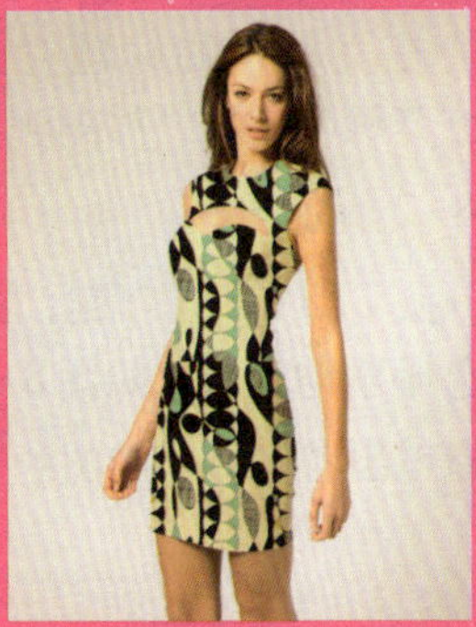
剪贴蒙版的应用

# 【跟我学】设计网络公司手提袋

## 作品描述

随着时代的进步，商品的多样化发展，人们在购物的同时需要的手提袋越来越多，样式也越来越丰富。在此便以一款纸质手提袋的制作为例展开介绍，该手提袋的设计尺寸为 30 cm × 8 cm × 40 cm，最终表现效果为立体样式。

## 实现过程

### 1. 手提袋平面效果设计

下面将首先对纸质手提袋平面图的制作展开介绍。

STEP 01 启动Photoshop CS6软件后，选择菜单“文件”|“新建”命令，弹出“新建”对话框，创建一个新的文档，如图 8-1 所示。

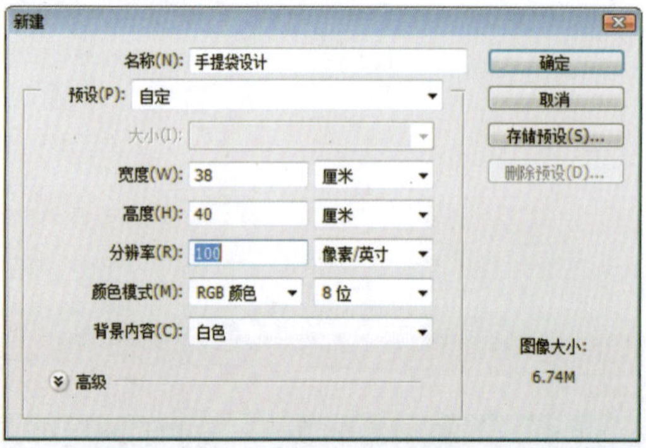


图 8-1

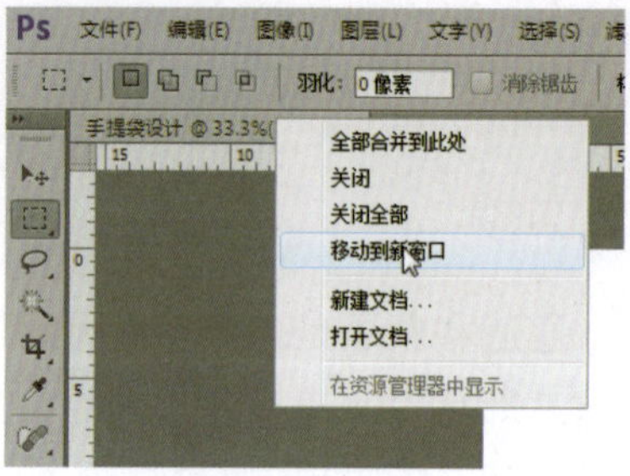


图 8-2

STEP 02 在文档中的标题栏处右击，在弹出的快捷菜单中选择“移动到新窗口”命令，如图 8-2 所示。

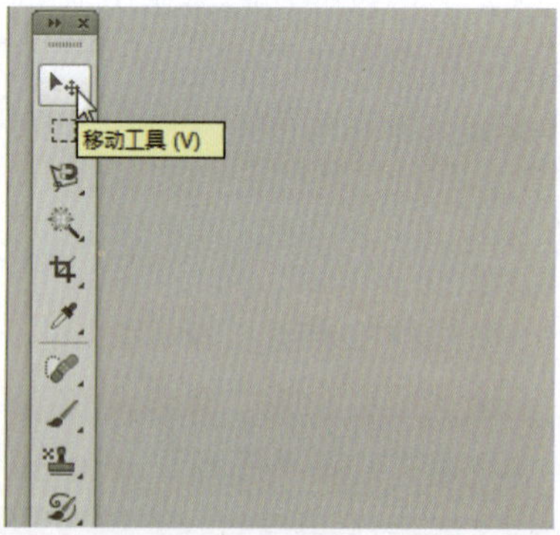


图 8-3

STEP 03 按 Ctrl+R 组合键，显示标尺。在工具箱中选择移动工具，如图 8-3 所示。从标尺栏中拖曳出参考线，如图 8-4 所示。

图 8-4

STEP 04 选择工具箱中的 (矩形选框)工具，在该工具属性栏中设置样式为“固定大小”（宽度为38 cm、高度为15 cm），如图8–5所示。

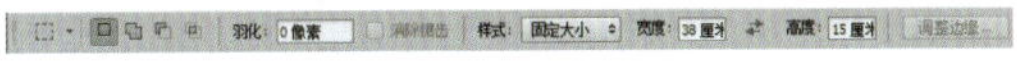

图 8–5

STEP 05 按Ctrl+Shift+N组合键，新建一个图层，然后在窗口中单击创建一个选区，填充前景色为红色（R:187、G:18、B:18），如图8–6所示。

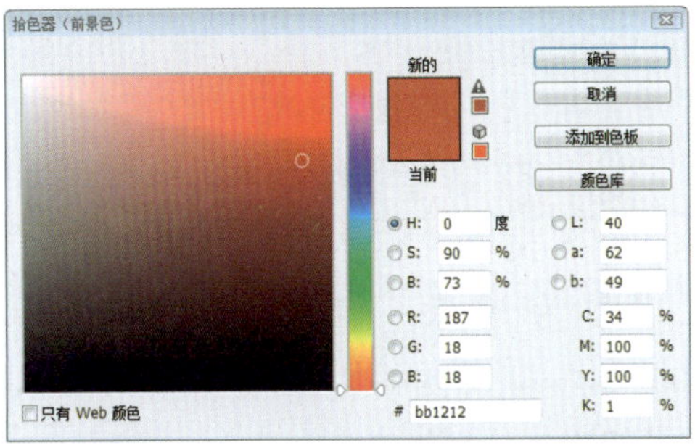


图 8–6

STEP 06 使用移动工具将填充选区移至适当位置，如图8–7所示。

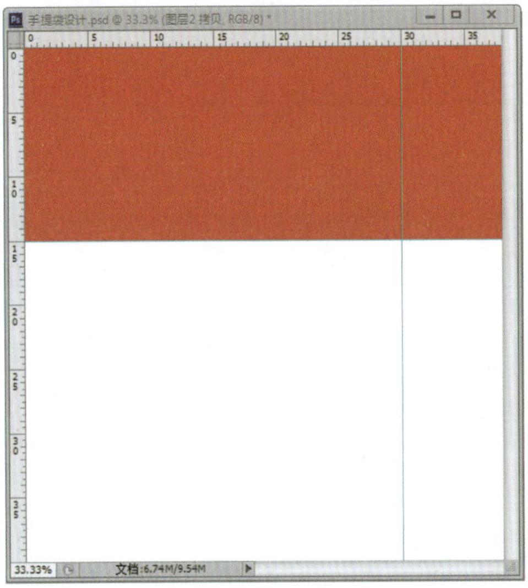

图 8–7

STEP 07 打开“素材文件\模块08\001.psd”素材图像，将其移至当前窗口并调整至适当大小，如图8–8所示。

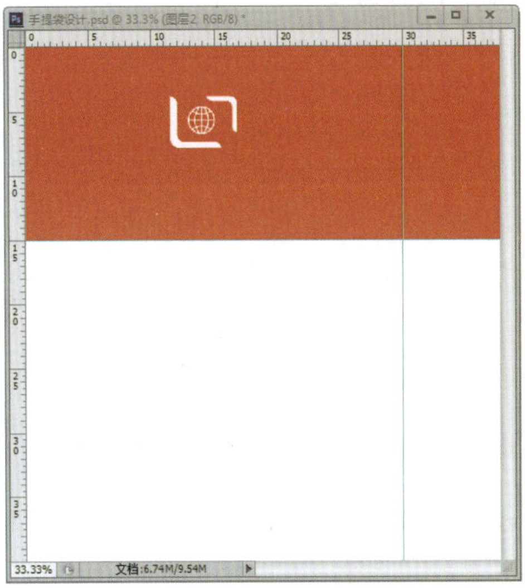

图 8–8

STEP 08 在工具箱中选择横排文字工具，输入文本“NEW NETWORK”，设置文本颜色为白色，设置字体为MFLHei Non Commercial Regular，字号为36点，效果如图8–9所示。

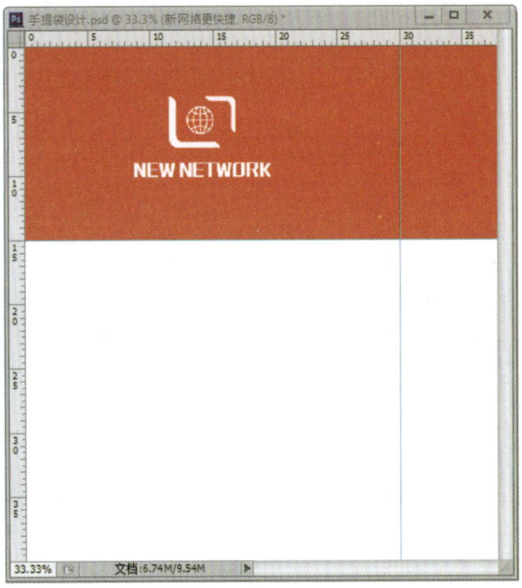


图 8–9

STEP 09 再次利用横排文字工具输入文本“新网络更快捷”，参照上一步的方法设置其字体与字体颜色，字号设置为72点，效果如图8–10所示。

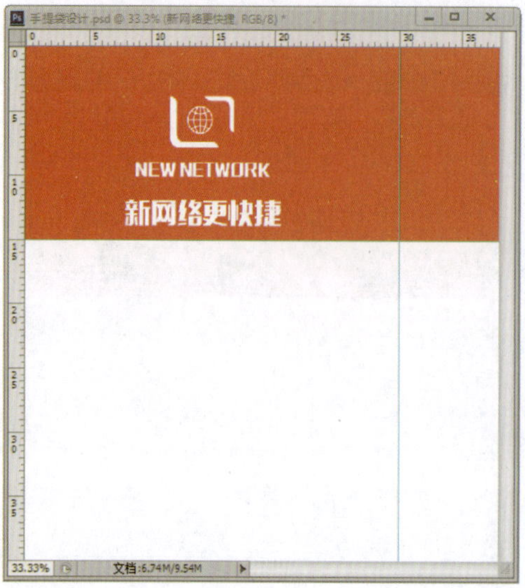


图 8—10

STEP 10 继续输入文本“New Network More Quckly”，设置字号为34点，字体颜色为红色(R:187、G:18、B:18)，如图8–11所示。

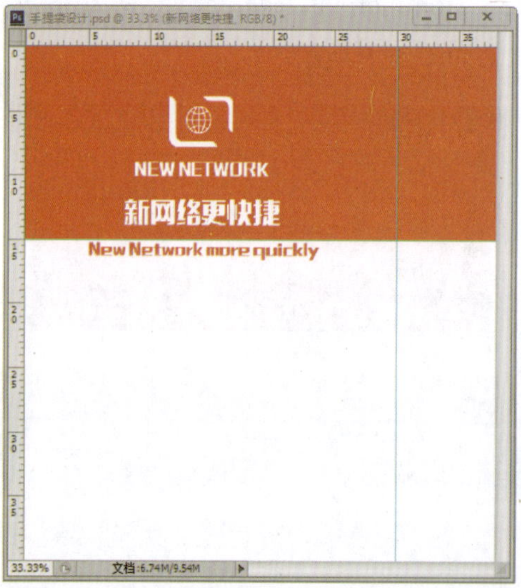


图 8—11

STEP 11 输入文本“新网络有限责任公司”，在属性栏中单击“切换字符和段落面板”按钮，在打开的“字符”面板中设置其文本格式，如图8–12所示。

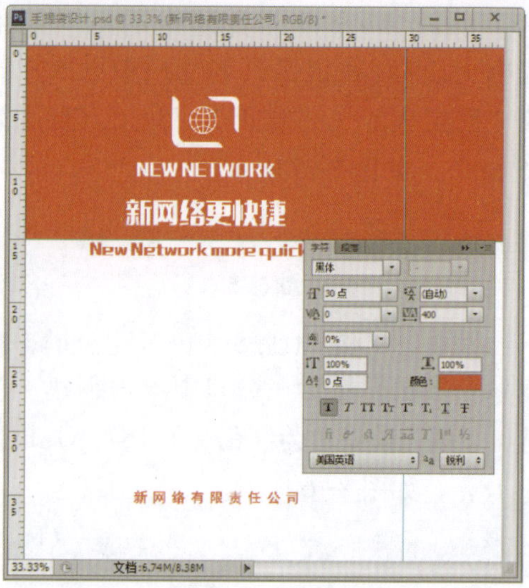


图 8—12

STEP 12 在工具箱中选择竖排文本工具，输入文本“NEW NETWORK”，设置字号为30点，字体为MFLHei Non Commercial Regular，字体颜色为红色，效果如图8–13所示。

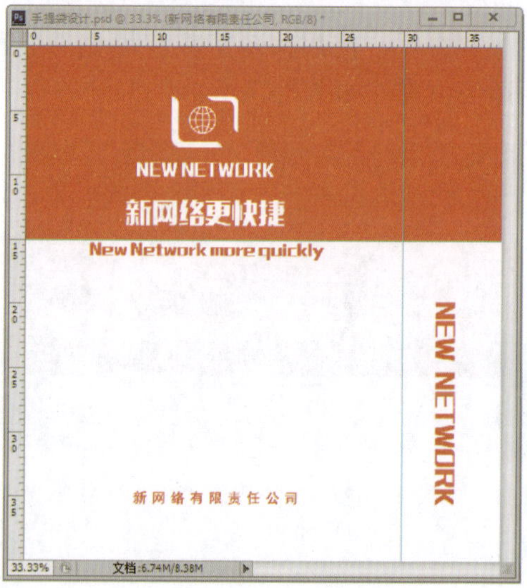


图 8—13

STEP 13 将“图层2”图层设置为当前图层，按Ctrl+T组合键，复制图层，适当调整图像大小，并为其填充为红色(R:187、G:18、B:18)，效果如图9–14所示。

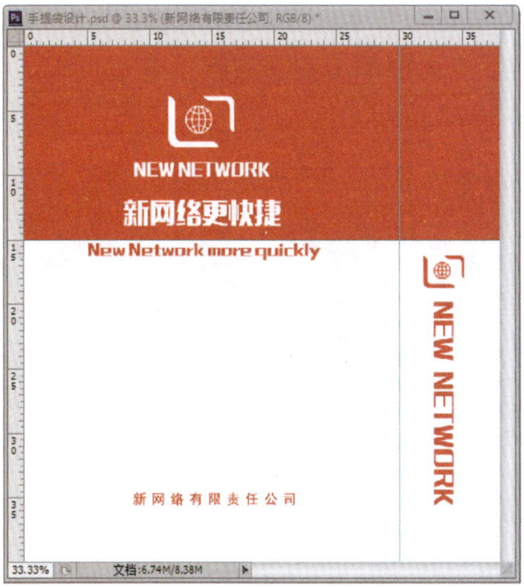


图 8–14

STEP 14 在工具箱中选择椭圆选框工具，按住 Shift 键，绘制一个正圆选区，如图 8–15 所示。

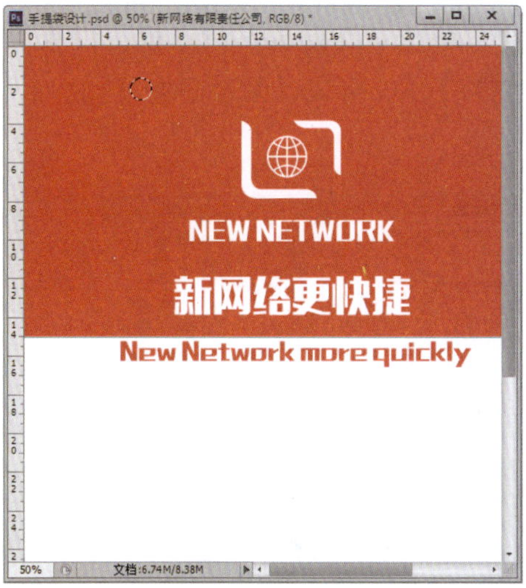


图 8–15

STEP 15 新建“图层 3”图层，在工具箱中选择■（渐变工具），设置渐变类型为黑、白、灰色的径向渐变，在正圆选区内应用渐变，效果如图 8–16 所示。

STEP 16 选择菜单“选择”|“修改”|“收缩”命令，弹出“收缩选区”对话框，设置“收缩量”为 8 像素，如图 8–17 所示。

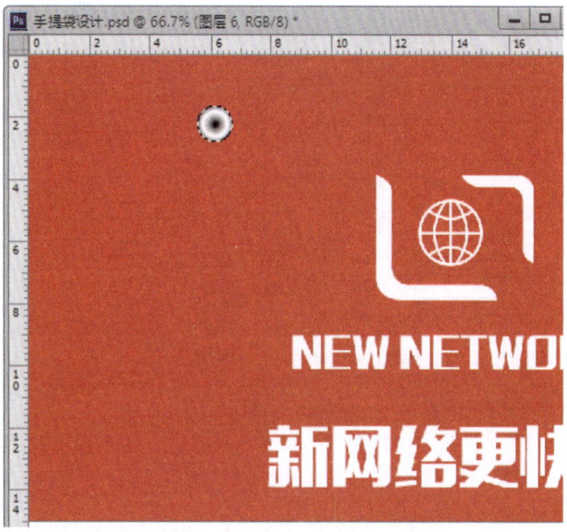

图 8–16

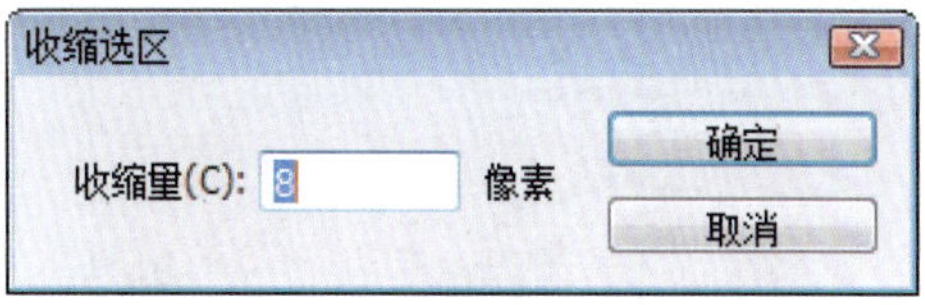


图 8–17

STEP 17 收缩选区后，按 Delete 键删除图像，效果如图 8–18 所示。

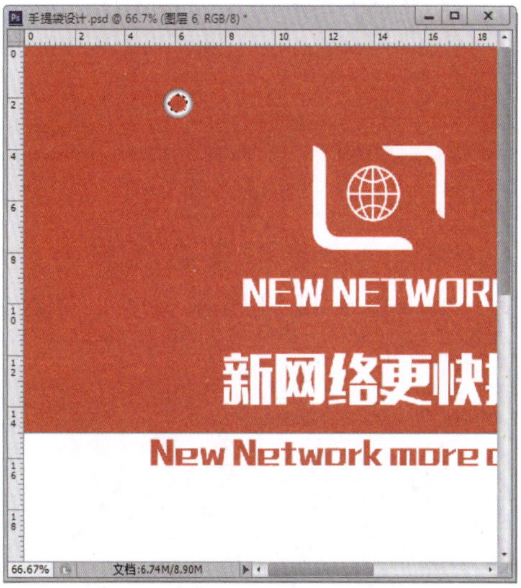

图 8–18

STEP 18 双击“图层 3”图层缩览图，弹出“图层样式”对话框，为其添加“斜面和浮雕”图层样式，具体参数设置如图 8–19 所示。

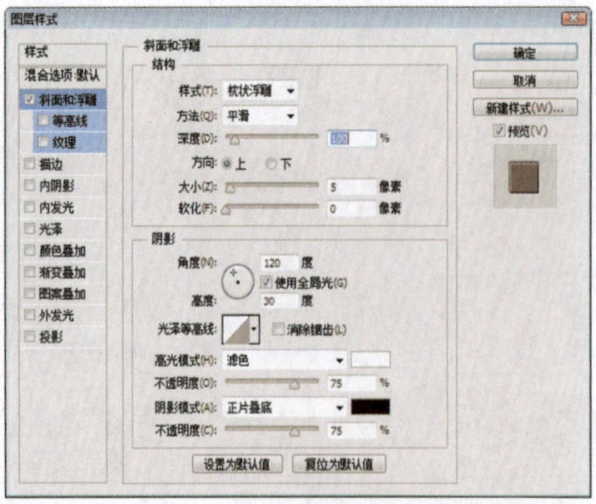

图 8-19

STEP 19 在工具箱中选择椭圆选框工具，绘制一个选区，如图 8-20 所示。

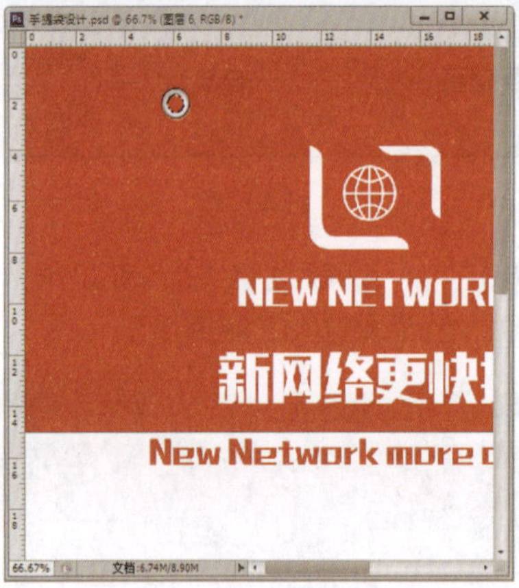


8-20

STEP 20 设置前景色为黑色，按 Alt+Delete 组合键填充前景色，效果如图 8-21 所示。

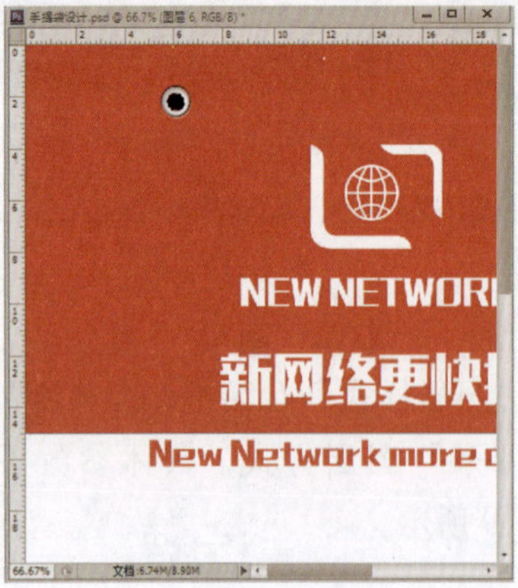

图 8-21

STEP 21 按 Ctrl+J 组合键，复制图层，然后使用移动工具将其移至合适位置，如图 8-22 所示。

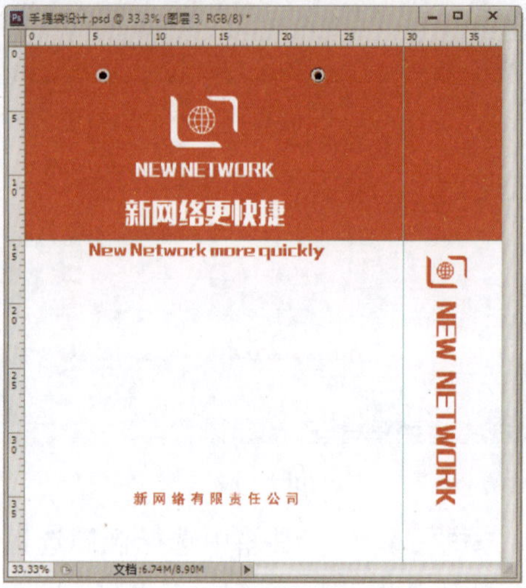


图 8-22

STEP 22 选择菜单“文件”|“存储为”命令，弹出“存储为”对话框，设置保存类型为 JPEG 格式，保存图像，如图 8-23 所示。

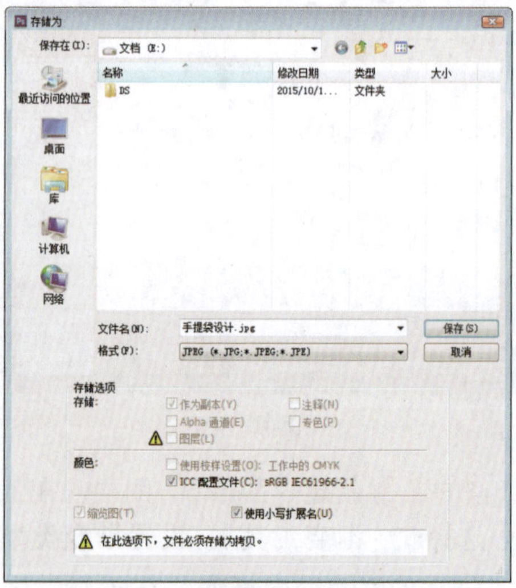

图 8-23

## 2．手提袋立体效果设计

完成平面效果设计之后，接着制作一个立体展示效果，具体操作过程介绍如下。

STEP 01 选择菜单“文件”|“新建”命令，新建“手提袋立体效果”文件，如图 8–24 所示。

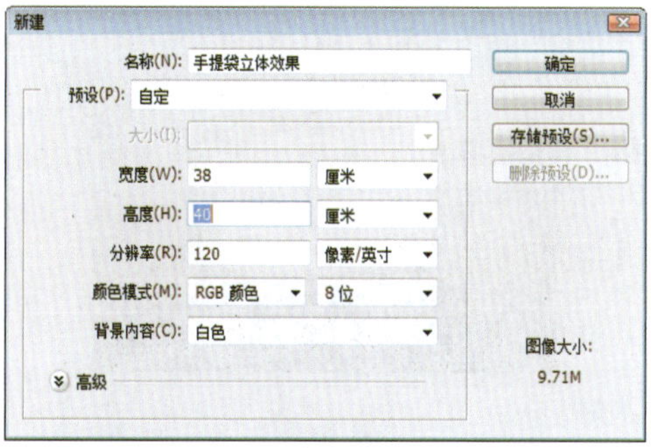


图 8–24

STEP 02 在工具箱中选择渐变工具，在该工具属性栏中设置其渐变类型为“线性渐变”，在弹出的“渐变编辑器”对话框中，设置为“黑，白渐变”，如图 8–25 所示。

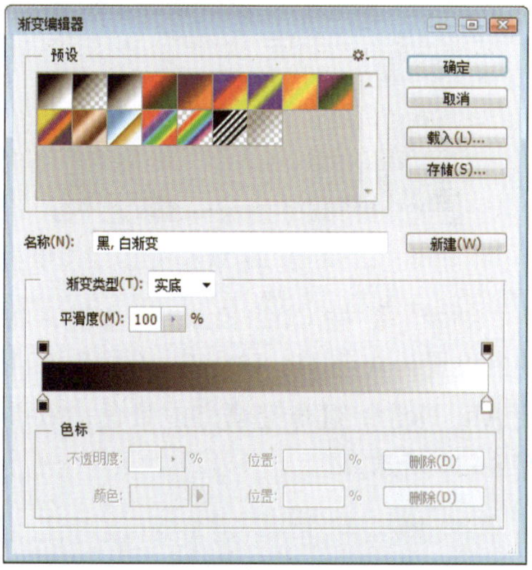


图 8–25

STEP 03 在“背景”图层从下至上应用渐变，效果如图 8–26 所示。

STEP 04 选择菜单“文件”|“打开”命令，打开已保存的“手提袋平面效果 .jpg”文件，如图 8–27 所示。

图 8–26

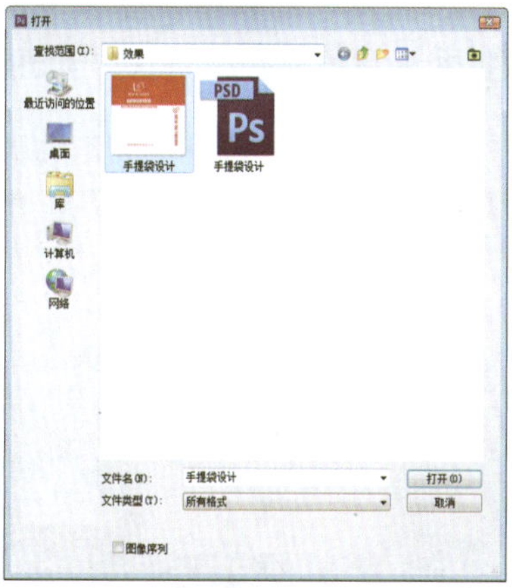


图 8–27

STEP 05 使用移动工具将图像移动至当前窗口，按 Ctrl+T 组合键打开自由变化框，缩放图像，效果如图 8–28 所示。

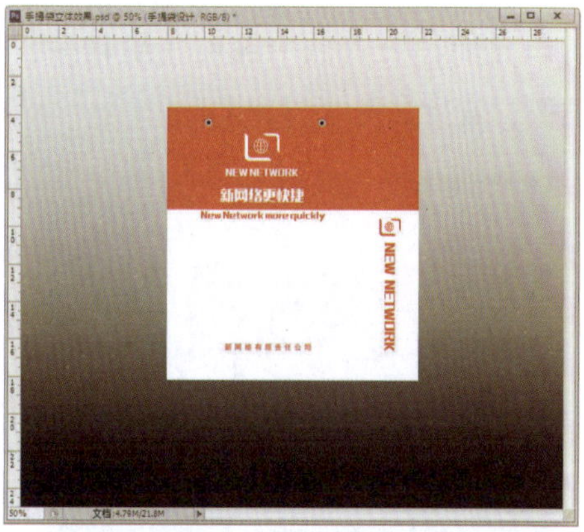


图 8–28

STEP 06 根据需要，从标尺栏上拖曳出参考线，如图 8–29 所示。

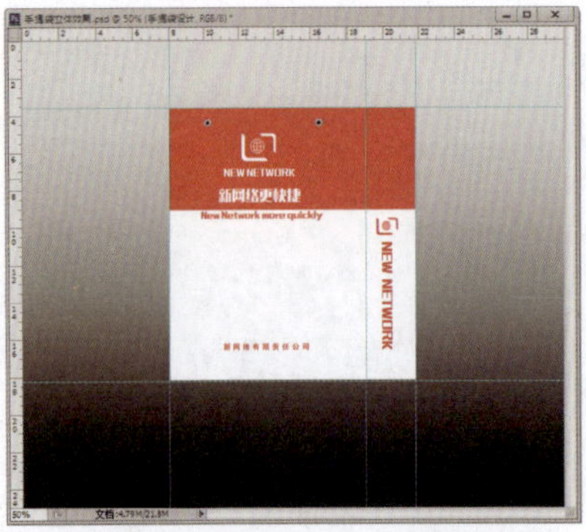


图 8–29

STEP 07 在工具箱中选择矩形选框工具，依据参考线绘制矩形选区，如图 8–30 所示。

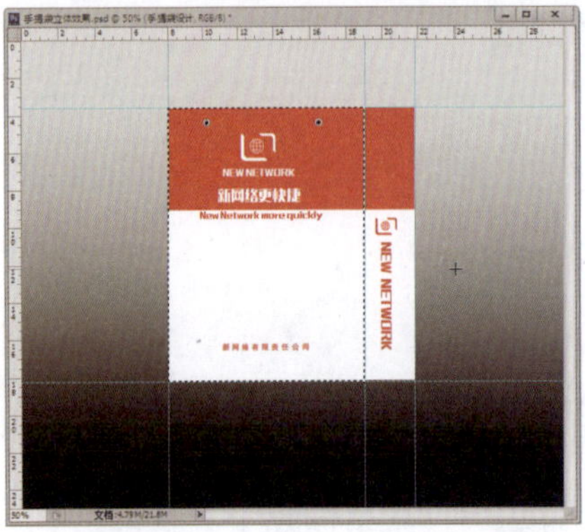


图 8–30

STEP 08 选择菜单“编辑”|“变换”|“扭曲”命令，按住 Shift 键，单击变换控制框右边中间的控制点向下拖曳鼠标指针，变换图像，效果如图 8–31 所示。

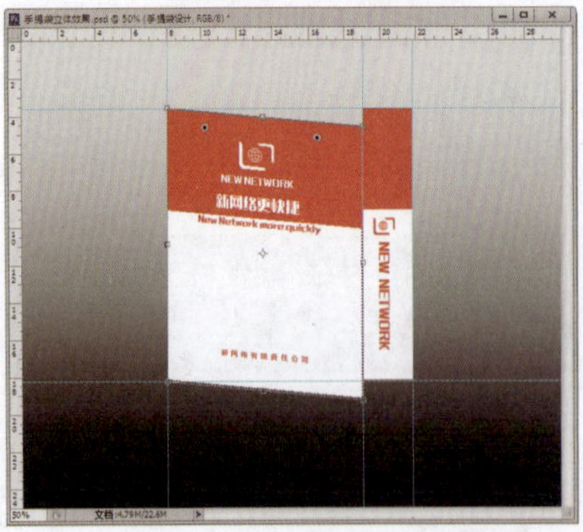


图 8–31

STEP 09 使用同样的方法，对右侧图像进行变换，如图 8–32 所示。

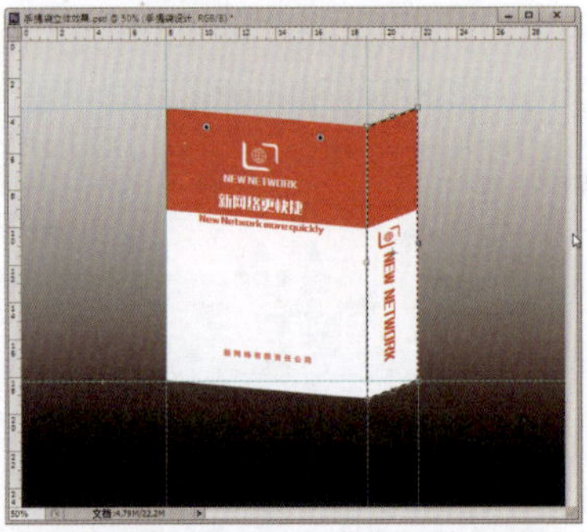


图 8–32

STEP 10 选择菜单“视图”|“显示”|“参考线”命令，隐藏参考线。在工具箱中选择钢笔工具，绘制闭合路径，如图 8–33 所示。

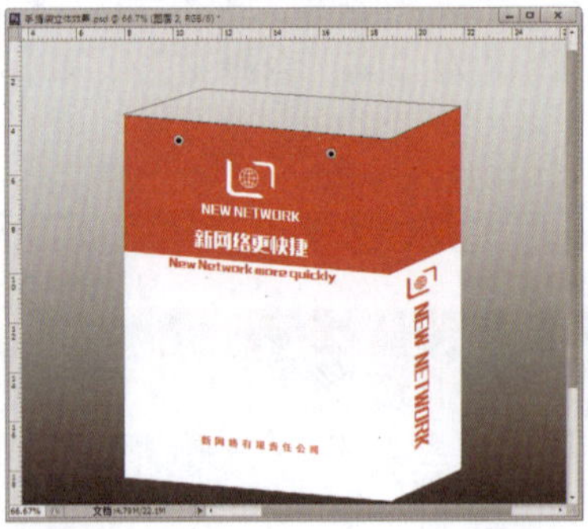


图 8–33

STEP 11 按 Ctrl+Enter 组合键，将前景色设置为灰色（R:195、G:194、B:194），按 Alt+Delete 组合键填充前景色，效果如图 8–34 所示。

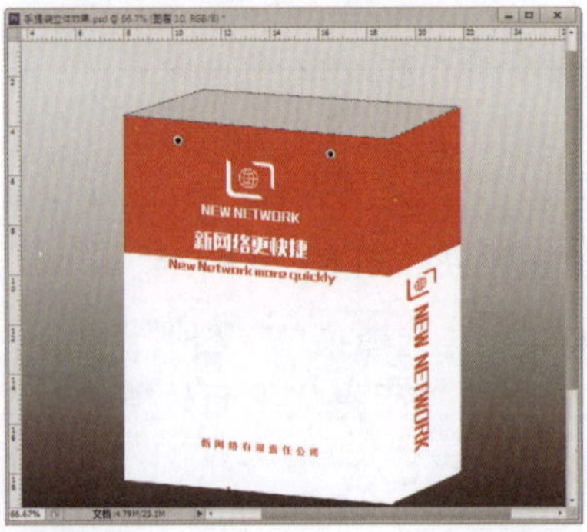


图 8–34

STEP 12 将“图层 2”图层放置在“图层 1”图层的下方，在工具箱中选择矩形选框工具，绘制一个选区，如图 8–35 所示。

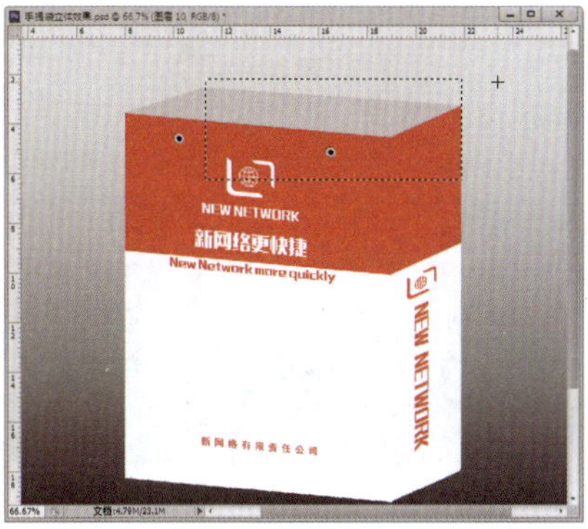


图 8–35

STEP 13 选择菜单“图像”|“调整”|“亮度 / 对比度”命令，在弹出的对话框中设置亮度为 55，如图 8–36 所示。

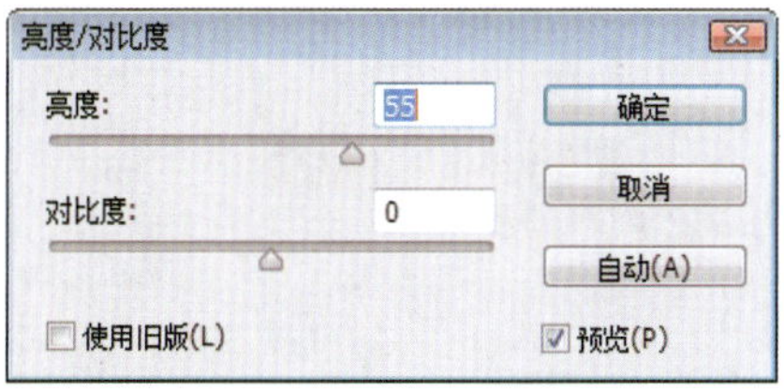


图 8–36

STEP 14 调整亮度、对比度后的效果如图 8–37 所示。

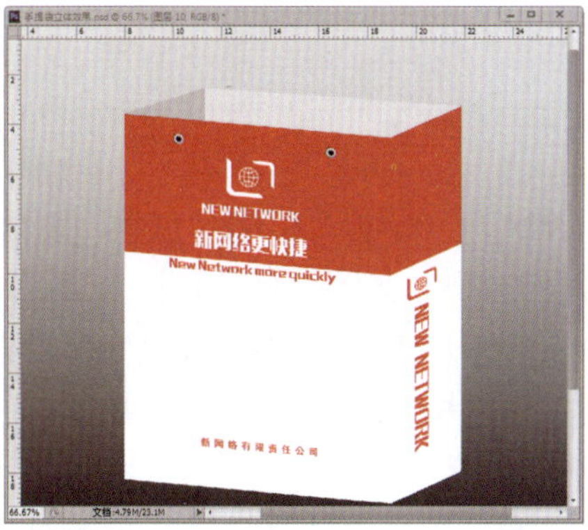


图 8–37

STEP 15 使用钢笔工具沿着图像边缘绘制一个闭合路径，如图 8–38 所示。

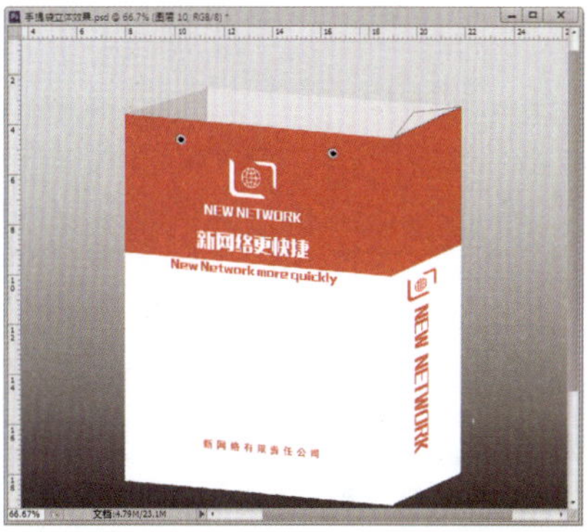


图 8–38

STEP 16 按 Ctrl+Enter 组合键，将路径转换为选区，并将“图层 1”图层设置为当前图层，使用仿制图章工具将相似的图像复制到选区中，如图 8–39 所示。

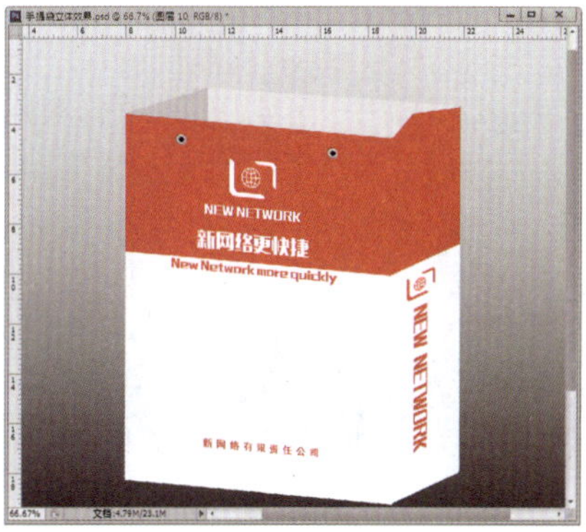


图 8–39

STEP 17 切换至“路径”面板，选择路径，如图 8–40 所示。

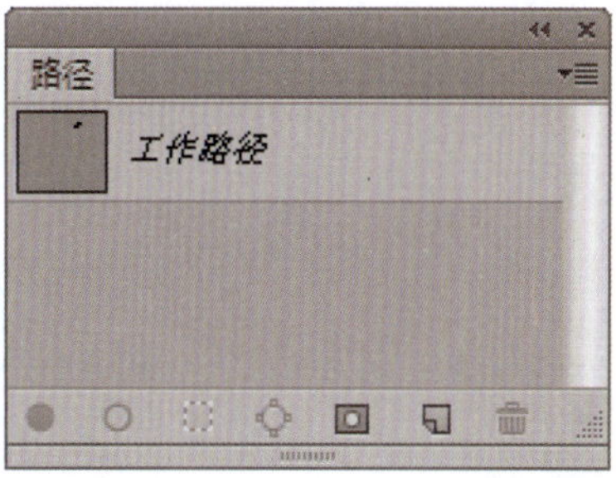


图 8–40

STEP 18 在工具箱中选择 (路径选择工具)，将路径移至图像下方，如图 8–41 所示。

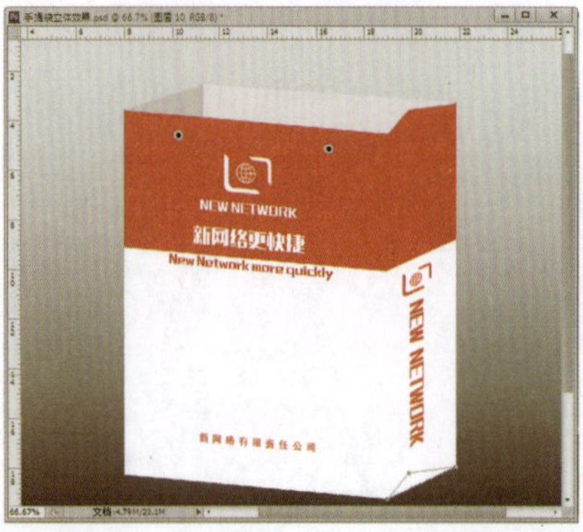


图 8-41

STEP 19 按 Ctrl+Enter 组合键，将路径转换为选区，按 Delete 键删除图像，如图 8-42 所示。

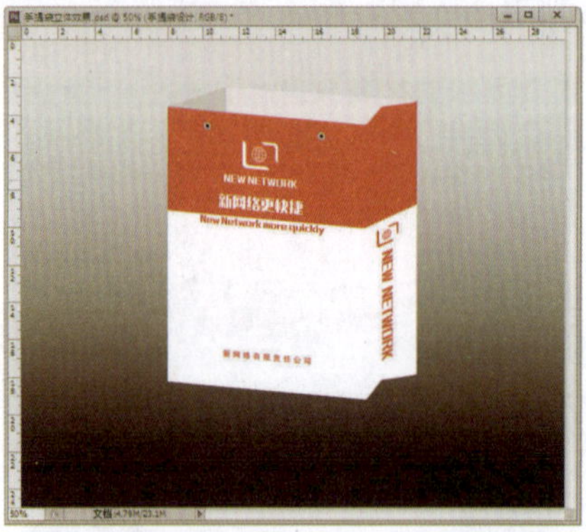

图 8-42

STEP 20 将“图层 2”图层设置为当前图层，使用同样的方法，在图像的左上角绘制闭合路径并删除部分图像，制作折叠效果，如图 8-43 所示。

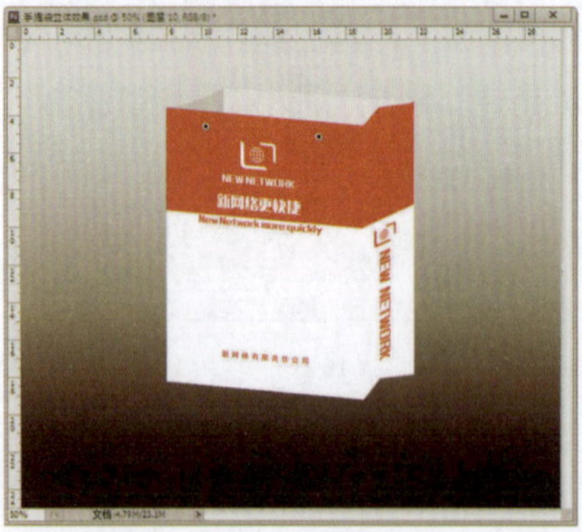

图 8-43

STEP 21 在工具箱中选择钢笔工具，绘制一个闭合路径，如图 8-44 所示。

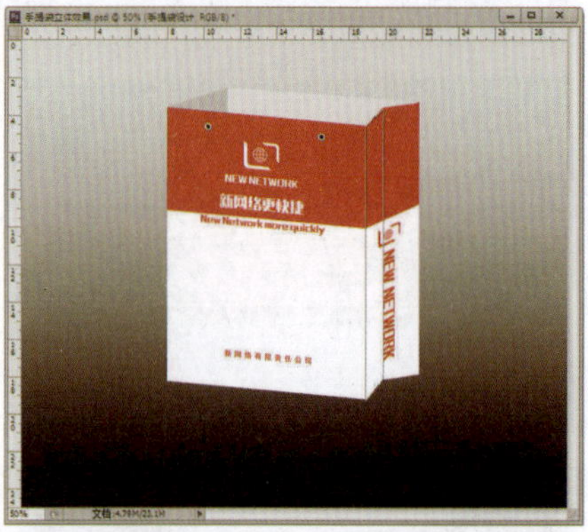

图 8-44

STEP 22 在工具箱中选择渐变工具，设置渐变类型为“前景色到透明渐变”，其中“前景色”为灰色（R:195、G:194、B:194），如图 8-45 所示。

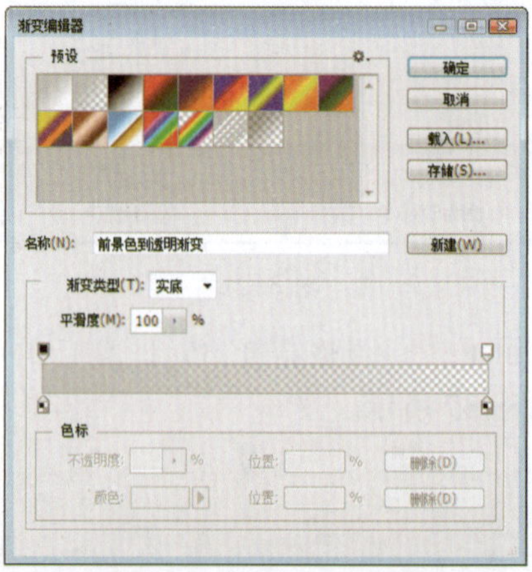


图 8-45

STEP 23 新建“图层 3”图层，按 Ctrl+Enter 组合键，将闭合路径转换为选区，从左至右应用渐变，并将图层的混合模式设置为“正片叠底”，如图 8-46 所示。

STEP 24 将“图层 1”图层设置为当前图层，在工具箱中选择椭圆选框工具，绘制一个选区，如图 8-47 所示。

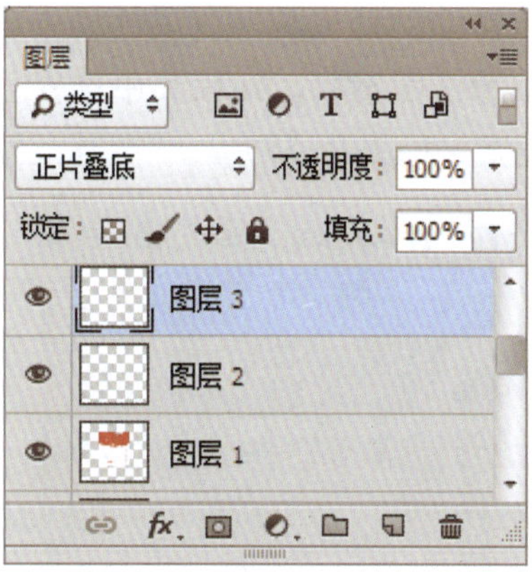


图 8—46

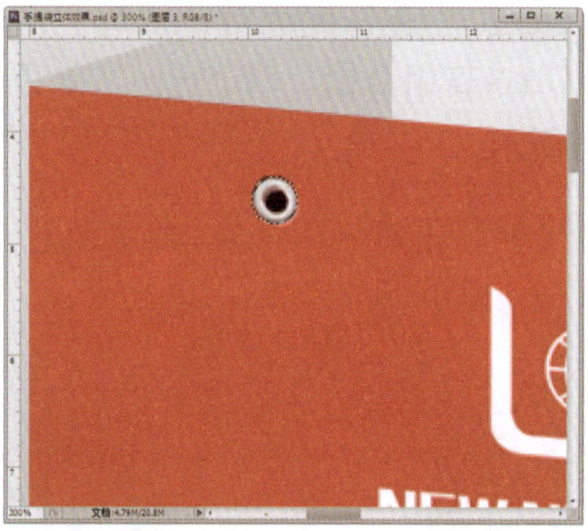

图 8—47

STEP 25 按 Ctrl+J 组合键，复制图层，并将其移至合适位置，如图 8—48 所示。

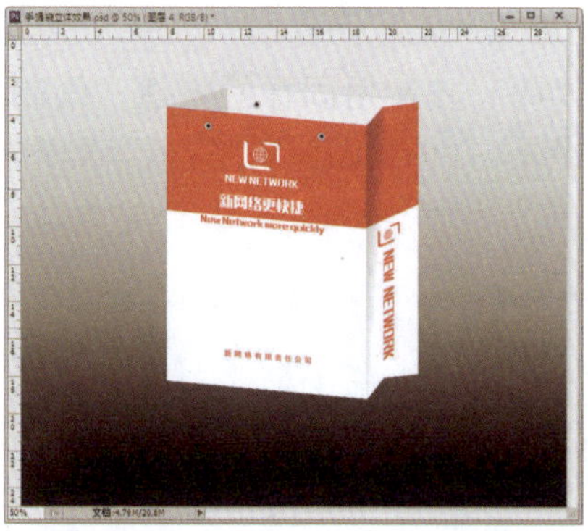

图 8—48

STEP 26 再次按 Ctrl+J 组合键，复制图层，如图 8—49 所示。

STEP 27 设置“图层 4”图层为当前图层，使用椭圆选框工具绘制一个椭圆选区，按 Delete 键删除选区部分。使用同样的方法对“图层 4 副本”图层进行设置，如图 8—50 所示。

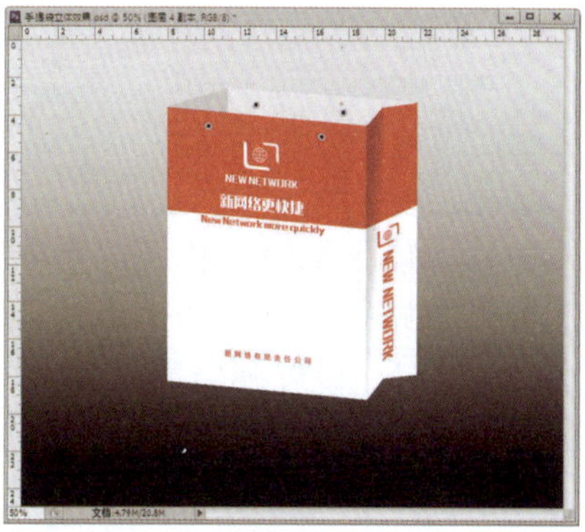

图 8—49

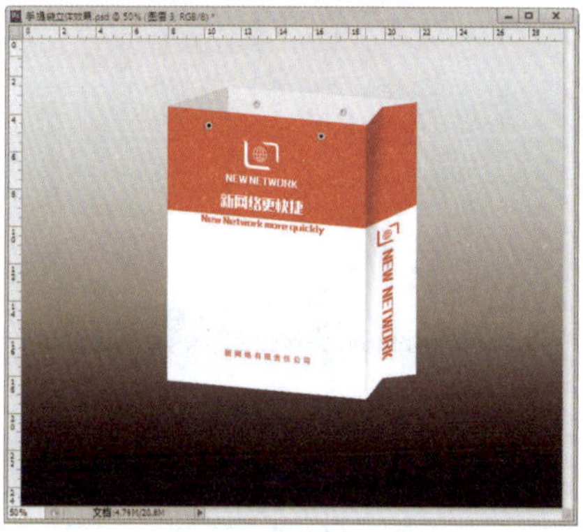

图 8—50

STEP 28 选择菜单“文件”|“打开”命令，打开“素材文件 \ 模块 08\002.jpg”素材图像，如图 8—51 所示。

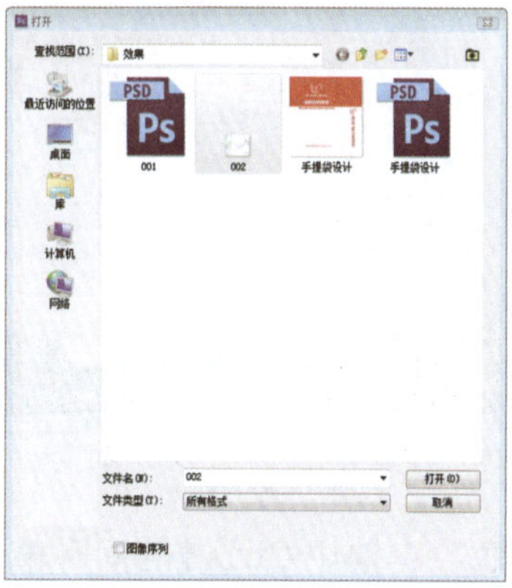

图 8—51

STEP 29 选择菜单“编辑”|“定义图案”命令，在弹出的“图案名称”对话框中设置图案名称，如图 8-52 所示。

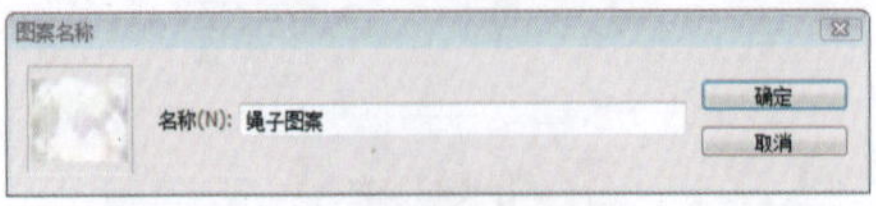


图 8-52

STEP 30 使用钢笔工具经过两个绳孔绘制一条开放路径。然后选择工具箱中的（画笔工具），设置硬度为 100%、大小为 8 像素，如图 8-53 所示。

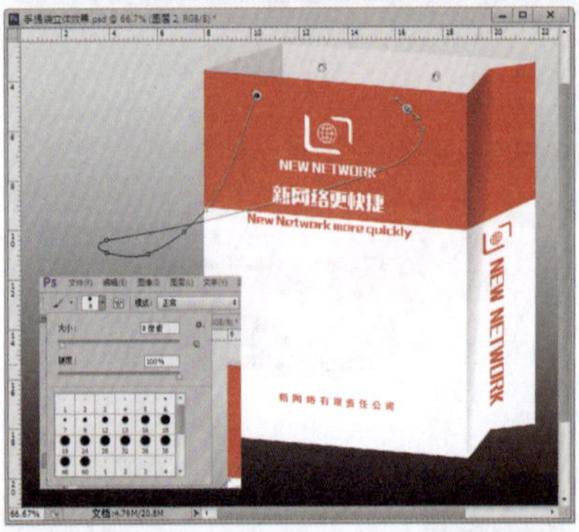

图 8-53

STEP 31 新建一个“图层 5”图层，设置前景色为白色，在“路径”面板中单击“用画笔描边路径”按钮，描边路径，如图 8-54 所示。

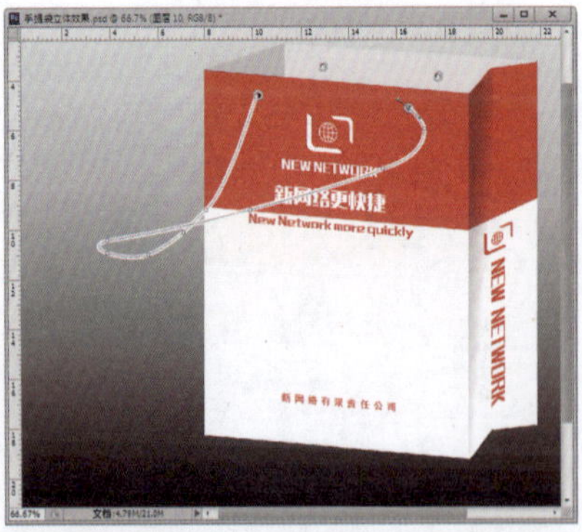

图 8-54

STEP 32 按住 Ctrl 键的同时单击“图层 5”图层缩览图，调出选区。然后在工具箱中选择油漆桶工具，在属性栏中设置填充类型为“图案”，并在其中选择已经定义的图案，如图 8-55 所示。

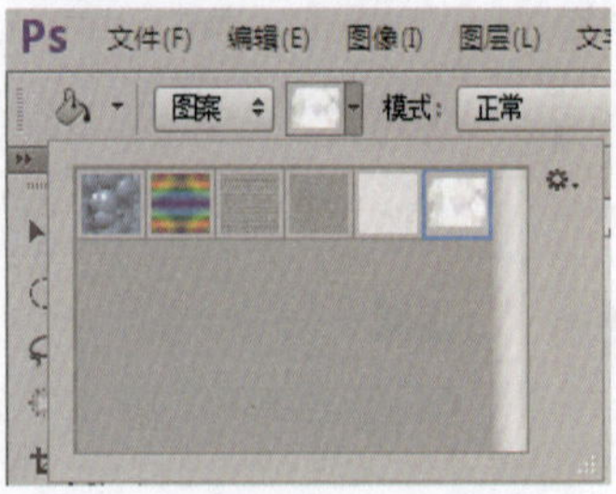


图 8-55

STEP 33 在选区内单击，填充图案，并按 Ctrl+D 组合键，取消选区，效果如图 8-56 所示。

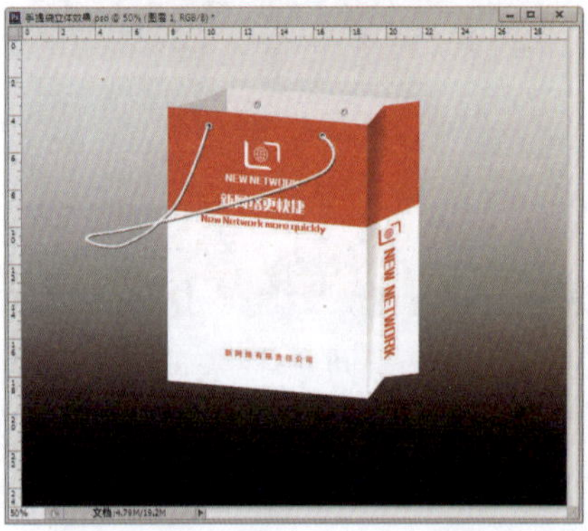

图 8-56

STEP 34 使用同样的方法，绘制后侧的手提绳，并调整图层顺序，效果如图 8-57 所示。

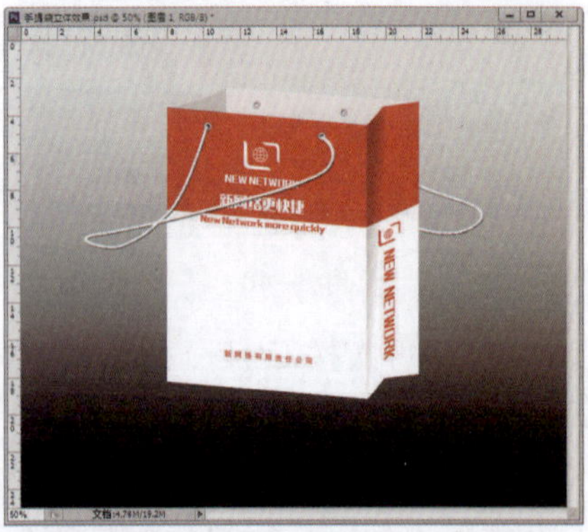

图 8-57

STEP 35 选择菜单“文件”|“打开”命令，打开已保存的“手提袋设计”文件，如图 8-58 所示。

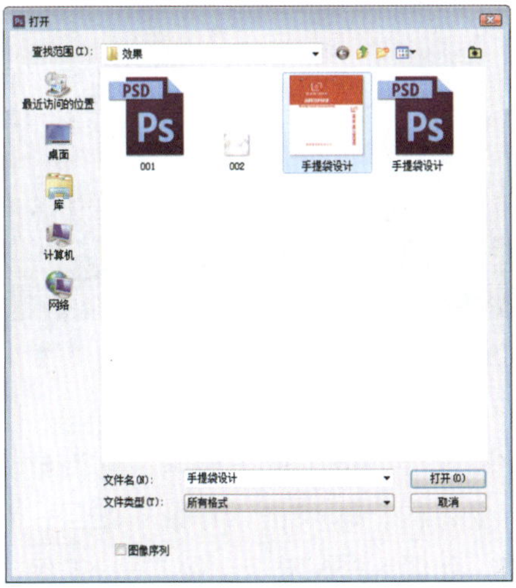


图 8-58

STEP 36 使用移动工具将图像移至手提袋立体效果窗口中适当位置，调整图层先后顺序，使“图层 7”图层置于“图层 1”图层的下方，如图 8-59 所示。

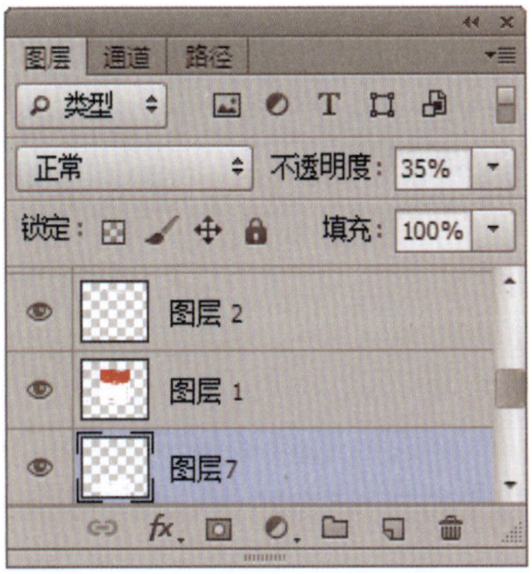


图 8-59

STEP 37 按 Ctrl+T 组合键调出自由变换控制框，然后右击，在弹出的快捷菜单中选择“垂直翻转”命令，按 Enter 键完成翻转。使用移动工具将其移动至合适位置，如图 8-60 所示。

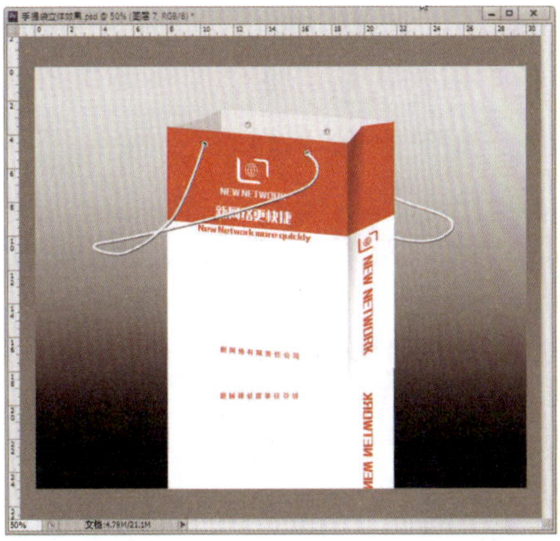

图 8-60

STEP 38 在“图层”面板中调整“不透明度”为 35%，效果如图 8-61 所示。

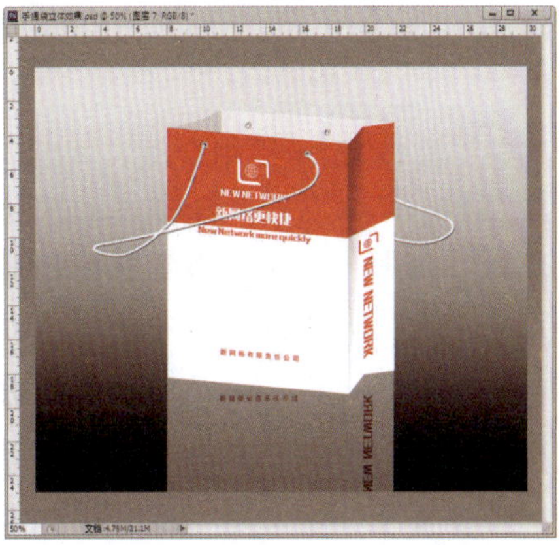

图 8-61

STEP 39 选择菜单“视图”|“显示”|“参考线”命令，显示参考线，如图 8-62 所示。

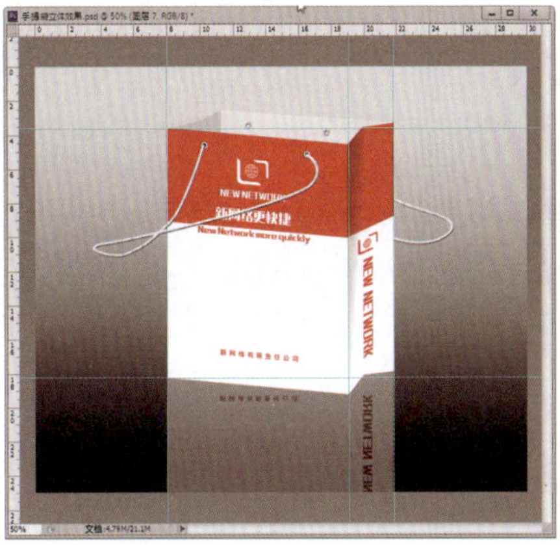

图 8-62

STEP 40 设置“图层 7”图层为当前图层，使用矩形选框工具依据参考线绘制一个选区，如图 8-63 所示。

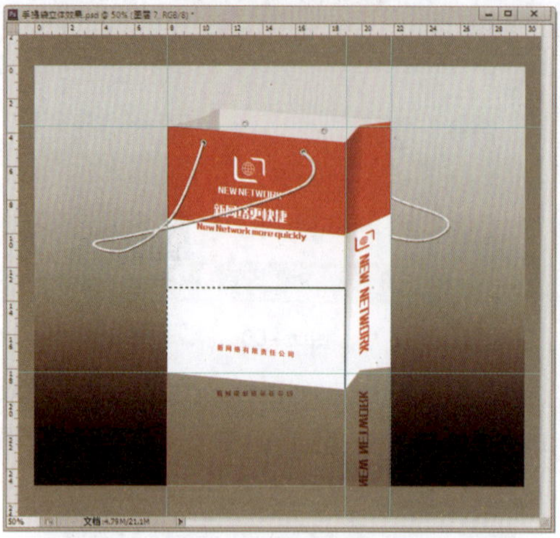

图 8-63

STEP 41 按 Ctrl+T 组合键，调出自由变换控制框，然后右击，在弹出的快捷菜单中选择“扭曲”命令，将变换控制框右边中间的控制点向下拖曳，变换图像，按 Enter 确定变换。按 Ctrl+D 组合键取消选区，效果如图 8-64 所示。

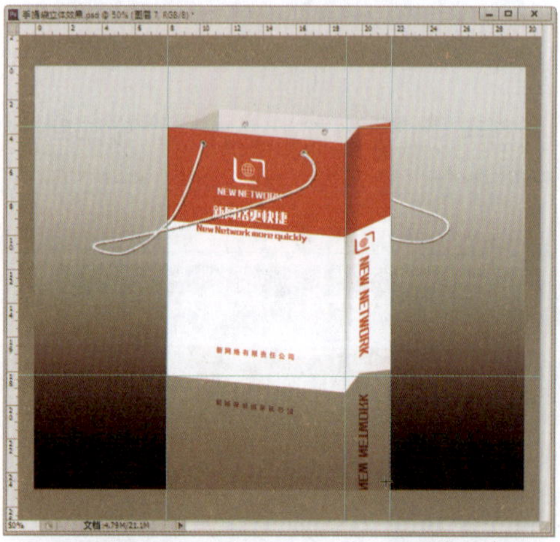

图 8-64

STEP 42 选择菜单“视图”|“显示”|“参考线”命令，隐藏参考线，效果如图 8-65 所示。

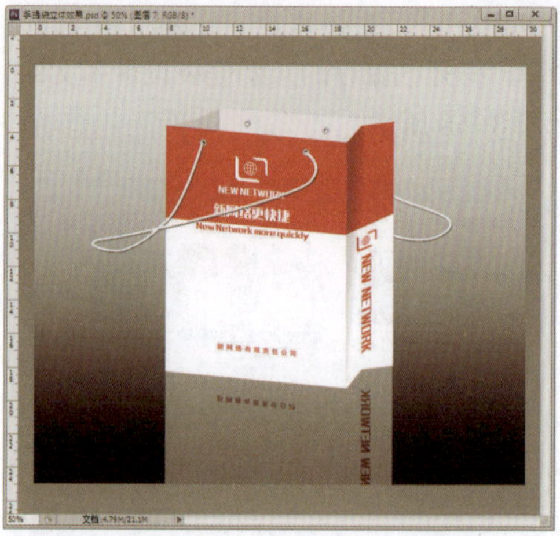

图 8-65

STEP 43 为了便于显示，可调整背景的渐变方向，即双击“背景”图层，对其解锁，如图 8-66 所示。按 Ctrl+T 组合键进行垂直翻转并确认，效果如图 8-67 所示。

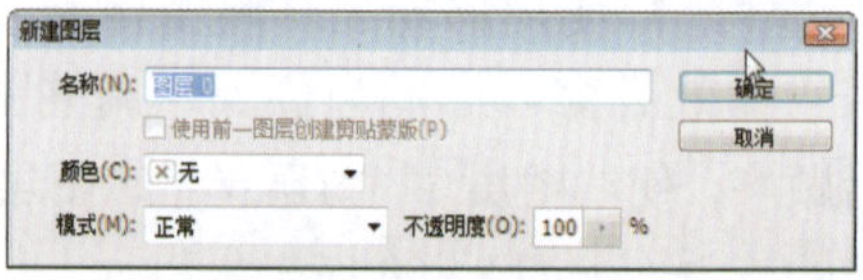


图 8-66

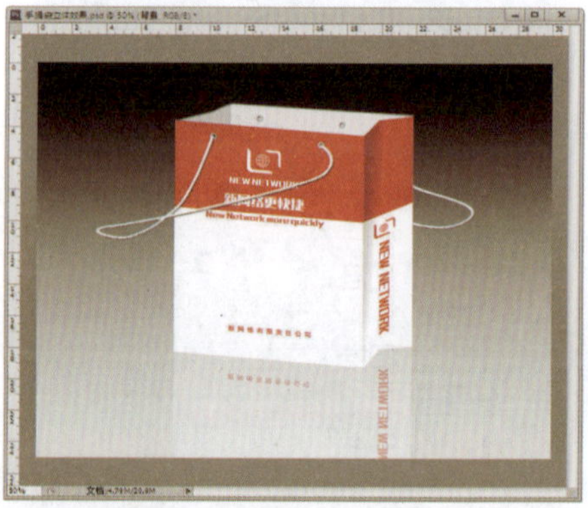

图 8-67

至此，完成该作品的设计。

# 【听我讲】

## 8.1 通道的类型

不管哪种图像模式，都有属于自己的通道。图像模式的不同，通道的数量也就不同。通道管理着图片的颜色信息。通道主要分为颜色通道、专色通道、Alpha 通道和临时通道。选择菜单“窗口”|“通道”命令，打开“通道”面板，如图 8-68 所示。

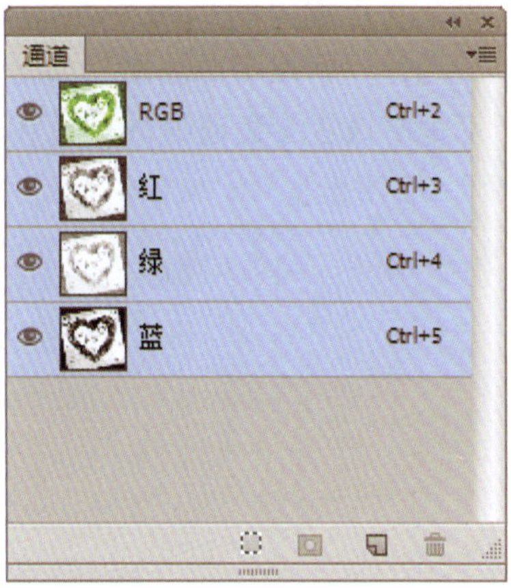


图 8-68

### 8.1.1 颜色通道

利用 Photoshop 对图像的颜色进行调整，其实质就是在编辑颜色通道。颜色通道是用来描述图像色彩信息的彩色通道。图像的颜色模式决定了通道的数量，“通道”面板上存储的信息也相应随之变化。每个单独的颜色通道都是一幅灰度图像，仅代表这个颜色的明暗变化。

Photoshop 会根据图像的颜色模式自动生成颜色通道，颜色通道的数量和图像的颜色模式有关。在 RGB 颜色模式下，将会显示 RGB、红、绿和蓝 4 个颜色通道；在 CMYK 颜色模式下，将会生成青色、洋红、黄色、 黑色和一个 CMYK 复合通道，如图 8-69 和图 8-70 所示。

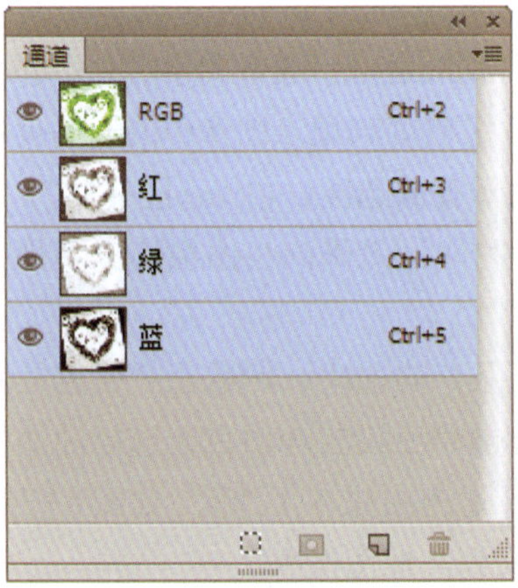


图 8-69

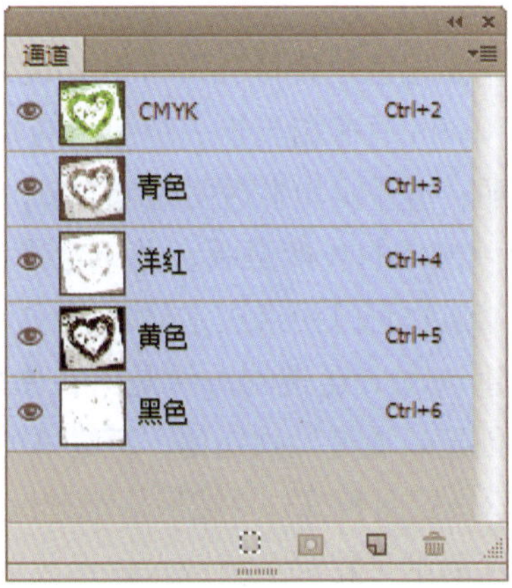


图 8-70

CHAPTER 06 CHAPTER 07 CHAPTER 08 CHAPTER 09 CHAPTER 10

### 8.1.2 专色通道

专色通道是一类较为特殊的通道，它可以使用除青色、洋红、黄色和黑色以外的颜色来绘制图像。专色通道是用特殊的预混油墨来替代或补充印刷色油墨，以便更好地体现图像效果，常用于需要专色印刷的印刷品。它可以局部使用，也可作为一种色调应用于整个图像中，如画册中常见的纯红色、纯蓝色，以及证书中的烫金、烫银效果等。

创建专色通道的具体方法是在“通道”面板中单击右上角的按钮，在弹出的下拉菜单中选择“新建专色通道”命令，弹出“新建专色通道”对话框，如图 8–71 所示。在该对话框中设置专色通道的颜色和名称，完成后单击“确定”按钮，即可新建专色通道，如图 8–72 所示。

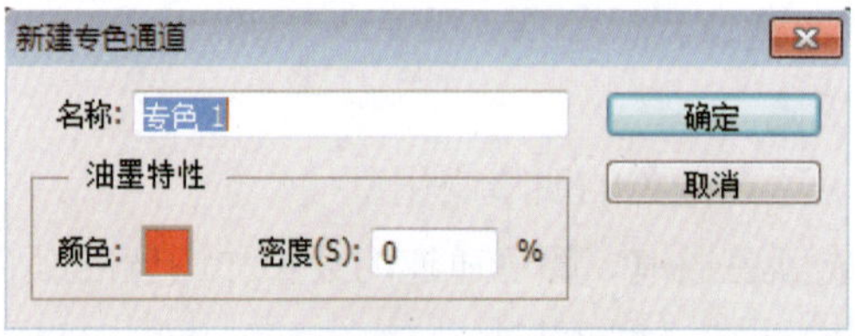

图 8–71

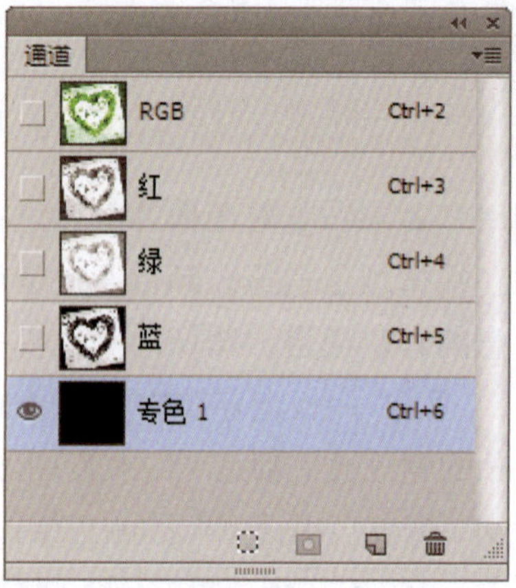

图 8–72

### 8.1.3 Alpha 通道

Alpha 通道是计算机图形学中的术语，指的是特别的通道，通常的意思是“非彩色”通道。Alpha 通道相当于一个 8 位的灰阶图，用 256 级灰度来记录图像中的透明度信息，定义透明、不透明和半透明区域。Alpha 通道主要用于存储选区，它将选区存储为“通道”面板中可编辑的灰度蒙版，并不会影响图像的显示和印刷效果。当图像输出到视频时，Alpha 通道也可以用来决定显示区域。

创建 Alpha 通道的方法是：在图像中创建需要保存的选区，然后在“通道”面板中单击“创建新通道”按钮，新建 Alpha1 通道。将前景色设置为白色，选择油漆桶工具填充选区（见图 8–73），然后取消选区，即在 Alpha1 通道中保存了选区，如图 8–74 所示。保存选区后则可随时重新载入该选区或将该选区载入到其他图像中。

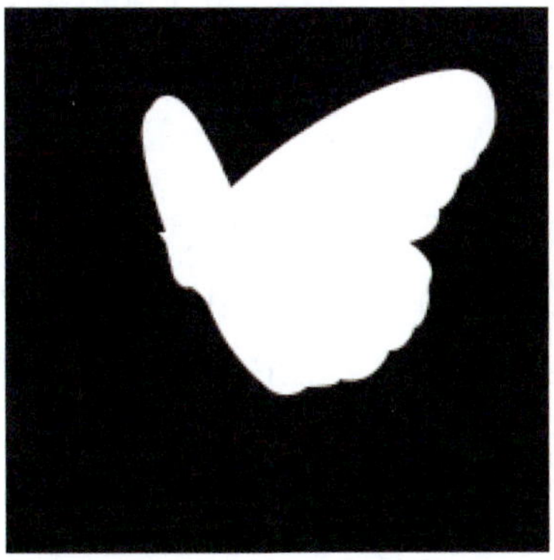

图 8—73

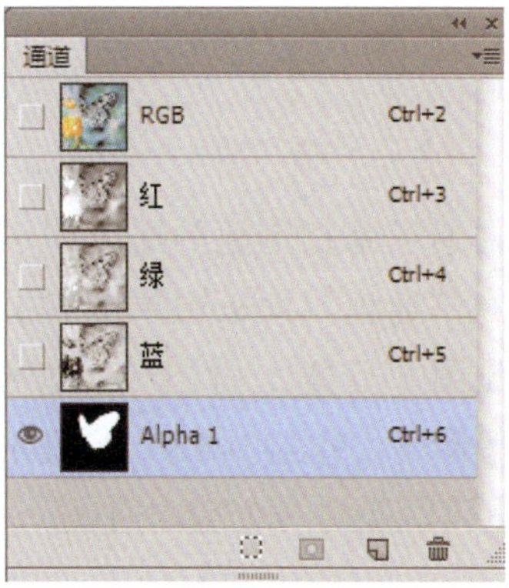


图 8—74

## 8.1.4 临时通道

临时通道是在“通道”面板中暂时存在的通道。在创建图层蒙版或快速蒙版时，会自动在通道中生成临时蒙版，如图 8—75 和图 8—76 所示。当删除图层蒙版或退出快速蒙版时，在“通道”面板中的临时通道就会消失。

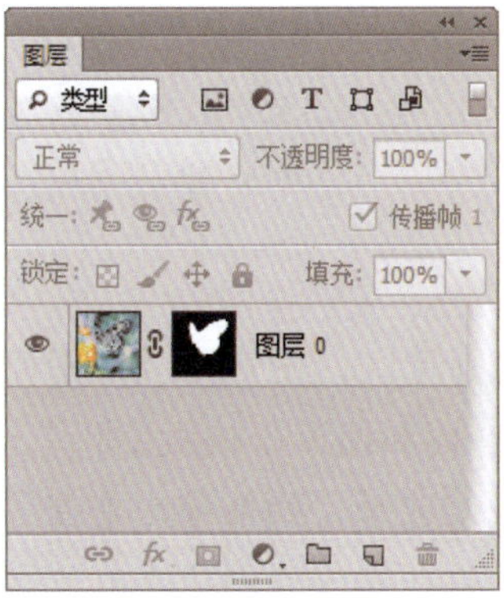


图 8—75

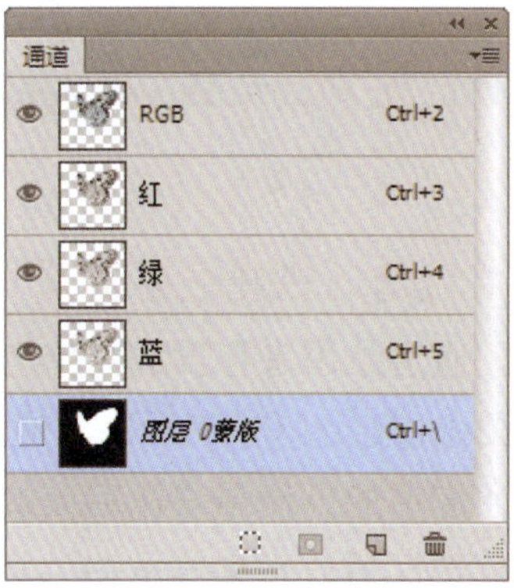


图 8—76

# 8.2 通道的创建和编辑

对图像的编辑其实就是对通道的编辑。通道就像是一面镜子，无论色彩的改变、选区的增减、渐变的产生，都可以在通道中显示。通道的编辑包括通道的复制、删除、分离和合并，以及通道的计算和与选区及蒙版的转换等，下面将对其进行详细讲解。

## 8.2.1 创建通道

一般情况下，在 Photoshop 中新建的通道是保存选择区域信息的 Alpha 通道，可以帮助用户更加方便地对图像进行编辑，创建通道分为创建空白通道和创建带选区的通道两种。

### 1. 创建空白通道

空白通道是指创建的通道属于选区通道，但选区中没有图像等信息。新建通道的方法是：在“通道”面板中单击右上角的按钮，在弹出的下拉菜单中选择“新建通道”命令（见图 8-77），弹出“新建通道”对话框（见图 8-78）。在该对话框中设置新通道的名称等参数，单击“确定”按钮即可。又或者在“通道”面板中单击底部的“创建新通道”按钮也可以新建一个空白通道。

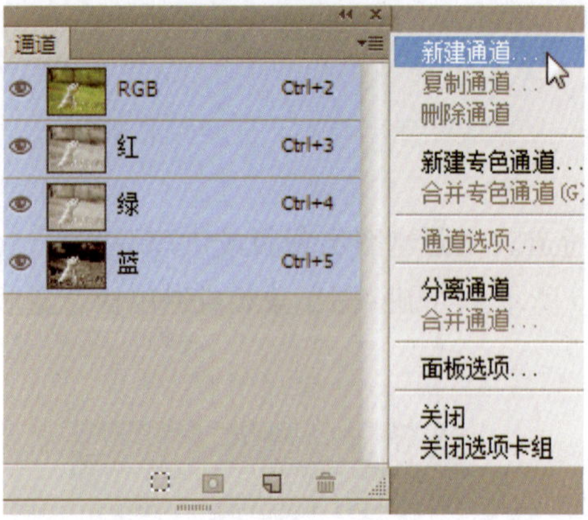


图 8-77

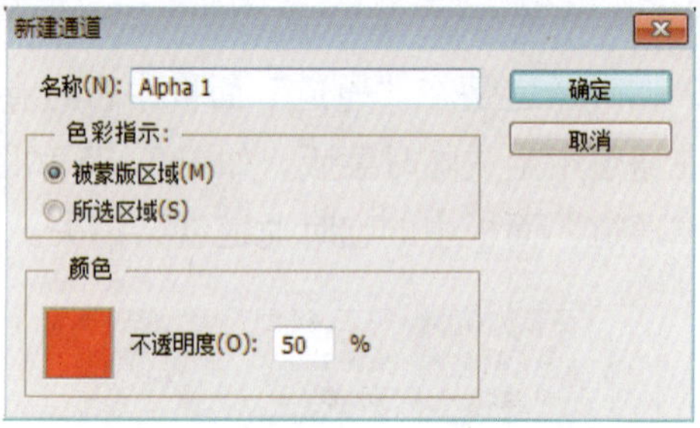


图 8-78

### 2. 通过选区创建选区通道

选区通道是用来存放选区信息的，一般由用户保存选区，用户可以在图像中将需要保留的图像创建选区，然后在“通道”面板中单击“创建新通道”按钮即可。将选区创建为新通道后能方便用户在后面的重复操作中快速载入选区。如果用户是在“背景”图层上创建选区后，可直接单击“将选区存储为通道”按钮快速创建带有选区的 Alpha 通道。在将选区保存为 Alpha 通道时，选择区域被保存为白色，非选择区域保存为黑色。如果选择区域具有羽化值，则此类选择区域中被保存为由灰色柔和过渡的通道。

## 8.2.2 复制和删除通道

如果要对通道中的选区进行编辑，一般都要将该通道的内容复制后再进行编辑，以免编辑后不能还原图像。图像编辑完成后，若存储含有 Alpha 通道的图像会占用一定的磁盘空间，因此在存储含有 Alpha 通道的图像前，用户可以删除不需要的 Alpha 通道。

复制或删除通道的方法非常简单，只需拖动需要复制或删除的通道到“创建新通道”按钮或“删除当前通道”按钮上释放鼠标即可。也可以在需要复制和删除的通道上右击，在弹出的快捷菜单中选择“复制通道”或“删除通道”命令来完成相应的操作，如图 8-79 和图 8-80 所示。

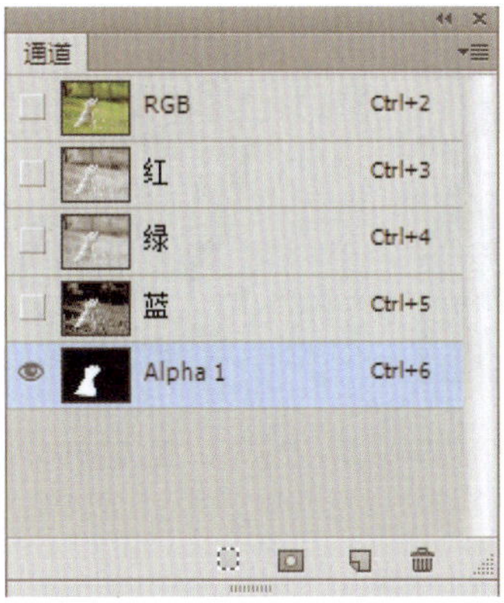


图 8–79

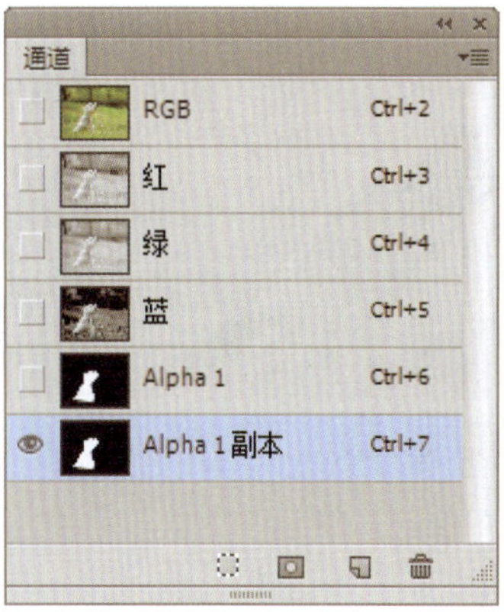


图 8–80

## 8.2.3 分离和合并通道

在 Photoshop 中，用户可以将通道进行分离或者合并。分离通道可将一个图像文件中的各个通道以单个独立文件的形式进行存储，而合并通道可以将分离的通道合并在一个图像文件中。

### 1. 分离通道

分离通道是将通道中的颜色或选区信息分别存放在不同的独立灰度模式的图像中，分离通道后也可对单个通道中的图像进行操作，常用于无须保留通道的文件格式而保存单个通道信息等情况。

分离通道的方法是：在 Photoshop 中打开一张需要分离通道的图像，在“通道”面板中单击右上角的按钮，在弹出的下拉菜单中选择“分离通道”命令，此时软件自动将图像分离为 3 个灰度图像，如图 8–81 ～图 8–85 所示。

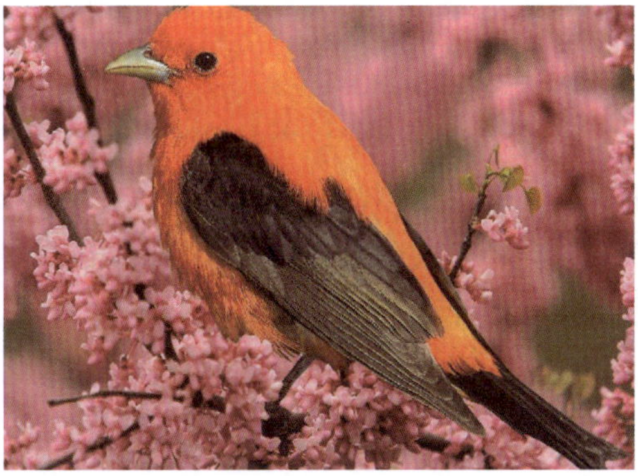

图 8–81

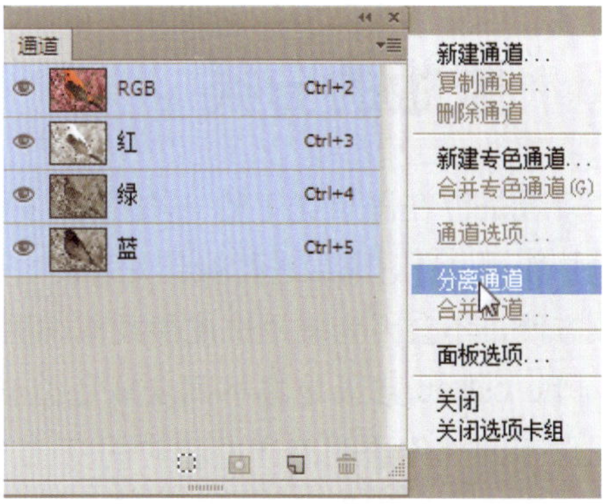


图 8–82

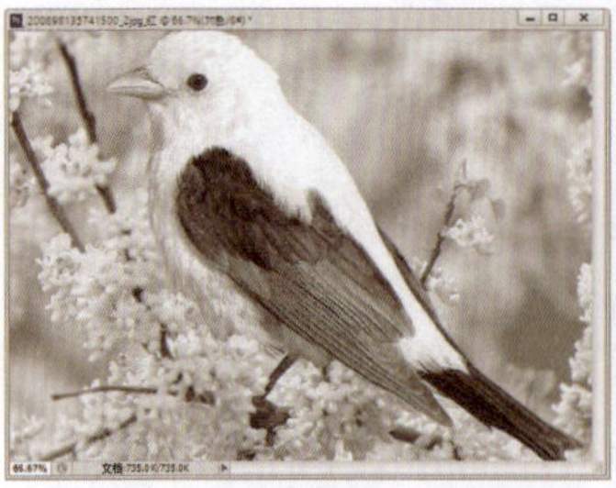

图 8–83

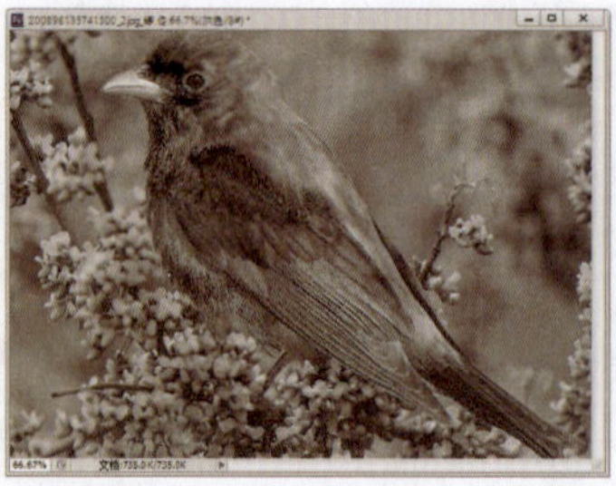

图 8–84

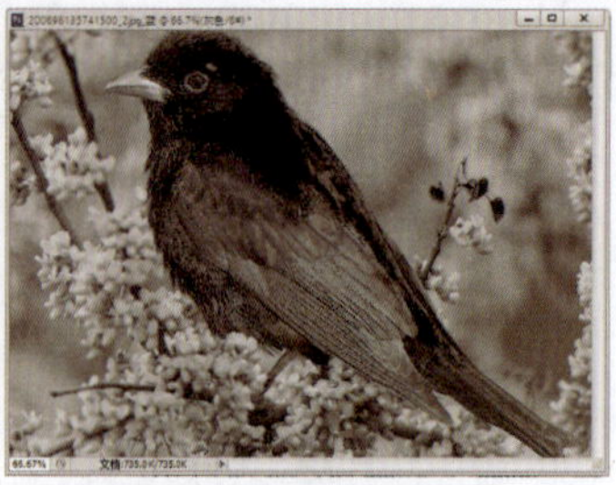

图 8–85

### 2. 合并通道

合并通道是指将分离后的通道图像重新组合成一个新图像文件。通道的合并类似于简单的通道计算，能同时将两幅或多幅图像经过分离后变为单独的通道灰度图像有选择性地进行合并。

合并通道的方法是：在分离后的图像中，任选一张灰度图像，单击“通道”面板右上角的按钮，在弹出的下拉菜单中选择“合并通道”命令，弹出“合并通道”对话框（见图 8–86）。在该对话框中设置模式后单击“确定”按钮，弹出“合并 RGB 通道”对话框（见图 8–87），可分别对红色、绿色、蓝色通道进行选择，然后单击“确定”按钮，即可按选择的相应通道进行合并。

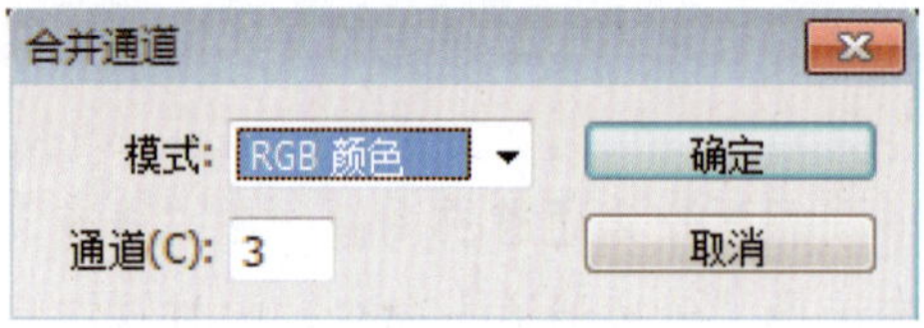


图 8–86

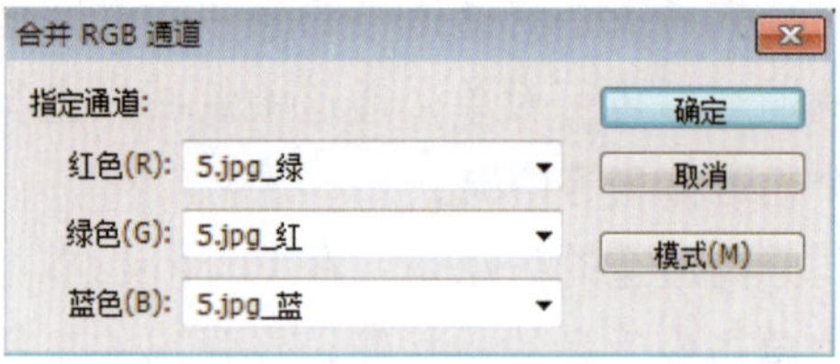


图 8–87

## 8.3 蒙版的分类

蒙版是浮在图层之上的一块挡板，它本身不包含图像数据，只是对图层的部分数据起遮挡作用，当对图层进行操作处理时，被遮挡的数据将不会受影响。使用蒙版编辑图片，修改方便，不会因为使用橡皮擦或剪切删除而造成不可返回的遗憾。

Photoshop 蒙版是将不同灰度色值转换为不同的透明度，并作用到它所在的图层，使图层不同部位透明度产生相应的变化。黑色为完全透明，白色为完全不透明。蒙版分为快速蒙版、矢量蒙版、图层蒙版和剪贴蒙版 4 类。

### 8.3.1 快速蒙版

快速蒙版是一种临时性的蒙版，是暂时在图像表面产生一种与保护膜类似的保护装置，常用于帮助用户快速得到精确的选区。当在快速蒙版模式中工作时，“通道”面板中会出现一个临时快速蒙版通道。但是，所有的蒙版编辑是在图像窗口中完成的。

创建快速蒙版的方法：是单击工具箱底部的“以快速蒙板模式编辑”按钮或者按Q键，进入快速蒙版编辑状态。选择工具箱中的画笔工具，适当调整笔尖大小，在图像中需要添加快速蒙版的区域进行涂抹，涂抹后的区域呈半透明蓝色显示，然后按Q键退出快速蒙版，从而建立选区，如图8-88和图8-89所示。

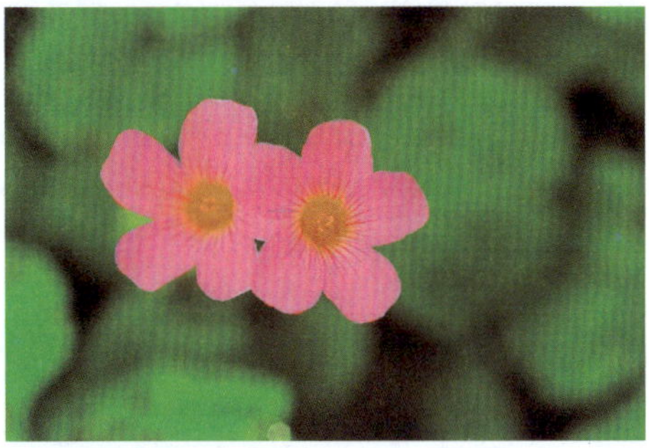

图 8-88

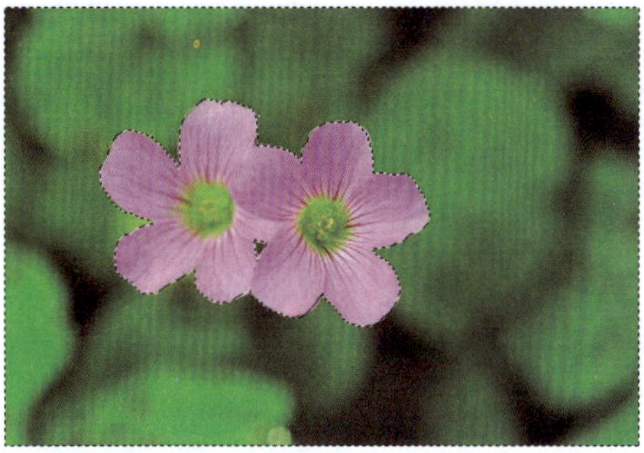

图 8-89

**操作技能**

快速蒙版通过用黑、白、灰3类颜色画笔来做选区，白色画笔可画出被选择区域，黑色画笔可画出不被选择区域，灰色画笔画出半透明选择区域。

## 8.3.2 矢量蒙版

矢量蒙版是通过形状控制图像显示区域的，它只能作用于当前图层。其本质为使用路径制作蒙版，遮盖路径覆盖的图像区域，显示无路径覆盖的图像区域。矢量蒙版可以通过形状工具创建，也可以通过路径来创建。

矢量蒙版中创建的形状是矢量图，可以使用钢笔工具和形状工具对图形进行编辑修改，从而改变蒙版的遮罩区域，也可以对它任意缩放。

选择工具箱中的钢笔工具，绘制图像路径，选择菜单“图层”|“矢量蒙版”|“当前路径”命令，此时在图像中可以看到，保留了路径覆盖区域图像，而背景区域则不可见，如图8-90和图8-91所示。

选择工具箱中的（自定形状工具），在属性栏中选择“形状”模式，设置形状样式，在图像中单击并拖动鼠标指针，绘制形状即可创建矢量蒙版，如图8-92和图8-93所示。

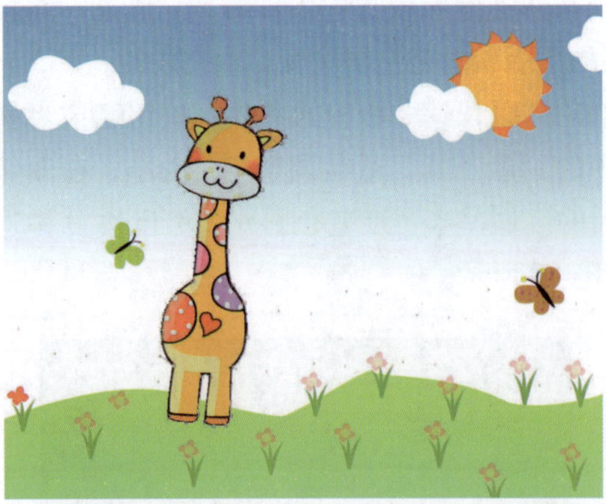

图 8-90

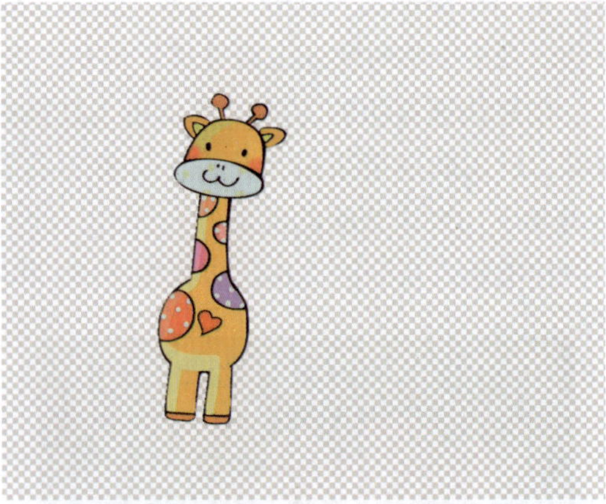

图 8-91

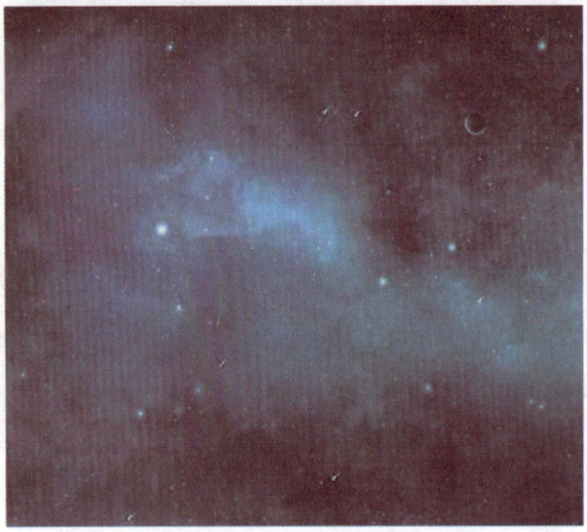

图 8-92

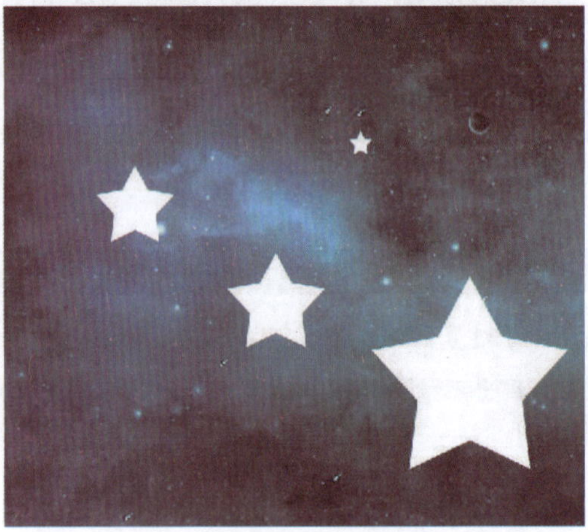

图 8-93



## 8.3.3 图层蒙版

图层蒙版可以在不破坏图像的情况下反复修改图层的效果，图层蒙版同样依附于图层而存在。图层蒙版大大方便了对图像的编辑，它并不是直接编辑图层中的图像，通过使用画笔工具在蒙版上涂抹，控制图层区域的显示或隐藏，常用于制作图像合成。

添加图层蒙版的方法是：首先选择添加蒙版的图层为当前图层，然后单击“图层”面板底端的“添加图层蒙版”按钮，设置前景色为黑色，使用画笔工具在图层蒙版上进行绘制即可。图 8-94 和图 8-95 所示为在人物图层上新建图层蒙版，然后利用画笔工具擦除多余的背景，而只保留人物部分的效果。

添加图层蒙版的另一种方法是：当图层中有选区时，在“图层”面板上选择该图层，单击面板底部的“添加图层蒙版”按钮，选区内的图像被保留，而选区外的图像将被隐藏。

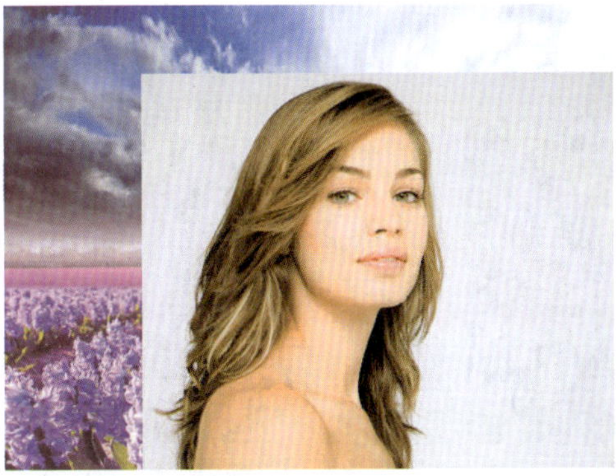

图 8−94

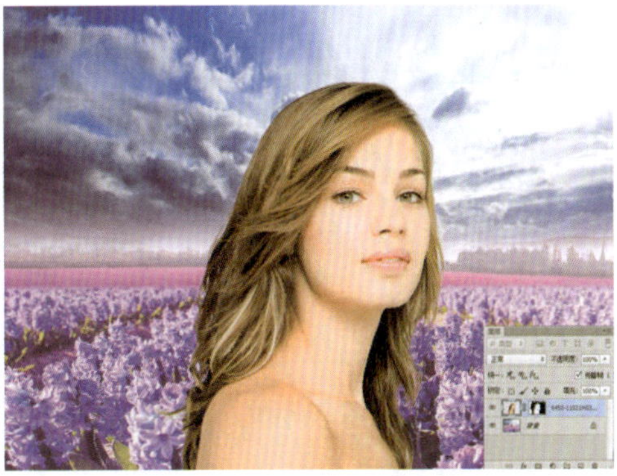

图 8−95

## 8.3.4 剪贴蒙版

剪贴蒙版是使用处于下方图层的形状来限制上方图层的显示状态。剪贴蒙版由两部分组成：一部分为基层，即基础层，用于定义显示图像的范围或形状；另一部分为内容层，用于存放将要表现的图像内容。使用剪贴蒙版能够在不影响原图像的同时有效地完成剪贴制作。蒙版中的基底图层名称带下划线，上层图层的缩览图是缩进的。

创建剪贴蒙版有两种方法。一是在“图层”面板中按住 Alt 键的同时将鼠标指针移至两图层间的分隔线上，当其箭头变成 ↲□形状时，单击即可，如图 8−96 所示；二是在“图层”面板中选择要进行剪贴的两个图层中的内容层，按 Ctrl+Alt+G 组合键即可，如图 8−97 所示。

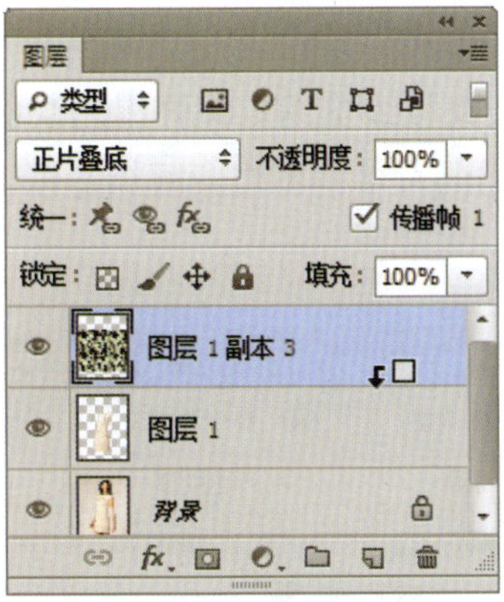


图 8−96

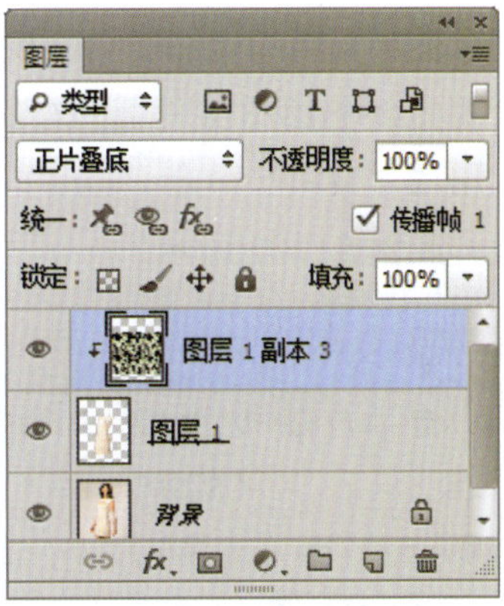


图 8−97

在使用剪贴蒙版处理图像时，内容层一定位于基础层的上方，才能对图像进行正确剪贴。创建剪贴蒙版后，再按 Ctrl+Alt+G 组合键即可释放剪贴蒙版。

这里以更换人物服装为展示，“图层 1”图层为人物裙子的内容图像，即基础层；将图像移动到该图像文件中，生成“图层 2”图层，为内容层；按 Ctrl+Alt+G 组合键，即可创建剪贴蒙版，将图像贴入人物裙子中，如图 8−98 ～图 8−100 所示。

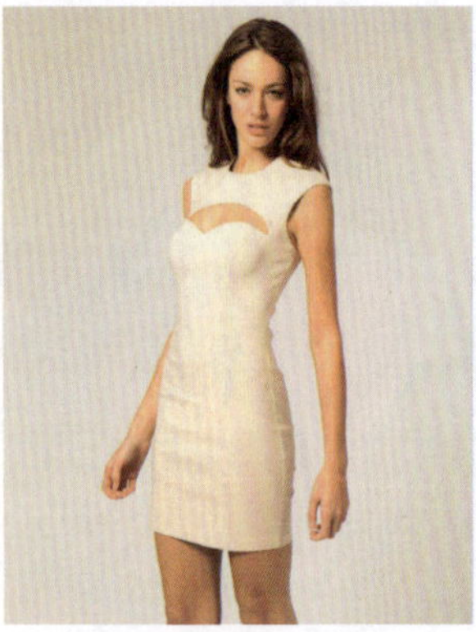

图 8-98

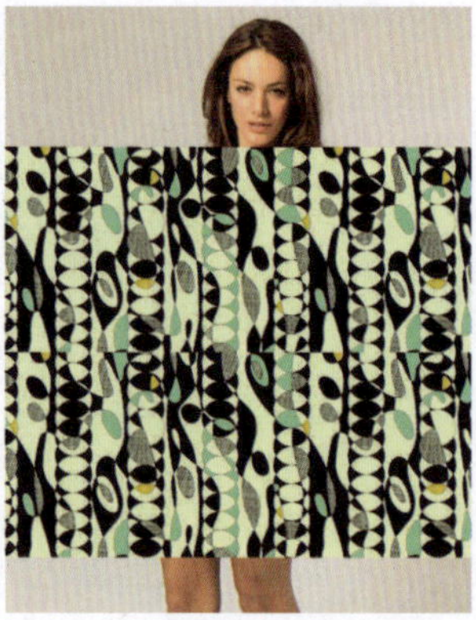

图 8-99

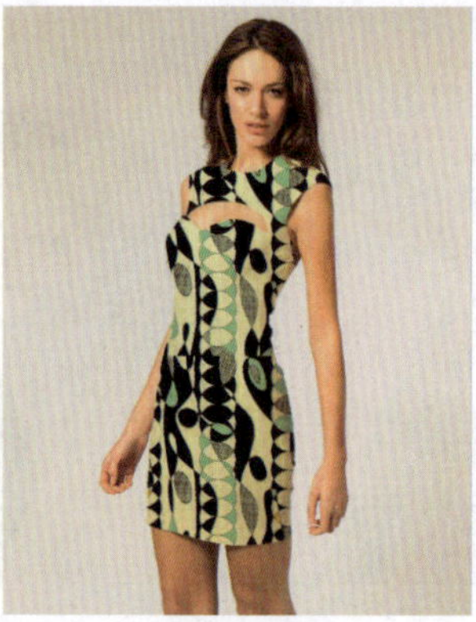

图 8-100

## 8.4 蒙版的编辑

创建蒙版之后，操作过程中，可能还需对蒙版图层进行编辑。蒙版的编辑包括蒙版的停用、启用、移动、复制、删除、应用等。

### 8.4.1 停用和启用蒙版

停用和启用蒙版能帮助用户对图像使用蒙版前后的效果进行更多的对比观察。如果想暂时取消图层蒙版的应用，可以右击图层蒙版缩览图，在弹出的快捷菜单中选择“停用图层蒙版”命令，或者按住 Shift 键的同时，单击图层蒙版缩览图也可以停用图层蒙版功能，此时图层蒙版缩览图中会出现一个红色的“×”标记，如图 8-100 所示。

如果要重新启用图层蒙版的功能，再次右击图层蒙版缩览图，在弹出的快捷菜单中选择“启用图层蒙版”命令，或者再次按住 Shift 键的同时单击图层蒙版缩览图即可恢复蒙版效果，如图 8-101 所示。

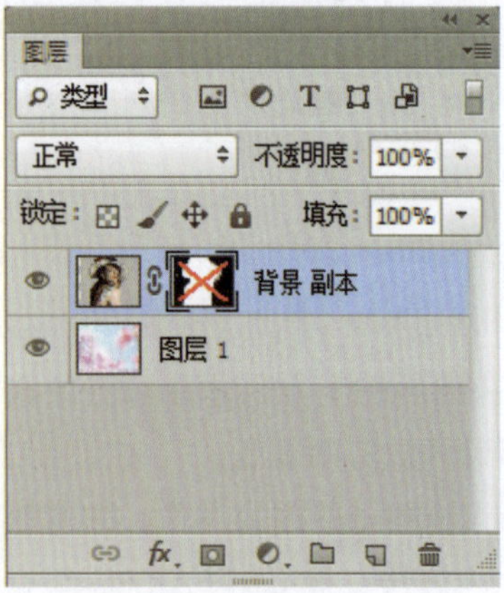


图 8-100

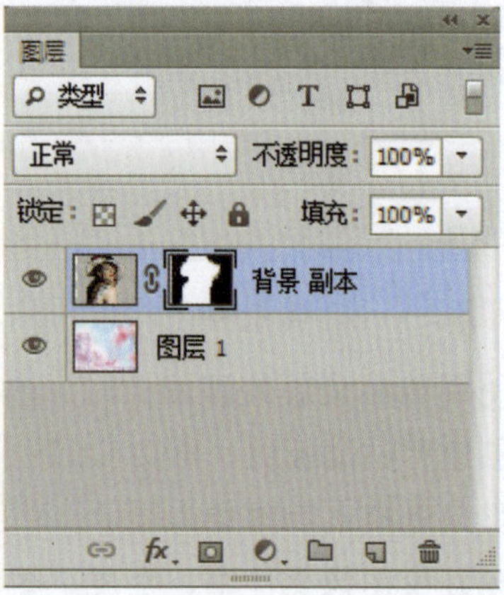


图 8-101

## 8.4.2 复制和移动蒙版

蒙版可以在不同的图层进行复制或移动。若要复制蒙版，按住 Alt 键并拖曳蒙版到其他图层即可；若要移动蒙版，只需将蒙版拖曳到其他图层即可。在“图层”面板中移动图层蒙版和复制图层蒙版，得到图像效果是完全不同的，如图 8–102 和图 8–103 所示。

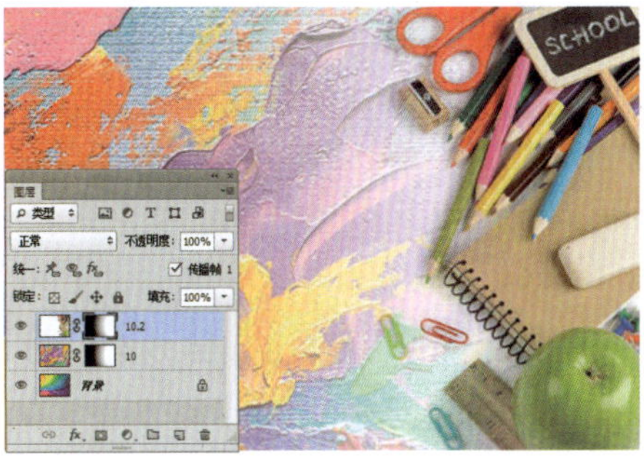

图 8–102

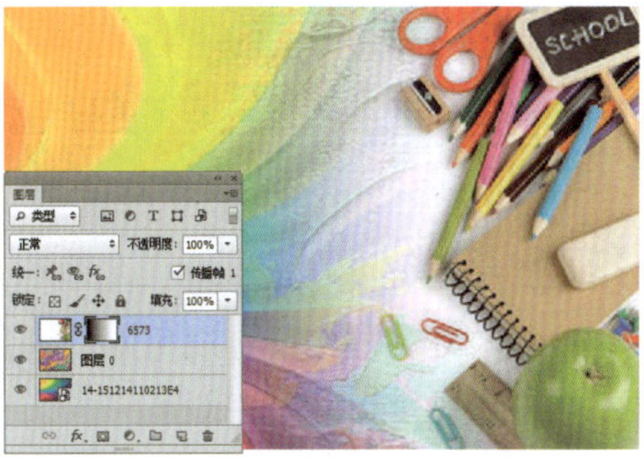

图 8–103

**操作技能**

若需删除图层蒙版，可在“图层”面板中的蒙版缩览图上右击，在弹出的快捷菜单中选择“删除图层蒙版”命令。也可拖动图层缩览图蒙版到“删除图层”按钮上，释放鼠标，在弹出的对话框中单击“删除”按钮即可。

## 8.4.3 将通道转换为蒙版

通道转换为蒙版的实质是将通道中的选区作为图层的蒙版，进而对图像的效果进行调整。将通道转换为蒙版的方法是：在“通道”面板中按住 Ctrl 键的同时单击相应的通道缩览图，即可载入该通道的选区（这里选择的是红色通道选区）。切换到“图层”面板，选择图层，单击“添加图层蒙版”按钮，即可将通道选区作为图层蒙版，如图 8–104 和图 8–105 所示。

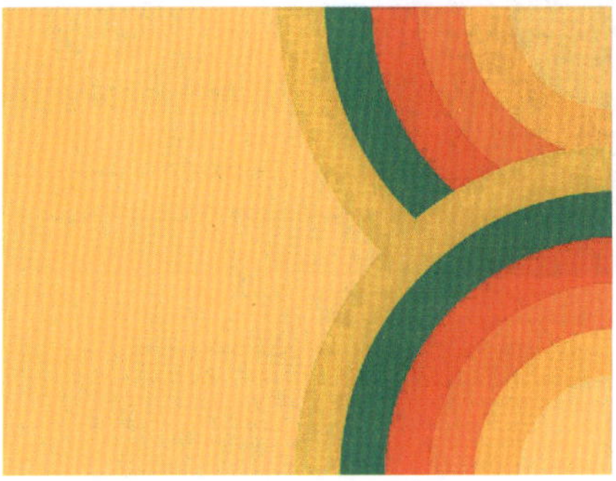

图 8–104

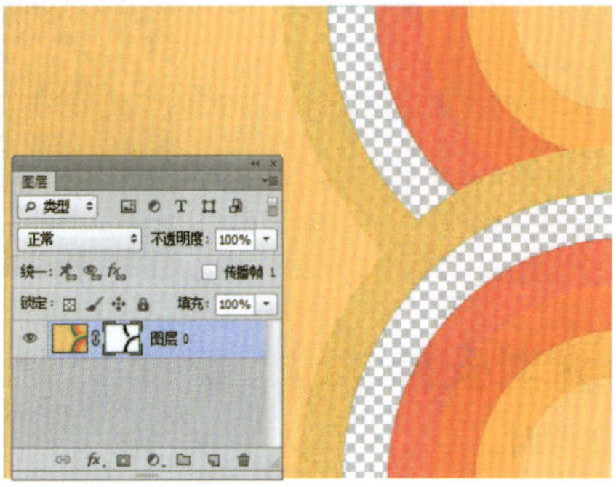

图 8–105

# 【自己练】

## 项目练习：设计企业手袋

### 项目背景

一家名为制纸工艺公司为了更好地宣传其公司企业文化，也为方便客户的携带，现委托本公司为其公司设计一个手袋。

### 项目要求

手拎袋尺寸的制作要有规范性，包装的设计要简单、大方，突出宣传内容，颜色使用要稳重，体现其公司文化底蕴。

### 项目分析

手拎袋正面颜色以深红色为主，体现传统文化，排版以传统图案为主，结合其公司标志，并填充黄色，突出产品名称。正面左侧下方放置公司名称、地址、联系方式，突出主要宣传信息。

### 项目效果

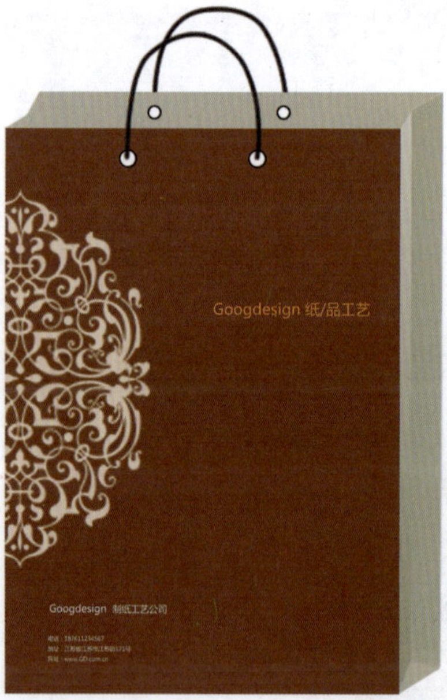


### 课时安排

2 课时。

# 第 9 章

# 设计网页宣传图片
# ——滤镜详解

## 本章概述

滤镜在 Photoshop 中具有神奇的效果，利用滤镜可以使图像呈现出各种特殊的效果。滤镜的操作是非常简单的，但是真正用起来却很难恰到好处。只有熟练掌握这些滤镜，才能制作出绚丽多彩的图像效果。

## 要点难点

独立滤镜的应用 ★☆☆

滤镜库的应用 ★★☆

## 案例预览

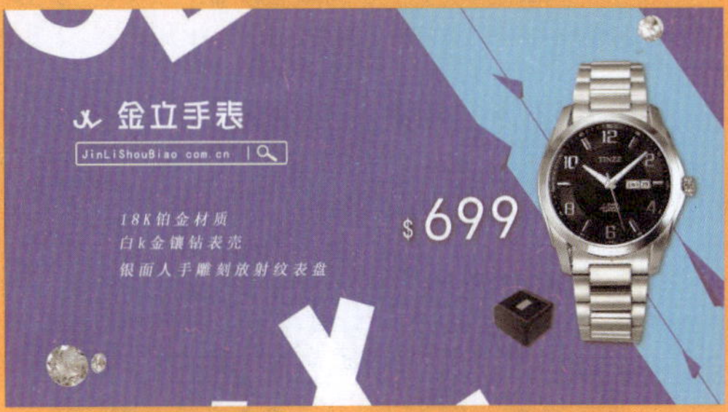


网页宣传图片

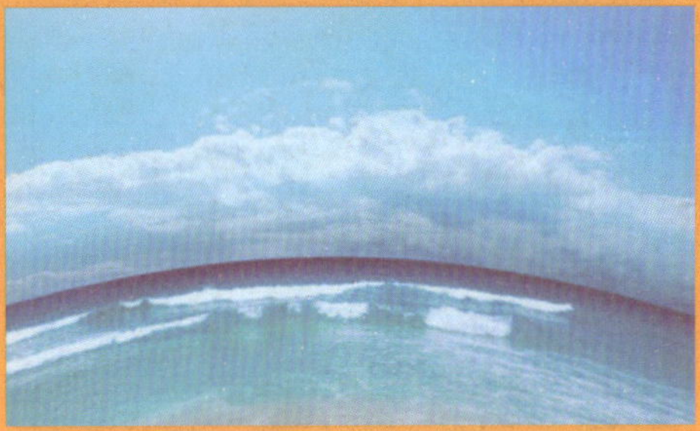

自适应广角滤镜应用

# 【跟我学】设计手表官网宣传图片

## 作品描述

随着科技的不断进步，网络也随之渗透到人们的生活中。各种网站的出现，网页宣传图片也跟着流行起来，并且担负起了重要的宣传作用。在此便以制作手表官网宣传图片为例展开详细介绍。

## 实现过程

STEP 01 选择菜单“文件”|“新建”命令，弹出“新建”对话框，创建一个新的文档，如图 9−1 所示。

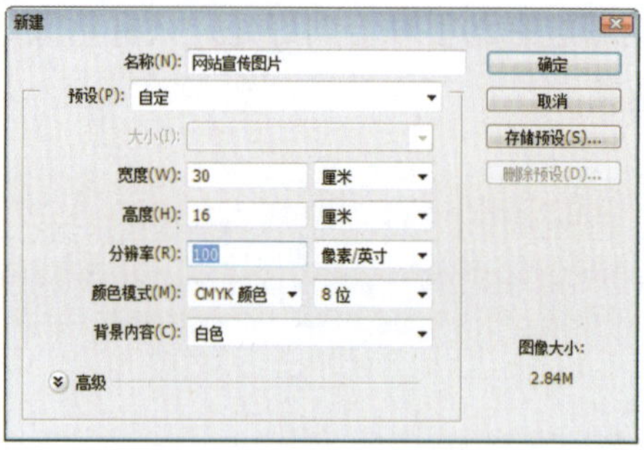


图 9−1

STEP 02 双击“背景”图层，解锁“背景”图层为“图层 0”图层，设置前景色为蓝色（R:74、G:170、B:25），如图 9−2 所示。

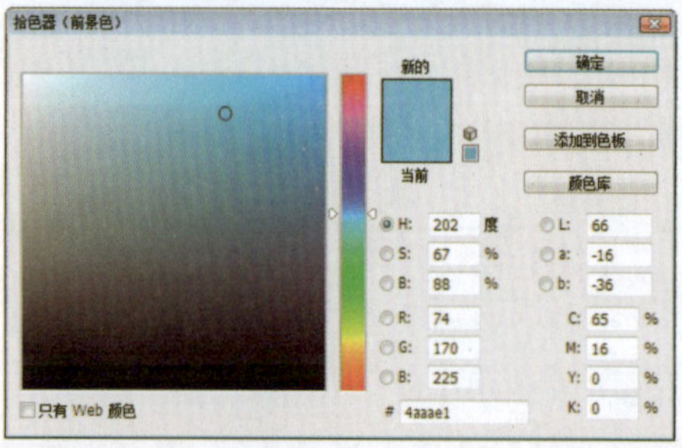


图 9−2

STEP 03 按 Alt+Delete 组合键填充前景色，效果如图 9−3 所示。

图 9−3

STEP 04 按 Ctrl+R 组合键显示标尺，然后使用工具箱中的移动工具拖曳出多条参考线，以便更精确地绘制图形，如图 9−4 所示。

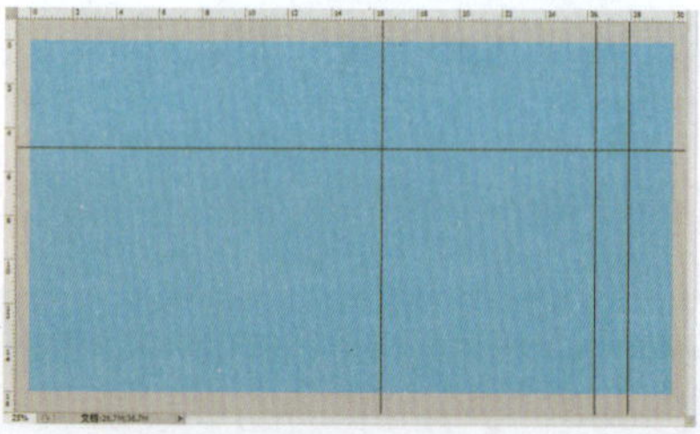

图 9−4

STEP 05 选择工具箱中的（钢笔工具），单击，确定第一个锚点，如图 9−5 所示。

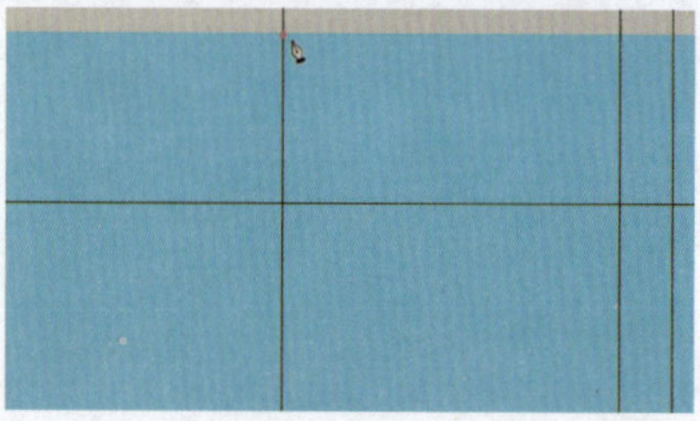

图 9−5

STEP 06 再次单击确定下一个锚点，当锚点绘制错误时，按Delete键删除锚点，但在绘制下一个锚点之前，将光标移至前一个锚点处，当钢笔工具变为形状时，单击连接为路径，如图 9–6 所示。

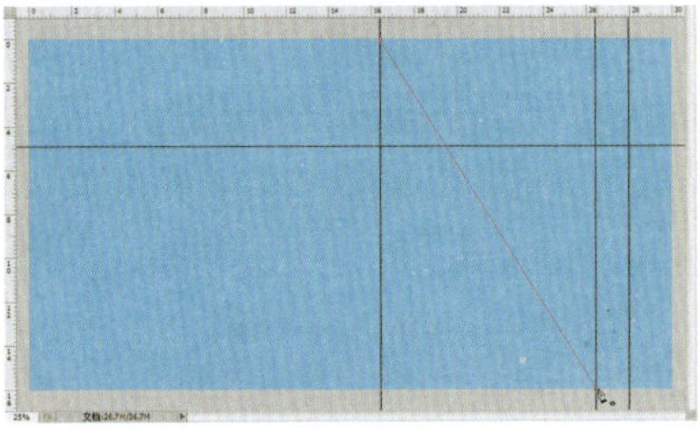

图 9–6

## 操作技能

如果没有此步操作，路径会断开，如图 9-7 所示。

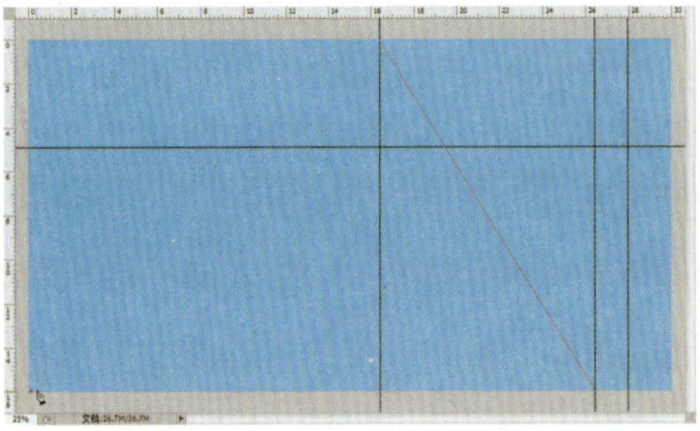

图 9–7

STEP 07 将光标移至起点，在钢笔工具图标旁出现句号的同时，单击建立闭合路径，如图 9–8 所示。

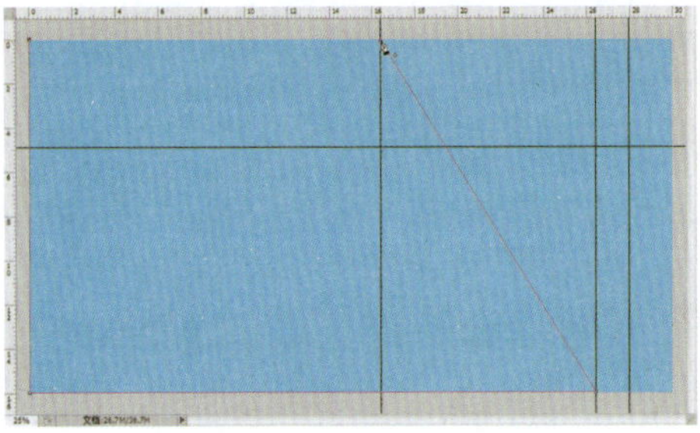

图 9–8

STEP 08 按 Ctrl+Enter 组合键，建立一个选区，如图 9–9 所示。

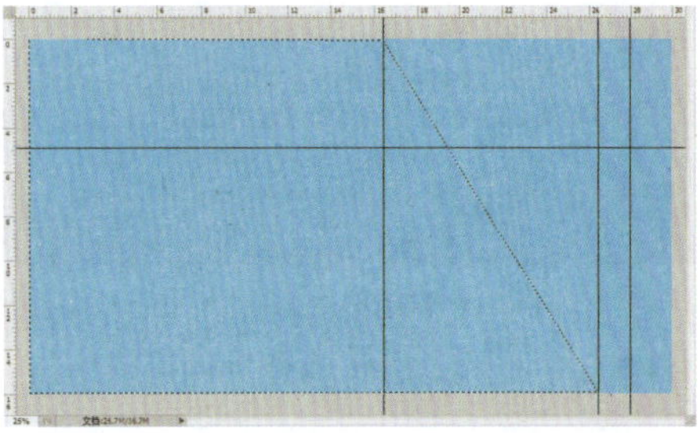

图 9–9

STEP 09 按 Ctrl+Shift+N 组合键，新建图层，设置前景色为蓝色（R:18、G:53、B:145），按 Alt+Delete 组合键填充前景色，效果如图 9–10 所示。

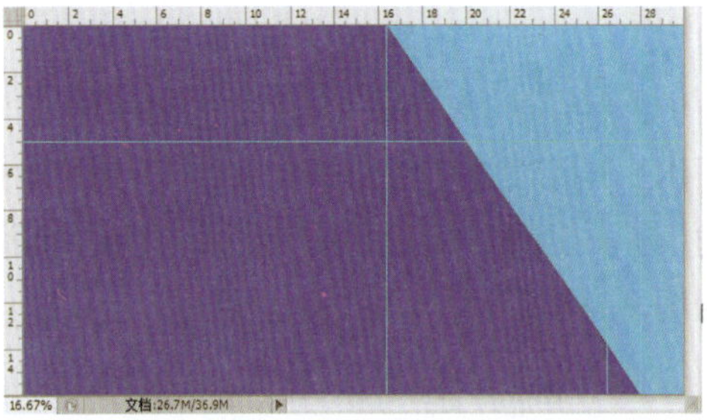


图 9–10

STEP 10 使用同样的方法创建另一个图形，如图 9–11 所示。

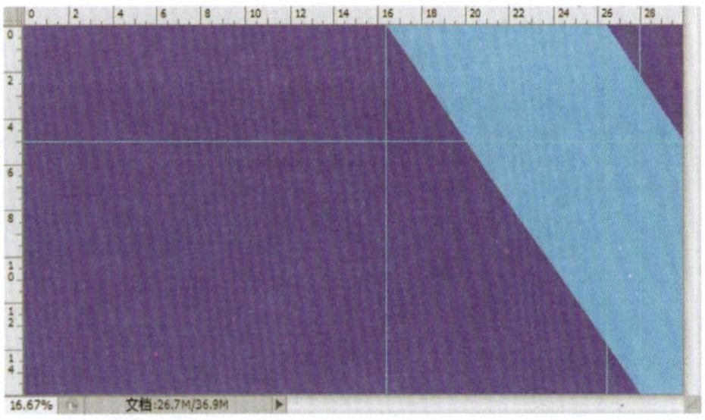


图 9–11

STEP 11 选择菜单“视图”|“显示”|“参考线”命令，取消参考线。按 Ctrl+R 组合键，取消显示标尺，如图 9–12 所示。

STEP 12 再次使用工具箱中的钢笔工具绘制直线，如图 9–13 所示。

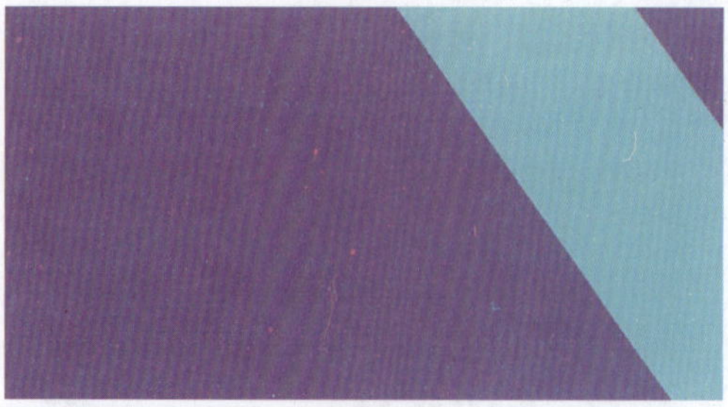

图 9–12

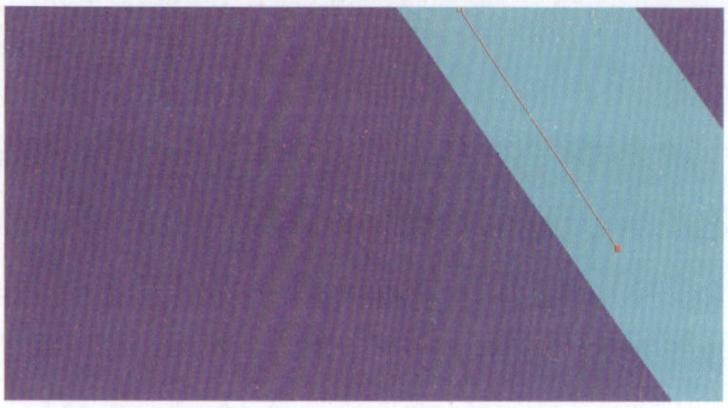

图 9–13

STEP 13 选择工具箱中的（铅笔工具），在属性栏中单击右侧的下三角按键，在弹出的“铅笔预设”面板中设置参数，如图 9–14 所示。

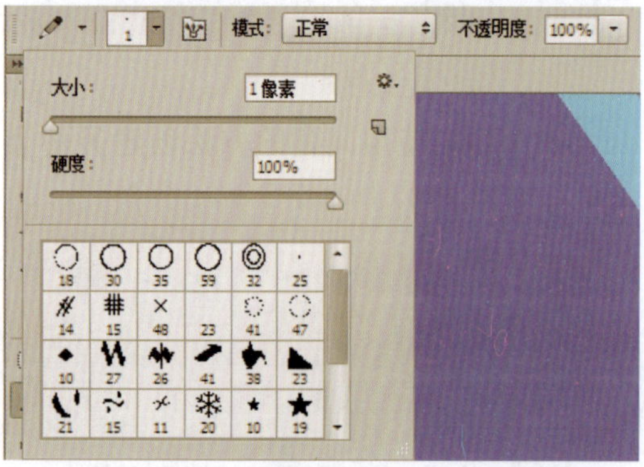


图 9–14

STEP 14 单击“铅笔”面板右上角的按钮，在弹出的下拉菜单中选择“基本画笔”命令，如图 9–15 所示。

STEP 15 设置基本画笔参数（大小为 7 像素、硬度为 90%），如图 9–16 所示。

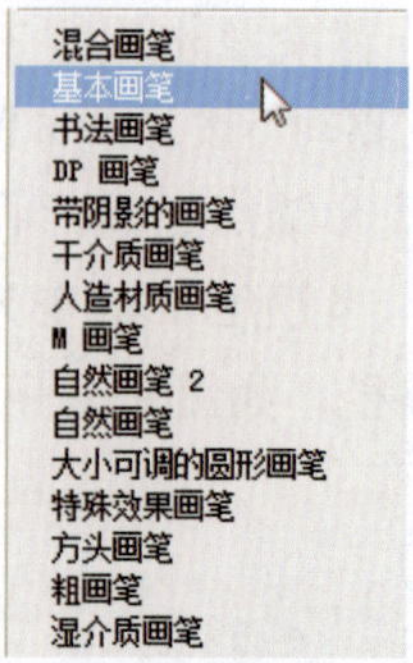


图 9–15

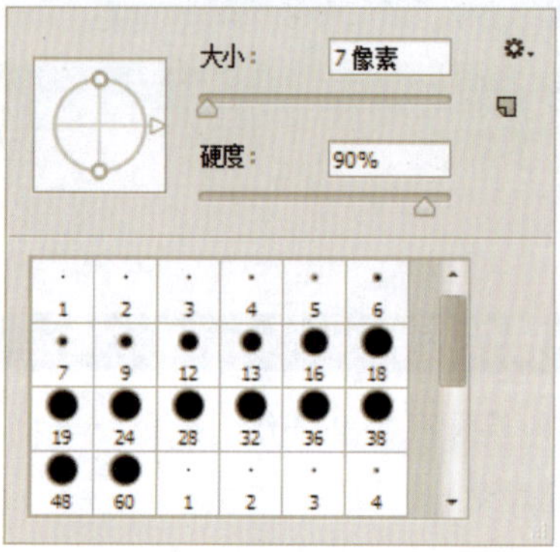


图 9–16

STEP 16 在工具箱中选择钢笔工具，在编辑区右击，在弹出的快捷菜单中选择“描边路径”命令，在弹出的“描边路径”对话框中选择“铅笔”工具，如图 9–17 所示。

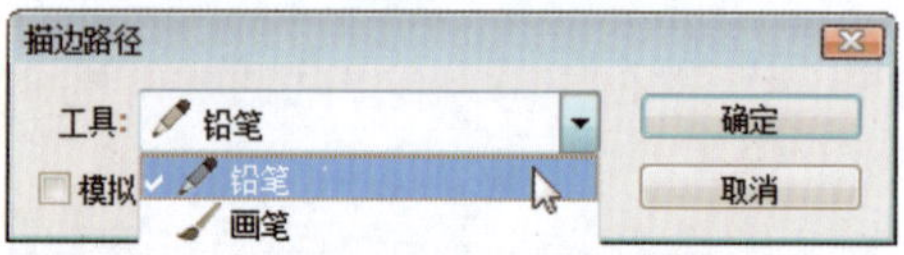


图 9–17

STEP 17 执行上述操作后的描边效果如图 9–18 所示。

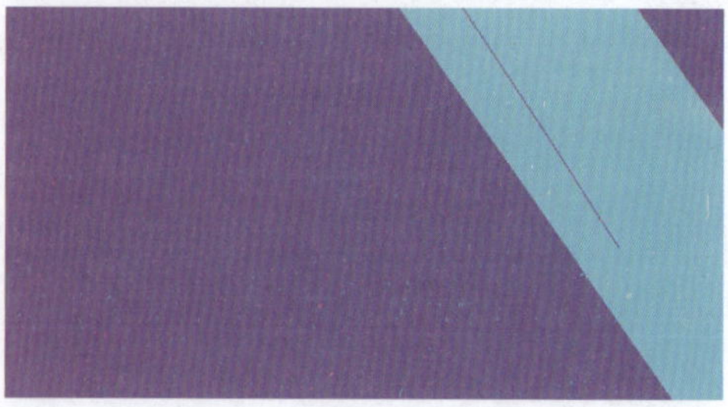

图 9–18

STEP 18 使用同样的方法绘制其余两条线，效果如图 9-19 所示。

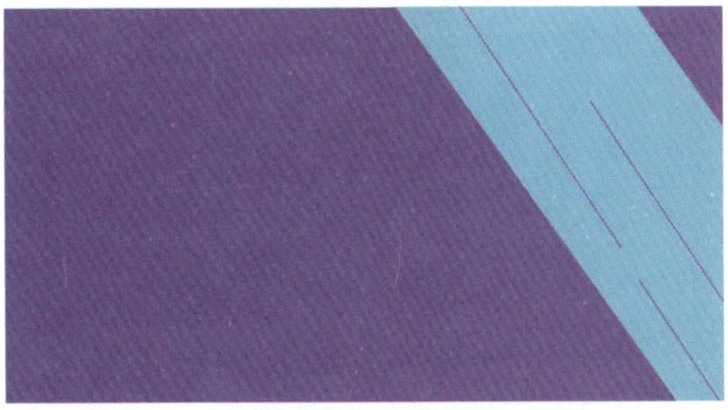

图 9-19

STEP 19 选择工具箱中的横排文字工具，输入文本“金立手表”，设置字体为 BFCaiDai W7 WINP BF，字号为 35.7 点，字体颜色为白色（R:255、G:255、B:255），使用移动工具将其放置到合适位置，如图 9-20 所示。

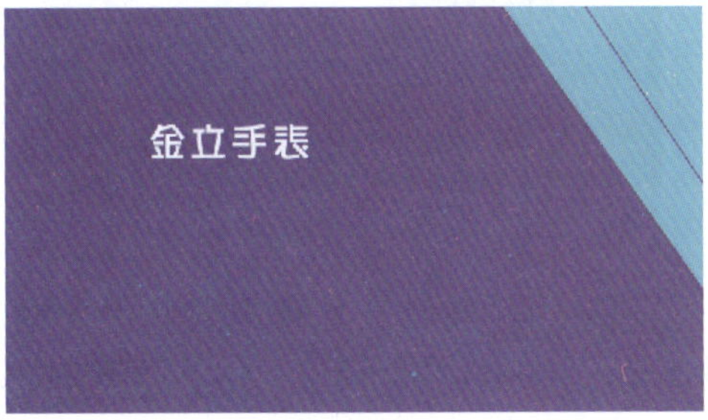


图 9-20

STEP 20 选择菜单“文件”|“打开”命令，打开素材文件夹中的“标志 .psd”图像，使用移动工具将其拖曳到“网页宣传图片”文档中，按 Ctrl+T 组合键，进行变换，调整其大小和位置，如图 9-21 所示。

图 9-21

STEP 21 按 Ctrl+J 组合键复制“标志”图层，对其进行放大，调整至合适位置，使其作为背景图的一部分，如图 9-22 所示。

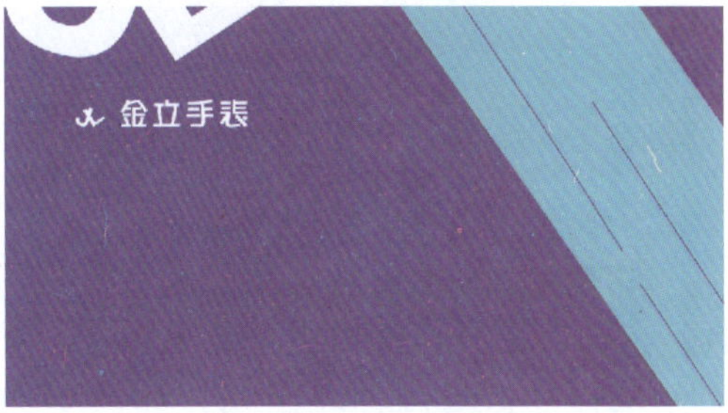


图 9-22

STEP 22 使用同样的方法再次复制“标志”图层，调整其大小与位置，使其作为背景图的一部分，如图 9-23 所示。

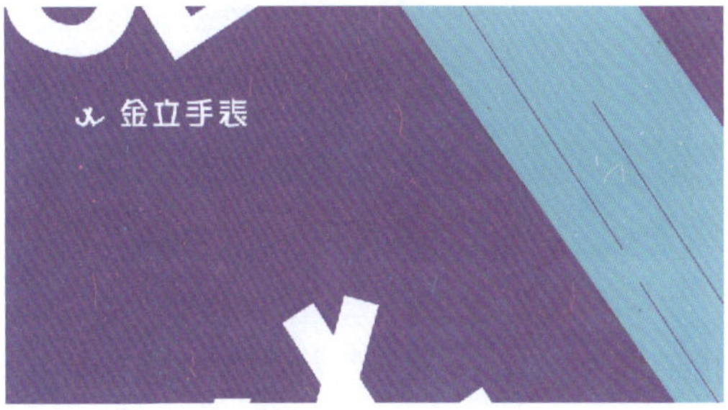


图 9-23

STEP 23 选择工具箱中的（圆角矩形工具），在编辑区单击，在弹出的“创建圆角矩形”对话框中设置其参数，如图 9-24 所示。

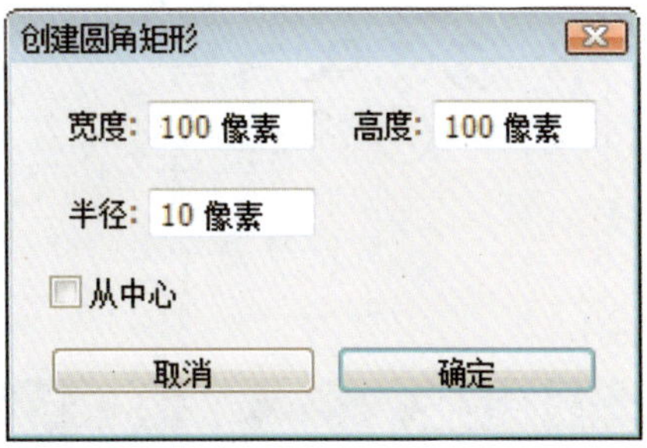


图 9-24

STEP 24 使用移动工具将其调整至合适位置，如图 9-25 所示。

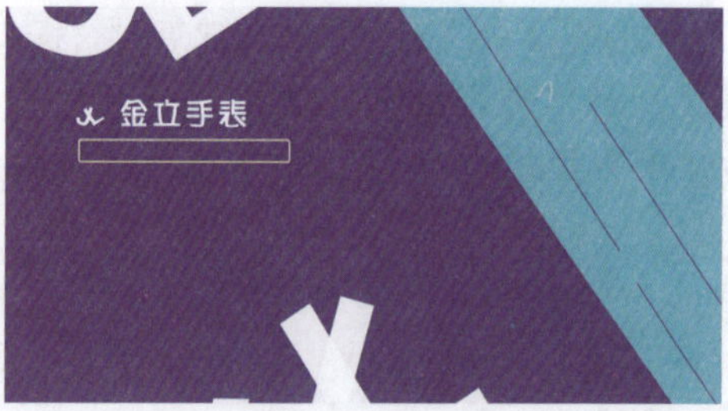


图 9-25

STEP 25 选择工具箱中的（直线工具），在该工具属性栏中设置其参数，按住左键拖动，绘制直线图形，如图 9-26 所示。

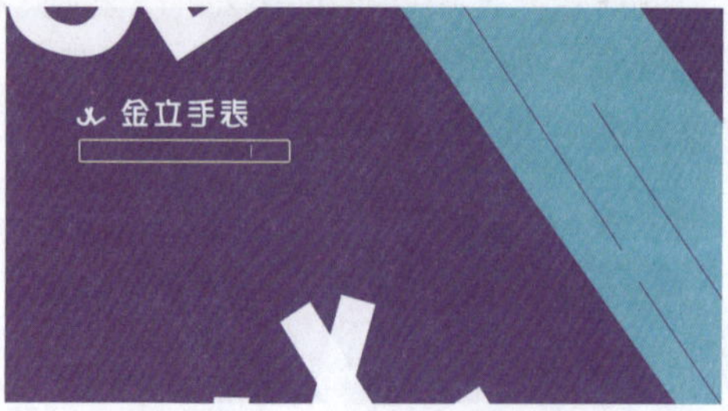


图 9-26

STEP 26 选择工具箱中的（自定形状工具），在该工具属性栏中，单击“形状”右侧的下三角按钮，设置其形状为，如图 9-27 所示。

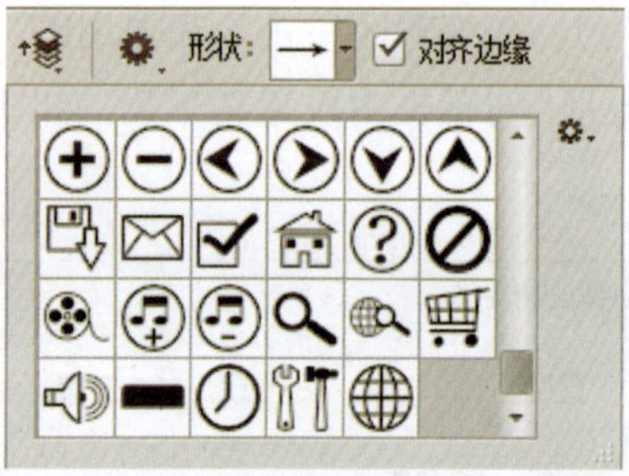


图 9-27

**操作技能**

当图案较少时，单击“形状”面板中的按钮，在弹出的下拉菜单中选择“全部”命令，如图 9-28 所示。

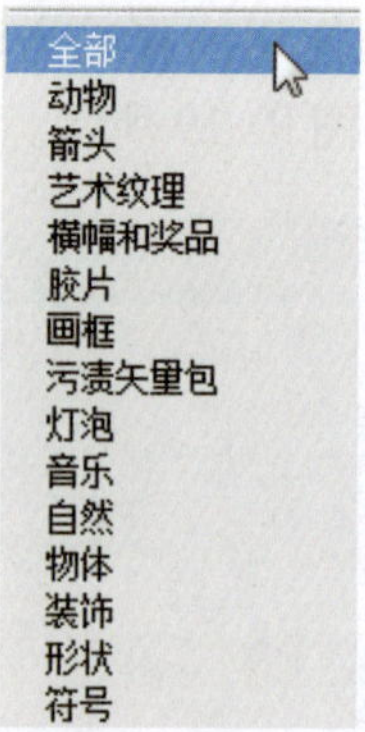


图 9-28

STEP 27 设置前景色为白色，按住左键拖动，绘制合适大小的形状，如图 9-29 所示。

图 9-29

STEP 28 选择工具箱中的横排文本工具，输入文本内容，设置字体为“黑体”，字号为 14 点，字体颜色为白色（R:255、G:255、B:255），移动至合适位置，如图 9-30 所示。

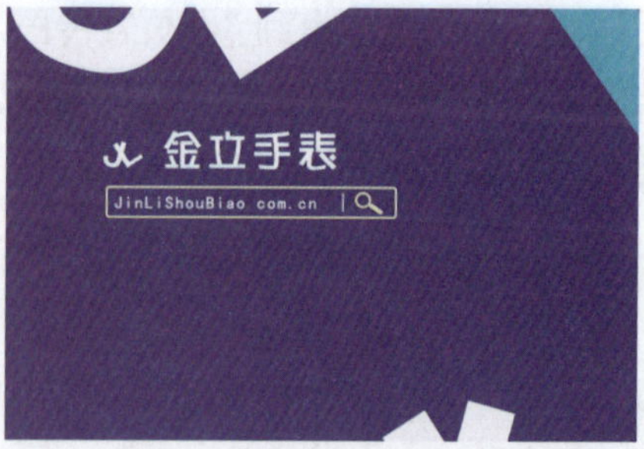


图 9-30

STEP 29 选择菜单“窗口”|“字符”命令，在打开的“字符”面板中单击“仿粗体”按钮，将字体进行加粗，如图 9-31 所示。

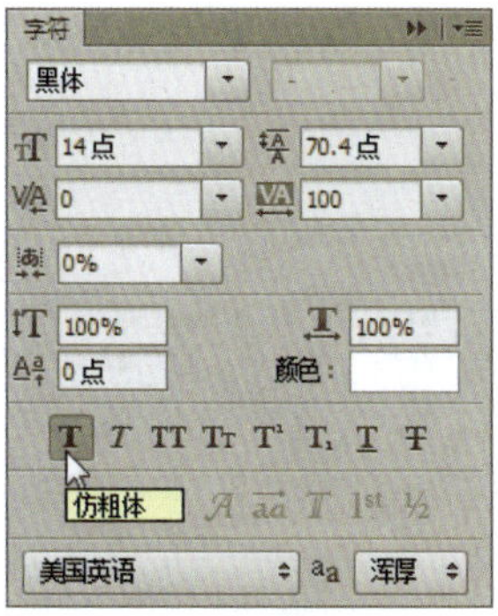


图 9-31

STEP 30 最后单击文字图层，确定文本内容，如图 9-32 所示。

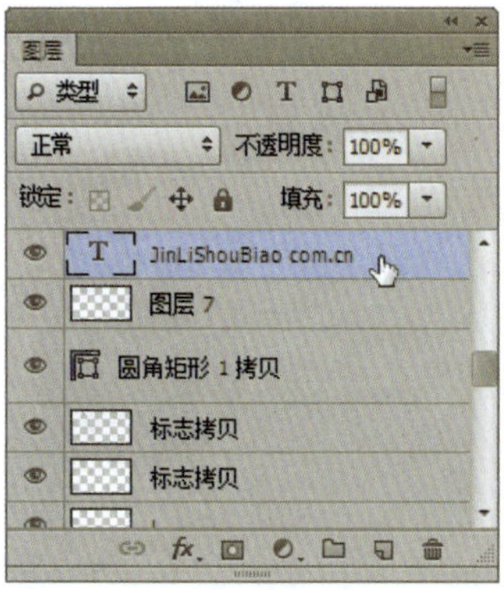


图 9-32

STEP 31 再次选择横排文本工具，输入文本内容“18K 铂金材质”，设置字体为“宋体”，字号为 17.6 点，字体颜色为白色（R:255、G:255、B:255），放置合适位置，如图 9-33 所示。

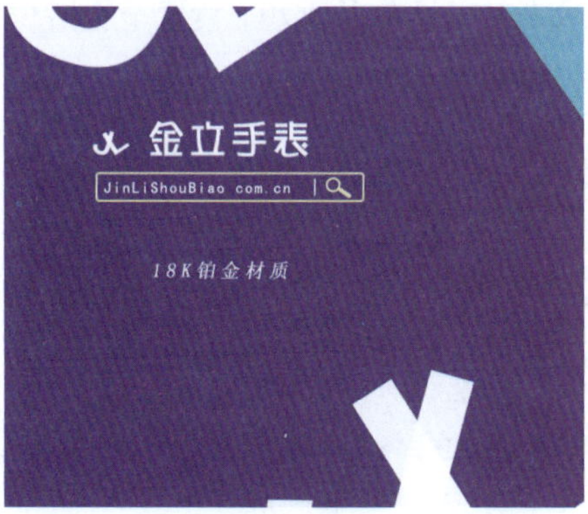


图 9-33

STEP 32 按 Enter 键换行，再次输入两行文本内容“白 k 金镶钻表壳”和“银面人手雕刻放射纹表盘”，字体、字号及颜色与之前步骤相同，如图 9-34 所示。

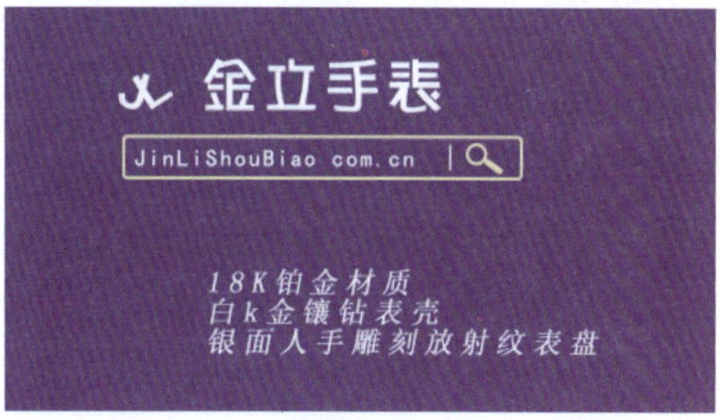


图 9-34

STEP 33 选择菜单“窗口”|“字符”命令，在打开的“字符”面板中调整文本行间距为 28 点，如图 9-35 所示。

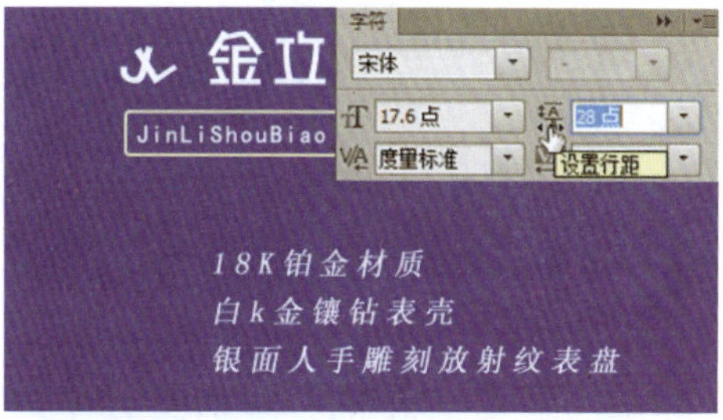


图 9-35

STEP 34 按 Ctrl+R 组合键，取消显示标尺。选择菜单“视图”|“显示”|“参考线”命令，隐藏参考线，如图 9-36 所示。

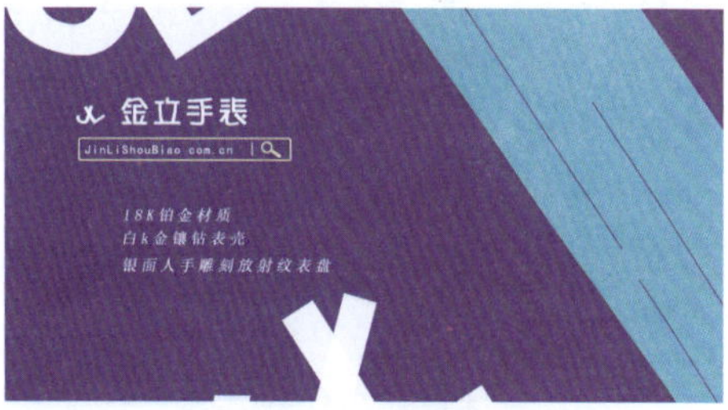


图 9-36

STEP 35 选择菜单“文件”|“打开”命令，打开素材文件中的“手表 .psd”图像，使用移动工具拖曳到“网页宣传图片”文档中，调整其大小，放置合适位置，如图 9-37 所示。

CHAPTER 06
CHAPTER 07
CHAPTER 08
CHAPTER 09
CHAPTER 10

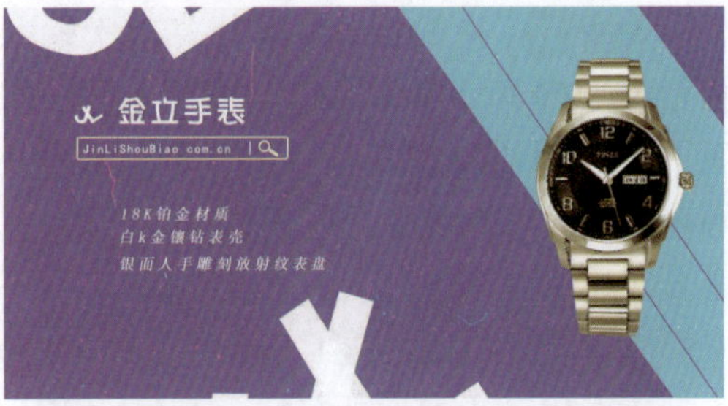


图 9-37

STEP 36 设置“手表”图层为当前图层，在“图层”面板的底部单击“添加图层样式”按钮，如图 9-38 所示。

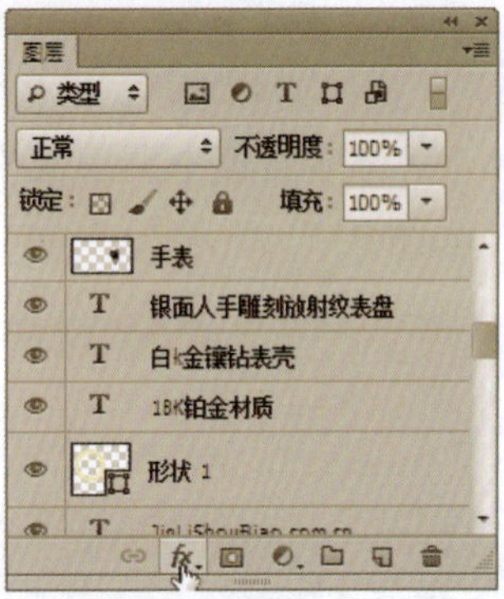


图 9-38

STEP 37 在弹出的“添加图层样式”下拉菜单中选择“投影”命令，如图 9-39 所示。

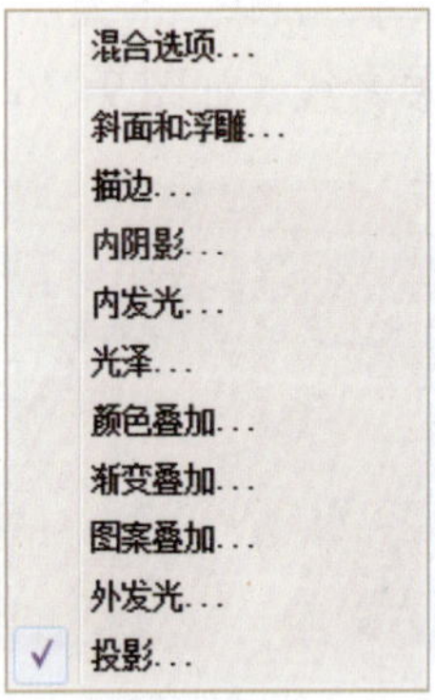


图 9-39

STEP 38 在弹出的“图层样式”对话框中设置投影参数，如图 9-40 所示。

STEP 39 添加“投影”图层样式的效果如图 9-41 所示。

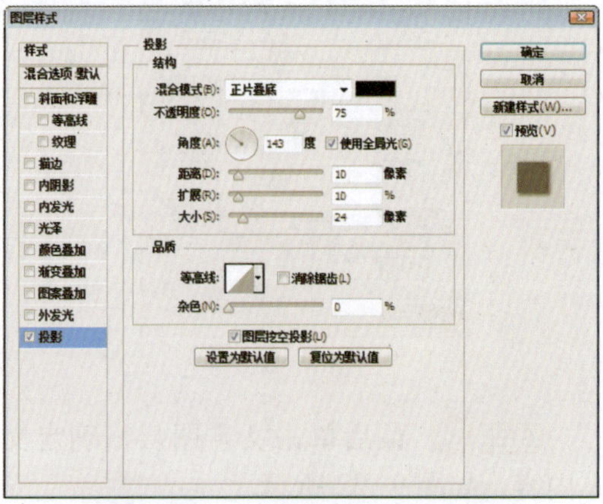

图 9-40

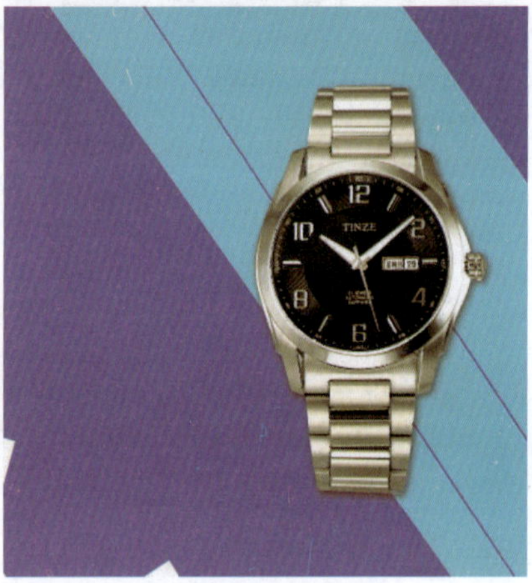

图 9-41

STEP 40 选择菜单“文件”|“打开”命令，打开素材文件中的“手表盒 .psd”图像，使用移动工具拖曳到“网页宣传图片”文档中，调整其大小，放置至合适位置，如图 9-42 所示。

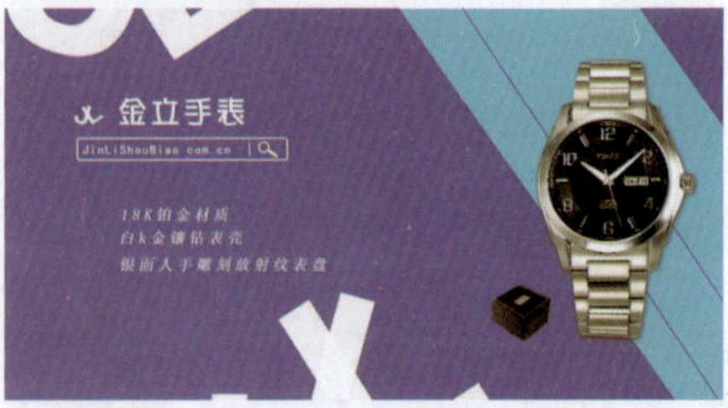


图 9-42

STEP 41 设置“手表盒”图层的图层

样式为“投影”，在弹出的“图层样式”对话框中设置投影参数，如图 9–43 所示。

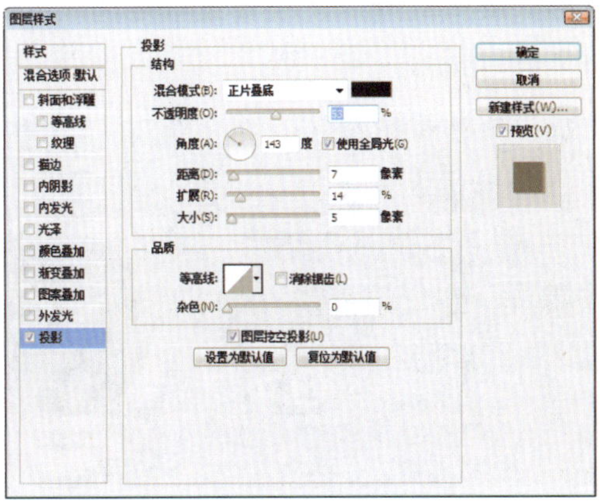


图 9–43

STEP 42 添加“投影”图层样式的效果如图 9–44 所示。

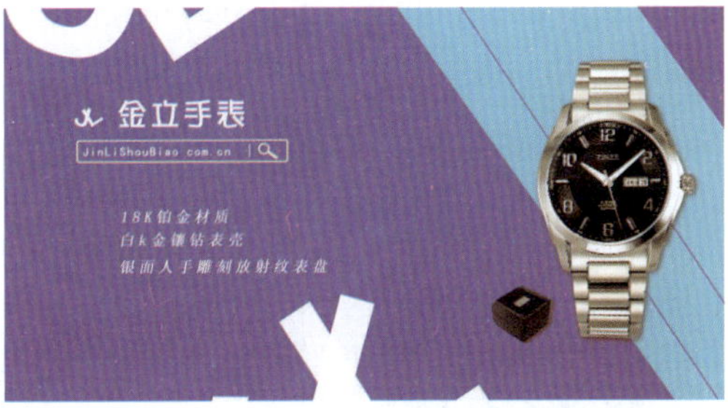


图 9–44

STEP 43 选择菜单“文件”|“打开”命令，打开素材文件中的“钻石 .psd”图像，使用移动工具拖曳到“网页宣传图片”文档中，分别将两颗钻石移动到不同的位置，调整其大小，如图 9–45 所示。

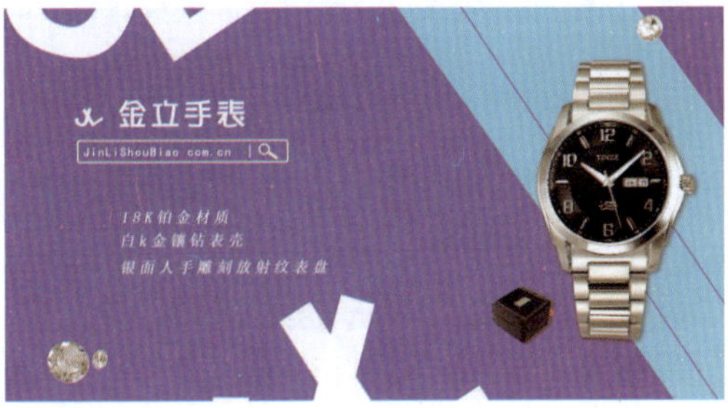


图 9–45

STEP 44 选择工具箱中的横排文本工具，输入文本内容“699”，设置字体为“黑体”，字号为 70.4 点，字体颜色为白色(R:255、G:255、B:255)，放置至合适位置，如图 9–46 所示。

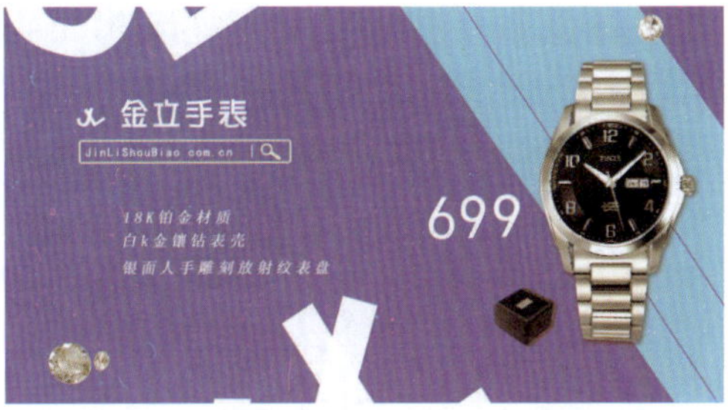


图 9–46

STEP 45 设置“699”文本图层的图层样式为“投影”，在弹出的“图层样式”对话框中设置投影参数，如图 9–47 所示。

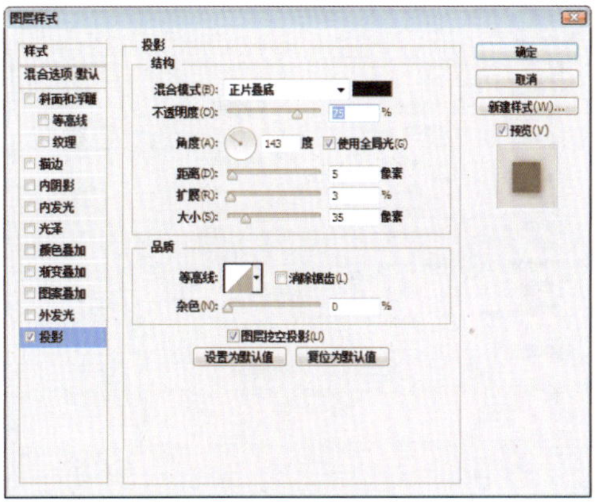


图 9–47

STEP 46 添加“投影”图层样式的效果如图 9–48 所示。

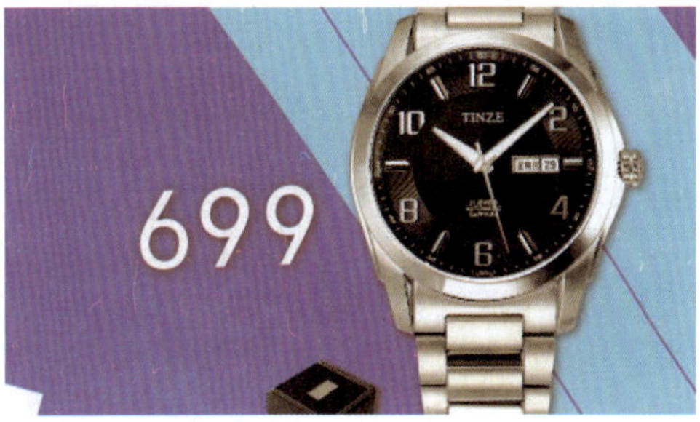


图 9–48

STEP 47 再次使用横排文本工具输入文本内容“$”，设置字体为“黑体”，字号为 70.4 点，字体颜色为白色（R:255、G:255、B:255)，放置至合适位置，如图 9−49 所示。

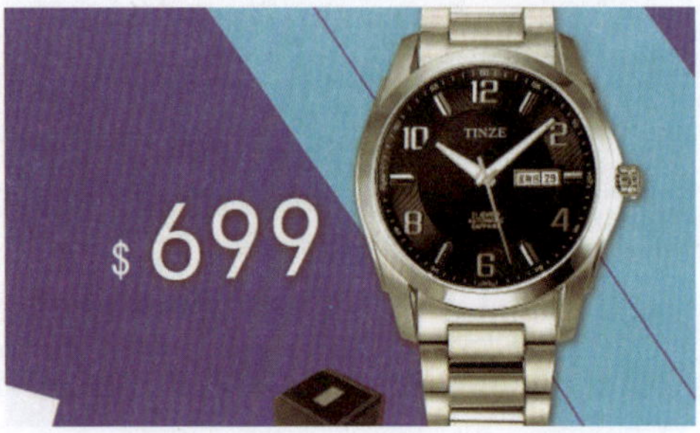


图 9−49

STEP 48 设置“$”文本图层的图层样式和“699”文本图层的图层样式一样，如图 9−50 所示。

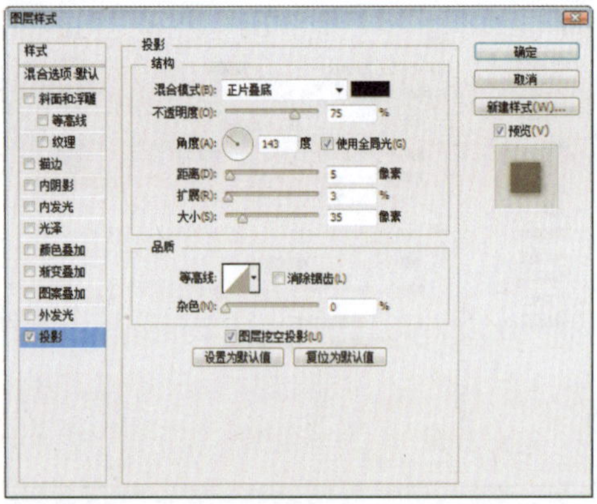


9−50

STEP 49 添加“投影”图层样式的效果如图 9−51 所示。

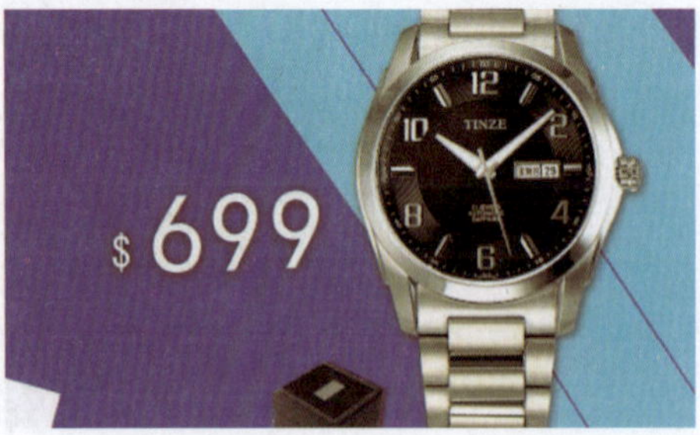


图 9−51

STEP 50 最后对图片背景做装饰效果。选择工具箱中的钢笔工具，绘制不规则三角形，按 Ctrl+Enter 组合键确定选区，如图 9−52 所示。

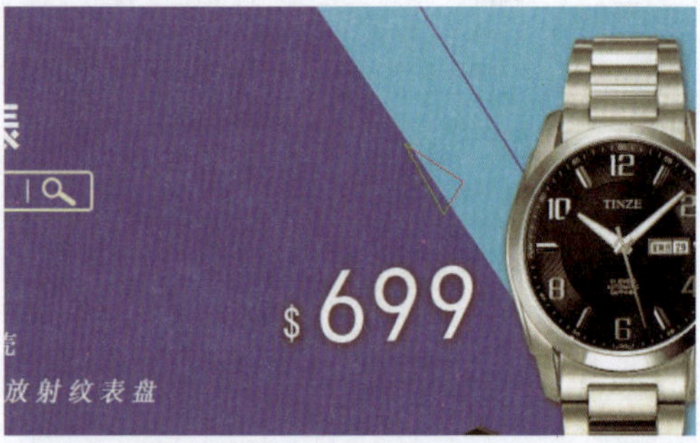


图 9−52

STEP 51 按 Ctrl+Shift+N 组合键，新建一个图层，设置前景色为蓝色（R:30、G:44、B:91），如图 9−53 所示。

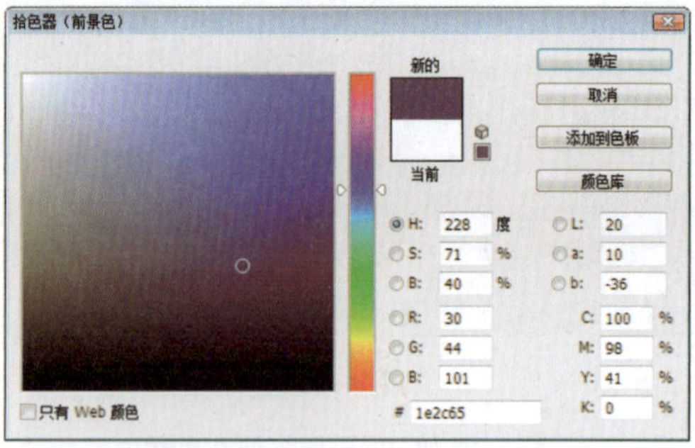


图 9−53

STEP 52 按 Alt+Enter 组合键，填充前景色，效果如图 9−54 所示。

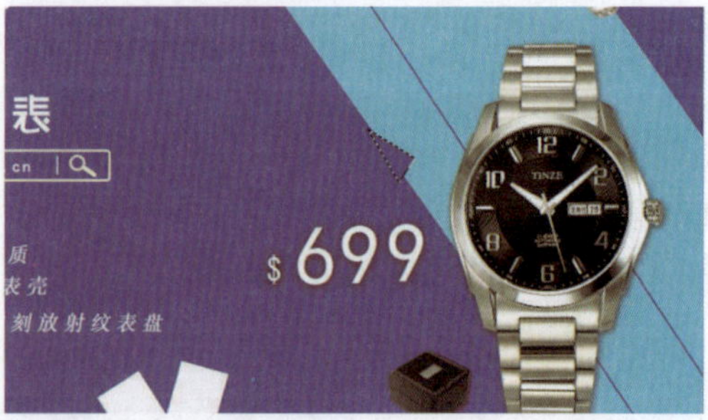


图 9−54

STEP 53 再次使用钢笔工具绘制另一个图形，建立选区，如图 9−55 所示。

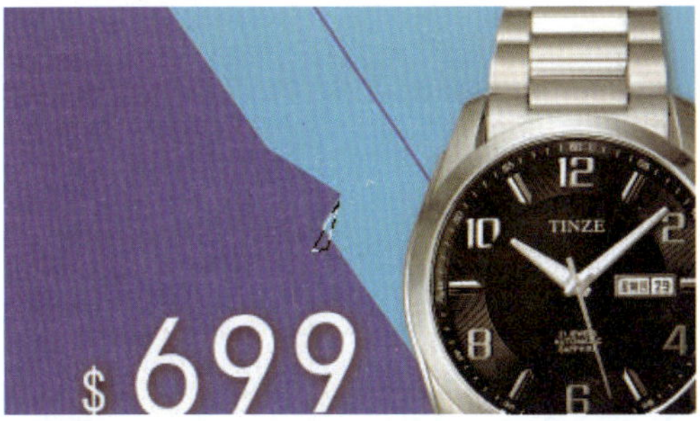


图 9–55

STEP 54 设置前景色为深蓝色(R:30、G:44、B:91)，按 Alt+Enter 组合键，填充前景色，效果如图 9–56 所示。

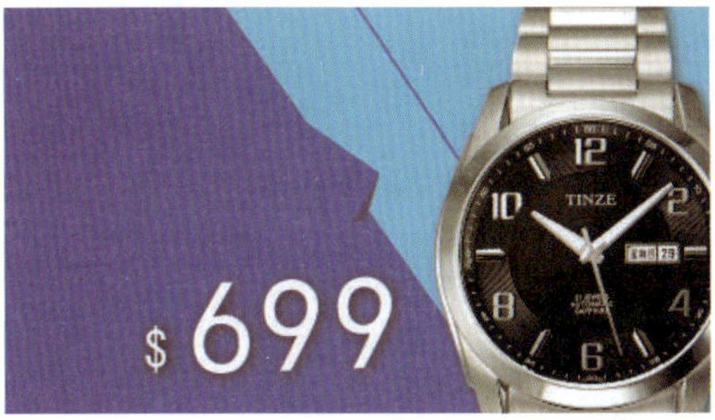


图 9–56

STEP 55 按 Ctrl+J 组合键，复制图层，调整其大小、方向和位置，如图 9–57 所示。

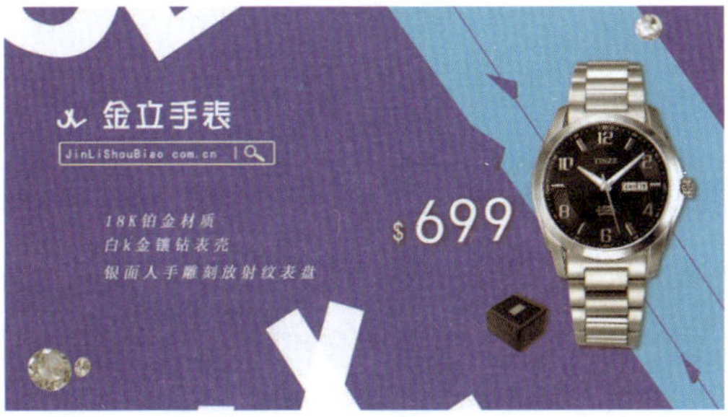


图 9–57

STEP 56 同样的图形显得单调，可使用同样的方法重新绘制不同规格的三角形组合，如图 9–58 所示。

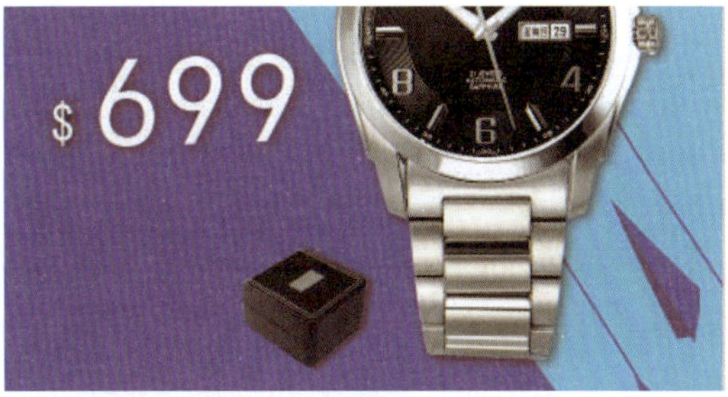


图 9–58

STEP 57 使用移动工具将所绘制的三角形组合移至合适位置。至此，完成该网页宣传图片的制作，效果如图 9–59 所示。

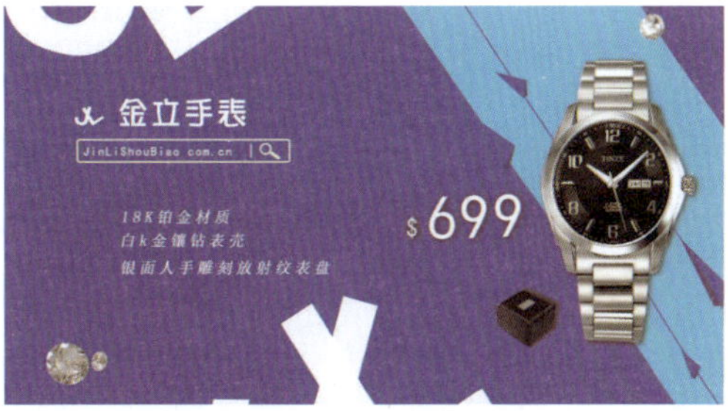


图 9–59

# 【听我讲】



## 9.1 认识滤镜

滤镜是一种特殊的图像效果处理技术，主要用来实现图像的各种特殊效果。滤镜主要分为软件自带的内置滤镜和外置滤镜两种。选择“滤镜”命令，用户可以查看“滤镜”菜单（见图 9–60），其中包括多个滤镜组，在滤镜组中又有多个滤镜命令，用户可通过执行一次或多次滤镜命令为图像添加不一样的效果。

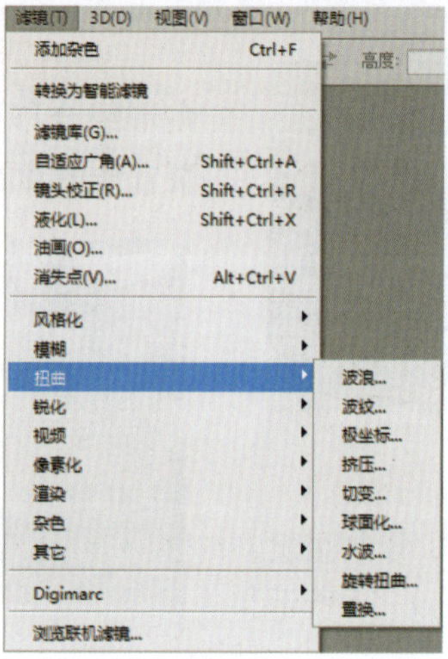


图 9–60

**操作技能**

Photoshop CS6 为用户提供了很多种滤镜，其作用范围仅限于当前正在编辑的、可见的图层或图层中的选区，若图像此时没有选区，软件则默认将当前图层上的整个图像视为当前选区。

## 9.2 独立滤镜组

在 Photoshop CS6 中，独立滤镜直接选择就可使用。下面分别对液化滤镜、自适应广角滤镜以及转换为智能滤镜进行详细介绍。

### 9.2.1 液化滤镜

液化滤镜的原理是将图像以液体形式进行流动变化，让图像在适当的范围内用其他部分的图像像素替代原来的图像像素。使用液化滤镜能对图像进行收缩、膨胀扭曲以及旋转等变形处理，还可以定义扭曲的范围和强度，同时还可以将调整好的变形效果存储起来或载入以前存储的变形效果。一般情况下，液化滤镜用于帮助用户快速对照片人物进行瘦脸、瘦身。

选择菜单“滤镜”|“液化”命令，弹出“液化”对话框，如图 9-61 所示。其中，左侧工具箱中包含 9 种应用工具，下面将具体介绍这些工具的作用。

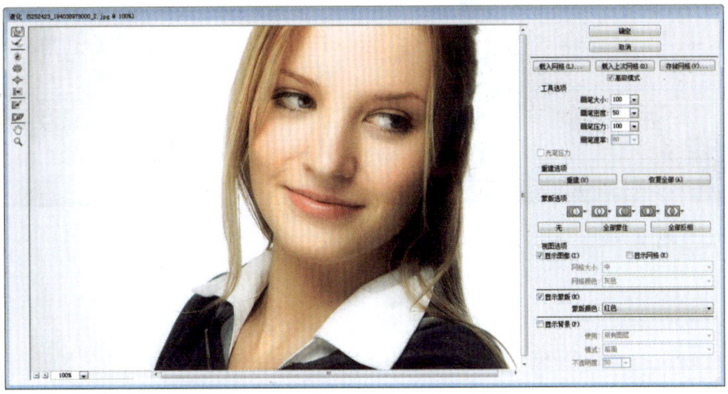

图 9-61

- （向前变形工具）：该工具可以移动图像中的像素，得到变形的效果。
- （重建工具）：使用该工具在变形的区域单击或拖动鼠标指针进行涂抹，可以使变形区域的图像恢复到原始状态。
- （顺时针旋转扭曲工具）：使用该工具在图像中单击或移动鼠标指针时，图像会被顺时针旋转扭曲；当按住 Alt 键单击或移动鼠标指针时，图像则会被逆时针旋转扭曲。
- （褶皱工具）：使用该工具在图像中单击或移动鼠标指针时，可以使像素向画笔中间区域的中心移动，使图像产生收缩的效果。
- （膨胀工具）：使用该工具在图像中单击或移动鼠标指针时，可以使像素向画笔中心区域以外的方向移动，使图像产生膨胀的效果。
- （左推工具）：使用该工具可以使图像产生挤压变形的效果。使用该工具垂直向上拖动鼠标指针时，像素向左移动；向下拖动鼠标指针时，像素向右移动。当按住 Alt 键垂直向上拖动鼠标指针时，像素向右移动；向下拖动鼠标指针时，像素向左移动。若使用该工具围绕对象顺时针拖动鼠标指针，可增加其大小；若顺时针拖动鼠标指针，则减小其大小。
- （冻结蒙版工具）：使用该工具可以在预览窗口绘制出冻结区域，在调整时，冻结区域内的图像不会受到变形工具的影响。
- （解冻蒙版工具）：使用该工具涂抹冻结区域能够解除该区域的冻结。
- （抓手工具）：放大图像的显示比例后，可使用该工具移动图像，以观察图像的不同区域。

- (缩放工具)：使用该工具在预览区域中单击可放大图像的显示比例；若按住 Alt 键在该区域中单击，则会缩小图像的显示比例。

图 9-62 和图 9-63 所示为使用液化滤镜修饰人物前后的对比效果。

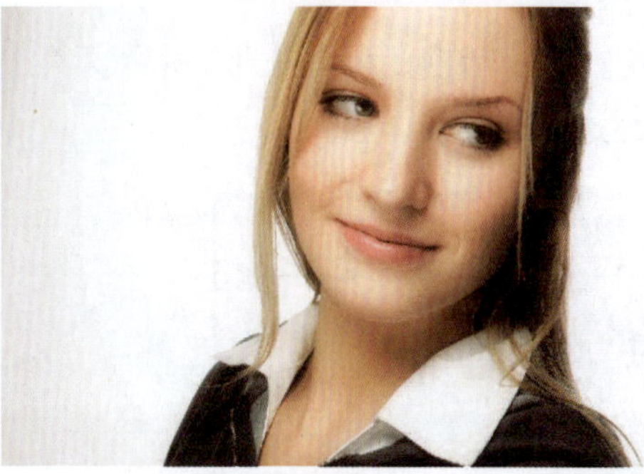

图 9-62

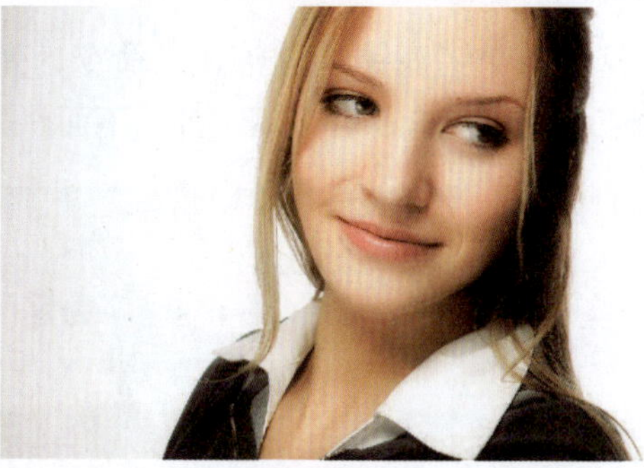

图 9-63

## 9.2.2 自适应广角滤镜

自适应广角滤镜是 Photoshop CS6 中新增的一项功能，使用该滤镜可以校正由于使用广角镜头而造成的镜头扭曲。用户可以快速拉直在全景图或采用鱼眼镜头和广角镜头拍摄的照片中看起来弯曲的线条。例如，建筑物在使用广角镜头拍摄时会看起来向内倾斜。

选择菜单“滤镜”|“自适应广角”命令，弹出“自适应广角”对话框，如图 9-64 所示。其中左侧工具箱中包括 5 种应用工具，下面将具体介绍这些工具的作用。

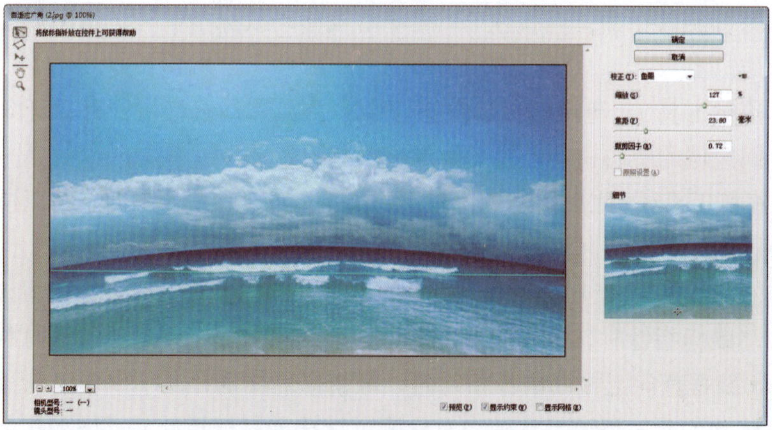

图 9-64

- (约束工具)：使用该工具单击图像或拖动端点可添加或编辑约束。按住 Shift 键单击可添加水平或垂直约束；按住 Alt 键单击可删除约束。
- (多边形约束工具)：使用该工具单击图像或拖动端点可添加或编辑多边形约束。单击初始起点可结束约束；按住 Alt 键单击可删除约束。
- (移动工具)：使用该工具拖动鼠标指针可以在画布中移动内容。

- （抓手工具）：放大图像的显示比例后，可使用该工具移动图像，以观察图像的不同区域。
- （缩放工具）：使用该工具在预览区域中单击可放大图像的显示比例；按住 Alt 键在该区域中单击，则会缩小图像的显示比例。

图 9-65 和图 9-66 所示为使用自适应广角滤镜校正图像前后的对比效果。

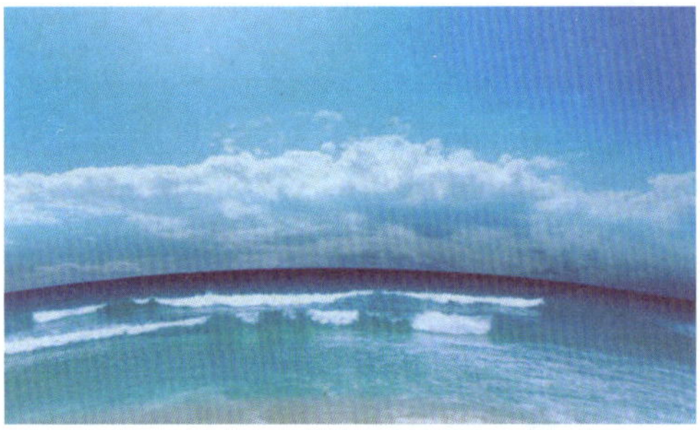

图 9-65

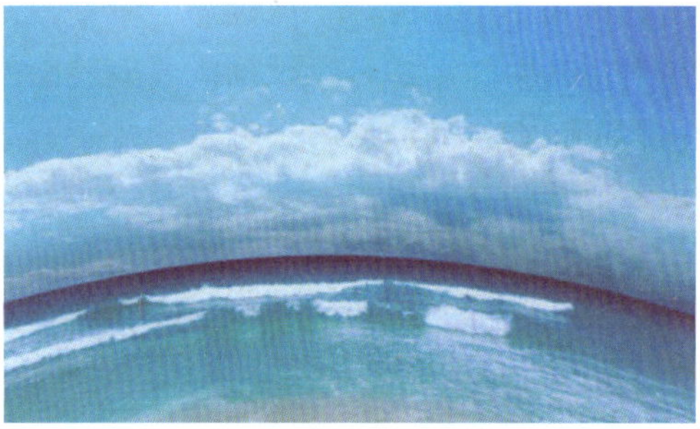

图 9-66

### 9.2.3 转换为智能滤镜

智能滤镜是一种非破坏性的滤镜，转换为智能滤镜可以将整幅图像或选择的图层转换为智能对象以启用新增的可重新编辑的智能滤镜。将图像转换为智能对象后，对图像执行的所有滤镜操作均会自动默认为智能滤镜效果。使用智能滤镜就像为图层添加图层样式那样为图层添加滤镜，并且可以对添加的滤镜进行反复的修改。

将图像转换为智能对象的方法是：选择需要转换的图像，选择菜单“滤镜”|“转换为智能对象”命令，将弹出提示信息对话框，从中单击“确定”按钮即可。还可以在“图层”面板中需要转换的图层上右击，在弹出的快捷菜单中选择“转换为智能对象”命令。待将图像转换为智能图层后，其图层缩览图右下角会出现一个智能对象标志。

图 9-67 和图 9-68 所示为将图像转换为智能对象并进行编辑的对比效果。

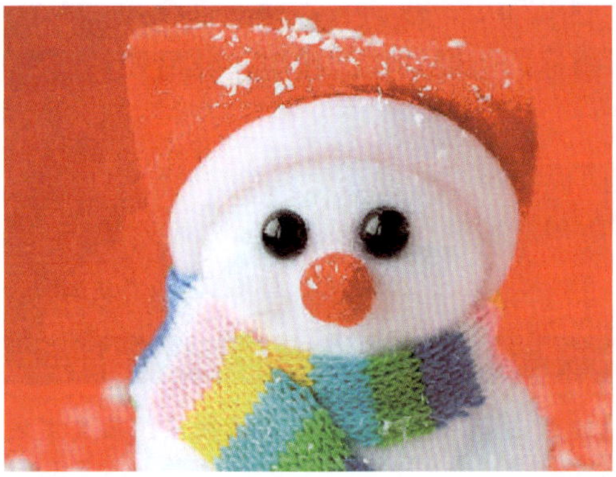

图 9-67

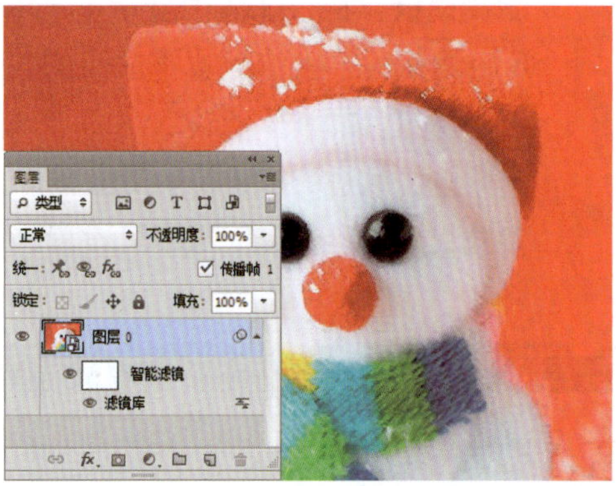


图 9-68

## 9.3 滤镜库的应用

滤镜库中存储了大量的滤镜效果，分别有风格化、画笔描边、扭曲、素描、纹理和艺术效果等选项，每个选项中又包含多种滤镜效果，用户可以根据需要在滤镜库中快速选择想要的滤镜效果。

选择菜单“滤镜”|“滤镜库”命令，弹出“滤镜库”对话框，即可看到滤镜库界面。在该对话框中，用户可以根据需要设置图像的效果，如图 9-69 所示。若要同时使用多个滤镜，可以在对话框右下角单击“新建效果图层”按钮，即可新建一个效果图层，从而实现多滤镜的叠加使用。

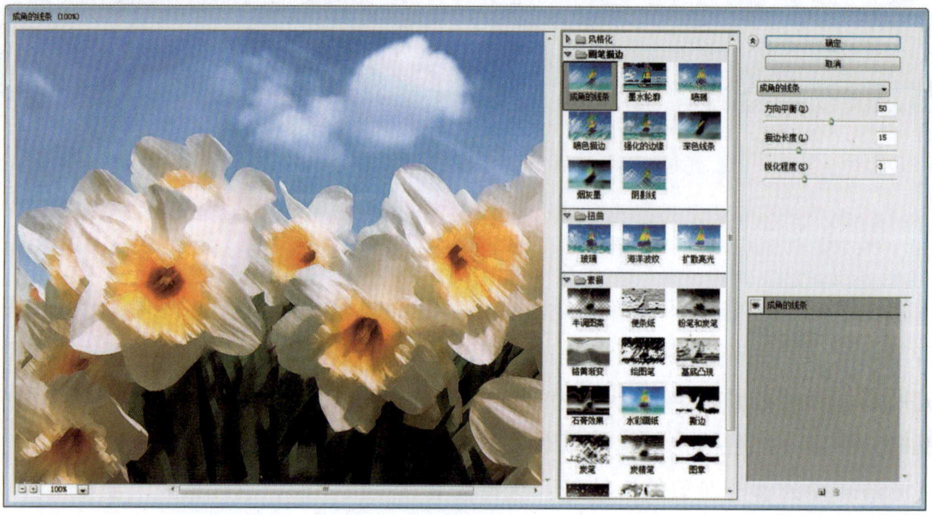

图 9-69

“滤镜库”对话框主要由以下几部分组成。

- 预览框：可预览图像的变化效果，单击底部的或按钮，可缩小或放大预览框中的图像。
- 滤镜面板：在该区域中显示了风格化、画笔描边、扭曲、素描、纹理和艺术效果 6 组滤镜，单击每组滤镜前面的三角形图标即可展开该滤镜组，随后便可看到该组中所包含的具体滤镜。
- 按钮：单击该按钮可隐藏或显示滤镜面板。
- 参数设置区：在该区域中可设置当前所应用滤镜的各种参数值和选项。

**操作技能**

单击选择滤镜效果，滤镜名称会自动出现在滤镜列表中，当前选择的滤镜效果图层呈灰底显示。若需要对图像应用多种滤镜，则单击“新建效果图层”按钮，此时创建的是与当前滤镜相同的效果图层，然后选择其他滤镜效果即可。

## 9.3.1 风格化滤镜组

风格化滤镜组主要通过置换像素并且查找和提高图像中的对比度，产生一种绘画式或印象派艺术效果。该滤镜组中包括查找边缘、等高线、风、浮雕效果、扩散、拼贴、曝光过度、凸出和照亮边缘9种滤镜，只有照亮边缘滤镜收录在滤镜库中。这些滤镜可以强调图像的轮廓，用彩色线条勾画出彩色图像边缘，用白色线条勾画出灰度图像边缘。

选择菜单“滤镜”|“风格化”命令，弹出其子菜单（见图9–70），选择相应的菜单命令即可实现滤镜效果。

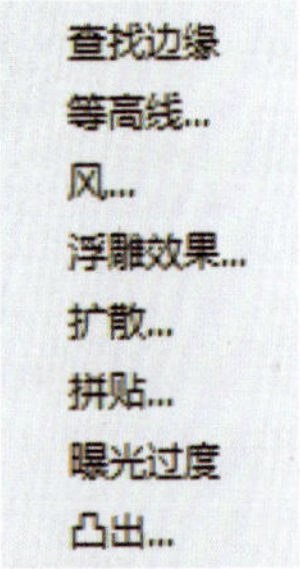

图 9–70

下面分别对这些滤镜进行介绍。

- 查找边缘：该滤镜能查找图像中主色块颜色变化的区域，并将查找到的边缘轮廓描边，使图像看起来像用笔刷勾勒的轮廓。
- 等高线：该滤镜可以沿图像的亮部区域和暗部区域的边界绘制颜色比较浅的线条效果。执行“等高线”命令后，计算机会使当前文件图像以线条的形式出现。
- 风：该滤镜可以将图像的边缘进行位移，创建出水平线用于模拟风的动感效果，是制作纹理或为文字添加阴影效果时常用的滤镜工具。在其参数设置对话框中可设置风吹效果样式以及风吹方向。
- 浮雕效果：该滤镜能通过勾画图像的轮廓和降低周围色值来产生灰色的浮凸效果。执行“浮雕效果”命令后图像会自动变为深灰色，使人产生把图像中的图片凸出的视觉效果。
- 扩散：该滤镜通过随机移动像素或明暗互换，使图像产生透过磨砂玻璃观察的模糊效果。
- 拼贴：该滤镜会根据参数设置对话框中设置的值将图像分成小块，使图像看起来像是由许多画在瓷砖上的小图像拼成的一样。
- 曝光过度：该滤镜能产生图像正片和负片混合的效果，好似摄影中的底片曝光的效果。
- 凸出：该滤镜根据在参数设置对话框中的设置，为选区或整个图层上的图像制作一系列的块状或金字塔形状的三维纹理，比较适用于制作刺绣或编织工艺所用的一些图案。
- 照亮边缘：该滤镜收录在滤镜库中，使用该滤镜能让图像产生比较明亮的轮廓线，形成一种类似霓虹灯的亮光效果。

图9–71 ~图9–74所示分别为原图、浮雕效果、拼贴和凸出滤镜效果图。

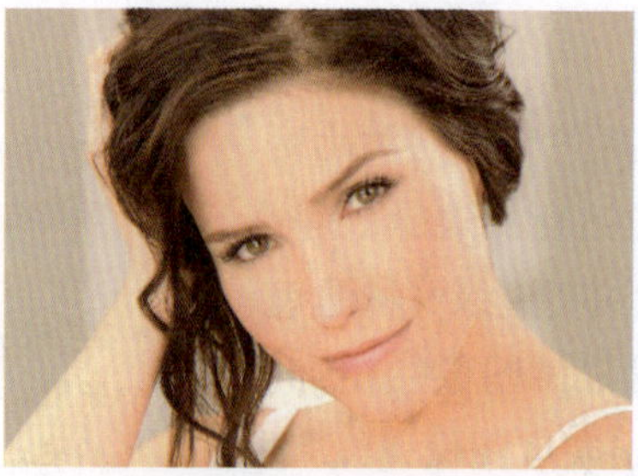
图 9-71

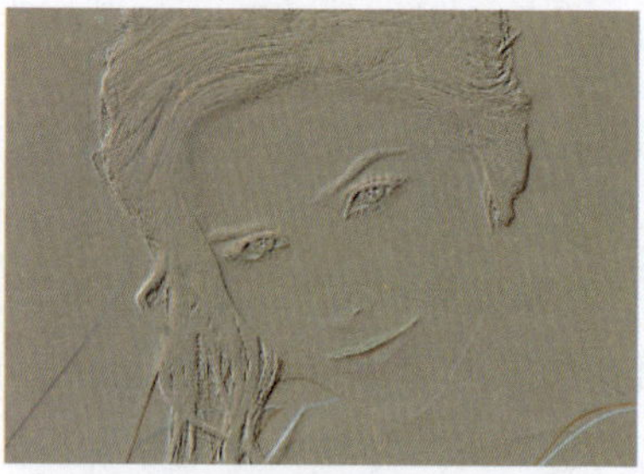
图 9-72

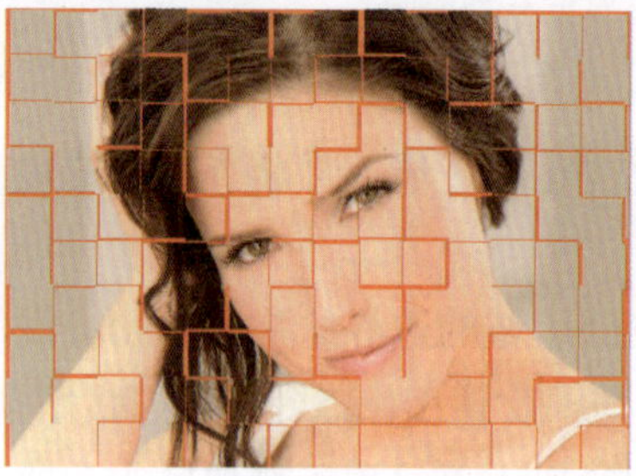
图 9-73

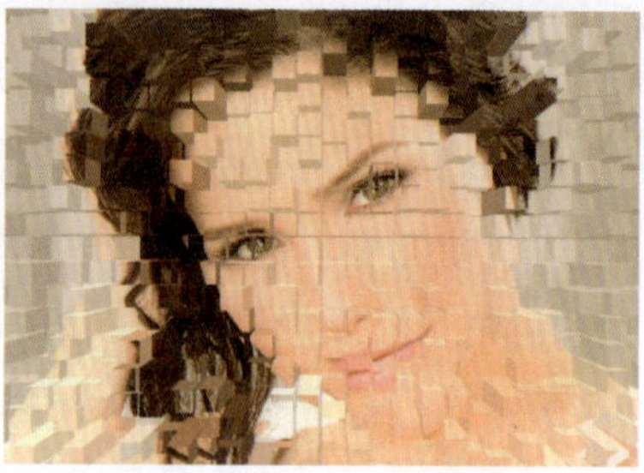
图 9-74

## 9.3.2 画笔描边滤镜组

画笔描边滤镜组收录在滤镜库中，用于模拟不同的画笔或油墨笔刷来勾画图像，使图像产生手绘效果。该滤镜组包括了成角的线条、墨水轮廓、喷溅、喷色描边、强化的边缘、深色线条、烟灰墨和阴影线 8 种滤镜。这些滤镜可以对图像增加颗粒、绘画、杂色、边缘细线或纹理，以得到点画效果。

- 选择菜单“滤镜”|“滤镜库”命令，弹出“滤镜库”对话框，在画笔描边滤镜组中选择相应的菜单命令即可实现滤镜效果。下面对这些滤镜效果进行介绍。
- 成角的线条：该滤镜可以产生斜笔画风格的图像，类似于使用画笔按某一角度在画布上用油画颜料所涂画出的斜线，线条修长、笔触锋利，效果比较好看。
- 墨水轮廓：该滤镜可在图像的颜色边界处模拟油墨绘制图像轮廓，从而产生钢笔油墨风格效果。
- 喷溅：该滤镜可以使图像产生一种按一定方向喷洒水花的效果，画面看起来像被雨水冲刷过一样。在相应的对话框中可设置喷溅的范围、喷溅效果的轻重程度。
- 喷色描边：喷色描边滤镜和喷溅滤镜效果相似，可以产生在画面上喷洒水后形成的效果，或有一种被雨水打湿的视觉效果，还可以产生斜纹飞溅效果。
- 强化的边缘：该滤镜可以对图像的边缘进行强化处理。设置高的边缘亮度控制值时，强化效果类似白色粉笔；设置低的边缘亮度控制值时，强化效果类似黑色油墨。
- 深色线条：该滤镜通过用短而密的线条来绘制图像中的深色区域，用长而白的线条来绘制图像中的浅色区域，从而产生一种很强的黑色阴影效果。

- 烟灰墨：该滤镜可以通过计算图像中像素值的分布，对图像进行概括性的描述，进而产生用饱含黑色墨水的画笔在宣纸上进行绘画的效果。它能使带有文字的图像产生更特别的效果，也被称为书法滤镜。
- 阴影线：该滤镜可以产生具有十字交叉线网格风格的图像，如同在粗糙的画布上使用笔刷画出十字交叉线作画时所产生的效果一样，给人一种随意编制的感觉。

图 9-75 ～图 9-78 所示分别为原图、墨水轮廓、喷溅、烟灰墨滤镜效果。

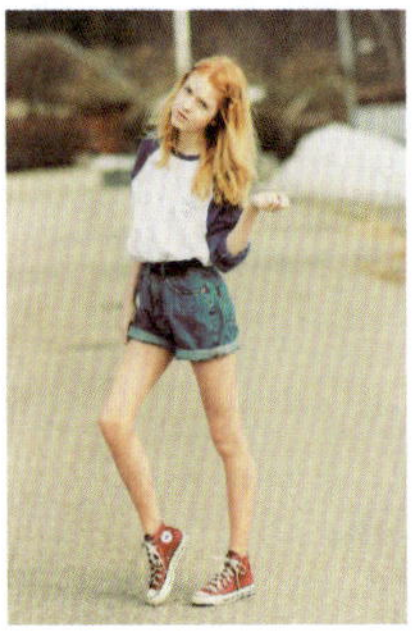

图 9-75

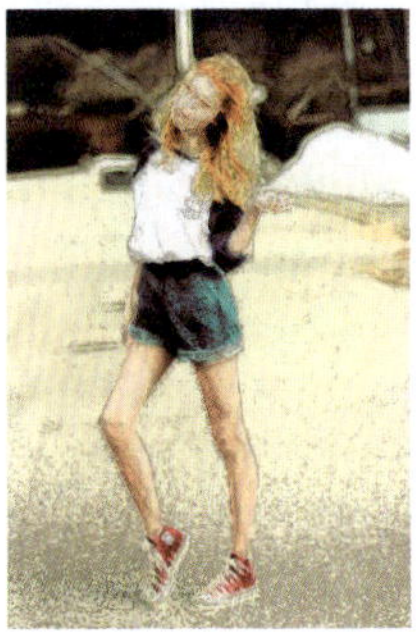

图 9-76

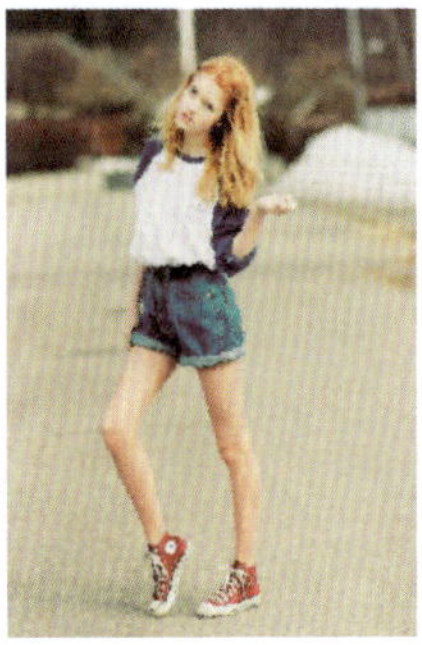

图 9-77

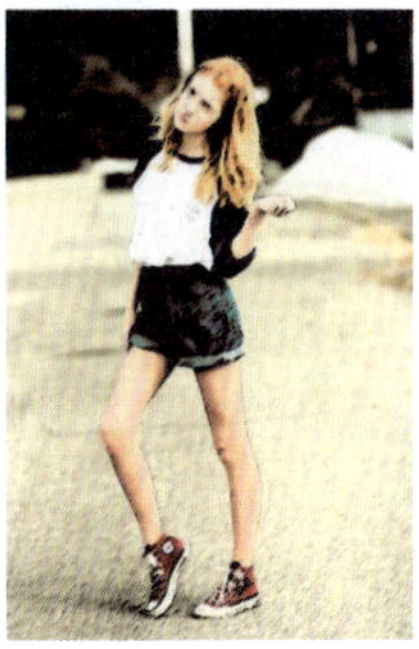

图 9-78

## 9.3.3 扭曲滤镜组

扭曲滤镜组主要用于对平面图像进行扭曲，使其产生旋转、挤压、水波和三维等变形效果。该滤镜组包括了波浪、波纹、极坐标、挤压、切变、球面化、水波、旋转扭曲和置换 9 种滤镜，玻璃、海洋波纹和扩散亮光收录在滤镜库中。

选择菜单“滤镜”|“扭曲”命令，弹出其子菜单（见图 9-79），然后选择相应的菜单命令即可。

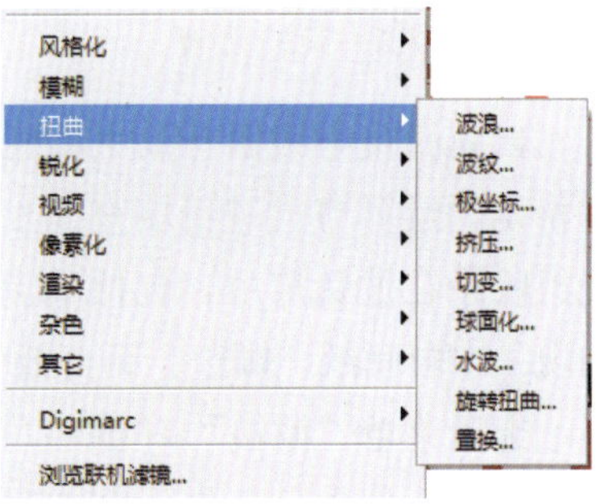


图 9-79

下面将分别对这些滤镜效果进行介绍。

- 波浪：该滤镜可以根据设置的波长和波幅产生波浪效果。
- 波纹：该滤镜可以根据参数设置产生不同的波纹效果。
- 极坐标：该滤镜可以将图像从直角坐标系转换为极坐标系或从极坐标系转换为直角坐标系，产生极端变形效果。
- 挤压：该滤镜可以使全部图像或选区图像产生向外或向内挤压的变形效果。
- 切变：该滤镜能根据用户在对话框中设置的垂直曲线来使图像发生扭曲变形。
- 球面化：该滤镜能使图像区域膨胀实现球形化，形成类似将图像贴在球体或圆柱体表面的效果。
- 水波：该滤镜可模仿水面上产生的起伏状波纹和旋转效果，用于制作同心圆类的波纹。

- 旋转扭曲：该滤镜可使图像产生类似于风轮旋转的效果，甚至可以产生将图像置于一个大旋涡中心的螺旋扭曲效果。
- 置换：该滤镜可以使图像产生位移效果，位移的方向不仅跟参数设置有关，还跟位移图有密切关系。使用该滤镜需要两个文件才能完成，一个文件是要编辑的图像文件；另一个是位移图文件。位移图文件充当移位模板，用于控制位移的方向。
- 玻璃：该滤镜能模拟透过玻璃观看图像的效果。
- 海洋波纹：该滤镜为图像表面增加随机间隔的波纹，使图像产生类似海洋表面的波纹效果，有“波纹大小”和“波纹幅度”两个参数值。
- 扩散亮光：该滤镜能使图像产生光热弥漫的效果，用于表现强烈光线和烟雾效果。

图 9-80 ~ 图 9-83 所示分别为原图、波浪、水波、玻璃滤镜的效果。

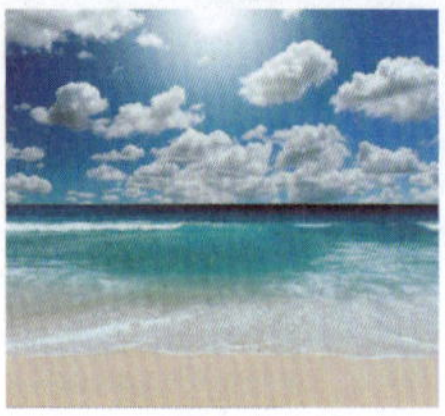
图 9-80

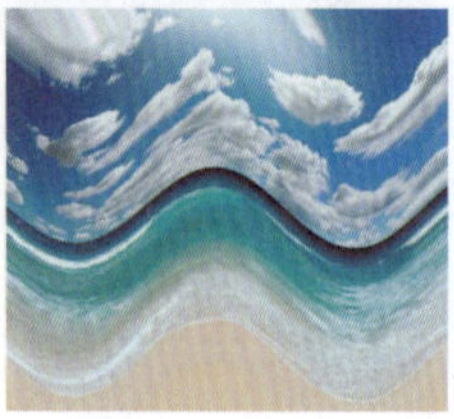
图 9-81

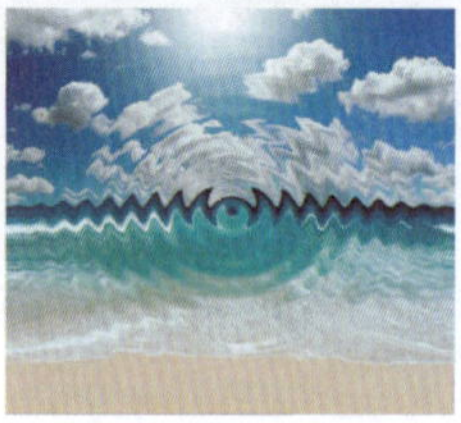
图 9-82

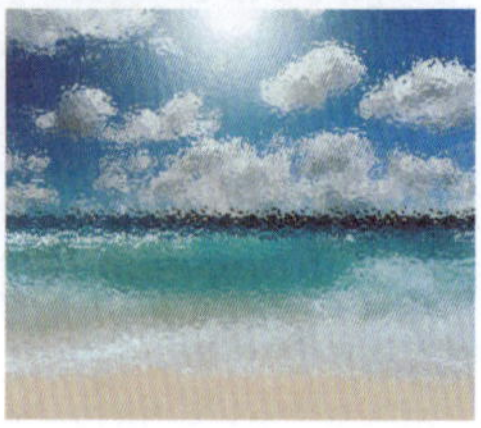
图 9-83

## 9.3.4 素描滤镜组

素描滤镜组根据图像中高色调、半色调和低色调的分布情况，使用前景色和背景色按特定的运算方式进行填充添加纹理，使图像产生素描、速写及三维的艺术效果。该滤镜组收录在滤镜库中，包括半调图案、便条纸、粉笔和炭笔、铬黄渐变、绘图笔、基底凸现、水彩画纸、撕边、石膏效果、炭笔、炭精笔、图章、网状和影印 14 种滤镜。

选择菜单“滤镜”|“滤镜库”命令，弹出“滤镜库”对话框，在素描滤镜组中选择相应的菜单命令即可实现滤镜效果。下面将分别对这些滤镜进行介绍。

- 半调图案：该滤镜可以使用前景色和背景色将图像以网点效果显示。
- 便条纸：该滤镜可以使图像以前景色和背景色混合产生凹凸不平的草纸画效果，其中前景色作为凹陷部分，而背景色作为凸出部分。
- 粉笔和炭笔：该滤镜可以重绘高光和中间调，并使用粗糙粉笔绘制纯中间调的灰色背景。阴影区域用黑色对角炭笔线条替换。炭笔用前景色绘制，粉笔用背景色绘制。
- 铬黄渐变：该滤镜可以模拟液态金属效果，图像的颜色将失去，只存在黑、灰两种，但表面会根据图像进行铬黄纹理。
- 绘图笔：该滤镜将以前景色和背景色生成钢笔画素描效果，图像中没有轮廓，只有变化的笔触效果。
- 基底凸现：该滤镜主要用来模拟粗糙的浮雕效果，并用光线照射强调表面变化的效果。图像的深色区域使用前景色，而浅色区域使用背景色。

- 水彩画纸：该滤镜使图像好像是绘制在潮湿的纤维上，产生颜色溢出、混合和渗透的效果。
- 撕边：该滤镜重新组织图像为被撕碎的纸片效果，然后使用前景色和背景色为图片上色，比较适合对比度高的图像。
- 石膏效果：该滤镜可用来产生一种立体石膏压模成像的效果，然后使用前景色和背景色为图像上色。图像中较暗的区域升高，较亮的区域下陷。
- 炭笔：该滤镜可以使图像产生炭精画的效果，图像中主要的边缘用粗线绘画，中间色调用对角细线条素描。前景色代表笔触的颜色，背景色代表纸张的颜色。
- 炭精笔：该滤镜模拟使用炭精笔在纸上绘画效果。
- 图章：该滤镜使图像简化、突出主体，看起来像是用橡皮或木制图章盖上去的效果，一般用于黑白图像。
- 网状：该滤镜使用前景色和背景色填充图像，在图像中产生一种网眼覆盖的效果。
- 影印：该滤镜使图像产生类似印刷中影印的效果，计算机会把之前的色彩去掉，当前图像只存在棕色。

图 9–84 ~ 图 9–87 所示分别为原图、便条纸、基底凸线、影印滤镜的效果。

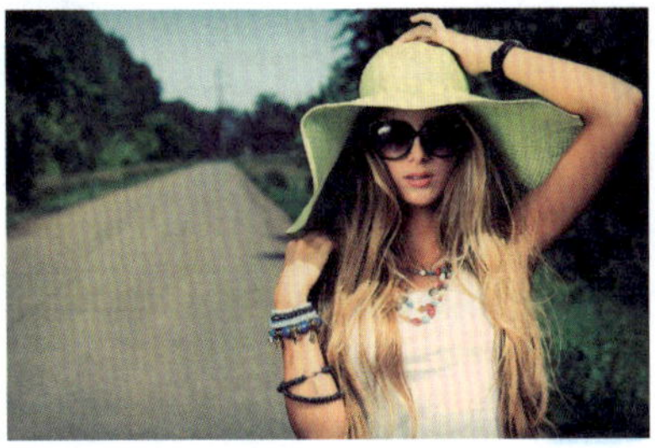

图 9–84

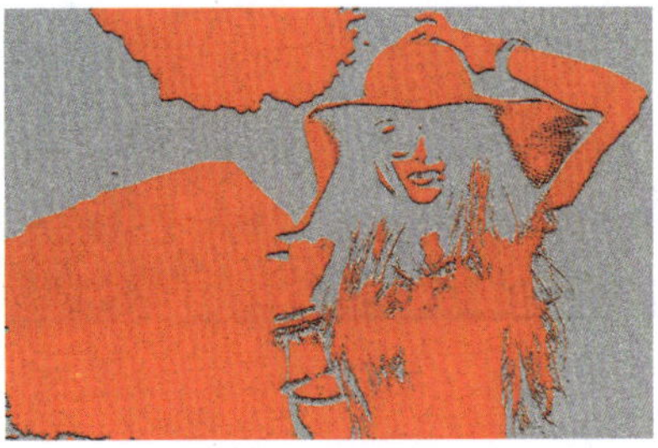

图 9–85

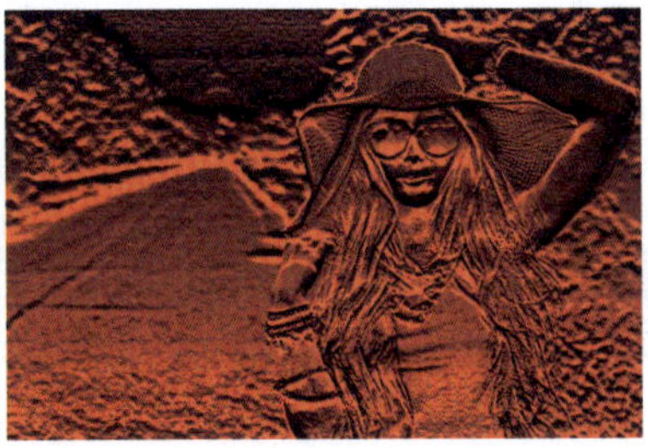

图 9–86

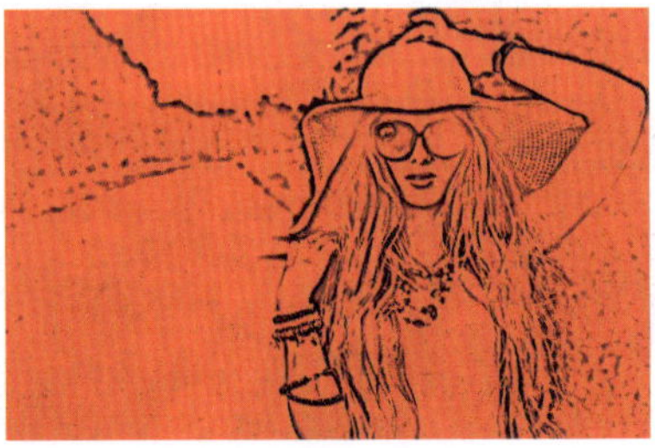

图 9–87

## 9.3.5 纹理滤镜组

纹理滤镜组主要用于为图像添加具有深度感和材料感的纹理，使图像具有质感。该滤镜在空白画面上也可以直接工作，并能生成相应的纹理图案。该滤镜组包括龟裂缝、颗粒、马赛克拼贴、拼缀图、染色玻璃和纹理化 6 种滤镜。

选择菜单“滤镜”|“滤镜库”命令，弹出“滤镜库”对话框，在纹理滤镜组中选择相应的菜单命令即可。下面将对这些滤镜进行详细介绍。

- 龟裂缝：该滤镜可以使图像产生龟裂纹理，从而制作出具有浮雕样式的立体图像效果。它也可以在空白画面上直接产生具有皱纹效果的纹理。
- 颗粒：该滤镜可以在图像中随机加入不规则的颗粒来产生颗粒纹理效果。
- 马赛克拼贴：该滤镜用于产生类似马赛克拼成的图像效果。
- 拼缀图：该滤镜在马赛克拼贴滤镜的基础上增加了一些立体感，使图像产生一种类似于建筑物上使用瓷砖拼成图像的效果。
- 染色玻璃：该滤镜可以将图像分割成不规则的多边形色块，然后用前景色勾画其轮廓，产生一种视觉上的彩色玻璃效果。
- 纹理化：该滤镜可以往图像中添加不同的纹理，使图像看起来富有质感，用于处理含有文字的图像，使文字呈现比较丰富的特殊效果。

图 9-88 ~图 9-91 所示，分别为原图、龟裂缝、马赛克拼贴、纹理化滤镜的效果。

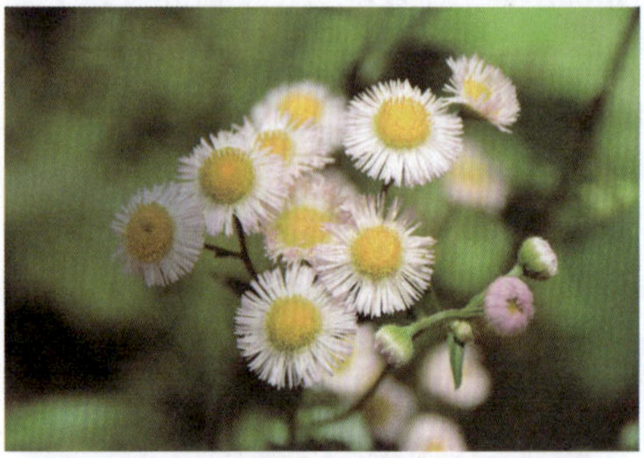

图 9-88

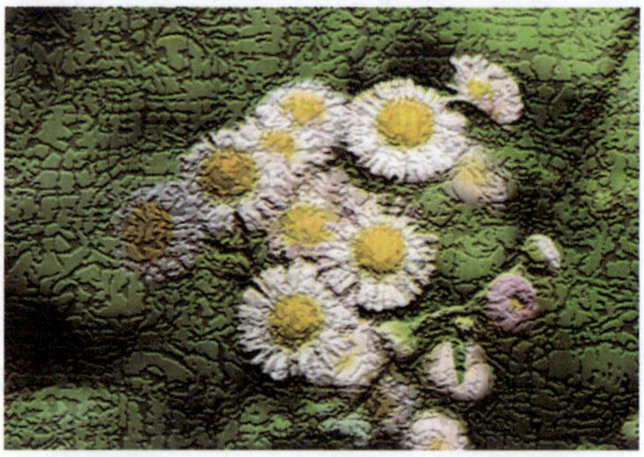

图 9-89

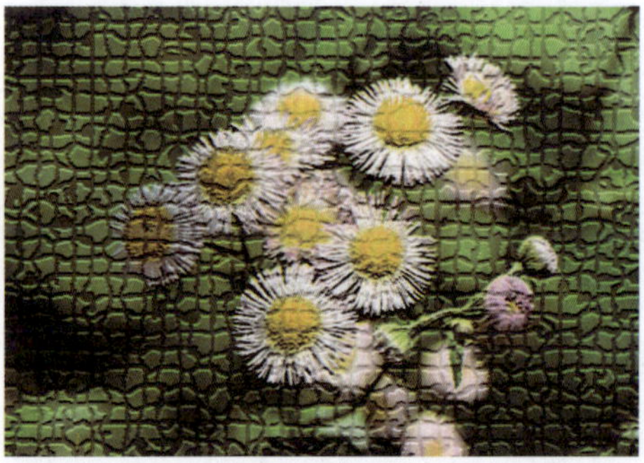

图 9-90

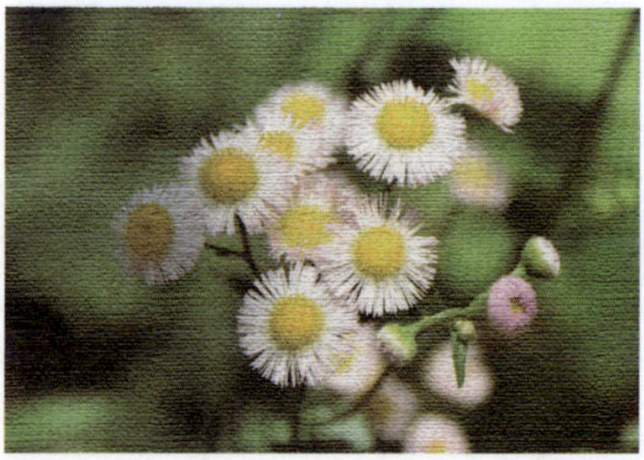

图 9-91

## 9.3.6 艺术效果滤镜组

艺术效果滤镜组可以模拟多种现实世界的艺术手法，能让普通的图像变为绘画形式不拘一格的艺术作品，可以用来制作用于商业的特殊效果图像。该滤镜组包括壁画、彩色铅笔、粗糙蜡笔、底纹效果、调色刀、干画笔、海报边缘、海绵、绘画涂抹、胶片颗粒、木刻、霓虹灯光、水彩、塑料包装和涂抹棒15种滤镜。

选择菜单“滤镜”|“滤镜库”命令，弹出“滤镜库”对话框，在艺术效果滤镜组中选择相应的菜单命令即可。下面将对这些滤镜效果进行详细介绍。

- 壁画：该滤镜可以使图像产生壁画一样的粗犷风格效果。
- 彩色铅笔：该滤镜模拟使用彩色铅笔在纯色背景上绘制图像的效果。
- 粗糙蜡笔：该滤镜可以使图像产生类似用蜡笔在纹理背景上绘图的纹理浮雕效果。
- 底纹效果：该滤镜可以根据所选的纹理类型使图像产生相应的底纹效果。
- 调色刀：该滤镜可以使图像中相近的颜色相互融合，减少了细节以产生写意效果。
- 干画笔：该滤镜能模仿使用颜料快用完的毛笔进行作画，笔迹的边缘断断续续、若有若无，产生一种干枯的油画效果。
- 海报边缘：该滤镜的作用是增加图像对比度并沿边缘的细微层次加上黑色，能够使图像产生具有招贴画边缘的效果。
- 海绵：该滤镜可以使图像产生类似海绵浸湿的效果。
- 绘画涂抹：该滤镜模拟手指在湿画上涂抹的模糊效果。
- 胶片颗粒：该滤镜可以让图像产生胶片颗粒状纹理效果。
- 木刻：该滤镜使图像产生由粗糙剪切的彩纸组成，高对比度图像看起来像黑色剪影，而彩色图像看起来像由几层彩纸构成。
- 霓虹灯光：该滤镜能够产生负片图像或与此类似的颜色奇特的图像效果，给人虚幻朦胧的感觉。
- 水彩：该滤镜可以描绘出图像中景物形状，同时简化颜色，进而产生水彩画的效果。
- 塑料包装：该滤镜可以使图像产生表面质感强烈并富有立体感的塑料包装效果。
- 涂抹棒：该滤镜可以产生使用粗糙物体在图像进行涂抹的效果，能够模拟在纸上涂抹粉笔画或蜡笔画的效果。

图9−92～图9−95所示，分别为原图、壁画、海绵、木刻滤镜的效果。

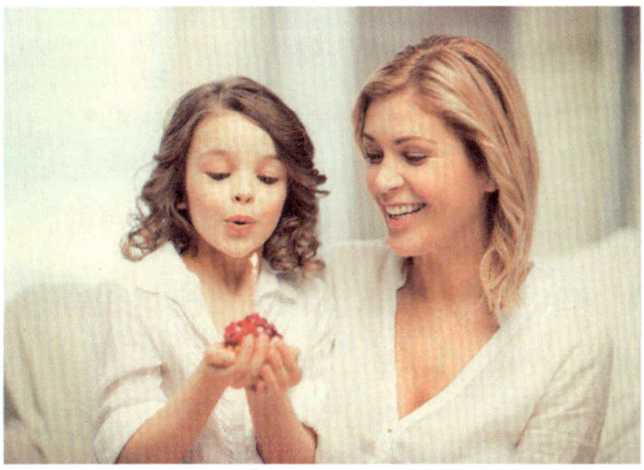

图 9−92

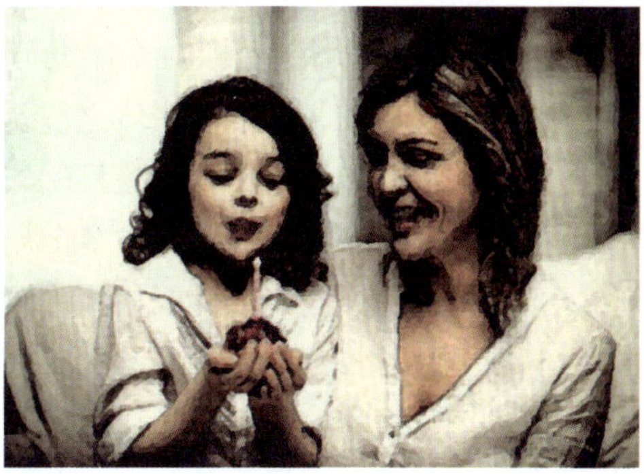

图 9−93

CHAPTER 06
CHAPTER 07
CHAPTER 08
CHAPTER 09
CHAPTER 10

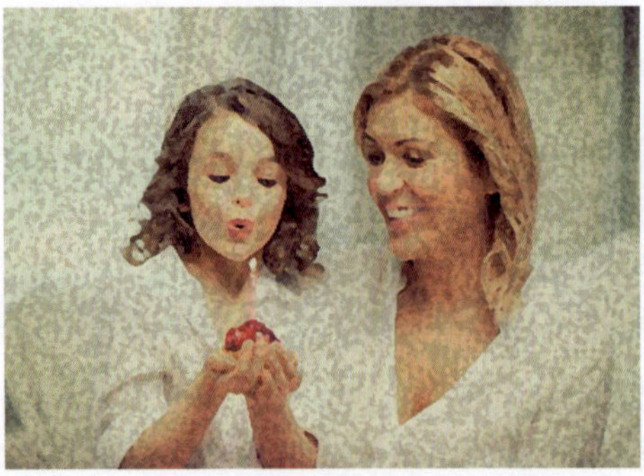

图 9–94

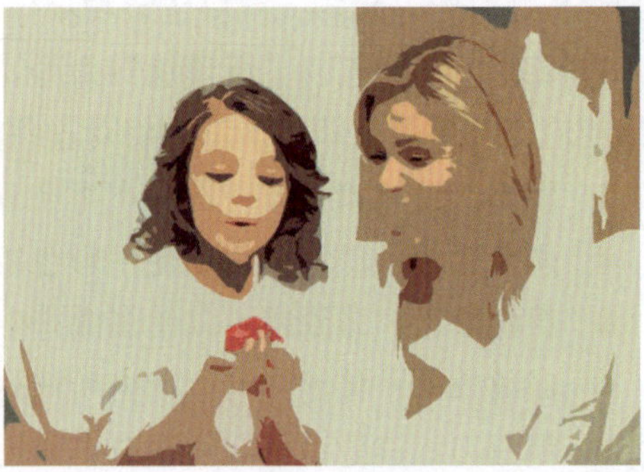

图 9–95

# 9.4 其他滤镜组

其他滤镜组指的是自定滤镜，根据周围的像素值为每个像素重新指定一个值，可以存储创建的自定滤镜，包括模糊滤镜、锐化滤镜、像素化滤镜、渲染以及杂色滤镜等。用户在使用过程中可针对不同的情况选择使用，能让图像焕发不一样的光彩。

## 9.4.1 模糊滤镜组

模糊滤镜组主要用于不同程度地减少相邻像素间颜色的差异，使图像产生柔和、模糊的效果。模糊的原理是将图像中要模糊的硬边区域相邻近的像素值平均而产生平滑的过滤效果。该滤镜组提供了场景模糊、光圈模糊、倾斜模糊、表面模糊、动感模糊、方框模糊以及高斯模糊等 14 种滤镜。

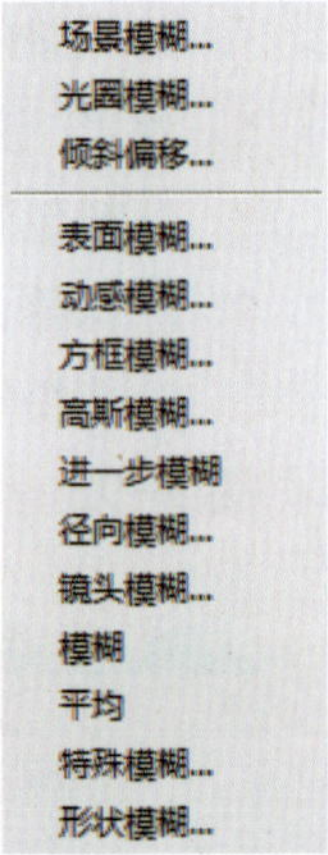


图 9–96

选择菜单“滤镜”|“模糊”命令，弹出其子菜单（见图 9–96），然后选择子菜单命令即可实现相应的滤镜效果。

- 场景模糊：该滤镜可以对图片进行焦距调整，跟拍摄照片一样，选择好相应的主体后，主体之前及之后的物体就会相应地模糊起来。选择的镜头不同，模糊的方法也略有差别。不过，场景模糊可以对一幅图片全局或多个局部进行模糊处理。
- 光圈模糊：该滤镜用类似相机的镜头来对焦，焦点周围的图像会相应地模糊起来。
- 倾斜偏移：该滤镜用来模仿微距图片拍摄的效果，比较适合俯拍或者镜头有点倾斜的图片使用。
- 表面模糊：该滤镜对边缘以内的区域进行模糊，在模糊图像时可保留图像边缘，用于创建特殊效果以及去除杂点和颗粒后的清晰边界的模糊效果。
- 动感模糊：该滤镜模仿拍摄运动物体的手法，通过使像素进行某一方向上的线性位移来产生运动模糊效果。动感模糊会把当前图像的像素向两侧拉伸，在对话框中可以对角度及拉伸的距离进行调整。

- 方框模糊：该滤镜以邻近像素的颜色平均值为基准模糊图像。
- 高斯模糊：高斯是指对像素进行加权平均时所产生的钟形曲线。该滤镜可根据数值快速模糊图像，产生朦胧效果。
- 进一步模糊：与模糊滤镜产生的效果一样，但效果强度会增强 3 ~ 4 倍。
- 径向模糊：该滤镜可以产生具有辐射性模糊的效果。模拟相机前后移动或旋转产生的模糊效果。
- 镜头模糊：该滤镜可以向图像中添加模糊以产生更窄的景深效果，使图像中的一些对象在焦点内，另一些区域变模糊。用它来处理照片，可以创建景深效果。但需要用 Alpha 通道或图层蒙版的深度值来映射图像中像素的位置。
- 模糊：该滤镜使图像变得模糊一些，它能去除图像中明显的边缘或非常轻度的柔和边缘，如同在照相机的镜头前加入柔光镜所产生的效果。
- 平均：该滤镜可找出图像或选区的平均颜色，然后用该颜色填充图像或选区以创建平滑的外观。
- 特殊模糊：该滤镜能找出图像的边缘并对边界线以内的区域进行模糊处理。它的优点是在模糊图像的同时仍使图像具有清晰的边界，有助于去除图像色调中的颗粒和杂色，从而产生一种边界清晰、中心模糊的效果。
- 形状模糊：该滤镜使用指定的形状作为模糊中心进行模糊。

图 9-97 ~图 9-100 所示分别为原图、光圈模糊、动感模糊、径向模糊的效果。

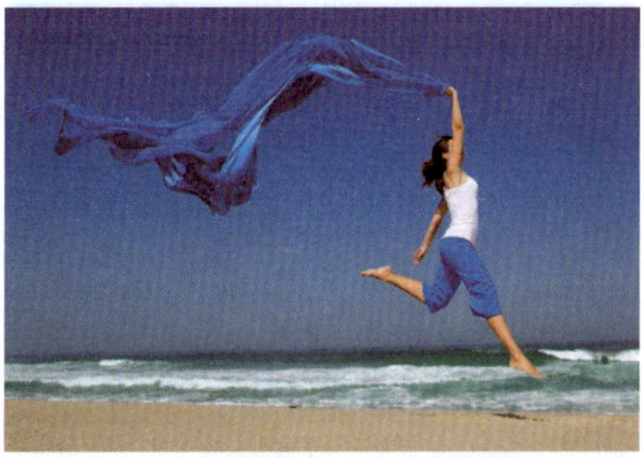

图 9-97

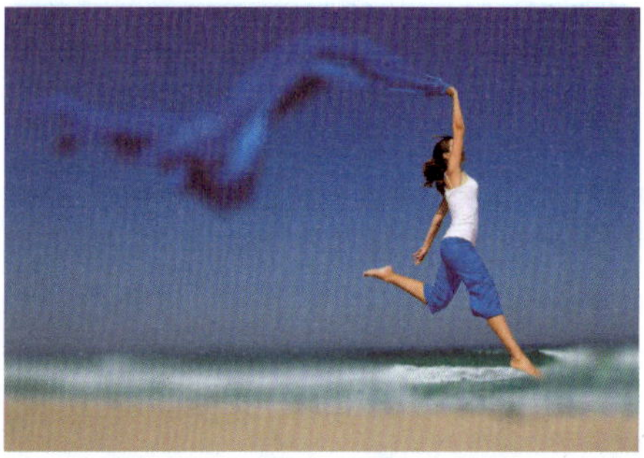

图 9-98

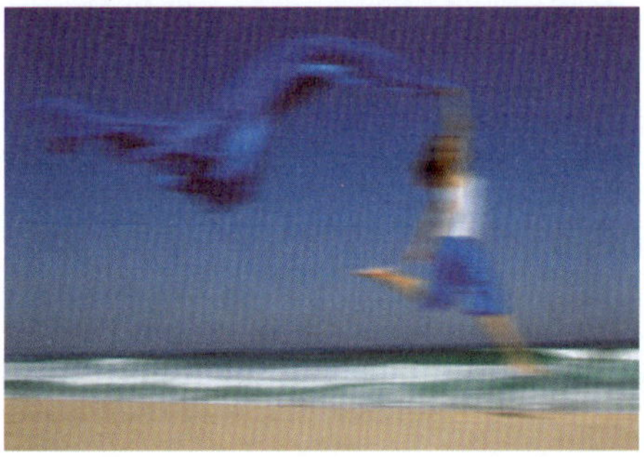

图 9-99

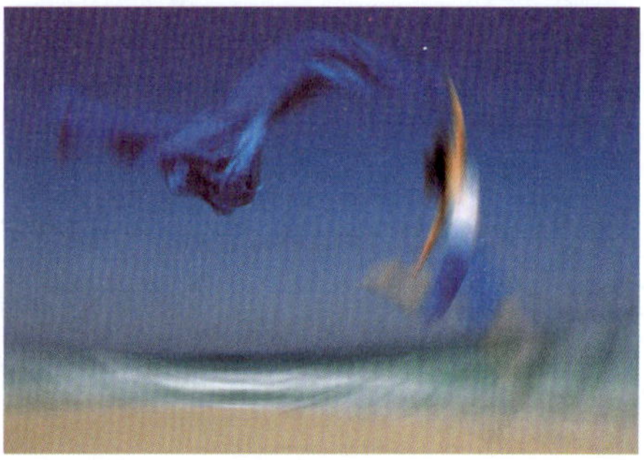

图 9-100

## 9.4.2 锐化滤镜组

锐化滤镜组主要是通过增强图像相邻像素间的对比度，使图像轮廓分明、纹理清晰，以减弱图像的模糊程度。这类滤镜的效果与模糊滤镜的效果正好相反。该滤镜组包括 USM 锐化、进一步锐化、锐化、锐化边缘和智能锐化 5 种滤镜。

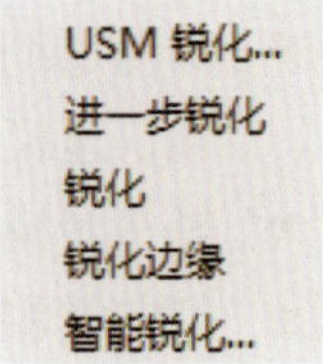


图 9−101

选择菜单“滤镜”|“锐化”命令，弹出其子菜单（见图 9−101），选择子菜单命令即可实现相应的滤镜效果。

下面将对这些滤镜分别进行介绍。

- USM 锐化：该滤镜通过锐化图像的轮廓，使图像的不同颜色之间生成明显的分界线，从而达到使图像清晰的目的。与其他锐化滤镜不同的是，该滤镜有参数设置对话框，用户在其中可以设置锐化的程度。
- 进一步锐化：该滤镜通过增强图像相邻像素的对比度来达到使图像清晰的目的，锐化效果强烈。
- 锐化：该滤镜和进一步锐化滤镜作用相似，增加图像像素之间的对比度，使图像清晰化，锐化效果微小。
- 锐化边缘：该滤镜同 USM 锐化滤镜类似，但它没有参数设置对话框，且它只对图像中具有明显反差的边缘进行锐化处理，如果反差较小，则不会锐化处理。
- 智能锐化：该滤镜可设置锐化算法或控制在阴影和高光区域中进行的锐化量，以获得更好的边缘检测并减少锐化晕圈，是一种高级锐化方法。在其参数设置界面中可分别选中“基本”和“高级”单选按钮，以扩充参数设置范围。

图 9−102 ~ 图 9−105 所示分别为原图、USM 锐化、进一步锐化、智能锐化的效果。

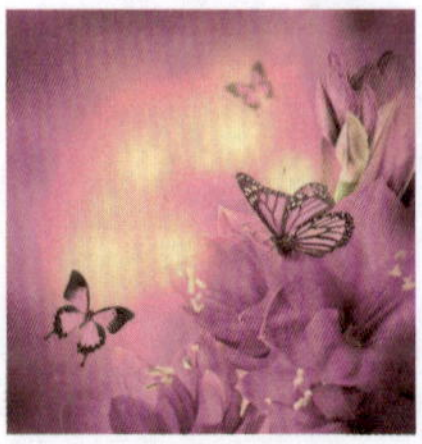

图 9−102

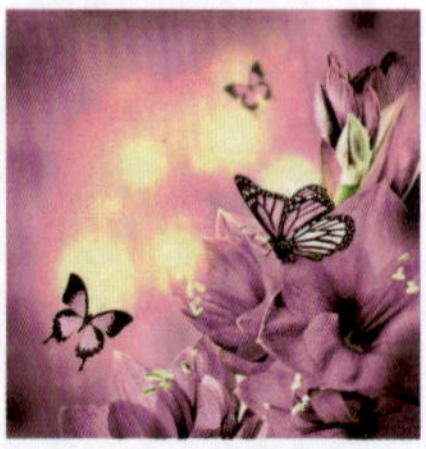

图 9−103

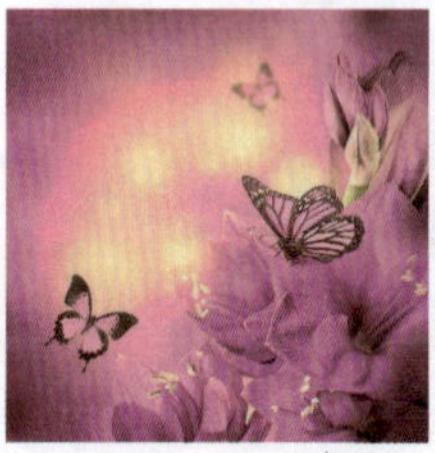

图 9−104

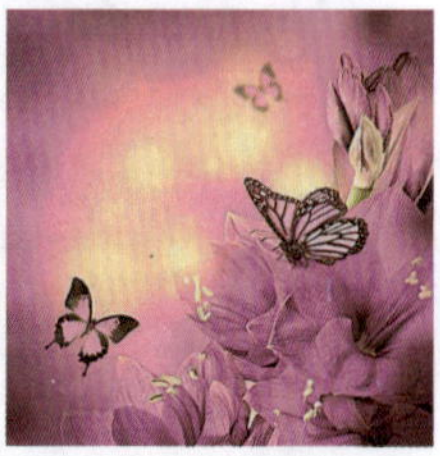

图 9−105

## 9.4.3 像素化滤镜组

像素化滤镜组通过将图像中相似颜色值的像素转换为单元格的方法，使图像分块或平面化，将图像分解成肉眼可见的像素颗粒，如方形、不规则多边形和点状等，看上去就是图像被转换为由不同色块组成的图像。该滤镜组包括彩块化、彩色半调、点状化、晶格化、马赛克、碎片和铜板雕刻 7 种滤镜。

选择菜单“滤镜”|“像素化”命令，弹出其子菜单（见图 9−106），选择子菜单命

令即可实现相应的滤镜效果。

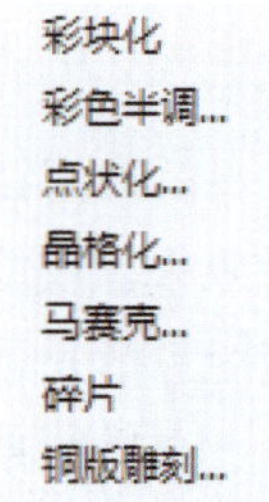


图 9-106

下面将对这些滤镜分别进行介绍。

- 彩块化：该滤镜使图像中的纯色或相似颜色凝结为彩色块，从而产生宝石刻画般的效果。该滤镜没有参数设置对话框。
- 彩色半调：该滤镜可以将图像中的每种颜色分离，将一幅连续色调的图像转变为半色调的图像，使图像看起来具有彩色报纸印刷效果或铜版化效果。
- 点状化：该滤镜在图像中随机产生彩色斑点，点与点间的空隙用背景色填充。
- 晶格化：该滤镜可以将图像中颜色相近的像素集中到一个多边形网格中，从而把图像分割成许多个多边形的小色块，产生晶格化的效果。
- 马赛克：该滤镜可将图像分解成许多规则排列的小方块，实现图像的网格化，每个网格中的像素均使用本网格内的平均颜色填充，从而产生马赛克般的效果。
- 碎片：该滤镜将图像的像素复制 4 遍，然后将它们平均位移并降低不透明度，从而形成一种不聚焦的“四重视”效果。该滤镜没有参数设置对话框。
- 铜版雕刻：该滤镜能够使用指定的点、线条和笔画重画图像，产生版刻画的效果，也能模拟出金属版画的效果。

图 9-107 ~ 图 9-110 所示分别为原图、彩色半调、点状化、晶格化的效果。

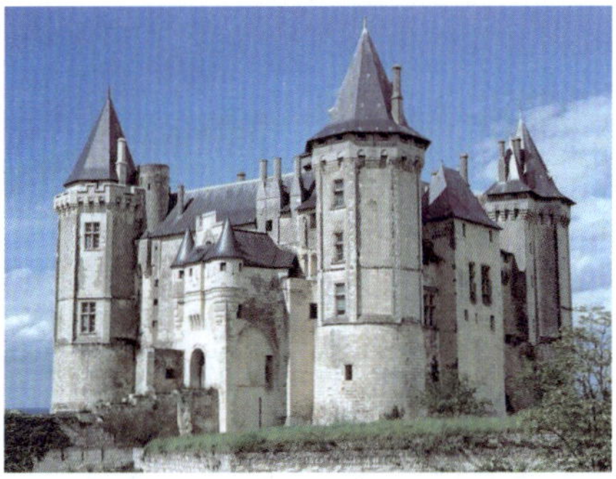

图 9-107

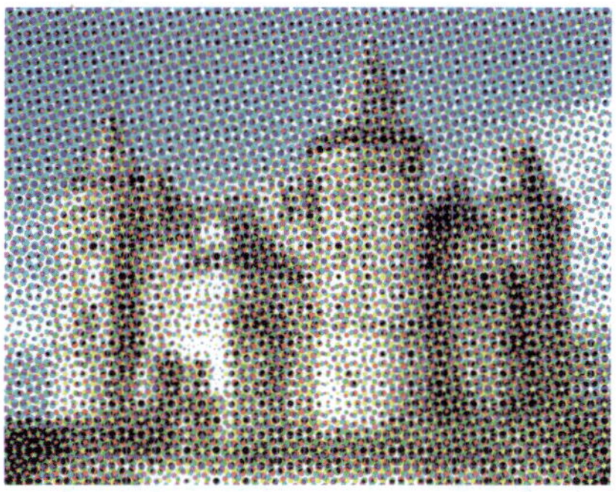

图 9-108

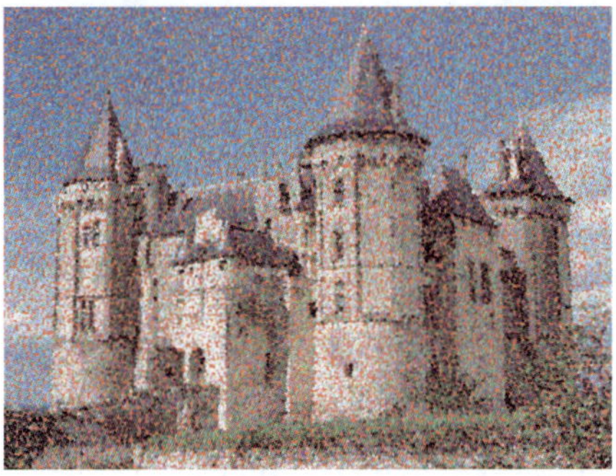

图 9-109

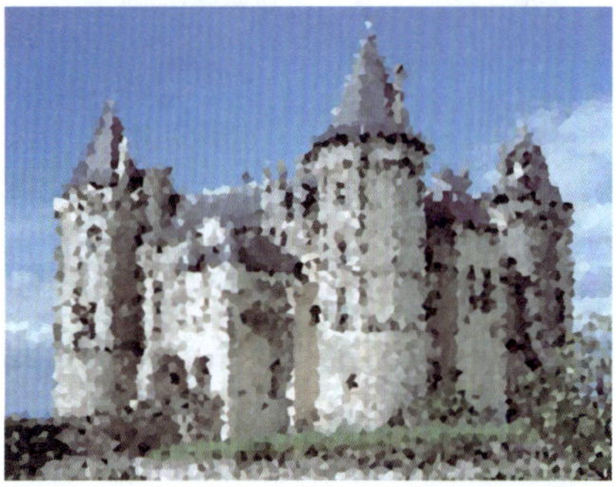

图 9-110

## 9.4.4 渲染滤镜组

渲染滤镜组主要用于不同程度地使图像产生三维造型效果或光线照射效果，或给图像添加特殊的光线，比如云彩、镜头折光等效果。该滤镜组包括分层云彩、光照效果、镜头光晕、纤维和云彩 5 种滤镜。

选择菜单“滤镜”|“渲染”命令，弹出其子菜单（见图 9−111），选择相应的菜单命令即可实现滤镜效果。

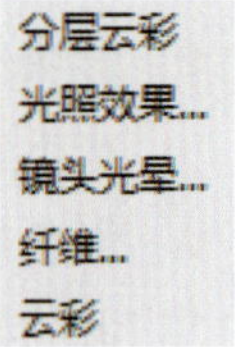


图 9−111

下面将对这些滤镜分别进行介绍。

- 分层云彩：该滤镜可以使用前景色和背景色对图像中的原有像素进行差异运算，产生的图像与云彩背景混合并反白的效果。
- 光照效果：该滤镜包括 17 种不同的光照风格、3 种光照类型和 4 组光照属性，可以在 RGB 图像上制作出各种光照效果，也可加入新的纹理及浮雕效果，使平面图像产生三维立体的效果。
- 镜头光晕：该滤镜通过为图像添加不同类型的镜头，从而模拟镜头产生的眩光效果，这是摄影技术中一种典型的光晕效果处理方法。
- 纤维：该滤镜用于将前景色和背景色混合填充图像，从而生成类似纤维效果。
- 云彩：该滤镜是唯一能在空白透明层上工作的滤镜，不使用图像现有像素进行计算，而是使用前景色和背景色计算，通常用于制作天空、云彩、烟雾等效果。

图 9−112 ~ 图 9−115 所示分别为原图、分层云彩、光照效果、镜头光晕的效果。

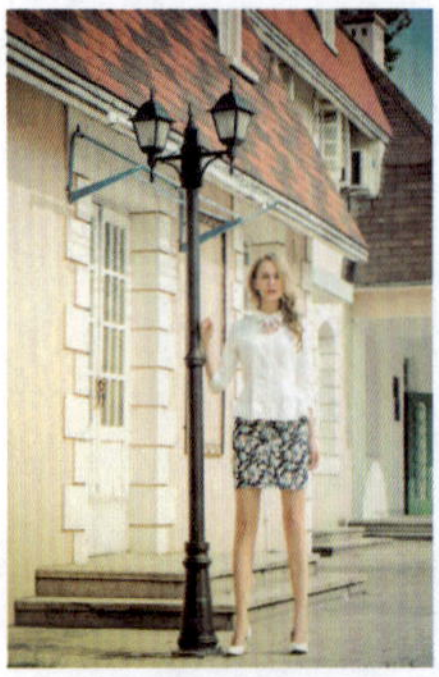

图 9−112

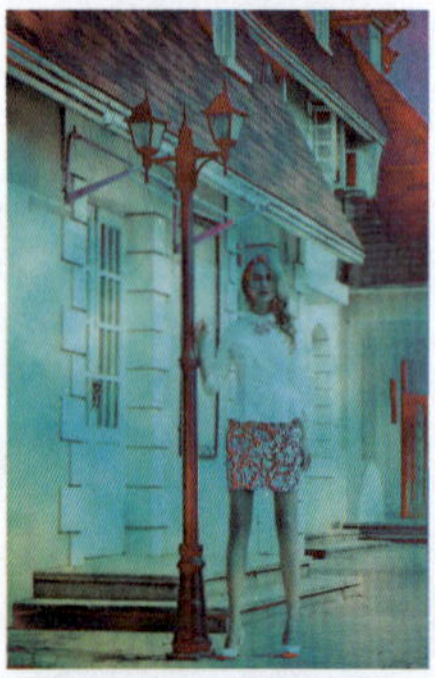

图 9−113

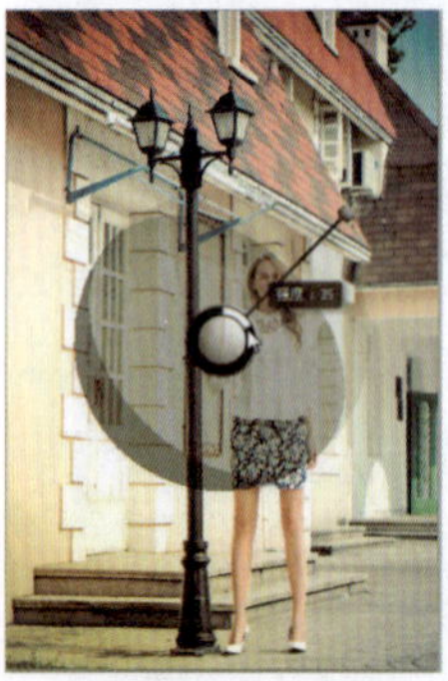

图 9−114

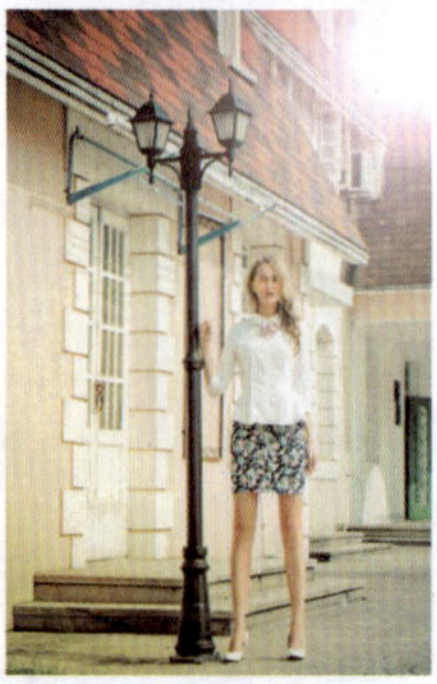

图 9−115

## 9.4.5 杂色滤镜组和其他滤镜组

杂色滤镜组可以给图像添加一些随机产生的干扰颗粒，即噪点，可以用于创建不同寻常的纹理或去掉图像中有缺陷的区域。该滤镜组包括减少杂色、蒙尘与划痕、去斑、添加杂色和中间值 5 种滤镜。

其他滤镜组则可用来创建自己的滤镜，也可以用来修饰图像的某些细节部分，包括高反差保留、位移、最大值、最小值等滤镜。下面将对这些滤镜分别进行介绍。

- 减少杂色：该滤镜用于去除扫描照片和数码相机拍摄照片上产生的杂色。

- 蒙尘与划痕：该滤镜通过将图像中有缺陷的像素融入周围的像素，达到除尘和涂抹的效果，适用于处理扫描图像中的蒙尘和划痕。
- 去斑：该滤镜通过对图像或选区内的图像进行轻微的模糊、柔化，从而达到掩饰图像中细小斑点、消除轻微折痕的作用。这种模糊在去掉杂色的同时还会保留原来图像的细节。
- 添加杂色：该滤镜可为图像添加一些细小的像素颗粒，使其混合到图像内的同时产生色散效果，常用于添加杂点纹理效果。
- 中间值：该滤镜可以采用杂点和其周围像素的折中颜色来平滑图像中的区域，这也是一种用于去除杂色点的滤镜，可以减少图像中杂色的干扰。
- 高反差保留：该滤镜用来删除图像中亮度具有一定过度变化的部分图像，保留色彩变化最大的部分，使图像中的阴影消失而突出亮点，与浮雕效果类似。
- 位移：该滤镜可以在参数设置对话框中调整参数值来控制图像的偏移。
- 自定：该滤镜可以使用户定义自己的滤镜。用户可以控制所有被筛选的像素的亮度值。每一个被计算的像素由编辑框组中心的编辑框来表示。
- 最大值：具有收缩的效果，向外扩展白色区域，并收缩黑色区域。
- 最小值：具有扩展的效果，向外扩展黑色区域，并收缩白色区域。

图 9–116 ~ 图 9–123 所示分别为原图、分层蒙尘与划痕、添加杂色、间值、反差保留、位移 、最大值、最小值的效果。

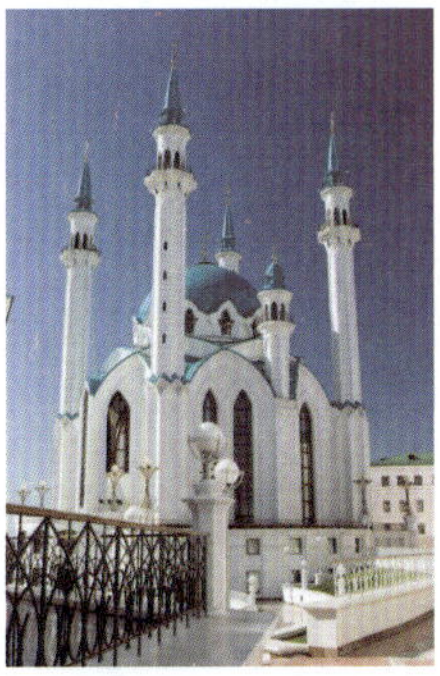
图 9–116

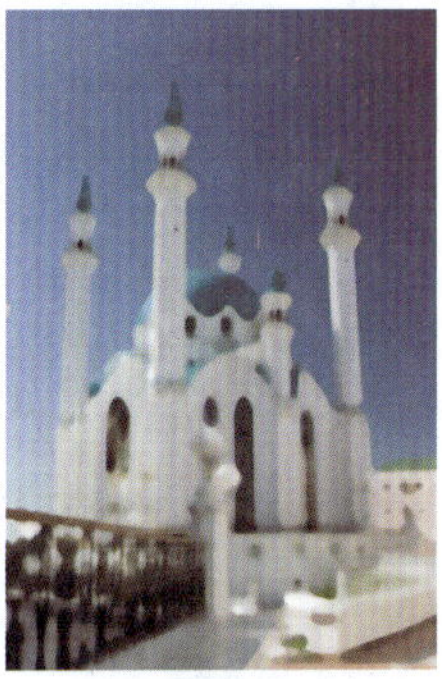
图 9–117

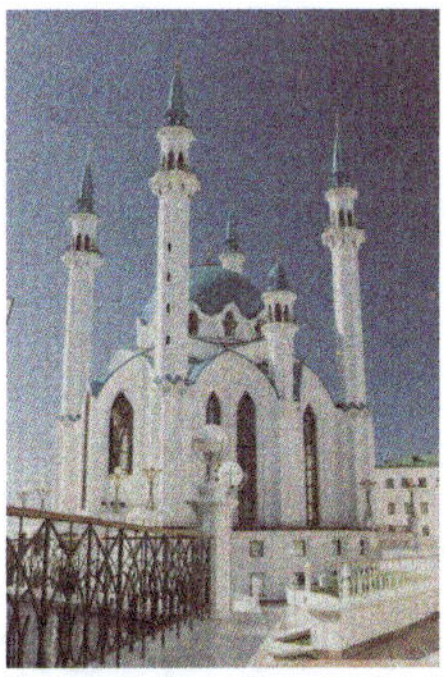
图 9–118

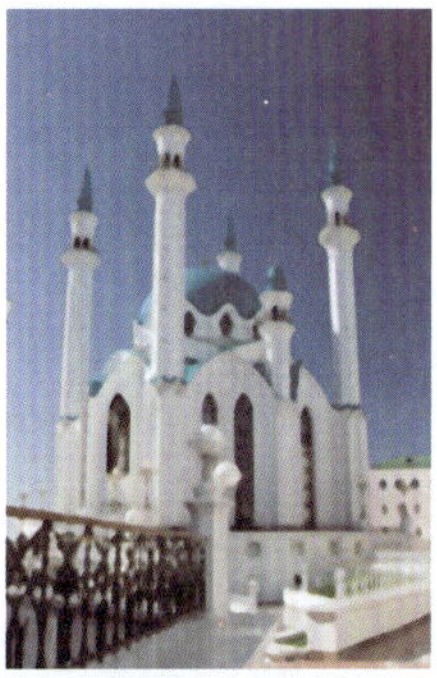
图 9–119

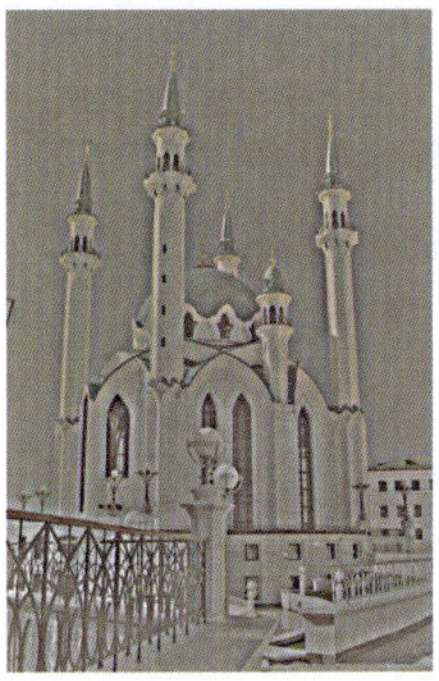
图 9–120

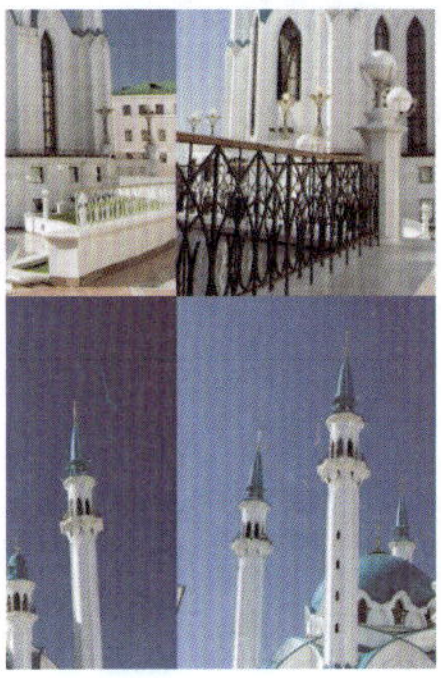
图 9–121

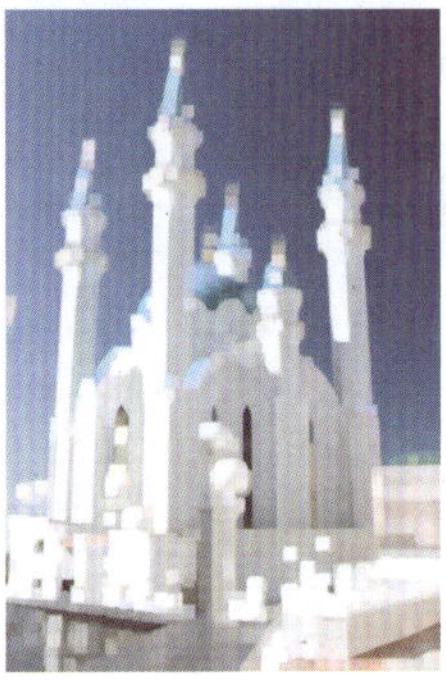
图 9–122

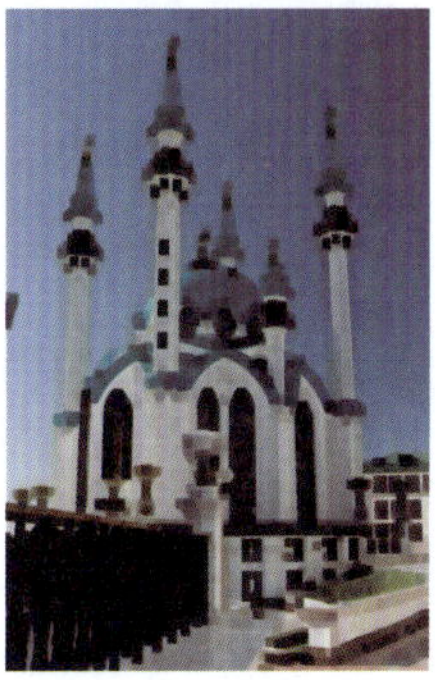
图 9–123

# 【自己练】

## 项目练习：设计促销活动网页图片

### 项目背景

某儿童网站在儿童节进行打折售卖商品活动，委托本公司为网站制作网页宣传图片。

### 项目要求

网页宣传图片制作需要遵循一定的规范性，向大众传播品牌形象，颜色鲜明符合儿童网站网页主题，突显宣传内容，图片与内容统一风格，排版生动，具有趣味性。

### 项目分析

网页宣传图片背景颜色使用绿色、紫色和白色，主要宣传内容使用黄色，以突出宣传内容。在宣传内容旁边增加卡通形象，使整个画面具有趣味性，符合儿童网页的主题。

### 项目效果

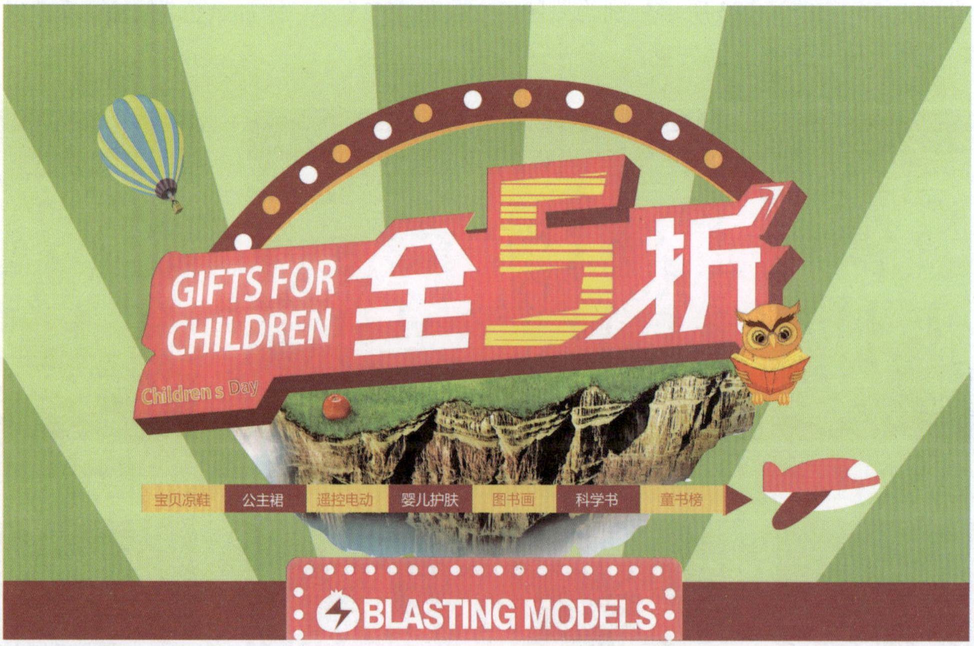


### 课时安排

2 课时。

# 第 10 章

## 批量处理图像——动作与自动化详解

### 本章概述

动作和自动化操作是 Photoshop 软件中比较人性化的一些设计命令，其可以将一些烦琐、枯燥、重复的操作过程记录下来反复使用，并且可以快速地对大量图像进行批量处理，充分为用户节约时间。

### 要点难点

创建动作　★★★

批量处理图片的应用　★★☆

### 案例预览

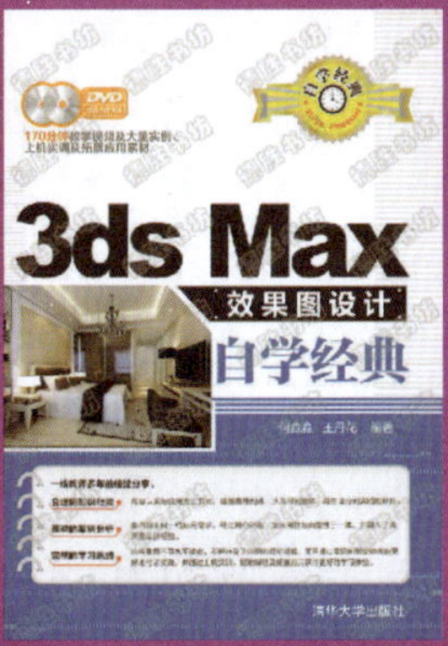


满版水印设计

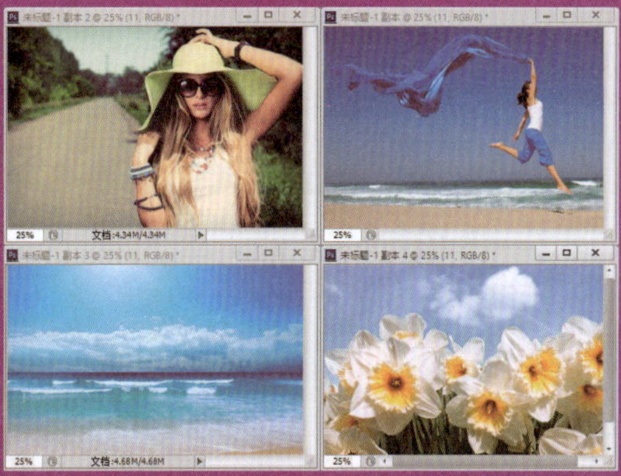

裁剪并修齐照片

# 【跟我学】批量为网页图像添加水印

## 作品描述

由于现在网络科技的发达，很多传到网络上的图片往往会被别人盗用，于是就有了防伪标记水印的出现。在此便以一本书籍封面加水印为例，对其制作过程展开详细介绍。

## 实现过程

### 1. 设计单行水印

在此，首先讲解单行水印效果的设计方法。

STEP 01 启动 Photoshop CS6 软件，选择菜单“文件”|“打开”命令，打开文件夹中的封面素材图像，如图 10-1 所示。

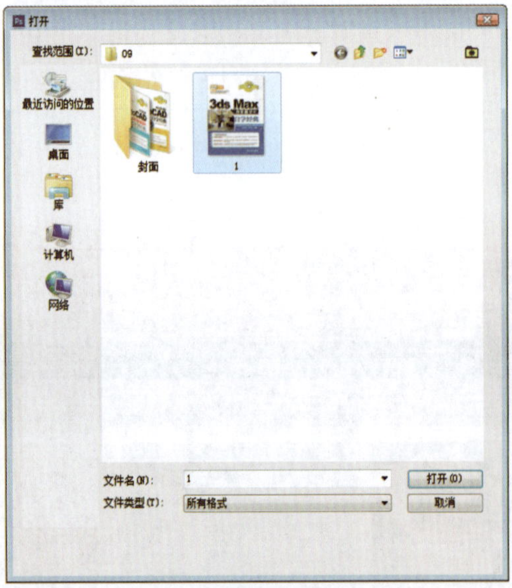


图 10-1

STEP 02 将文件打开后的效果如图 10-2 所示。

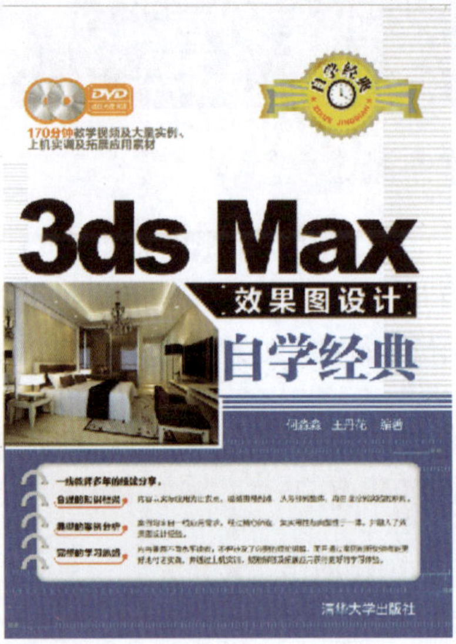


图 10-2

STEP 03 选择菜单“窗口”|“动作”命令，在打开的“动作”面板底部单击创建“新动作”按钮，在弹出的“新建动作”对话框中输“名人称”“水印 1”，如图 10-3 所示。

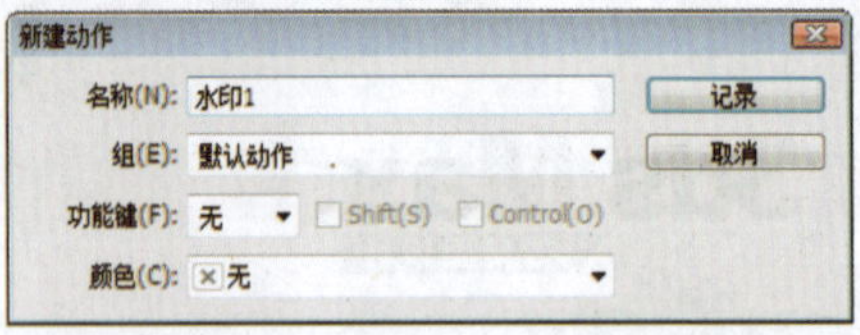


图 10-3

STEP 04 选择工具箱中的横排文字工具，输入文本内容“德胜书坊微信公众号：DSSF007”。选择菜单“窗口”|“字符”

命令，在打开的“字符”面板中设置其参数，其中颜色为白色（R:255、G:255、B:255），如图 10–4 所示。

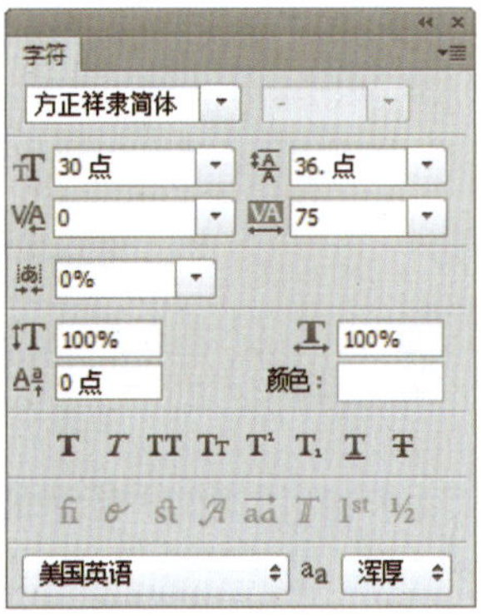


图 10–4

STEP 05 选择文本内容“微信公众号：DSSF007”，再次在“字符”面板中设置参数，如图 10–5 所示。

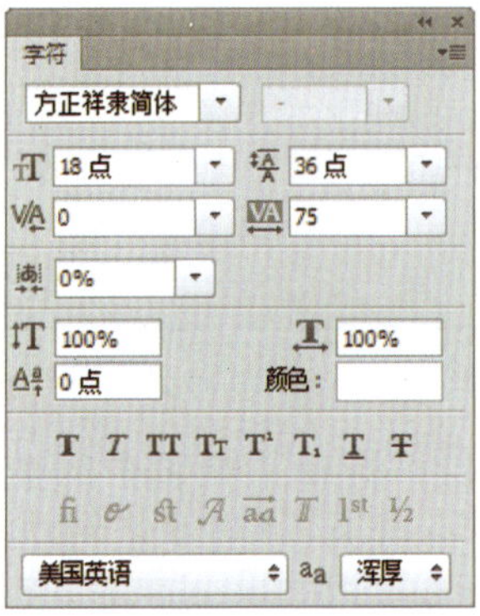


图 10–5

STEP 06 选择工具箱中的移动工具，调整其至合适位置，如图 10–6 所示。

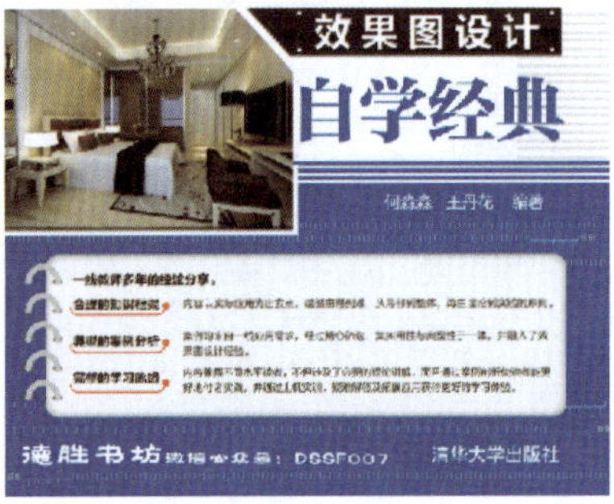


图 10–6

STEP 07 设置“文本”图层为当前图层，单击“图层”面板底部的“添加图层样式”按钮 fx，在弹出的“图层样式”对话框中选中“描边”复选框，设置其参数，其中颜色为黑色（R:0、G:0、B:0），如图 10–7 所示。

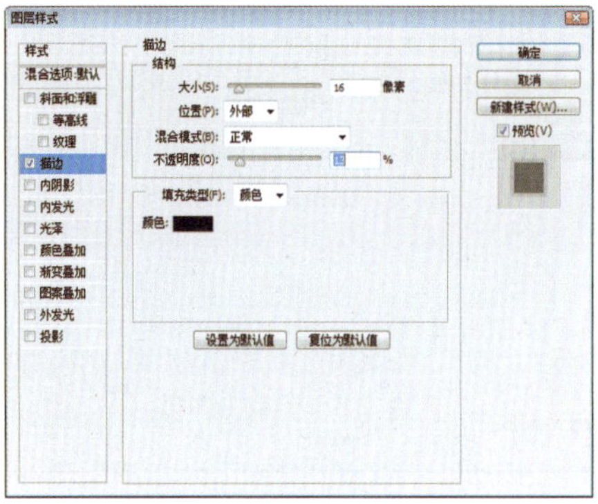


图 10–7

STEP 08 在“图层”面板中设置图层的“不透明度”为 60%，效果如图 10–8 所示。

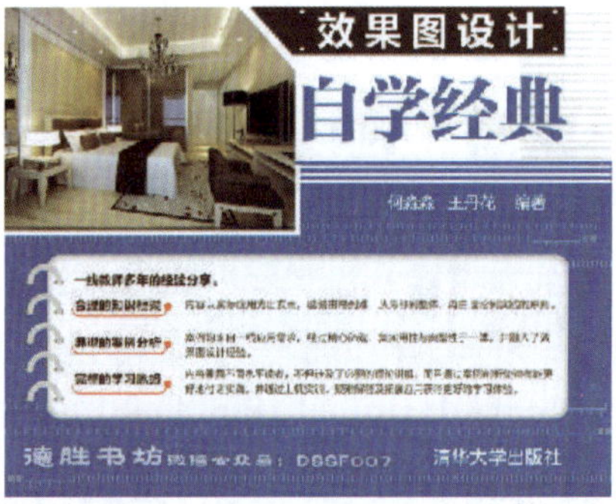


图 10–8

STEP 09 当设计水印的动作完成时，在“动作”面板中单击“停止播放 \ 记录”按钮 ■，如图 10–9 所示。

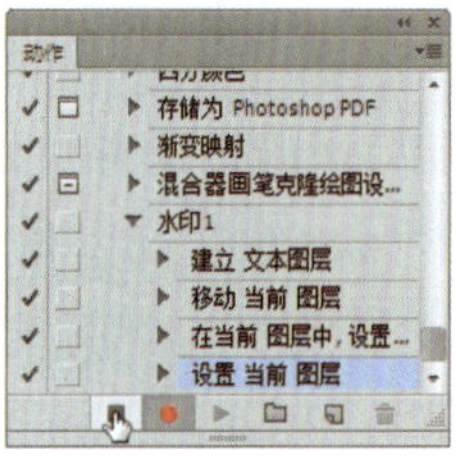


图 10–9

CHAPTER 06
CHAPTER 07
CHAPTER 08
CHAPTER 09
CHAPTER 10

STEP 10 选择菜单“文件”|“自动”|“批处理”命令，在弹出的“批处理”对话框中，设置动作为“水印”，源为需要批量处理的文件夹，如图 10–10 所示。

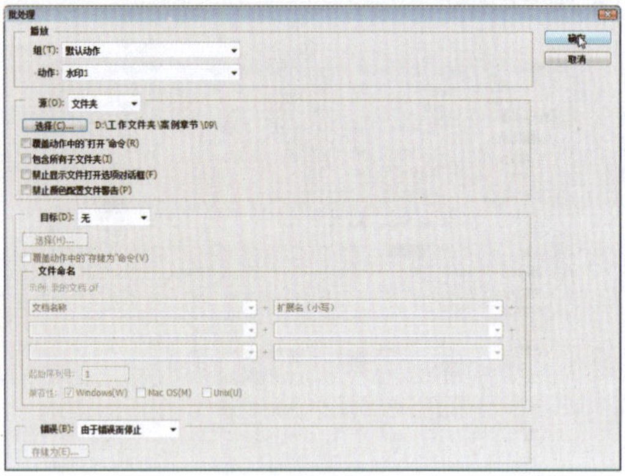

图 10–10

STEP 11 单击“确定”按钮，执行动作批处理命令，效果如图 10–11 所示。

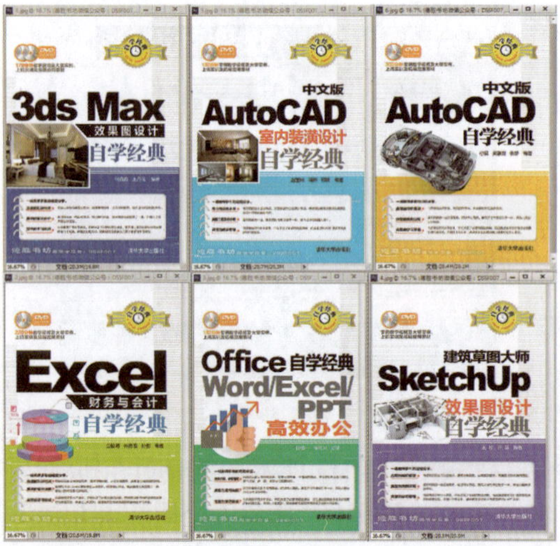

图 10–11

## 2. 设计满版水印

满版水印效果的设计方法如下。

STEP 01 选择菜单“文件”|“打开”命令，打开文件夹中的封面素材图像，如图 10–12 所示。

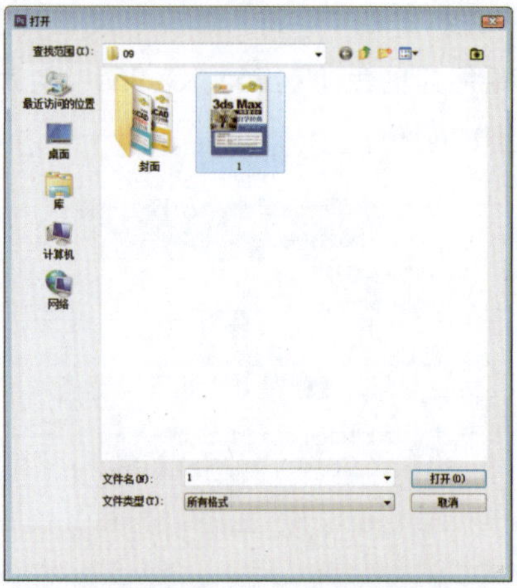

图 10–12

STEP 02 选择菜单“窗口”|“动作”命令，在打开的“动作”面板底部单击“创建新动作”按钮，在弹出的“新建动作”对话框中输入名称“水印 2”，如图 10–13 所示。

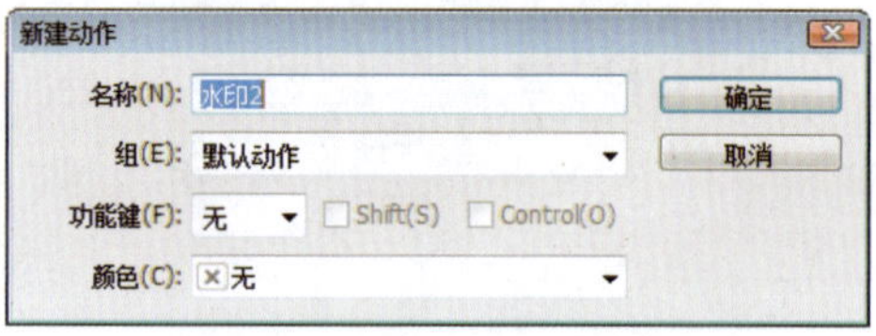


图 10–13

STEP 03 选择工具箱中的横排文字工具，输入文本内容。选择菜单“窗口”|“字符”命令，在打开的“字符”面板中，设置其参数，其中颜色为灰色（R:153、G:153、B:153），如图 10–14 所示。

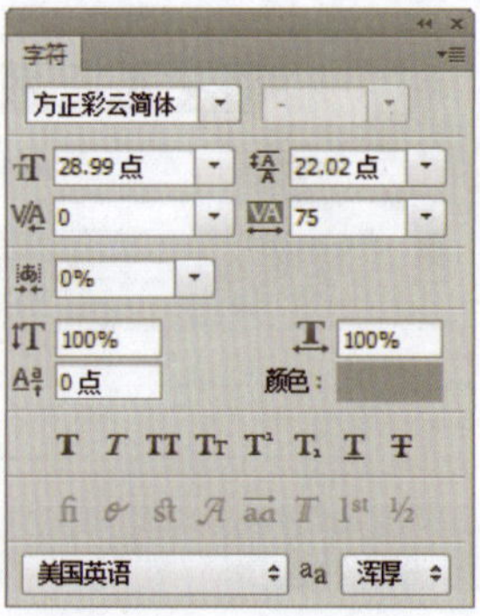


图 10–14

STEP 04 使用移动工具调整其至合适位置，效果如图 10-15 所示。

图 10-15

STEP 05 设置“德胜书坊”文本图层为当前图层，单击“图层”面板底部的“添加图层样式”按钮，在弹出的“图层样式”对话框中选中“描边”复选框，设置其参数，其中颜色为灰色（R：153、G：153、B：153），如图 10-16 所示。

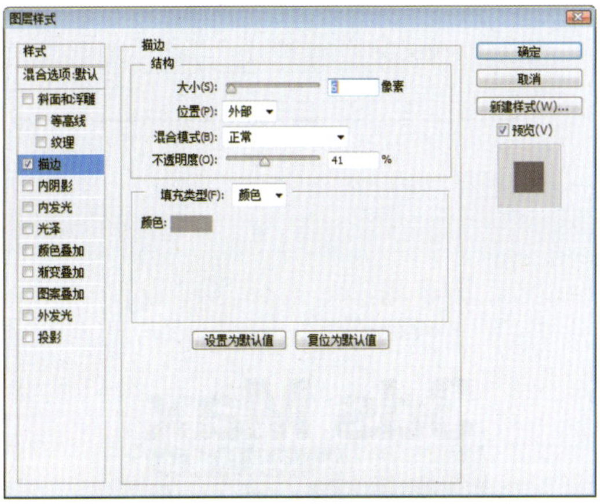


图 10-16

STEP 06 添加“描边”图层样式后的效果如图 10-17 所示。

图 10-17

STEP 07 按 Ctrl+T 组合键，对其进行变换旋转 -35°，变换后的效果如图 10-18 所示。

图 10-18

STEP 08 在“图层”面板中，设置图层“不透明度”为 48%，效果如图 10-19 所示。

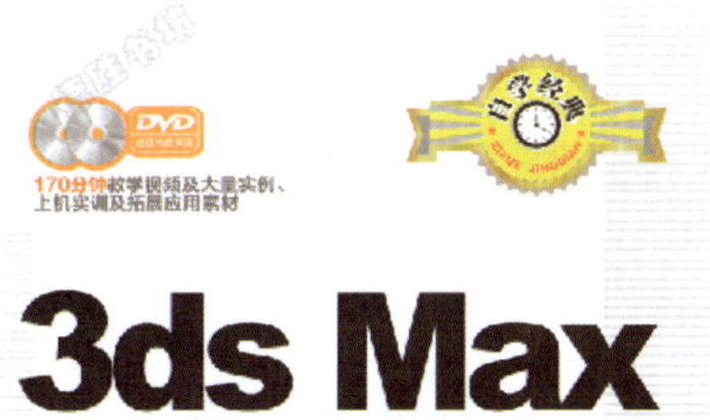


图 10-19

STEP 09 选择工具箱中的（裁剪工具），裁剪至合适大小，按 Enter 键确定，如图 10-20 所示。

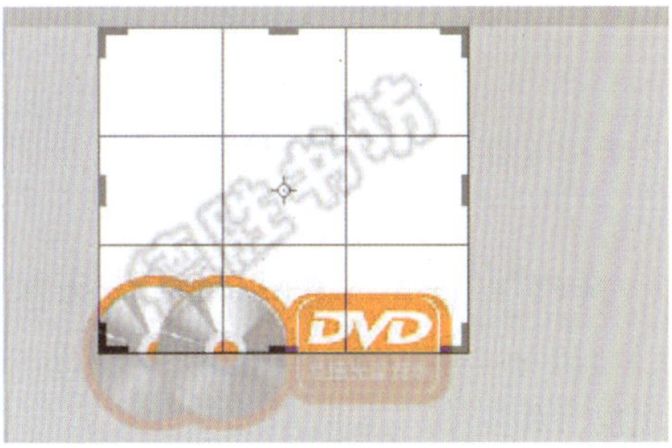


图 10-20

STEP 10 单击“背景”图层前的按钮，隐藏图层，便于之后设置定义图案，如图 10-21 所示。

图 10-21

STEP 11 选择菜单“编辑”|“定义图案”命令，在弹出的“图案名称”对话框中，设置名称为“水印”，单击“确定”按钮，如图 10-22 所示。

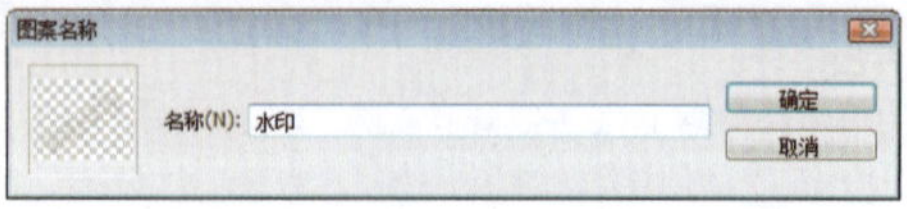


图 10-22

STEP 12 选择菜单“窗口”|“历史记录”命令，在“历史记录”面板中单击，返回之前操作的步骤，如图 10-23 所示。

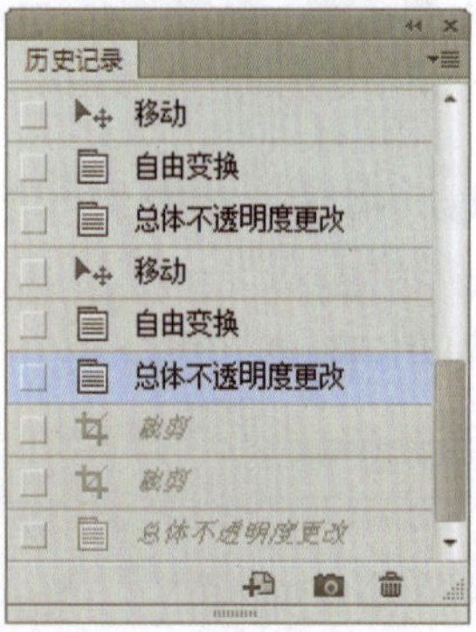


图 10-23

STEP 13 设置“德胜书坊”文本图层为当前图层，单击图层前面的 按钮，隐藏图层，如图 10-24 所示。

STEP 14 设置“背景”图层为当前图层，选择菜单“编辑”|“填充”命令，在弹出的“填充”对话框中设置使用为“图案”，自定图案为“水印”，如图 10-25 所示。

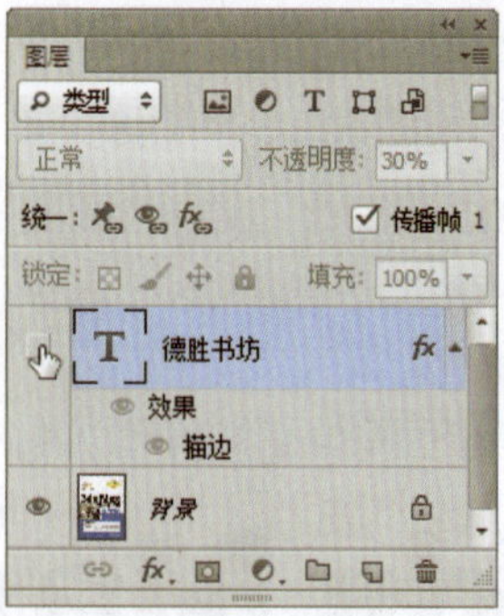


图 10-24

STEP 15 单击“确定”按钮，填充效果如图 10-26 所示。

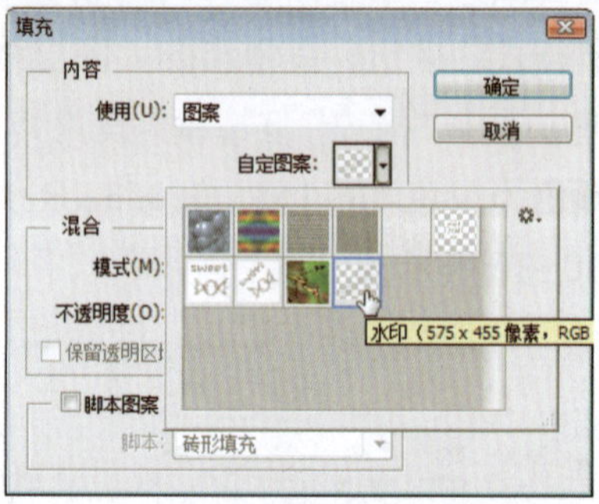


图 10-25

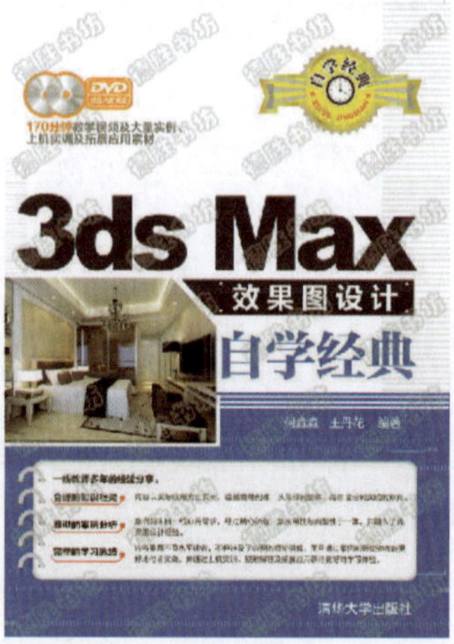


图 10-26

**技能提示**

如需批量处理，添加满版水印，使用前面讲解过的方法即可。

【听我讲】

# 10.1 动作的应用

动作可以将一系列的操作命令组合成一个单独的动作，也可以把大部分操作、命令及命令参数记录下来，当作一个反复循环的口令，对不同文件执行同一动作，产生相同的效果。简单来说，动作就是供用户在执行其他相同操作时使用的，以提高工作效率。

## 10.1.1 “动作”面板

“动作”面板是用来把一系列的动作记录下来，在以后操作同样动作时，就可以利用这些已经记录下来的动作完成这个操作的全过程。选择菜单“窗口”|“动作”命令，将打开“动作”面板，如图 10-27 所示。

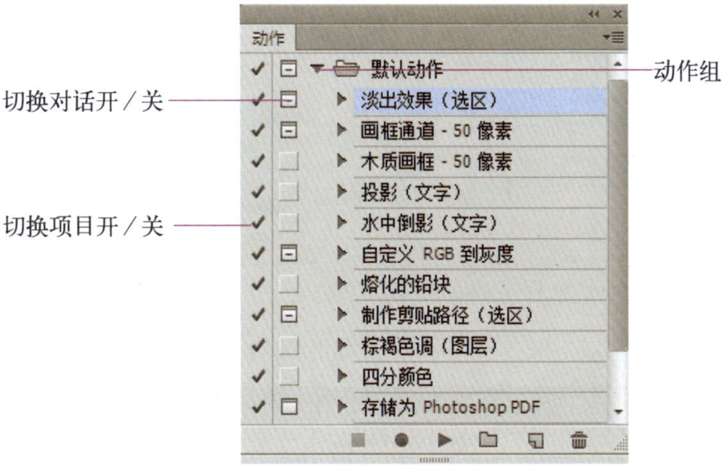


图 10-27

下面将对“动作”面板中的动作和按钮进行详细介绍。

- 动作组：默认情况下，仅“默认动作”一个组出现在“动作”面板中，其功能与图层组的功能相同，用于归类动作，单击面板底部的“创建新组”按钮即可创建一个新的动作组，弹出“新建组”对话框，从中可设置新创建的动作组名称。
- 动作：单击动作组前面的三角形图标展开该动作组，即可看到该组中所包含的具体动作。这些动作是由多种操作构成的一命令集。单击“创建新动作”按钮，弹出“新建动作”对话框，在“名称”文本框中输入名称即可。
- 操作命令：单击动作前面的三角形图标展开该动作，即可看到动作中所包含的具体命令。这些具体的操作命令位于相应的动作下，是录制动作时系统根据不同操作所作出的记录，一个动作可以没有操作记录，也可以有多个操作记录。

- “切换对话开 / 关”：用于选择在动作执行时是否弹出各种对话框或菜单。若动作中的命令显示该按钮，表示在执行该命令时会弹出对话框以供设置参数；若隐藏该按钮，表示忽略对话框，动作按先前设置的参数执行。
- “切换项目开 / 关”：用于选择需要执行的动作。关闭该按钮，可以屏蔽此命令，使其在动作播放时不被执行。
- 按钮组：这些按钮用于对动作的各种控制，从左至右各个按钮的功能依次是停止播放 / 记录、开始记录和播放选定的动作。

### 10.1.2 创建动作

打开“动作”面板，单击该面板底部的“创建新组”按钮，弹出“新建组”对话框（见图 10–28），从中输入动作组名称，单击“确定”按钮。

继续在“动作”面板中单击“创建新动作”按钮，弹出“新建动作”对话框，从中输入动作名称（见图 10–29），选择动作所在的组，在“功能键”下拉列表框中选择动作执行的快捷键，在“颜色”下拉列表中为动作选择颜色，完成后单击“记录”按钮。此时“动作”面板底部的“开始记录”按钮呈红色状态。软件则开始记录用户对图像所操作过的每一个动作，待用户录制完成后单击“停止”按钮即可。

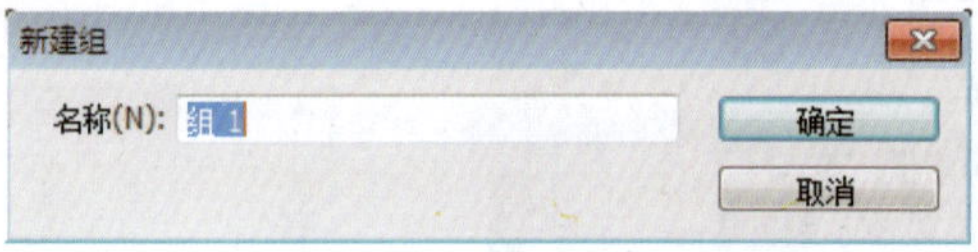


图 10–28

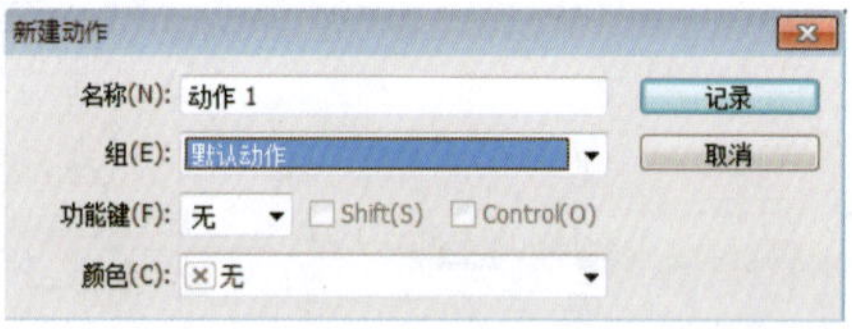


图 10–29

**操作技能**

如果要停止记录，单击“动作”面板底部的“停止播放 / 记录”按钮即可。记录完成后，单击“开始记录”按钮，仍可以在动作中追加记录或插入记录。

## 10.2 自动化的应用

在 Photoshop CS6 中有很多内建自动化工具，如操作批处理等，这些工具可以结合动作命令一起使用，熟练掌握这些自动化命令，可快速提高工作效率。

### 10.2.1 Photomerge 命令的应用

在 Photoshop CS6 软件中，Photomerge 就是一个图片自动拼贴的命令，有点类似于全景图拼接，但是该功能更加强大。选择 Photomerge 命令，可以将照相机或者手机在同一水平线拍摄的序列照片进行合成。该命令可以将几张图像中相同的色彩像素部分进行重叠，也可以由用户指定源文件的组合位置，单击“确定”按钮之后自动汇集为全景图。全景图完成之后，用户可以根据自己的需要更改个别照片的位置。

选择菜单“文件”|“自动”| Photomerge 命令，弹出 Photomerge 对话框（见图 10-30），单击“添加打开的文件”按钮，完成后单击“确定”按钮。此时，软件自动对图像进行合成。

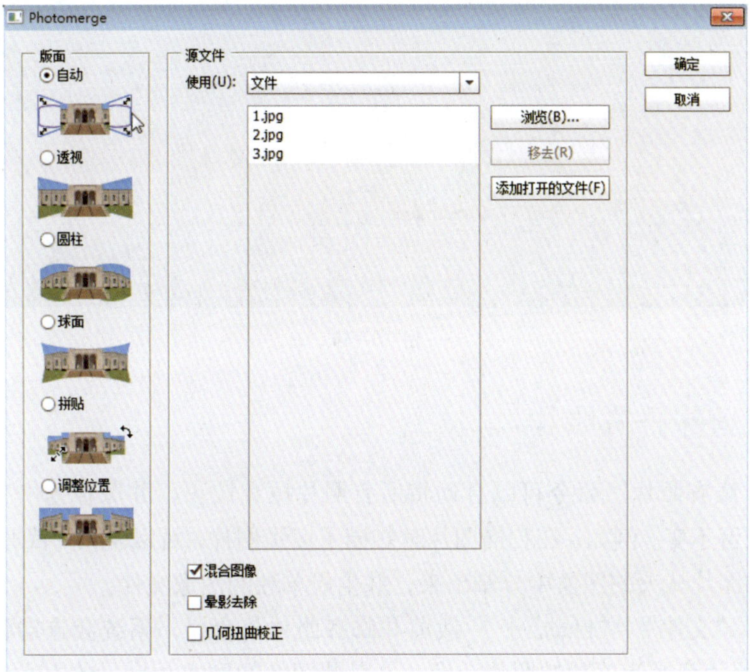


图 10-30

在 Photomerge 对话框中，各选项的含义介绍如下。

- 版面：用于设置转换为全景图片时的模式。
- 使用：包括文件和文件夹。选择文件时，可以直接将选择的文件合并图像；选择文件夹时，可以直接将选择的文件夹中的文件合并图像。
- 混合图像：选中该复选框，选择 Photomerge 命令后会直接套用混合图像蒙版。
- 晕影去除：选中该复选框，可以校正摄影时镜头中的晕影效果。
- 几何扭曲校正：选中该复选框，可以校正摄影时镜头中的几何扭曲效果。
- “浏览”按钮：单击该按钮，可以选择合成全景图的文件或文件夹。
- “移去”按钮：单击该按钮，可以删除列表中选中的文件。
- “添加打开的文件”按钮：单击该按钮，可以将软件中打开的文件直接添加到列表中。

图 10-31 ～图 10-34 所示为合成全景图前后的图像对比效果。

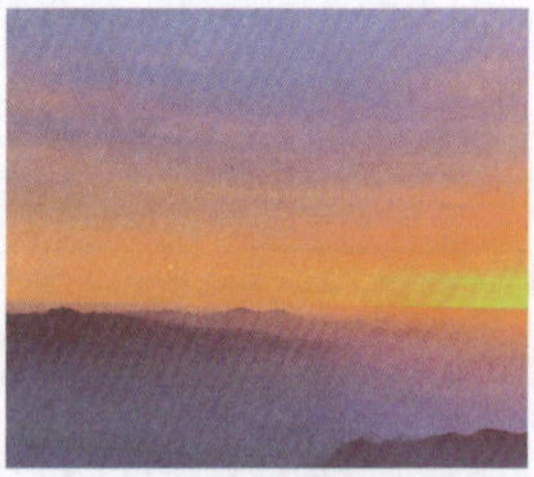

图 10−31

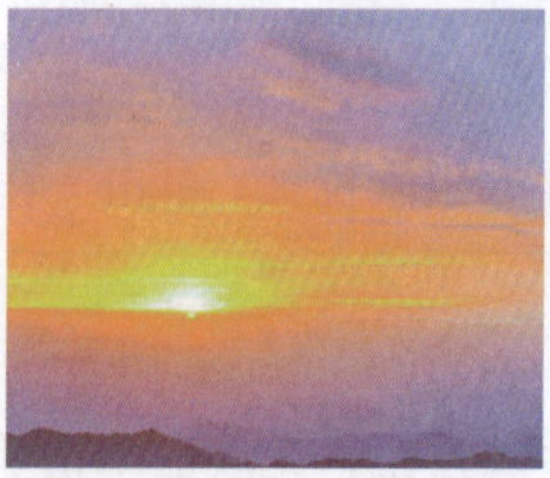

图 10−32

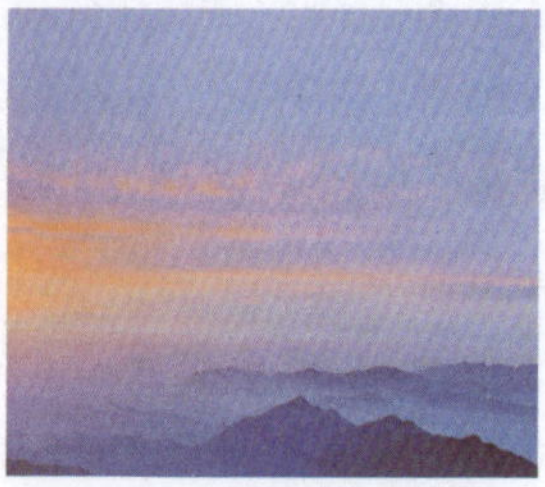

图 10−33

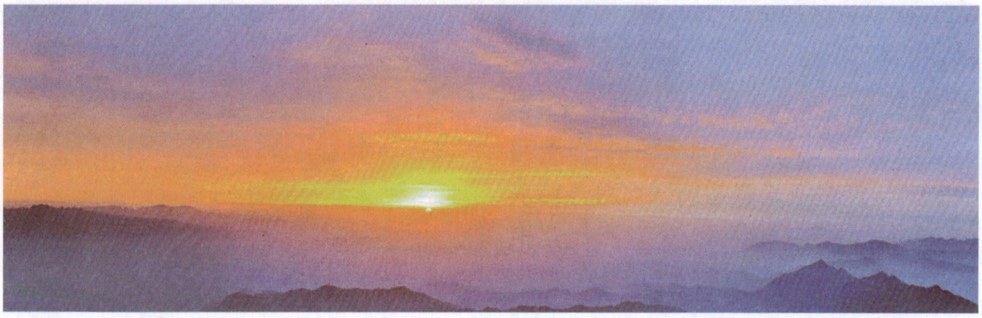

图 10−34

## 10.2.2 裁剪并修齐照片

“裁剪并修齐照片”命令可以自动将所有照片拉直校正，并保存为一个新文件，原有文件仍然保留不变。例如，在扫描图片时扫描了多张图片，可以利用“裁剪并修齐照片”命令将扫描的图片从大的图像中分割出来，并生成单独的图像文件。

选择菜单“文件”|“自动”|“ 裁剪并修齐照片”命令，系统会自动将在同一幅图像上的 4 张照片裁剪为单独的照片图像，并以其图像的副本加序号的方式进行命名。图 10−35 和图 10−36 所示为使用“裁剪并修齐照片”命令前后的图像对比效果。

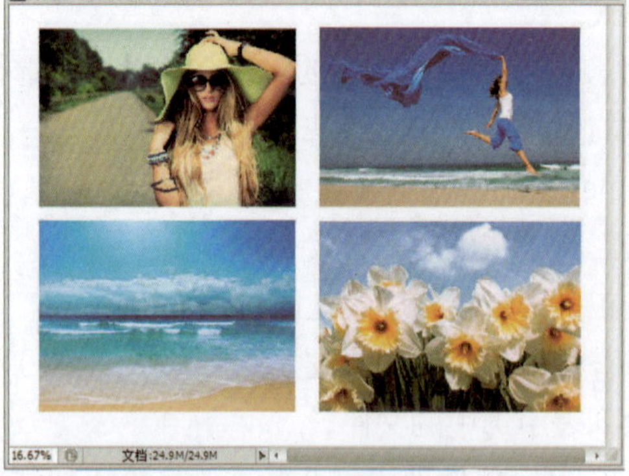


图 10−35

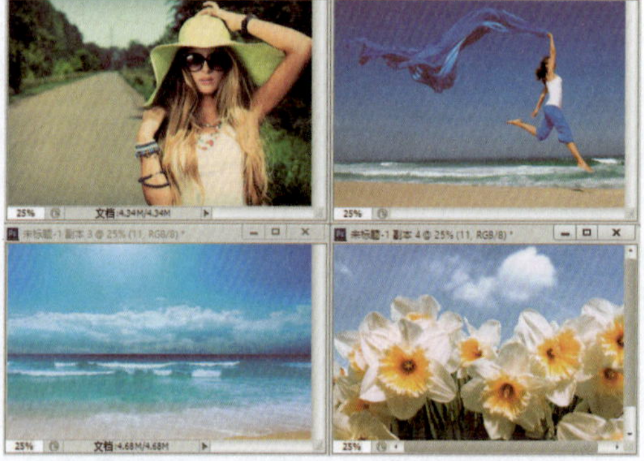

图 10−36

## 10.2.3 批处理图像的应用

当要对大批量的图片做统一处理时，手动操作实在是费力又费时，批处理图像的操作过程简单且一致。“批处理”命令可以自动执行“动作”面板中已定义的动作命令，即将多步操作组合在一起作为一个批处理命令，并将其快速应用于多张图像，同时对多张图像进行处理。使用“批处理”命令在很大程度上节省了工作时间，并提高了工作效率。

选择菜单“文件”|“自动”|“批处理”命令，弹出“批处理”对话框，如图 10−37 所示。在“动作”下拉列表中设置对图像进行处理的动作。

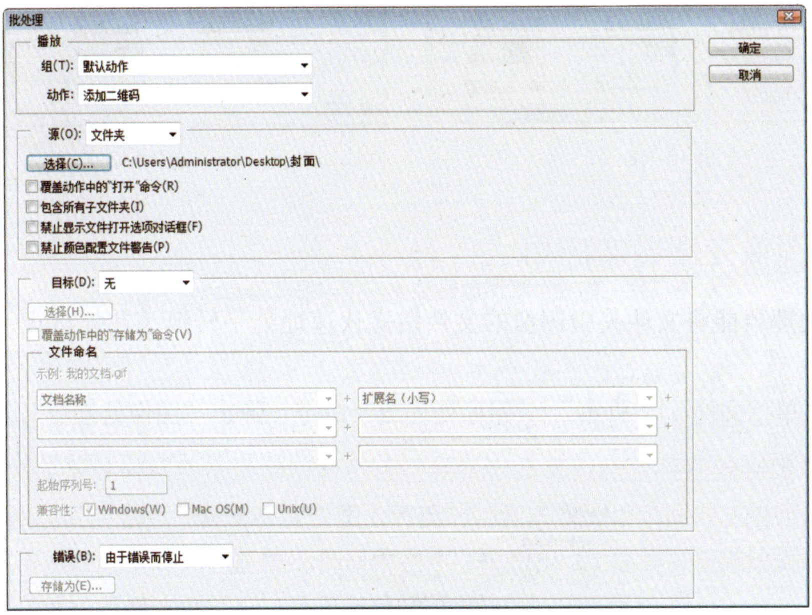


图 10−37

在“源”选项组中，单击“选择”按钮，在弹出的对话框中指定要处理图像所在的文件夹位置。此时在对话框中可以看到在“选择”按钮后出现了需处理文件的目录地址。然后在“目标”下拉列表中选择“文件夹”选项，单击“目标”选项组中的“选择”按钮，在弹出的对话框中指定存放处理后图像的文件夹位置。随后可以看到在“选择”按钮后出现处理后文件的目录地址。最后在“文件命名”选项组中设置图像文件重命名的方式，并单击“确定”按钮，之后软件会对图像进行处理。

在该对话框中，设置源文件的选择有 4 种，即文件夹、导入、打开的文件和 Bridge。其中，选择“文件夹”选项，可以指定一个文件夹作为源文件；选择“导入”选项，可以选择导入的文件作为源文件；选择“打开的文件”选项，表示选择打开的文件作为源文件；选择 Bridge 选项，则会弹出文件浏览器进行文件选择。

设置目标文件的选择有 3 个，即无、存储并关闭和文件夹。其中，选择“无”选项，表示执行动作后文件依然保持打开；

选择“存储并关闭”选项，表示将存储文件并覆盖原始文件；选择“文件夹”选项，表示将用与原有文件相同的名称把文件存储到一个新的文件夹中。

如图 10–38 和图 10–39 所示为对图像进行批处理（给封面添加二维码）前后的对比效果。

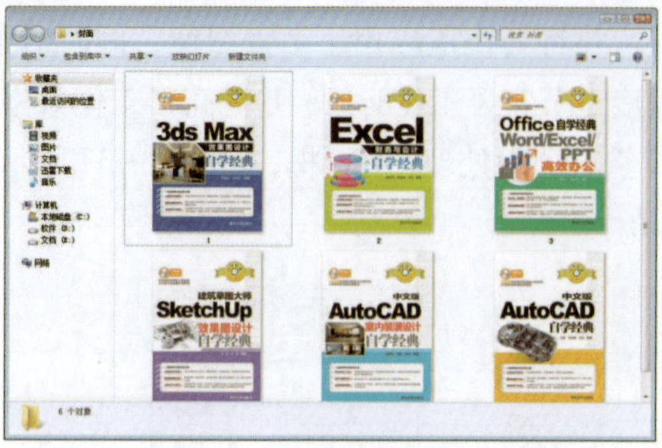

图 10–38

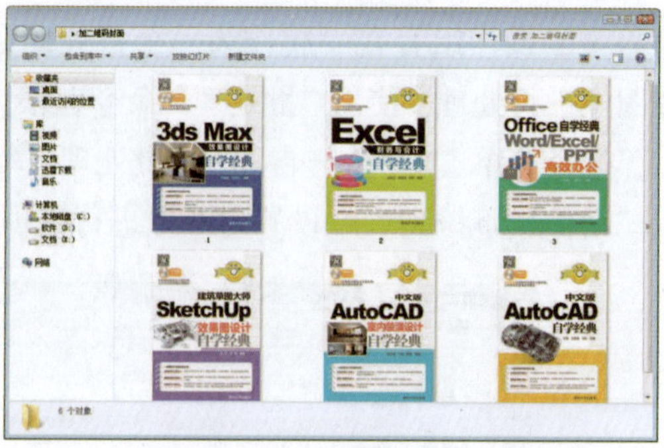

图 10–39

## 10.2.4　图像处理器的应用

图像处理器能将文件夹中图像的文件格式快速地统一转换为其他格式，节省工作时间。

选择菜单“文件”|“脚本”|“图像处理器”命令，弹出“图像处理器”对话框，如图 10–40 所示。

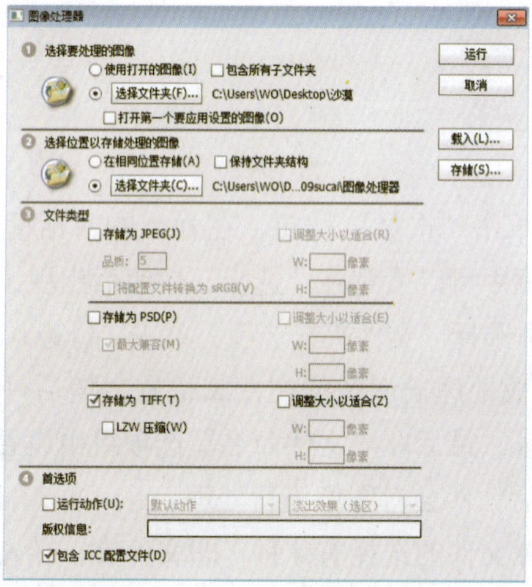


图 10–40

在“选择要处理的图像”选项组中，单击“选择文件夹”按钮，在弹出的对话框中指定要处理图像所在的文件夹位置。在“选择位置以存储处理的图像”选项组中，单击“选择文件夹”按钮，在弹出的对话框中指定存放处理后图像的文件夹位置。在“文件类型”选项组中，取消选中“存储为 JPEG”复选框，选中相应格式的复选框，完成后单击“运行”按钮，此时软件自动对图像进行处理。

图 10–41 和图 10–42 所示为使用图像处理器将 JPEG 图像批量转换为 TIFF 格式前后的效果。

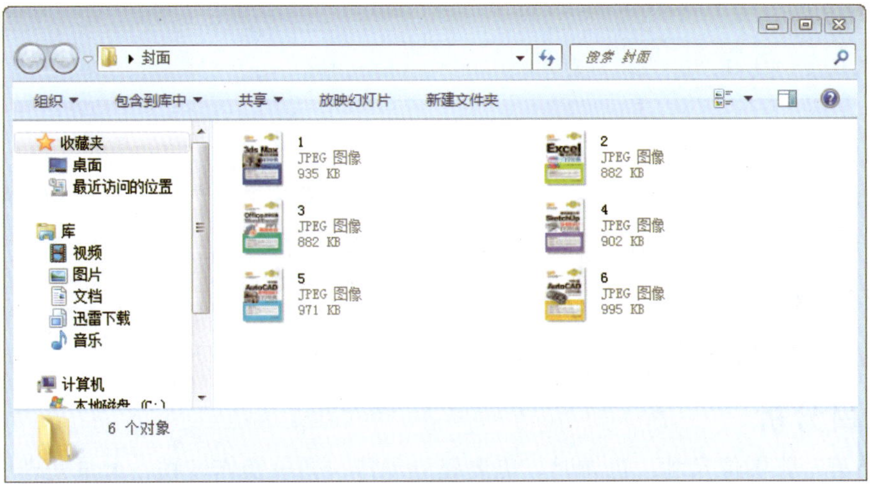


图 10—41

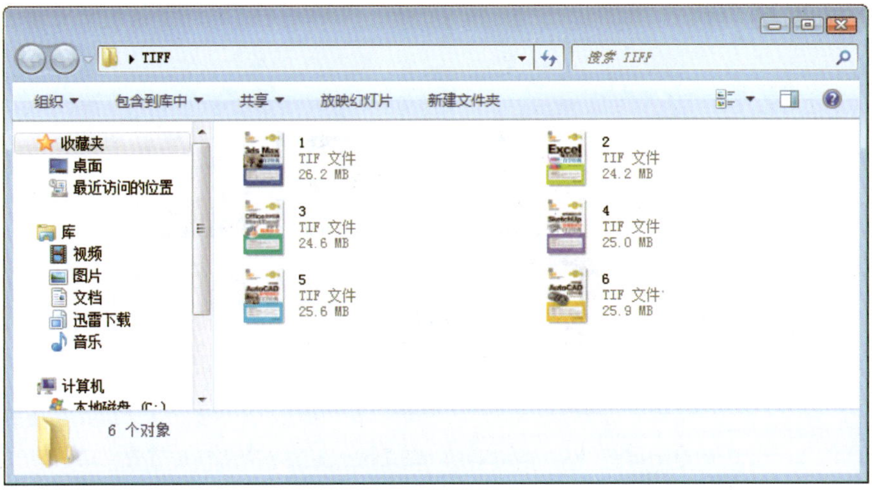


图 10—42

# 【自己练】

## 项目练习：批量处理照片

### 项目背景

某出版社现有大量彩色照片，需要将它们统一调整为黑白色调、尺寸相同的照片，因一张一张操作太浪费时间，特委托本公司帮其批量处理图片。

### 项目要求

规定统一尺寸，色调为黑白，处理要快速。

### 项目分析

调整第一张图像尺寸、色调时，需要建立动作，记录操作过程；大量处理图像时，执行菜单“自动”|“批处理”命令，一步完成，即方便又节约时间。

### 项目效果

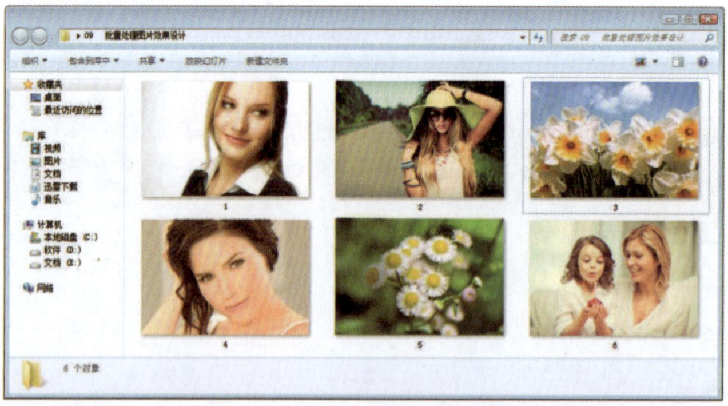

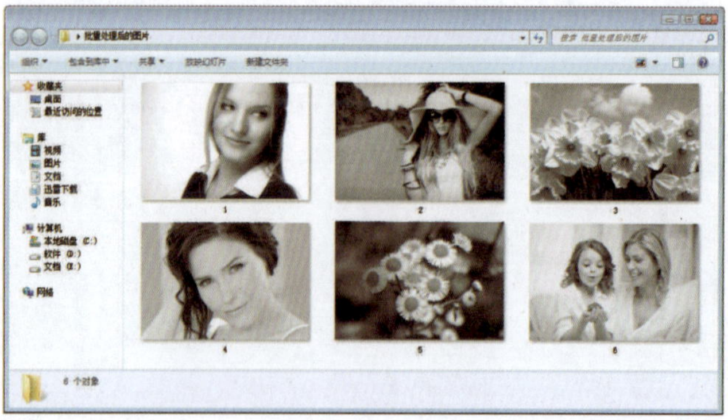

### 课时安排

2 课时。

CHAPTER 06
CHAPTER 07
CHAPTER 08
CHAPTER 09
CHAPTER 10

# 参 考 文 献


[1] 姜洪侠，张楠楠．Photoshop CC 图形图像处理标准教程[M]．北京：人民邮电出版社，2016．

[2] 周建国．Photoshop CS6 图形图像处理标准教程[M]．北京：人民邮电出版社，2016．

[3] 孔翠，杨东宇，朱兆曦．平面设计制作标准教程 Photoshop CC+Illustrator CC[M]．北京：人民邮电出版社，2016．

[4] 沿铭洋，聂清彬．Illustrator CC 平面设计标准教程[M]．北京：人民邮电出版社，2016．

[5] [美] Adobe 公司．Adobe InDesign CC 经典教程[M]．北京：人民邮电出版社，2014．